바울의 종말론

THE PAULINE

바울의 종말론

게하더스 보스 지음 | 박규태 옮김

ESCHATO LOGY

좋은씨앗

바울의 종말론
The Pauline Eschatology

초판 1쇄 / 2015년 1월 23일
초판 4쇄 / 2022년 6월 15일

지은이 / 게하더스 보스
옮긴이 / 박규태
펴낸이 / 신은철
펴낸곳 / 좋은씨앗
출판등록 / 제4-385호(1999. 12. 21)
주소 / 서울시 서초구 바우뫼로 156(MJ 빌딩), 402호
주문전화 / (02)2057-3041 주문팩스 / (02)2057-3042
이메일 / good-seed21@hanmail.net
페이스북 / www.facebook.com/goodseedbook

ISBN 978-89-5874-235-7   03230

First published 1930 by Princeton University Press

창조주요 구속주시며 완성자이신 하나님,
바로 이 하나님이 우리가 믿는 종교 전체의 기초시다.

차례

추천의 글_
리처드 개핀 2세 (전 웨스트민스터 신학대학원 교수)　　12
이승구 (합동신학대학원대학교 조직신학 교수)　　16
이필찬 (교수, 이필찬요한계시록연구소 소장)　　21
이상웅 (총신대학교신학대학원 종말론 교수)　　24

저자 서문　　28

<바울의 종말론>
1장 바울의 종말론이 가진 구조　　35
2장 종말론과 구원론의 상호작용　　93
3장 바울의 종말론이 가진 신앙적, 윤리적 동기　　119
4장 주의 오심과 그 전조들　　133
5장 죄의 사람　　163
6장 부활　　217
7장 부활에 관한 바울의 가르침이 발전해갔다고 추정하는 이론　　265

8장 부활과 변화　　311
9장 부활의 범위　　325
10장 바울과 천년왕국 문제　　339
11장 심판　　387
12장 영원한 상태　　425
<바울의 종말론> 참고문헌　　467

부록: <시편의 종말론>　　473
<시편의 종말론> 참고문헌　　541

저자가 참고하거나 인용한 학자들　　543
원서 수정사항　　550
성경 색인　　556

옮긴이의 글: 내 작은 모비딕, <바울의 종말론>　　568

일러두기

1. 이 번역의 저본(底本)으로 1930년에 프린스턴대학교 출판부에서 처음 출간하고 1994년에 미국 P&R 출판사에서 다시 펴낸 Geerhardus Vos, ***The Pauline Eschatology***를 사용했습니다. P&R판에는 ***The Pauline Eschatology*** 외에 부록으로 ***Eschatology of the Psalter***가 함께 들어 있는데, 이 번역서에는 부록도 함께 번역하여 실었습니다.
2. 성경 본문은 기존 한국어 역본을 무조건 따르지 않고 저자가 제시한 본문을 번역하여 넣는 것을 원칙으로 했습니다.
3. 히브리어와 헬라어 단어나 문구는 그 옆 괄호 안에 한글 발음을 적어 놓았습니다. 히브리어, 아람어, 헬라어 표기는 그 언어 문자로 표기했지만, 라틴 문자로 음역(音譯)하여 표기한 경우도 있습니다. 라틴 문자로 음역한 경우는 이탤릭체로 표기했습니다.
4. 저자 주는 각주에, 긴 역자 주는 각 장 뒤에 붙인 미주에, 짧은 역자 주는 본문에 (—역주) 형태로 표시하여 넣었습니다.
5. 원서 본문이나 각주에 오류와 수정할 사항이 있었습니다. 특히 성경 구절 표시나 참고 문헌 표시에 그런 부분이 많이 있었는데, 가능한 한 모두 확인하여 바로잡아 번역했습니다. 이런 사항들은 "원서 수정사항"으로 정리하여 이 번역서 뒤에 실어 놓았습니다.
6. 원문을 직역하면 우리 독자들이 읽어내기에 어색하고 어려운 문장이 많았습니다. 이런 문장은 원문이 말하는 의미를 그대로 보존하면서도 독자들이 더 쉽게 이해할 수 있도록 가다듬어 번

역했습니다. 대명사는 대명사 그대로 옮기지 않고 가능한 한 그 대명사가 가리키는 것을 분명히 밝혀 번역했습니다. 문맥으로 보아 주어가 확실한 수동태 문장은, 원문이 주어를 밝히지 않았어도, 주어를 밝혀 능동태로 번역했습니다.
7. 저자가 참고하거나 인용하는 학자들이 대부분 이 시대 독자에겐 낯선 이들임을 고려하여 책 뒤에 저자가 인용한 학자들을 짧게 소개해 놓았습니다.
8. 원서가 제시한 참고문헌에도 여러 오류가 있었으며, 그 문헌을 펴낸 출판사도 밝혀 놓지 않았습니다. 번역하면서 이런 오류도 모두 바로잡았으며, 그 책을 낸 출판사도 확인할 수 있는 것은 모두 확인하여 밝혀 놓았습니다.
9. <시편의 종말론> 참고문헌은 본디 원서에는 없으나, 독자들이 참고할 수 있도록 역자가 <시편의 종말론> 본문과 각주를 참고하여 만들었습니다.
10. 원서가 제시한 성경 구절 색인에도 몇 군데 오류가 있었기 때문에 번역하면서 바로잡았습니다.
11. P&R판 **Geerhardus Vos**, ***The Pauline Eschatology***에는 리처드 개핀 박사가 쓴 추천사가 들어 있으나, 개핀 박사가 그 추천사와 동일한 내용에 한국어판 독자에게 보내는 격려와 인사를 덧붙인 글을 한국어판 추천사로 보내주었습니다. 따라서 이전 추천사는 생략하고 이번에 보내준 한국어판 추천사로 갈음했음을 밝혀둡니다.

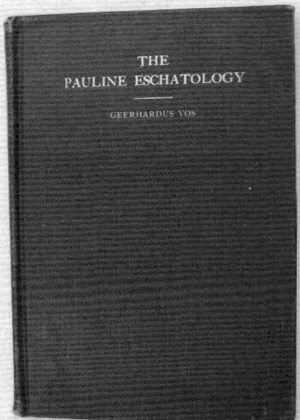

The Pauline Eschatology 초판본
겉표지(1930년)

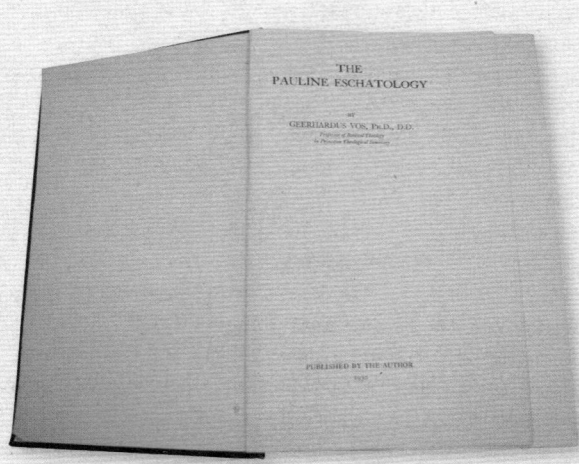

The Pauline Eschatology 초판본 속표지(1930년)
하단에 PUBLISHED BY THE AUTHOR(저자 출판)라고 쓰여 있다.

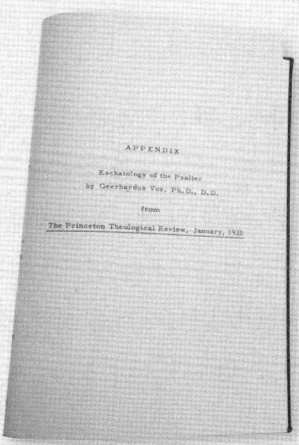

1953년 어드만스 출판사에서 출간한
The Pauline Eschatology에
부록으로 실린 〈시편의 종말론〉
(Eschatology of the Psalter) 표제

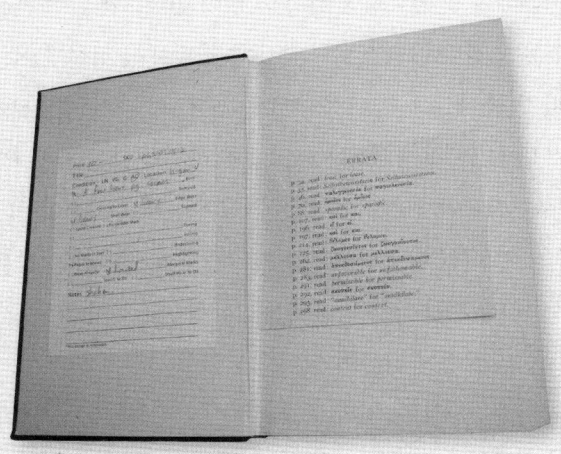

The Pauline Eschatology 초판본(1930년)에 들어 있는 정오표

추천의 글 1
〈바울의 종말론〉 한국어판 출간을 축하하며

이 책 제목은 오해를 낳을 수 있다. 예부터 내려온 관습대로 "종말론"을 이해하는 독자는 사람들이 보통 생각하는 의미대로 그리스도의 재림과 관련된 "마지막 때 일들"만 특별히 연구하는 것을 "종말론"이라 생각할 것이다. 하지만 보스는 더 많은 것을 이야기하려 한다. 바울의 종말론을 펼쳐 보이는 것은 비단 그리스도의 재림에 관한 바울의 가르침뿐 아니라 바울 신학 전체를 제시하는 일이라는 것이 보스가 주장하는 기본 명제다.

19세기 말부터 성경 신학은 여러 모로 발전을 이루었지만, 신약 신학자들이 종말론을 폭넓게 이해해야 할 필요성을 점점 더 많이 인식하게 된 것만큼 큰 중요성을 가진 발전은 드물다. 그리스도의 죽음과 부활에서 정점에 이른 그리스도의 오심은 "때가 찰 때"(갈 4:4, 엡 1:10; 개역개정판은 "때가 참"이라는 말이 엡 1:9에 나오나, 헬라어 본문에서는 1:10에 나온다―역주), "이 마지막 날들에"(히 1:2), "세상 끝에"(히 9:26) 이루어졌으며, 완전히 종말론적 의미를 지닌 사건이었다. 그리스도의 고난과 높아지심 안에서 믿음으로 그리스도와 연합한 이들은 그들이 맞이할 미래뿐 아니라 지금 하는 경험도 본질상 종말론적이다(갈 2:20, 엡 2:5, 6, 골 3:1). 그리스도인의 삶은 종말론적 삶이다.

보스는 신약 성경의 가르침이 가진 이런 근본적 내용에―신약 성경의 종말론적, 구속사적 지향점이라 부를 수 있는 것에—사람들의 이목을 집중시킨 선구자였다. 간략하지만 뛰어난 통찰이 담긴 그의 저서 <하나님 나라와 교회 The Kingdom and the Church>(1903년; 본디 이름은 <하나님 나라와 교회에 관한 예수의 가르침 The teaching of Jesus concerning the Kingdom of God and the Church>이다—역주)는 예수가 미래에 임할 나라이자 현재 이미 당신의 인격과 사역을 통해 임했다고 선포하신 하나님 나라가 종말론적 본질을 가지고 있음을 지적했다. 아울러 <바울의 종말론>이 알베르트 쉬바이처가 본디 독일어로 <사도 바울의 신비주의 Die Mystik des Apostels Paulus>를 내놓았던 바로 그 해(1930년)에 처음 선보였다는 점도 주목할 만하다. 사람들은 쉬바이처의 저작을 바울의 가르침에 종말론적 성격이 널리 퍼져 있음을 폭넓게 인식할 길을 연 작품으로 훨씬 더 많이 알고 있으며 또 그렇게 믿고 있다. 하지만 바울을 더 균형 있게 그리고 더 충실히 다룬 쪽은 보스의 저작이다. 보스의 저작은 바울의 가르침을 지배하는 종말론적 모티프를 충실히 잡아내면서도, 오늘날 대다수 사람이 지나친 주해라고 인정하는 바울의 신비주의라는 쉬바이처식 개념에 빠지지도 않았다. 게다가 보스의 저작은 자신과 자신의 권위를 사도이자 계시의 도구로서 바라본 바울의 이해와 완전히 일치하는 강점까지 더 갖고 있다. 사실 <바울의 종말론>은 그보다 거의 20년이나 앞서 저자 자신이 <성경과 신학 연구 Biblical and Theological Studies>(New York: Charles Scribner's

Sons, 1912)에 실어 발표했으나 사람들이 자주 못 보고 지나치는 탁월한 논문 "바울의 성령 개념에 나타난 종말론적 측면 The Eschatological Aspect of the Pauline Conception of the Spirit"(위 책 pp. 209-59)에서 이미 제시한 관점들을 더 상세히 다듬어 제시한 것이다[이 논문은 R. Gaffin Jr., ed. *Redemptive History and Biblical Interpretation, The Shorter Writings of Geerhardus Vos*(Phillipsburg, NJ: P & R, 1980), pp. 91-125에서 다시 만날 수 있다].

게하더스 보스(1862-1949)는 화란에서 태어나, 1881년에 부모와 함께 미국으로 이주했다. 그랜드래피즈, 프린스턴, 유럽에서 신학 공부를 마친 뒤, 1888년에 스트라스부르 대학교에서 박사 학위를 받았다. 그 뒤 그는 몇 년 동안 지금은 칼빈 신학대학원이 된 학교에서 가르쳤다. 1893년, 보스는 프린스턴 신학대학원이 새로 성경 신학 교수직을 만들어 그를 초빙하자 이를 수락했으며, 1932년에 은퇴할 때까지 이 학교에서 가르쳤다. 거기서 그는 구약 신학과 신약 신학을 연구했다. 그가 완성한 노작들은 진정 기념비라 할 작품이었지만, 대부분 그 시대를 앞서 간 작품이다 보니, 수십 년이 지난 근래에야 비로소 그 작품들이 마땅히 가져야 했던 영향력을 어느 정도 행사하기 시작했다.

<바울의 종말론>은 이전에 아무도 갖지 못한 혜안으로 바울 신학의 구조를 꿰뚫어본 고전이다. 이런 고전이 이제 한국어판 역본으로 다시 나오게 되어 대단히 기쁘고 반갑다. 하나님이 이 역본을 사용하사 한국어를 쓰는 전 세계 교회에 풍성한 복을 베풀어주시길 기도한다. 이런 역본을 만날 수 있게 앞장서서 수고한 번역자에게 감사를 전한다.

리처드 개핀 2세
전(前) 웨스트민스터 신학대학원 교수
2014년 11월

추천의 글 2
28년 전의 열정 앞에 다시 서며

누구보다 기쁜 마음으로 추천사를 쓴다. 번역자인 박규태 목사가 이 책에 대해 가장 만족해하며 번역본을 출판사에 보냈다는 글을 페북에서 읽으면서 그의 마음과 내 마음이 동일하다는 말을 하고 싶다. 20세기 개혁 신학과 21세기 신학에 대한 보스의 신학적 중요성을 생각하며,[1] 또한 보스의 책 가운데서도 이 책이 지닌 의미를 생각할 때, 이 책은 참으로 20세기에 나온 신학서들 가운데서도 가장 중요한 책 중 하나라고 할 수 있다.

첫째, 이 책은 바울 신학 전반이 예수 그리스도의 초림으로 시작된, 그러나 예수님의 재림으로 그 극치(極致)consummation에 이를 종말에 대한 이해를 배경으로 하고 있음을 아주 잘 드러내고 있다. 이 책이 나온 것이 1930년이고, 이런 기본적인 개념을 처음 표현한 것은 보스가 1912년에 쓴 "The Eschatological Aspect of the Pauline Conception of the Spirit"라는 논문이므로,[2] 바울의 생각과 신약 성경 전체가 이미 종말이 임한 상황에서 주어진 것이라

---

[1] 이에 대해서는 이승구, <전환기의 개혁 신학>(서울: 이레서원, 2008), 마지막 장을 잘 살펴보라.
[2] 이 논문은 그의 소논문 모음집인 *Redemptive History and Biblical Interpretation: The Shorter Writings of Geerhardus Vos*, ed., Richard Gaffin, Jr. (P & R, 2001)에 실려 있다.

는 점을 아주 일찍부터 잘 드러낸 것이 보스의 가장 큰 기여라고 할 수 있다. 그러므로 적어도 1930년 이후에는 신약이 종말론적이며, 우리의 모든 삶과 사역이 모두 "종말론적"eschatological이라는 점이 아주 분명하게 의식되고 또 표현되어야 하는 것이다.

　오늘날 신학계에서는 이런 표현이 상당히 일반적인 것이 되었으나,[3] 보스를 열심히 소개하고 가르쳐온 박윤선 목사, 최낙재 목사, 박형용 교수 등의 노력에도 불구하고 아직 우리나라에서는 이에 대한 의식이 철저하지 않고, 그런 언표가 잘 이루어지지 않는 형편이다. 그러므로 보스가 이 책을 통해 우리에게 설득하고 있는 바울의 종말론의 구조에 더욱 충실할 필요가 있다. 특히 이 책의 1장은 누구나 반드시 깊이 생각하면서 읽어야 할 것이다. 그중에서도 종말론의 구조를 드러내는 도표를 유념하면서, 항상 우리가 이미 실현된 종말 안에 살고 있으며, 그러나 그 종말이 아직 극치에는 이르지 않아 늘 예수님의 재림을 기다리면 사는 성도라는 점을 분명히 해야 한다.

---

[3] 이에 대한 예로 이승구, <21세기 개혁 신학의 방향>(서울: SFC, 2005)의 11장을 보라.

둘째, 보스의 다른 책이 그런 것처럼 특히 이 책은 성경을 잘 주해하여 그 빛에서 신학을 하는doing theology 개혁 신학의 가장 뛰어난 예를 제공하고 있다. 물론 문장이 길고, 상당히 깊이 있는 내용을 다루고 있어 이 책을 영어로 읽는 원어민들도 어려워한다는 이야기를 개핀 교수로부터 종종 들었다. 이전에 나왔던 우리말 번역본에 대해서도 그랬을 것이다. 이 새로운 번역본에서는 박 목사가 노련한 번역자 역할을 잘 해주어 독자들이 보다 더 잘 읽을 수 있으리라고 생각한다. 그러므로 이 책을 읽으면서 주해하는 방법을 배우고, 깊이 있는 주해에 근거해 신학하는 일에 친숙해졌으면 한다. 보스가 신학을 하는 가장 뛰어난 예를 드러냈다는 것이 모든 사람들의 공통적인 생각이다. 그러므로 우리는 이 세대에 보스가 했던 것과 같은 작업을 더 진전된 주해의 빛 가운데서 해내야 할 것이다.[4]

셋째, 보스는 이 책에서 신학적 입장이 다른 사람들과 깊이 있게 대화하면서 그들을 잘 알고 이해하면서도 왜 그들의 입장을 따르지 않고, 정통적

---

[4] 이런 주장을 하는 또 다른 예로 Richard L. Lints, *The Fabric of Theology: A Prolegomena to Evangelical Theology*(Grand Rapids: Eerdmans, 1993), 271, 272.

개혁 신학에 충실한 신학을 해야 하는지 잘 드러내고 있다. 그런 의미에서 보스는 19세기 말에 신학 교육을 받고, 프랑스 스트라스부르 대학교에서 아랍학에 대한 연구Arabic studies로 박사 학위를 마친 1888년부터 신학을 가르치기 시작해 20세기 초에 왕성한 신학적 활동을 했지만, 현대라는 시대에 살면서 어떻게 정통적인 개혁 신학에 충실한 학자가 될 수 있는지 그 전형을 보여준 학자라고 할 수 있다. 이 책은 그런 작업에 있어 최상의 예를 드러내고 있다.

넷째, 보스는 그의 다른 주저인 <성경 신학>이 잘 보여주고 있듯이 신약과 구약을 연결시켜 계시의 진정성을 잘 살피는 성경 신학의 전형을 보여주고 있다. 특히 개편이 이른바 개혁주의 성경 신학의 전형을 보여준다. 성경 신학, 즉 보스의 이른바 "특별 계시사에 대한 연구"의 한 부분인 바울을 통해 주신 계시를 살피는 논의의 좋은 예로서 이 책은 성경 신학적으로도 크게 기여한다.

위의 네 가지 이유만으로도 왜 우리가 이 책을 반드시 읽어야 하는지가 분명해졌을 것이다. 이 책의 내용 자체 때문에도 그렇거니와(1930년대에 나온 책이 오늘날에도 이렇게 배울 내용을 많이 전달하고 있다는 점이 놀랍다) 이 책이 21세기에 신학하는 방식에 대해 시사하는 바가 크다. 이제 우리는 보스가 영어로 낸 책을 전부 우리말로 읽을 수 있게 되었다. 이전에 출간되었던 <예수의 자기 계시>(서울: 그나라, 2014)가 새로운 형태로 다시 나왔고, 이 책 <바울의 종말론>도 더 좋은 번역자의 손길을 거쳐 다시 나왔으니 말이다. 이 책은 이전 번역본에서 빼놓았던 <시편의 종말론>도 함께 실었으므로 우리 모두에게 더 좋은 가르침을 준다고 할 수 있다.

   28년 전 내가 이 책을 번역했던 1986년도 말을 돌아본다. 당시 나는 신학석사 학위를 마치고 귀국하여 군대를 마치고, 두 번째 유학을 준비하는 중이었다. 보스의 신학에 충실하게 작업하기를 열망했던 한 신학도가 이제 우리나라에서 오랫동안 절판되었다가 새롭게 출간되는 이 책을 다시 만나 추천하게 되어 한없이 기쁘다. 귀한 책을 출간하기로 한 도서출판 좋은씨앗 관계자들에게 감사하고, 까다로운 책을 열심히 번역해준 박 목사에게도 감사를 전한다. 이 책을 비롯해 보스의 다른 책들을 한국의 신학도들이 더 열심히 읽기를 부탁한다.

이승구
합동신학대학원대학교 조직신학 교수
<예수의 자기 계시>에 대한 추천서를 써주신
박윤선 목사님을 생각하며 합동신학대학원대학교 연구실에서

추천의 글 3
변치않는 고전의 가치를 기린다

게하더스 보스, 그 이름만 들어도 가슴이 뛰던 그였다. 그는 시공간을 초월해 한국의 어린 신학도였던 나에게 큰 선생님이었다. 그가 다시 돌아왔다. <바울의 종말론>이라는 책으로 한국의 독자들, 특별히 성경을 사랑하는 독자들에게 돌아왔다. 종말론의 혼란이 극에 달하고 있는 이때에 이 책의 귀환은 망망대해에서 표류하는 돛단배에 닻을 내려놓은 것과 같은 안정감을 준다. 두말할 것 없이 이 책을 한국의 모든 그리스도인들에게 추천한다. 그 이유는 헤아릴 수 없이 많으나 두 가지로 정리해서 말할 수 있다.

첫째, 이 책은 이 혼란의 시기에 종말론의 중요성을 환기시키고 종말론의 성경적 관점을 정립하는 데 매우 적절한 저술이기 때문이다. 보스는 바울의 종말론이 그의 신학의 한 부분이 아니라 전체를 망라한다고 정확하게 지적하고 있다. 그에 의하면 "바울은 탁월한 지성으로 종말론적 믿음을 담은 채 성경 여기저기에 흩어져 있는 개개 항목들을 파악한 뒤, 이것들을 간결하고 훌륭한 체계로 엮어낸 첫 인물이었다." 또한 바울의 종말론은 "더 이상 계시된 가르침의 총체 속에 들어 있는 한 항목을 이루는 데서 그치지 않고, 서로 연관을 맺은 채 종말론 색채를 띠고 있는 부분들로 이루어진 그 범주 안에 사실상 바울 기독교의 모든 교의(가르침)를 끌어들인다"고 했다. 이러한 보스의 주장은 종말론이 바울 신학 사상의 근본이고 전체라고 보는 입장이다. 이러한 주장은 그가 활동하던 시대에는 도저히 상상할 수 없는 차원의 이야기였다. 당시만 해도 종말론은 신학 분야에서 매우 왜소한 부분에 불과했다. 여러 가지 중 하나로서 순서상 마지막 위치에 놓이는, 심하게 말하면 무시당하는 분야였다. 그러나 이러한 흐름에서 보스는 종말론의 중요성을 획기적으로 부각시키며 그 체계를 공고하게 다졌다. 예를 들어, 보스는 고린도전서 15:46-48의 "둘째 아담" 혹은 "마지막 아담"이라는 주제와 고린도후서 5:17의 "새 창조"와 "새로운 피조물"에 대한 주제 역시 종말론적 관점에서 풀어나가고 있다. 종말론을 "구원론의 왕관"이라고까지 표현한다. 이와같이 보스는 바울의 종말론에 대한 탐구를 통해 성경적 종말론에 대한 통찰이 성경을 올바로 이해하는 데 얼마나 중요한 역할을 하는지 탁월하게 예증하고 있다. 이것이 우리가 보스의 <바울의 종말론>을 읽어야 하는 이유다.

둘째, 보스는 전천년설에 대한 입장을 정확히 제시한다. 특별히 보스가 보여준 바 고린도전서 15:23-28; 데살로니가전서 4:13-18; 데살로니가후서 1:5-12 그리고 빌립보서 3:10-14을 중심으로 한 전천년설에 대한 비판은 매우 섬세하고 날카로우며 완벽하다. 오늘날 한국 교회는 세대주의적 전천년설로 인해 몸살을 앓고 있다. 이단에 취약할 뿐만 아니라 그리스도의 삶과 세계관에 있어서도 매우 취약하다. 세대주의에 물든 신학을 가지고서는 다변화된

21세기 세계에서 적절한 대응을 하기 힘들 것이다. 그런데 문제는 세대주의적 전천년설이 한국 교회의 목회 현장에서 역사적 전천년설과 혼합되어 나타나고 있다는 점이다. 세대주의자가 틀림없는데 스스로는 역사적 전천년주의자라고 고집하는 것이다. 이러한 때에 보스의 <바울의 종말론>을 중심으로 전천년설에 대한 자세한 비판과 평가에 귀를 기울이는 것은, 비록 이 책이 수십년 전에 저술된 것이기는 하지만 시의적절하지 않을 수 없다.

다른 이유가 많이 있음에도 불구하고 이상에서 언급한 두 가지 이유만으로도 이 책은 오늘날 고전처럼 모든 그리스도인들이 읽어야 하는 당위성을 갖는다. 다소 쉽지 않은 내용이지만 부디 한국의 그리스도인들이 이 책을 통해 종말론에 대한 건전한 관심을 잘 세워간다면 좋겠다.

이필찬
교수, 이필찬요한계시록연구소 소장

추천의 글 4
수고로운 독서를 마다하지 않는다면

한국 교회를 들여다보면 한편에는 다양한 형태의 극단적 종말론 운동들이 횡행하고 있고, 다른 한편에는 고도의 과학기술문명과 물질문명의 발달에 근거한 세속주의가 대세를 차지하고 있다. 전자가 비성경적인 종말론으로 교계와 사회를 어지럽히고 있다면, 후자는 종말의식의 상실 내지는 무관심에 근거한 차세주의와 쾌락주의의 늪으로 사람들을 깊이 끌어들이고 있다. 이러한 영적 위기의 때에 하나님의 백성들은 성경적으로 올바른 종말론을 정립하고, 그에 근거한 종말론적인 신앙과 삶을 살아내야 할 사명이 있다. 그런 점에서 개혁주의 성경 신학의 원조라 할 수 있는 게하더스 보스 박사의 <바울의 종말론>이 다시금 번역되어 소개되는 것은 시대의 필요에 부응하는 일일 것이다. 신학교에서 종말론을 가르치고 있는 나는 이 책의 가치와 중요성을 잘 알고 있기에 숙독하면서 많은 배움을 얻는 기회로 삼았으며, 바른 종말론을 정립하고 가르쳐야 할 목회자들과 신학도들에게 기꺼이 이 책을 추천한다.

1930년 프린스턴에서 사적으로 처음 출간된 이 책은 제목 그대로 사도 바울의 종말론을 체계적으로 논구한 작품이다. 4년간 캘빈 신학교에서 조직 신학을 가르친 후 프린스턴 신학교에 부임하여 39년간이나 성경 신학을 가르쳤던 보스는 성경 신학과 더불어 바울의 종말론과 구약의 종말론이라는 과

목도 개설하여 가르쳤다. 그렇게 수십 년에 걸쳐 연구하고 가르쳤던 내용들을 담고 있기에 <바울의 종말론>을 <성경 신학>, <예수의 자기계시>와 더불어 보스의 3대 주저라고 불러도 무방할 것이다. 보스는 이 책에서 자신이 속한 신학적 전통을 분명하게 드러낸다. 그것은 카위퍼와 바빙크가 주도했던 화란개혁주의 신학 전통이다. 그러하기에 이 책에 나타난 보스의 종말론적 입장을 보면, 구프린스턴의 후천년설이나 20세기 초반 미국 교계에 편만하게 영향력을 미쳤던 (세대주의) 전천년설이 아니라 화란신학 전통인 무천년설을 따르고 있다. 보스는 당시의 시대적 추세에 대항해 바울 서신들이 담고 있는 신약의 종말론적 특징들을 밝히는 일에 학자적 기량을 발휘해 이 책을 집필한 것이다.

보스가 활동했던 19-20세기 초반의 자유주의 신약학계에서는 바울 신학의 중심이 무엇인가에 대한 논의가 왕성했는데, 보스는 이 책을 통해 종말론이야말로 바울 신학의 정수라는 점을 밝힌다. 그리고 종말론이 단지 재림과 관련된 미래의 사건들뿐만 아니라 이미 그리스도의 부활로 말미암아 성취되고 실현된 현재의 영역도 포함하고 있음을 분명하게 강조한다. "이미와 아직 아니"already but not yet라는 표어를 통해 유명해진 성경적 종말론의 특징들이 1930년에 간행된 이 책에서 이미 강조, 해설되고 있다(1장 말미에 있는 도표 참고). 이러한 균형 잡힌 종말론은 여러 성경 신학자들(조지 래드, 리처드 개핀, 오스카 쿨만, 헤르만 리델보스 등)뿐 아니라 조직 신학자들(존 머리, 코닐리어스 밴틸, 안토니 후크마, 코닐리어스 배너마 등)에게도 영향을 미쳤다. 박형룡 박사와 김재준 박사도 보스의 강의를 들은 제자들이다. 이 책의 초판(1930년)을 보면 총 12개의 장으로 구성되어 있다. 어떤 부분은 이전에 논문 형태로 발표한 것을 보완한 것이기도 하지만, 12개의 각 장은 한 권의 독자적인 연구서로서 그 틀을 분명하게 갖추고 있다. 바울의 종말론의 구조, 종말론과 구원론의 상호작용, 바울의 종말론이 지닌 신앙적, 윤리적 동기 등을 다루는 1, 2, 3장은 이 책의 근간이자 핵심이다. 이어지는 9개 장에서는 재림의 전조들로부터 시작해 영원한 상태에 이르기까지 여러 가지 종말론적인 주제들을 차례대로 다루어 나간다.

이 책은 종말론이라는 이름을 달고 있지만 조직 신학적인 종말론은 아니다. 바울 서신의 해당 본문들을 주석학적으로 엄밀하게 논구하고 있는 전문 서적이다. 따라서 독자들은 이 책을 정독하며 씨름할 책임을 안고 읽기 시작할 필요가 있다. 그렇게 수고스러운 독서를 통해 한 신학자의 의견이 아니라 영감받은 사도 바울이 종말론적 주제에 대해 말하는 바를 배우게 될 것이다.

이 책은 다루고 있는 내용뿐만 아니라 원서의 문체도 난해하기로 정평이 나 있다. 그런 책을 정확하게 번역하는 산고를 치렀을 뿐 아니라 부가적인 수고들, 즉 원서의 오자 교정, 역자 주, 주요 학자 소개 등을 해준 역자 박규태 목사에게 독자의 한 사람으로서 감사의 마음을 전한다. 출판 시장의 불황에도 불구하고 이 책의 가치를 바르게 인식하고 기꺼이 출간해준 좋은씨앗에도 감사를 표한다. 앞으로 주님이 오실 때까지 성경적 종말론에 관심 있는 많은 독자들의 손에 이 책이 들려 신령한 유익을 끼치게 되길 바라마지 않는다.

이상웅
총신대학교신학대학원 종말론 교수

저자 서문

기독교 신앙은 여러 시대를 거치는 동안 성경의 종말론을 아주 다양하게 평가해왔다. 처음에 기독교가 종말론을 존중했던 이유는 이 종말론이 초기 기독교 변증에 도움을 줄 수 있었기 때문이다. 처음에는 변증과 종말론이 사실상 같았다. 새로 태어난 신앙이 정당한 신앙인가는 세계를 향한 하나님의 목적을 대행하고 완성하시는 위대한 분 메시아가 역사 현장에 나타나셨음을 증명해주는 증거에 달려 있었다. 메시아가 나타나셨음을 믿는 이는 누구나 선지자들이 오랫동안 예언했던 이 종말론적 운동의 심장부로 끌려 들어갔다. 그러나 사실 종말론이 이렇게 변증에 기여했어도, 그 기여가 언제나 성경의 종말론 체계가 지닌 강점에 걸맞게 이루어진 것은 아니었다. 구약 성경은 사람들이 무기를 꺼내 와야 하는 주된 병기고였다. 심지어 베르길리우스가 쓴 네 번째 목가(牧歌)도, 결국 그 기원이 무엇이든, 구약 성경이라는 병기고를 대신할 수는 없었다. 또 구약 성경을 보면, 외따로 떨어져 있는 자그마한 종말론 관련 부분들이 그들이 마땅히 감내해야 했던 것보다 더 팽팽한 긴장을 감내할 수밖에 없었던 경우도 가끔 있었음을 아무도 부인하지 못한다.

모든 시대를 통틀어 교회의 삶을 살펴보면, 종말론적 소망이 교회의 마음속에 늘 확고히 자리 잡고 있었다. 그 소망은 누구도 다투지 않고 받아들인 믿음이었다. 어쩌면 그런 믿음을 유지하는 것이 거의 형식적이었던 때도 가끔은 있었을 것이다. 그러나 마지막에 있을 일들을 내다보는 이런 기대와 소망에는 무언가가 있으며, 이 무언가는 핍박이라는 폭풍이 일어나고 엄청난 불안이 엄습할 때마다 신자들의 의식 속에 이런 기대와 소망을 비춰주고 이 것들에 집중하도록 해준다. 중세 로마 교회는 덧없는 일들이 늘 일어났다가 사라져도 요동함 없이 확고했으며, 더군다나 마지막에 나타날 하나님 도성의 참된 이미지를 아주 분명한 형상으로 그려 보였다. 이 때문에 사람들은 중세 로마 교회 안에는 이 땅을 초월한 세계를 경작할 흙이 거의 존재하지 않았을 수도 있다는(말하자면 종말론을 발전시킬 여지가 존재하지 않았으리라는―역주) 추정을 하곤 했다. 하지만 이런 모습은 상당 부분 사실과 다르다. 로마 교회가 내놓은 찬송 가운데 가장 뛰어난 작품들은 오랜 세월이 흐른 지금도 여전히 이 땅을 초월한 향기를 담고 있다. 이런 작품들은 오로지 낙원의 생수에서 흘러나온 경건이 혈관을 타고 이 찬송 저자들의 심장을 통과하여 아주 풍성하게 흘렀음을 여기서 증명해준다. 이런 경건이 만들어낸 언덕들은 여전히 서 있었고, 새들은 나뭇잎이 풍성한 나무에서 즐거운 노래로 하나님의 성도들을 여전히 기쁘게 해주었다.

종교개혁 시대에는 하나님 앞에서 의를 얻는 문제가 사람들의 마음과 생각을 가득 채웠다. 이 때문에 이 시기에는 종말론적 소망이 뒤편으로 물러나야 했지만, 이런 시기에도 의롭다하심을 얻게 하는 믿음과 종말론적 전망이라는 두 흐름이 여전히 서로 긴밀하게 얽혀 있다고 말하는 것이 결코 모순이 아니었을 것이다. 바울은 이 둘이 서로 긴밀히 얽혀 있을 수밖에 없음을 알았으며, 어쩌면 루터와 칼뱅을 포함한 종교개혁의 탁월한 영웅들보다도 더 잘 알았을지 모른다. 종교개혁자들도 종말론적 음악의 멜로디를 모르지는 않았다. 하지만 그들이 선호한 음악은 폭풍 같고 강한 힘을 실어주는 시편에서 끌어낸 군가였다. 그러나 그들은 선지자나 시편 시인이 줄 수 있는 것보다 더 나은 것을 바울에게서 얻었다. 바울은 그의 탁월한 지성으로 종말론적 믿음을 담은 채 성경 여기저기에 흩어져 있는 개개 항목들을 파악한 뒤, 이것들을 간결하고 훌륭한 체계로 엮어낸 첫 인물이었다. 그 체계가 어찌나 일관성이 있던지, 비록 사람의 표현 방식으로 말한 것이었어도 이후 사람들이 거의 놓칠 수 없는 귀중한 조직이 되었다. 소망을 표현한 개개 항목들을 찾아내어 균형 잡힌 형태를 지닌 빛나는 형체로 묶어낸 이도 바울이었다. 그가 남긴 적지 않은 선물을 생각할 때, 진정 바울은 기독교 종말론의 아버지라 불러도 전혀 그르지 않은 사람이다.

합리주의의 등장과 더불어 종말론은 격랑에 휩싸이곤 했다. 종말론은 역사성이 두드러지는데, 합리주의는 처음 출발할 때부터 역사를 의식하지 않았다. 합리주의는 전통을 무시한다. 과거를 무시하며, 우쭐대고 자신을 뽐내느라 미래도 참아내지 못한다. 더욱이 합리주의는 내면에 치중하는 성향이 있으며 내면에 빠져 있다. 합리주의는 모든 종교의 본질과 가치가 순전히 주관적인 윤리적-종교적 경험에 있다고 본다. 이런 주장에 따르면, 종말론적 과정은 본질상 그 추진력이 **외부**에서 나와야 한다. 어떤 자연력도 종말론적 과정을 만들어내는 힘으로 인식할 수 없다. 합리주의를 신봉하는 집단들이 여전히 종말론에 관심을 갖고 있다면, 그런 관심은 오로지 종말을 향한 호기심에 "역사성"을 부여할 경우에만 생겨날 수 있을 뿐이다. 그런 관심은 더 이상 경건을 불러일으키지 못한다. 그러나 현대에 들어와 이렇게 종말론이 퇴조하고 있음에도 주 하나님에게서 나온 선한 것이 있었으며, 그런 것이 여전히 더 있는 것으로 볼 수 있다. 이런 부인(否認)이라는 폭풍에 떠밀려 옛 풀밭에서 쫓겨난 경건한 이들 가운데에는 이 냉기만 감도는 세상에서 나와 장차 임할 세상을 내다보는 전망 속에서 피난처를 찾는 이들이 적지 않다. 우리는 심히 왜곡된 사상과 음울한 감정에서 물러설 수밖에 없다. 그런 사상과 감정은 이 시대에 종말론을 외치는 선전을 사랑할 수 없는 것으로 만든다. 그러나 그 안에도 지극히 작지만 황금 같은 경건이 깃들어 있을 수 있다. 우리는 결코 이런 경건을 간과하지 말아야 한다.

그러면서도 우리는 이 시대의 두드러진 표지에 적응해야 한다: 이제 종말론은 현대의 불신앙이라는 길을 가로막은 골칫거리 큰 산이 되었다. 이 큰 산의 일부로서 우리가 메시아직이라 부르는 것은 이미 예수 시대에 그 큰 산의 바위에서 떨어져 나간 일부분이었다. 종말론과 메시아직이라는 두 가지 걸림돌은 결국 하나였다. 현대 종교 사상은 그 둘을 모두 용납하려 하지 않는다. 결국 그 결과는 같을 수밖에 없을 것이다. 바울을 그의 종말론으로부터 떼어놓는다면, 그는 그의 사도직에 맞지 않는 사람이 되어 버린다. 메시아라는 직임을 받으신 예수도 더 이상 구주 역할을 하실 수 없다. 우리는 교회가 영광스럽게 받들었던 이 모든 보화와 우리를 먹여 살렸던 이 모든 양식이 우리 눈앞에서 단 한 번의 불로 타 없어지는 모습을 본다. 그런데도 우리는 왜 더 작은 일들(물론 이것들 자체도 충분히 중요한 일이지만)을 추구하는 데에만 열심을 낼까? 분명 여기는 역사적 기독교가 계속성을 지녔다는 주장이 정당함을 증명해줄 것이 무엇인지, 우리에게 "그리스도인"이라는 이름을 더 유지할 권리가 있는지 판가름해줄 시험대다.

게하더스 보스
프린스턴, 1930년 1월 21일

바울의 종말론

THE PAULINE ESCHATOLOGY

Chapter 1

바울의 종말론이 가진 구조

종말론Eschatology은 "마지막 때 일들을 다룬 교리"다. 종말론은, 종교의 눈으로 볼 때, 세계가 어떤 명확한 최종 목표를 향해 움직여가는 경향을 갖고 있고, 이 최종 목표를 지나면 새로운 만물 질서가 수립되리라는 가르침 내지 믿음을 다루지만, 이보다 더 심오한 의미를 지닐 때가 잦아서, 이 새로운 만물 질서가 더 이상 변화를 일으키지 아니하고 영원한 것이 지닌 고정성(固定性)을 갖게 되리라는 가르침 내지 믿음을 다루기도 한다. 종말론은 헬라어에서 유래한 말이다. 이 때문에 우리는 우선 이 말의 조상들을 헬라어로 번역한 구약 성경(70인역)[1]에서 찾아본다. 우리는 여기 70인역에서 ἔσχαται ἡμέραι(에스카타이 헤메라이; 창 49:1; 사 2:2; 렘 37:24;[1)] 겔 38:16; 호 3:5; 미 4:1; 단 10:14에 나옴)와

---

1) 히브리어 본문 배열에서는 이 문구가 30:24에서 등장한다.

ἔσχατον τῶν ἡμερῶν(에스카톤 톤 헤메론; 민 24:14; 신 4:30; 31:29; 렘 23:20; 25:18에 나옴)²⁾이라는 두 문구를 발견한다.

이 헬라어 문구들의 뒤편에는 히브리어 문구인 אחרית הימים(아헤리트 하얌밈)³⁾이 자리해 있다. 어원과 의미 면에서 אחרית라는 말이 가지는 정확한 의미를 결정하는 것이 중요하다. "아헤리트*acherith*"는 "아하르*achar*"에서 나온 말인데, "아하르"는 "가장 뒤쪽"을 뜻한다. "아헤리트"는 "가장 뒷부분"이라는 의미로서 공간과 시간에 모두 적용된다. 공간에 적용한 예가 시편 139:9이다: "바다 끝부분들." 시간에 적용한 경우는, 살펴볼 문구를 보면 알겠지만, 대략 "지극히 먼 날들"을 의미하곤 한다. 하지만 이 말이 순수하게 연대(年代)상 어떤 지점을 가리키는지, 아니면 역시 "종국에 일어날 사건," "앞선 과정이 빚어낸 결과"와 같은 개념에 속하는지 의문이 생긴다. 보통 전문 용례가 아닌 용례에서는 이 단어가 때때로 그런 의미를 지닌다: 욥기 8:7은 번영의 미미한 시작과 그 창대한 결말을 대비하는데, 전자(곧 시작—역주)는 "레쉬트*reshith*"이며 후자(곧 결말—역주)는 "아헤리트*acherith*"다. 욥기 42:12도 이와 비슷하다. 잠언 5:4, 11은 "이상한 여자"(음녀)와 관계한 남자의 쓰라린 종말을 이야기하는데, 이는 이 쓰라린 "아헤리트"가 관련된 모든 행위가 가져올 수밖에 없는 결과임을 암시한다. 마찬가지로 잠언 23:31, 32은 포도주를 이야기하면서 "포도주

---

2) 히브리어 본문에서는 마지막 두 개가 49:39에 나온다. 70인역 31장 속에는 히브리어 본문 렘 48:47에 상응하는 본문이 없다.
3) "아헤리트 하얌밈" 외에 "진노의 끝"을 가리키는 "아헤리트 하즈자암*acherith hazza'am*"과 "해(年)들의 끝"을 가리키는 "아헤리트 하쉬샤님*acherith hashshanim*"도 발견할 수 있다. 전자는 단 8:19에, 후자는 겔 38:8에 있다.

는 순하게 내려가지만," "결국에는('아헤리트') 뱀 같이 물고 독사 같이 쏜다"고 말한다. 또 잠언 23:18과 24:14은 바라는 보상이 "아헤리트"라고 말한다. 따라서 이 말의 통상 용례로 보아 이 말이 종말론의 전문 언어로 사용될때도 비슷한 의미를 함축하고 있다고 말하더라도, 이를 아무런 증거도 없이 무턱대고 *a priori* 반대할 수는 없다. 유일한 문제는 종말을 이야기하는 본문들에도 이런 의미변화를 가져온 중대한 요소가 있음을 지적해낼 수 있는가다. 창세기 49장의 "야곱의 축복"은 유다를 놓고 예언하는 10절의 내용으로 보아 이런 관점을 따르는 접근법을 담고 있다. 여기에서는 "실로," 곧 "유다의 규(홀)와 통치자의 지팡이를 가진 분"이 종국에 그 몸을 드러내사 사실상 지파들 가운데 가장 우월한 유다의 지위를 영원히 구현하는 분으로 등장한다. 즉 나중에 메시아라 불리는 그 분은 단순히 연대적(年代的) 의미를 뛰어넘은 의미를 지닌 완성자시다. 이것은, 이 예언과 이 예언을 언급하는 에스겔서 본문을 나란히 놓고 보면, 훨씬 더 분명하게 드러난다. 여기에서는 에스겔서 21:32[4]이 말하는 대로 "뒤집어엎을 권리를 가지신 분"이요 여호와가 최종 통치권을 주신 분이라 말하는 그 분이 오실 때까지 뒤집어엎는 행위들이 잇달아 이어지리라는 것을 내다보기 때문이다. 또 창세기 그리고 에스겔서가 창세기의 사상을 재생해 놓은 내용을 보면, "…까지"라는 말이 어떤 고정된 종착점을 향해 나아간다는 개념을 분명하게 보여준다. 분명 창세기 49:1에서는 "아헤리트"라는 말이 모든 지파를 널리 아울러 이야기한 예언의 첫머리에 자리해 있다. 그러나 실상 이렇게 한 이유는 이 "아헤리트"라는 말이 지닌 의미가 오직 유다가 맞이할 운명 속에서 비로소 완전하게 실현된다는 것을 말하려 하

---

[4] 영역 성경 본문에는 27절에 있다(개역한글판도 27절이다—역주).

기 때문이다.5) 우리는 이와 같은 현상을 민수기 24:14에서도 만난다: 발람이 발락에게 이렇게 말한다. "내가 이 백성(이스라엘)이 후일에(아헤리트 하얌밈) 당신의 백성에게 어떻게 할지를 당신에게 말하리이다." 이에 이어 야곱에서 별이 나오고 이스라엘에서 규(홀)가 나오는 환상이 희미한 미래("이때의 일이 아니며"와 "가까운 일이 아니로다") 속에 비춰진다. 도입부는 급작스런 비약이다. 중간에 일어날 사건들도 말하지 않고 준비 단계들도 말하지 않는다. 하지만 마지막 말 mashal(20-24절)[2]에서는 차례로 등장한 권세들이 연이어 뒤엎어지는 일이 사슬처럼 이어지는데, 이는 역사의 인과관계 개념을 그대로 보여준다. 한 권세가 다른 한 권세를 압도하여 대신함을 제시한 것은 다니엘서가 뒷부분에서 장차 있을 정치의 진행 양상을 미리 보여준 내용을 떠올리게 한다. 둘 사이에는 이런 차이점이 있는데, 다니엘서에서는 세상 왕국들의 일어남과 통치의 끝에 자리한 하나님 나라를 그 모든 움직임에 마침표를 찍는 것으로 제시하지만, 발람은 완성을 앞에 나온 말에서 제시하고 완성에 이르는 중간 단계의 운명을 20-24절에서 묘사한다. 발람이 한 말들 meshalim 가운데 첫째 말에 속하는 민수기 23:10에서는 그 시기를 특정하지 않고 그냥 "아헤리트"라 적은 말이 등장하는데, 이를 간과해서는 안 된다. 여기서 "아헤리트"는 겉으로 보면 개인에게 적용되지만, 동시에 "죽음"이라는 말과 함께 사용되었다: "나는 의인의 죽음을 죽기 원하며 나의 종말이 그와 같기를 바라노라." 신명기 4:30에서는 "아헤리트 하얌밈"이 그 앞 담화가 묘사한 모든 재앙이 이스라엘에게 임한 뒤에 이스라엘이 여호와께 돌아올 때를 가리킨다. 이 재앙 중에는 포로로 잡혀가는 것도 있는데, 이런 점에서 이 용례는 구약의 관점에서

---

5) 창 49:1, "너희는 모이라 너희가 후일에 당할 일을 내가 너희에게 이르리라."

보면 진정 종말론적이다. 반면 31:29에서는 이 말이 그 재앙들 자체가 임할 시기를 가리키는데, 모세는 이 재앙들을 자신이 죽은 직후 시작될 부패(타락) 과정의 끝에 놓아두었다. 이곳에서 신명기는 예언이라 할 몇 가지 이야기를 미리 한다. 여기에서는 귀환을 전혀 말하지 않는다. 때문에 종말에 닥칠 결과 중 오직 나쁜 측면만을 다룰 뿐이다. 이사야 2:2-4과 미가 4:1-3은 같은 예언 이며, 미가서가 4절에 새로운 낙원의 전원 같은 풍경을 덧붙여 놓은 것만이 다를 뿐이다. 두 본문이 언급하는 것은 마지막에 일어날 일들의 결과다. 이 사야서는 "아헤리트"에 일어날 사건들과 이 사건들에 앞서 펼쳐질 양상들을 직접 연계하지 않고 예언을 급작스레 소개한다. 하지만 미가서는 심히 불길 한 예언을 담은 3장 말미에 이어 곧바로 1-3절을 소개함으로써 이스라엘의 미래에 존재할 저점(밑바닥)과 정점(절정)을 대조하여 제시한 것으로 보인다. 영 역 성경(A.V., R.V., A.R.V.) 역자들은 접속사 "와우waw"[3]를 "그러나but"라는 뜻 으로 제시함으로써 이런 견해를 표명한다.[6] 예레미야서 본문 가운데 둘(23:20; 37:24, 이는 히브리어 성경과 영역 성경의 30:24에 해당한다)은 "아헤리트"(포로기를 다 룬 내용 혹은 포로기 이후 내용에 자리해 있다)와 백성들에게 임한 하나님의 심판 에 관한 새로운 이해를 연계한다. 다른 두 본문(25:18; 히브리어 성경과 영역 성경 49:39과 48:47에서 발견할 수 있는 본문으로 70인역에는 없는 본문)은 엘람과 모압이 끝날 때에 돌아올 것을 이야기한다. 이 본문들에 덧붙일 수 있는 것이 히브 리어 성경과 영역 성경 31:17에 있는 흥미로운 말이다.[7] 여기에서는 그 백성

---

6) 이 와우waw는 이사야서에서도 등장한다. 그 의미가 "그러나"임을 확신하려면, 이사야가 이 예언 을 미가서에서 취했음을, 혹은 영역 성경들이 발견한 대조의 의미를 지닌 접속 관계임을 발견한 이 관계가 이사야서와 미가서 뒤에 자리한 제3의 자료가 의도한 것이었음을 알아야만 한다.
7) 위에서 인용한 히브리어 본문에 해당하는 70인역 38:16은 본문이 크게 달라 "아헤리트"라는 말

의 "아헤리트"에 "소망"이 있음을 이야기함으로써 "아헤리트"와 하나님께 은혜를 입은 상태를 연계한다. 이런 점에서 위에서 언급한 구절들이 "아헤리트"에 있을 것으로 예언한 심판을 "새롭게 이해한다"는 말은 십중팔구 그 심판을 바로 그런 길(吉)한 의미를 지닌 것으로 봐야 한다는 뜻일 것이다. 에스겔 38:16은 곡이 이스라엘 백성에게 가할 마지막 큰 공격이 "아헤리트"에 있으리라고 제시한다. 이 공격은 이스라엘에서 안전한 상태가 이미 확립된 상태가 되었을 때 펼쳐진다(14절).[8] 호세아 3:5은 "아헤리트"를 포로 생활 이후 시점으로 못 박는다. 이때가 되면 이스라엘 자손이 돌아와 그들의 하나님 여호와와 그들의 왕 다윗을 찾으며, 두려움을 품고 여호와 그리고 그분의 은총으로 나아간다. 마지막으로 다니엘 10:14에 따르면, 해석자가 선지자(곧 다니엘—역주)에게 "마지막 날"(페르시아가 망한 뒤)에 이스라엘 백성에게 닥칠 일을 이해시켜주려 한다.

우리는 위에서 이 "아헤리트"라는 문구가 70인역에서 등장하는 경우를 모두 아울러 살펴보았다. 이를 통해 어떤 결론들을 이끌어낼 수 있는데, 여기서 그 결론들을 간단히 제시해볼 수 있다: 첫째, 이 문구는 엄밀히 말해 종말론 영역에 속한다. 이 문구는 막연하게 뒤쪽에 자리한 어떤 지점이나 시기 혹은 뒤에 이르러 사건들이 복잡하게 뒤섞여 있음을 의미하지 않는다. 이 문구 안에는 그 시대가 마지막임을 나타내는 의미(분위기)가 분명 들어 있다. 하

이 등장하지 않는다.

8) 미 4:1, 11과 비교해보라. 이 두 구절은 "아헤리트"를 복된 상태로 묘사한 뒤에 "많은 민족들(이방 사람들)"이 공격하리라고 말한다. 그러나 이런 배열이 꼭 엄격하게 연대순으로 이루어졌다고 볼 필요는 없다. 11절이 "그리고 이제"라고 말하기 때문이다.

지만 이것을 꼭 그 연대도 마지막이라고 못 박는 의미로 혼동해서는 안 된다. 이 때문에 이 "아헤리트"는 예언자가 보는 환상의 흐름을 따라 앞으로 밀어붙일 수 있는, 일종의 이동 가능한(즉 마지막 시기나 시대가 아닌 시점에도 사용할 수 있는—역주) 복합어가 되는데, 이 점은 구약 성경에서 독특하게 나타난다. 여기는 이 현상의 밑바닥에 자리한 계시 철학의 원리를 다루는 자리가 아니다. 따라서 주해 결과도 그것(이 첫째 결론에서 말한 내용—역주)을 지지함을 지적해두는 것으로 충분하겠다.9)

둘째, 이 "아헤리트"라는 개념은 종말론의 집단적 측면과 관련이 있다. 종말론은 개인의 앞을 내다보고 그 미래를 다루는 게 아니라, 사람들 전체가 맞이할 운명과 숙명을 다룬다.10) 하지만 이것이 곧, 사람들이 가끔씩 근거 없이 내세우는 주장처럼, 구약 성경에는 개인 차원의 종말론이 전혀 없다는 의미는 아니다. 이 말은 단지, 개인 차원의 종말론을 이야기하는 접근법이나 가르침이 있더라도 "아헤리트" 개념으로 표현되지는 않았다는 의미일 뿐이다.

셋째, 이 "아헤리트"라는 개념은, 그 위치도 이동이 가능하듯이(즉 "아헤리트"가 연대상 마지막 때만을 가리키지 않듯이—역주), 그 범위도 탄력성이 있다. 우

---

9) Delitzsch, *Commentar über die Genesis*, 4th ed. 1872, pp. 498-501과 비교해보라.
10) 예외일 수 있는 구절이 민 23:10이다. 여기에서는 "의인의 죽음"(그의 "아헤리트"와 평행을 이룬다)을 열렬히 원하는 것이라고 이야기한다. 이를 이스라엘을 언급하는 말로 볼 수 있을까? 전후 연결이 그리 가리키는 것처럼 보이기 때문이다. "의인"을 이스라엘을 가리키는 이름으로 봐도 이상할 게 없다. 신 32:15; 33:5, 26; 사 44:2에서는 "여수룬"이 이스라엘 백성을 가리키는 이름으로 등장한다. 이스라엘의 죽음이라는 개념을 살펴보려면, 호 13:13과 비교해보라. 그러나 호 13:13에서는 그 표현이 불길하다. 설령 개인을 염두에 둔 말로 해석한다 하더라도, 발람의 말(민 23:10의 말—역주)은 종말론적이다. 발람은 죽음 이후의 미래를 복되다고 말하지(그러기에 "의인"이라는 말을 쓴다), 뒤에 남은 존재들(자녀들이나 재산)을 복되다고 말하지 않는다. 이 본문을 개인을 염두에 둔 말로 해석한다면, 죽음 뒤의 상태를 말하는 종말론 개념을 일찍부터 제시한 경우가 될 것이다. 창 5:24이 유일하게 이와 유사한 경우일 것이다.

리가 이미 보았듯이, 이 개념은 예언자가 보는 환상이 내다볼 수 있는 가장 먼 단계에서 일어나는 불길한 사건들과 길한 사건들을 아우른다. 또 이 개념은 이런 사건들의 시간상 순서를 분명하게 표시하지도 않는다. 미래와 관련된 구약 예언의 전체 취지를 고려하면, 이것은 예상할 수 있는 일이다. 때로는 "아헤리트"에 해당하는 것으로 시점들 *points*을 언급하기도 하지만, 때로는 명백히 어떤 기간에 걸쳐 일어난 사건들 모둠 *a condensation of events*을 "아헤리트"에 해당하는 것으로 언급한다. 무엇보다 중요한 질문은 "아헤리트"가 실제로, 가끔은 최소한이라도, 고정되어 변하지 않는 결과, 예언이 말하는 영원한 복된 상태를 포함하는가다. 만일 그런 결과나 상태를 포함한다면, 이는 후자(즉 모둠을 이룬 사건들이 일어난 기간—역주)를 무한정 늘려, "아헤리트"를 신약 성경이 영원한 상태라 여기는 것과 동일한 상태로 만들어 버릴 것이다. 물론 그런 상태를 묘사하더라도 여전히 시간을 나타내는 말을 사용하겠지만, 그럴 때도 "아헤리트"라는 문구 자체의 어원 속에는 애초부터 후자의 특징이 들어 있다. 사람들은 이에 해당하는 사례로 신명기 4:30을 들었다(통상 쓰는 번역문을 기초로 하여): "네가 고난에 빠져 이 모든 일이 네게 임할 때, 훗날 네가 네 하나님 여호와께 돌아오리라 When thou art in tribulation and all these things are come upon thee, in the latter days thou shalt return to Jehovah thy God." R. V.와 A. R. V.는 이렇게 번역했으나, A. V.는 "바로 훗날 이 모든 일(즉 앞서 말한 재앙들)이 네게 임할 때 When all these things are come upon thee even in the latter days" 등으로 번역해 놓았다. R. V.와 A. R. V. 도 난외(欄外)에서 이 또 다른 번역문을 제시한다. 헬라어 본문은 분명치 않은데, 이렇게 적혀 있다. "또 이 모든 말씀들(일들)이 '날들의 아헤리트 *acherith of the days*'에 너를 발견하리라." 히브리어 본문은 "아헤리트"를 역경의 시대로 제시한다. 그러나 설령 R. V.와 A. R. V.의 구조를 택한다 할지라도, 이 본문에서는 "아헤리트"에 복된 시대가 자리해 있지 않다. 이 본문이 "아헤리트"에 분명히 놓아둔 것은 단지 회개 행위뿐이다. 호세아 3:5 본문(원서에는 3:3

로 되어 있으나 잘못이다—역주)에서도 이와 같은 말을 할 수 있다: "아헤리트"에 이스라엘 백성이 여호와께 그리고 그의 "은총"으로 돌아오리라고 말한다. 하지만 여기에서도 만일 "그의 은총으로 돌아옴"을 하나님의 은혜를 누린다는 의미를 함축한 말로 받아들이면, "아헤리트"를 그 돌아옴의 결과로 이루어질 종말의 영원한 상태를 아우르는 말로 만들 수 있다. 종말에 완성될 일들을 "아헤리트"에 일어날 일로 분명하게 기록해 놓은 유일한 본문은 같은 예언을 겹쳐 기록해 놓은 이사야 2:2과 미가 4:1이다. 여기서 우리는 "아헤리트"에 여호와의 집의 산이 모든 산의 꼭대기에 우뚝 서리라["nakhon jihjeh"(나콘 이흐예)]는 말씀을 읽는다. 이 본문의 니팔^{Niphal} 분사(nakhon은 khun의 니팔 분사 남성 단수 절대형으로 "우뚝 세워지다"라는 뜻이다—역주)는 지속되는 상태로 이해해야 한다. 또 이와 같은 상태는 여호와의 가르치시는 역할, 여호와가 많은 민족 사이에서 판단하심, 그리고 평화롭고 안전한 상태가 편만할 것이요 각 사람이 그의 포도나무와 무화과나무 아래 앉으며 어느 누구도 그들을 두렵게 하지 못하리라는 것을 이야기하는(마지막 것은 미가서에서만 이야기한다) 3, 4절에서도 암시한다.[11]

이제 신약 성경으로 가서 우선 바울 서신 이외의 본문들을 살펴보면, 공관복음서에서는 종말을 언급하는 말로 ἔσχατον(에스카톤)이라는 말이 나오지 않는다는 사실을 깨닫는다. 요한복음에는 이 말이 등장한다. 우리는 여기 요한복음 6:39, 40, 44, 54과 11:24에서 "ἐσχάτη ἡμέρα"(에스카테 헤메라; "마

---

[11] Stark, "Der Gebrauch der Wendung Beacherith Hajjamim im alttestamentlichen Kanon," Z. f. A. W. 1891, p. 247; Giesebrecht, *Beiträge zur Jesajakritik, Anhang*, pp. 187-220과 비교해보라.

지막 날에")를 만난다. 여기에서는 명사와 형용사가 단수이고 부활이라는 행위를 특정하여 지칭하기 때문에 구약의 그 문구(즉 "마지막 날들"을 뜻하는 히브리어 "아헤리트 하야밈"—역주)보다 의미가 축소되었다. 사도행전은 2:17에서 "마지막 날들"이라는 문구를 단 한 차례만 사용한다.[4] 베드로는 이 말을 요엘 3:1에서 인용하는데, 요엘서의 이 구절 히브리어 본문에는 이 문구가 들어 있지 않고, 단지 "그 뒤에"라고 말할 뿐이다. 이렇게 ("그 뒤에"를 "마지막 날들"로—역주) 쉽게 바꿀 수 있었다는 것은 초기 그리스도인 집단들이 이 공식(관용문구)을 완전히 숙지하고 있었음을 증명해준다. 바울 서신 이외에 신약 성경이 또 이를 언급하는 곳은 히브리서 1:2, 야고보서 5:3, 베드로전서 1:5, 20, 베드로후서 3:3, 요한일서 2:18(2회), 유다서 18절이다. 이 본문들에서는 "날"이라는 명사가 "ἡμέραι"와 "καιρός"(카이로스),[12] 혹은 "χρόνος"(크로노스), "χρόνοι", "ὥρα"(호라), "ὥραι"[5]로 다양하게 변한다. 요한일서 2:18은 이 문구를 복음서처럼 "ἐσχάτη ὥρα"(에스카테 호라)로 기록해 놓았다. 다만 이 문구가 예수의 말씀에서는 어떤 시점 a point of time(부활이 이루어지는 시점)으로 나타나지만 요한일서에서는 마지막 시간 the last stretch of time으로 바뀌는 차이가 있을 뿐이다.

신약 성경이 이 문구(곧 "마지막 날들"—역주)를 활용한 경우들이 가진 독특한 특징은 이 경우들에 저자와 독자가 마지막 날들이 그들에게 임했음을, 혹은 적어도 가까이 이르렀음을 알고 있다는 취지가 담겨 있다는 것이다. 실제

---

12) "*eschatai hemerai*"(에스카타이 헤메라이)와 "*kairos eschatos*"(카이로스 에스카토스)의 차이는 딤후 3:1, 곧 "말세에 고통당하는 때(καιροὶ χαλεποί, 카이로이 칼레포이)가 이르리니"를 통해 가장 잘 느낄 수 있다. 전자는 순수하게 연대(시간)를 나타낸다. 그러나 후자는 어떤 성질을 나타내고 어떤 시기를 특정하여 지목하는 의미를 담고 있다. 디모데후서에 있는 이 본문은 바울과 함께 "*eschatai hemerai*"를 전문용어로 사용한 유일한 사례다.

로 이것과 이 문구를 떼어놓는 일은 이제 어느 정도 불가능한 일이 되어 버렸다. 때문에 이제는 이 문구가 들어 있는 말을 정확히 따져 미래와 현재를 혹은 현재와 현재에 준하는 시간을 떼어놓으려고 더 이상 특별한 수고를 하지 않는다. 여기에 구약 성경의 표현 방식과 현저히 다른 차이점이 있다. 때로는 마지막 때에 일어날 일들이 임박했다는 믿음 그리고 이런 믿음에서 생겨나 널리 퍼진 종말론적 심리 상태가 사람들을 부추겨 현재 세상이 돌아가는 상태를 샅샅이 살피게 하고 종말이 다가왔을 때 나타날 수 있는 징조들, 곧 디모데후서 3:1, 베드로후서 3:3, 유다서 18절이 말하는 것들을 찾게 하는 것 같다. 그런가 하면 그런 징조들을 관찰한 결과가, 요한일서 2:18처럼, 지금이 마지막 시간이라는 결론으로 이어지거나, 혹은 적어도 그런 결론을 더 든든하게 만들어줄 때도 있다. 또 어떤 때는 야고보서 5:3처럼 그런 생각이 대단히 불길한 색채를 띨 때도 있다. 아울러 그런 생각이 현실 차원보다는 이론 형태로 나타날 수도 있다. 물론 이런 경우에도 그런 생각이 현실 상황과 완전히 단절되어 있는 것은 아니다. 베드로전서 1:5, 20이 그런 예다. 그 두 가지 모티프를 조합해 놓은 흥미로운 사례가 히브리서 1:2에서 등장한다: "하나님이 이 마지막 날들에 아들 안에서 말씀하셨다." 이곳까지는 계시의 역사를 그저 연대순으로 구성해 놓았던 히브리서 저자는 이곳에 이르러 뒤늦게 생각이 났다는 듯이 끝에 "이^{these}"라는 대명사를 살짝 덧붙임으로써 이 마지막 날들이 저자 자신과 그의 독자들이 사는 현재라는 성찰을 덧붙여 놓았다.[6] 저자가 그런 생각(즉 저자 자신과 그의 독자들이 사는 현재가 마지막 날들이라는 생각—역주)을 곧장 덧붙여 표현하지 않았으면, 이 본문이 표현하는 의미는 당연히 "ἐπ' ἐσχάτων(복수다) τῶν ἡμερῶν"(에프 에스카톤 톤 헤메론)이었을 것이다. 이 모든 것 덕분에 이전에는 다소 먼 미래라는 안개 속을 떠다녔던 이 문구가 현재 및 가까이 닥친 미래에 단단히 붙어 있는 부속물을 얻었다. 영역 성경은 이 점을 바로 인식한 까닭에 구약 성경과 70인역의 문구들을 "훗날들$^{\text{the latter days}}$"로 번역했지만 신약 성경은 이 문구 자체를 이야기하면서 같은 문구를 "마지막 날들$^{\text{the last days}}$"로 번역해 놓았다.13)

바울 서신을 제외한 신약 성경 본문의 용례와 70인역 본문의 용례는 둘 다 "비교급이 아닌 것$^{\text{non-comparative}}$"이라고 부를 수 있는 특징을 공통으로 갖고 있다. 이 용례들에는 성질상 특정한 국면인 "이른^{early}" 날들 혹은 "더 이른^{earlier}" 날들을 의식하면서 이 날들과 대비하여 "훗날들"을 곱씹어보는 내용이 없다. 이 본문들은 철저히 시간상 미래의 마지막 부분에 그 시선을 집중하기 때문에, 이 본문을 대조로 보면 십중팔구 연대(年代)에 따른 대조가 되어 버린다. 이 결과, "(더) 훗날$^{\text{latter days}}$"이라고 번역하면, 자칫 이 문구를 비교급을 쓴 것으로 보아, 날들에는 두 종류, 곧 더 이른 날들과 더 훗날들이 있으며, 이는 적어도 이 둘이 서로 대립하는 의미임을 암시하는 것이라는 오해를 만들어낼 수도 있다. 그러나 꼭 이런 의미가 담겨 있지는 않다. 또 예견된 위기가 낳을 확정된 결과도 재차 "날들^{days}"로 이루어져 있으리라는 결론 역시, 비록 이런 결론이 메시아가 오신 상태를 시간으로 표현하며 내다보는 구약 성경의 시각에 아주 잘 부합한다 하더라도, 허용할 수 없는 결론이다. 여

---

13) A. V., R. V., 그리고 A. R. V.는 구약 성경 본문을 그렇게 번역하면서도 창 44:1과 사 2:2(미 4:1)에서는 똑같이 예외를 보여준다. 이 두 본문에서 A. V.는 "마지막 날들"로 번역했다. 이사야서와 미가서를 놓고 볼 때, 이처럼 신약 성경의 용례를 내다보는 표현 자체는 "아헤리트"에 자리해 있는 것이 가지는 정적(静的) 성격 때문일 수 있다; 위에서 말한 "여호와의 집의 산이 우뚝 서리라(그리고 그대로 유지되리라"와 비교해보라. 이는 잠시 있다 사라지는 게 아니고 영원한 현상이기에 "뒤"라는 표현보다 "마지막"이라는 표현이 더 낫게 보였다. 민 23:10에서는 세 영역 성경이 모두 "마지막 끝$^{\text{last end}}$"으로 번역해 놓았는데, 이는 원칙의 예외가 아니다. 여기에서는 번역자들이 본문이 의로운 사람의 죽음을 언급한다는 것을 분명하게 발견했기 때문이다. 또 민 24:14은 민족 전체를 아울러 내다보는 관점을 보여주는데, 세 영역 성경은 여기에서도 재차 "훗날"(후일)로 번역해 놓았다.

기에서는 "영원하다"를 시간이 없는 것으로 바라보지 않는다. 여기서 내다보는 것은 역사의 마지막에 존재하는 어떤 시점 혹은 어떤 기간이다. 그 시점 내지 기간은 소위 "날들"의 일부를 이룬다. 그 이후에는 더 이상 날들이 없겠지만, 그래도 여기에서는 뭔가 다른 본질을 가진 어떤 것을 암시하지 않는다. 여기서 강조하는 것은 "얌밈"(히브리어로 "날들"—역주) 혹은 "헤메라이"(헬라어로 "날들"—역주)가 아니라, "아헤리트"요 "에스카톤"이다. 지금까지 "마지막 날들"이라는 문구는 시간이 존재하는 질서가 곧 끝나고 하루하루가 이어지는 상태가 아닌 존재 상태로 바뀌리라는 의미를 함축하고 있지 않다.

이제 우리가 방금 전까지 논의한 전문적 문구들을 염두에 두고 바울 서신을 살펴보자. 그러면 곧바로 바울이 쓰는 용어가 종말 사상과 결합해 있는 용어와 다른 방향을 지향하고 있음이 분명하게 드러난다.[14] 분명 바울은 "마지막의(종말의)$eschatos$"라는 형용사를 많은 명사 그리고 종말론과 관련된 의미를 함축한 명사와 결합한다. 고린도전서 4:9은 사도들을 죽음을 앞둔 자들 같이 끄트머리에 있는 자들$eschatoi$로 제시하는데, 이를 그들이 최근에 그런 운명을 맞이한 사례임을 의미하는 말로 보기는 분명 불가능하다. 이 본문은 사도들의 위치를 눈앞에 다가온 마지막 고난과 연계한다. 고린도전서 15:26은 멸망당할 원수들의 순서에서 "맨 나중"(사망을 가리킨다)을 말하는데, 이는 순전히 숫자상 맨 나중으로 보이지만, 이 단어에서 종말론과 연계된 의미를 완전히 배제할 수 없음은 물론이다. 52절에 나오는 "마지막 나팔"에

---

14) 만일 있었다면, "마지막 날들"이라는 문구는 살후 2장에 있는 "죄(불법)의 사람" 예언에서나 나올 법한 말이다. 이 대목에 이런 문구가 없다는 것은 의미심장해 보인다. 여기에서는 "주의 날"이 중심 개념이다; 특히 6절의 "그의 때"와 비교해보라.

는 종말론과 관련된 의미가 분명하게 존재한다. 그 이유는 이 "마지막 나팔"이 세계사가 흘러가는 동안에 울려 퍼졌던 몇몇 나팔 소리를 모두 가리키지 않고, 율법을 수여할 때 함께 울려 퍼졌던 장엄한 나팔 소리에 대응하는 나팔 소리를 뜻하거나, 아니면 종말의 때에 잇달아 나팔 소리들이 울려 퍼지고 그 직후에 "마지막"이라 불리는 이 나팔 소리가 울려 퍼지기 때문이다. 이 52절의 경우에는 보통의, 말하자면 세상에서 울려 퍼지는 나팔 소리들을 곱씹어보는 내용이 존재하지 않는다.[15] 하지만 그 가운데 가장 중요한 것은 그리스도를 "마지막 아담 the eschatos Adam"이라 지칭하는 45절이다. 여기에서는 "마지막"에 종말론의 의미가 가득 들어 있다. 22절과 23절이 이 "마지막 아담"을 부활의 근원이라 말하기 때문이요, 47-49절이 이 "마지막 아담"을 "살리는 영," "하늘에서 나시고," "하늘에 속한" 분이라 말하기 때문이다. 이 모든 것은, 예를 들어 신자들이 부활한 뒤에 갖게 될 독특한 종류의 (몸의) 형상처럼, 마지막에 이루어질 하늘나라와 그에 속한 상태들을 가리킨다. 바울의 이런 "마지막 eschatos" 용례가 고대의 "마지막 날들" 개념에 얼마나 깊이 뿌리를 내리고 있는가는 여기서 딱 부러지게 말할 수 없다.

구약의 관점과 달리, 바울의 종말론 구조는 대조 구조를 이루는 것으로 보인다. 바울의 종말론은 종말을 한 원리의 지배 아래 놓아두는데, 이 원리

---

15) 그 나팔 소리가 아주 철저히 "종말론 색채를 띠고 있다"는 점은 이 말이 살전 4:16과 고전 15:52의 동사에서 "마지막"이라는 말이 없이 등장한다는 점이 보여준다; 마 24:31의 "큰 나팔 소리" 및 데살로니가서의 "하나님의 나팔 소리"(살전 4:16—역주)와 비교해보라; 계 8장-11:15은 일곱 나팔 소리를 순서를 붙여 구별하면서도 이 나팔 소리들을 통틀어 이들이 모두 "마지막"에 속한다고 말한다. 계 15:1과 21:9에서는 *eschatai*라는 한정어가 일곱 재앙에 속한다. "하나님의 진노가 그것들로 끝나기" 때문이다.

덕분에 이 원리와 똑같이 포괄적 지배력을 갖고 시원(始原)에서 유래한 반대 원리가 대조를 이루며 나타난다. 그 결과, 이 두 원리를 함께 놓고 보면, 이 두 원리가 우주의 역사를 양분하는 결과를 낳는다. 바울의 종말론은 구원을 가져온 움직임(운동)the soteric movement에 이처럼 우주를 아우르는 배경을 제공함으로써 이 움직임이 세계사를 바꾼 중심a central world-process[7]이라는 의미를 갖고 있다고 주장한다. 시간의 흐름 속에서 일어난 모든 사건은 이 중심을 중핵(中核)으로 삼아 그 둘레에 모여 있다.16) 이 단번의 타격이 서로 무관했던 수많은 사건에 질서를 가져다준다. 바울의 종말론은 역사와 계속하여 접촉해 있지만, 그럼에도 불구하고 이 종말론이 아우르는 역사의 범위가 크다 보니 철학적-신학적 종말론이 되어 버린다. 바울의 종말론은 더 이상 계시된 가르침의 총체 속에 들어 있는 한 항목을 이루는 데서 그치지 않고, 서로 연관을 맺은 채 종말론 색채를 띠고 있는 부분들로 이루어진 그 범주 안에 사실상 바울 기독교의 모든 교의(가르침)를 끌어들인다. 여기에서는 이것을 그저 간단히 전제할 수 있을 뿐이지만, 앞으로 몇 가지 점을 상세히 분석해보면 그 점이 밝혀질 것이다. 처음부터 끝까지 살펴보면 바울 사도의 종말론을 펼쳐 보이는 것이 곧 그의 신학 전체를 제시함을 의미한다는 것이 드러날 것이다. 개념 반전을 통해 종말이 진리가 나타나는 시초를 탄생케 한다는 것이 드러날 것이다. 우리가 여기서 더 직접 관심을 가지는 것은 이런 사고방식을 표현할 때 쓴 특수한 용어다. 고린도전서 15:45-47을 보면, 그리스도에게 붙인 두

---

16) 히브리서에도 종말론을 이야기하며 이와 비슷하게 역사를 둘로 나누어 보는 곳이 있다. 그러나 히브리서가 말하는 내용은 구속의 영역에 속한다: 첫째 시대는 옛 언약 시대요, 둘째 시대는 새 언약 시대다. 히 2:5(장차 올 세상οἰκουμένη μέλλουσα), 6:5(내세μέλλων αἰών)과 비교해보라. "Hebrews, the Epistle of the Diatheke," *P.T.R.*, 1914, 1915와 비교해보라.

이름인 "마지막 아담the eschatos Adam"과 "둘째 사람the deuteros Man," 그리고 후자는 물론이요 전자의 반대말이기도 한 "첫(첫째) 사람the protos Man"이 상응한다는 사실이 그렇게 서로 대립하는 두 방향이 존재함을 분명하게 보여준다. 여기서 "마지막"은 기술적 의미를 갖고 있다. 이 말은 "마지막(종말)" 질서에 속하는 아담을 가리키지 않고, 첫째 사람인 다른 인물과 대조되는 마지막 그분을 콕 집어 가리킨다. 이 말도 "둘째"라는 말만큼이나 반대되는 의미를 갖고 있다. "첫째 (사람)"의 뒤편에 다른 이가 전혀 없듯이, "마지막 (사람)" 너머에도 다른 이가 더 있을 수 없다. 이와 같은 원리를 모형론을 써서 표현해 놓은 것이 로마서 5:14에 있다: "오실 자의 모형."

이런 대조 구조는 두 시대 내지 두 세상을 구분하는 모습에서 더 폭넓게 드러난다. 바울 서신에서 이런 대조를 분명하게 표현하는 유일한 본문이 에베소서 1:21이다: "모든 통치와 권세와 능력과 주권과 이 세상뿐 아니라 오는 세상에 일컫는 모든 이름 위에 뛰어나게 하시고." 그러나 오직 "이 세대"[ὁ αἰὼν οὗτος(호 아이온 후토스)]라는 말만 등장하지만 은연중에 이와 대조를 이루는 말을 암시하는 다른 본문이 아주 많다. 로마서 12:2, 고린도전서 1:20, 2:6, 8, 3:18, 고린도후서 4:4, 갈라디아서 1:4, 에베소서 2:2, 디모데전서 6:17, 디도서 2:12이 그런 예다. 에베소서 1:21에서는 두 말(즉 "이 세상"과 "오는 세상"—역주)을 모두 지칭한 특별한 이유가 있다. 그것은 그리스도의 이름이 시간이나 공간의 제약을 받음 없이 다른 모든 이름 위에 뛰어남을 강조했어야 하기 때문이다. 다른 본문들은 종말 이전의 시대 안에 있는 어떤 특징 내지 요소를 다루기 때문에, "이 세대"의 반대말을 딱히 지칭할 필요가 없었다. 하지만 이와 별개로, 바울은 어떤 관계에서는 당연히 "오는 세대"라는 말을 했을 수도 있을 텐데, 이런 경우에도, 우리가 "미래 세대"라는 말보다 "하늘"이나 "영원"이라는 말을 더 쉽게 이야기하는 것처럼, 덜 공식적이고 의미 표현이 더 두

드러진 "하나님 나라"라는 문구를 자연스럽게 선호했다. 고린도전서 6:9, 10, 15:50, 갈라디아서 5:21, 에베소서 5:5, 데살로니가전서 2:12, 데살로니가후서 1:5, 디모데후서 4:18과 비교해보기 바란다. 따라서 "오는 세대"라는 말이 거의 없다 하여 이를 서로 관련된 개념을 대조하는데 익숙했던 바울의 평소 모습과 어긋난다고 보거나 "오는 세대"라는 말이 그의 종말론 틀 안에서 행하는 역할의 중요성과 어긋난다고 보아서는 안 된다. "세대(혹은 세상)"[*aion*(아이온)]라는 말 자체가 본디 악한 맛(의미)을 지녔다는 증거가 전혀 없다. "세대"라는 말이 본디 악한 맛을 가진 말이라면, 바울 사도는 이 말과 완벽한 미래의 삶을 결합하는 것이 적절치 않다고 생각했을 것이다. 에베소서 1:21은 그 반대였음을 증명한다. 그러나 "이 세대," "이 세상"이라는 문구들이 대체로 나쁜 것을 연상케 하는 경향이 있었음을 부인할 수 없다. 고린도전서 1:20과 2:6-8은 분명 그런 경우에 해당한다. 이 두 경우에서는 본문이 암시하거나 분명하게 표현한 악이 특히 지성(이성)을 가리킨다. 고린도후서 4:4은 사탄을 아예 내놓고 "이 세대의 신"(개역개정판은 "이 세상의 신"—역주)이라 부른다. 갈라디아서 1:4은 그리스도가 우리를 이 악한 현세에서 구하려고 우리 죄를 위하여 당신 자신을 내주셨다고 말한다. 디모데후서 4:10은 데마가 이 세대(세상)를 사랑하여 바울을 버렸다고 말한다. 바울 사도는 로마서 12:2에서 독자들에게 이 세대의 "도식(방식)*the schema*"을 취하지 말고 혹은 가지지 말고 변화를 받아 그 도식과 반대 방향으로 나아가라고 경고한다. 이런 경우들이 "세대"라는 개념을 폄하함은 십중팔구 "세상(세계)*kosmos*"이 가진 나쁜 의미를 반영한 결과일 것이다. 디모데전서 6:17과 디도서 2:12 같은 다른 본문들은 윤리

적 관점에서 볼 때 더 중립적이다.[17]

    이 용어와 관련해 두 가지 문제가 있는데, 이 두 문제는 서로 어느 정도 의존관계에 있다. 첫째 문제는 대체로 이런 대조(즉 "이 세상"과 "오는 세상", "이 세대"와 "오는 세대"를 대조하는 것—역주)가 얼마나 오래되었으며 그 기원은 무엇인가와 관련이 있다. 둘째 문제는 "세대"와 "세상"의 관계와 관련이 있다. 요한 문헌은 종말론적 대조를 표현할 목적으로 "이 세대"나 "오는 세대"라는 말을 활용하지 않는다. 요한 문헌에서는 어디에서나 "세대"라는 말이 순수하게 지나가는 시간temporal 혹은 영원의 의미로 나타나며, 이와 결합된 의미들도 철저히 좋은 것들이다. "세대"라는 말에는 "이"라는 대명사가 앞에 붙지도 않는다. 요한 문헌에서 줄기차게 쓰는 문구는 "εἰς τὸν αἰῶνα," 곧 "영원히"다. 이 문구는 성경이 더 오래 전에 시간을 나타내는 말로 사용했던 "*olam*"(올람)과 그 복수인 "*olamim*"(올라밈)으로 충분히 설명할 수 있다. 그런가 하면 요한 문헌에서는 그 대조의 나쁜 쪽에 해당하는 말로 독특하게 "κόσμος"(코스모스, "세상"), "ὁ κόσμος οὗτος"(호 코스모스 후토스, "이 세상")라는 말을 활용한다.[18] 또 바울 서신에서는 이 "세상"이라는 말이 가끔씩 "이 세대"[ὁ αἰὼν οὗτος(호 아이온 후토스)]와 같은 뜻으로 등장한다. 우리는 그런 예를 로마서 3:6, 고린도전서 1:20, 21, 2:12, 3:19, 11:32, 고린도후서 7:10, 빌립보서 2:15에서 발견한다. "세상"이라는 말을 윤리-종교와 연계하여 사용할 때는 이 말이 나쁜 색

---

17) 다른 *aion*과 대조함으로써 은근히 암시하는 악한 본질은 바울 서신의 대립 명제(대조 구조) antithesis와 히브리서의 대립 명제가 보여주는 더 심오한 차이점이다.

18) 요 12:31, 14:30, 16:11의 "ὁ ἄρχων τοῦ κόσμου τούτου"(호 아르콘 투 코스무 투투, "이 세상 임금"과 비교해보라; 또 고후 4:4의 "이 세대의 신"과 비교해보라.

채를 띠는데, 이는 이 말을 장차 올 상태에는 결코 적용하지 않는다는 사실에서 가장 분명하게 드러난다. 요한 문헌은 물론이요 바울 서신도 "ὁ κόσμος ἐκεῖνος"(호 코스모스 에케이노스, "저 세상"), "저 세대"라는 말을 사용하지 않는다. 요한복음 8:23을 보면 예수는 유대인들에게 말씀하실 때 일부러 "나는 저 세상에 속하였다"라고 말씀하시지 않고 "너희는 이 세상에 속하였고 나는 이 세상에 속하지 아니하였느니라"라고 말씀하신다. 물론 예수가 이리 말씀하셨어도 요한이나 바울은 이런 말씀과 상관없이 "세상"이라는 말을 더 낮은 피조세계에 속한 수많은 것들을 모두 아울러 가리키는 말로서 윤리적 중립성을 지닌 말로 사용한다. 바울 서신에서는 로마서 1:8, 5:12, 고린도전서 4:9(7:31), 14:10, 에베소서 1:4, 골로새서 1:6, 디모데전서 6:7을 비교해보기 바란다. 또 요한 문헌에서는 요한복음 1:9, 10, 3:19, 6:14, 8:26, 9:5, 10:36, 11:27, 13:1, 16:21, 17:5, 24, 18:37, 21:25, 요한일서 2:2, 4:1, 3, 9, 요한이서 7절을 비교해보기 바란다.

바울 서신이 두 단어를 사용한 사례들은 이런 대조 구조가 바울 사도 자신이 만들어낸 것이 아니라는 인상을 남긴다. 바울이 "이 세대(현세)"의 악한 측면을 이전 사람들보다 더 많이 강조했을 수도 있다. 그러나 그는 분명 이 문구 자체를 새롭게 $^{de\ novo}$ 만들어내지도 않았고 이 문구를 "ὁ κόσμος"(호 코스모스, "세상")와 긴밀하게 결합하지도 않았다. 바울 서신에서 한 세대도 지나지 않아 등장한 유대교 문헌인 에스라4서는 7:50에서 "하나님이 두 세대를$^{two\ aions}$ 만드셨다"고 말한다. 나아가 많은 본문에서 이 세대와 미래 세대를 대조한다. 이와 같은 모습은 바룩묵시록$^{Apocalypse\ of\ Baruch}$(대략 같은 시대에 나온 책이다)에서도 나타난다. 힐렐은 "미래 세대의 삶"을 놓고 이야기한다. 요하난 벤 자카이(기원후 80년경 사람)는 하나님이 아브라함에게 "올 세대"가 아니라 "이 세대$^{this\ aion}$"를 계시하셨다고 말한다. 이들 외에 이런 식으로 말하는 유대교 쪽 증인으로 덧붙일 수 있는 사람이 모디임의 엘르아살(요하난보다 좀 뒤 사람이다)이다. 엘르아살은 이스라엘에게 주어진 여섯 가지 선물 가운데 올 세대와 새 세상을 포함시켜 열거한다. 이 유대 관원들은 분명 이런 종류의 문구를 바울에게서 빌려오지도 않았을 것이요 널리 기독교 종말론이 구사하는 단어에서도 빌려오지 않았을 것이다. 따라서 비록 바울 이전에 이런 단어들이 이런 용법으로 등장하는 확실한 사례를 인용할 수는 없지만, 그래도 방금 언급한 사례들만으로도 바울의 용례가 이전 용례에서 파생한 용법임을 증명하는데 충분할 것이다. 이 문구들의 기원을 꼭 필요한 것 이상으로 더 멀리 보려는 것을 철저히 거부하는 경향이 있는 구스타프 달만$^{\text{Gustaf Dalman}}$은 여기에서도 비판을 제시하며 의심을 품지만, 그래도 방금 말한 내용을 받아들일 수밖에 없었다: "'이 세대,' '미래 세대'라는 문구들은 어쨌든 기원후 1세기가 끝날 즈음에 그 존재가 확립되었다."[19]

바울 서신에서 공관복음에 있는 예수의 말씀으로 거슬러 올라가보면, 두 세대(즉 이 세대와 올 세대―역주)를 분명하게 구분하거나 은연중에 이 두 세대가 구분된다고 생각하는 것을 발견하게 된다. 이 두 세대를 분명하게 대조하는 경우는 마태복음 12:32, 마가복음 10:30, 누가복음 20:34 이하에 등장한다. 이런 대조가 절반 정도 분명하게 등장하는 곳이 누가복음 16:8이다. 여기에서는 "이 세대(혹은 세상)의 자녀들"과 대조를 이루는 말로 "빛의 자녀들"이 등장한다. 이런 대조가 마태복음 13:22(마가복음 4:19)의 "세대(혹은 세상)의 염려(마가복음은 염려들)"과 마태복음 13:39, 40, 49, 24:3, 28:20의 "세대(혹은 세상)

---

19) Dalman, *Die Worte Jesu*, I, pp. 122, 123.

의 끝συντέλεια(쉰텔레이아)"에도 은연중에 존재하는 것 같다.[20] 달만은 이 평행 본문들을 비교한 뒤 이 문구가 예수의 말씀 속에 등장한다고 확실하게 추론하기는 불가능하며, 더 나아가 설령 예수가 실제로 그런 문구를 채용하셨더라도 예수가 구사하신 말씀 양식에 비춰보면 이 문구는 분명 무의미하다고(전혀 중요하지 않다고) 결론짓는다. 복음서에 있는 하나 혹은 그보다 많은 평행 본문에 이런 문구가 없거나 이런 문구의 변형이 존재한다 하여 이 문구가 후대에 끼어들어왔다고 추론하는 것은 지레짐작으로 보인다. 저자 입장에서 보면 확장뿐 아니라 압축도 사실들을 설명해줄 수 있기 때문이다. 그러나 달만처럼 이 문구가 예수가 구사하신 종말론 언어 속에 존재한다는 것을 의심한다 할지라도, 복음서 기자들이, 혹은 복음서 기록 이전에 복음 전승을 갖고 있었던 사람들이 이 문구를 채용했다는 것은 필시 상당한 의미를 가진다 하겠다. 복음서 기자들 혹은 복음 전승이 이 문구를 모두 바울에게서 빌려오지 않았다는 것이 확실해 보이기 때문이다. 따라서 복음서 기자들과 복음 전승을 가진 자들이 이 용어를 되풀이하여 사용하거나 기록할 때, 이 용어는 틀림없이 소위 항간에 널리 퍼진 유행어가 되어 있었을 것이다. 그리 보면 이때는 바울이 활동하던 때부터 또는 더 나아가 예수가 활동하신 때부터 따져도 그리 멀리 떨어져 있지 않다. 우리는 복음서 본문이 채용한 이 대조 문구의 색채를 살펴보면서 어떤 경우에는 이 문구가 연대를 나타내고 있음을 간파한다. 마태복음 12:32의 "누구든지 … 이 세상과 오는 세상에서도 사하심을 얻지 못하리라"가 그런 예다. 마가복음 10:29, 30에 있는 "이 세대"(개

---

[20] 여기 외에 "συντέλεια τοῦ αἰῶνος"(쉰텔레이아 투 아이오노스, "세대의 끝")라는 문구는 오직 히 9:26에서만 발견할 수 있다.

역개정판은 "현세"—역주)와 "오는 세대"(개역개정판은 "내세"—역주)는 회복이 이루어지는 두 시기이며, 분명 둘 가운데 후자가 전자보다 훨씬 우월하다. 그러나 누가복음 20:34 이하는 "이 세대"의 자녀들이 윤리와 종교(신앙) 면에서 뒤떨어짐을 암시한다. 이 자녀들은 또 다른 세대를 받을 자격이 없기 때문이다. 누가복음 16:8은 본디 양자(즉 "이 세대"와 "오는 세대"—역주)가 분명하게 구분된다는 관점에서 "이 세대의 자녀들(아들들)이 자기 시대에는"과 "빛의 자녀들"을 대립시켜 놓았다. 여기서 "빛"은 분명 그냥 어떤 특징을 비유로 묘사한 게 아니라, 미래 세대(혹은 세상)에 널리 퍼져 있는 요소를 가리킨다. 마태복음 13:22과 마가복음 4:19의 "이 세대의 염려(염려들)"는 이 복음을 듣는 이들 가운데 일부 사람들이 사로잡혀 있는 이 세대(혹은 세상)의 영향과 흐름에 대한 좋지 않은 평가를 반영한 것 같다.[21] 그런가 하면 "συντέλεια τοῦ αἰῶνος"(쉰텔레이아 투 아이오노스, "세대의 끝")라는 문구를 함유한 마태복음의 다섯 본문은 분명 이 세대를 폄훼하는 판단을 담지 않고 엄밀하게 연대만 나타내는 의미로 *aion*(아이온, "세대")을 사용한다.

두 세대(혹은 세상)를 대조하는 이런 용법이 예수 시대보다 훨씬 전으로 거슬러 올라가는 용법일까? 시리아어로 번역해 놓은 집회서 18:10 본문을 보면, "이 세대"와 "경건한 자들의 세대"를 구분한다. 이는 둘을 형식상 대립케 함과 동시에 각 세대를 달리 평가한다. 그러나 달만은 헬라어 본문에서 이 말에 해당하는 말인 "세대의 날에 in the day of the *aion*"가 다름 아니라 "사는 동안에 in

---

21) 몇몇 권위 있는 사본들은 이 본문이 "τοῦ αἰῶνος τούτου"(투 아이오노스 투투, "이 세대의")로 기록되어 있다; Dalman, p. 125를 보라.

the life-time"를 뜻한다고 생각하면서, 더 나아가 이 구절 전체가 후대에 삽입된 것으로 이 책 저자 당대(기원전 175년 무렵)의 용법을 설명해주지 못한다고 본다. 마찬가지로 에녹 묵시록Apocalypse of Enoch도 71:15에서 "미래 세대"를 말하고 48:7에서 "의롭지 않은 자들의 세대"를 이야기한다. 그러나 달만은 이 본문들도 후대에 본문에 덧붙인 것으로 여긴다. 그렇게 보면 기독교 이전 자료들에서 거둔 수확물은 풍성하지 않다. 실제로 달만이 비판을 통해 걸러낸 뒤에는 수확물이 점점 줄어 사실상 아무것도 남지 않았다. 따라서 이 용어가 존재했음을 증명해주는 신뢰할 만한 증거를 얻으려면 예수 및 바울 시대와 얼추 같은 시대에 해당하는 유대교 시대로 내려갈 수밖에 없는 것으로 보인다. 이때 우리는 바울이 이 용어를 편하게 다루는 점을 고려해서, 이 용어가 예수와 바울 시대보다는 좀 더 오래된 용어임이 틀림없다는 것을 늘 유념해야 한다.

바울 서신 그리고 헬라어로 기록된 복음서 안에서 찾아볼 수 있는 "세상"이라는 말은 존재하는 모든 것을 아우르는 말이자, 하나님께 맞서는 체제, 따라서 시간이 가면 없어질 운명을 지닌 체제가 지닌 악한 색깔을, 다시 말해 다소간 종말론의 색깔을 지니고 있다. 이 "세상"이라는 말이 얼마나 오래되었는지 추적하려면, 그에 앞서 히브리어와 아람어에서는 이 말 뒤편에 무엇이 자리해 있는가라는 문제를 우리 자신에게 던져봐야 한다. 우리가 잘 아는 대로, 히브리어와 아람어는 본디 "세상"을 가리키는 말을 갖고 있지 않았다. 하지만 "모든 것(만물)"이라는 개념을 에둘러 말하는 식으로 표현함으로써 그들 언어의 부족함을 메웠다: 즉 창세기 1:1은 "태초에 하나님이 천지(하늘과 땅)를 창조하셨다"고 말한다. 나중에 이 언어들은 다른 언어 및 사고방식과 접촉하고 이들에게 영향을 받으면서 "세상"이라는 개념을 표현해줄 한 단어를 채용해야 함을 발견했다. 이 개념을 나타내는 말이 비어 있는 공간으로 들어온 단어가 *Ha-'Olam*(하 올람, "시대, 세상")이다. 그러나 이 말은 바로 그 어원으로 보아 시간을 가리키는 말이었다. 때문에 이 말을 "세상"을 나타내는 말로 채용한 것은 이 말을 어원과 상관없는 의미로 새롭게 사용한 것이었다. 하지만 바로 이 *Ha-'Olam*이라는 말을 그런 특별한 용법을 나타내는 말로 고른 것이 순전히 제멋대로 한 일일 수는 없다. 시간이라는 의미 속에는 필시 세상이라는 의미로 바꿔 쓰게 할 만한 어떤 이유가 있었을 것이다. 그리 바꿔 쓴 것은 십중팔구 예상되는 종말까지 시간의 흐름을 따라 계속하여 펼쳐지는 일들을 통틀어 관찰하면 특별한 성격을 가진 일관된 통일체가 나타날 수 있다는 생각 때문이었을 것이다. 세상이 돌아가는 양상을 살펴보면, 말 그대로 한 세대가 한 세상을 이루었다. 하지만 이를 살펴본 사람들은 "세대"를 엄밀히 멀고 먼 종말에 끝나는 것으로 바라보지 않았다면 그런 일이 일어날 수 없었으리라는 것을 간파할 것이다. 다시 말해 "세대"라는 말에는 고정 불변하는 어떤 본질이 있고 현존하는 만물의 질서는 잠시만 존속하리라는 믿음이 담겨 있으며, 여기에서 이 "세대"라는 말은 시간을 나타내는 개념에서 세상을 나타내는 개념으로 넘어가는 경향이 있다.[22] 그런 관점에서 보다보니 "세대"와 "세상"은 아주 가깝게 붙어 있는 사이가 되었고 덕분에 거의 떼려야 뗄 수 없는 사이가 되어, 둘(즉 "세대"와 "세상"—역주)을 같은 단어로 표현할 수 있게 되었다. 처음부터 끝까지 시간을 따라 전개된 모든 내용에 이처럼 연대(年代)의 성격을 절반 정도 집어넣어 압축한 것이 두 세대와 두 세상이라는

---

22) 달만(Dalman, *Die Worte Jesu*, p. 134)은 새 관점을 설명하는데 종말을 곱씹어볼 필요는 없다고 생각한다. 일들이 이루어질 진행 과정을 전망할 수 없다는 것이 그 점을 충분히 시사해주었다. 하지만 달만도 이런 경우의 "*Olam*"은 오로지 시간 개념일 때만 "세상"과 구별할 수 있으며, 이 둘이 내용은 같다는 것을 인정한다.

완전한 틀을 자라게 한 씨앗이 된 것 같다.

이렇게 "*olam*"(올람)이라는 한 단어가 이중 의미를 확고히 갖게 되면서, 이 단어를 이해하고 번역할 때 상당한 불확실성을 만들어낼 수밖에 없는 경우가 분명 적지 않았다. 또 이런 불확실성은 히브리어나 아람어 원어가 구사한 단어에 붙어 있었지만, 헬라어가 채용한 말에도 전이되었다. 헬라어는 "세상"에 해당하는 단어[κόσμος(코스모스)다─역주]를 따로 갖고 있었기 때문에, 각 경우를(즉 "세대"와 "세상"을─역주) 확연하게 구분할 수 있었다. 그러나 모든 경우에 이런 구분이 이루어지지는 않았다. "세대"를 가리키는 올람이 "세상"을 가리키는 올람을 그의 쌍둥이 형제로 받아들였듯이, "세대"를 나타내는 헬라어 아이온αἰών도 역시 마찬가지로 이중 기능을 하기 십상이었다. 아이온은 본디 순수하게 시간을 나타내는 개념이었지만, 이제는 공간도 모두 아우르는 개념이 되었다. 신약 성경에서는 "아이온"이 "세대"를 의미할 수도 있고 "세상"을 의미할 수도 있다. 둘 가운데 어떤 의미인가를 결정하기가 어려운 경우도 일부 있지만, 문맥으로 보아 "세상"이라는 의미임이 확실한 경우도 있다. 마태복음 13:22의 "아이온의 염려"와 누가복음 16:8의 "이 아이온의 자녀들(아들들)"["빛의 자녀들(아들들)"과 대조하는 말]은 전자("세대")에 속하는 예다. 반면 디모데후서 4:10의 "이 아이온을 사랑하여"와 히브리서 1:2 및 11:3은 후자("세상")의 예일 것이다. 마지막에 열거한 히브리서의 두 사례는 "세상"을 가리키는 "아이온"을 헬라어 안에 집어넣으면서 생겨날 수밖에 없었던 문법의 부조화를 생생히 보여준다. 셈어(즉 히브리어와 아람어─역주) 관용어에서는 시간의 의미를 지닌 "아이온"을 복수로 쓸 때가 적지 않았는데, 자연히 그럴 수밖에 없었다. 셈어는 시간을 많은 세대 혹은 부분이 존재하는 것으로 보거나, 시간 개념을 복수로 사용하여 영원성이나 장엄함을 강조하는 경향이 있었기 때문이다. "아이온"을 "세상"이라는 의미로 사용할 때도 이런 복수형을 그대로 유지했다. 우리는 그런 경우를 하나님이 "*aionas*"(aion의 복수, 목적격이다—역주), 곧 "세상들"을 창조하셨다는 표현법에서 발견한다.

"'*olam*" 또는 이에 해당하는 아람어가 두 가지 의미를 지녔다는 것 역시 종교 자료들(문헌들) 속에서 나타나는 세상이라는 개념이 정확히 얼마나 오래되었는지, 그리고 그런 개념이 그런 자료들 속에서 처음으로 확실하게 등장한 곳이 어디인지 밝혀내기가 어려운 것과 관련이 있다. 구약 성경에는 확실한 사례가 없다: 다니엘서는 우리가 보기에 온 "세상"이라 써도 무난할 곳에서 여전히 "온 땅"이라고 말한다. 분명 다니엘서 저자는 자기 마음대로 "세상"이라는 말을 사용하지 않았다. 다니엘서 2:35, 39, 3:31, 4:8, 19과 비교해보기 바란다. 집회서 38:34(원서는 38:4로 적어 놓았으나, 38:34이 맞다—역주)은 의문이 드는 경우다: "κτίσμα αἰῶνος"(크티스마 아이오노스)라는 헬라어 문구는, 특별히 이 문구의 시리아어 번역문이 "*aionos*"를 "*da-'almah*"(다 알마)로 번역해 놓은 것을 보더라도, 당연히 "세상 창조creation of the world"라는 뜻일 것이다. 하지만 달만이 선호하는 주장처럼, 여기에서는 "*Olam*"이 "영원한 창조"라는 말을 만들어내어 "세상"이라는 의미를 제거해 버리기에 "*aionos*"가 "영원"이라는 의미로 되돌아간다는 주장도 가능하다. 에녹서 1-36은 몇 차례에 걸쳐 하나님을 "아이온의 하나님the God of the *aion*"이나 "아이온들의 왕the King of the *aiones*"이나 "아이온의 통치자"라고 지칭한다. 여기에서도 이 말들을 제일 먼저 "세상의 왕"이나 "세상들의 하나님"으로 번역하고픈 충동이 들 것이다. 하지만 달만은 이런 문구들이 구약 성경에서 하나같이 하나님의 영원성을 표현하는 창세기 21:33, 이사야 26:4, 40:28, 예레미야 10:10, 시편 145:13의 문구인 "세대(시대)의 하나님," "세대(시대)들의 반석," "세대(시대)의 왕"에 분명히 의존하고 있다는 이유로 이런 번역에 반대한다. 분명 이 문구들을 보면 어떤 경우에도 관사가 두 번째 단어 앞에 자리하고 있지 않지만, 헬라어 단어를 조합한 문구들에서는 늘 관사를 발견할 수 있다. 그러나 관사를 꼭 "아이온" 자체를 한정할 의도로 붙였다기보다 단지 이 복합 명사를 한정할 목적으로 붙인 것이라고 본다면, 헬라어 단어를 조합한 문구들에서는 두 번째 단어 앞에 늘 관사가 존재한다는 사실이 가지는 의미가 상당히 줄어들고 만다. 혹은 이 경우에도 "(ha-)'olam"이라는 한정어는 단지 "(ha-)'olam"을 부사로 사용하여 하나님을 하나님 영원히 God forever 로 묘사하려고 쓴 말일지도 모른다. 그러나 이 모든 것이 가능하다 해도, 이는 기껏해야 세상이라는 개념이 아직 존재하지 않았을, 희박한 가능성을 허용할 뿐이다. 세상이라는 개념이 존재함을 부인하기에는 이런 주장이 불충분하며, 대체로 설득력이 없다.[23] 에녹의 비유 Similitudes of Enoch 에는 "세상 창조"가 몇 번 나오는데, 여기에서는 창조라는 개념 때문에 "세대"를 생각할 수 없다. "세상 창조"라는 말이 나오는 본문들은 48:6, 7, 69:16, 17, 18, 71:15이다. 하지만 달만은 이 문구들을 후대에 덧붙인 것으로 여기면서도, 48:6, 7의 경우를 제외하면 그리 보는 이유들을 제시하지 않는다. 그의 말이 맞을 수도 있지만, 이유도 없이 무턱대고 의심하다 보면 이 본문들을 의심스러운 증언으로 볼 수밖에 없다. 환상의 책 Book of Visions(에녹서 83-90) 84:2에서는 "온 세상의 하나님"이라는 말이 등장한다. 달만은 이 말이 환상들의 서론에 속하는 "아주 장황한 송영"에 자리해 있다는 이유로 이 말이 의심스럽다고 말한다. 그는 이 말이 다른 부분보다 더 뒤에 기록된 말일 수 있다고 생각한다. 게다가 그는 이 책이 말하는 환상들 전체도 그 기록 시기를 확실하게 결정할 수 없다고 말한다. 달만은 이 모든 문제의 결론으로 기독교 이전 시대에 'Olam이라는 말을 "세상"을 가리키는 말로

---

[23] *Die Worte Jesu*, pp. 133-134.

사용했다는 것을 강하게 의심할 수밖에 없다고 말하지만,[24] 우리 생각에는 그의 결론이 다소 성급해 보인다.

공관복음에서 "세상"[κόσμος(코스모스)]이라는 말을 담고 있는 본문은 마태복음 4:8, 5:14, 13:38, 16:26,(마가복음 8:36, 누가복음 9:25), 18:7, 24:21, 25:34, (누가복음 11:50), 26:13, (마가복음 14:9), 마가복음 16:15, 누가복음 12:30이다. 이 본문들 밑바닥에 세상을 나타내는 말인 'Olam이 깔려 있다고 보는 한, 이 본문들도 공격 대상이다. 그 공격의 이유로 제시하는 것들은 중요하지 않다. 특별한 언어학적 편견에 사로잡힘 없이 "세상"이라는 문구에 다가간 주해가라면, 예수가 사탄에게 시험 당하시는 내러티브에서 "땅의 나라들 kingdoms of the earth"이라는 말이 "세상의 나라들 kingdoms of the world"이라는 말만큼 적절하다고 인정하는 이들은 많지 않을 것이다. 말하자면 이 시험 기사(記事)를 쓸 당시에는 넓은 범위에 미치는 사탄의 영향을 지리적 관점에서 표현하여 "aion"보다 "세상"이라는 말로 묘사하지 않았을까? 누가는 "코스모스" 대신 "οἰκουμένη"(오이쿠메네; "사람이 거주하는 땅, 세상"이라는 뜻이다—역주)라는 말을 쓰는데, 이 말을 놓고도 같은 말을 할 수 있다. 마태와 마가와 누가는 마태복음 16:26, 마가복음 8:36, 누가복음 9:25에서 그들이 가진 원(原)자료를 똑같이 "온 세상(천하)을 얻고도"로 옮겼다. 이런 점에서 한 평행 본문에 코스모스라는 말이 없다는 이유로(예수가 마귀에게 시험을 받으시는 기사를 다룬 마태복음 본문과 누가복음 본문을 비교해보면, 마태복음은 "세상[천하]"이라는 말을 코스모스로, 누가복음은 오이쿠메네로 적어 놓았다. 이 사건을 다룬 마가복음 1:12-13에는 이 두

---

24) *Die Worte Jesu*, p. 138.

단어가 나오지 않는다—역주) 내세울 수 있는 논증(즉 누가복음 본문에는 코스모스가 없으니 온 "세상"으로 번역해서는 안 된다는 논증—역주)은 설 자리를 잃어버린다. 이 때문에 달만은 이 말씀으로 보아 "세상"을 가리키는 아람어 단어가 사용되었다고 보는 것이 상당히 설득력 있다고 인정한다. 하지만 달만은 이렇게 인정하기가 무섭게 곧바로 자기 말의 말미에서 "'alma'(알마, עָלְמָא)를 '시간Zeitlichkeit'으로 받아들이거나 혹은 '온 세상kosmos'을 '온 땅all the earth(ar'a, 아라)(ar'a는 '땅'을 가리키는 아람어다—역주)으로 다시 돌려놓으면, 'alam(알람, עָלַם)을 'kosmos'를 가리키는 단어로 사용한 이 사례도 예수가 하신 말씀에서 제거해 버릴 수 있는 가능성이 존재한다"고 말함으로써, 자기가 한 인정을 하나마나한 것으로 만들어 버린다. 분명히 번역자는 자신이 가진 원문을 보다가 마태복음 5:14의 "세상kosmos의 빛"과 "땅earth의 소금"이라는 조합에서 틀림없이 서로 다른 두 단어를 발견했을 것이다. 빛이 "세상"과, 그리고 소금이 "땅"과 결합해 있었음을 지지하는 근거가 있다. 사실 두 비유는 빛으로 밝게 비추어야 하고 소금으로 짜게 해야 할 대상으로 사람들을 이야기한다. 그러나 확산성이 더 강한 요소인 빛의 널리 퍼짐은 "세상"이라는 개념과 묶는 것이 더 자연스럽고, 물질에 침투하는 요소인 소금의 널리 퍼짐은 "땅"과 묶기가 아주 수월하다. 세상kosmos에게 선포된 "화"(禍)(마태복음 18:7을 보라. 헬라어 본문은 화가 미칠 대상으로 kosmos를 지목한다—역주)가 지극히 현실성 있는 묵시가 아니었다면, 그 "화"가 땅earth에 임하리라는 것을 딱 부러지게 말할 수 없었을 것이다. 복음을 세상에 선포함을 묘사한 마태복음 13:38, 26:13, 마가복음 14:9, 16:15의 문구들은 역시 복음을 "(온) 땅에to the (whole) earth" 선포한다는 말로도 충분히 번역할 수 있으므로, 결정을 내리는 데 도움이 되지 않는다. 이 문구들과 똑같은 의미의 말을 쓰는 곳이 마태복음 24:14의 "온 세상에in the whole oikoomene(오이쿠메네, 세상)," 마가복음 13:10의 "모든 민족들에to all the ethne," 마태복음 28:19("모든 민족을"이며 헬라어로 πάντα τὰ ἔθνη다—역주), 마가복음 16:15의 "온 세상(천하)에to the whole ktisis"25)[누가복음 12:30의 "세상 민족들 τὰ ἔθνη τοῦ κόσμου(타 에뜨네 투 코스무)"과 비교해보라], 마태복음 25:34과 누가복음 11:50의 "세상이 생길 때부터from the foundation of the kosmos," 마태복음 24:21의 "세상의 시작부터from the beginning of the kosmos," 마가복음 10:6과 13:19의 "세상의 시작부터from the beginning of the ktisis"[개역개정판은 10:6에서는 "창조 때로부터," 13:19에서는 "창조하신 시초부터"로 번역해 놓았으나, 헬라어 본문은 두 구절 모두 ἀπὸ ἀρχῆς κτίσεως(아포 아르케스 크티세오스)로 같다―역주]. 이 구절에 있는 표현들은 "땅"보다 "세상"으로 이해하면 분명 더 자연스럽다. 마태복음 13:35은 시편 78:2을 인용하면서 "세상의 시초부터"라고 기록해 놓았지만, 70인역은 "시작부터"라고 기록하여 무엇의 시작인가를 더 이상 자세하게 밝혀 놓지 않았다. 이 모든 증거를 통틀어 고려할 때, 복음서 기자가 사용한 아람어 원본에게는 "세상"을 뜻하는 "Alam"이 낯설지 않았으리라는 결론을 피하기가 힘든 것 같다. 따라서 인용한 모든 사례에서 예수가 오직 시간의 의미만 가진 단어를 사용하셨다거나, 당신이 하신 말씀들을 현재 존재하는 형태대로 말씀하시지 않았다고 추정하는 것은 대단히 근거 없는 억측에 불과할 것이다.26)

공관복음의 이런 사례들을 마무리하기 전에 세상을 뜻하는 올람kos-

---

25) "κτίσις"가 "창조된 인간 족속(race)"을 가리킬 수 있음을 유념해야 한다; Dalman, *Die Worte Jesu*, p. 144.

26) "*Olam*," "*Alam*"을 오로지 시간 개념으로만 생각해서는 안 된다. 가령 "세상의 기초foundation of the world"를 언급하는 곳에서는 "세대의 기초foundation of the age"라는 문구가 전혀 말이 되지 않기 때문이다. 이런 곳에서 택할 수 있는 것은 다음 셋 가운데 하나다: "세상," "땅," 그리고 이런 표현들을 예수가 쓰셨다는 것을 비평하며 부인하는 것.

*mos-'olam*이 이런 사례들 속에 존재한다고 가정한다면, 이 말에 악과 연관된 의미가 들어 있는가라는 물음을 던져볼 수 있다. 예수의 말씀 속에 있는 "세상"은 나쁜 것을 나타내는 이름인가 아니면 중립성을 띤 이름인가? 성경은 사탄이 제공하는 세상 나라들을 분명 악의 세계를 이루는 것으로 생각한다.[27] 마태복음 18:7은 세상 속으로 들어오는 경향이 있는, 실족케 하는 일들을 이유로 세상에 "화"가 있다고 선언한다. 여기서 세상은 적어도 저주의 대상이라는 의미를 가질 수 있다. 그러나 이런 의미가 "세상*kosmos*"이라는 말 자체 속에 어느 정도나 들어와 있는지 밝혀내는 것은 더 어렵다.[28] 제자들이 빛을 비추어야 할 세상은 도덕적 의미에서 볼 때 어둔 세상이다. 씨앗을 뿌린 밭에 비유할 수 있는 세상도 역시 구원의 울타리 바깥 영역이다. 세상 나라들은, 하나님 나라를 구하는 제자들과 달리, 현세의 삶에 속한 일들을 구한다. 결국 성경이 이렇게 묘사해 놓은 이 나라들의 특성은 그들이 구성하는 세상에 그대로 새겨질 수밖에 없다. 다른 사례들을 윤리나 종교(신앙)의 잣대로 평가할 필요가 없다.[29]

이제 다시 바울의 글을 살펴보기에 앞서 바울보다 앞선 혹은 그와 같은

---

[27] 계 11:15, 곧 "세상 나라가 우리 주와 그의 그리스도의 나라가 되어"가 평행을 이룬다. 하지만 이 요한계시록 본문의 "나라"는 단수이며 "왕위(왕권)*kingship*"를 의미할 수도 있다.

[28] 이 구절 하반절은 실족하게 하는 사람에게 별개로 적용하여 "그 사람에게 화가 있도다"라고 말함으로써, 영향을 받는 대상의 악한 본질을 드러낸다.

[29] 위에서 살펴본 내용은 "세상*ho kosmos*(호 코스모스)"을 악하게 보는 시각이 요한의 글에서 아주 두드러지게 나타나지만, 공관복음에도 그런 시각이 전혀 없지는 않다는 것을 보여준다. 나아가 이는 예수가 "세상"이라는 개념을 사용하신 사례들에 바울의 그것과 같은 요소들이 들어 있음을 보여준다. 물론 예수의 용례에서는 윤리의 색채가 바울 사도의 그것만큼 강하지도 않고 체계적이지도 않다.

시대의 유대교 문헌(정경이 아닌 것들)을 둘러봐도 괜찮겠다.30) 에녹서(기원전 100년경의 문헌) 72-82항은 72:1, 75:3, 8, 81:1, 5, 7에서 창조된 "세상"을 몇 차례 언급한다. 같은 책의 또 다른 부분인 91-104항(거의 같은 시기에 기록된 것)을 보면, 91:14에서 "온 세상에 임할 심판을 계시함"을 이야기한다. 여기에는 전체라는 개념과 사악함이라는 개념이 섞여 있다. 기원후 50-100년 무렵에 나온 것으로서 라틴어로 보존되어 있는 모세승천기Assumptio Mosis는 "땅(혹은 세상) orbis terrarum"은 물론이요 "세상 saeculum"31)을 이야기한다. 이 둘은 모두 그 바탕인 원문이 말하는 세상이라는 개념에 그 근거를 두고 있다. 바룩묵시록(사람들은 이 책에 들어 있는 여러 부분의 저작 시기가 각기 다르다고 믿는다)은 저작 시기가 더 오래된 부분들 안에, 다시 말해 어쩌면 바울에게서 그리 멀리 떨어져 있지 않을지도 모를 부분들 안에 "세상"이라는 의미를 가진 시리아어를

---

30) 마카비2서, 마카비4서, 지혜서와 같은 헬레니즘 시대 기록들을 여기서 살펴볼 필요는 없다. 이 기록들은 "코스모스"를 자유롭게 사용한다. 우리가 힘써 추적하는 것은 "코스모스"의 배후에 자리한 같은 뜻의 셈어다.

31) 기독교 라틴어에서는 "saeculum"(사이쿨룸)이라는 명사가 "세대"("따르다"를 뜻하는 sequi에서 나옴)와 "세상"을 모두 뜻한다. 이때 후자는 피안(다른 세상)의 관점에서 보면 더 낮고 떨어지는 곳이라는 냄새를 풍긴다. "secular"라는 말이 "세상에 속한"이라는 의미를 가진 라틴어 "saecularis"(사이쿨라리스)에서 나온 것도 그 때문이다. 사이쿨룸은 본질상 잠시 있다 사라진다—시간이라는 관점에서 봐도 그렇다. 사이쿨룸을 이런 의미로 말하는 방식은 본디 라틴어의 방식이 아니다. 이런 방식은 유대교 신자나 그리스도인들이 쓰던 말에서 라틴어로 들어온 것 같다. 전례에서 쓰는 "in saecula saeculorum"(인 사이쿨라 사이쿨로룸)이라는 말의 의미는 성경(히브리어 본문과 헬라어 본문)이 구사한 패턴인 "영원한 세대들에 이르기까지"[가령 70인역 시 83:5의 εἰς τοὺς αἰῶνας τῶν αἰώνων(에이스 투스 아이오나스 톤 아이오논)—역주]의 의미를 그대로 따른 것이다. 이 말이 이상하게 들리는 것은 오로지 영역본에 "세상"이라는 말을 사용하여 "world without end"(끝없는 세상)로 표현했기 때문이다. 이것은 얼핏 보면 "사이쿨룸"이 가진 두 가지 의미를 혼동하여, "사이쿨룸"이 "세대"를 가리키는데 "세상"을 골라 쓴 것처럼 보인다. 그러나 사전 편집자들은 옛날 영어에서도 "세상"이라는 말 속에 이미 시간의 의미가 들어 있었다고 우리에게 일러준다. 이런 연유로 처음 "world without end"라는 말을 썼던 사람들은, 지금 우리와 달리, 그 말을 그리 이상하게 듣지 않았을지도 모른다.

갖고 있다. 54:1, 56:2, 3, 73:1, 5에서 볼 수 있는 이 시리아어 뒤편에는 틀림없이 "코스모스"라는 헬라어가 자리해 있을 것이다. 희년서Book of Jubilees(기원전 1세기)는 10:17과 25:23에서 "*saeculum*(사이쿨룸)의 세대들"을 이야기하고, 하나님을 "사이쿨룸의 하나님"이라 부른다. 이 문구들에 나오는 라틴어 "사이쿨룸"은 분명 헬라어 "코스모스"를 번역하려 한 말로 보이지만, 시간이라는 개념도 완전히 배제할 수 없다. 또 원문이 원래 의도한 말은 "땅"이었을 가능성도 계산해야 할지 모르겠다. 마지막으로 주요 부분이 기원후 1세기 말이나 2세기 초에 기록된 에스라4서(에스라묵시록)는 "창조된 사이쿨룸"[시리아어 본문은 "*saeculum*"을 "*alma*"(알마)로 적어 놓았다]을 빈번히 언급한다. 또 몇몇 경우는 원문인 헬라어 본문이 전제하는 말이 "*aion*"(아이온)일 가능성이 있는데, 이 경우도 히브리서 1:2과 11:3이 증명하듯이 "아이온"에서 "세상"이라는 의미를 배제하지 않을 것이다. 달만은 헬라어 원문이 모든 곳을 틀림없이 "아이온"으로 기록해 놓았으리라고 생각하는데,[32] 그 이유는 분명하지 않다.

더 뒤에 나온 유대교 문헌들은 예수가 하신 말씀이나 바울이 쓴 글들에 있는 상황과 더 이상 관계가 없다. 더 가까운 것이든 혹은 더 먼 것이든, 우리 주님과 그 분의 사도가 속했던 환경을 살펴보았으니, 이제 우리는 아직까지 결정나지 않은 몇 가지 점을 살펴보겠다. 어쩌면 우리가 방금 결론을 내린 탐구 결과가 그런 점들을 어느 정도 설명해줄지도 모르겠다. 여기서 자연스럽게 등장하는 문제가 있다. 만일 주변 문헌들(유대교 문헌이나 기독교 문헌)이 "아이온"을 "세대"와 "세상"을 모두 가리키는 이중 의미로 번역했다면, 바

---

32) *Die Worte Jesu*, p. 140.

울의 글에서도 "아이온"을 "세상"이라는 의미를 가진 말로 쓴 자취를 발견할 수 있는가라는 문제가 바로 그것이다. 로마서 12:2, 고린도전서 2:6, 8, 3:18, 고린도후서 4:4, 갈라디아서 1:4, 디모데전서 6:17에서는 "아이온"이 "세상"이라는 의미일 수도 있음을 인정해야 한다. 반면 "이 아이온"이 아니라 현세["ὁ νῦν αἰών"(호 뉜 아이온)]라는 말이 등장하는 곳에서는 "아이온"이 엄격하게 시간을 가리키는 말일 가능성이 더 높다. 고린도전서 3:19에서는 "kosmos"에 이 "νῦν"이라는 말이 붙어 있지 않고 대신 "οὗτος"[후토스; "이, 이것"을 가리키는 헬라어 지시대명사이며 이 구절에서는 οὗτος의 단수, 소유격인 τούτου(투투)를 썼다—역주]가 붙어 있다. 바울은 "이 세대"와 "이 세상"을 긴밀하게 결합하면서도 이 둘을 아무렇게나 뒤죽박죽 사용하지 않는다. 이는 이 둘이 함께 등장하는 에베소서 2:2에서 잘 나타난다: "너희는 한때 이 세상의 세대를the aion of this kosmos 따라 행하였다." 여기서 가정하는 것은 (악하다 여기는) 세상kosmos에 악한 시간 개념 혹은 악한 삶이라는 개념이 속해 있고, 하나는 다른 하나에 영향을 미치며 이 둘은 서로 불가분이라는 것이지만, 그럼에도 불구하고 양자는 개념상 그리고 언어학의 관점에서 봐도 서로 구분할 수 있는 말이라는 것이다. 우리는 대체로 세상의 도식(풍조)이 시간(세대)의 도식을 따르지, 반대로 시간의 도식이 세상의 도식을 따르지는 않는다고 말할 수밖에 없을 것이다. 이것은 세상을 악하다고 보는 바울 사도의 개념을 해석할 때 신학적 중요성이 없지 않다.33)

---

33) 영역 성경들이 그 의미가 다소 모호한 "aion"(아이온)에 보이는 태도를 적어보는 것도 제법 흥미로울 수 있겠다. A. V.는 "아이온"을 엡 2:2을 제외한 모든 곳에서 "세상"으로 번역했다. 엡 2:2에서는 "아이온"과 "코스모스"가 "αἰών τοῦ κόσμος"(아이온 투 코스모스)라는 문구에서 함께 등장하며, 이 때문에 결국 "아이온"은 다른 어떤 용어를 요구했고, 이 용어로 선택한 것이 "course"였다. 따라서 "아이온"을 그것이 지닌 시간의 의미로 해석하는 것도 나쁘지는 않을 것이다. 그러

우리는 이미 "이 세대"와 "장차 올 세대" 사이의 구분이 연속선에 있음을 보았다. 하나가 끝나는 지점에서, 그리고 하나가 끝나자마자, 다른 하나가 시작하거나, 혹은 적어도 그곳이 시작하는 지점이다. 심지어 전천년설 주장자도 이 말에 반대할 수 없다. 그들이 제시한 틀을 따르면, 천년왕국이 그때부터 시작하는 오는(장차 임할) 세대the age to come as the beginning thereof와 일부 같을 수 있기 때문이다. "오는 아이온"이라는 말 자체는 미래를 표현할 뿐 아니라,

---

나 "course"는 바울이 마치 "행동방식"을 말하려 했다는 그릇된 인상을 불러일으킬 수밖에 없다. 바울이 표현하고 싶어 했던 것은 그렇게 넓은 개념이 아니다. A. V.는 마 13:22(막 4:19)을 "the cares of this world"(이 세상의 염려 들)로 번역하여 원문에 없는 대명사 "이"this를 덧붙여 놓았다. 딤전 6:17, 딤후 4:10과 딛 2:12에는 부사 "νῦν"(뉜; 헬라어로 "지금"이라는 뜻이다—역주)이 있지만, 이 부사도 "세상"으로 번역하는 것을 막지 못했다. 또 마 12:32은 "이 아이온"과 "오는 아이온"을 예리하게 구분하긴 하지만, 이를 빌미로 "세상"을 버리라고 권면하지 않는다. "συντέλεια τοῦ αἰῶνος"(쉰텔레이아 투 아이오노스)에서도 역시 "세상"을 유지한다. 히 9:26에서는 복수형인 "aiones"(아이오네스)를 썼는데도 이것을 "세상"(단수형)으로 번역했다. 히 1:2과 11:3에 비춰보면 히 9:26이 "세상"이라 번역한 것도 분명 정당하긴 하지만, 그래도 히 1:2과 11:3은 복수형인 "세상들worlds"로 번역했다. 히 9:26의 경우와 다른 두 본문 문구의 경우는 같지 않다. 후자에는 "아이오네스"를 "만들어간다making"라는 개념이 들어 있기 때문에 "세상"이라는 말을 적극 요구하지만, 다른 본문(9:26)에서는 그 내용이 의심스럽다.

R. V는 그 구절 하반절에 "세대들ages"이 있다. A. V.가 밝아나가는 이런 과정은 통일성이라는 장점을 갖고 있다. "아이온"을 "세상"이라 번역한 것이 확실히 옳은 경우도 있지만, 분명 옳지 않은 경우도 있다. 가장 나쁜 점은 이런 번역으로 말미암아 원문에 익숙하지 않은 독자들이 이런 문제를 전혀 알지 못하게 된다는 것이다. 본문만 놓고 보면, R. V.와 A. R. V.는 대체로 A. V. 와 일치하나, 거의 모든 경우에 난외주에 "세대age"를 기록하여 현대 언어학 연구가 더 분명하게 밝혀준 이 문제를 독자들에게 되새겨준다. 하지만 R. V.와 A. R. V.는 이 문제에서 더 엷은 보수주의를 보여준 것일지도 모른다. 본문에 "세대"를 집어넣어도 더없이 안전했을 터인데, 지금은 어쩔 수 없이 난외에 "세대"를 적어 놓은 것을 받아들여야 하는 곳이 한 곳이 넘는다. 가령 마 12:32, 막 10:30, 엡 1:21, 2:2이 그런 곳들이다. 반면 "course of this world" 대신 "course of this age"로 적어도 나을 게 없을 것이다. 여기에서는 난외에서 제시한 "age"를 차라리 빼버리는 것이 나았을 것이다. 대체로 보면 개역판 성경들(즉 R. V.와 A. R. V.—역주)이 더 훌륭한 길잡이들인데, 이는 개역판 성경들의 본문 번역이 더 옳기 때문이 아니라, 이 성경들이 해석의 불확실성을 난외주에 반영해 놓았기 때문이다. 어쩌면 해석의 불확실성을 난외주에 반영해 놓은 것 역시 해석자의 정당한 역할일지도 모르겠다.

그 자체 안에 중단 없이 곧장 이어짐이라는 요소도 아울러 담고 있다. 이 말에 이런 요소가 들어 있지 않다면, 중간에 연결 고리가 없기 때문에 처음부터 끝까지 우주 안에서 일어나는 모든 사건을 이해할 요량으로 촘촘히 연결하여 짜놓은 모든 틀이 부서져 조각나고 말 것이다. 만일 두 세대^{aion} 사이에 우리가 알아차릴 수 있는 틈이 있다면, 마태복음 12:32에서 죄가 이 세대 혹은 오는 세대에 용서받지 못하리라고 말한 것이 영원히 절대 용서받을 수 없는 죄를 가리키는 공식 역할을 못했을 것이다. 고린도전서 2:6은 "이 세대의 통치자들"을 가리켜 "없어져 간다"[현재분사; 헬라어로 καταργουμένον(카타르구메논)인데, 이는 "…을 멸하다"라는 뜻을 가진 동사 καταργέω의 남성, 복수, 수동태, 현재분사다. καταργέω가 수동태일 때는 "…이 없어지다, 지나가다"라는 뜻이 된다―역주]고 말한다. 이는 그 통치자들이 정복한 뒤에 그들이 통치하는 아이온이 끝난다는 것을 암시한다. 아울러 우리는 우리 주님 못지않게 바울도 유대교 신학이나 묵시 문헌에서 이런 구분을 물려받았음을 유념해야 한다. 유대교 신학이나 묵시 문헌에서는 아이온이 틀림없이 연속이라는 의미를 갖고 있었다. 유대교에서 바울 이전에는 아이온이 이런 의미로 통용되었음을 부인하려는 이가 있다 해도, 조금 뒤 이 점을 살펴보면 이 말 속에 연속성이 분명하게 들어 있음이 확고하게 드러날 것이다. 우리는 아이온과 코스모스의 긴밀한 결합 때문에 같은 결론을 내릴 수밖에 없다. 고린도전서 7:31도 코스모스(세상)를 이야기하면서, 세상의 틀(외형)은 다 지나간다고 말하기 때문이다: 세상의 틀은 지나가고 다른 틀에게 자리를 내준다. 고린도전서 10:11은 "세대들의 마지막들$^{the\ ends\ of\ the\ aions}$"이 신자들에게 임했다고 말한다. 나중에 밝혀지겠지만, "πλήρωμα τοῦ χρόνου"(플레로마 투 크로누), 곧 "때가 참"(직역하면 "때의 참"이다―역주)과 가장 먼저 관련이 있는 개념은 "때(시대)가 무르익음"이 아니다. 갈라디아서 4:4에서 말하는 "때가 참"은 현세가 메시아의 나타나심을 통해 예정된 완성 목표에 이르렀음을 나타낸다(에베소서 1:10과 비교해보라). 아이온을 이렇게 이해한다는 것은 곧 아이온이 시간$^{\chi\rho\acute{o}\nu o\varsigma}$(헬라어 "크로노스"는 확정되지 않은 기간, 어떤 일이 일어난 시기를 가리킨다—역주)에서 다른 무언가로 곧장 넘어감을 뜻한다.

바울이 종말론적 과정을 이렇게 수평선처럼 일직선으로 이어지는 과정으로 본 것은 순전히 형식만 그런 것이 아니었다. 이 과정은 역사 전체를 아우르는(바라보는) 웅대한 시야와 깊은 인상을 남기는 포괄성을 갖고 있다. 이 과정이 역사 전체라는 내용물로 채워질 때, 이 과정은 지극히 강렬한 드라마 같은 사실성을 갖게 된다. 이 과정은 드라마이되, 대단원의 결말과 완성 지점에 이르기까지 부지런히 상승하며 움직여가는 드라마다. 그러므로 이 과정은 기독교 신앙의 구조를 바라보는 바울 사도의 이론적 견해를 형성하기도 하지만, 동시에 지극히 실제적인 사도의 신앙적 관심사와 맞물려 있다. 물론 일부 저술가들은 이 가르침이 단지 순수한 유대교 종말론을, 아니면 기껏해야 원시 기독교의 종말론을 살짝 바꿔 다시 만들어낸 것에 불과하다고 주장했다.[34] 하지만 이런 주장이 옳다 해도, 그것이 꼭 사상과 삶을 그렇게 물려받은 것이 아무 짝에도 쓸모가 없다거나 허울에 불과함을 증명해주지는 않을 것이다. 유대교도 진솔한 열정이 완전히 메마르지는 않았다. 특히 유대교 묵시 문헌에 나온 문구를 보면, 장차 마지막 때 일어날 문제들에 진심으로 관심을 보이는데, 그런 문제들은 염세주의에 빠져 저 세상만 바라보거나

---

34) Pfleiderer, *Paulinism*, I, p. 259; Brückner, *Entstehung der Paulinischen Christologie*, pp. 173 이하; Johannes Hoffmann, *Das Abendmahl im Urchristentum*, p. 139; Deissmann, *Th.L.Z.*, 1898, Sp. 14와 비교해보라.

공론(空論)이나 일으키는 음울한 호기심을 훨씬 넘어서는 것들이었다.[35] 그리고 더 나아가, 유대교는 이런 문제들을 멀리 했고 유대교가 이 문제들을 다룬 내용도 본질상 공론에 그쳤지만, 바울과 이 문제들의 관계는 결코 그럴 수 없었다.[36] 바울은 이 드라마의 주인공이 드라마 장면 속에 이미 오셨

---

[35] 발덴쉬페르거(Baldensperger, *Das Selbstbewusstsein Jesu im Lichte der Messianischen Hoffnungen seiner Zeit*, 3d ed, 1903)는 묵시 문학이 종교를 초월적이고 영적인 것으로 만드는 데 상당한 영향을 끼쳤다고 믿는다. 그는 이 점이 가장 잘 나타난 예가 기독교였다는 의견을 피력한다.

[36] 여기서 바울의 종말론과 유대교 종말론의 관계를 놓고 몇 마디 더 덧붙이는 것이 적절할 것 같다. 바울이 (또는 예수가) 이 세대(현세)와 오는 세대를 형식상 대조하는 것을 종말론을 다룬 유대교 자료에서 가져왔다는 것은 이미 우리가 제시했다. 이런 대조는 순전히 형식적인 게 아니다. 이 대조는 윤리와 종교 면에서 그 질을 따져볼 때 현세가 오는 세대보다 더 떨어짐을 암시하기 때문이다. 그러나 바울의 가르침과 유대교의 가르침 사이에는, 비록 개론 차원에서 다룰 이슈들이라기보다 세부 내용과 관련된 이슈들이지만, 적잖은 공통점들이 더 있다. 우리는 다음과 같은 것을 그 공통점으로 언급하지만, 우리가 하는 말이 완전무결하다고 주장하지는 않겠다.
에녹서 1:9, 에스라4서 7:28, 8:52, 14:9은 ἅγιοι(하기오이), 곧 성도들 혹은 천사들이 메시아가 오실 때 메시아와 함께하리라고 말한다. 시빌의 신탁 4:173과 에스라4서 6:23은 나팔 소리가 울려 죽은 자들을 깨울 것이라고 말한다. 바룩묵시록 85:15와 솔로몬의 시편 11:96은 하나님과 메시아가 부활을 가져오실 것이라고 말한다. 바룩묵시록 14:2과 에스라4서 7:28은 메시아가 나타나실 때 죽은 자로서 부활할 자들과 살아 있다가 메시아께 모여들 자들을 구분한다. 에녹서 108:11과 마카비4서 4:22은 부활한 이들과 살아 있는 자들에게 변화가 일어나리라고 말한다. 그러나 그 변화가 일어날 정확한 시점은 통일되게 확정해 놓지 않았다(뒤에 가서 논한 내용과 비교해보라). 이런 변화 없이 미래 세상에 참여하는 것은 불가능하다고 인정한다. 아브라함의 유언 84:21과 95:23에서는 죽으면 몸이 "없어진다"는 개념이 나온다. 에녹서 100:4, 에스라4서 12:32, 솔로몬의 시편 3:8에는 하나님이 재판장이 되시고 메시아가 재판장이 되시며 성도들이 세상을 심판하리라는 표현들이 나온다. 바룩묵시록 43:39은 불을 가리켜 사람이 이룬 일을 시험하는 수단이라고 말한다.
물론 유대교 종말론은 구약 성경에 기초하고 있다. 하지만 구약 성경 밖의 자료들을 고려할 때, 유대교 종말론의 기초가 구약 성경이라는 것만으로 유대교 종말론과 바울의 공통점을 모두 설명할 수는 없다. 여기서 유대교 신학의 한 부분이 계시록을 통해 바울 사도의 신학 속에 융합되었다는 결론을 피할 수 없다. 우리 주님의 가르침은 물론이요 바울의 가르침도 유대교 묵시 문학의 주된 구조를 그대로 구현한다. 더욱이 살전 4:15은 바울이 그의 종말론 프로그램의 중요 지점에서 주님이 하신 말씀에 직접 의존했음을 보여준다. 아울러 이를 주님이 오실 날을 밤에 도둑

다고 보았기 때문이다: 메시아는 이미 오셔서 존재하시던 분이기에, 그 분을 단지 앞으로 진행될 모든 일이 더 이루어진 뒤에 다스리실 분으로 여길 수는 없었다. 바울에게 그리스도는 아주 가깝고, 만물을 아우르시며, 어디에나 계신 분이었기에, 그 분이 중심 자리를 차지하고 계신 곳에서는 어떤 것도 주변에 머물러 있을 수 없었다. 우리는 지금 당장 바울 사도가 가르치는 기독론과 구원론이 사실은 종말론과 서로 아주 긴밀하게 맞물려 있어서, 그런 가닥

이 오는 것에 비유한 살전 5:2과 마 24:43과 비교해보기 바란다. 유대교 문헌에는 이와 유사한 내용이 없는 것 같다.

살전 5:6 이하, 고전 16:13, 엡 6:18은 깨어 있으라고 권면하는데, 이는 분명 예수가 하신 비슷한 말씀을 되새겨주는 말일 것이다. 살후 2:1이 쓴 단어 "ἐπισυναγωγή"(에피쉬나고게), 곧 "함께 모인 우리 모임"은 아마도 마 24:31에 있는 ἐπισυνάζουσι(에피쉬낙수시), 곧 "그들이 함께 모일 것이다"를 되새겨주는 말일 것이다. 종말이 오기 전에 큰 고난과 핍박이 있으리라는 예언은 적어도 마 24:19 이하가 상세히 기록해 놓은 몇몇 내용에서 나온 것일 수 있는데, 살전 3:4, 고전 7:26, 28과 비교해보기 바란다. 성도들이 세상을 심판하리라는 생각은 사도들이 이스라엘 지파들을 심판하리라는 예수의 약속과 일부 비슷한 모습을 보여준다. 몸의 변화를 논하는 가르침은 우리 주님이 사두개인들과 벌인 논쟁 속에 그 접점이 있다.

하지만 대체로 보면, 바울의 종말론이 몇몇 근본 특징을 놓고 볼 때 유대 묵시 문헌들과 다르다는 점을 간과해서는 안 된다. 한 예를 들면 바울의 종말론은 비정치적이다. 뒤에 가서 드러나겠지만, 바울 사도의 종말론 체계 속에는 이 땅에 존재하면서 잠시 있다 사라져 버릴 메시아의 나라가 들어설 자리 없다. 바울이 롬 13:1 이하에서 이교(異敎)를 논박한 내용은 엄연히 종교적 본질을 띤다. 파괴당할 큰 권세들은 "죄"와 "사망"이다. 롬 5:17, 21과 고전 4:8은 이들에게 거둘 승리가 "은혜"와 "생명"에서 나온다고 말한다.

오히려 바울의 종말론은 유대교 종말론보다 개인주의 성향이 더 강하다(하지만 바울의 종말론이 개인주의 성향만 월등한 것도 아니다). 아울러 바울의 종말론은 과열된 환상이 적잖은 부분을 차지하는 유대교 종말론보다 훨씬 더 절제하고 냉철하며 덜 현란하다. 바울은 특별히 신앙적 관심사에 최우선 순위를 둔다. 이런 문제들(즉 종말론 문제들—역주)에서는 늘 상상이 더 늘어나고 상상에 아주 공을 들이는 경향이 있다. 그러나 신앙의 관심은 정확히 그 반대 방향으로 나아가는 경향이 있다. 이런 관심은 단순하고 집중한다. 때문에 유대교 종말론은 앞뒤가 맞지 않고 심지어 앞뒤를 맞춰 조화를 이뤄볼 수도 없는 세부 내용을 많이 제공하긴 하지만, 바울의 종말론에서는 유대교 종말론과 비교하여 상당히 단순하고 일관된 체계를 발견한다; Wernle, *Die Anfänge unserer Religion*, p. 173을 참조하라.

들(분야들) 가운데 어느 것이 더 중심에 가깝고 어느 것이 더 주변부에 자리해 있는가라는 질문이 나올 경우, 종말론도 다른 가닥들만큼이나 능히 중심 자리에 있다고 주장할 수 있음을 보여주고 싶다. 하지만 사실 여기에서는 다른 대안이 없다. 두 방향으로 나아가는 생각의 순서에는 뒤로 나아가는 움직임backward movement과 앞으로 나아가는 움직임forward movement이 있기 때문이다.

사도 바울의 신앙 정서가 앞을 내다보는(앞으로 나아가는) 성격을 지녔음은 무엇보다 그가 쓴 서신들에서 "소망"이라는 개념이 행하는 역할이 보여준다. 논쟁(즉 바울이 벌이는 논쟁—역주)에서 믿음이라는 개념이 차지하는 중요성 때문에 이 믿음이란 개념을 강조해야 할 필요성만 없었다면, 분명 "소망"이라는 개념의 역할이 더 두드러지게 나타났을 것이다. 로마서 15:13은 신자에겐 성령으로 말미암아 소망이 넘칠 수밖에 없다고 말한다. 고린도전서 13:13은 소망을 믿음 및 사랑과 더불어 항상 있을 세 가지 것이라 말한다.[37] 성숙한 그

---

37) "now abideth"(KJV 고전 13:13에 나오는 말로 개역개정판의 "항상 있을 것인데"—역주)의 "now"를 잠시 존재하는 상태에 한정할 수 없음은 잠시 있다 사라질 은사들charismata과 항상 존재할 세 가지 은혜를 대조했다는 것이 분명하게 일러준다. 셋 가운데 가장 큰 사랑이 마지막 상태 때도 여전히 있으리라는 것은 쉽게 이해할 수 있다. 믿음의 경우는 문제가 더 복잡하다. 바울이 다른 곳에서(고후 5:7) 지금 믿음 안에서(믿음으로) 행함(또는 "믿음이라는 영역을 통과하여 걸어감")과 미래에 보이는 것을 통과하여(혹은 "보이는 영역을 통과하여") 걸어감 혹은 보이는 것 안에서 행함을 대비하기 때문이다: 아울러 같은 문맥의 12절과 비교해보라. 바울은 여기서, 약속들이 다 이루어지고 말 그대로 더 이상 믿음의 역할을 요구하지 않을 때에도, 피조물이 하나님을 이해하고 소유할 때 여전히 오직 믿음이 아니면 다가갈 수 없는 요소들이 늘 있으리라고 전제하는 것 같다. 하나님은, 당신 스스로 존재하시는 하나님이시기에, 오로지 믿음만이 그 분을 이해할 수 있는 경우가 대부분일 수밖에 없다.
그러나 소망의 경우는 다르다. 소망은 보통 마지막 상태 자체를 바로 그 종점이자 목적지로 삼는다. 따라서 소망은 마지막 상태가 이르면 소망 자체를 폐하는 것으로 보이곤 한다. 그러므로 소망이라는 말은 여전히 감춰져 있으나 마지막 상태 때 실현될 일들을 시사해주는 것이 된다. 이미 얻은 것들을 항상 확실하게 지키는 것이 끝없는 소망의 목적이라고 말하는 것만으로는 충분치 않다.

리스도인의 체험에서 곧바로 나오는 열매는 부끄러움을 당하지 않는 소망이다. 로마서 5:4이 일러주듯이, 성령이 앞서 주시는 선물을 통해 미리 맛보게 해주시는, 장차 임할 생명이 신자의 마음속에 넓게 흘러들기 때문이다. 그리스도인은 언제나 "소망에 근거하여 ἐπ' ἐλπίδι"(에프 엘피디, ἐλπίδι는 "소망"을 뜻하는 헬라어 여성 명사 ἐλπίς의 단수 여격이다—역주) 구원을 얻는다. 로마서 8:24이 말하는 대로 소망 그리고 소망이 마침표를 찍을 일들이 구원의 최후 목적지를 이루기 때문이다. 에베소서 2:12과 데살로니가전서 4:13이 말하듯이, 그리스도인이 되기 전 불신자 상태의 특징은 하나님과 소망이 없는 것이다. 이 둘은 신앙의 결핍이 낳은 두 가지를 단순히 통합하여 말하는 게 아니다. 소망이 없음은 하나님이 계시지 않음에서 생겨난다. 이것은 곧 종교(신앙)가 주는 ("하나님을 소유함"이 주는) 유익들 가운데 으뜸이 소망을 가지는 것임을 암시한다. 로마서 15:13은 하나님을 소망의 하나님이라 일컫는다. 때문에 데살로니가전서 1:9, 10도 바울 사도가 데살로니가 사람들에게 복음을 전하며 설교한 내용의 두 가지 주제가 "우상을 버리고 하나님께 돌아와 살아 계시고 참되신 하나님을 섬기는 것, 그리고 장래의 노하심에서 우리를 건지시는 하나님의 아들을 기다리는 것"이었다고 밝힌다. 에베소서 1:18과 4:4은 소망을 가리켜 하나님이 우리를 부르신 위대한 목적을 나타내는 개념들 가운데 하나라고 말한다. 데살로니가전서 5:8은 소망을 그리스도인이 한 무장 중 투구라 말하며, 이를 구원과 연계한다. 특히 목회 서신을 보면, 디도서 2:13에서는 소

이렇게 말하는 것은 바울이 말하는 완성이란 개념에 불협화음을 집어넣는 것이요, 나아가 롬 8:24이 말하는 "보는 것을 누가 바라리요?"와 정반대 방향으로 나아가는 것이다. *Zahn, Kom. z. N. T.*, Vol. VII, p. 405에 있는 Bachmann의 글을 참조하라. 살전 1:3에서도 똑같이 믿음과 사랑 그리고 소망 세 가지가 등장하는데, 여기에서는 소망이 셋째 자리를 차지하며, 살전 5:8도 이 셋을 같은 순서로 이야기한다.

망이 "복스러운 소망 그리고 크신 하나님과 구주 예수 그리스도가 나타나심"으로 등장하며, 디도서 3:7에서는 "영생의 소망"으로 등장한다. 갈라디아서 5:5은 그리스도인들이 "성령으로 믿음을 따라 의의 소망을 기다린다"고 말한다("의의 소망을 기다린다"는 것은 의롭다 하심 가운데 주어진 의의 상태에 속한 일들로 소망했던 것들이 현실로 이루어지기를 기다린다는 말이다).

위에서 언급한 내용들을 그저 훑어보기만 해도 소망 그리고 이 소망이 그리스도인의 마음속에 일깨워주고 늘 현존하게 해주는 미래의 실체들이 가진 생생함과 생명력이 아주 분명하게 드러난다. 따라서 소망은 아무것도 만들어내지 못하는 잠든 자본, 의식(意識)이라는 장부(帳簿)에 그저 형식상 올려놓은 자본이 아니다. 그것은 에너지를 갖고 있으며, 잠재력은 물론이요 실제로 활동하는 힘도 갖고 있다. 어원상 "ἀποκαραδοκία"(아포카라도키아, "간절한 기대"를 뜻하는 헬라어다—역주)와 "ἀπεκδέχεσθαι"(아펙데케스타이, "간절히 기다리다"라는 뜻을 가진 헬라어 동사 ἀπεκδέχομαι의 현재 중간태 부정사다—역주)와 같은 말들이 지닌 색채(의미)는 그 본질상 로마서 8:19, 23, 25, 고린도전서 1:7, 갈라디아서 5:5, 빌립보서 1:20, 3:20이 묘사하는 간절한 마음 상태를 증언한다. 이 구절들과 동의어를 거푸 사용한 빌립보서 1:20을 비교해보기 바란다.[38] 소망이 가진 조용하면서도 강렬한 에너지가 이곳에서 가장 놀랍게 나타난다. 때문에 소망은 고통과 시련에 맞서는 인간의 자연스러운 저항을

---

38) Hodge, *Comm. on Rom*, p. 423(롬 8:19 주석)과 비교해보라: "간절한 기대를 나타내는 ἀποκαραδοκία는 '머리를 똑바로 세우고 기다리다 *erecto capite prospicere*'를 의미하는 καραδοκεῖν에서 나왔다. ἀπο는 강조하는 말이다. 따라서 ἀποκαραδοκία는 간절한 기대 혹은 변함없이 견지하는 기대를 가리킨다." 다른 말(즉 *apekdechesthai*—역주)에도 같은 뜻이 들어 있지만, 이 다른 말에는 머리를 똑바로 세우고 앞을 내다보는 모습이 분명하게 들어 있지 않다.

"ὑπομονή"(휘포모네, "견딤"을 뜻하는 헬라어다―역주)라는 단어가 표현하는 인내에서 나온 순종함으로 바꿔놓는 것과 같다.[39] 고린도전서 15:19은 소망하는 마음 상태가 심오한 느낌으로 가득 차고 평생의 관심사인 소망에 관심을 강하게 집중하는 모습을 잘 그려 보인다. 이 구절이 하는 말의 위력을 완전히 드러내고 그 의미를 정확히 드러내려면, 말을 좀 바꿔 쓸 필요가 있다. 이 구절이 하는 말은 얼추 다음과 같이 바꿔 쓸 수 있을 것 같다: 만일 우리가 그저 그리스도를 소망하는 자들일 뿐이요 평생 그리스도를 바라보는 것에만 목매단 자들로 밝혀진다면, 우리는 모든 이들 가운데 가장 불쌍한 자들이다. 사도 바울은 이 한 문장 속에 두 가지 생각을 함께 엮어 넣고, 그 대신 구문의 명료함을 어느 정도 희생했다. 두 생각 중 하나는 상응하는 실체가 없는 소망은, 혹은 적어도 원리상 실현 불가능한 소망은 지극히 무익하고 비참하여 삶의 목적을 좌절케 한다는 것이다. 다른 한 생각은 이 무익한 소망이 사람을 독차지하여 오로지 현실성 없는 세계만 바라보는 자로 만들어 버린다면, 그런 마음 상태는 명백한 삶의 실체들을 모조리 포기하는 것이요, 결국은 실체가 전혀 없는 저 세상만 바라보느라 이 세상을 모조리 희생하는 것에 불과하다는 것이다.[40] 이 세상에서 하나님도 없고 아무런 소망 없이 사는

---

[39] "ὑπομονή"는 문자대로 따지면 "무언가의 아래에 머묾"이라는 의미로서 어떤 부담이나 고초에 "눌린 처지에서 빠져 나옴"의 반대말이다. 우리는 이런 은유의 의미, 그리고 특히 신약 성경에서 영적 뉘앙스를 갖게 된 이 말의 의미를 스토아학파가 말하는 "냉담apathy"과 혼동해서는 안 된다. 냉담은 의지의 강요에 못 이겨 억지로 무관심한 것이지만, 그리스도인의 인내는 그가 내다보는 다른 좋은 유익과 만족이 불어넣은 영감으로 말미암아 내면으로부터 복종함을 가리키기 때문이다. 따라서 그리스도인이 가진 생각의 흐름에서는 "소망"과 "인내"가 자연스럽게 함께 어울려 간다. 롬 5:3, 4, 8:25, 15:4, 살전 1:3을 참조하라.

[40] 가정절(假定節) 말미(고전 15:19의 첫 절은 영어의 if에 해당하는 헬라어 εἰ로 시작하는 가정절이다―역주)에 있는 "μόνον"(모논, "다만, 단지")은 "(다만) 소망을 가진"(개역개정판은 "바라는"―

이교도(불신자)는 적어도 이 땅에 속하여 시간이 가면 사라질 것들을 즐기기라도 한다. 그러나 자신을 부끄럽게 만드는 소망을 가진 그리스도인은 이런 즐거움조차도 누리지 못한다. 고린도전서 15:32을 살펴보면, 그런 그리스도인은 자신이 가졌던 것을 잃어버리고 그 대가로 아무것도 받지 못한다. 아울러 바울이 현재와 관련지어 소망을 그가 "καυχᾶσθαι"(카우카스따이; "…을 자랑하다, …을 뻐기다"라는 뜻을 가진 헬라어 동사 καυχάομαι의 현재 중간태 부정사다―역주)라고 부르는 독특한 들뜸(마음이 고양된 상태)의 근원으로 제시한 것은 의미심장하다. 그리스도인의 신앙에서 소위 "열심을 내는enthusiastic" 요소들과 더 차분한 요소들을 구분해야 한다면, 바울이 소망과 "καυχᾶσθαι"를 결합해 놓은 이상, 소망이라는 체험을 통해 진정 열심을 내는 요소가 무엇인지 밝혀내야 할 것이다. 이런 결합(곧 소망과 자랑kauchāsthai의 결합)을 살펴보려면 로마서 5:2, 3과 데살로니가전서 2:19을 참조하기 바란다.[41] 바울이 자신이 말하는 두 개념들(즉 소망과 자랑―역주)을 어떻게 비교하며 평가했든, 더 확실한 증

역주)이라는 말뿐 아니라 "(다만) 이 세상의 삶(뿐)"이라는 말에도 똑같이 적용할 말로 쓴 것이다. 이 점이 더 잘 드러나는 것은 본문이 보통 어순대로 ἠλπικότες ἐν Χριστῷ μόνον이라 쓰지 않고, ἠλπικότες ἐσμὲν을 ἐν χριστῷ 뒤에 그리고 μόνον 바로 앞에 놓아두었기 때문이다. "소망하는 자들이었으면"have been hopers이라는 말에 담긴 완곡한 완료의 의미를 주목하라: 이 말은 소망을 얻은 뒤에는 줄곧 그 소망만 의지하고 살아감을 묘사하는데, 이것은 돌이켜 "이 세상의 삶"을 보고 하는 말이다. "소망하는 자들이었으면"은 그저 소망만 하며on mere hope 인생 전체를 허비한다는 의미를 나타낸다.

41) 사실 "καυχᾶσθαι"는 오직 그리스도인의 심리 상태만을 묘사하는 말이 아니다. 바울은 롬 2:17과 20절에서 자신이 하나님 및 율법과 관련해 이런 느낌을 느끼곤 한다는 것을 유대인들에게 되새겨준다. 그는 롬 5:11과 빌 3:3에서 하나님을 분명하게 언급하면서 신자들이 행하는 행위는 **예수 그리스도를 통해 하나님 안에서** 이루어지는 것이라고 단언한다. 바울은 대다수 경우에 "kauchāsthai"라는 말을 유대인이나 그리스도인을 깎아내리는 의미로, 다시 말해 좋지 않게 그리고 종종 은유로 사용한다. 고전 1:29, 31, 3:21, 4:7, 고후 5:12은 물론이요 고후 10:15, 17, 11:16을 비교해보라. 아울러 "kauchāsthai"가 역설의 의미를 담고 있는 고후 11:30과 12:9을 비교해보라.

거는 없지만 방금 말한 사실만으로도 신자의 소망이 초기 그리스도인의 신앙 인식 속에서, 그리고 특히 바울계 교회들 속에서 대단히 강력한 흥분제요 자극제였다는 것만큼은 확신할 수 있다. 결국 이런 점을 고려하면 예수의 재림이 가까웠다는 확실한 기대가 그리스도인들의 마음에 널리 퍼져 있었으며, 사도 바울의 의식 속에서도 이런 기대와 소망을 찾아낼 수 있다고 보는 것이 가장 설득력 있다. 예수 강림이 가까웠다는 가르침이 잘못이 없는가를 다루면서 재림 시기(연대)가 언제일까라는 문제만 다루다보니, 사도 바울도 예수 강림이 가까웠다는 기대와 소망을 갖고 있었다는 사실이 기독교가 말하는 미래 측면을 바라보는 바울의 태도를 좌우하는 함수로서 훨씬 더 중요했다는 것을 이제까지 거의 살펴보지 않았는데, 이는 불행한 일이다. 단순한 연대 관련 자료는 분명 예수의 강림이 가까웠다는 가르침의 특징이 아니다. 종말에 있을 완성을 바라는 간절한 의지가 연대라는 요소에 영향을 미쳤고(즉 종말이 임할 것으로 예상하는 시기를 앞당기는 결과를 가져왔고—역주) 후자 역시 거꾸로 전자에 영향을 미쳤다고(즉 종말이 임박했다는 생각이 종말의 완성을 바라는 의지를 더 간절하게 만들었다고—역주) 주장해도 이상한 말은 아닐 것이다. 종말이 가까웠다는 지각(감각)이 예민하거나 과민하다보면 예상하는 종말의 시간은 앞당겨질 수밖에 없는데, 이는 오늘날까지도 흔한 현상이다. 종말의 시간이 앞당겨지리라는 예상은 무시하더라도, 이런 예상이 말이 안 된다는 핑계로 그리스도인의 소망이라는 참된 원리마저 실제로 무시해서는 안 된다.

    종말 분위기가 팽배해 있음을 또 다른 식으로 보여주는 것이 이 세대 혹은 이 세상을 낮춰보는 판단이다. 미래에만 집착하다보면 처음에는 현재 상태에 무관심해지고 그 다음에는 현재 상태에 불만을 토로하거나 저주하게 되지만, 그렇다고 이 세대나 이 세상을 낮춰 보는 태도를 종말이 임박했다고 여기는 심리 상태의 반사 효과로 해석해서는 안 된다. 세상을 바라보는 태도가 종말에 기울이는 관심을 키워주는 양분이 될 수도 있지만, 그래도 세상을 바라보는 태도는, 종말에 기울이는 관심과 아무 상관없이, 그 나름대로 그렇게 보게 된 이유가 있다. 이런 점에서 종말론은 능동적 요인인 동시에 수동적 요인이다. 그렇다 해도 현재 세상과 현재 세대에 보이는 강렬한 반감은 사도가 이 세상 너머에 든든히 닻을 내리지 않았다면 그가 모든 곳에서 주장하는 영적 평안이 불가능했을 것이라는 확실한 증거를 제공한다. 이와 관련해 으레 나오는 이야기가 "비관론"이다. 그러나 "비관론"이라는 말은 잘못 고른 것이다. 말의 정도가 너무 강하기 때문이 아니라, 이 말이 철학 세계에서는 형이상학을 근거로 현상은 절대 치유할 수 없다는 절망을 드러내는 말이기 때문이다. 바울에게 그런 믿음(즉 비관론—역주)은 **애당초** a priori 불가능했다. 실제로 그런 믿음은 종말론 개념 자체와 모순된다. 바울 사도가 가르친 내용을 통째로 놓고 보면 구원 때문에 은근히 낙관하는 가르침들을 제시하지만, 비단 이뿐 아니라 사도의 마음에도 종말의 과정이 낳을 결과를 그저 밑도 끝도 없이 낙관하는 생각이 존재했을 수 있다. 하나님이 세상을 창조하셨다는 생각 자체가 이미 영지주의식 사고의 징후를 드러내는 지독한 비관론과 양립할 수 없다. 바울의 사고 체계 안에서는 절대 비관론 absolute pessimism이 틀림없이 σάρξ(사륵스, "육")라는 개념과 결합해 있었을 것이다. σάρξ의 첫 기원이 천지 창조 때였다거나 이 σάρξ가 종말에도 끝까지 존속하리라는 증거는 없다. 반대로 바울은 두 존재 단계를 이야기하는 곳에서는 언제나 σάρξ를 언급하려 하지 않는다.42) 이런 소위 비관론의 진짜 근원은 사도의 예민하고 폭

---

42) 고전 15:45-49과 비교해보라. 이 본문에서 바울은 사람이 종말에 맞이할 운명과 비교할 때 사람이 창조 때 가졌던 존재 양식이 더 낮은(열등한) 상태였음을 확증해주는 증거를 뒤로(즉 역사의 시초로—역주) 거슬러 올라가 죄라는 사실에서 발견한다. 그러나 바울은 여기서 이런 낮은 상

넓은 죄의식sense of sin이다. 죄의 무게와 짓누르는 힘이 종말에 있을 구원을 내다보는 생각을 할 수밖에 없도록 쫴쳐댄다.[43] 바울 사도가, 그리고 당시 생겨

태를 나타내는 전문 용어로 "σαρκικός"(사르키코스)를 쓰지 않고 "ψυχικός"(프쉬키코스)를 쓰는데, 이 말에는 죄라는 개념이 들어 있지 않다.

[43] 이 부분처럼 죄와 악에 민감함이 종말을 내다보는 소망을 강렬하게 만들어준다는 내용이 바울 시대에서 그리 멀리 떨어져 있지 않은 때에 모두 기록된 에스라4서와 바룩묵시록의 묵시 기록 속에도 들어 있다. 두 책 속에는 세상의 현재 상태를 깎아내리는 판단이 들어 있다. 사실 이 두 기록이 표현하는 심판의 혹독함에는 차이가 있다. 에스라4서가 드러내는 견해는 바룩묵시록 저자보다 더 광범위하다. 이 점은 죄의 기원을 설명한 내용에서 드러난다. 에스라4서에서는 아담의 죄와 인류 전체의 죄의 관계가 훨씬 더 직접성을 띤다: 아담과 더불어 악의 원리인 소위 "yezer-ra"(예제르-라)가 창조되었다. 그리고 바로 이 원리에 굴복하는 바람에 "악한 마음*cor malignum*"이 자라났다. 따라서 아담은 인류에게 찾아온 육의 죽음뿐 아니라 영의 죽음의 원인이다. 모든 사람이 이 악한 성향을 공유하게끔 만들어졌기 때문이다. 율법을 통해 의롭다 하심을 얻는 체계는 완전한 실패임이 드러났고, 그렇게 드러날 수밖에 없었다. 이 모든 내용은, 모든 이가 악한 성향을 공유하게끔 창조되었다는 생각만 제외하면, 바울이 말하는 내용을 떠올려준다. 사실 에스라4서가 기독교, 특히 바울의 영향을 받았다고 주장하는 견해가 있다. 복스(Box, *The Ezra-Apocalypse*, Introd. p. lxxi)는 아주 쉽게 이런 결론을 내린다. 복스는 바울 역시 어떤 면에서는 악의 시원(始原)과 창조를 결합시켰다는 견해를 취하곤 하기 때문이다. 이는 아래에서 더 살펴보겠다.

그런가 하면, 바룩묵시록은 유대-랍비 신학과 같은 흐름을 보여준다. 바룩묵시록은 모든 사람이 그 나름의 아담이지만, 율법을 지킴으로 말미암아 의롭다 하심을 얻은 이가 적어도 몇 사람 있다고 말한다. 그러나 에스라4서와 바룩묵시록이 악의 기원을 두고 이런 차이점들을 보여주긴 하지만, 에스라4서는 물론이요 바룩묵시록도 이 세상을 아주 좋지 않게 본다는 사실만큼은 변함이 없다. 오로지 육의 죽음만으로는 이 세상과 단절할 수 없다는 인식은 충분히 세상을 그렇게 보는 시각을 만들어 낼만 했다. 바룩묵시록 15:8은 의인에게도 "이 세상이 많은 수고로 말미암아 힘들고 고달픈 곳"이라고 말한다. 바룩묵시록은 "여기서 모든 사람이 소유한 이 세상의 삶만이 있을 뿐이라면, 그보다 더 비참한 것은 없을 것"이라고 말하는데, 이는 바울이 고전 15:19에서 한 말을 되울려주는 것 같다. 설령 이것이 비관론(비관론이라는 말의 고유한 의미를 그대로 가진 비관론)은 아닐지라도, 바룩묵시록 21:13을 보면, 비관론과 가장 흡사한 낙관론임이 분명하다. 하지만 사실 다른 묵시록(즉 에스라4서—역주)에는 소망도 없이 악에 휩싸여 있음을 나타내는 이런 정서가 더 강하다. 에스라4서 9:15(원서는 ix. 159로 적어 놓았는데, 에스라4서에는 9:159이 없다. 원서가 제시한 내용과 합치하는 본문은 9:15이다—역주)은 극소수 사람만이 구원을 받는다고 강조한다. 에스라4서 8:35은 죄인이 아닌 자가 하나도 없다고 말하고, 4:27은 이 세대가 슬픔과 불임(不姙)으로 가득하다고 말하며, 7:12은 이 세상이 따르는 길들(방법들)이 좁고

나고 있던 교회 전체가 세상이 그들에게 품은 적대감을 가장 혹독한 형태인 핍박을 통해 맛본 것이 미래를 지향하는 이런 흐름을 촉진했다는 것을 간과해서는 안 된다. 로마서 8:35-39, 고린도전서 15:19-34, 고린도후서 4:7-5:10은 이런 동기가 지닌 위력을 분명하게 묘사한다. 이런 본문들은 이 큰 문맥의 정중앙에 자리해 있다. 이 문맥에서 사도는 죄라는 사실에서 출발하여 구속(救贖)을 깨닫는 내용을 거쳐 종말론을 다룬 웅변을 토해내는 정점으로 담화를

슬프고 고통스럽다고 말한다. 진실로 복스는 이런 말들이 드러내는 신학이 "본질상 다른 세상을 지향한다"고 말한다.

하지만 여기서 우리가 보기에 가장 흥미로운 점은 이 절망스러운 세계상과 종말을 내다보는 소망이 지닌 생명력 사이에 명백한 연관성이 존재한다는 것이다. 바로 이 점에서 에스라4서와 바룩묵시록은 바울이 제시하는 생각과 가장 가까운 모습을 보여준다. 우리는 에스라4서와 바룩묵시록에서도 역시 반발하는 종말론, 즉 강력하게 억눌렸으나 오히려 그 바람에 강한 탄성을 나타내는 스프링 같은 종말론을 발견한다. 현세(現世)를 쇄신할 소망을 포기하는 바로 그 때에 시선은 미래 세상에 강하게 고정된다: 에스라4서 7:114은 "부패는 지나가고, 피곤은 없어지고 불신은 잘려나가지만, 의는 자라고 신실함은 싹 튼다"고 말한다. 에스라4서 8:53, 54는 (이미 준비되어 있는) 미래 세대가 오면, "너에게서 악의 뿌리가 막히고, 네 길에서 쇠약함이 소멸당하고, 죽음이 감춰지고, 명부(冥府)는 도망치고, 부패는 잊어지고, 슬픔은 지나가리니, 결국에는 불멸하는 보화들이 분명하게 나타나리라"고 말한다. 4:41, 42에도 참을 수 없는 현재 상황을 바라보며 임박한 미래를 간절히 소망하는 분위기가 없지 않다: "하계(下界)와 영혼들의 방들은 모태(자궁)와 같으니, 이는 진통하는 여자가 그 산고(産苦)를 벗어나려고 서두르듯이, 이런 곳들도 처음부터 그들에게 맡겨진 영혼들을 낳으려고(내보내려고) 서두르기 때문이라." 또 4:44, 45도 이렇게 말한다. "제가 당신이 보시기에 은혜를 입었으면, 그리고 그 일이 가능하다면, 그리고 제가 충분하다면, 제게도 이것을, 그러니까 지나간 시간보다 남아 있는 시간이 더 많은지, 아니면 남은 시간보다 우리 옆을 지나간 시간이 더 많은지 알려주소서." 바로 이런 점에서 계시와 상관없이 이야기하는 에스라4서와 바룩묵시록이 바울 서신 및 신약 성경 전체보다 떨어지는 경향이 있다.

바울 서신과 신약 성경은 메시아(그리스도)의 부활 이후 상태를 제시하고 이 상태를 종말론 차원에서 다룸으로써 이처럼 불안해하고 불평 섞인 모든 의문을 간절한 소망으로 바꿔놓는다. 여기서 거론한 기록들에 있는 유대교의 가르침을 살펴보려면, Baldensperger, *Selbstbewusstsein Jesu im Lichte der Messianischen Hoffnungen seiner Zeit*, 3d ed.; Charles, *The Apocalypse of Baruch*, 1896; Box, *The Ezra-Apocalypse*, 1912; Charles, *A Critical History of the Doctrine of a Future Life*, 2d ed. 1913; Oesterly, *The Books of the Apocrypha*, 1914를 참조하라.

이끌어간다.

　이제까지 우리는 바울 사도의 종말론이 가진 구조를 연속성을 지닌 계획 위에 세워진 구조로 보아왔다. 이 종말론에서 서로 대립하는 것은 현재 세상(세대)과 미래 세상(세대)이다. 이런 관점은 드라마틱하여, 새 세상은 옛 세상 속에서 새 세상을 향해 나아가는 초자연적 역사의 여러 힘이 만들어내는 결과가 되고 이 힘들에 마침표를 찍는 종점이 된다. 이 오랜 관점은 메시아의 오심을 여전히 미래에 있을 일로 보았던 구약 성경(과 유대교)의 시각과 완전히 일치했지만, 반면에 메시아가 오신 뒤 메시아가 오신 것을 회고하면서 결국은 종말의 과정이 원칙상 이미 시작된 것으로 인식할 수밖에 없었던 사실과 믿음에는 완전히 들어맞지 않았다. 그런데도 연속성을 지닌 종말론 체계를 얼른 내버리지 않고 그 연속성이 중단됨으로 말미암아 빚어진 모든 결과도 얼른 내버리지 않은 데는 한 가지 이유만이 아니라 더 많은 이유가 있었다. 이 종말론 체계처럼 종말론 인식에서 유구한 전통이 되어온 오랜 체계는 그냥 순식간에 갑자기 바뀌지 않는다. 계시는 다른 곳과 마찬가지로 여기에서도 급격히 바뀌기보다 점차 바뀌어가는 방식을 선호한다. 하지만 이것이 메시아가 역사의 과정 속으로 들어오신 엄청난 사건을 통해 원칙상 극복된 것으로 보였을 수 있는 관점을 그대로 유지하고 그 관점이 계속하여 생명력을 가졌던 이유를 모두 설명해주지는 않는다. 그 관점을 계속 유지하고 그 관점이 계속 생명력을 가진 데는 분명 더 심오한 진짜 이유가 있었다. 그것은 곧 메시아의 나타나심이 단절 없이 이어지는 두 시대 속에 거듭 펼쳐졌기 때문이다. 그 결과 메시아의 첫 번째 나타나심이 있은 뒤에도, 그 나타나심이 가져온 엄청난 결과를 충분히 살펴본 뒤에도, 두 번째 시대가, 세포 분열하듯이, 미래를 향해 나아가는 새로운 소망 덩어리를 형성하기 시작했기 때문이다. 이런 점에서 연속성을 지닌 원래의 종말론 체계를 완전히 없애버리지 않고 연속성이라는 도식을 원래 체계의 후반부에 그냥 재적용한 것으로 볼 수 있을 것이다. 즉 바울 사도는 오는 세대가 그 속(자궁)에 또 하나의 오는 세대를 잉태하고 있다고 인식했다. 이 때문에 그는 현재 세대와 장차 올 세대라는 개념도 어머니와 어머니 뱃속에 있지만 아직 태어나지 않은 자식에 빗대어 유지할 수 있었고 또 유지해야만 했다. 우리는 바울 사도가 이런 시각을 따라 그의 초기 서신뿐 아니라 에베소서 1:21, 2:2, 디모데전서 6:17, 디모데후서 4:10, 디도서 2:12 같은 후기 서신에서도 "오는 세대"를 이야기하고 있음을 발견한다.

하지만 이 옛 체계를 계속 유지함과 더불어, 두 세상 내지 두 상태가 공존함을 이야기하는 새 종말론 체계가 등장하는 모습을 관찰할 수 있다. 사안의 본질상 두 세상 내지 두 상태가 공존할 수 있다는 이 원리는 세대 개념에는 적용할 수 없었다. 시간에는 전후 순서가 있어 두 시간 순서가 공존할 수 없기 때문이다. 한 세대가 지속되는 한, 다른 세대가 함께 나타날 수는 없다.[44] 그러나 세상이나 상태는 다르다. 여기에서는 한 세상이나 상태가 같은 시간에 다른 세상이나 상태가 함께 존재하는 것을 배척하지 않기 때문이요, 신자가 두 세상이나 상태에 함께 속하거나 혹은 한 세상이나 상태보다 다른 세상이나 상태에 우선 속하는 일이 논리상 전혀 불가능하지 않기 때문이다.

---

44) 이것은 αἰών(아이온)이 세대를 의미하는지 세상을 의미하는지 그 의미가 의문이지만 어느 의미인지 고를 방도가 달리 없을 경우에 그 의미를 결정하는 어떤 판단 기준을 제공해준다. 예를 들어 갈 1:4을 신자를 한 세대에서 다른 세대로 옮겨 놓는다는 의미로 받아들이면 굉장한 역설이 될 것이다. 그런 이유 때문에 갈 1:4에서는 αἰών이 세상을 가리킨다: "그리스도가 이 악한 현재 세상에서 우리를 구하시려고 자신을 내어주셨다"(그러나 개역개정판은 "세대"로 번역했다—역주). 하지만 분명 현재 세상에서 옮겨간다는 개념 속에도 역설은 여전히 존재한다.

또 이렇게 논리상 가능한 일이 실제에서도 무게중심이 낮은 영역에서 높은 영역으로 옮겨감에 따라 피할 수 없는 일이 되었다. 이런 무게중심 이동은 메시아가 더 높은 세상으로 옮겨가신 뒤 그 곳에 영원히 거하심으로써 일어났다. 바울의 관점에서 볼 때, 신자와 그리스도의 결합은 아주 긴밀하기 때문에, 그리스도인이 그리스도가 중심이신 천상의 영역에 관심을 끊어 버리는 일이나 그리스도인의 실제 삶과 이 천상의 영역을 갈라놓는 일은 생각조차 할 수 없다. 방금 고찰한 내용(즉 두 세상 내지 상태가 공존하는 새 종말론 체계가 등장했다는 것—역주)은 그리스도의 나타나심 혹은 부활로 말미암아 종말의 과정이 시작되었다(시동을 걸고 앞으로 나아가기 시작했다)는 단순한 사실을 넘어 더 많은 것들을 설명해준다. 실제 영적 생명의 접촉이 이루어지는 방향도 방금 고찰한 내용과 관련지어보면, 그 즉시 시간이라는 평면 위에서 펼쳐지던 생각의 수평운동이 종말을 향한 관심을 천상의 영역으로 수직 투사하는 쪽으로 바뀔 수밖에 없다. 이는 모든 종교적(신앙적) 가치들과 힘들의 중심이 아래 세상(즉 이 땅—역주)에서 일어나는 역사의 발전 속에 존재하지 않고 그보다 훨씬 더 많은 일이 벌어지는 천상에 자리하게 되었기 때문이다. 다른 세상, 더 높은 세상이 거기 천상에 존재한다. 그리스도인은 그 세상이 자신의 삶을 주관하며 다스리는 것을 피할 수 없다. 이리하여 그때까지 미래로 남아 있던 그 다른 세상이 현재가 되었다. 이처럼 미래로 남아 있던 세상이 현재가 됨과 동시에 현재 세상이 존재하지 않게 되었다면, 그 직선(과거부터 현재를 거쳐 미래로 이어지는 역사의 선—역주)은 끊김 없이 곧장 이어졌을 것이요, 존재(즉 역사—역주)를 나타내는 선을 둘이나 함께 펼쳐 놓을 필요도 없었을 것이다. 하지만 이렇게 미래로 남아 있던 세상이 현재가 되다보니, 중첩이 생길 수밖에 없었다. 각주 45에 그려 놓은 두 그림을 살펴보면, 여기서 문제가 된 원리를

분명하게 알 수 있다.[45]

이렇게 파악해본 바울 사도의 관점은 반(半)종말론*semi-eschatological*이라는 말로 묘사할 수 있을 것 같다. 이런 관점은 사도가 처음 옥고를 치를 때 쓴 서신인 에베소서, 골로새서, 빌립보서가 보여주는 특징이다. 우리는 바울이 이런 관점을 표현할 때 "코스모스"라는 말을 사용하여 그리스도인이 원리상 더 높은 "코스모스"에 속해 있다는 공식을 썼어야 한다고 생각해서는 안 된다. "코스모스"라는 말은 악과 결합된 말이었기에 그런 관점을 표현하는 말로 쓰기엔 적합하지 않았다. 사실 그런 관점을 표현하는 데는 세상이라는 의미를 가진 "아이온"이 적합했을지도 모른다. 실제로 바울은 일찍이 로마서 12:2과 갈라디아서 1:4 같은 본문들에서 "아이온"을 채용하여 그런 관점을 암시한다. 그러나 "아이온"은 이전부터 계속하여 "이 세대"와 "오는 세대"를 분명하게 구분하는 데 사용해왔기 때문에 계속하여 그런 말로 사용해야 했다. 결국 "하늘"

---

45)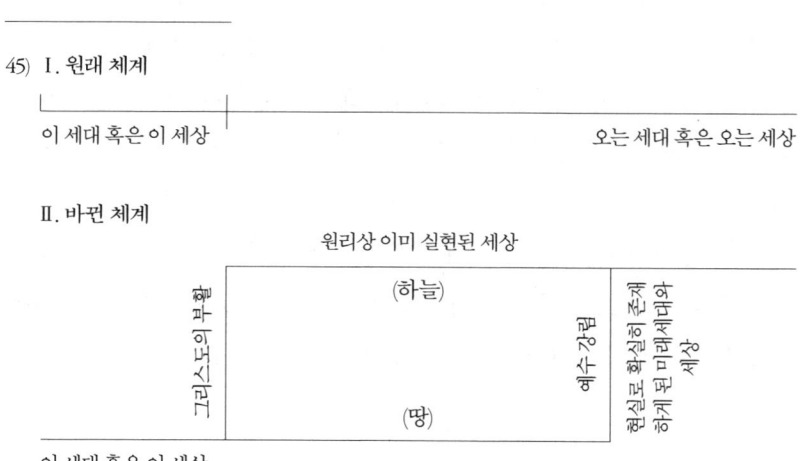

이라는 개념 그리고 "위에 있는 것들"처럼 어떤 곳을 가리키는 은유 문구들을 사용하여 오래 전부터 사용해온 전문 용어들을 대치해야만 했다. 더욱이 "하늘"은 잠시 실현된 마지막 상태가 이전에 이루어진 세상의 발전 위에 존재하지 않고 그보다 더 높은 평면 위에 존재한다는 것을 표현해주는 이로움이 있다. 그리하여 우리는 바울 사도가 에베소서 1:3에서 그리스도인이 "하늘의 영역(하늘)에 있는" 모든 영적 복으로 그리스도 안에서 복을 누린다고 선언한 것을 발견한다. 이는 신자의 주소와 소유가 하늘로 옮겨지게 된 기독론상의 근거를 분명하게 일러주는 표현이다. 에베소서 1:20과 비교해보면 알겠지만, 바울이 이렇게 강조할 수 있는 이유는 신자가 "그리스도 안에" 있기 때문이요, 바로 그 그리스도가 하늘에 계시기 때문이다. 에베소서 2:6이 하는 말은 훨씬 더 강력하다. 여기에서는 신자가 그리스도와 함께 일으키심을 받아 그 분과 함께 하늘의 영역에 앉혀졌다고 말한다. 여기에서도 문장 말미에서 "그리스도 예수 안에서"를 되풀이하는데, 이는 모든 상향 운동을 가능케 한 지레(수단)가 그리스도가 부활하신 뒤에 천상의 영역으로 옮겨가신 사건임을 더 힘써 강조한다. 바울 사도는 빌립보서에서 그리스도가 하늘에 계시기에 그리스도인의 "πολιτεία,"(폴리테이아) 곧 "나라" 내지 "시민권"도 하늘에 있다고 말한다. 하지만 이렇다고 그가 빌립보서 3:20에서 "또한 우리가 거기서 오실 구원자 주 예수 그리스도를 기다린다"는 말로 묘사한 신자의 태도가 지닌 또 다른 측면이 바뀌지는 않는다. 이 빌립보서의 말에 자신이 쓴 골로새서 독자들을 하나님이 사랑하시는 아들의 나라로 옮기셨다는 골로새서의 말씀(1:13)을 덧붙일 수 있겠다. 골로새서 1:13과 디모데후서 4:18을 봐도 바울은 "하나님 나라"라는 말을 대체로 종말론과 연관된 의미로 이해하기 때문이다. 더 나아가 여기서 골로새서 3:1, 2이 위의 것을 찾음을 그리스도인의 의무로 강조하면서, 그 동기로 그리스도가 거기에 계심을 들고 신자들의 생명이 하나님 안에서 그리스도와 함께 거기에 감춰져 있음을 생각하라고 당부한 것을 유념해야 한다.

사람들은 때때로 미래를 내다보는 시선이 직선이었다가 이처럼 하늘의 세계를 향해 위로 꺾어진 것을 두고 종말을 향한 관심이 퇴색했음을 보여주는 것이라고 강조했다. 그러나 이것만큼 진실과 동떨어진 말은 없을 것이다. 실제로 이처럼 그리스도인의 상태를 잠정적이나마 그 중심을 하늘에 고정해둔 상태로 철저히 표현했다 해도 그것이 곧 철폐는(곧 현재 이 땅에서 이루어지는 신자의 삶과 종말을 내다보는 소망을 부인하는 것은—역주) 아니다. 오히려 이것은 신자의 삶이 이 세상과 다른 세상을 지향함을 가장 강렬하고 가장 현실성 있게 강조한 것이다. 겉보기에 이런 내용이 명확히 기록한 종말론의 표지를 보여주는 이유는 바로 이런 내용이 대부분 바울이 초기에 깨달은 것이기 때문이다. 또 바울의 종말론은 마지막 목적지를 내다보는 절대 소망을 거둬들이지 않고, 도리어 그 소망을 다시금 강조한다. 때문에 미래 속으로 뻗어나가는, 더 단순한 다른 선이 여전히 완전한 효력을 지닌 그 소망과 더불어 계속 존재한다. 미래라는 개념은 결코 그 배경 속으로 사라지지 않는다. 그리스도의 오심은 계속하여 사람들이 숙고하는 관심사이며 그 관심의 정도 역시 조금도 줄어들지 않는다. 우리가 비판한 견해(즉 미래를 내다보는 시선이 직선이었다가 하늘의 세계를 향해 위로 꺾어진 것을 두고 종말을 향한 관심이 퇴색했으며 종말은 내다보는 소망이 효력을 잃었다고 주장하는 견해—역주)에서 유일하게 인정할 수 있는 것은 어느 정도 흥분한 모습을 그 특징으로 보여주며 열심히 앞을 향해 나아가던 이전 시대의 움직임이 더 조용하고 고요하게 다른 세상과 그 세상의 내용을 깊이 생각해 보는 자세로 바뀌었다는 것이다. 그러나 이런 자세는 잔치가 시작할 때부터 그 잔치에 소망(기대)을 품지 않아 배고픔이라는 것을 느끼지 못한 사람의 심리 상태가 아니다. 그와 반대로 그것은 잠시나마 풍성한 만족을 얻은 덕분에(잘 먹고 배부른 덕분에) 심각하고 상당히 고통스러웠던 허기가 사라졌음을 말한다. 맛보기로 참된 음식을 맛본 것이 오히려 그 참된 음식을 배부르게 먹고픈 식욕을 자극한 셈이다. 이 지점에서 오해를 일으키는 것이 종말론이 말하는 양면성과 우주를 더 높은 영역과 더 낮은 영역으로 나눠보는 철학의 이분법을 혼동하는 것이다. 여기서 문제가 된 견해도 우주를 나눠보긴 하지만, 그 구분이 철학의 이분법과 같지는 않다. 그리스도인이 이미 거주하고 있는 하늘은 우주 속 하늘이 아니라 철저히 구속(救贖) 받은 하늘이다. 이 하늘은 하나님이 오랜 세월에 걸쳐 구속이라는 영역에서 행하시는 일로 말미암아 차근차근 세워지고 풍성해져간다. 때문에 이 하늘은 원리상 신자를 복되게 할 뿐 아니라 지금도 신자에게 앞을 가리키며 마지막 완성을 향해 나아가라고 손짓한다. 말하자면 시간이 그 자신 속에 불변성과 영원성을 받아들였듯이 하늘도 그 자신 속에 시간과 역사를 받아들인 셈이다. 여기에 그리스도가 하늘로 돌아가신 사건이 가지는 내밀한 의미(중요성)가 있다. 그리스도는 당신이 땅에서 행하신 일에서 자라나 역사의 시간이 흐르는 동안에 익은 모든 열매를 당신과 함께 그곳 하늘로 가져가시며, 이제는 그 하늘에서 어느 한쪽으로 치우침 없이 모든 이를 보살피시면서 당신의 교회가 땅과 하늘에서 밟아가는 두 개의 발전 여정을 인도하신다. 그리스도와 더불어 성령도 그리스도인이 이중으로 밟아가는 삶의 과정이 지닌 두 측면을 결합해주신다. 앞으로 살펴볼 기회가 있겠지만, 그 이유는 요컨대 여기서 당신이 행하시는 모든 일과 당신이 나타내시는 모든 현상 속에서 자신을 드러내신 성령이 바로 천상의 상태에 이르러 비로소 누리게 될 최종 소유의 진정한 첫 열매이시기 때문이다. 그것이 성령의 근본 의미요, 성령이 하시는 모든 행동이 나오는 초점이요 결국 그 행동들이 다시 만나는 곳이다. 그리스도인의 삶은 양면성을 갖고 있다는 점에서 그 외형만 놓고 보면 그리스 철학의 이원론과 닮았지만, 사실 둘 사이에는 엄청난 거리가 있다.[46] 그리스도

---

46) 요한복음과 히브리서도 헬레니즘(알렉산드리아)의 이원론에 물들어 원시 기독교의 종말론을

인의 삶이 지닌 양면성은 그 기원 자체가 판이하기 때문에 이를 그리스 철학의 양면성과 동일시하는 것은 눈곱만큼도 허락할 수 없다. 그리스도인의 삶이 가진 양면성의 모태는 종말론적 계시이지, 형이상학적 사유가 아니다. 이런 이유 때문에 역사를 수평선으로 바라보는 시각이 더 오랜 시각임을 보여줄 수 있다는 게 중요하다. 이 시각에서 두 영역이 평행을 이룬 구조가 생겨날 수 있었던 것은 오직 역사 속에 우뚝 솟아오른 한 사건 때문이었다. 역사가 먼저 오고, 그 다음에 신학이 왔다. 또 신학은 역사에서 왔기 때문에 이 둘은 애초부터 충돌할 가능성이 전혀 없으며, 이 둘 가운데 어느 것도 다른 것에 간섭할 수 없다. 이처럼 역사를 바라보는 시각이 재조정되었지만, 이것 때문에 기독교 신앙이 본디 갖고 있는, 종말을 향한 관심이 줄어드는 결과는 생기지 않았을 것이다. 종말을 향한 관심이 줄어들었다면, 그것은 곧 기독교의 기원을 등지는 첫 배교를 의미했을 것이다. 사람들이 보통 콘스탄티누스 시대와 개신교의 등장을 비판한 밑바탕에는 바울이 헬레니즘의 길로 나아갔다는 생각이 자리해 있곤 했다. 이런 생각은 하늘을 가리키는 체 하면서 사실은 세상을 미래에서 현재로 되돌려 놓으려 했을 것이다. 바울 사도의 의중에는 이런 생각이 일체 들어 있지 않다. 골로새서 3:5은 그리스도인이 땅 위에서 갖고 있는 지체들은 오로지 죽여야 할 것들뿐이라고 말한다. 이는 그 그리스도인 자신이 온전히 저 위 높은 산의 나라에 속해 있기 때문이다.

무르게 만들었다는 비판을 똑같이 들었다. 이 두 책을 향한 비판에 내놓을 대답도 위에서 바울과 관련해 내놓은 대답과 같을 수밖에 없을 것이다. 히브리서는 물론이요 요한복음도 연대(年代)의 관점에서 역사를 바라보는 시각을 손상함이 없이 그대로 유지한다. 하지만 영에 치중하는 히브리서의 경향이 종말을 선취함(미리 맛봄)이 지나치게 외면에 치우쳐 결국 조급한 형태를 갖게 된 것을 일부나마 바로잡는 형태를 띠고 있는 것도 사실이다.

역자 주

[1] 히브리어와 아람어로 기록한 구약 성경을 헬라어로 번역한 70인역 성경을 말한다. 아래에서는 70인역으로 번역한다.

[2] 히브리어로 마샬^{mashal}은 다른 문맥이나 단락과 구별되는 독립된 "말, 잠언"을 뜻한다.

[3] 히브리어와 아람어에서 접속사로 사용한다.

[4] 사도행전 2:17은 "ἐν ταῖς ἐσχάταις ἡμέραις"(엔 타이스 에스카타이스 헤메라이스: "마지막 날들에")로 기록하여, "마지막"을 뜻하는 형용사 ἔσχατος의 여성형 ἐσχάτη의 복수 여격과 "날"을 뜻하는 여성 명사 ἡμέρα의 복수 여격을 사용했다.

[5] 원서에는 "time," "times"로 기록되어 있으나, 바로 앞에 열거한 단어들이 모두 헬라어임을 고려하여 "한 날 중 어떤 시각" 혹은 "시간"이라는 뜻을 가진 헬라어 여성 명사의 단수인 ὥρα와 복수인 ὥραι로 바꿔 넣었다.

[6] 히브리서 1:2의 헬라어 본문을 보면, 그 첫 부분이 "ἐπ' ἐσχάτου τῶν ἡμερῶν τούτων"으로 기록되어 있다. "이 날들의 마지막에"라고 번역할 수 있는 이 헬라어 문구를 보면, "이, 이것"이라는 의미를 가진 헬라어 지시대명사 οὗτος의 여성 복수 소유격 형태인 τούτων이 문구 끝에 붙어 있다.

[7] 본디 world process는 헤겔 철학에서 절대정신이 시간 속에서 현실로 구현되는 변화를 말하며, 역사를 초월한 원칙이나 계획에 따른 중대한 변화가 시간 속에서 일어났음을 가리키는 말이기도 하다. 여기에서는 이런 의미를 참작하여 a central world-process를 "세계사를 바꾼 중심"으로 의역했다.

Chapter 2

종말론과 구원론의 상호작용

교의학은 보통 종말론을 마지막 장에 둔다. 실제로 진행되는 순서가 학문의 배열순서도 결정한다. 마지막 때 펼쳐질 일은 구원론이 다루는 구속 행위와 체험의 완성에 비추어 바라보는 것이 자연스럽다. 다 그런 것은 아니지만, 마지막 때의 일에 보이는 관심은 이미 시작된 것이 "완성되는" 것을 보고 싶어 하는 욕구, 이론의 관점과 실제의 관점에서 모두 정당성을 인정받고픈 욕구에서 생겨나는 경우가 아주 많다. 물론 그런 욕구는 본디 그리스도인의 상태를 으레 아직 종결되지 않은 상태로 보는 의식(意識)에서 생겨나고 그런 의식이 그런 욕구를 만들어낸다. 그런 의식 때문에 우리는 교회가 계속하여 이 세상 속에 거주하고 우리 자신의 삶이 예비 상태라는 것에 익숙해져 있지만 이런 것에 만족하지는 않았다. 우리는 이런 잠정 상태를 정리하여 그 나름의 시각에 따른 법칙을 가진 신학 체계로 만들어냈다. 우리는 현재에서 미래로 나아가면서 생각을 하고 이론을 세운다. 우리 실존의 기초가 현재 속에 있기 때문이다. 여기서 현재 상태(현상)가 있어야 할 상태(당위)와 같은가는 고려할 필요가 없다. 그 문제는 실상 마음 상태가 좌우하기 때문이다. 초기 그리스도인들은 다른 지향점을 부여받았다. 이 지향점은 실제 믿음으로 앞일을 내다봄에서 나온 것이기도 했지만, 계시의 가르침도 그런 지향점을 부여해 주었다. 초기 그리스도인들은 그 의식 속에 마지막 때 있을 일을 제시받았는데, 이는 그리스도인들이 이 일에 비추어 잠정 상태이자 예비 상태에 있는 것들을 더 잘 이해할 수 있게 하려는 목적 때문이었다. 이렇게 마지막 때 일을 제시한 이유는 이 마지막 것이 곧 규범이 된다는 아주 중요한 의미가 있기 때문이다. 다시 말해 마지막 때보다 앞에 존재한 모든 단계는 그 단계들이 진정 기독교에 부합하는 성격을 가졌음을 증명하려면 반드시 이 마지막 것이라는 규범에 들어맞아야 한다. 우리는 오는 세상을 향한 소망이 첫 세대 신자들에게 폭넓은 영향을 끼쳤음을 이야기할 때, 이런 소망이 다른 세상을 소망하던 그 시대 전반의 분위기를 자극하고 부추기는 결과를 낳았다는 정도로만 이야기해서는 안 된다. 그런 소망은 그리스도인들의 현실을 교리 차원에서 이해하는 데도 영향을 주었다. 오는 세상은 미래에 관한 가르침과 예언이라는 수단을 통해 거꾸로 현재를 밝히 설명해주고 영광스럽게 조명해주었다. 앞에 놓인 것을(즉 미래 일을—역주) 그린 그림은 오로지 이미 얻은(즉 과거부터 현재에 이르기까지 포착한—역주) 광경을 연장하고 확장하며 보강하여 만들어낸 것이 아니었다. 그 반대 방법, 즉 신앙의 눈에 보이는, 이미 완성된 것 속에 배어든 색깔들을 통해 아직 완성되지 않은 것들을 조명하는 방법도 적지 않게 활용했다. 만일 그리스도인의 소망이 상상 같은 것이어서 미래 상태의 세부 내용이 자세히 드러날 경우 그 속에 묻혀 사라져 버릴 것이었다면, 현세의 삶 속에서 초월의 세계에 마음을 두고 그 세계를 생각하는 것은 두말할 나위 없이 위험한 일에 불과했을 것이다. 그러나 그리스도인의 소망은 다른 성격을 갖고 있었다. 그 소망은 오는 세상 속에 자리한 내면의 능력들을 충분히 포착할 수 있을 정도로 영에 속한 것이 되어 있었다^{spiritualized}. 참 소망을 사로잡은 이 영원한 보화는 이미 현재 상태에 주어진 보화들과 다른 게 아니라 같은 것이었다. 아우구스티누스는 구속사(救贖史)에서 두 역사 경륜의 관계를 놓고 다음과 같이 아주 놀라운 공식을 세웠다: "신약은 구약 속에 숨어 있고, 구약은 신약 속에서 밝히 드러난다 Novum Testamentum in Vetere latet, Vetus in Novo patet." 이 공식을 지금 다루는 주제에도 적용할 수 있다. 여기에도 "새"것과 "옛"것이 있지만, 그 실질은 원리상 다르지 않고 동일하다. 따라서 하나를 다른 하나를 해석하는 데 사용할 수 있다. 계시도 그 구조의 기초에 자리해 있던 이미 확립된 그런 조화를 활용할 수 있었다.

따라서 반미래성(半未來性)을 띤 세상에 살았던 첫 그리스도인들은 그들이 기대하던 완전한 성취를 생각함에서 돌이켜 현재 일부만 맛보는 체험들을 생각함으로 되돌아가야 했고 현재의 체험들을 미래의 완전한 성취에 비추어 해석해야 했으리라고 충분히 짐작할 수 있다. 우리가 종말론을 구원론의 왕관으로 여기는 것을 당연시하듯이, 첫 그리스도인들도 틀림없이 이미 그들이 소유로 받은 것과 누리는 것을 아직 받지 못한 유업의 진정한 전조(前兆)로 봐야 한다고 느꼈을 것이다. 미래와 현재의 가치를 비교하면 미래에 첫째 자리를 부여할 수밖에 없는 것처럼, 첫 그리스도인들의 소유는 그 둘(그들이 이미 받은 것과 누리는 것—역주)이 상대적 중요성을 갖고 있음을 현실로 아주 생생히 보여주었기에, 그들이 현재 받은 것과 누리는 것을 미래에 받을 유업의 진정한 전조 정도로 여긴 것은 더더욱 당연한 일이었다.

그러나 이제까지 살펴본 이 모든 내용은 우리의 논지를 지지하는 강력한 가설을 만들어주긴 하지만, 본질상 증명되지 않은 *a priori* 것에 불과하다. 바울 사도가 종말론 영역과 구원론 영역에서 가르치는 내용과 그 가르침을 담은 단어들을 비교하는 방식으로 좀 상세히 살펴보는 일이 필요하겠다. 이제

이 일을 해보도록 하자. 하지만 이 일을 시작하기 전에 우리가 지금 확인하려고 하는 것이 바울 사상의 등장 순서가 아님을 되새겨두는 것이 불필요하지만은 않을 것이다. 바울 사상의 등장 순서를 확인하는 과정은 우리가 실제로 염두에 두고 있는 과정보다 훨씬 더 쉬울 것이다. 우리가 할 일은 바울 사도가 전파한 계시된 복음에 담긴 사상의 시각을 확인하는 것이다. 종말론의 진리와 구원론의 진리는 바울에게 시간상 같은 순간에 알려졌을 수 있지만, 이 진리들이 서로 들어맞는다는 점은 그 순간에는 분명하게 인식되지 못한 채 더 계시가 이루어지고 더 이해해야 할 주제로 남겨져 있었을 수도 있다. 그렇긴 해도 바울 같은 이는 논리상 순서를 지닌 일들의 상호관계를 생각해 보지 않고 무작정 미뤄둘 수만은 없었을 것이다. 바울은 이런 상관관계가 담긴 실들을 복잡하게 짜서 교리 성격을 지닌 사상이라는 직물로 만들어 놓았는데, 우리는 가능한 한 이 실들을 풀어보려고 노력해야 한다.

바울의 가르침에는 구조상 네 가지 중요한 가닥이 있다. 이런 가닥들과 관련지어 우리 논지를 검증하는 것이 가장 쉽고 설득력 있을 것이다. 이 네 가닥은 부활 개념, 구원 사상, 심판과 칭의 교리, 성령 개념으로 이루어져 있다. 이 넷 가운데 첫 번째인 부활 개념을 첫 자리에 놓는 것이 자연스럽다. 바울의 가르침에서는 종말론이 가장 먼저 생겨났으며 이 종말론이 구원론에 관한 가르침에 실제로 영향을 주었다는 것이 아주 뚜렷하게 나타나기 때문이다. 부활이 특히 종말론 성격을 지닌 것임은 따로 지적할 필요가 없겠다. 또 바울이 예수의 부활을 널리 시대의 분기점을 이루는 이 사건의 실제 시작으로 여긴다는 것도 따로 제시할 필요가 없다. 고린도전서 15:20은 그리스도가 당신의 부활을 통해 잠자는 자들의 첫 열매가 되셨다고 말한다. 이제 우리는 바울 사도가 신자들을 새로운 상태로 들어가게 해주는 구원 체험을 "그리스도와 함께 일어남(부활함)"이나 "그리스도와 함께 일으키심을 받음"으로 규정한다는 것, 그리고 더 나아가 이런 말이 그 체험을 어쩌다가 비유로서 묘사한 표현이 아니라 명백히 고정된 교리 용어의 일부라는 것을 발견한다. 그렇다면 종말론이 앞으로 거슬러 올라가 구원 과정의 중심부를 형성하는 데 영향을 미쳤음은 전혀 의심할 여지가 없다. 성경을 보면 바울 이전에는 이런 종류의 구원론 용어가 알려져 있지 않다. 바울 이전에는 어떤 사람도 "거듭남"이나 "회심"을 일종의 부활로 정의할 수 없었고 그렇게 하지도 않았을 것이다. 여기서 이런 식으로 말하는 것을 일반적 은유에 속하는 용법이라고 설명할 수는 없다. 남아 있는 것은 오로지 모든 것을 되돌려 종말론에 첫째 순서를 부여하는 것뿐이다. 혹자는 몇몇 경우에 "그리스도와 함께"라는 말이 뭔가를 긍정하는 말에 붙어 있으며, 따라서 여기 골로새서 3:1에도 종말론이 아니라 기독론에서 빌려온 말이 존재한다고 주장할지 모르겠다. 하지만 이런 주장은 오로지 그리스도의 부활이 종말론과 연관된 내용이 아니라 다른 것들과 연관된 내용으로 싸여 있는 모습을 보일 경우에만 설득력이 있을 것이다. 이런 주장이 옳지 않다면, "그리스도 안에서 또는 그리스도와 함께 일으키심을 받다"라는 말은 오직 한 가지 의미, 곧 삶의 철저한 변화를 통해 종말론의 두 가지 근본 행동 중 하나가 자기 자신에게 적용되게 한다는 의미만 가질 수 있을 뿐이다. 이 점은 바울이 이런 식으로 말할 때 그가 단순히 예수의 부활과 신앙 면에서 그리스도인의 삶을 다시 세워주는 생명력 사이에 널리 유사성이 존재함을 말하려는 게 아니라, 도리어 문제가 된 다시 살아남(蘇生)이 실제로 부활하신 그리스도에게서, 즉 그리스도 안에 저축된 부활의 힘에서 나옴을 말하려 한다는 것을 살펴보면 훨씬 더 분명해진다. 그것은 종말론이 말하는 세상이 지금도 이 세상에 거주하는 사람들이 기대하도록 만든 결과(효과)를 액면 그대로 말한 것이다. 다시 말해 종말론이 구원론을 형성했다는 것은 그저 용어만 그런 게 아니다. 용어는 실제로 실체 자체에서 나오며, 언어는 그저 그 실체에 맞게 적응할 뿐이다. 보통 바울 사도의 사상과 체험

속에 있는 것들로서 신비주의 요소에서 영향을 받았다고 여기는 많은 것들은 확실히, 훨씬 더 단순한 방식을 따라, 이런 근원에서 흘러나왔다. 종말론에는 신비주의가 가득하며, 그 정도도 보통 사람들이 인식하는 것보다 더 크다. 관찰해보면 알겠지만, 이런 설명에서는 신비주의 요소가 사라지지 않고 다만 그 요소가, 마치 그 기원(起源)으로 옮겨가듯이, 근본 문제로, 즉 어떻게 하여 철저히 종말의 세계인 하늘의 세계에서 지금도 이 아래 세상에서 이루어지는 삶 속으로 투사가 이루어질 수 있는가 그리고 어떻게 하여 그런 하늘의 세계와 이 아래 세상에서 이루어지는 삶 사이에 생명력 있는 상호작용이 있을 수 있는가라는 문제로 옮겨가기 때문이다.[1]

우리는 여기서 비록 부활 개념을 명백히 밝히지는 않았지만 그래도 근본 사상을 같이하는 다른 표현들을 몇 가지 더 이야기해볼 수 있다. 이런 표현들 가운데 하나가 καινὴ κτίσις(카이네 크티시스, "새로운 피조물")라는 개념이요, 다른 하나가 παλιγγενεσία(팔링게네시아, "거듭남")라는 개념이다. 전자는 고린도후서 5장과 6장 그리고 갈라디아서 6:15에서 만날 수 있고, 후자는 디도서 3:5에서 만날 수 있다. 고린도후서 5:17("그런즉 누구든지 그리스도 안에 있으면, 그는 새로운 피조물이라 he is a new creature")은 "새로운 피조물"이라는 말을 개인에게 사용한 것 같은 인상을 줄 뿐 아니라, 그 표현이 오로지 개인 구원만 이

---

1) 롬 6:6, 11, 7:4, 8:10, 11, 13:11, 고후 1:9, 10, 4:12(여기에서도 예수가 가지신 부활의 능력이 바울이 당한 온갖 위험과 극심한 수고 속에서 바울의 몸을 기적처럼 지탱해주심으로 나타났다고 말한다), 5:15, 엡 1:19, 20, 5:14(여기에서는 은유에 더 가까운 표현을 썼지만, 그래도 문자적 의미를 지닌 용어를 아주 분명하게 전제한다), 골 2:12, 13을 참조하라. 예수의 부활이 미래에 신자들의 몸이 일으키심을 받을 사건의 원인으로서 그 사건에 영향을 미친다는 것을 묘사한 본문들은 물론 더 많이 있다.

야기하는 것 같은 인상을 주어 이 "새로운 피조물"이라는 말이 종말론에 기원을 두고 있음을 인식하기 어렵게 만든다. 디도서 3:5에서도 역시 이 두 장애물이 느껴진다. 그러나 이 두 본문 가운데 어느 것을 보더라도 이런 장애물들이 본문에서 아주 분명하게 드러나는 종말론 색채를 희미하게 만들지 못한다. 그 문맥이 분명하게 보여주듯이, 바울이 고린도 서신에서 말하려 하는 것은 어떤 사람이 "새 사람"이 되었다는 은유 표현이 보통 전달하는 의미보다 훨씬 더 구체성을 띤 것이다. 이처럼 "그리스도 안에" 있게 된 체험을 겪은 사람은 단순히 그 개인의 주관적 상태가 바뀌는 데서 그치지 않고, 거기서 더 나아가 "옛것은 지나가고 새것이 되었기" 때문이다. 완전히 새로운 환경, 아니 더 정확히 말하자면, 완전히 새로운 세상이 창조되었으며, 바울이 고린도 서신에서 이야기하는 사람은 그 세상에 거주하는 사람이요 그 세상에 참여한 사람이다. 그런 변화는 물론 개인의 내면에서도 일어나지만, 그 내면이 그런 변화가 가장 먼저 일어나는 곳은 아니다. 개인을 둘러싸고 있는 온 세상이 새로운 면모와 양상을 띠게 되었다. 방금 묘사한 일을 일으킨 원인이 "그리스도 안에" 있다는 것은 그런 일이 사실임을 분명하게 일러준다. 바울 사도의 글을 보면 그 어디에서도 그리스도를 단지 새로운 개인을 만들어내는 중심지로 묘사하지 않는다. 그리스도는 문제가 된 공식이 등장하는 모든 곳에 계신다. 그 분은 새로운 만물 질서를 주관하시는 중심 요소이시며, 실제로 새로운 세계 질서를 만들어내고 대표하시는 분이다. 로마서 8:19, 20, 골로새서 1:15, 히브리서 9:11, 요한계시록 3:14처럼, 바울 서신(그리고 널리 신약 성경)이 "*ktisis*"를 사용한 사례들을 얼른 훑어보기만 해도 이 말이 광범위하고 객관성을 가진 의미들과 연결되어 있음을 더 소상히 뒷받침할 수 있을 것이다. 고린도후서 5:17의 맥락을 살펴보면, "*ktisis*"라는 말을 주관적 관점에서 고려한 그리스도인의 회복된 내면 상태에만 한정하여 적용하지 않는다. 고린도후서 5장 본문이 제시하는 모든 주장은 어떤 한 객관적 지위와 상태가 다른 객관적 지위와 상태로 바뀌었음을 주제로 삼고 있다. 이 본문은 내면의 거듭남뿐 아니라 "칭의"(의롭다 하심을 받음)를 이야기하는 장에 속해 있다. 고린도후서 5:18은 "모든 것"이 "하나님에게서 났다"고 이야기하는데, 이곳도 신자의 주관적 내면 상태만 이야기하는 곳으로 이해해서는 안 된다. 아울러 "화목하게 하다"라는 뜻을 가진 말 "καταλλάσσεσθαι"(카탈라세스따이, "화해하다"라는 뜻을 가진 καταλλάσσω의 현재, 중간태/수동태 부정사다—역주)도 객관적 영역을 가리킨다. 이 말이 헬라어에서 가지는 의미는, 영역 성경의 번역과 달리, "화목하게 하다"라는 개념에서 온 세상에 영향을 미치는 "변화"라는 개념으로 넓힐 수 있을 만큼 아주 유연하고 넓다. 이 모든 내용을 고려할 때, "새 창조[a] new creation"라는 번역을 지지해야 할 이유가 풍부하다. 이렇게 일단 번역을 바꾸면, "새 창조"라는 말은 이 개념의 종말론적 선례들을 직접 가리키면서, 이 말이 저 세상까지 멀리 미치는 의미를 갖고 있음을 보게 하는 시야를 열어 준다. 이 때문에 바울 사도는 18절에서 모든 것을 이야기하면서, 단지 한 지점이 아니라 모든 영역을 아우르는 거듭남이 그의 마음 앞에 자리해 있음을 시사한다. 바울 사도는 여기서 자신이 이야기하는 반대명제[antithesis] 전체를 결정하는 것이 그 명제의 중심에 서 계신 그리스도의 모습이라고 본다: 그리스도라는 분을 육을 **따라**(κατὰ σάρκα, 카타 사르카) 안다는 것은, 즉 육을 **따라** 생각한다는 것은 만물의 한 모습을 의미하며, 그와 다른 모습의 그리스도를 생각한다는 것은[즉 분명히 밝히지는 않았지만, 영을 **따라**(κατὰ πνεῦμα) 그리스도를 안다는 의미다] 다른 성격, 반대 성격을 가진 만물을 생각한다는 뜻이다. 이 경우, 다른 성격, 반대 성격을 가진 만물은 종말의 것일 수밖에 없다. 이 논증의 표면에는 칭의를 언급하는 내용이 자리해 있는데, 이런 언급이 종말론 색채를 띠는 이런 해석과 어떻게 들어맞을 수 있는가는 곧 드러날 것이다.

καινὴ κτίσις라는 말이 두 번째로 등장하는 사례인 갈라디아서 6:15("이는

할례나 무할례는 아무것도 아니요 오직 새 창조만이 중요하기 때문이라")을 보면(개역개정판은 καινὴ κτίσις를 "새로 지으심을 받는 것"으로 번역해 놓았다—역주), 이 말이 종말론에서 나온 말임을 그리 강하게 떠올려주지는 않는다. 하지만 역시 여기에도 만물의 새로운 마지막 질서가 영원히 평등하게 하는 성격을 지닌 새 가치를 지녔다는 생각이 존재한다. 이 구절 바로 앞 구절(갈 6:14)에 있는 고백은 그 점을 부정어를 써서 분명하게 표현한다: "그러나 내게는 우리 주 예수 그리스도의 십자가 외에 결코 영광(개역개정판은 "자랑할 것"—역주)이 없으니, 그리스도(혹은 그리스도의 십자가)로 말미암아 세상이 나를 대하여 십자가에 못 박히고 내가 또한 세상에 대하여 그러하니라." 여기에서는 십자가가 두 세상을 철저히 갈라놓음으로써 바울 사도를 그가 처음에 속했던 세상에서 떼어내어 다른 세상으로 옮겨 놓았다고 표현한다. 또 이 갈라놓음이 어찌나 철저하던지 이렇게 갈라진 두 부분(세계)은 이후에 서로 공통된 관심사를 가질 수 없었다. 세상이 바울에 대하여 십자가에 못 박혔을 뿐 아니라, 바울도 세상에 대하여 십자가에 못 박혔다. 얼핏 보면 십자가의 효과를 말하는 이 개념과 바울 서신의 다른 문맥들이 같은 상황을 놓고 보통 전개하는 가르침들을 서로 조화시키기가 당연히 어려워 보인다. 그러나 사도가 여기서 한 말의 기독론-종말론 배경을 생각해보면 그런 어려움은 사라진다. 십자가를 통해 일어난 이 예리한 단절은 무엇보다도 그리스도 및 세상^{kosmos}과 관련되어 있다. 십자가는 곧 특별한 상황 아래에서 일어난 그리스도의 죽음을 말하는데, 이 십자가는 일정한 기간 동안 그리스도를 세상과 묶어 놓았던 끈을 잘라놓았다. 십자가는 그리스도를 세상에서 내던졌다. 그 분은 이 세상을 떠나 다른 세상으로, 곧 그 분의 진짜 고향으로 들어가셨다. 그리스도의 경우에는 이렇게 한 세상에서 다른 세상으로 바뀐 사건이 무엇보다 종말론적 특징들과 크기들을 갖고 있었음을 지적할 필요가 없겠다. 그렇게 그리스도는 한 세상에서 다른 세상으로 들어가신 덕분에 "새로운 피조물"이 아니라 "새 창조"

의 참된 시작이 되셨다. 이제 사도 바울은 그 자신의 체험을 일부러 이런 생각의 흐름 속에 융합시켜, 세상이 그에 대하여 십자가에 못 박힌 것처럼 자신도 세상에 대하여 십자가에 못 박혔음을 강조하고, 더 나아가 그런 이유 때문에 새 창조가 그의 실존 영역 속에서 결정적이고 지극히 중요한 요인이 되었다고 강조한다. 그렇다면 "새 창조"라는 개념을 새롭고 더 고상한 본질 내지 인격성을 부여한다는 의미로 한정하는 것은 바울의 의도를 제대로 평가하지 못한 것이 될 것이다. "새 창조"라는 개념은 그 정도로 한정된 의미를 담기에는 아주 무거운 개념이다. 그 밑바닥에 깔려 있는 근본 개념은 분명 새로운 실재 체계와 결합하여 그 체계와 하나가 된다는 개념이다. 이런 사실 때문에 "새 창조"는 원리상 종말론의 성격을 가질 수밖에 없다. 바울 사도가 일부러 객관적 종말 상황까지 함께 염두에 두지 않았다면 그 자신을 어떻게 표현했을 것인가를 갈라디아서 5:6에서 볼 수 있다: "이는 그리스도 예수 안에서는 할례나 무할례나 효력이 없으되 사랑을 통해 역사하는 믿음뿐이기 때문이라." 생각의 방향이 주관 쪽으로 바뀐 여기에서는 할례와 무할례의 반대말이 "새 창조"가 아니라 "사랑을 통해 역사하는 믿음"임을 볼 수 있다. 디도서 3:5에서 등장하는 "팔링게네시아"*palingenesia*(거듭남)도 다르지 않다. 여기에서도 분명 이 말이 본디 구원론상의 의미를 갖고 있음을 "λουτρόν"(루트론, "씻음")과 묶음으로써, 곧 "성령이 행하시는 팔링게네시아(거듭남)의 씻음과 아나카이노시스*anakainōsis*(새롭게 하심)의 씻음"[1]을 말함으로써 아주 강하게 증언하는 것 같다. 우리 의식*consciousness*에 하는 세례는 분명 현재 그리스도인의 상태에 속한다. 그렇긴 해도 그 세례(씻어주심)와 팔링게네시아를 묶어 놓았다는 사실은 이 세례가 그 개념상 분명 미래의 삶과 명확하게 관련되어 있음을 증명해준다. 신약 성경에서는 베드로전서 3:21이 이를 일러준다. 이 구절에서는 온 세상을 뒤덮는 홍수가 세례의 모형으로 등장하여, 이 홍수에 그와 대립하는 심판에서 구원하는 능력이 있음을 밝혔다. 성경 밖의 자료들에서는 이미 팔링게네시아가 종말론과 연관된 의미를 갖고 있다는 증거가 나타난다. 그것도 무언가에서 파생한 은유 용법으로서 나타나지 않고, 오히려 반대로 철학적-신화적 의미가 앞서 나타난다. 비유로 쓴 사례는 가끔씩 나타나는데, 이런 사례도 철학적-신화적 의미에서 유래했음을 느낄 수 있다. 플루타르코스는 "ἀποβιώσεις"(아포비오세이스, "죽음")와 "παλιγγενέσθαι"(팔링게네스따이, "거듭나다")를 이야기하면서 이 말을 디오니소스 신화[2]와 연계하여 개인 차원의 종말론을 나타내는 말로 사용했다.[2] 피타고라스학파는 영혼 윤회설을 가르치면서 이 팔링게네시아라는 말을 "πρώτη γένεσις"(프로테 게네시스, "전생")나 "νῦν γένεσις"(뉜 게네시스, "현생")의 반대말인 전문용어로 사용한다. 필론(15BC-45AD, 헬레니즘 유대교를 대표하는 알렉산드리아의 철학자다─역주)은 이 말을 개인 차원에서 죽음 뒤의 삶을 가리키는 말로 보고, 집단 차원에서 미래 세상에 적용한다. 하지만 이후 필론도 이 말을 은유의 의미로 사용했다. 키케로는 자신이 유배에서 돌아온 것을 그의 팔링게네시아라고 말한다.[3] 70인역에서는 이 말이 욥기 14:14에서 단 한 번 등장하는데, 이때도 역시 종말론과 연관된 의미로 사용했다: "내가 싸우는 모든 날 동안 나는 ἕως πάλιν γένωμαι(헤오스 팔린 게노마이, "다시 태어날 때까지") 기다리겠나이다." 이교도들이 쓴 권위 있는 자료 외에도, 신약 성경 자체에 들어 있는 우리 주님의 말씀 역시 이 말이 종말론의 의미를 가졌음을 증언한다. 가령 마태복음 19:28은 이렇게 말한다. "나를 따른 너희는 세상이 새롭게 되어 인자가 그의 영광에 보좌에 앉을 때에 역시 열두 보좌에 앉아 이스라엘 열두 지파를 심

---

2) *De Delph.* 9(389A); *De Is. et Os.* 35(364).

3) *De Cherub.* (ed Mangey), 159, 45; *Leg. ad Caj.* 593, 32; *Cic. Ad Attic.* 6, 6.

판하리라."⁴⁾ 이 말에서는 팔링게네시아라는 말을 개인에게 부활을 적용하는 정도에 국한할 수 없다. 여기서 이 말은 부활 전체는 물론이요 심지어 우주가 새로워짐까지 아우른다. 이 점은 마지막 상태를 이와 똑같이 묘사하는 말을 담고 있는 마가복음과 누가복음의 평행 본문인 마가복음 10:29, 30과 누가복음 22:29, 30이 보여준다. 요세푸스도 이 말을 그렇게 이해하여, 이 말과 ἀποκατάστασις(아포카타스타시스, "회복")를 서로 바꿔 쓴다.⁵⁾ 상황이 이렇다 보니, 디도서 3:5이 이 말을 세례와 연관지어 종말론을 언급한 말로 사용한 것도 전혀 놀랍지 않다. 이를 보면, 오리게네스(185-254, 초기 아프리카 교회 교부요 신학자였다―역주)가 마태복음 19:28을 다루면서 세례를 그 팔링게네시아(곧 부활이라는 위대한 팔링게네시아)의 προοίμιον(프로오이미온, "전주곡")이라고 선언한 것도 당연하게 느껴진다. 심지어 로마의 클레멘스(150-211?, 초기 교회의 변증가다. 주로 헬레니즘 사상에 맞서 기독교를 변증했다―역주)도 노아가 온 코스모스 kosmos를 상대로 팔링게네시아를 설교했다고 말한다.⁶⁾ 우리에게 익숙한 구원론상의 의미는 알렉산드리아의 클레멘스(150?-215?, 초기 기독교 알렉산드리아 학파의 신학자요 오리게네스의 스승이었다―역주)가 쓴 글에서 처음으로 나타난다.

현재와 미래의 긴밀한 관계가 등장하는 부분을 다룰 때 두 번째로 문제가 되는 개념이 구원이라는 개념이다. 이 문제는 실제성이 현저히 강한 관심

---

4) 위에서 제시한 구조를 A. V.와 R. V.가 제시한 "새롭게 되었을 때 나를 따른who have followed me in the regeneration"보다 선호해야 한다. 이것은 제자들이 예수가 이 땅에서 사역하시는 동안에 예수를 따른 것을 가리킬 것이다. 하지만 이렇게 본다고 이 말에서 꼭 종말론적 의미를 끄집어낼 필요는 없을 것이다. 예수가 이 땅에서 하신 수고가 종말론적 나라의 참된 시작을 의미했기 때문이다.

5) *Ant.* xi. 3-9.

6) *Ad Cor.* i. 9.

사와 결합해 있다. 때문에 이 말을 현재 구원론과 연계하여 사용하는 용법은 십중팔구 이 팔링게네시아라는 말이 그 전부터 갖고 있던 종말론적 의미에서 떨어져 나왔을 것이라고 추측할 수밖에 없다. 하지만 바울의 가르침에서는 팔링게네시아를 현재 구원론과 연계하여 사용하더라도 현재의 체험을 그 체험이 원래 자리한 무대에서 깨끗하게 잘라내는 방법을 쓰지 않았다. 바울의 가르침에서 일어난 일은 현재의 즐거움과 마지막 때 이루어질 구원을 즐겁게 기다리는 것을 분명하게 구분하지 않고 뒤섞어 놓은 개념의 등장이었다. 이런 의미의 구원 개념에서는 종말론의 요소가 완전히 없어지지 않고 남아 있다. 심지어 가장 실제적 성격이 강한 신앙 의식(意識)조차도 한 요소(측면)를 어느 정도 분명하게 기억함 없이 다른 한 요소를 생각함은 불가능하다는 것을 발견했다. 초기 그리스도인들의 마음은 한쪽 극에서 반대쪽 극으로 계속하여 왔다 갔다 하는 모습을 보여준다. 신앙의 관심이 저 위 세상에서 다소 비껴나가 있는 것은 다만 지금 이 세상에 기울이는 관심들이 다양했기 때문이었다. 생각의 변동과 열망의 변동은 그런 관심들이 처음에 출발했던 지점과 그 관심들이 으레 향하곤 했던 방향을 다소 바꿔놓았다. 신자들은 연대(시간)의 진행 순서를 따라갔다. 이런 순서가 시간이라는 울타리에 갇혀 있는 이들에겐 결국 정상으로 보이는 경우가 아주 많기 때문이다. 바울과 그가 회심케 한 사람들은 일종의 뒤집음(역전, reversion)을 통해 그들 자신을 미래뿐 아니라 현재에도 구원받은 사람들이라고 생각했다. 두 의식 상태, 곧 구원이 임박했다는 의식과 동시에 이 구원을 미리 맛보고 있다는 의식이 아주 자연스럽게 결합해 있었다. 바로 그런 이유 때문에 현재의 구원과 미래의 구원을 예리하게 구분해야 할 필요를 그리 강하게 느끼지 못했다. 그 때문에 단순히 현재 구원을 소유하고 있다는 의미를 나타낸 것으로 해석하기 쉬운 본문이지만, 도리어 본문 안에 방금 말한 느낌들이 뒤섞여 있을 개연성이 아주 높은 본문들이 많이 있다. 결국 이 본문들은 우리가 이런 본문들에 우리 자신의 경건이라는 색깔을 덧칠하는 바람에 그 본문이 본디 가진 의미의 색깔을 절반이나 잃어버린 셈이다. 다행히도 구원을 원래 의미대로 인식하여 순수하게 미래의 일로 천명해 놓은 말들이 없지 않다. 로마서 5:9, 10은 독자들이 예수의 피로 말미암아 의롭다 하심을 받은 뒤에, 또 그렇게 의롭다 하심을 받은 덕분에, 그리스도로 말미암아, 특히 그의 (부활의) 생명으로 말미암아 심판의 진노에서 구원을 받을 것이라고 말한다. 또 로마서 8:24, 25은 그리스도인이 "소망으로" 구원을 얻었다고 말한다. 여기에서는 과거 시제(헬라어의 부정과거 Aorist)[3]를 "소망"이라는 개념과 결합해 놓았는데, 이는 구원이라는 개념을 바라보는 마음의 태도가 뒤죽박죽임을 놀랍게 묘사한다. 소망을 이루는 요소가 현재성과 능동성을 아주 강하게 갖고 있음은 그 뒤에 붙여 놓은 말인 "보이는 소망이 소망이 아니니"에서 느낄 수 있다. 이 말은 구원이 눈에 보이는 현실이 아님을 분명하게 못 박아 놓지는 않았지만, 적어도 구원이 눈에 보이는 현실임을 부인하는 것으로 볼 수는 있을 것이다. 가장 강한 본문은 로마서 13:11이다: "이제 우리의 구원이 처음 믿을 때보다 가까웠음이라." 고린도전서 3:15은 악한 건축자가 세운 것이 파괴당함과 그 개인이 "그 날", 곧 심판 날에 "마치 불을 거쳐" 받은 것처럼 구원을 받으리라는 것을 함께 이야기한다(13절도 참조하라). 빌립보서 2:12의 "두려움과 떨림으로 너희 구원을 이루라"는 말은 논란이 많은 권면이다. 그러나 이 구절이 말하는 "구원"을 미래를 가리키는 것으로 보면, 이 구절의 어려움을 아주 쉽게 덜어낼 수 있다. 어쨌든 "이뤄내다"라는 동사는, 이 본문을 강해한 글들이 흔히 제시하는 것처럼, 격렬한 노력을 통해 무언가가 함유한 가능성들을 펼쳐 보인다는 의미를 대체로 담고 있다기보다, 오히려 어떤 것을 이룬다는, 성취한다는 의미를 담고 있다. 본문은 독자들에게 부지런히 순종을 실천함으로써 그들 자신을 구원에 합당한 자로 만들며 다양한 영광을 지닌 마지막 때의 구원을 확신하라고 권면한다. 이를 고린도후서 4:17, 5:5, 7:10, 11과 비교해보기 바란다. 바울은 데살로니가전서 5:8, 9에서 그 자신이 받을 구원이 그 자신이 겪은 고초에 달려 있으며 독자들이 받을 구원도 그들이 겪을 고초에 달려 있다고 표현하여, 구원을 미래의 일로 이야기한다. 여기에서는 신자들이 입은 갑주에서 "구원의 소망"을 투구에 비유하여 묘사한다. 하나님은 신자들을 지목하여 구원에 이르게 하셨다. 바울이 이를 종말과 관련지어 이야기한다는 것은 반대말인 "노하심에 이르게 하심이 아니오"에서 나타나는데, 이 말은 바울의 글에서는 시종일관 종말론적 의미를 갖고 있다. 물론 앞서 인용한 구절들은 바울이 구원을 얻음을 철저히 미래 속에 놓아두었음을 증명해주는 증거가 아니다. 구원을 현재의 삶에 적용한 모습이 분명하게 표면에 드러난 경우도 적지 않게 있다. 에베소서 2:5("너희는 은혜로 구원을 받은 것이라"; 완료 시제), 에베소서 2:8("너희는 그 은혜에 의하여 믿음으로 말미암아 구원을 받았다"), 디도서 3:5("그의 긍휼하심을 따라 그가 우리를 구원하셨다"; 부정과거 시제), 디모데후서 1:9("우리를 구원하신 그의 능력을 따라"; 부정과거 시제)은 구원을 현재의 삶에 적용한 모습이 극명하게 나타난 경우들이다. 단순히 현재 시제나 미래 시제를 사용한 경우는 완료 시제를 사용한 것만큼 설득력을 갖지 못한다. 현재 시제는 연대(시간)상의 의미를 가질 수 없어서 단지 하나님이 구원 행위를 행하고 계시거나 행하실 것이라는 사실만 표현할 수 있기 때문이오, 미래 시제는 논리 순서상 미래의 일만 표현할 수 있기 때문이다. 결국 일부 본문에서는 그 본문이 두 제목 중 어디에 속하는가(즉 그 본문이 현재의 구원을 말하는 것인가 미래의 구원을 말하는 것인가—역주)라는 문제에 확실하게 답할 수 없다. "네가 만일 네 입으로 예수를 주로 시인하며 또 하나님께서 그를 죽은 자 가운데서 살리신 것을 네 마음에 믿으면 구원을 받으리라"고 말하는 로마서 10:9이 그런 예다. 고린도후서 2:15, 16에서는 구원 개념이 "구원을 받았다"와 "구원을 받을 것이다"의 중간에 걸쳐 있는 것 같다. 여기에서는 바울 사도가 "이는 우리가 구원받는 자들에게나 망하는 자들에게나 하나님 앞에서 그리스도의 향기이기 때문이니, 이 사람에게는 사망에서 사망에 이르는 냄새요 저 사람에게는 생명에서 생명에 이르는 냄새라"라고 말하기 때문이다.

방금 기록한 사실들을 훑어보면, 구원이 지닌 두 측면 중 바울 사도가 마음속으로 우선시하는 것은 종말론적 측면인가(즉 미래라는 측면인가—역주)라는 의문만 남는다. 만일 구원의 출발점이 다른 한쪽에(즉 현재에—역주) 자리해 있었다면, 우리는 분명 구원이 미래임을 표현한 본문들에서 나타나는 일부 한정 문구가 암시하는 것은 구원 자체가 아니라 오직 구원의 완결 내지 완성만이 종말과 관련되어 있다는 것이라고 생각할 수 있을지 모른다. 그러나 그 반대가 옳다. 바울은 마지막 때 있을 구원을, 마치 그것이 유일한 통용 개념인 것처럼, 절대적 표현 방법을 써서 이야기한다: 그 표현 방법이 "ἡ σωτηρία"다(즉 앞에 정관사를 붙여 "그 구원"이라 부른다—역주). 사실 이런 현상은 우리 주님이 "하나님 나라"와 "인자(人子)의 재림" 같은 것들을 가르치실 때 이것들을 철두철미하게 미래의 일로 이야기하시고 마치 다른 나라, 다른 재림은 염두에 두지 않은 것처럼 가르치셨던 것과 완전히 유사하다. 신약 성경 기록을 보면, 계속하여 이런 식으로 이야기한다: "때가 오니 곧 지금이라"라는 우리 주님의 말씀이 표현하는 느낌이 신약 성경의 모든 곳에서 다시 메아리치고 있다. 아래 세상에는 이미 아주 위대한 일들이 일어났고 더 위대한 일들이 위 세상에서 아주 빨리 내려올 준비를 하고 있다는 느낌이 가득했다. 그러다보니, 전체를 이루는 몇몇 부분들과 측면들을 이야기할 때 잠시 정확성을 잃어버렸다. 강렬한 소망을 미래 속으로 투사하다보니, 거기서(즉 미래라는 맥락에서—역주) 구원을 이야기하는 습관이 적잖이 몸에 붙었다. 뒤에 그런 언어(즉 미래라는 맥락에서 구원을 이야기하는 언어—역주)를 기다림만 늘어가는 땅 위의 삶을 담은 더 냉철한 언어로 옮기는 데에는 상당한 노력이 필요했다. 우리는 아주 오래 기다려 놓고도 초기 기독교가 하늘에는 절반만 강조점을 두었다는 사실을 잊어버린 것처럼 보이니, 이 얼마나 불행한 일인가!

칭의 문제에서는 처음에 칭의 문제를 형성한 종말론상의 기원들 그리고 칭의를 계속하여 규정해준, 칭의와 미래의 삶을 내다보는 시각의 상호의존성을 발견하려면 아마도 더 면밀한 검토가 필요할 것 같다. 칭의 교리가 거쳐 온 논쟁의 역사 그리고 그 역사의 결과로서 칭의 교리에 찍혀 있는 반(反)유대교라는 낙인은 칭의 교리를 현재 종교 전반에서 다른 어느 것보다 더 중요한 진리로 만드는 경향이 있었다. 칭의 교리는 바울의 가르침 유형 속에서 그리스도인의 모든 믿음과 체험의 근본 그 자체가 되었다. 또 개신교, 그 중에서도 특히 루터파는 로마가톨릭의 가르침에 맞서 칭의 교리를 사람들이 대체로 인식하는 기독교 진리를 포괄하는 기초로 만들었는데, 이는 분명 잘못이 아니었다. 그러나 아직도 초기 그리스도인들의 의식 속에서는 장차 올 삶에 관한 생각이 큰 자리를 차지하고 있었기 때문에, 모든 것을 망라하는 두 평면은 서로 교차할 수밖에 없었다. 하지만 칭의 개념을 두고 아직 논쟁이 벌어지고 있던 단계에서도 이 개념에 종말론의 도장이 찍혀 있었음을 증명해주는 증거가 충분히 존재한다. 사람들은 때때로 바울이 하나님을 설명하면서 모든 죄를 총망라하여 정산한다는 개념을 처음으로 정립했다고 추측한다. 이런 형식의 생각은 옳지 않다. 이미 유대교가 하나님이 매일 당신이 계산하실 때까지 사람들이 행한 일들을 잘한 일(공로)과 잘못한 일(죄과)로 구분하여 저울에 달아보신다는 교리를 만들어냈으며, 공로가 넘치는 조상들에게서 의(義)를 넘겨받는다는 요소(즉 "의의 전가"라는 요소—역주)를 도입했기 때문이다. 사람들은 오로지 이런 형식상의 유사성 때문에 방금 비교해본 두 구조 사이의 특수한 차이점을 못 보고 지나친다. 유대교가 제시한 구조에서는 저울의 균형이 불안하여 그 균형이 늘 변동할 수밖에 없다. 각 순간마다 새로 산정해야 할 항목들이 들어오다 보니, 대변(貸邊)이나 차변(借邊)에 기입할 내용도 매일매일 달라진다. 바울은 이런 상대성과 불확실성을 절대성과 확실성으로 바꿔놓았다. 바로 여기가 종말론과 칭의가 교차하는 지점이다. 바울 사도는 죄를 용서함이라는 부정 요소와 구원의 은덕들을 베풀어줌이라는 긍정 요소를 아무 조건이 붙지 않은 것으로 제시함으로써 사실상 칭의(의롭다 하시는) 행위를, 신자에 관한 한, 사람들이 예견하는 마지막 심판으로 만들었다. 만일 그런 칭의 행위가 현재와 과거의 죄만 처리하고 미래의 산물은 불확실한 것으로 남겨둔다면, 그 행위를 그렇게 절대성을 지닌 것으로 여길 수 없을 것이요, 칭의 행위와 마지막 심판을 대조하는 것도 결정적 지점에서 무너지고 말 것이다. 사실은 요 근래에 와서야 이처럼 바울이 말하는 칭의 교리를 순수하게 회고하는(되돌아보는) 의미를 지닌 것으로 보는 해석이 지지를 얻게 되었다. 사람들은 바울 사도가 칭의 교리를 주로 선교와 관련된 교리로 보았으며, 덕분에 회심자들은 그리스도인의 삶을 시작하면서 깨끗한 기록을 갖고(죄를 지었다는 전과 기록이 없는 상태로—역주) 시작할 수 있었지만, 결국은 구원 문제가 칭의 교리에 따른 선입견을 품고 생각할 문제가 아니라, 용서를 베푸시는 하나님의 은혜에 의존함 없이 세례 이후의 거룩한 삶에 의존하는 문제요 최후에 판가름 날 문제라는 것을 분명히 이해할 수 있었다고 주장했다. 그리스도인은 심판 날에 하나님 앞에 흠 없이 서려고 노력하는 일에 성공하지 못하면 구원을 받을 수 없다. 요컨대 바울의 가르침을 이렇게 해석하면, 로마가톨릭이 주장하는 교리와 바울의 가르침 사이에도 보통 개신교가 주장하는 교리와 가지는 공통점만큼은 아니어도 많은 공통점이 있을 것이다.[7] 사람들은 이런 해석을 지지하는 주된 증거로 바울 사도가 그의

---

7) Wernle, *Der Christ und die Sünde bei Paulus*, 1897. Gottschick, J. "Paulinismus und Refor-

서신을 읽는 이들이 죄에 빠졌을 때 그 어디에서도 그들을 하나님이 칭의에 따른 용서를 거저 풍성하게 베푸신다는 말로 위로하지 않고 도리어 즉각 회개할 것을 요구한다는 사실, 그리고 이 죄 지은 자들이 회개하지 않을 때는 이들을 신자들의 사귐에서 쫓아낼 것을 강력히 주장한다는 사실을 든다. 바울 사도 자신이 실제로 체험하고 교리로서 확신한 것은 그리스도인이 죄 없이 살 수 있고 죄 없이 살아야 한다는 것이었다. 그가 주장하는 새 창조 교리가 성령의 통제 아래 있는 것도 그 때문이다. 이런 표현 중에는 진리도 조금은 들어 있다. 그러나 이 표현을 통틀어 살펴보면 불가능한 일들로 가득하다. 사실, 개신교의 관점에서는 바울 사도가 칭의가 가진 위로의 측면을 많이 활용하여 사람들의 죄의식을 덜어주었으리라고 지레 짐작할 수 있는데, 실제 바울 사도의 목회를 보면 전혀 그런 것 같지 않다. 하지만 이런 문제를 설명하려 할 때는 바울이 회심시킨 사람들 가운데 적잖은 수가 그리스도인이 되기 전에는 추잡한 이교도 죄인들이었음을 유념해야 한다. 이들을 상대할 때는 하나님이 거저 은혜를 베푸셨다는 교리가 반(反)율법주의 antinomianism(은혜로 구원을 받았으니 더 이상 율법은 필요 없다는 주장이다—역주)를 내거는 빌미가 되지 않게끔 특별한 주의를 기울여야 했다. 바울은 죄를 사실상 관용할 수 없는 것이요 그리스도인의 상태와 일치하지 않는 것이어서 결국은 교회 울타리 밖으로 쫓겨나야 할 것이라고 말하는데, 이때 그가 마음에 두고 있는 것은 이런 추잡한 죄들이다. 고린도전서 5:11, 6:9, 10, 갈라디아서 5:19-21이 제시하는 죄의 목록들을 꼼꼼히 살펴보면, 이런 관찰 결과가 옳다는 것이 금세 드러난다. 그러나 분명 바울은 이렇게 지나치고 끈질긴 죄들, 그리스

---

mation," *Zeitschrift für Theologie und Kirche* 7(1897), pp. 398-460과 비교해보라.

도인들 가운데서 쫓겨날 죄들도 칭의가 소용없고 칭의에서 제외되는 죄들로 여기지 않았다. 바울 사도는 그리스도인의 범주 안에 있는 이들로서 매일 죄를 의식할 수밖에 없는 이들은 자신이 의롭다 하심을 받았음을 의식해야 한다는 말을 심심치 않게 한다. 그는 로마서 5:2에서 신자들이 그리스도로 말미암아 그들이 서 있는 은혜, 곧 의롭다 하심을 받음으로 말미암은 평안의 은혜를 받았고 이제 이 은혜를 실제로 소유하고 있다고[ἐσχήκαμεν(에스케카멘), "가지다, 소유하다"를 뜻하는 헬라어 동사 ἔχω의 1인칭 복수 완료 능동태 직설법 형태. 완료 시제를 써서 이미 가졌음을 강조한다—역주] 강조한다. 이 본문을 현재 시제인 ἔχομεν(에코멘, "우리는 갖고 있다", ἔχω의 1인칭 복수 현재 능동태 직설법 형태다—역주)을 쓴 에베소서 1:7, 골로새서 1:14과 비교해보기 바란다. 갈라디아서 2:20에 따르면, 바울 사도는 그가 지금 육 안에서 살아가는 삶을 그를 사랑하시고 그를 위해 자신을 내어주신 하나님의 아들의 믿음(하나님의 아들을 믿는 믿음)을 통해 살아간다. 바울은 빌립보서 3:7-9에서 그런 그의 삶을 그리스도 안에서 발견되려고 끊임없이 몸부림치는 삶으로, 그 자신의 의를 가진 삶이 아니라 그리스도를 믿는 믿음을 통해 존재하는 의를 가진 삶으로 표현한다. 에베소서 1:7과 골로새서 1:14은 죄들을 용서 받음을 말하는데, 여기서 말하는 용서가 그리스도인이 되기 전에 지은 죄들에게만 적용되는가는 심히 의문이다. 따라서 실제 목회 속에서 나타난 칭의를 충분히 고려하지 않고 끌어낸 논증을 내세워 바울이 회심 뒤에 지은 죄들은 하나님의 칭의 선언의 효력이 미치는 범위에서 제외했다고 증명할 수는 없다. 베른레Paul Wernle의 견해가 옳고 칭의가 순수하게 회고성(回顧性)을 띤다면(즉 칭의의 효력이 칭의 이전에 지은 죄에만 미친다면—역주), 칭의와 마지막 심판을 이어주는 지극히 중요한 연결고리는 끊어지고 말 것이다. 그러나 이 논쟁에서 직접 영향을 받은 것보다 훨씬 더 많이 미래와 현재 사이에 긴밀한 관계가 있고 바울의 생각이 미래에서 현재로 거슬러 올라가는 움직임을 보인다는 것을 이야기하는 내용이 성경에 있을지도 모른다. 로마서 8:33, 34은 이렇게 말한다. "누가 능히 하나님께서 택하신 자들을 고발하리요? 의롭다 하신 이는 하나님이시니, 누가 정죄하리요?" 이 구절들이 구사한 언어는 마지막 심판 때 쓸 선고문만큼이나 절대성을 가졌을 수도 있다. 실제로 이 언어는 절대성이 아주 강하여 현재나 과거나 미래라는 개념에 상관없이 적용된다. 이런 점을 볼 때 칭의라는 사실은 예지(미리 아심)와 예정(미리 정하심)의 반대쪽일 뿐이다. 또 만일 칭의의 범위가 로마서 8:29-30(원서는 8:29만 표시해 놓았다―역주)이 열거하는 다른 개념들의 범위보다 더 제한되어 있고 더 조건부라면, 칭의를 로마서 8:29-30이 말하는 구원의 사슬 $^{catena\ salutis}$에 포함시키기 어색했을 것이다. 로마서 5:18-21에 따르면, 칭의는 "δικαίωσις ζωῆς"(디카이오시스 조에스, "생명의 칭의")다. 여기서 칭의의 결과로 선포한 "생명"은 영생이며, 성도는 그 영생 안에서 "왕으로 다스릴" 것이라고 약속한다. 만일 하나님의 구원 과정에서 중심이 되는 그 행위(곧 칭의―역주)가 미래라는 영역에서는 상대성만 갖고 있다면, 바울 사도가 그리스도인이 받을 구원이 확실하다는 것을 이렇게 아주 힘주어 강조하기는 대체로 불가능했을 것이다. 실제로 칭의가 미래의 영역에서는 상대성만 갖는 것이었다면, 그것은 신앙의 완성이 확실함을 뒷받침하는 중추가 되기보다 다른 모든 것을 불확실성에 노출시키는 유일한 약점이 되었을 것이요, 가치 없는 것보다 못한 것이 되었을 것이다. 결국 죄인을 의롭다 하시는 이 한 행위 안에서 하나님이 자신을 내어주시고 내주하심이 절대성을 갖는 이유는 그 칭의 행위가 더 이상 형용이 불가능할 정도로 "하나님이 흥미로워하시는(관심을 기울이시는)" 행위라는 특징을 갖고 있기 때문이다. 종교는 바로 이 행위를 통해 그의 승리를 구가한다. 때문에 종교(신앙)$^{the\ religious}$와 종말론 $^{the\ eschatological}$은 이 행위 안에서 떼려야 뗄 수 없게 결합해 있다. 그렇지만 바로 이런 이유 때문에 칭의 행위는 원리상 고유한 ^{exclusive} 의미의 종말론적 행위가 될 수 없으며, 미리 내다볼 수 없는 행위다. 궁극에 이르러 누릴 하나님의

기쁨을 미리 맛봄이 없는 체험이라면, 종교의 가장 심오한 알맹이가 빠진 체험이 될 것이다.[8]

종말론의 가르침이 사도 바울의 구원 교리에 끼친 영향을 살펴볼 수 있는 네 번째 가닥은 성령의 의미와 기능이라는 가닥이다. 이 주제는 우리가 탐구를 진행해가는 동안 나중에 여러 곳에서 불쑥 튀어나올 것이다. 때문에 여기에서는 그 논지만 간략히 서술하는 것으로 만족하겠다. 사람들이 대개 인정하듯이, 바울이 이야기하는 성령 교리의 독특한 특징은 성령의 활동이 모든 집단의 신자들에게, 그리고 잠재의식과 의식, 종교와 윤리의 차원을 불문하고 이 땅에서 살아가는 삶의 전 영역에 걸쳐 모든 신자의 삶 속에 두루 똑같이 미침을 이야기하는 데 있다. 이런 특징 때문에 바울의 성령론은 그보다 앞선 계시가 보여주는 모습들, 그러니까 구약 성경은 물론이요 심지어 우리 주님의 가르침을 담은 요한의 기록까지 포함하여 바울보다 앞선 신약 성경의 가르침들이 보여주는 모습들과 분명하게 구분된다. 물론 요한의 기록에서는 바울이 말하는 성령 교리가 이미 형성되어 있는 모습을 볼 수도 있다. 문제는 종말론이라는 주제를 이처럼 방대하게(즉 성령의 의미와 기능을 논하는 성령론의 영역까지—역주) 확장한 것을 어떻게 설명해야 하는가다. 이 물음에는 오순절에 성령이 특이하게 부어진 일, 또는 더 엄밀하게 바울이 쓴 언어를 사용하여 말하자면, 성령의 영향이 그리스도의 부활로 말미암아 새로운 양상으로 나타난 것이 이처럼 실제에서 종말론의 적용 범위를 확장한 것을 충

---

[8] Titius, *Die Neutestamentliche Lehre von der Seligkeit*, Vol. II, *Der Paulinismus unter dem Gesichtspunkt der Seligkeit*, p. 162와 비교해보라.

분히 설명해준다고 대답할 수 있을 것 같은데, 이리 대답해도 그르지는 않을 것 같다. 바울 사도가 실제 차원에서 종말론의 적용 범위를 확장한 것은 실제 사건들의 진행 속도가 빨라짐에 따른 불가피한 결과일 뿐이었다(종말이 오기까지 이루어질 사건들이 빨리빨리 이루어진다고 봤다면 그만큼 종말이 더 빨리 다가온다고 보았을 것이며, 종말론이 현실 속으로 파고드는 속도도 더 빨라졌을 것이다—역주). 그러나 이것으로 여기서 문제 삼는 특징을 모두 설명하지는 못할 것이다. 정작 큰 특징은 성령이 일하시는 모습이 감싸 안는, 에워싸는 모습을 보여준다는 것이기 때문이다. 혹자는 이것을 두고 성령이 일하시는 모습이 공기 같은 성격을 띤다고 말할지도 모르겠다. 이런 특징은 분명 바울의 글에서 처음 나타나는데, 그 특징이 아주 강렬하여 가끔은 성령의 존재 양식인 인격성이 이 특징 때문에 희미해진 것 같은 인상을 풍긴다. 구약 성경은 성령이 자연성을 지닌(구원 받기 전의) natural 삶의 영역에도 널리 영향을 미친다고 가르치지만, 이런 가르침을 곱씹어 봐도 문제를 해결하는 데는 도움이 되지 않는다. 성령이 본질상 소생케 하는(촉진하는) 능력을 갖고 있다고 보는 이런 개념은 신약 성경도 전혀 부인하지 않고 바울의 글에도 전혀 없지는 않지만, 그럼에도 불구하고 이런 개념이 구원 성령론 soteric pneumatology 때문에 대부분 가려져 버렸기 때문이다. 나아가 특히 바울 자신을 놓고 봐도 성령의 일하심을 구원론까지 끌고 들어와 다루는 모습을 보여주는데, 이런 모습은 단순히 자연 영역에서 일하시는 성령의 활동 범위를 확대했다는 말 정도로는 이해할 수 없는 차원까지 나아간 것이다. 바울이 말하는 "영의(영에 속한, 영에서 나온) pneumatic"는 사실 "초자연성을 지닌 supernatural"과 같은 말이다. 결국 "영의(영에 속한)"는 "자연성을 지닌"과 같은 말이라기보다는 반대말이며, 예수가 요한복음 3:8에서 두 명제를 대립하여 표현하신 방식을 따라 표현한 것이다. 이 문제를 자연스럽게 해결할 길은 사도 바울이 "영(성령) Pneuma"을 무엇보다 종말론의 영역 내지 천상의 영역을 이루는 요소요, 오는 세상 the world to come 의 실존 양식과 삶의 양식을 규정함으로써 결국 지금 하늘에서 실현된 오는 세상이 장차 이 땅에 임할 때 갖게 될 형태를 규정하는 요소로 여겼다고 생각하는 것이다. 성령이 이 영역에 널리 퍼지면, 성령은 특정한 그룹들의 현상들에 국한된, 격렬한 발작 같은 행동을 더 이상 하시지 않을 것이다. 그러면 성령의 임재와 활동은 당연히 구속이라는 영역 속에서 계속성과 보편성을 띤 모습으로 나타날 것이다. 이런 관점이 실제로 존재했음을 보여주는 자세한 현상들은 뒤에 가서 탐구해보겠다. 여기서 이런 현상들의 존재를 당연하게 받아들일 수 있다면, 이 현상들은 종말론이 바울의 사상 체계에서 가장 중요한 것이요, 구원론의 내용과 형태를 사전에 결정해주는 것으로 등장하는 경우가 아주 많음을 증명해주는 셈이다.9)

우리가 지금까지 밝혀낸 내용이 중요한 이유는 이 내용이 바울의 가르침이 생겨난 경위를 지식이라는 측면에서 밝히 설명해줄 뿐 아니라, 특히 종말론에 관한 그의 가르침에 체계상 일관성이 없다는 비판에 대응할 대답을 제시할 수 있게 도와주기 때문이다. 바울의 사상 세계라는 직물 전체에서 종말론이라는 가닥이 가장 체계가 있다고 말하는 것이 훨씬 더 정확할 것이다. 이는 가로세로로 촘촘히 짠 구원론이라는 직물의 무늬가 종말론 체계에서 온 것임이 드러나기 때문이다. 이 종말론 체계에는 바울 사도가 여기에 우선순위를 두었음을 보여주는 모든 표지가 들어 있다. 사람들이 보통 사도의 신학 체계의 근원 내지 이 신학 체계를 결정한 요인들이라고 생각하는 것들 가

---

9) 저자가 쓴 논문 "The Eschatological Aspect of the Pauline Conception of the Spirit," *Princeton Theological Studies*, 1912, pp. 209-259를 참고하라.

운데, 이것만큼 자명함을 주장할 수 있는 것은 전혀 없다. 분명 바울의 생각(지성)은 애초부터 체계를 좋아하는 어떤 성향을 갖고 있었다. 그가 아주 굳건한 자세로 주어진 전제들에서 결과들을 끌어내리려고 애쓴 것도 그런 성향 때문이었다. 아울러 그가 유대교에 몸담았을 때 받은 학문 훈련도 틀림없이 일정한 영향을 미쳤을 것이다. 하지만 바울이 유대교에서 받은 학문 훈련 같은 경우, 우리가 유대교 저술가들을 믿을 수 있다면, 랍비식 사고 경향이 바울에게 끼친 영향을 엄청나게 과대평가해온 셈이다. 랍비들의 가르침은 특별히 체계가 있지는 않았다. 랍비들의 가르침은 심지어 앞뒤 논리를 서로 모순 없이 연결하려 할 때도 논리의 조화를 꾀하려는 시늉만 조금 내는 것으로 만족했으며, 심지어 논리에 서로 모순이 있어도 불편하게 느끼지 않았다.[10] 종말론이라는 틀은 처음부터 바울의 사상을 규정했으며, 그 정도도 우리가 지금까지 설명한 것보다 훨씬 더 컸다고 생각하는 것이 안전하다. 바울의 가르침이 교리라는 색깔을 갖게 된 것은 주로 그의 가르침이 갖고 있는 명제 간의 대립 구조antithetical structure 때문이다. 이런 대립 구조는 첫 아담과 마지막 아담, 죄와 의, 육과 영, 율법과 믿음이라는 대립명제들에서 광범위하게 나타난다. 이런 대립명제들은 유일하게 초월성을 지닌 대립명제인 이 세상과 오는 세상 사이의 대립 구조를 바로 역사의 관점에서 성찰한 결과들이다. 이렇게 강력한 종말론 사고가 탄탄한 신학 체계라는 하나의 공으로 단단히 뭉쳐지는 경향을 띠었다는 것은 전혀 이상한 일이 아니다. 그런 종말론 사고로 보면 세상이 흘러가는 과정이 통일된 한 단위로 보이기 때문이다. 마지막도 시작에서 내다보이는 곳에 자리해 있으며, 시작과 마지막 사이에 존재하는 모

---

10) C. G. Montefiore, *Judaism and St Paul*, 1914를 참고하라.

든 발전도 출발점의 목적 purpose a quo 및 종착점의 결말 terminus ad quem에 비추어 해석된다. 다시 말해 종말론은, 심지어 가장 원시성을 띤 종말론이라 할지라도, 당연히 역사 철학이란 것을 만들어낼 수밖에 없다. 설령 그 철학이 지극히 미숙한 형태일지라도 이 사실은 변함이 없다. 또 모든 역사 철학은 그 안에 신학의 씨앗을 품고 있다. 여기에 덧붙여, 바울의 역사 개관에서는 메시아 개념이 모든 것을 거기에 집중시키는 요소로서 특별한 힘을 갖고 있었다는 말을 해두지 않을 수 없다. 이 요소는 위에서 열거한 대립명제들을 모두 녹여 유달리 조화를 이룬 한 종합명제로 만들어냈다. 한 가지 더, 굉장히 중요한 것으로서 꼭 기억해야 할 것이 있다: 종말론에 근거한 모든 역사 해석은, 강한 신앙 정서와 결합할 때, 비로소 가장 뛰어난 실천 신학적 열매를 낳을 수 있다. 하나님을 존재하고 일어나는 모든 것의 근원이자 목표(종착점)로 받아들이는 견해는, 그리고 순전한 헌신의 열기를 가득 품고 그런 견해를 견지하는 것은, 열매와 나무의 관계처럼, 신학과 긴밀한 관계를 갖고 있다. 그 견해의 본질이 그러하기 때문에 그런 견해가 참된 신학의 생명나무인 것이다.

역자 주

[1] 개역개정판은 "중생(거듭남)의 씻음과 성령의 새롭게 하심"으로 번역해 놓았으나, 저자인 보스 박사는 그와 달리 "성령이 행하시는 거듭남의 씻음과 새롭게 하심의 씻음 the washing of palingenesia and of anakainōsis(which are both) of the Holy Spirit"으로 번역했다. 헬라어 본문이 διὰ λουτροῦ παλιγγενεσίας καὶ ἀνακαινώσεως πνεύματος ἁγίου라 되어 있기 때문에, 어쩌면 두 번역이 모두 가능할 수도 있겠다. πνεύματος ἁγίου가 ἀνακαιν ώσεως만 수식한다고 보면 개역개정판처럼 번역할 수 있으나, λουτροῦ παλιγγενεσίας까지 수식한다고 보면 보스 박사처럼 번역할 수 있겠다. 공동번역(1999년 개정판)은 "성령으로 우리를 깨끗이 씻어서 다시 나게 하시고 새롭게 해주심으로써"로 번역했다.
[2] 그리스 신화에서 디오니소스는 풍년과 성장, 포도주의 신이다. 이 신은 죽었다가 다시 살아났다고 한다.
[3] ἐσώθημεν이라는 동사를 썼는데, 이는 "구원하다"라는 뜻을 가진 헬라어 동사 σῴζω의 1인칭 복수 부정과거 수동태 직설법 형태다.

Chapter 3

바울의 종말론이 가진 신앙적, 윤리적 동기

사람들은 보통 바울의 가르침 전체가 케케묵은 신학이어서 모든 신학 체계가 물려받은 온갖 흠과 부적절한 점들을 가지고 있다고 비판했는데, 그가 가르친 종말론 부분도 이런 비판을 피해가지 못했다. 하지만 체계 전체를 통틀어 싫어하는 것과 특히 이 한 부분만을 대상으로 삼은 특별한 공격 사이에는 차이점이 있다. 바울의 가르침을 공격해도 전체의 흐름을 따라가며 행하는 공격은 더 공식적이고 신학적이며, 오로지 그 가르침의 내용이 낡은 형식을 철저히 벗어버린 것을 전제로, 그 가르침 자체에 널리 스며 있는 신앙 정신은 원칙상 적대시하지 않는다고 주장한다. 그러나 바울의 종말론을 대상으로 한 논박은 그 종류가 다르다. 바울의 종말론을 대상으로 한 논박에서는 종말론 개념들이라 여기는 것들의 의도와 내용이 확실한 윤리적-종교적 비판의 대상이 되어 있다고 믿는다. 우선, 우리가 서로 긴밀하게 얽혀 있는 종말론과 구원론의 전체 구조와 관련해 밝혀낸 것들을 고려할 때, 한편으로는 바울이 복음에 입각한 신앙과 고결한 윤리를 가졌다며 칭송하고 다른 한편으로는 그가 세상의 종말을 놓고 주장한 교리를 신랄하게 비판한다는 것은 앞뒤가 안 맞는 것 같다. 이렇게 앞뒤가 맞지 않는 이중 평가를 내놓는 무리들은 애초부터 바울 사상의 흐름 전반을 깊이 오해했거나, 종말론의 동기를 잘못 이해했거나, 아니면 이런 약점을 둘 다 똑같이 갖고 있을 개연성이 크다. 바울의 종말론을 비판하는 견해들은 다양한 형태로 나타난다. 가장 먼저 눈에 띄는 것이 바울의 종말론에 들어 있는 초자연주의에 대한 강한 반감이다. 성경의 다른 곳과 마찬가지로 바울의 가르침에서도 종말론은 극도의 초자연주의다. 나아가 사람들은 바울 사도의 종말론이 저 세상을 지향하는 성격을 가졌다며 이 점을 가장 강경하게 비판한다. 물론 이 점은 바울만 비판을 듣는 게 아니라 신약 성경이 말하는 모든 유형의 종말론이 어디에서나 듣는 비판이다. 바울이 이 문제를 극단으로 끌고 갔을 수도 있다. 하지만 신약 성경의 다른 저자들은 물론이요 심지어 복음서 저자들이나 이 저자들을 통해 말씀하신 예수도 이런 비판에서 벗어나지 못한다. 요컨대 여기서 서로 일치하지 않는 것은 두 유형의 종교와 신학이 아니라, 종교의 건강(건강한 종교)과 종교의 몰락(몰락한 종교)이다. 본디 종교는 하나님께 가장 높이 그리고 가장 가깝게 다가갈 길을 찾으려 한다. 그러나 이런 문제에 관심이 없어지면, 그 무관심이 아무리 소소해도, 순수하고 왕성한 신앙의 추진력은 감퇴하고 그 자리를 신앙 면에서 볼 때 본질상 더 천박한 관심사들이 대신 차지해 버렸다. 우리가 늘 인식하지 못할 수도 있지만, 시각의 변화는 하나님에게서 떠나가는 움직임을 미리 일러주는 징후다. 문제가 된 이런 흐름이 극에 이르면, 원칙상 반(反)종교적(신앙적)anti-religious이라고 규정해야 마땅하다. 오는(장차 임할) 삶에 보이는 관심에 냉담하거나 적대시하는 기독교라면, 그것이 설령 기독교라 불릴지라도, 역사 속에서 기독교라 불려온 기독교는 아니다.

성경의 종말론, 특히 바울의 종말론을 비판하게 만드는 두 번째 요인은 윤리와 종교에서 자율성을 추구하려는 현대의 움직임에서 유래한다. 여기에서도 비판 범위는 바울에 그치지 않고 성경이 대변하는 종교의 전 영역에 미친다. 이것 역시 방금 논한 경향과 마찬가지로 종교적 생각 속에 깊이 뿌리박힌 비뚤어진 태도를 보여준다. 사람들이 사회에서 가지는 사귐에서는 "너무 자긍심이 세서 상대가 주는 것을 받아들이지 않는" 경우가 있는데, 하나님과 사람의 관계에서도 그 같은 일이 가끔씩 생긴다. 그래도 사람 사이의 사귐에서는 하나님과 사람 사이보다 잘못을 변명하고 용서받을 여지가 더 많다. 종교에서는 주는 자와 받는 자의 지위가 결코 같을 수 없어서, 예의범절이 허용하고 금지하는 것이 무엇인가라는 문제가 이성으로 고려할 수 있는 범위를 철저히 넘어서기 때문이다. 우리 주님의 가르침에서는 하나님의 주권과 하나님이 아버지시라는 두 가지 큰 원리가 사람이 하나님과 협약을 맺을 때 협약 조건을 결정할 자율성을 가진다는, 경건치 않은 관념을 단번에 몰아내버린다. 전부 내어준 사람은 (하나님의 법에 비춰보면) 마지막 때도 여전히 ("쓸모없는useless" 종이 아니라) "남긴 게 없는unprofitable" 종일 뿐이다. 주인이 이 종에게서 얻은 것은 기껏해야 자신이 처음에 이 종에게 주었던 것, 노예 시장에서 쓴 말을 빌려 표현하자면 처음에 이 종을 사느라 지불했던 것에 불과하기 때문이다. 이런 관계에서는 주는 것이나 받는 것 가운데 인간 본연의 고귀함과 일치하는 것은 무엇이며 일치하지 않는 것은 무엇인가라는 문제가 철저히 의미를 잃어버린다는 것을 모든 사람이 느낀다. 하나님이 많이 일한 자와 적게 일한 자에게 같은 품삯을 주셔도 이것이 불의하지 않다는 원리를 강조한 것도 역시 하나님의 주권을 똑같이 염두에 둔 것이다. 이것은 기껏해야 평등의 문제일지 모른다. 사람들이 수고하여 벌어들인 것보다 더 **많이** 받는 것을 인정하지 않아야 비로소 "노동의 긍지"가 정당성을 가질 수 있다는 생각은 지금도 완전히 딴 세상 이야기일 뿐이다. 하지만 우리 주님은 하나님의 주권이라는 요소와 별개로 하나님이 곧 아버지이시라는 개념을 원용하신다. 하나님이 아버지시라는 개념은, 그 자체만 놓고 보면, 여러 가지 천부인권(天賦人權)을 강제하는 것과 들어맞지 않는다. 그 부모를 위한다면서 자율 선택이 가능한 일만 하려 드는 자녀는 말 그대로 불효를 저지르는 셈이다. 이런 행동은 원칙상 신앙과 윤리에 반한다고 말해도 무방하다. 이 문제에서는 은혜와 정의가 서로 얽혀 있다. 그러나 하나만 받아들이고 다른 하나는 배제하는 것은 자율성을 누리려는 피조물의 욕망이 하나님과 피조물의 관계를 좌지우지하는 원리가 되었음을 의미한다.

위에서 말한 내용은 대체로 진실이다. 하지만 종말론 영역에서는 자율성과 타율성이라는 두 개념이 가장 날카롭게 대립한다. 성경이 말하는 종말론이라는 거미줄을 죽이는 것이 보상(상급)reward이라는 가닥이다.[1] 보상이라는 개념은 이런 개념을 거의 기대할 수 없을 법한 예수의 가르침 속에서 특히 뚜렷하게 나타난다. 이런 개념이 하도 뚜렷이 나타나다보니, 말 그대로 이런 개념과 나사렛의 위대한 스승이 표방한 이상적 윤리들은 서로 조화를 이룰 수 없다고 전제하면, 이런 개념이 들어 있는 예수의 가르침이 진정 예수의 가르침인지 의심이 들 정도다. 사람들은 보상이라는 요소가 존재함을 인정하고 이 요소가 진정 예수의 가르침임을 인정할 때 생기는 이런 문제를 이런 요소가 담긴 모든 말을 예수가 철저히 집어던지지 못했던 유대교의 찌꺼기라고 선언함으로써 대충 덮어 버린다. 그 생각(보상이 존재한다는 생각)이 고립된 문맥들에만 국한하여 존재한다면, 그것을 유대교의 찌꺼기로 치부하며

---

[1] 복음서들이 종말론을 이야기하는 내용과 관련해 보상이라는 개념을 심심치 않게 소개한다는 것을 이야기해두지 않을 수 없다: 마 5:12, 6:1, 2, 10:41, 막 9:41, 눅 6:35을 보라.

덮어 버리려는 시도가 어쩌면 설득력 있는 접근법일 수도 있다. 그러나 그런 경우에도 수확하는 밭이나 다른 곳에서 하는 일이라는 범주에서 취한 비유들이 거듭하여 나타날 때는 보상이라는 생각을 제거할 수 없으며, 이런 사실은 변함이 없을 것이다. 혹자는 보상이라는 개념이 들어간 이런 가르침을 가라지(잡초) 가르침으로 여길 수도 있다. 하지만 그럴 경우에도 알곡에서 가라지를 뽑아내기는 불가능하다. 때때로 이 보상이라는 개념은 지극히 부드러운 신앙 정황에서 나타나기도 한다. 예수가 은밀한 기도에 보상을 약속하신 대목이 그 예다.[2] 분명 이것은 유대교가 남긴 낡은 술이 아니요, 도리어 예수가 갖고 계신 신앙 의식에서도 핵심 중의 핵심에 속한다.

예수가 말씀하신 보상 개념은 특히 바울과 놀라운 유사점들을 보여준다. 종말론 성격이 아주 강하게 나타나기 때문이다. 만일 보상이란 것이 있다면, 결국 각 사람에게 돌아갈 것을 결산하고 나누어줄 위대한 시대는 틀림없이 보상으로 가득할 것이다. 그렇지만 보상이라는 개념은 결코 종말론에만 존재하는 게 아니다. 이는 예수의 경우도 마찬가지다. 이 보상 개념이 아주 깊은 뿌리를 지닌 개념이라는 것은 바울 사도가 구속을 이야기하며 절대 은혜의 원리를 역설하는 배경에 이 보상이라는 개념이 든든히 자리할 수 있었다는 정황에서 특히 잘 나타난다. 오직 믿음으로만 의롭다 하심을 얻는다는 교리에도 불구하고, 마지막 심판에 관한 가르침에서는 행위라는 요소가 여전히 일정한 역할을 한다. 이는 비단 그리스도인에게만 국한된 이야기가 아니다. 우리는 명백히 조화를 이루지 못하는 이 두 음조가 얼마나 많이 조화를 이

---

2) 마 6:5.

룰 수 있는지 뒤에 가서 살펴봐야 할 것이다. 여기에서는 다만 그런 모순(충돌)이 바울이 종말론을 이야기한 가르침의 정점에서 아주 고집스럽게 모습을 드러내고 있다는 점만 이야기해두겠다. 종말에 보상이 있다는 개념이 신앙의 열심을, 특별히 선교하는 열심을 자극하는 강력한 동기 역할을 할 수 있음은 고린도전서 15장(고전 15:58—역주)에 자리한 부활 논증의 대절정이 증명해준다: "그러므로 내 사랑하는 형제들아 견실하며 흔들리지 말고 항상 주의 일에 더욱 힘쓰는 자들이 되라. 이는 너희 수고가 주 안에서 헛되지 않은 줄을 앎이라."[3] 데살로니가후서 1:4-7도 종말에 있을 보상과 현세에서 핍박과 고난을 견뎌냄 사이에 비슷한 순서가 있음을 보여준다: "이는 너희가 견뎌내는 모든 핍박들과 고난들 속에서 보인 인내와 믿음이 하나님의 의로우신 심판의 표지(ἔνδειγμα; 엔데이그마)이기 때문이니, (너희가 이런 핍박과 고난을 당함은—역자 첨가) 너희가 하나님 나라에 합당한 자로 여김을 받게 하려 함인즉, 너희는 이 나라를 위하여 또한 고난을 받고 있느니라. 그렇다면 너희에게 고난을 안겨주는 자들에겐 고난으로 갚으시고 고난을 받는 너희에게는 주 예수가 하늘에서 나타나실 때에 우리와 더불어 안식으로 갚으심이 하나님께 의로운 일이라." 로마서 2:6, 7의 논증도 같은 공리를 강조한다: "하나님께서 각 사람에게 그 행한 대로 보응하시되 참고 선을 행하여 영광과 존귀와 썩지 아니함을 구하는 자에게는 영생으로 하시고." 여기서 제시한 논증은 변증도 아니요, 유대교 신자를 신학 면에서 궁지로 몰아넣으려는 인신공격성 논박 *argumentum ad hominem* 도 아니다. 이것은 분명 뭔가를 가정한 *hypothetical* 논증이

---

3) "헛되다"라는 말은 현세에서 한 수고들이 영적 성공을 거두리라는 약속에만 국한되지 않는다. 이는 이 본문이 "그러므로"라는 말을 통해 앞 본문과 연결되어 있다는 점이 보여준다. 행위(행한 일)에 따른 영원한 열매는 부활 때 그리고 부활을 통하여(부활로) 받을 것이다.

지만, 그럴지라도 바울이 생각하기에는 e mente Pauli 아주 진지한 논증이요, 하나님이 이끄시는 과정의 관점에서 보면 언제나 정당한 논증이다. 바울 사도는 원칙상 여기는 물론이요 다른 곳에서도 하나님의 법을 완전히 행했다는 이유로 영생을 부여한다면 하나님 쪽에서 보든지 사람 쪽에서 보든지 종교의 명예가 훼손당할 것이라는 주장을 하지 않는다. 바울 사도가 보상을 가리킬 때 쓰는 말들이 특히 종말론 용어임을 주목해야 한다: 사도는 영광, 영예, 불멸, 영생이라는 말을 쓴다. 본문은 이런 종말론 원리가 성경이 말하는 종교의 구조 속에 깊이 박혀 있어서 다른 모든 것보다 앞서고 다른 모든 것의 바탕을 이룬다는 것을 증명해준다. 심지어 바울 복음 전체의 근간을 이루는 "은혜"와 "믿음"의 과정도, 하나님이 이끄시는 객관적 과정을 놓고 보면, 이 과정을 올바로 이해할 경우, 이런 종말론 원리(즉 각 사람이 행한 것에 따라 종말에 보응과 보상이 있으리라는 원리—역주)를 폐기하지 않는다. 이 원리는 다만 사람을 그 직접 적용 대상에서 제외할 뿐이다. 그리하는 이유는 두 가지가 있다. 우선 이 원리를 죄로 가득한 사람에게 적용하면 결국은 이 원리가 무익하다는 것이 드러날 수밖에 없기 때문이요(죄로 가득한 사람에겐 결국 보응밖에 없으니, 새삼 보상을 이야기한다는 것이 무의미하기 때문이다—역주), 나아가 죄로 가득한 사람의 주관이 이 원리를 활용하면 이 원리에는 틀림없이 "자랑"과 "자기를 영화롭게 함"이라는 마음가짐이 따라붙기 마련이기 때문이다. 이런 마음가짐은 단순히 신앙적 가치가 없음을 넘어 철저히 반(反)신앙(종교)적이어서, 신앙(종교)의 핵심 자체를 애초부터 인정하지 않는다.[4] 따라서 바울이 보상 원

---

[4] 구속 체계에서는 보상 원리가 사람에게서 간단히 그리스도께 옮겨간다. 빌립보서 2:8, 9을 보면, 그리스도께 "영광을 돌림"은 쓸데없다는 생각, 그리스도가 "영화로워지고" 싶은 유혹을 받으신다는 생각은 할 수 없기 때문이다. 역설처럼 들리겠지만, 바울이 은혜를 가장 높이 여긴 동기는 결국

리를 그의 종말론 구조 안에 받아들여 그대로 유지하고 있다는 사실은 변함이 없다. 지금 이곳은 이 보상 원리와 율법에서 자유로운 복음이라는 원리가 서로 조화를 이루는가라는 문제를 철저히 논할 자리가 아니다. 지금 우리 관심사는 그런 사실 자체를 기록해두는 것이지, 그 보상 원리를 바울의 종말론을 믿지 못하게 하거나 믿게 하는 것으로 평가하는 게 아니다.

바울 사도의 종말론 가르침은 분명 앞에 말한 것과 또 다른 종류의 공격들을 받았다. 앞서 말한 비판과 여기서 말하는 또 다른 공격 사이에는 차이점이 있다. 즉 여기에서는 원칙상 종말론의 내용물 자체를 비판하는 게 아니라, 사도가 종말론 개념과 관련 개념들을 받아들일 때 갖고 있던 마음 자세의 질을 예리하게 검증해봐야 한다고 비판한다. 이런 비난을 하는 이들은 바울이 생각하는 내용이 그 농담(濃淡)과 색깔은 물론이요 그 도덕과 신앙 정신면에서도 도저히 신앙(종교)으로 분류할 수 없을 만큼 질이 낮은 복합체라고 제시한다. 이런 비난은 바울이라는 사람을 상대로 한 비난이다. 즉 이 비난은 바울의 인격에 상처를 입히려는 것이다. 이런 비난을 하는 이들은 우리에게 바울의 종말론에서는 이기주의egotism가 바울을 주로 지배하며 이 때문

그가 종말의 법정에서 보상을 받으리라는 원리에 자신을 묶어 놓은 동기와 다르지 않다. 이 둘은 모두 하나님의 지극한 영광이, 하나는 윤리 영역에서, 다른 하나는 구원 영역에서, 확실히 나타나게 함을 목표로 삼는다는 점에서 동일하다. 종말에 보상이 있으리라는 생각은 바울 사도가 신앙에서 하나님의 영광이 절대 우위에 있음을 표현하는 두 가지 형태 중 하나이다. 의인에게 보상이 있다는 법칙은 (구원 과정은 물론이요) 윤리의 과정이 하나님을 위하여 존재한다는 것을 표현하려 한 것이다. 칼뱅주의는 바로 이 점을 인정함으로써 자신이 바울 사상을 가장 심오하게 해석해냈으며, 아우구스티누스 사상의 정신과 종교개혁을 가장 순수하게 표현했음을 증명한다. 저자가 쓴 논문 "Alleged Legalism in Paul's Doctrine of Justification," *P. R.*, 1903, pp. 161-80과 비교해보라.

에 바울의 신앙 구조에서는 이타적 요소가 심각한 손상을 입었다고 말한다. 바울의 가르침에서 종말론 사상을 담은 가닥들이 대단히 두드러진 위치를 차지하고 있음을 볼 때, 이 비난에는 심각한 문제점이 가득하다. 윤리적-종교적(신앙적) 흠은 모두 제쳐두더라도, 정상에서 벗어난 비율이 사도의 신앙이 이루고 있는 균형을 무너뜨릴 것이다. 하지만 이것도 아직은 최악이 아니다. 하나님 나라에서는 때때로 덜 자라고 불구인 인물들이 위대한 일들을 해냈다. 오히려 종교(신앙)의 연대기(역사)를 보면, 이기주의가 진리를 섬겨야 할 그의 소명을 강렬하게 인식함으로써 거룩함을 입은 이기주의가 되는 일이 드물지 않다. 하지만 이 경우에 문제 삼는 것은 이런 자기중심의 섬김을 넘어서는 것이다. 바울이 비판을 듣는 것은 이기주의 바로 그 자체다. 이 이기주의는 생명, 곧 육신의 생명을 향한 가장 강렬한 욕망에서 생겨난 것이었다. 이것이 순전히 나쁜 것만은 아니었다. 무시무시한 존재인 죽음에 맞서는 인간 본성의 본능적 저항이기 때문이다. 이 이기주의는 희열과 영광을 쉽 없이 추구하는 갈망이라는 성격을 띠고 있었다. 카비쉬 Richard Martin Kabisch는 이런 관점에서 바울 사도가 철저히 종말론에 "사로잡혀 있음"을 대단히 예리하게 해석해냈다.[5] 카비쉬가 본 바울은 신약 성경에 나오는 종말론자들 가운데 식탐이 많고 술꾼인 사람이라고 부르는 것이 적절할 것 같다. 카비쉬는 바울의 종말론을 다룰 때 거의 모든 개념과 과정을 유체물(有體物)로 인식한다. 바울은 사람이 행한 일의 결과들이 불로 말미암아 소멸당하고 그 자신은 마지막 날에 그 불에서 가까스로 구원을 받을 것이라고 말한다(고전 3:13-15). 카비

---

5) Kabisch, *The Eschatology of Paul*(원제는 *Die Eschatologie des Paulus*), 1893; 퍼브스Purves 박사가 *The Presbyterian and Reformed Review*, 1894, p. 143에서 이 책을 평가한 내용과 비교해 보라.

쉬는 바울이 이 불을 말 그대로 유체물인 불로 이해했다고 생각한다. 또 바울이 몸의 가치를 강조한 것과 몸이 보존되고 회복되어 죽음의 순간과 부활의 순간 사이에 벗은 몸으로 존재하는 기간을 피하려 한 것 역시, 오직 미래에 몸을 소유하는 것만이 가져다줄 수 있는 이런 기쁨들에 기울인 그의 비천한 관심을 보여주는 징표들이라고 생각한다. 카비쉬가 말하는 내용은 비난을 들어도 쌀 만큼 주관에 치우쳐 바라본 극단적 보상 개념이다. 분명 카비쉬는 이런 유형의 믿음이 주로 구약 성경보다 오히려 후기 유대교의 랍비 사상이나 묵시 사상에서 나왔다고 본다. 카비쉬가 쓴 책은 뒤틀리고 과장된 모습을 보여준다. 그래도 그의 책은 신약 성경이 말하는 종교를 해석하면서 지나치게 "영에 치중하는 hyper-spiritualized" 해석들을 거부하는 경고 역할을 할 수 있다. 이런 해석들은 현재 신앙의 관심사인 몸과 관련된 모든 일에 사실상 무관심했거나 심지어 그런 일들을 배척했다. 바울은 몸을 중요하게 여김으로써 자신이 무엇보다 묵시 전통의 제자가 아니라 구약 전통의 참된 상속인임을 드러낸다. 구약 전통은 미래의 삶을 내다보는 시각을 이미 얻은 이상 이 몸을 결코 하찮게 제시할 수 없었다. 이 점은 달리 증명할 필요가 없다. 오히려 문제는 다른 쪽에 있을 것이다. 즉 사람을 놓고 볼 때, 몸은 없고 순수하게 영혼만 있는 존재라는 개념이 구약 전통의 시야 속에 들어와 있었는가가 문제다. 메시아를 언급하는 예언들이 미래 세대에 누릴 즐거움들을 말하며 상세하게 이야기하는 내용들은 몸의 존재 및 기능과 떼어놓을 수 없다. 예수의 경우도 다르지 않다. 예수 역시 오는 세대를 유업으로 받을 이들이 참된 몸을 다시 받을 것과 부활을 함께 묶어 말씀하신다.[6] 마태복음 22:30, 마

---

6) *The Bible Student*, Vol. III, 1901, pp. 189-97을 참조하라.

가복음 12:25, 누가복음 20:30의 본문을 바로 해석하면 같은 결론이 나온다. 막연히 몸이 없는 부활이라는 개념도 생각할 수 없는 게 아니다. 실제로 묵시 문헌에는 이런 개념이 나온다.7) 그러나 앞서 인용한 본문들에서 예수가 하시는 말씀을 보면, 몸이 없는 부활이라는 개념을 분명하게 배제하신다. "천사들과 같다"는 것[눅 20:36 ἰσάγγελοί εἰσι(이스앙겔로이 에이시), 원서에는 눅 5:36로 잘못 나와 있다―역주]은 천사들과 모든 면에서 같음을 표현한 게 아니라, 단지 출산 능력이 없는 게 같다는 말이다. 몸이 없는 존재라는 개념을 전달하려 했다면 ἴσος(이소스; "크기나 숫자가 동일한")가 아니라 ὅμοιος(호모이오스; "본질이 같은, 유사한")를 썼어야 했다. 본문을 예수가 하신 다른 말씀들과 비교해봐도 결과는 같다.8) 고린도전서 15장과 고린도후서 5장의 두 고전적 맥락은 오는 세상에서 몸을 갖고 존재하는 것을 지극한 복이라는 이상에 미치지 못하는 것으로 여기는 사람의 관점에서 볼 때에만 설명이 가능하다. 이런 마음 상태의 밑바닥에는 틀림없이 어떤 강력한 동기가 있었을 것이다. 벌거벗은 상태를 꺼리는 감정도 어느 정도 들어 있긴 하겠지만, 단순히 그런 감정만으로 그 동기를 다 설명할 수는 없다. 그러나 바울 사도가 종말론과 관련된 특별한 이유 때문에 그의 몸을 사랑했다는 말이 쾌락주의에 따른 욕망 때문에 그의 몸을 사랑했다는 말은 아니다(바울이 몸을 중시한 것은 종말이 다가왔으니 쾌락을

---

7) Charles, *A Critical History of the Doctrine of a Future Life*, 2nd ed., 1913, pp. 295 이하는 기원전 1세기에 나온 두 기록인 에녹서 91-104와 솔로몬의 시편에서 몸이 없이 부활하리라고 믿은 믿음을 발견한다. 이전에는 이런 내용이 오직 에녹서 6-36에서만 등장하는데, 찰스는 이 기록이 기원전 2세기 것이라고 본다. 한편 그는 기원후 1세기에는 지혜서, 필론이 쓴 작품들, 그리고 마카비4서가 이런 믿음을 대변한다고 본다.

8) 마 8:11, 그리고 예수가 오는 세상을 두고 말씀하실 때 사용하신 실감나는 용어들을 널리 참고해보라. 이런 말씀의 흐름은 오는 세상에도 몸이 존재하리라는 것을 믿지 않으면 이해할 수 없다.

추구하며 몸을 즐겁게 하자는 뜻이 아니었다는 말이다—역주). 마땅히 다른 것들을 고려해봐야 할지도 모르겠다. 한 예로 구속(救贖)의 완성을 바라는 소원을 고려해야 한다. 바울은 구속의 영역에서 절반쯤 이루었다고 쉬이 만족할 사람이 아니었다. 그를 지배한 것은 절대적 동기 absolutistic impulse 였다. 우리 주님의 가르침도 똑같이 이 절대적 동기라는 특징을 갖고 있다. 이와 관련해 우리는 몸이 없는 상태보다 완전히 회복된 인간 유기체를 통해 하나님이 더 완전하게 영광을 받으실 수 있으리라는 생각을 배척해서는 안 된다.[9] 하지만 바울이 종말에 이르면 하나님과 무관하게 그리고 하나님과 나누는 사귐이 주는 즐거움과 무관하게 만족을 누리리라는 기대를 품고 있었다는 증거를 전혀 찾아낼 수 없다.[10] 그런 만족을 정당하게 여겼다는 증거도 당연히 존재하지 않는다. 신앙과 상관없이 그저 미래의 삶에 펼쳐질 일들에 보인 관심이 바울을 움직인 동기였다면, 이는 반드시 두드러진 개인주의를 동반했을 것이다. 실제로 바울이 종말론과 관련해 관심을 기울이는 것은 개인의 운명이라기보다 집단 차원에서 벌어질 큰일들이다. 물론 개인의 운명과 집단 차원의 큰일들을 완전히 분리하기는 불가능하다. 고린도전서 15장의 무게중심은 58

---

9) 고전 6:13, 19, 빌 3:21, 살전 5:23과 비교해보라.

10) 물론, 이렇게 말한다 하여 바울에게 "쾌락주의"가 없었다는 말은 아니다. 바울에게도 영에 치중한 변형된 "쾌락주의"가 있었으며, 이를 굳이 "쾌락주의"라고 불러도 상관하진 않겠다. 그러나 이 "쾌락주의"는 후대 그리스 철학에서 이 이름으로 불린 한 분파가 삶을 바라보았던 특별한 태도와 다르다. 그러나 쾌락이 없으면 모든 게 불가능하며, 심지어 기독교의 가장 세련된 신앙(종교) 체험과 신앙(종교) 수련도 불가능하다. 이 쾌락은 사람 안에 있는 "종교의 씨앗"과 함께 창조되었다. 아우구스티누스는 그가 쓴 <고백록>에서 이를 이렇게 말한다: "이런 고로 사악한 자들에게는 주어지지 않고, 아무런 대가를 바람이 없이, 오 하나님, 당신을 영화롭게 하는 이들에게 주어진 즐거움(쾌락)이 있습니다. 당신이 바로 당신이신 것이 그들의 기쁨입니다! 또 이것이 당신을 향하여 기뻐하고 당신에 관하여 기뻐하며 당신 때문에 기뻐하는 복된 삶입니다." *Conf.* X, 32.

절에 있지 않고 28절에 있다. 바울 사도의 경건(신앙)은 그리스도를 지향하는 경향을 강하게 보여주는데, 이것 역시 그를 비난하는 자들이 비판 이유로 드는 쾌락주의와 도통 들어맞지 않는다. 쾌락주의가 주로 개인주의를 추구한다 할 때, 또 다른 "나"들egos을 포함시키는 것은 쾌락주의의 힘을 무너뜨릴 수밖에 없을 것이다. 데살로니가전서 4:17이 데살로니가 사람들에게 마지막에 받을 구원과 관련해 제시한 위로의 정점은 그들이 "영원히 주와 함께 있으리라"는 것이다. 데살로니가전서 2:19, 20을 보면, 자부심이 만들어낸 기쁨과 영광의 음조가 그런 위로 속에서 심심치 않게 등장한다. 이 자부심은 바울 사도 자신이 쾌락주의 관점에서 무언가를 내다보았기에 생긴 것이 아니라 주님이 재림하실 때 신자들이 거룩하고 흠 없는 모습으로 나타날 일이 만들어낸 것이다.

바울 사도의 종말론 인식 속에 자리한 이기심이나 이타심 중 어느 한쪽을 철저히 파고들려면, 사도가 영원한 상태의 내용이라고 본 두 가지 근본 실재들에 철두철미하게 의존해야 한다. 이 두 실재는 "생명"이라는 실재와 "영광"이라는 실재다. 하지만 이 두 실재를 탐구하는 것은 미래 세상을 다룰 우리 논문의 마지막 장에서 할 일이다. 우리는 "정적"(靜的) 종말론이라는 주제를 다루기 전에 그보다 앞서 나타나는 드라마 같은 발전 양상들을 다루어야 할 것이다. 이제 이런 발전들을 살펴보겠다.

Chapter 4

주의 오심과 그 전조들

종말론이라는 드라마 속에 우뚝 솟아 있는 마지막 두 사건은 부활과 심판이다. 곧 보겠지만 이 두 사건은 역사의 강물들이 큰 바다로 흘러드는 지점이다. 많은 지류가 있다. 그러나 마지막 지점에 있는 물웅덩이 전체의 관점에서 보면, 그 많은 지류는 오로지 두 개의 큰 하구를 거쳐야 비로소 바다에 이를 수 있는 물이 흐르는 소소한 지류일 뿐이다. 큰 바다에 이르는 하구가 단 두 개만이 존재하는 이유는 완성(완결)인 종말론 과정이 애초부터 신앙적(종교적) 성격을 가졌기 때문이요, 그 과정이 치유라는 성격도 일부 가졌기 때문이다. 물론 심판은 도덕이 정상에서 벗어난 상태인 죄로 떨어질 수밖에 없었던 세상의 과정이 결국 다다를 수밖에 없는 종점이다. 부활은 역시 같은 식으로 퇴폐와 죽음의 먹이가 되어 버린 것들을 회복시키는 데 기여한다. 이 두 목적(즉 부활과 심판—역주)은 그들이 성취되는 지점에서 무질서하게 현세에 존재하는 다른 모든 세세한 것을 사실상 맞아들일 준비를 하는 셈이다. 다만 부활과 관련해 한 가지 더 고려해야 할 요소가 있다. 부활과 관련된 요소들은 죄와 죽음 때문에 치유가 필요하다는 사실에서 모두 끌어낼 수 없다. 종말론이 말하는 과정은 사람을 죄와 죽음이 침입하기 전에 그가 서 있던 자리로 되돌려 놓는 것뿐 아니라, 그를 더 높은 차원의 삶으로 데려갈 목적으로 마련되었기 때문이다. 더 높은 차원의 삶은 시련을 통한 검증이 있기 전에는 얻을 수 없고, 우리가 알 수 있는 범위에서 봐도 그런 검증을 거쳐야 비로소 얻을 수 있다.

역사와 구속이라는 마지막 문제들이 가진 이런 양면성은 그 본질상 특히 메시아와 관련된 양상이 없으면 이해할 수 없다. 구약 성경은 만물의 결말을 심판과 변화라는 방법을 통해 여호와의 나타나심과 연계하면서도 메시아의 도움을 받지 않을 때가 많다. 사실 구약 성경에서는 이 두 가지 큰 사건을 메시아이신 인물의 "오심"으로 규정한 경우가 아주 드물다. 심지어 신약 계시의 서막을 여는, 세례 요한의 가족에게 주신 계시들을 봐도, 그리고 그 뒤에 세례 요한 자신에게 주신 계시를 봐도, 메시아인 인물의 오심과 다른 표현 양식인 주(하나님)의 오심이 여전히 존재한다. 그러나 예수의 가르침과 바울의 글에 이르면 이를 표현한 용어가 깊은 변화를 일으킨다. 종말의 위기를 하나님의 두드러진 개입으로 묘사하는 표현이 완전히 중단되지는 않지만, 대체로 이런 표현이 물러가고 대신 그리스도의 오심이라는 표현이 등장한다고 말할 수 있다. 이는 대단히 중요하다. "오심"이라는 말이 여러 가지 점과 관련해 사실상 종말에 이루어질 완성을 가리키는 전문 용어가 되었기 때문이다. 이는 마치 우리가 "παρουσία"(파루시아)를 딱히 설명하지 않고 예수의 강림을 가리키는 말로 사용하곤 하는 것과 마찬가지다. 이제 이 모든 덩어리가 여호와 하나님에서 메시아를 염두에 둔 사고 범주로 통째 옮겨갔다. 그리하여 사람들이 모두 고대하는 위대한 "오심"은 이제 메시아의 오심이 되었다. 신약이 표현한 사고 체계가 구약이 이야기하는 개념을 넘겨받아 되살린 경우들 가운데 이것만큼 광범위하고 그 파급효과가 중대한 경우는 아마 없을 것이다.[1] 물론 예수에게 퀴리오스(주)*Kyrios*라는 칭호를 붙이면서 하나님의 오심이 수월하게 예수의 오심으로 바뀔 수 있었음을 잊어서는 안 된다. 예수에게 퀴리오스라는 칭호를 붙이면서 주 여호와의 "오심"과 메시아의 강림을 동일시하는 것이 거의 피할 수 없는 일이 되고 말았다. 그러나 이 현상은 여전히 중요한 의미를 갖고 있다. 그 의미는 예수와 종말론이 말하는 위기를 빈번히 결합시키는 점이 아니라, 오히려 어느 정도 유사한 종말론 용어들로서 이전에는 하나님과 연계하여 사용했던 용어들이 동시에 사라졌다는 점에서 찾을 수 있다.

우선 바울이 "파루시아"라는 말을 사용한 사례들을 다뤄보자. 고린도전서 15:23, 데살로니가전서 2:19, 3:13, 4:15, 5:23, 데살로니가후서 2:1, 8, (9)에서는 이 말이 그리스도의 강림을 가리키는 말로 등장한다. 본디 이 말은 보통명사였으나, 시간이 흐르면서 고유명사로 바뀌어가는 경향을 보였다. 그러

---

1) 구약 성경이 종말론의 의미로 하나님의 "오심"을 이야기하는 곳은 시 50:3, 80:2, 사 59:20(원서에는 Ps. lix. 20으로 되어 있다. 그러나 시편 59편에는 20절이 없다. 하나님의 "오심"을 이야기하는 59:20은 아무래도 이사야 59:20을 말하는 것 같다—역주), 슥 14:5, 말 3:1, 4:6이 있다. 구약 성경이 종말론의 의미로 메시아의 강림을 이야기하는 곳은 창 49:10, 민 24:17("일어나서"), 단 7:13이 있다. 구약 성경의 이 구절들과 신약 성경에서 이를 이야기하는 마 24:3, 27, 37, 39, 고전 15:23, 살전 2:19, 3:13, 4:15, 5:23, 살후 2:1, 8(9절, "죄의 사람", 개역개정판은 "악한 자"), 약 5:7, 8, 벧전 2:12(하나님의 오심), 벧후 1:16, 3:4, 12("주의 날")을 비교해보라. 이 구절들에 "주의 날"을 언급하는 구절들을 추가해야 한다. 물론 이 구절들이 말하는 "주"가 "주" 그리스도를 확실히 의미할 경우만 그러하다: 롬 13:12, 고전 1:8, 3:13, 5:5, 고후 1:14, 빌 1:6, 10, 2:16, 살전 5:2(4), 5:5, 8, 살후 2:2, 딤후 1:18, 4:8, 벧후 3:10. "ἐπιφανεία"(에피파네이아, "나타남")라는 말도 고려해야 한다. 구약 성경이 이 말을 여호와와 관련해 빈번하게 사용하기 때문이다. 이 말은 살후 2:8(*parousia* 바로 앞에), 딤전 6:14, 딤후 1:10, 4:1, 8, 딛 2:13에서 예수가 미래에 오심과 관련해 등장한다. 마지막으로 "ἀποκάλυψις"(아포칼립시스, "계시") 역시 구약에서 넘어온 사례로서 살펴봐야 한다: 고전 1:7, 살후 1:7, 벧전 1:7, 13, 4:13. 성경의 종말론에 "오심"이라는 개념이 널리 퍼져 있음을 살펴보려면, Sellin, *Der alttestamentliche Prophetismus*, p. 181을 참고하라.

다가 종국에는 오직 예수의 강림을 나타내는 말로 사용되면서 이 말과 다른 이를 연관하여 쓰는 경우는 볼 수 없게 되었다. 더 나아가 나중에는 "파루시아"에 더 이상 이를 한정하는 소유격을 붙일 필요가 없게 되었고, 그리스도인들 사이에서는 이 말이 오로지 한 사건을 가리키게 되어 이 말의 의미를 더 자세히 밝힐 필요가 없게 되었다. 그러나 이 말을 처음에 채용했을 때는 그렇지 않았다. 이 말에 소유격을 붙이지 않고 쓰는 경우는 신약 성경과 초기 기독교 시대를 지나서 나타난다. 바울 서신을 보면, 열두 개 본문 중 절반에서 사도가 이 말을 사도 자신이나 복음 안에서 그와 함께 일하는 동역자들이 온 것을 이야기할 때 사용한다. 물론 각 경우에는 온 사람이 누구인가를 밝힌다: 고린도전서 16:17(스데바나), 고린도후서 7:6, 7(디도), 10:10(바울의 몸), 빌 1:26, 2:12(바울). 물론 이런 경우들에도 그 본문이 문제 삼는 사람의 도착과 함께 일어날 결과들 때문에 "파루시아"라는 말이 엄숙함이나 중요함을 어느 정도 강조하는 의미를 지니고 있는 게 사실이다. 유대교 문헌에서는 메시아의 강림에 "파루시아"를 쓴 사례가 나타나지 않는다. "열두 족장의 유언 The Testaments of the XII Patriarchs"에서는 이 말이 종말론적 의미에 가까운 의미로 등장한다. 유다의 유언 23:3에는 "의의 하나님의 오심"이라는 말이 나온다. 이 말을 들으면, 이 말을 썼던 사람들은 분명 이 말과 종말론 스타일의 말 사이에 어느 정도 유사성이 있음을 느끼기 시작했던 것 같다.[2] 이 말을 신앙(종교)-종말론 차원에서 사용한 경우는 물론이요 세속 문헌에서 사용한 경우에

---

2) 성경 밖의 헬라어 문헌에서는 Soph, El.(소포클레스, 엘렉트라), 1104, Eur. Alc.(에우리피데스, 알케스티스) 209에서 등장하고, 이보다 후대 문헌에서는 Pol. 23, 10, 14, Dion Hal 1, 45, 4, Thuc, 1, 128, 2에서 등장한다. 70인역에서는 느헤미야 2:6(변형인 πορεία가 나타남), 유딧 10:18, 마카비 2서 8:12, 15:21, 마카비3서 3:17에서 나타난다.

도 서로 긴밀하게 관련되어 있는 두 개념인 옴(도착)과 현존(존재)을 표현한다. 파루시아는 그 기간의 길고 짧음에 상관없이 일정 기간 동안 "현존하게 됨becoming present"과 "현존함being present"을 나타낸다. 영어의 "visit"도 이중 의미를 가졌다는 점에서 파루시아와 어느 정도 비슷하다. 사람들은 파루시아가 본디 정적(靜的) 의미를 가졌으며, 이 의미에서 다른 의미가 발전했다고 추측했다. 하지만 이것은 확실치 않다. 신약 성경에서는 분명 등장, 도착이라는 개념이 전면에 나타난다.[3] 여기서 가장 중요하게 유념할 점은 이 파루시아라는 말 자체에는 본디 "다시"라는 개념이 들어 있지 않다는 것이다. 이 명사는 "다시 옴(돌아옴)"이 아니라 "도착(옴)"을 의미한다.[4] 이를 "두 번째 오심(재림)"으로 번역하면 옳지 않을 수 있다. 물론 그들의 주의 파루시아를 이야기하던 그리스도인들은 자신들이 말하는 사건이 실상은 두 번째 오심이요, 이 두 번째 오심이 어떤 점에서는 성육신하여 오신 사건을 되풀이하는 일임을 알고

---

[3] 등장과 도착이라는 두 개념이 얼마나 가까이 붙어 있는가는 주의 오심이 다른 것들을 가져다주는 것을 목적으로 하지 않고, 주가 당신 자신을 당신이 소유하신 자들에게 가져다주시는 것을 주 목적으로 삼는다는 점에서 간파할 수 있다. 이는 살전 4:17을 참고하기 바란다. "파루시아"의 배경에는 "$\dot{\alpha}\pi o \nu \sigma i \alpha$"(아푸시아, "없음")가 자리해 있다. 이것은 자연히 이런 정적(靜的) 의미를 주목할 주제로 만드는 경향이 있다. 다른 이들의 파루시아를 이야기하는 본문들에서는, 적어도 잠시나마, 와서 머묾에서 울려오는 위로의 음성을 분명히 함께 들을 수 있다. 이는 고전 16:17, 고후 8:6, 7, 빌 1:26, 2:12을 참고하기 바란다.

[4] 이 영문 번역은 독일어의 "Zukunft"와 화란어의 "toekomst"보다 시간을 명확하게 표현하지 못한다. "Zukunft"와 "toekomst"는 모두 복합명사로서 미래라는 시간의 요소도 함께 표현한다(독일어 Zukunft는 "…로"를 가리키는 전치사 zu와 "…로 가다, 오다"라는 뜻을 가진 동사 kommen이 결합한 zukommen에서 나온 명사로서 "미래"라는 뜻을 갖고 있다. 화란어 toekomst도 역시 전치사 toe+동사 komen에서 나온 명사로 "미래"라는 뜻이다―역주). 영어에는 이런 말이 없으며 "coming"이라는 번역으로 만족해야 한다. 그러나 이 coming이 파루시아를 더 정확히 번역한 말임은 물론이다. 파루시아라는 사건의 미래성은 "오다"라는 동사에 보충하는 말을 덧붙임으로써 표현할 수 있다. 고전 15:23을 참고하라.

있었으며 또 그렇게 생각하고 있었다. 그러나 "두 번째 파루시아"라는 말은 그런 인식에서 발전하지 않았다. 이런 일이 일어나지 않았다는 것은 오로지 미래를 강렬하게 내다보았던 초기 교회의 시각만이 설명해줄 수 있다. 초기 교회는 아주 많은 일과 마지막에 어떤 일이 있어도 반드시 완성될 일들을 메시아의 파루시아와 결합했다. 이 때문에 마지막 날에 임할 재앙만이 파루시아라는 말을 끌어당겨 그 안에 담아둘 수 있는 것처럼 보였다. 이것은 분명 과거에 예수가 역사 속에서 보내신 삶으로 무게중심을 옮겨 놓는 이 시대 기독교와 다르다. 신약 성경 속의 신자들은 메시아가 이미 이 세상 속에 들어와 이 세상 속에 현존하고 계신데도, 역사의 신기원을 이루는 오심이요 오심이라는 이름에 온전히 걸맞은 오심인, 주의 실제 파루시아(오심)는 미래에 속한 일이라고 느꼈다. 그리스도인들이 그 생각을 (그리스도의) 탄생에 집중하는 것은 정당하며 이해할 수 있다. 그러나 그렇게 탄생에 생각을 집중하는 것은 사물들을 보고 즉시 깨닫는 직관을 따른 것이라기보다 교리의 시각을 따른 것이다.[5] 이런 점에서 바울은 베드로 및 야고보와 같은 관점을 취한다. 반면 공관복음은, 비록 "파루시아"라는 말은 쓰지 않지만, 예수가 과거에 "오심"을 이야기하고, 예수 자신이 하신 말씀에서도 이 일을 이야기하신다.

바울이 사건으로 받아들이는 파루시아는 재앙이다. 이 파루시아라는 개념이 개념의 외연 면에서 어떤 발전을 이루었다거나, 혹은 이 파루시아라는

---

[5] 여기서 말하는 사실을 우리 주님이 이 땅에서 보내신 삶이 메시아의 삶이 아니었다거나 당신이 메시아이심을 의식하지 않으셨다고 주장하는데 악용해서는 안 된다. 바울의 글에서 "오셨다"와 "오실 것이다"라는 두 개념이 함께 나타난다는 것은 한 관점만 내세우며 다른 한 관점을 배제할 필요는 없음을 증명해준다.

사건이 거듭 또는 세 번에 걸쳐 일어났음을 보여주는 흔적은 어디에도 없다. 파루시아는 잇달아 일어난 사건들이 아니라 사건들의 귀결점이다. 파루시아가 "천년왕국"이나 영원한 상태를 가져오는가라는 문제를 논할 경우, 파루시아라는 개념 자체는 당연히 아무것도 결정해주지 못한다. 다만 이 파루시아가 "통치의 공백기interregnum"를 가리키는 것으로 밝혀진다면, 이 용례의 강조점 때문에 파루시아는 천년왕국을 고대하는 소망 덩어리와 결합하기 쉬우며(즉 파루시아가 "통치"에 강조점을 두다보니 아무래도 그리스도가 왕으로서 통치하심을 명확히 드러내는 천년왕국 개념과 결합하기가 쉬울 것이다—역주), 이 때문에 결국 천년왕국을 넘어 영원을 내다보는 전망이 흐려지고 말 것이다. 파루시아는 역사의 계기인 중요한 사건을momentous event 가리킨다. 이 때문에 결국 신앙 의식(意識)은 이 파루시아가 활짝 열어 놓은 것에 가장 높은 절대적 중요성을 부여할 수밖에 없다. 바울이 상대적 완성의 어느 측면에만 마음을 쏟았으며 이 측면과 "파루시아"라는 말을 결합했다고 생각한다면, 이는 결국 그가 영원한 것들을 부차적 중요성을 가진 것으로 보았다는 말이 될 것이다. 그가 그렇게 보았다면, 그것은 유대교 사상 체계를 반복한 셈이요, 어쩌면 그 사상 체계의 연속을 의미할 것이다.6) 증거가 여기서 예상한 (그리고 어떤 의미에서는 "지레 판단한") 결론을 지지하는가는 이후에 바울의 종말론에 나타난

---

6) 여기서 파루시아 및 나라를 언급하는 용어의 차이를 관찰할 수 있다. 나라는 거푸 임할 수 있다. 즉 나라는 나뉘어 온다. 때문에 복음서는 현재의 나라와 종말에 임할 나라를 분명하게 구분한다. 하지만 이것 때문에 그리스도의 "파루시아"가 거푸 일어나는 결과가 빚어지지는 않았다. 그리스도의 "파루시아"는 한 번뿐이며 나뉠 수 없다. (나라의 임함을 이중으로 표현한 용어처럼) 마치 그리스도가 이중으로 강림하실 것 같이 표현한 말이 요 14:3 말씀 같은 것이다. 그러나 요한 문헌에서는 파루시아라는 개념이 낯선 개념이다. 다만 요일 2:28은 예외다. 이곳에서는 파루시아라는 말이 종말을 가리키며, 바울과 마찬가지로 사전에 나타나심을 배제한다. 히 9:27, 28을 더 참고하라.

천년왕국 문제를 논의하면 틀림없이 판가름 날 것이다. 천년왕국-파루시아를 하나로 묶어보는 것은 마지막 상태 전체를 천년왕국이라는 색깔로 도배해 버리는 일이 되기 쉽다. 이런 일이 벌어진다면, 에스라4서와 바룩묵시록이 보여주는 유대교의 견해보다 더 못한 것이 되어 버릴 것이다. 유대교에서는 현세라는 가닥과 초월이라는 가닥이 조화를 이룬 것으로 보이지만, 바울의 경우는 초월이라는 가닥보다 현세라는 가닥을 더 중요하게 평가하는 셈이 되어 버리기 때문이다. 결국 초월성을 띤 하늘의 세계를 내다보는 전망도 현세의 장면에서 움직이는 구체적 형상들에 모두 가려져 버릴 것이다.

바울이 종말에 있을 그리스도의 오심을 표현할 때 쓴 두 번째 단어는 "나타나심"을 뜻하는 ἀποκάλυψις(아포칼립시스)다. 이 말은 데살로니가후서 1:7, 고린도전서 1:7, 3:13 (로마서 2:5, 8:18)에 나온다. 메시아의 "나타나심"이라는 개념은 기독교보다 더 오래되었다. 본디 이 개념은 승천과 함께 시작되어 지금 하늘에 숨겨져 있는 예수의 삶이 마지막 날에 그가 다시 나타나심으로 그 숨김에 마침표를 찍을 것이라는 믿음에서 나온 게 아니었다. 바울 이전에 존재했던 더 오래된 종말론은 이미 이 나타나심이 가진 이중 의미를 인식했다. 몇몇 경우에는 그 개념이 온전히 지상의 영역에서 움직이면서, 숨김과 드러남(나타남)이 모두 땅에서 이루어진다. 물론 드러나 존재하는 장소나 시간은 훨씬 더 뒤로 미뤄질 수도 있었다. 바룩묵시록 29:3, 30:1, 에스라4서 7:28, 레위의 유언 18을 보면, 어떤 집단들은 메시아가 이 더 낮은 세상에 태어나신 뒤, 이 땅의 알려지지 않은 어느 곳에 당분간 숨어 계시다가, 정한 때가 이르면 이 숨어 계신 곳을 떠나서 당신 자신을 사람들에게 드러내시고 당신이 하실 특별한 임무를 행하시리라는 믿음을 갖고 있었다.⁷⁾ 요한복음 7:27은 유대인이 믿는 것을 이렇게 기록해 놓았다: "그리스도께서 오실 때에는 어디서 오시는지 아는 자가 없으리라." 물론 예수나 요한복음 기자는 여기서 제시하는 생각을 전혀 지지하지 않는다. 이와 달리, 성경 본문들은 모두 "아포칼립시스"를 하늘의 영역에서 땅의 영역으로 직접 옮겨짐으로 보는 원리에 근거하여 형성되었다. 덕분에 "아포칼립시스"는 사람들이 위대한 것들이 초자연 영역에서 이 땅의 영역으로 옮겨감 내지 내려감을 표현할 때 빈번히 적용했던 전문적(신학적) 의미를 갖게 되었다. 우리는 이런 의미의 "나타나심"을 이미 다니엘 7장에서 만난다. 다니엘 7장은 하늘의 구름을 타고 오는 사람의 아들(=사람) 같은 분, 분명 그 전부터 이미 존재했음을 보여주는 말씀을 묘사한다. 그러면서도 이때까지는 이 선재(先在)가 시간 속에서 아주 오래 전부터 이뤄진 일인지 아니면 영원까지 거슬러 올라가는 일인지 이해할 수 있는 정보를 전혀 제공하지 않는다. 하지만 하늘에서 나타나심의 일반 배경을 이루는 이런 내용은 완전히 다른 양상을 띨 수밖에 없었다. 그런 내용이 예수가 사람들이 보는 가운데 하늘 속으로 모습을 감추신 일과 상관관계를 갖게 되고, 이를 통해 역시 예수가 장차 사람들이 보는 가운데 반대 방향으로 움직이시겠다는, 다시 말해 하늘에서 사람들 앞에 다시 나타나시겠다는 약속과 결합되었기 때문이다. 이제 "아포칼립시스"는 성육신이 아니라 그보다 탁월한 그의 "나타나심"이 되었다.⁸⁾

---

7) 이렇게 말했어도 이것이 곧 묵시 문헌(그리고 때로는 여기서 언급한 책들)에 메시아가 이 땅의 세계로 들어오심을 이야기하는 초월적 표현들이 대부분 다른 표현과 함께 나란히 등장한다는 것을 부인하는 말이 아님은 물론이다.

8) 베드로전서는 예수 그리고 그가 베푸실 구원이 하늘에 숨겨진 채 눈에 보이지 않게 존재한

"아포칼륍시스"라는 말이 풍기는 분위기는 "파루시아"라는 말이 갖고 있는 분위기와 다소 다르다. "파루시아"는 주로 신자들과 관련이 있지만, "아포칼륍시스"는 하나님 백성의 원수들과 관련이 있다. 그러나 두 경우 모두 언제나 꼭 그렇지만은 않다. 데살로니가후서 1:7, 8은 예수가 적과 싸우는 분으로 나타나심을 다음과 같이 서술해 놓았다: "주 예수께서 자기의 능력의 천사들과 함께 하늘에서 나타나실 때에 하나님을 모르는 자들과 우리 주 예수의 복음에 복종하지 않는 자들에게 복수하시리라." 이전에는 그리스도의 영광이 신자들이 눈으로 볼 수 있게 나타나지 않았다. 때문에 신자들에게도 장차 있을 그리스도의 나타나심은 "계시"(감춰져 있는 것을 드러내심)의 성격을 가진다. 모든 본문은 종말에 이루어질 예수의 나타나심이 말 그대로 순식간에 이루어지는 기적 행위의 특징들을 가질 것임을 분명하게 암시한다. 물론 이 나타나심에 앞서 이 나타나심을 준비하는 것들은 감춰진 것을 차츰차츰 질서 있게 펼쳐 보이는 일이 아니다. 도리어 나타나심이라는 사건 자체는 절대적 의미의 재앙이다. 뿐만 아니라 이런 급작스러움과 예상할 수 없음이라는 개념이 나타나심이라는 말과 긴밀하게 결합해 있는 것 같다. 이런 이유 때문에 데살로니가후서 2:3, 6, 8은 "불법의 사람"the Anomos(아노모스, 헬라어 ἄνομος는 "불법인" 혹은 "불법을 저지르는 사람"이라는 뜻이다—역주)에게 아포칼륍시스를

다는 개념을 강조한다. 이곳 역시 "나타나심"을 종말론과 관련지어 사용한 증거다. 벧전 1:13, 5:4을 참고하라. 벧전 1:20을 보면, ἀποκαλύπτειν(아포칼륍테인, "나타나다"라는 뜻을 가진 동사 ἀποκαλύπτω의 부정사다—역주) 대신 φανεροῦν(파네룬, "나타내다"라는 뜻을 가진 동사 φανερόω의 부정사다—역주)이 나타난다. 이 본문은 그리스도가 실제로 영원부터 선재(先在)하셨음을 증명하는 놀라운 증거다. "세대들 전부터(창세 전부터) 미리 알려지셨다"와 "이 마지막 시대에 나타나셨다"는 "미리 알려지셨다"를 "늘 존재하시는 분으로서 영원히 사랑받으시는 분"이라는 의미를 함축한 말로 여길 때에 비로소 가능한 대조다.

미리 일러준다. 많은 세력이 그가 활동할 시간이 찰 때까지 숨어서 은밀하게 활동하겠지만, 그 불법의 사람은 "그의 때가 되면" 드러나게 될 것이다.

그리스도의 강림을 나타내는 세 번째 단어는 ἡ ἡμέρα(헤 헤메라, "그 날")다. 데살로니가전서 5:4, 고린도전서 3:13(원서에는 고후 3:13로 잘못 표시되어 있다—역주), (히브리서 10:25)을 보기 바란다. 이 말은 이 말에 덧붙인 말들에 따라 여러 형태로 나타난다. 바울의 글을 보면, 이 말을 더 확장하여 표현한 말들이 다음과 같이 나타난다.

- ἡ ἡμέρα τοῦ Κυρίου(헤 헤메라 투 퀴리우, "주의 날") : 데살로니가전서 5:2, 데살로니가후서 2:2, 고린도전서 5:5, (사도행전 2:20, 3:10)
- ἡμέρα τοῦ Κυρίου ἡμῶν(헤메라 투 퀴리우 헤몬, "우리 주의 날") : 고린도전서 1:8
- ἡ ἡμέρα τοῦ Κυρίου Ἰησοῦ(헤 헤메라 투 퀴리우 예수, "주 예수의 날") : 고린도후서 1:14
- ἡ ἡμέρα Ἰησοῦ Χριστοῦ(헤 헤메라 예수 크리스투, "예수 그리스도의 날") : 빌립보서 1:6,
- ἡ ἡμέρα Χριστοῦ(헤 헤메라 크리스투, "그리스도의 날") : 빌립보서 1:10, 2:16

이 형태들 가운데 첫째 형태는 구약 성경에 나오는 "여호와의 날"을 번역한 것이다. 따라서 몇몇 본문들에서는 그 본문 안에 있는 "주"가 "아도나이"(Adonaj)="여호와"(Jehovah)를 헬라어로 번역한 "주"인지, 아니면 주 예수를 가리키는지 의문이 든다. "예수"라는 이름이 동격으로 붙어 있거나 "우리"라는 대명사가 함께 붙어 있으면, 그곳의 주는 당연히 그리스도를 의미할 수밖에 없다. 그러나 단순히 "주"라는 칭호만 붙어 있으면, 이 "주"가 그리스도를 의미한다고 절대 확신하기는 불가능하다.

학자들은 "날"이라는 단어의 뜻과 취지를 놓고 다양한 이론을 주장한다. 그러나 이 이론들 가운데 절대 확실하다고 주장할 수 있는 것은 아무것도 없다. 일부 사람들은 "날"이 여호와를 승리하신 전사(戰士)로 보는 개념에서 비롯되었다고 생각한다. 이 개념에 따르면, 여호와는 그의 날에 전투와 승리의 모든 장면에서 그 중심이 되시며, 그 때문에 그날은 여호와가 독점하시는 날이 될 것이요 여호와의 영광이 가득 나타나는 날이 될 것이다. 바울의 글에는 이런 연상(聯想)을 지지하는 문맥들이 있다. 데살로니가전서 5:2과 데살로니가후서 2:8(원서에는 데살로니가전서 2:8로 잘못 나와 있다―역주)은 그날에 하나님 백성의 원수들이 파멸당하리라고 말한다. 구약의 용례들도 대부분 이와 일치한다. 아모스 5:18, 호세아 1:11, 이사야 2:12, 10:3, 13:6, 13, 34:8, 예레미야 46:10, 에스겔 7:19, 13:5, 30:3, 요엘 1:15, 2:1, 11, 31, 3:14, 오바댜 15, 스바냐 1:14, 15, 2:2, 3, 말라기 4:5을 읽어보기 바란다.9)

다른 사람들은 이 개념의 근원을 사법에서 말하는 의미를 지닌 재판 용어에서 찾아야 한다고 생각한다. 법관이나 법원은 재판을 여는 날이 있다. 바울이 이런 용어에 익숙했음은 고린도전서 4:3에서 알 수 있다: "그러나 내

---

9) 이사야 9:4의 "미디안의 날"이라는 문구도 비슷한 사례로 인용한 학자가 있었다. W. Robertson Smith, *Prophets of Israel*, p. 397을 참고하라. 그러나 이 비교는 정확하지 않다. 이 본문도 "…의 날"이라는 관용어를 따라 미디안의 날이라는 말을 붙이기는 했지만, 여기서 미디안은 승자가 아니라 정복당한 자로 등장한다. 반면에 "여호와의 날"이라는 말이 제시하는 해석에서는 예수가 승자로 등장하신다. 벨하우젠*Julius Wellhausen*은 어느 부족이 큰 승리를 거둔 날을 나타내는 아랍어 문구 "어느 부족의 날"에 주목한다.

가 너희에게 또는 어떤 사람의 날에 재판을 받는 것이 내게는 아주 작은 일이다."[10] 재판일(심판일)이라는 개념이 "주의 날"이라는 말과 분명하게 결합되어 있다. 바울은 어디서나 이 개념을 사용하여 거룩히 행하라고 독려한다: 로마서 2:16, 고린도전서 3:13(원서에는 2:13로 잘못 표시되어 있다―역주), 빌립보서 1:6, 10, 2:16. 하지만 실제 형벌을 묘사하는 개념들과 순전한 법정에서 사용하는 개념들은 어떤 경우에도 명확하게 떼어놓을 수 없음을 유념해야 한다. 구약 성경에서도 이런 개념들은 따로 떼어놓을 수 없다.[11]

바울은 두 본문에서 이 문구의 일부인 "날"이라는 단어에 (비단 시간이라는 요소뿐 아니라), 물리적-회화적(시각적) 개념인 "빛"이라는 요소를 입혀 놓았다. 빛은 밤에 속한 어둠의 반대로서 낮에 속한 특징을 가졌다. 때문에 "주의 날"은 구원과 기쁨과 복의 날로 묘사해볼 수 있다. 이런 날을 신앙과 연계하여 떠올려주는 비유 가운데 "빛"만큼 의미심장한 비유는 아마 없을 것이다. 감정의 영역에서는(지식을 추구하는 지성의 영역에서도 마찬가지지만) 빛이 영혼의 기쁨을 그대로 표현하는 물리적 유비 physical analogon 역할을 한다. 이를 보여주는 두 큰 본문이 로마서 13:11-14과 데살로니가전서 5:1-8이다. 이 본문들은 앞서 제시한 용례들과 서로 얽혀 있으면서 이 용례들을 일부나마 해석해준다. 로마서 13:11-14에 따르면 세상의 밤은 악의 시간이다. 이교도들(믿지 않는 자들)의 세계에서 밤 시간이 늘 그러하듯이, 밤을 규정하는 특징은 방탕

---

10) 참고. 행 19:38은 "ἀγοραῖοι"(곧 ἡμέραι; ἀγοραῖοι는 아고라이오이, "재판기일들, 시장 사람들"이라는 뜻이다―역주)로 기록해 놓았다. 이 문구에서는 형용사를 빼도 문제가 없었다.

11) 사 10:3의 "찾아옴"은 심판하실 목적으로 찾아옴이다. 이 말이 똑같이 불길한 의미로 등장하는 곳이 벧전 2:12과 유다서 6절이다.

과 술 취함과 간통과 음란과 싸움과 시기 같은 것들이다. 13절에 따르면 이런 것들이 밤에 횡행하는 이유는 낮과 떼어놓을 수 없는 훤히 드러남이 방금 말한 특징들과 다른 특징들을 제어하기 때문이다. 더욱이 11절은 선한 자들은 물론이요 악한 자들에게도 밤이 잠자는 시기라고 말한다. 바울 사도는 더 나아가 이 밤을 말하면서 마지막이 가까웠다고 강조한다: 밤이 깊었다. 때문에 이런 비상시에는 위기가 임박했음을 의식하고 깨어 있어야 하며("잠에서 깨어야 하며") 믿지 않는 자들이 저지르는 온갖 부도덕한 일을 멀리해야 한다. 때가 무르익었다. 구원, 종말에 있을 구원이 더 가까워졌다.[12] 12절은 신자들이 "빛의 갑옷"을 입어야 한다고 말한다. 여기에서는 심판의 순간이 가까웠다는 생각에 보통 따르는 경고 외에도 미래 상태가 빛의 상태요 구원이며 (단지 시간상 의미가 아니라) 문자적 의미의 낮이 되리라는 것을 일러준다. 낮은 빛과 결합하면서 어떤 성질을 나타내는 개념이 되었다. 낮이라는 말은 윤리와 종교(신앙)의 측면에서 좋은 의미의 속성을 갖게 되었다. 미래는 밤이 아

---

12) Grosheide, *De Verwachting der Toekomst van Jezus Christus*는 고전 7:29(원서는 그냥 29절로 적어 놓았다—역주)의 "때가 짧아졌다"를 개인의 죽음이 가까워졌다는 말로 적용하려고 한다. 이는 현실성이 없는 주해를 통해 본문 기록에 깔려 있는 강한 종말론 의식을 제거하려는 경향을 널리 보여준다. 바울 서신만을 놓고 볼 때, 흐로셰이더는 빌 4:5의 "주께서 가까우시다"를 주의 무소부재하심으로 해석한다. 그는 롬 13:11의 "이제 구원이 더 가까워졌다"를 해석할 때도 "구원"을 "그리스도인이 믿음을 통해 받아들이는 모든 것"으로 해석하는데, 이런 해석은 다른 곳에서는 얼마든지 가능해도 여기에서는 불가능하다. 그런가 하면 "더 가까워졌다"는 말은 만족스럽게 설명하지 못한다. 그는 이 본문들과 다른 몇몇 본문들을 "사람들이 우리가 다루는 주제(즉 파루시아)와 잘못 연관지어 놓은 성경 본문들"이라는 제목 아래 함께 묶어 놓았다. 그러면서 다른 부류(실제로 파루시아와 관련이 있는 곳)를 이야기할 때는 바울 서신에서 고전 7:29, 15:51, 살전 4:15, 17, 살후 2:1 이하를 인용한다. 흐로셰이더가 쓴 이 논문은 각 본문마다 그 이전 시대 저술가들은 물론이요 그의 당대 저술가들과 이들이 문제가 된 주해를 놓고 피력한 여러 견해를 세세히 열거해 놓았다는 점에서 대단히 귀중한 가치가 있다. 물론 이 논문은 바울이 한 말만 다루지는 않는다.

니라 낮이라는 말이 이를 대변한다. 또 낮을 "깊어진 밤"과 대조하면서, 이제는 이 낮이 단지 종말의 과정 속에 존재하는 어느 시점ᵃ ᵖᵒⁱⁿᵗ만을 가리키지 않게 되었다. 밤에 이어 아주 빨리 등장한 이 낮은 이제 지속성을 지닌 일정 기간ᵖᵉʳⁱᵒᵈ이 되어 양(量)을 나타낸다. 밤이 "깊어졌다"는 말로 서술할 수 있는 시간의 흐름을 갖고 있었듯이, 낮도 펼쳐진 시간을 갖고 있다. 같은 비유를 사용하여 표현한다면, 이제 낮은 동이 틈 혹은 아침보다 더 많은 것을 의미하게 되었다.

데살로니가전서 5:1-8은 처음으로 주의 날이 밤에 도적이 오듯이 임할 때처럼, 혹은 아이를 가진 여인에게 산고가 임할 때처럼, 임할 때에 악한 자들이 느낄 불길한 놀람을 대조에 사용한다. 3절에 이르기까지 빛과 어둠을 대조하는 모습은 아직 나타나지 않는다. 하지만 4-8절에 이르면 이 요소가 등장한다. 본문은 대체로 이 요소를 낮의 절제와 밤의 방종, 그리고 악한 자들의 부주의함(몰지각함)과 신자들의 깨어 준비함이 대조를 이룸을 강조하는 데 사용한다. 5절의 "너희가 모두 빛의 아들들이요 낮의 아들들이라"라는 말은 분명 로마서 13장에서 관찰할 수 있는 말을 되새겨준다. 두 본문이 구사하는 용어를 살펴보면 놀라울 만큼 일치한다. "빛"이라는 말이 에베소서 5:8, 9, 13, 골로새서 1:12과 같은 다른 관련 본문들에서는 구원을 나타내는 말로 등장하는 것도 여기서 우리가 이해한 내용에 힘을 보태준다. 심지어 구약 성경에도 이와 잇닿은 점들이 있다. 구약에서는 어둠과 심판, 빛과 구원을 결합하여 제시하기 때문이다. 이런 선례를 따른다면, 인용한 본문 속에 들어 있던 "여호와의 날"은 "여호와의 빛이 통치함(통치하는 날)"이자 "그 날을 여는

새벽"이라는 말로 바꿔 쓰는 것이 적절하겠다.13)

이 몇 가지 용어의 두드러진 특징은 이 용어들과 이 용어들이 묘사하는 위기보다 앞서 일어날 일들, 함께 일어날 일들 그리고 뒤에 일어날 일들이 분리되어 있다는 점이다. 이 용어들은 단지 다가올 사건만을 나타낸다. 이 용어들에는 종말론을 더 깊이 파고든 사색이 들어 있지 않다. 바울 사도는 이 주제를 막연하게 다룬다고 말할 수 있을 정도로 크게 다룬다. 그러나 이것은 이 용어들 때문이 아니다. 이 용어들 자체는 견실하고 자세한 내용으로 풍성하게 채울 수 있기 때문이다. 그 이유는 종말론이 바울의 마음속에서 건설(구성)하는 역할을, 즉 역사를 지어가는 역할을 하게 되었다는 데서 찾아야 할 것이다. 눈에 확연히 들어오는 산꼭대기에서 보면, 세세하고 산만한 산비탈의 형상 때문에 그 비탈의 날카로운 윤곽이 완전히 가려지지는 않아도 최소한 그 날카로움이 무뎌져 버린다. 이런 점이 종말론적 호기심에 따른 관심을 충분히 만족시켜주지 못할 수도 있지만, 바로 이런 이유 때문에 다른 구조들보다 더 높이 솟아 있는 주요 구조들이 두드러지게 나타난다. 투명한 공기도 그런 주요 구조들만이 가진 독특한 중요성을 분명히 볼 수 있게 해준다.

하지만 이것에서 바울 사도가 종말론이 말하는 위기와 이 위기 이전의 역사 과정 사이에는 고정된 유기적 관계가 없다고 보았다는 결론을 끌어낸다

---

13) 아모스 5:18을 보면, 아모스 선지자가 악한 자들에게 "여호와의 날"은 빛이 아니라 어둠이라고 경고한다. 그 시대 사람들은 대부분 여호와의 날을 분명 빛이라고 여겼을 것이다. 그들은 그 날을 "바라라"는("사모하라"는) 말을 들었기 때문이다. 이 본문과 널리 이 문구를 사용한 구약 본문을 설명한 글을 보려면, Gressman, *Der Ursprung der Israelitisch-jüdischen Eschatologie*, pp. 141-159을 참고하라.

면 잘못일 것이다. 현존하는 세상과 오는 세상은 잇달아 이어진다. 두 세상이 이런 구조를 띠고 있기 때문에 임의로 선택된 어느 지점에서 오는 세상이 현존하는 세상을 대신한다는 생각을 할 수 없다. 갈라디아서 4:4에 나오는 πλήρωμα τοῦ χρόνου(플레로마 투 크로누, "때가 참")라는 문구는 앞서 존재한 세계사의 단계들이 어떤 확정된 종착점(목표)을 향해 질서 있게 펼쳐졌음을 암시한다. 사실 이 말은 우리가 그리스도의 "첫 번째 오심"이라 부르는 것을 가리킨다. 그러나 우리는 바울이 두 "오심"(즉 그리스도의 초림과 재림—역주)이 감싸 안은 드라마 전체를 한 단위로 이해했으며, 이 때문에 종착점을 향한 역사의 질서 있는 진행이 첫 번째 오심의 특징이듯이, 역사가 진행하는 전 과정도 비슷한 접근법으로 이해하여 어떤 정점에 이르면 완성을 맞을 것으로 볼 수 있음을 잊어서는 안 된다. 그렇지만 바울 사도는 구체적 방법들을 동원하여 현세의 흐름이 어디까지 이어질지 그 한계들을 명확히 밝히고, 이를 통해 오는 세상이 임할 시점을 특정했다.[14] 로마서 8:19-23은 마지막 단계를 고통스러운 출산 과정으로 묘사한다: "모든 피조물이 다함께 이제까지 탄식

---

14) 전문 용어로서 "산고"(産苦)를 뜻하는 말 ὠδῖνες(오디네스; "산고"를 뜻하는 헬라어 명사 ὠδίν의 복수 주격이다—역주)는 우리가 보는 본문에 등장하지 않는다. 바울은 이 말을 살전 5:3에서 주의 날이 임할 때 악한 자들에게 닥칠 파멸을 가리키는 비유로 사용한다. 이 말은 우리 주님의 종말론 담화 속에 들어 있는 막 13:8, 마 24:8에서도 볼 수 있다. 때문에 이 말은 그 전부터 산고와 특별한 연관성을 갖고 있었던 것 같다. 시 18:5 이하에서는 이 말 자체가 격렬한 고통을 의미할 수 있지만, 예수의 말씀과 여기에서는 이 말이 분명 종말론과 연관이 있다. 여기 로마서에서 말하는 κτίσις(크티시스, "피조물")는 더 낮은(떨어지는) 피조물인 것 같지만, 복음서 예언은 천체(天體)도 그 속에 포함하는 것 같다. 이런 용례는 널리, 그리고 특히 여기 바울의 글에서는, 타락으로 말미암아 땅이 선고받은 저주까지 거슬러 올라간다. 바울이 그 자신의 시대를 지극히 강렬한 저주를 드러낸 시대로 보았다는 것, 그리고 그에 따라 자연도 구원을 받기를 강렬히 열망하는 시대로 보았다는 것은 증명할 수 없다. 시대가 지극히 강렬한 저주를 드러내고 그에 따라 자연도 구원을 열망하게 된 것은, 22절의 "이제까지"라는 말을 참작할 때, 처음으로 거슬러 올라간다.

하며 산고를 겪고 있다." 이와 유사한 표현을 제시하는 것이 유대교 신학이다. 이 신학은 "*cheblei hammashiah*"[헤블레 하마쉬아흐; *cheblei*는 "고통, 산고"를 뜻하는 히브리어 *chabel*의 복수형 *chabālīm*(하발림)의 연계형(뒤에 수식어가 올 때 쓰는 형태)이다—역주], 곧 "메시아의 산고들"을 이야기한다. 이것은 분명 오로지 메시아 바로 그 분의 오심을 가리킬 뿐이지만, 동시에 이 말에는 역사의 분기점을 이루는 그 분의 나타나심이 엄청난 변화와 새로운 상태를 가져온다는 개념이 분명 들어 있다. 그러나 이에는 한 가지 차이점이 있다. 즉 바울은 그 개념을 제한된 의미를 가진 표현으로 사용하지 않고, 앞서 존재한 세계사의 흐름 전체를 죄가 온 천지에 만연한 때로 규정해주는 표현으로 사용했다: "피조물이 허무한 데 굴복했다." 피조물은 모든 것을 썩게 만든 부패에 묶인 채 고통당한다. 때문에 이 피조물은 자유롭게 풀려날 마지막 때를 간절히 기다린다. 여기 문맥은 κτίσις(크티시스), 곧 "피조물"과 사람을 구분하려는 뜻을 분명하게 드러낸다. 특히 "(피조물) 그 자체"와 "우리 자신까지도"(롬 8:21, 23)는 이와 관련된 모든 의문을 없애준다. 바울이 이 엄청난 개념을 어떻게 상세히 표현해냈는가, 또 이 개념이 속도를 더해가는 시간의 흐름 속에서 자연도 더 부패해간다는 믿음과 관련이 있는가는 여기서 분명하게 밝혀낼 수는 없다. 그렇다 해도 이 개념은 바울 사상의 전체 체계에 잘 들어맞는다. 하지만 여기서 바울이 쓴 표현은 인간보다 아래에 있는 자연이 부닥친 운명을 향해 순수한 연민의 정을 드러낸 것이다. 바울은 가끔씩 (예수와 달리) 인간보다 아래에 있는 자연계를 대하는 감성이 메말라 있다는 비판을 듣곤 한다. 그러나 적어도 여기에서는 인간보다 아래에 있는 피조물이 부닥친 불쌍한 운명에 여린 마음으로 연민을 나타낸다. 이런 표현이 단순히 이런 피조물을 사람에 빗대 표현한 의인법인지, 아니면 바울이 일부 사람들이 믿는 것처럼 동물 세계와 식물 세계 혹은 심지어 별들의 세계에도 어느 정도 의식(意識)이 있음을 인정한다는 뜻을 드러낸 것인가는 의문이지만, 이런 의문은 적어도 탐구해볼 가치가 있다. 여기서 사용한 말들은 분명 강력하다: 피조물은 하나님의 아들들이 나타나길 ἀποκαραδοκία(아포카라도키아, "간절히 기다리는 마음")를 드러낸다. 바울은 자발성과 비자발성을 대조함으로써 피조물이 종속 상태에 있음을 묘사한다. 피조물은 여기서 그 자신이 가진 자연 성향을 따르지 않고 도리어 인류가 처한 두려운 운명에 자신도 말려 들어가 있음을 발견한다. 그런가 하면 피조물이 마지막 때 구원을 바라는 이유도 이 사실 속에 들어 있다. 이런 이유 때문에 피조물이 마지막 때 받을 구원은 사람이 오는 세대에 부패에 묶인 처지에서 풀려나 영광스러운 자유를 받게 될 일과 동시에 일어날 수밖에 없다. 이 대목을 읽는 사람들은 대개 마치 바울이, 사람이 자기 의지로 죄에 굴복하는 악한 일을 저지름으로써 죄의 노예가 되어 버린 것을 은폐하려고 이 독특한 자연 철학을 소개하는 것 같은 인상을 받는다. ὑποτάξας(휘포탁사스)라는 분사[롬 8:20은 "…에 굴복하다"라는 뜻을 가진 헬라어 동사 ὑποτάσσω(휘포타소)의 부정과거 능동 분사 남성 단수 목적격인 ὑποτάξαντα(휘포탁산타)를 사용했다—역주]가 하나님이 아니라 사람을 가리키는 말임은 의심할 여지가 없다. 바울이 아직 완전한 구속을 받지 못한 상태에 있는 세상을 이야기할 때는 비관론 경향을 띤다는 것을 여기에서도 분명하게 발견할 수 있다. 하지만 이 비관론은 절대 비관론이라기보다 바울 사도가 구속받지 못한 인류의 윤리적-종교적 상태를 그 나름대로 어림짐작한 것이다. 절대 비관론의 음울함은 물론이요 사도가 어림짐작한 상태가 풍기는 음울함도 마지막 때 이루어질 영광스러운 구원을 보장하는 말에 벌써 흩어져 버리고 만다. 로마서 8:18을 보면, 구속을 기대하는 낙관론이 더 깊이 자리해 있으며, 이런 낙관론이 죄와 부패를 깨달음에 따른 비관론을 훨씬 더 능가한다.

바울 사도가 신자 집단의 사회 상태와 관련해 독신인 사람들에게 혼인하지 말라고 설득하는 견해를 피력하면서 ἐνεστῶσα ἀναγκή(에네스토사 아낭

4. 주의 오심과 그 전조들 151

케, "임박한 재앙")를 이야기하는 것은 더 특별한 의미가 있다. 이 문구 자체에는 종말론의 색깔이 전혀 들어 있지 않다. 그렇긴 해도 이 문구는 문맥상 분명 종말론의 시각에서 이해해야 한다. 이 말이 혼인 생활과 관련해 보통 겪는 어려움들을 말하는 것일 리는 만무하다. 핍박이 임박하면서 그리스도인들이 겪는 혼인의 어려움이 더 복잡하고 힘들어지리라고 생각하는 것도 이 말을 제대로 이해한 게 아니다. 고린도전서 7:28을 맺는말을 보면, 바울 사도는 틀림없이 아주 특별한 고민거리를 염두에 두고 있다: "그럼에도 이런 이들은 육신에 어려움이 있으리니, 나는 너희를 아끼노라." 단호함을 담은 이 "어려움이 있으리니 shall have trouble"라는 말에서 우리는 종말론의 음성을 분명하게 들을 수 있다. 아주 특별한 고난이 눈앞에 다가와 있다. 29절을 시작하는 절은 이를 분명하게 강조한다: "때가 짧다"(시간이 얼마 없다). 바울이 이 말에 앞서 "내가 이 말을 하노니, 형제들아"라는 말을 먼저 꺼내는데, 이는 종말이 가까왔다는 기대가 방금 말한 강조점에 담겨 있음을 보여준다. 그러나 "때가 짧다"라는 말은 혼인을 하는 게 더 이상 무의미하다는 평범한 의미일 리 없다. 때가 짧다, 아니 차라리 때가 "줄어들었다"라고 번역하는 것이 나을 이 말은 말 그대로 파루시아가 아주 멀지 않을 수 있다는 믿음, 그리고 파루시아가 사람들이 이 세상에서 겪는 온갖 고초와 떼려야 뗄 수 없는 것이라는 믿음을 되새겨주는 역할을 한다. 이렇게 이해하면, 현재의 "아낭케"(재앙)라는 개념과 "때가 짧다"라는 말이 완벽하게 서로 들어맞는다. 그러나 문맥을 보면 같은 결론을 가리키는 세 번째 모티브가 여전히 남아 있는 것으로 보인다. 30절, 31절은 다른 관계들과 일들을 생각하며 이런 권면을 제시한다: 우는 자들은 울지 않는 자 같이 하고, 기쁜 자들은 기쁘지 않은 자 같이 하고, 사는 자들은 가지지 않은 자처럼 하고, 이 세상을 쓰는 자들은 이 세상을 다 쓰지 않은 자처럼 하라. 31절은 이 모든 권면의 이유를 이렇게 제시한다: "이 세상의 유행(외형)은 지나가기 때문이다." 그러나 본문은 여기서 다시 독자들에게 이 권면이 타당한 이유는 파루시아라는 사건이 가까움을 순전히 연대(시간)라는 관점에서 이해하는 견해가 이 권면의 근거이기 때문이 아니라, 이 권면의 핵심 취지가 그리스도인이라면 종말을 깊이 생각하고 준비해야 한다는 마음 상태에서 나왔기 때문이라는 사실을 즉시 되새겨준다. 이 권면의 바탕에는 파루시아를 앞둔 시대를 살아가는 신자들이 주와 주를 가장 기쁘게 해드릴 수 있는 것에 각별히 마음을 쏟아야 한다는 생각이 깔려 있다. 마지막 때는 신자가 갈라짐 없는 마음으로 열심을 다해 주께 관심을 기울여야 할 때요 주가 선례가 없는 독특한 방식으로 곧 오셔서 당신을 드러내실 수 있다는 점에 관심을 기울여야 할 때다: 고린도전서 7:32-34을 보면, "장가들지 않은 자는 주께 속한 일들을 염려하여 어찌해야 주를 기쁘시게 할지 생각하나, 장가든 자는 세상의 일들을 염려하여 어찌해야 아내를 기쁘게 할까 생각한다." 혼인한 여자와 혼인하지 않은 여자 사이에도 이런 차이가 있다. "혼인하지 않은 여자는 주의 일들을 염려하여 그가 몸과 영을 거룩하게 할 것을 생각하나, 혼인한 여자는 세상의 일들을 염려하여 어찌해야 그의 남편을 기쁘게 할까 생각한다."[15]

로마서 11:11-15과 25-32절은 파루시아가 일어날 때가 미래에 전개될 어떤 일들에 달려 있음을 보여주는 자료를 하나 더 제시한다. 여기서 바울은 파루시아에 이르는 과정으로서 복음 전파로 말미암아 구원을 받을 이들에게 복음이 전파되는 일이 결정되어 있음을 활달하고 뚜렷한 필치로 그려 보

---

[15] 화란 교회가 사용하는 혼인 서식은 고난이라는 개념을 보통 혼인과 연계하여 사용한다. 이 때문에 이 서식에 들어 있는 고난은 우리가 지금 보는 본문에서 이 말이 갖고 있는 종말론 배경을 갖고 있지 않다: "보통 혼인하는 이들은 죄로 말미암아 많은 역경과 십자가를 짊어지므로…."

인다. 이 묘사는 순전히 사실들만 밝히는데서 더 나아가 심리학 및 구원론과 관련된 설명도 어느 정도 덧붙여 놓은 특징을 갖고 있다. 이런 특징 때문에 이 묘사를 교회가 피력한 가장 넓은 의미의 역사 철학이라고 불러도 될 것 같다. 이 묘사 내용과 종말론이 긴밀한 관계에 있음은 다음 두 가지 말이 보여준다: 15절은 "πρόσλημψις"(프로스렘프시스), 곧 믿지 않는 대다수 유대인들을 다시 받아들여 은혜를 베푼 결과를 "죽은 자들 가운데서 살아남"이라고 말한다. 하나님이 펼쳐 놓으실 일들이 가져올 결과라고 예상할 수 있는 이 사건은 대전환점(절정)이라는 본질을 갖고 있다. 이 사건이 이런 본질을 가졌기 때문에, 우리는 "죽은 자들 가운데서 살아남"이라는 문구를 순전히 은유로 낮춰보면서, 이를 단순히 영혼이 되살아난다는 말로 표현해서는 안 된다. "죽은 자들 가운데서 살아남"은 특히 이렇게 일컫는 부활을 가리키는 게 틀림없다. 이 말을 이렇게 이해한다면, 이는 종말론이라는 드라마의 마지막 막이 열리는 것을 전제한다. 25절과 26절에서 발견할 수 있는 두 번째 말도 같은 결론에 이른다: "일부 눈이 가려짐이 이스라엘에게 일어났나니, 이는 이방인들의 가득함[꽉 찬 숫자, πλήρωμα(플레로마)]이 들어올 때까지라. 이와 같이 [οὕτως(후토스)] 온 이스라엘이 구원을 받으리니, 기록되었으되, 구원자가 시온에서 오셔서 경건하지 않음을 야곱에서 돌이키시리라." 사실 이 마지막 말은 종말의 위기가 앞서 일어난 사건들에 뒤이어 곧바로 닥치리라는 것을 직접 강조하는 게 아니다. 도리어 이 말은 복음 선포의 위대한 이중 목적, 곧 이방인들과 유대인들이 가득 차게 하려는 것이 그 시점에 이르면 이루어지리라는 것을 충분히 분명하게 암시한다. 바울은 복음을 대하는 유대인들의 태도에 이처럼 엄청난 변화를 일으킨 동기를 "παραζηλοῦν"(파라젤룬, "질투심을 일으키다"라는 뜻을 가진 헬라어 동사 παραζηλόω의 능동 부정사다—역주)으로, 혹은 수동태를 사용하여 "παραζηλοῦσθαι"(파라젤루스파이, "질투심을 일으키다"라는 뜻을 가진 헬라어 동사 παραζηλόω의 수동 부정사다—역주)로 표현한다. 바울은 14

절에서 이와 관련된 원리를 심지어 그 자신이 사도로서 유대인들 가운데서 한 선교 활동이 간간이 낳은 결과들에도 적용한다. 14절에서는 "파라젤룬"이 간접 목적을 함유하고 있다: "어떤 수단이라도 쓸 수만 있다면 내가 내 살(골육, 유대인들)에게 질투심을 불러일으켜 그들 가운데 일부라도 구원하려 함이라." 바울 사도는 이방인들에게 복음을 전할 때 그에게 주어진 기회를 살려, 또 이 기회를 틈타 방금 말한 부차적 목적도 함께 이루려 한다. 그는 13, 14절에서 이렇게 말한다. "이는 내가 너희 이방인들에게 말하거니와, 내가 (특히) 이방인의 사도인 만큼, 내가 내 직무를 크게 여기나(비록 그 직무 범위가 주로 이방인들에게 미친다 할지라도), 어떤 수단이라도 쓸 수만 있다면 내가 내 살(골육, 유대인들)에게 질투심을 불러일으켜 그들 가운데 일부라도 구원하려 함이라." 비록 지금 당장은 유대인들이 회심한 사례가 아직 드물지만, 그래도 이 본문은 결국 미래에 하나님이 미리 정해 놓으신 때가 되면 하나님의 원칙(계획; 즉 이방인들이 가득 차면 유대인들도 구원을 받으리라는 것—역주)이 대규모로 이루어지리라는 것을 표현한다. 11절은 이를 이렇게 넌지시 일러준다: "그들(유대인들)이 실족하려고 넘어졌느냐? 그렇지 않나니, 도리어 그들이 넘어짐으로 말미암아 구원이 이방인들에게 이르렀으니, 이는 그들(유대인들)로 질투하게 하려 함이라." 신명기 32:21에서 인용한 로마서 10:19의 "파라젤룬"은 그 본질이 다소 다르다. 이것이 당장 노리는 효과는 "$\pi\alpha\rho o\gamma\iota\zeta o\hat{\upsilon}\nu$"(파로르기준), 즉 "화나게 하는 것"이기 때문이다. 하지만 바울은 이방인 선교가 놀라운 성공을 거둠으로써 유대인들의 마음에 일으킨 분노를 더 고결한 의미의 "질투심을 품게 될" 일종의 부정적 준비 negative preparation로 보았을 수도 있다. 그러나 이렇게 보는 것은 회심을 다룬 본문들이 말하는 개개인의 회심과 이 경우처럼 종말에 믿지 않는 유대인들을 통틀어 되찾는 사건을 구분하지 못하는 혼란만 일으킬 수 있다. 종말에 회복될 유대인들을 내다보며 쓴 "플레로마"(가득함)는 12절의 "$\H{\eta}\tau\tau\eta\mu\alpha$"(헤테마, "실패") 및 "$\pi\alpha\rho\acute{\alpha}\pi\tau\omega\mu\alpha$"(파라프토마, "넘어짐, 죄")와 대조를 이룬다. 이 두 단어를 11절이 제기하는 문제와 함께 고려하면, 이것이 이스라엘이 널리 민족 차원에서 배도(背道)를 저질렀음을 일컫는 말임을 확신할 수 있다. 따라서 이스라엘이 이런 상태에서 회복되는 것도 역시 이스라엘이라는 집단이 회복되는 것으로 똑같이 해석해야 한다. "세상의 풍성함"과 "이방인들의 풍성함"이 이방인들의 세계를 유기체요 집단으로 이해하듯이, 이와 대립하는 말(즉 유대인들―역주)도 똑같이 집단으로 이해해야 한다. 여기서 "집단"이라는 말이 그 두 가지 결과(즉 구원과 실패―역주)가 이방인과 유대인에 속하는 모든 개개인에게 "예외없이"universalistically 미친다는 뜻이 아님은 덧붙여 말할 필요가 없겠다. 만일 그런 뜻이라면, 바울은 이스라엘(의 마음)이 굳어지기 시작한 때부터 종말에 이를 때까지 그 사이 기간에 숨겼거나 숨길 사람들이 어찌 되었다고, 혹은 어찌 될 것이라고 생각했을까라는 흥미로운 질문을 이처럼 간단히 지나쳐 버릴 수는 없었을 것이다. 이 본문이 이런 문제들을 해결하는 것은 관두고서라도 고려조차 하지 않는다는 것, 그리고 이 본문이 민족을 나타내는 말들(즉 유대인과 이방인이라는 말―역주)을 사용하여 이야기하는 것이 바로 이 본문의 특징이다. 이 점을 유념할 때에 비로소 우리는 이 사건들을 다소 곧장 종말에 있을 완성을 향해 나아가는 사건들로 받아들일 수 있다.[16] 로마서 11:25의 "πώρωσις ἀπὸ μέρους"(포로시스 아포 메

---

[16] πᾶς Ἰσραήλ(파스 이스라엘, "온 이스라엘")은, 물론 이것 자체만 놓고 보면, 유대인과 이방인이라는 민족들로 이루어진 하나님 백성의 결합체를 의미할 수 있다. 이 말이 주변 문맥에서 이런 의미를 가질 수 있는가는 또 다른 문제이다. 나는 이런 견해를 받아들이고 싶지 않다.
26절을 시작하는 절인 "οὕτως(후토스) 온 이스라엘이 구원을 받으리라" 속의 οὕτως는 이 본문 속에 (뜻하지 않게) 시간의 진행chronological progression이라는 요소를 집어넣음으로 말미암아 "그때가 되면then"으로 번역할 때가 종종 있다. 이 말을 "이렇게(그렇게)thus"로 번역하면, 이 말은 오로지 "방금 말한 원리의 작용으로," "이런 식으로"라는 의미만 가질 수 있을 뿐이다; Zahn, Komm. z N. T., Römer, p. 523 주66을 참조하라. 찬Theodor Zahn은 행 17:33, 20:11, 28:17을 참조하여 "이

루스; πώρωσις는 "굳어짐, 무감각함, 우둔함"이라는 뜻이요, ἀπὸ μέρους는 "일부in part"라는 뜻이다—역주), 곧 "일부 굳어짐"(개역개정판은 "더러는 우둔하게 됨"이라 번역했다—역주)은 이 본문을 주해할 때 집단을 염두에 두고 주해해야 한다는 것을 강력히 증언한다. 반면, 종종 있는 일이지만, 이런 사실 상태를 솔직히 인정한 것을 악용하여 하나님의 주권에 따른 선택을 개인 구원의 필수 요소로 보는 바울의 가르침을 통째로 부인해서는 안 된다. 바울이 그것을 확실히 믿었고 또 그것이 그가 제시한 구원론과 종말론의 전체 구조에서 지극히 큰 중요성을 갖고 있었음을 보여주는 증거는 아주 많다. 로마서 9-11장을 철저히 무시한다 할지라도, 방금 말한 내용은 변함없이 절대 진실이다. 문제가 생기는 이유는 이 특별한 장(章)들을 허구한 날 수박겉핥기 식으로 주해하면서 바울이 제시한 가르침의 내부 핵심으로 뚫고 들어가지 않기 때문이요, 정신없

런 일이 일어난 뒤에야 비로소 (온 이스라엘이 구원을 받으리라) *not until after this has happened*"로 바꿔 표현한다. 찬이 바꿔 표현한 문구는 "…한 뒤에야 비로소 …하리라 *not until*"라는 말을 써서 시간의 요소를 도입하지만, 이 요소는 단지 회고(回顧)일 뿐이다. 위에서 보았듯이, 이스라엘의 회심과 종말 사이에 긴밀한 연속성이 존재함은 "죽은 자 가운데서 살아남"(롬 11:15)이라는 말 때문이다. 지금 우리가 보는 본문은 이 완성을 천년왕국과 연계하여 해석해야 하는지 혹은 달리 해석해야 하는지 일러주지 않는다. 바울의 종말론 안에 "천년왕국"이라는 문제가 존재하는지 여부는 우리가 나중에 다시 살펴봐야 할 문제다.

바울 사도는 앞서 말한 일들이 장차 혹은 그의 당대에 일어나리라고 말하지 않는다. 심지어 어떤 이들은 롬 11:15에서 "πρόσλημψις"(프로스렘프시스; "받아들임"을 뜻하는 헬라어 명사인데, 원서는 πρόσλημψις의 단수 목적격인 πρόσλημψιν으로 잘못 적어 놓았다—역주)라는 명사 뒤에 대명사 "αὐτῶν"(아우톤; "그들의"라는 뜻을 가진 인칭대명사 복수 소유격)의 형태는 소유격이나 실상 15절 문장에서는 목적어 역할을 한다—역주)을 (일부러) 생략한 것은 앞서 말한 일들이 장차 혹은 바울 당대에 일어나지 않을 가능성을 일러준 것이라고 생각했다. 이 견해를 따르면, 본문이 유일하게 강조하는 것은 민족을 "받아들임"이 확실하다는 것뿐이다. 그렇다면 중간에 한 세대 전체 혹은 그보다 더 많은 세대가 끼어 있을 수도 있다. 하지만 역사의 신기원을 이루는 사건이 일어나면, 분명 이 문장은 문자 그대로 이루어질 것이다. 따라서 "죽은 자 가운데서 살아남"과 그 이후 일들 사이에 시간상 간격이 있더라도 둘 사이의 인과관계가 손상당하지는 않을 것이다.

이 서두르며 주해하다가 이런 핵심을 드러내 보이는 많은 문장을 못보고 지나치기 때문이다. 심지어 로마서 9장이 현재의 이스라엘과 관련된 문제를 다루기 시작하는 바로 그 자리에서도 선택이라는 개념을 몇 번이나 개인에게 적용한다. 이 개념을 민족에게 적용한 것은 제쳐두더라도, 이 가르침이 구원론에서 굉장히 중요한 의미를 갖고 있음은 이 논증의 모든 곳에서 뚜렷이 볼 수 있다. 바울 사도는 이 선택이라는 개념을 민족에게 먼저 적용하고 이어 개인의 사례에 끌어들이는 쪽으로 옮겨가지 않았다. 확실히 신학의 관점에서 보면 사도가 그렇게 했다고 주장하는 것이 편리하지만, 이 둘이 반대 순서로 등장하는 경우(즉 선택이라는 개념을 우선 개인에게 적용하고 뒤이어 민족에게 적용한 경우—역주) 역시 볼 수 있다. 우리는 바울이 이 문제, 곧 이스라엘이 대부분 믿지 않는다는 문제를 다루기 전부터 이미 예정론자였다고 믿는다. 그는 이 문제를 심사숙고하면서 비로소 예정론자가 된 게 아니었다. 데살로니가전서 1:4, 고린도전서 1장을 살펴봐도 그가 로마서를 쓰기 전에 이미 예정 원리 내지 선택 원리를 적용했다는 증거가 많다. 바울이 이 문제를 마음속으로 곰곰이 생각했다거나 더 발전시켰다고 말한다 하여, 그가 이를 하나님이 계시하신 것으로 여기지 않았다거나 하나님이 확인해주신 것으로 여기지 않았다는 뜻은 아니다. 오히려 반대로 바울은 로마서 9:2에서 적어도 거기서 말하는 것 중 한 측면(그의 마음에 큰 슬픔이 있다는 것)을 "그리스도 안에서" 인정했음을, 즉 성령이 그의 의식 속에서 동시에 증언하심으로 말미암아 인정했음을 분명하게 강조한다.

우리는 파루시아라는 목표 지점을 향해 점차 그리고 흔들림 없이 나아감을 암시하는 또 다른 말을 고린도전서 15:24, 25에서 발견한다. 여기서 바울은 "마지막"(τὸ τέλος)이 임하기 전에 그리스도가 반드시 모든 "통치"(통치자, ἀρχή)와 "권위"(권세, ἐξουσία)와 "능력"(δύναμις)을 멸하실 것이라고 선언한다. 그리스도가 정복자로서 통치하심은 분명 그가 모든 적을 당신 발아래 두실 때까지 계속 이어질 것이다. 더 나아가 멸망당할 "마지막 적"은 "죽음"(사망)이다. 바울은 분명 이런 말로 적들이 점차 굴복하여 결국 완성에 이르리라는 것을 강조한다. 죽음을 "마지막"이라 부른 사실은 부활을 가리킨다. 하지만 이 모든 것은 이 땅을 넘어선 영역인 영들의 세계에서 이루어진다. 때문에 이런 일을 다가오는 위기를 미리 일러주는 전조들 가운데 포함시킬 수는 없다. 이 일은 사람들이 눈으로 볼 수 없는 일들로 이루어져 있다. 나아가 여기에는 좀 복잡한 문제가 얽혀 있다. 즉 바울이 정복들이라고 말하는 이들이 시간상 언제(어느 지점에서) 시작하는가가 바로 그 문제다. 이 일은 일부 사람들이 이 본문과 다른 본문들을 근거로 삼아 바울의 종말론에 확고히 자리 잡은 요소라고 가정하는 "천년왕국"의 시작부터 끝까지 이르는 기간에 속하는가? 아니면 이 모든 일은 현세의 일부를 이루는가? 이렇게 본다면 바울 사도는 이 모든 일이 그리스도의 부활에서 시작하여 자신이 이를 인식한 순간에도 계속되고 있는 것으로 인식했다는 말이 된다. 이럴 경우 이 모든 일은 그리스도의 부활에서 주의 마지막 강림에 이르는 기간에 걸쳐 일어나는 셈이다. 이처럼 "천년왕국"의 관점에서 주해하는 것이 타당한지 여부는 적절한 곳에서 이 문제의 이 측면을 다시 다룰 때, 즉 바울의 가르침 속에 천년왕국 사상이라는 가닥이 존재하는지 여부를 살펴볼 때에 다루도록 하겠다.

지금 우리가 다루는 문제와 직접 관련성은 덜하지만, 또 한 가지 문제가 바울이 말하는 적들(원수들)의 정확한 본질이다. 이 말은 하나님과 그리스도를 대적하는 어떤 유형의 운동들을 막연히 지칭하려고 쓴 것인가, 아니면 마귀의 세력들이라는 구체적 세력을 가리키는 말인가? 다른 말들("통치," "권위," "능력") 같은 경우, 바울 서신의 다른 본문들이 널리 마귀와 관련지어 이 말들을 썼을 때는 이 말들이 틀림없이 구체적 존재 혹은 그런 존재로 이루어진

무리들을 의미한다. 그러나 "죽음"도 구체적 존재 혹은 그런 존재로 이루어진 무리를 가리킨다고 생각하기에는 좀 더 어려운 점이 있다. 물론 유대교 문헌에는 "죽음"을 구체적 존재에 유비한 것이 있긴 있다. 로마서 5:12-21도 분명 "죽음"을 아주 강하게 사람에 비유하여 표현했지만, "죄"와 "생명"도 역시 사람에 빗대 표현한다. 특별히 요한계시록에서는 죽음이 생생한 구체성을 띠고 등장하며, 죽음과 다른 능력(세력)들을 나란히 놓아둔 것은 네 경우 전부를 비슷하게 해석해야 함을 말해준다. "모든 적"(모든 원수, 고전 15:25)이라는 말은 훨씬 더 멀리 내다보지만 더 명확하지는 않은 시각들을 열어준다.[17] 어쨌든 바울 사도가 하나님의 계획이 결정해 놓으신 절대 결론을 향해 나아가는 구원의 움직임을 쉬지 않고 끊임없이 밀어붙이며 이야기한다는 것만큼은 확실하다. 이 종말과 종말에 앞서 일어날 일들 사이에는 확고한 관련이 있다. 이 모든 일이 긴 시간에 걸쳐 일어나든 혹은 짧은 시간에 걸쳐 일어나든, "죽음"을 "마지막" 적으로 규정해 놓았다는 분명한 사실은 사도가 이 모든 일이 질서정연하게 순서대로 일어나리라고 생각했음을 증명해준다.

앞서 말한 내용에 목회 서신에 있는 두 본문을 덧붙일 수 있겠다. 우리가 잘 알듯이, 이 서신들은 경건치 않은 자들, 타락한 요소들이 교회에 침입했음을 힘주어 강조한다. 아울러 이 서신들은 이 서신들을 쓸 당시 도덕 및 종교와 관련된 여러 상황을 대체로 음울하게 묘사한다. 바로 이런 점 때문에 이런 타락의 징후들을 종말론이 말하는 위기가 가까이 다가왔다는 점과 연계하기 쉬웠을 것이다. 사실 우리는 요한일서에 이런 연관관계가 자리해 있

---

17) O. Everling, *Die Paulinische Angelogie und Daemonologie*, 1888을 참고하라.

음을 생생히 목격한다. 반면 목회 서신에서는 그런 추론을 한 경우가 단 두 번뿐이다: 디모데전서 4:1과 디모데후서 3:1. "훗날에[ἐν ὑστέροις καιροῖς(엔 휘스테로이스 카이로이스), ὑστέροις는 '나중에'를 뜻하는 ὕστερος(휘스테로스)의 남성 복수 여격이다—역주] 일부 사람들이 믿음에서 떨어져 나가 미혹하는 영들과 마귀들의 가르침들에 마음을 쏟으리라"(딤전 4:1). 저자는 이 예언을 "영(성령)이 분명하게 말씀하시길"[ῥητῶς(헤토스), "아주 많은 말로"]이라는 말로 시작하는데, 이런 형태의 말은 그 시대의 성격을 타락으로 규정한 평가가 단지 비관론에 빠진 어느 한 사람만의 평가가 아니라 실제로 이전에 크게 강조되었던 예언 계시 중 한 부분임을 일러준다. 또 다른 말씀은 이렇게 말한다(디모데후서 3:1). "그러나 이것을 알지니 마지막 날들에[ἐν ἐσχάταις ἡμέραις(엔 에스카타이스 헤메라이스)] 비통해할 때가 오리라. 이는 사람들이 자기를 사랑하는 자들, 돈을 사랑하는 자들, 자랑하는 자들, 교만한 자들, 악담하는 자들, 부모에게 순종하지 않는 자들, 감사하지 않는 자들, 거룩하지 않은 자들, 자연스러운 애정이 없는 자들, 마음 깊이 한을 품은 자들, 남을 헐뜯는 자들, 자제하지 못하는 자들, 몹시 사나운 자들, 선을 사랑하지 않는 자들, 배신자들, 고집이 센 자들, 우쭐해하는 자들, 하나님을 사랑하기보다 쾌락을 사랑하는 자들, 경건의 모양은 있으나 경건의 능력은 부인하는 자들이 되기 때문이라." 이렇게 상세히 열거하는 것은 바울이 이전에 쓴 서신들에서 발견할 수 있는 죄의 형태들 목록[18]과 어느 정도 닮았다. 하지만 그 본문들이 말하는 악들과 넘치는 죄들은 (골로새서 3:5-8을 제외하면) 그 시대가 반(半)종말론적 semi-eschatological 성격을 가졌음을 분명하게 말하지 않는다. 이런 성격은 바로 여기 목회 서신 안에 존

---

18) 롬 1:29-32, 3:10-18, 고전 6:9, 10, 갈 5:19-21과 비교해보라.

재하는 것이다. 바울이 다른 서신보다 늦게 쓴 이 서신들에서 아직도 온전히 미래 일로 남아 있는 것들을 표현한다고 가정하는 것은 잘못일 것이다. 디모데후서 3:5은 이런 것들을 열거한 다음 "이런 자들에게서 돌아서서 떠나라"고 명령한다. 바로 이것이 현재의 관심사요 대단히 중요한 문제다.

Chapter 5

죄의 사람

"멸망의 사람," "불법의 사람"이라고도 부르는 "죄의 사람"은 바울이 데살로니가후서 2:1-12에서 묘사하는 종말의 사람이다. 보통 종말론 언어에서는 이 말이 적그리스도라는 이름을 가지며, 요한일서와 요한이서에서 이 이름이 나타난다. 우리가 확인할 수 있는 범위만 놓고 보면, 이 말은 바울의 용어가 아니다. 물론 바울이 이 말을 잘 알긴 알았으나 단지 사용하지 않았을 가능성도 생각해봐야 한다. 종말과 관련된 이미지가 아주 풍부하게 등장하는 요한계시록도 이 말을 뽑아 쓰지 않는다. 데살로니가후서 뒤편에 있는 초기 기독교 문헌이나 전승도, 그것이 글로 기록된 것이든 기록된 것이 아니든, "적그리스도"를 공식 명칭으로 알지 못한다. 기독교 이전의 묵시 문헌이나 위경 혹은 구약 성경으로 훨씬 더 거슬러 올라가, "적그리스도"라는 말이 이들 문헌이 아주 잘 아는 전문 용어인지 살펴봐도 역시 헛일일 뿐이다.

적그리스도라는 이름이 초기 기록들에서 드물게 나타나거나 존재하지 않는다고 말한다 하여 이것이 곧 이름은 다르지만 이 개념과 많든 적든 닮은 실제 인물 혹은 실제 사물이 그 시대에는 존재하지 않았다는 뜻은 아니다. 바울은 종교 또는 역사에서 큰 중요성을 가지는 이 복잡한 실체$^{reality-complex}$가 신학 언어와 종말론 언어 속에서 의미 있고 통일된 명칭으로 자리매김하기까지 상당한 시간이 걸렸을 수 있다는 사실을 두드러지게 보여주는 예다. 데살로니가 서신과 요한 서신 사이의 시간은 이렇게 대단히 중요하고 광범위한 개념들이 만들어질 수 있을 만큼 길지 않다. 이름들이야 갑자기 나타날 수도 있지만, 사람 심리와 철저한 연관성을 갖고 있는 종교 사상 덩어리들은 불쑥 솟아오르지 않는다. 요한은 분명 "적그리스도"를 그 때에 비로소 자기 독자들이 처음으로 알게 된 것으로 다루지 않고 도리어 독자들이 분명 익히 아는 것처럼 다룬다. 데살로니가 서신도 이 "죄의 사람"이라는 말을 같은 방식으로 소개한다. 이런 개념에 주목한 것은 분명 현실적 목적, 즉 마치 주의 날이 이미 이른[1] 것처럼 착각하지 말라고 경고하려는 목적 때문이었다. 그러나 그런 착각을 바로잡을 목적이 아니었다면, 아주 간단하게 이미 잘 확립된 종말론 프로그램을 언급하는 것만으로도 충분했을 것이다. 그러나 사도는 이리하는 대신 이 주제 전체를 상당히 소상하게 설명하기 시작한다. 이러다 보니 바울이 이 형상을 아주 길게 묘사하는 데 은근히 재미를 붙였다는 인상을 피하기 힘들다. 또 그가 말하는 것은 든든히 쌓아 놓은 지식에서 흘러 나온 것 같다. 바울 이전의 신약 전승을 보면, 이를 설명해줄 수 있는 것이 단

---

[1] 우리는 "*enhesteke*"(에네스테케)라는 동사를 이렇게 "이미 이르렀다"로 이해해야 할 것이다[실제로 살후 2:2이 쓴 동사는 ἐνέστηκεν이며, 이는 "현존하다, 이르다"를 뜻하는 동사 ἐνίστημι(엔이스테미)의 3인칭 단수 완료 능동태 직설법 형태다—역주]. 이를 "가까이 있다$^{is\ at\ hand}$"로 번역하는 것은 교리에 따른 이유들 때문에 타협한 것으로 보인다. A. R.의 "just at hand"도 거의 타협한 것이며, 단순히 "at hand"로는 이 동사의 의미를 충분히 표현하지 못한다는 것을 나타낸다.

한 가지만 존재한다. 우리는 우리 주님이 위대한 종말론 담화에서 쓰신 문구로서 "멸망의 가증한 것"이라 번역하는 βδέλυγμα τῆς ἐρημώσεως(브델뤼그마 테스 에레모세오스, βδέλυγμα는 "가증한 것, 역겨운 것"을 뜻하고 ἐρημώσεως는 "멸망"을 뜻하는 ἐρήμωσις의 소유격이다—역주)를 언급해본다: "그러므로 너희가 선지자 다니엘이 말한 멸망의 가증한 것이 거룩한 곳에 서 있는 것을 보거든(읽는 자는 이해하기를)"(마 24:15, 막 13:14). 다니엘서의 맥락에서 이 말은 안티오쿠스 에피파네스가 하나님을 모독하는 행위를 저질러 예루살렘 성소를 더럽힌 일을 내다본 말 같다.[1] 예수도 이 문제를 같은 식으로 생각하신 게 분명하다. 다만 그는 이 무시무시한 사건을 이전에 이 일이 일어난 과거부터 당신 자신이 말씀하시는 그 순간을 지나 미래라는 화면에 펼쳐 보이신다. 이 기괴한 개념에 하나님을 대적하는 인격체의 형체를 직접 입힌 이는 다니엘도 아니요 예수도 아니시다. 이런 점을 보면 적그리스도 전승을 표현하는 전문 용어들은 아직 등장하지 않고, 다만 불길한 그림자들처럼 이미 저 배경 속을 돌아다니고 있을 뿐이다.[2] 우리는 나중에 이 예언을 다루면서 바울과 예수 속에서 나타나는 똑같은 현상이 이미 다니엘서의 표현이 가진 성격을 규정한다는 것을 분명히 밝혀보려고 노력하겠다. 이미 말은 했으나 설명하지 않은 것

---

2) "서 있다"는 분사가 마태복음에서는 중성 형태[ἑστός(헤스토스)이며, 이는 "서다"를 뜻하는 동사 ἵστημι(히스테미)의 완료 능동 분사 중성 단수 목적격 형태다—역주]이나 마가복음에서는 남성 형태[ἑστηκότα(헤스테코타)이며, 이는 "서다"를 뜻하는 동사 ἵστημι(히스테미)의 완료 능동 분사 남성 단수 목적격 형태다—역주]다. 이 남성 형태 때문에 이 말은 성소에 우상의 신상이 아니라 단지 우상을 섬기는 제단만을 세웠던 안티오쿠스(안티오쿠스 에피파네스가 아니다. 구약과 신약 중간기에 이스라엘 지역에 들어섰던 셀레우코스 왕조에는 안티오쿠스라는 칭호를 가진 왕이 10명이 넘었다—역주)를 넘어선 것을 가리키는 말이 되었다. 이 남성 형태에서는 사람에 어느 정도 다가선 모습이 드러난다. 그러나 아직도 인간과 비슷한 상(像)일 뿐이지 살아 있는 폭군 자체는 아니다. "읽는 자를 이해하기를"이라는 경고가 마태복음 본문이 아니라 다니엘의 예언을 가리키는 말이라는 것은 굳이 덧붙일 필요가 없겠다.

들이 있다. 알 수 없지는 않지만 그래도 드러나 알려진 것은 아직 절반에 불과한 신비가 존재한다. 따라서 우리는 바울에서 예수, 예수에서 다니엘, 다니엘에서 아직 모호하긴 해도 이미 지식의 객체가 되어 있는 것으로, 곧 더 오래된 세대로 이어지는 선을 그려볼 수 있다. 이런 연속성은 적그리스도라는 주제를 다루려 하는 모든 그리스도인 학자들에겐 큰 가치가 있다. 요컨대 이런 연속성은 이 주제를 어떤 전형적 근거를 토대로 다룰 수 있는 주된 성경적 근거를 제공해준다. 현대 지성은 이것을 신약 성경이 구약 성경을 과학과 동떨어진 방법으로 "랍비처럼" 다룬 또 한 가지 사례라며 비웃을지도 모르겠다. 구약 본문을 잘못 다루었다고 비판해도 좋지만, 이전에 예수와 바울도 구약 본문을 잘못 다루었음을 알고 나니 마음이 편하다.

어떤 이들은 구약 성경에서 거듭 나타나는 벨리아르^{Beliar} 3)라는 이름에서 적그리스도 전승이 더 오래되었음을 증명하는 증거를 발견할 수 있다고 가르쳤다. 적그리스도와 벨리아르의 연관성을 추적하는 것 자체에는 어떤 반대도 있을 수 없다. 만일 벨리아르가 실제로 적그리스도의 계보와 연관이 있다면, 이것은 적그리스도의 기원이 아주 오래되었음을 증명해주는 증거일 것이다. 바울이 이 이름을 소개하는 유일한 본문인 고린도후서 6:15을 보면, 벨리아르는 다만 사탄을 가리키는 또 다른 이름일 뿐이다. 이 본문의 전체 의미는 의와 악, 빛과 어둠이 함께할 수 없듯이 그리스도와 벨리아르도 함께할 수 없다는 윤리 권면에 중점을 둔다. 구약 성경을 살펴보면, 벨리아르는 그

---

3) 이 이름 자체는, 가령 벨리아르, 벨리알, 벨리안, 벨리압, 벨리아스, 벨리에르, 벨코르처럼, 다양한 형태로 나타난다.

어디에서도 어떤 사람을 직접 가리키는 이름으로 등장하지 않고, 도리어 늘 접두어와 함께 등장하여 거기서 가리키는 사람이나 사물이 악함을 나타낸다. 그리하여 우리는 신명기 13:14, 사사기 19:22, 20:13, 사무엘상 1:16, 2:12, 10:27, 25:17, 25, 30:22, 사무엘하 16:7, 23:6, 열왕기상 21:10, 13, 역대하 13:7에서 "벨리알"(히브리어 발음은 "벌리야알"—역주)의 "아들들," "자녀들," "딸들," "사람들," 심지어 "시내들"이라는 말까지 발견한다.

벨리아르를 둘러싼 구약의 이런 추측과 생각을 좀 믿기 힘든 이유는 이 말이 복합어 형태로 에둘러 등장하기 때문이다. 이 문구들 뒤편에 진짜 마귀 이름이 숨어 있음은 부인할 수 없지만, 분명 그 이름은 대부분 사용하지 않는 것이 되어 버렸고 사탄이나 그와 비슷한 어떤 이름이 그 자리를 대신 차지했다. 이 문구들은 고작 욕지거리 역할이나 하게 되었지만, 이 욕설은 그것을 누군가에게 내뱉을 때 품었던 의도에 따라 다양하게 나타났다. 그 의도가 어떤 때는 누군가를 단지 괴롭히고픈 마음에 그칠 때도 있었으나, 때로는 그 욕설 속에 담겨 있다고 가정한 어떤 마력을 통해 실제로 누군가에게 해를 입히려는 더 심각한 목적일 때도 있었다. 성경에서는 벨리아르가 적그리스도의 선구자 혹은 복제물이 아닌 것만은 분명하다.

그러나 사람들은 벨리아르를 까맣게 잊고 구약 속에만 묻어 놓지 않았다. 그의 이름은 외경과 위경에서 다시 등장한다. 종교사학파는 자신들의 방법을 사용해 이 이름을 외경과 위경에서 다시 옛 시대 속에 투영했으며, 그 바람에 이 이름은 이전보다 훨씬 더 두드러지게 적그리스도의 특징을 띠게 되었다. 종교사학파는 동양, 특히 바벨론의 모든 종교는 그 실질이 동일하고 연속성을 띤다는 것을 그 학파가 내세우는 큰 원리로 삼는다. 정경이 아닌 문헌과 글로 기록되지 않은 그 이전의 전승이 벨리아르를 두고 말한 많은 내용은 흔쾌히 아주 오랜 옛날에서 유래한 것들로 여기게 되었고, 결국은 완전히 새로운 적그리스도 전승이 만들어졌다.

이런 흐름을 따라 기독교 등장 이후에 나온 후대 자료들의 근원을 기독교 등장 이전의 커다란 전승 수원지(水源池)에서 찾는 작업을 가장 많이 펼친 현대 저술가가 부세트Wilhelm Bousset 다.4) 부세트는 궁켈Hermann Gunkel 같은 사람들의 생각을 따라 큰 원수Great Adversary라는 개념이 아주 오래된 개념이라고 추정했다.5) 그 기원을 끝까지 추적하면 마르둑과 혼돈의 용Chaos-dragon 사이의 싸움을 이야기하는 원시 바벨론 신화까지 거슬러 올라간다(마르둑은 바벨론의 수호신으로 악한 용 티아마트를 죽이고 그 시신을 재료로 삼아 세상을 창조했다고 한다—역주). 이 원시 신화가 말하는 신을 인간과 동일시함으로써 하나님을 대적하는 인간이면서 사탄이 그의 도구로 부리는 존재가 등장했다. 그런 다음 이 존재는 다시 유대교에서 말하는 사이비 메시아라는 이미지로 바뀌었다. 이 발전이 훨씬 뒤 지점에 이르자, 이 사이비 메시아는 이방 종교의 영역에서 등장한 정치적 압제자political oppresor가 되었다. 이런 발전은 특이하게 긴 세월이 걸렸지만, 부세트는 이런 특징 때문에 이 가설을 반대할 필요는 없다고 생각했다. 종말론 영역, 특히 적그리스도라는 개념을 다루는 영역에서 나타난 전승은 늘 일단 한 번 굳어지면 오랜 시간 이어지는 콘크리트 덩어리

---

4) Bousset, *Der Antichrist in der Überlieferung des Judentums, des Neuen Testaments, und der alten Kirche*, 1895.

5) Gunkel, *Schöpfung und Chaos*도 역시 1895년에 출간되었다. 부세트는 고대 바벨론 자료를 인용할 때 궁켈보다 좀 더 절제하며 조심스러운 모습을 보인다는 것도 덧붙여 둬야겠다. 이 점과 관련해 윌리허Adolf Jülicher는 *Theologische Literaturzeitung*, 1896, col. 397에서 부세트의 저작 속에는 궁켈이 뒤섞어 놓은 신화 자료가 많이 남아 있지 않다고 주장한다.

처럼 경직성을 갖기 때문이었다. 때문에 그는 이런 개념이 후대에 나타난 믿음들 속에서 드문드문 나타나지만 이것만으로도 이런 개념이 훨씬 더 이전에 존재했음을 증명할 수 있다고 본다. 또 다른 관찰 결과도 같은 취지의 결론을 이끌어내는 데 도움을 준다고 생각했다. 부세트는 전승 내용이 주로 비밀 구전을 통해 전달되었지, 훨씬 더 많은 독자들이 접근할 수 있는 기록물 형태로 전달되지 않았다고 믿었다.

이런 견해들을 비판하는 데 많은 지면을 할애할 계획은 없다. 사실 적그리스도와 관련된 복잡한 이야기들도 이런 견해들의 일부를 이루지만, 이 견해들은 훨씬 더 큰 사안이며 이런 사안은 지금 당장 우리 관심사가 아니다. 전승의 고정성(전승이 고정되어 있었다는 주장—역주) 같은 경우, 부세트가 여러 시대를 거쳐 일어났다고 믿는 일련의 변화들을 얼핏 살펴봐도, 이 변화들이 어떤 경직성(고정성)을 갖고 있었다는 인상을 확실하게 받을 수 없다. 또 부세트와 그의 추종자들이 자료를 다루는 모습을 보면, 지극히 제멋대로 자료를 다룰 경우에 나타날 수 있는 온갖 특징을 다 보여준다. 단지 수십 년이 아니라 여러 시대를 두고 떨어져 있는 이름들과 형상들을 정당한 근거도 없이 계속해서 조합하고 동일시할 뿐 아니라, 사람들이 존재한다고 믿지만 존재한다는 증거가 없는 숨은 가닥들을 가져다가 끊어진 연결고리를 이어보려고 줄기차게 노력한다. 더 나아가 교부들은 이런 것들을 만들어낼 능력이 없었다고 주장할 뿐 아니라, 심지어 과열된 상상까지 동원해 그들의 정서를 부당하게 다루면서, 마치 교부들은 종말론과 관련해 아무것도 만들어낼 능력이 없었던 것처럼 이야기한다. 이런 내용은 우리가 몇몇 교부들과 관련해 알고 있는 내용과 일치하지 않는다. 분명 파피아스는 이런 쪽에서 풍부한 창조력을 갖고 있었다. 이 가설은 거룩한 역사라 불리는 것을 거의 모두 아우르고 있기 때문에, 이 가설이 가정하는 엄청난 부분들을 간과해서는 안 된다. 궁켈과 부세트는 어쩔 수 없이 우두머리 원수를 이야기하는 이 불길한 전승이 메시아 전승보다 더 오래되었다고 가정할 수밖에 없었다. 여기에서는 적그리스도가 요한계시록이 그 속에 기록해 놓은 한 환상에서 묘사한 모습대로 어린 아이인 그리스도를 잡아먹은 셈이다.

하지만 이런 관찰 결과 때문에 우리가 당장 다뤄야 할 목적, 곧 묵시 문헌 안에 들어 있다 하는 적그리스도 개념의 선례들을 살펴보고 이 묵시 문헌이 나온 때부터 시대를 거슬러 올라가 이 선례들을 기독교 이전의 문헌에 투영해보는 일을 제쳐놓아서는 안 된다. 다음과 같은 예들이 결과를 얻어낼 수 있는 방법을 잘 보여줄 수 있다. 쉬러Emil Schürer 같은 이들이 81-96년경에 나온 작품으로 본 에스라묵시록(에스라4서)을 보면 사람인 괴물을 실감나게 묘사한 내용이 나오지만, 이 괴물과 관련해 벨리아르라는 이름이 등장하지는 않는다. 보통 기원후 1세기 작품으로 보는 열두 족장의 유언Testaments of the XII Patriarchs은 에스라묵시록과 다르다. 여기에서는 벨리아르를 실제로 소개한다. 벨리아르를 언급한 본문들은 다음과 같다. 르우벤의 유언 4: "매음은 벨리아르와 사람들의 비웃음을 불러일으킨다." 시므온의 유언 5: "매음은 하나님에게서 떼어내어 벨리아르에게 데려간다." 레위의 유언 19: "어둠과 빛, 하나님의 일과 벨리아르의 일 가운데 선택해야 한다." 단의 유언 4: "영혼이 계속하여 근심에 잠겨 있으면, 주가 그 영혼을 떠나시고, 벨리아르가 그 영혼을 지배한다." 납달리의 유언 2: "사람이 택할 수 있는 행위 규칙은 주의 법칙 아니면 벨리아르의 법칙이다." 잇사갈의 유언 6: "그의 자손들은 주의 계명을 떠나 벨리아르에 굳게 붙어 있다." 스불론의 유언 9: "하나님이 모든 포로를 벨리아르에게서 구하실 것이다." 요셉의 유언 20: "요셉의 뼈들을 가나안으로 가져간 뒤에, 하나님이 빛 가운데 이스라엘 사람들과 함께하실 것이요, 벨리아르가 어둠 가운데 이집트(애굽) 사람들과 함께하리라." 베냐민의 유언 3:

"벨리아르가 모든 종류의 악과 억압을 부추긴다."

인용한 본문들에는 적그리스도와 사탄을 달리 생각하게 하는 것이 분명 없는 것 같다. 인용 본문들이 말하는 것들은 모두 사탄의 영향을 쉬이 받을 법한 것이다. 그러나 벨리아르가 이전 시대에도 적그리스도를 가리키는 전문 용어로서 전해지고 있었다면, 이런 본문들에 종말론 요소가 없는 이유를 설명하기 힘든 것이 단점이다. 또 하나 이 문제와 관련이 있는 기록이 소위 **이사야 승천기**Ascensio Isaiae다. 특히 이 책의 뒷부분인 6-11장은 분명 기독교에 그 기원을 두고 있지만, 앞부분인 1-5장은 유대교에 기원을 두고 있는 것으로 보인다. 유대교에 기원을 둔 부분은 티투스가 예루살렘을 파괴한 뒤(로마군이 66년에 로마에 맞서 봉기한 유대인들을 진압하고 예루살렘을 파괴한 것은 70년에 있었던 일이다—역주) 그 시기가 좀 불명확한 때에 기록된 것이다. 이 책 4:2을 보면 이런 말이 나온다: "또 완성이 이른 뒤에 세상이 존재한 뒤로 세상을 다스린, 세상의 큰 왕인 베리알의 사자(使者)가 어머니를 죽인 악한 인간 왕의 형체로 그가 있는 하늘에서 내려오리라. 그는 이 세상의 왕이라. … 이 베리알의 사자는 방금 말한 왕국의 형체로 올 것이요, 그와 함께 이 세상의 모든 권세들도 올 것이니, 이 권세들은 그 베리알의 사자가 하고자 하는 일이면 무엇이든 그에게 순종하리라." 이 본문은 이 책에서 유대교의 핵심 사상을 담은 중심 부분에 속하지 않는다. 이 본문이 자리한 위치로 볼 때, 이 본문은 적그리스도를 내다본 사람들의 예상 속에서 네로(로마의 폭군 네로를 말한다—역주)가 행한 역할을 분명하게 일러준다. 결국 이 본문은 네로가 여전히 죽지 않았고 살아 있는 초자연적 인물로서 동방에서 다시 돌아오거나 부활하여 하데스Hades에서 돌아오리라고 예상했을 법한 시대보다 더 뒤에 기록된 게 틀림없다. 그런가 하면, 이 본문은 그를 악한 사자요, 이 세상을 통치하는 자요, 공중에 거처를 가진 자요, 이 세상 권력자들의 우두머리로 부르는데, 이는 모두 그가 성격상 사탄과 대단히 가까운 존재임을 확인해준다. 여기에는 이 베리알의 사자가 네로라고 단정할 수 있는 것들이 없다. 부세트도 이를 인식하고 네로를 언급한 말들은 후대에 집어넣은 것이라고 주장한다. 이런 점을 볼 때, 본문 자체만 놓고 보면 조화를 이루지만(즉 본문들끼리만 놓고 보면 앞뒤가 들어맞지만), 동시에 적그리스도이자 벨리아르인 존재를 생각할 필요는 없다는 것만은 인정해야 한다. 벨리아르를 이 세상의 왕이라고 말한 것은 바울이 사탄을 두고 강조한 말과 동일하다.

희년서Book of Jubilees는 기원후 1세기에 나온 것으로 보는 것이 가장 예리한 판단이다. 벨리아르는 이 책 1:20에서 이상하게 일그러진 이름인 "벨코르Belchor"로 등장한다. 이 구절에서는 하나님이 당신 백성들 가운데 올바른 마음을 창조하셔서, 벨코르의 영이 이 백성들을 지배하지 못하게 하사, 이 벨코르가 하나님 앞에서 이 백성들을 헐뜯으며 죄인으로 몰아세우지 못하게 해달라고 하나님께 간구하는 내용이 나온다. 방금 전에 언급한 생각은 사탄을 "대적"(원수)이요, 심판 때 우리를 모함하고 대적하는 자라 부르는 구약 성경의 개념을 분명하게 되새겨준다. 이 존재가 두 번째로 등장하는 곳은(여기에서는 "벨리아르"라는 보통 형태로 등장한다) 15:33이다. 이 본문은 배교자요 이단이요 도덕률을 무시하는 이스라엘 사람들을 두고 예언하면서 이들이 악함이 지나쳐 할례 의식을 행하지 않고 그들의 자식을 태어났을 때와 같은 모습으로 내버려두리라고 예언한다. 여기서 벨리아르가 종말론과 철저히 무관함은 지적할 필요가 없겠다. 지금 생각해보면, 이 말은 프리트랜더Moritz Friedländer가 내세운 틀에 훨씬 더 잘 들어맞는다. 프리트랜더는 벨리아르가 도덕률을 무시하던 유대교-영지주의 이단의 우두머리였다고 본다.

이제 묵시 문헌의 한 대목을 살펴보겠다. 여기에서는 사탄과 벨리아르를 분명하게 구분하는 것 같은데, 이 둘은 각기 그 나름의 특성과 기능을 갖고 있다. 이것은 **시빌의 신탁**Oracle of Sibyl[2] 3:46 이하에 있는 예언이다. 예언자(곧 예언자와 유사한 여자)는 부세트가 이 기록에서 가장 오래된 부분 중 하나라고 말한 이 대목에서 이렇게 선언한다: "그러나 로마가 이집트(애굽)를 다스릴 때, 죽지 않는 왕이 다스리는 지극히 위대한 나라가 나타나리니…, 이로 말미암아 세바스테노이*Sebastēnoi*(현대 그리스어에서는 이 말이 "지혜로운 자들"을 뜻한다—역주) 가운데서 벨리아르가 나타나, 높은 산들을 높아지게 하고, 바다를 잠잠케 하고, 불타는 큰 해와 빛나는 달이 (그 기세를 잃게 하고), 죽은 자들을 일으켜 사람들 가운데서 많은 표적들을 행하게 하리라. 그러나 벨리아르는 완성을 가져오지 못하고 오로지 그릇된 길로 인도하여, 믿고 택함을 받은 히브리 사람들은 물론이요 하나님을 전하는 말씀을 한 번도 들은 적이 없는 다른 불법한 사람들까지 포함하여 많은 사람들을 미혹하리라. 그러나 이로 말미암아 크신 하나님의 위협들이 임하고 불의 능력이 물결을 뚫고 땅에 임하여 벨리아르와 벨리아르를 믿었던 모든 거만한 자들을 불태운 다음, 한 여인이 온 세상을 다스리고 온 세상이 모든 일에 이 여인에게 복종하리니 … 그때는 창공(에테르)*ether*에 거하시는 하나님이 책 두루마리를 말듯이 하늘을 마시고, 하늘에 빛나는 빛 덩어리들이 더 이상 존재하지 않으며, 밤도 없고 아침도 없으며, 염려하던 많은 날도 더 이상 없고, 더 이상 봄도 없고 겨울도 없으며, 역시 여름도 없고 가을도 없으리라. 그리고 이 모든 일이 일어난 그 중요한 순간에 크신 하나님의 심판이 나타나리라." 이 묘사에는 신약 성경의 종말론 항목을 떠올려주는 것들이 적지 않다. 이 기록의 형태와 이 뒤편에 자리한 전승을 놓고 볼 때, 이런 내용이 신약 성경의 항목들보다 오래되었을 가능성을 무턱대고 부인하지는 못한다. 분명 여기에서도 벨리아르와 사탄을 구분하지 않는 것만은 절대 확실하다. 사실 이 예언을 모두 살펴봐도 사탄은 나오지 않는다. 싸움 당사자는 순전히 벨리아르와 "크신 하나님"이다. 아무리 많은 글을 살펴봐도 벨리아르가 지금은 물론 미래에도 사람이리라는 말이 없다. 벨리아르가 그를 추종하는 사람들과 불살라진다는 사실 때문에 이 벨리아르를 사람이라고 추정해야 할 이유는 없다. 벨리아르가 "세바스테노이 가운데서" 나온다는 말은, 보통 이 이상한 문구에 따르는 이런저런 해석이 말하듯이, 벨리아르가 인간의 본질을 가졌음을 어느 정도 지지한다. 어떤 이들은 이 세바스테노이가 사마리아 사람들을 가리킨다고 해석한다(세바스테노이가 사마리아 사람들의 성읍 이름인 "세바스테"에서 나왔다고 본다). 또 다른 사람들은 이 말이 세계를 다스리는 로마의 통치자들을 가리키는 술어인 "세바스토스^{sebastos}"와 관련이 있다고 해석한다. 부세트는 이 이상한 말에 서로 성질이 다른 요소들이 뒤섞여 있다고 보는데, 이 점에서는 부세트의 견해에 동의할 수밖에 없다. 이 본문은 창공에 거하시는 크신 하나님이 개입하심으로 마지막 때 세계를 뒤흔드는 엄청난 사건들이 일어난다는 말은 하면서도, 단지 사람이지만 초자연적 능력을 부여받은 이의 힘이 이 엄청난 사건들이 일어나기 전에 일어날 일로 자연 재앙들의 이름을 따 붙인 사건들을 일으킨다는 (좌지우지한다는) 말은 하지 않는다. 벨리아르의 행동은 잘못을 널리 퍼뜨린다는 특징을 갖고 있다. 이런 특징은 데살로니가후서가 서술해 놓은 똑같은 요소를 생생하게 되새겨준다. 물론 바울은 이런 요소를 더 강조하여 더 상세하게 적어 놓았다. 믿는 이를 미혹한다는 개념은 구약 성경이 벨리알을 언급한 내용에 일정 부분 근거를 두고 있다. 여자가 통치한다는 특이한 내용은 신약 성경의 종말론과 접촉점이 없기 때문이다. 요한계시록도 이런 줄거리를 담고 있지만 그 본질이 다르다. 여기 시빌의 예언은 실제로 여자 통치자를 염두에 두고 있기 때문이다.

이처럼 적그리스도의 선례를 발견하려고 묵시 문헌과 위경에 의존하는 것은 그다지 설득력이 없다. 물론 바울 서신이 기록되기 전에 유대인들 사이에서 미신에 가까운 민간전승이 상당히 많이 떠돌고 있었음을 아무 증거도 없이 무턱대고 부인하지는 못한다. 다만 당시 유행하던 이런 거칠고 미숙한 형태의 믿음들이 신약 성경이 말하는 적그리스도 교리의 원천이요, 적그리스도 교리를 만족스럽게 설명해줄 수 있는 자료라고 믿기는 어렵다.[6] 체이니Thomas Kelly Cheyne 같은 저술가도 훨씬 더 과격한 방법을 적용하여 벨리알과 바벨론의 "벨릴리Belili"를 동일시하려고 하다가 그런 점을 느꼈던 것 같다. 반면 홈멜Fritz Hommel은 바벨론 사람들이 그들이 말하는 벨릴리를 서쪽의 셈족들에게서 빌려왔다고 역설했다.

적그리스도 개념의 기원이 성경 밖에 있다고 보지만 방금 말한 견해와 아주 다른 또 하나의 견해는 프리트랜더라는 이름과 관련이 있다. 해박한 학식을 가진 자유분방한 이 유대인 학자는 유대교의 특색을 보여주는 영지주의 형태가 상당히 이른 시기부터(신약 시대 이전부터) 존재했다는 가설을 만들어냈다.[7] 영지주의가 기독교 이단에서 나왔다고 추정하던 시절은 지나갔다. 학자들은 고대 유대의 민간전승에서 "미님Minim"이라 부르는 종파 내지 당파를 언급하는 말을 많이 발견한다. 한때는 보통 이 미님을 유대계 그리스도인들과 동일시했다. 프리트랜더는 이 말에 훨씬 더 넓고 다른 기원을 가진 의미를 부여한다. 그는 이 말의 의미에서 유대계 그리스도인이라는 의미를 철저

---

6) *Expositor*, 1895는 삼하 20:5을 두고 이렇게 말한다: "돌아올 수 없는 땅인 하데스." Hepp, *De Antichrist*, 1st ed., 1919, 주34, p. 261과 비교해보라; 윌리허Jülicher가 *Th. L.* 1896, col. 375-379에서 부세트가 쓴 *Zur Entstehungsgeschichte des Christentums*, 1894를 비판한 내용; Friedländer, *Der vorchristliche jüdische Gnostizismus*, 1898과 비교해보라.

7) Friedländer, *Der Antichrist in den vorchristlichen jüdischen Quellen*, 1901.

히 배제하기에 이른다. 프리트랜더는 미님이 필론[Philo(n), BC15-AD45?, 알렉산드리아에서 활동한 유대인 철학자로서 그리스 철학과 유대교 신앙을 접목한 인물이다—역주]이 우두머리이던 알렉산드리아의 유대인 철학자들이 만들어낸 말이라고 주장한다. 이 미님의 경향은, 종교의 관점에서 살펴보면, 반(反)율법주의 성향을 띠었다. 프리트랜더가 벨리알과 적그리스도가 같음을 뒷받침해주는 자료로 인용한 것들의 내용은 확실히 율법적 색채를 띤다. 프리트랜더가 적그리스도를 이처럼 크고 광범위한 모습으로 묘사할 수 있었던 이유는 모든 것을 이렇게 하나의 관점으로만 바라보았기 때문이다. 그러나 프리트랜더가 그린 모습은 바울이 그린 죄의 사람의 모습과 들어맞지 않는다. 이것이 우리가 프리트랜더의 가설을 비판하는 주된 이유다.[8] 데살로니가서에서는 적그리스도가 단지 "율법을 반대하는 자"와 아주 다르고 "율법을 반대하는 자"에 훨씬 미치지 못하는 이로 등장한다. 심지어 정통 유대교의 관점에서도 율법을 따라 사는 데 게으름을 부리거나 (일부러 그러든 아니면 그냥 무의식중에 그러든) 율법에 상당히 불성실한 모습을 배교로 풍유하기는 할지라도, 그런 모습에서 바울 사도가 무시무시하게 묘사하는 모습들을 만들어내지는 못할 것이다. 하지만 데살로니가 서신을 보면, 잘못이 만들어내고 또 잘못을 만들어내는 원수의 엄청난 행동을 미리 일러주는 바울의 예언 후반부를 "율법에 반대하는" 경향이 관통하고 있음을 인정할 수밖에 없다. 프리트랜더는 이런 점에서 사람들이 때때로 무시해온 요소를 주목하게 만든 셈이다. 데살로니가 서신에 있는 바울의 예언 전반부는 과감하고 무서운 특징을 보여주는 증

---

8) 프리트랜더가 자기주장을 뒷받침하는 증거로 인용하는 탈무드 자료들은 우리가 쓸 수 없는 특이한 관용어를 쓴다. 때문에 우리는 이 자료들이 증거로 적합한지 판단할 수 없다.

거가 후반부보다 더 많다. 그러나 대체로 보면 바울 서신에서 모아볼 수 있는 바울과 "반(反)율법주의"의 관계는 프리트랜더가 구성한 내용이 암시하는 "반율법주의"와 그 본질이 아주 다르며, 심지어 어떤 면에서는 정반대다. 유대교로 돌아가려는 자들은 바울 자신이야말로 대단히 "율법에 반대하는" 인물이라고 보았다. 만일 바울이 그의 위대한 예언을 집필할 때 특히 율법에 반대하는 죄를 딱히 마음에 두고 있었다면, 그의 대적들이 그를 욕보이고자 율법에 반대하는 자라고 험담을 퍼부을 때 이를 전혀 몰랐을 리 없다. 그런데 그는 이 문제를 일언반구도 언급하지 않을 정도로 전혀 관심을 보이지 않는다.

그렇다면 우리를 과거로 이끌어 죄의 사람을 발견하게 해줄 길로서 분명하게 추적가능하고 안전한 길은 오로지 다니엘서의 예언밖에 없다. 때문에 우리는 이제 다니엘서의 독특한 내용과 바울의 예언을 결합시켜준 점이나 특징이 무엇인지 더 자세히 살펴봐야 한다. 하지만 이것이 곧 다니엘서에 흩어져 있는 요소들이 데살로니가 서신에서 뚜렷이 나타나는 모든 특징의 내용이나 형태를 완벽하게 설명해준다는 말은 아니다. 다니엘 7:8, 20의 "큰일들을 말하는 입"은 바울 사도가 앞서 죄의 사람을 비판한 명목이었던 신성모독(하나님 모독)과 놀랍도록 유사한 선례다. 데살로니가후서 2:4은 "그는 신이라 불리거나 예배 받는 모든 것에 대항하여 자신을 높이는 자니, 이는 하나님의 전에 앉아 자신을 하나님으로 내세우려 함이라"라고 말하는데, 이는 다니엘 7:24을 되새겨준다. 다니엘 8:4의 "그의 뜻대로 행함"과 "그 자신을 크게(강하게) 함"은 바울의 묘사 속에 아주 생생히 그 자취를 남긴 모습, 곧 하나님을 거역하는 오만한 모습에서 그대로 나타나고 있다. 숫염소의 "큰 뿔"이 부러지고 나타난 네 개의 "두드러진 뿔들" 가운데 하나에서 나온 "조그만 뿔" 역시 하나님을 모독하는 행동들을 하여, 이윽고 군대의 주재에게 지극히 거룩한 종교 기물(器物)을 빼앗고 성소를 팽개치기에 이른다(단 8:9-11). 이런 내용은 바울 사도가 데살로니가 서신에서 묘사한 내용과 놀라울 만치 비슷하다. 위에서 언급했던 "황폐하게 하는 가증한 것"(단 11:31)은 방금 열거한 특징들과 철저히 그 궤를 같이 한다. 데살로니가후서 2:4과 대단히 비슷한 구절이 다니엘 11:36의 "그는 그의 뜻대로 행하고, 그 자신을 높이고, 모든 신보다 자신을 더 크다 하며 신들의 신을 대적하여 기이한 일들을 말하리라"인데, 이것 역시 데살로니가 서신이 생생하게 묘사해 놓은 내용을 미리 귀띔해준다. 선명한 색깔들을 써서 그린 지도는 그 위에 습자지를 겹쳐 놓으면 그 세세한 구석까지 모두 분명히 일치하게 베낄 수 있지만, 다니엘서의 환상과 바울의 묵시는 그렇지 않음을 인정해야 한다. 다니엘서의 환상과 바울의 묵시는 비슷한 부분이 많은 만큼 비슷하지 않은 부분도 많다. 아니 오히려 아주 유사한 부분이 많지 않다. 이교도 폭군들이 하는 행동과 적그리스도가 하나님의 전에서 자신을 신으로 높이며 하는 행동은 정확히 일치하지 않을지 모르나, 양자는 각각 원형(原形)type과 대형(對形)antitype으로서 충분히 가까운 유사성을 갖고 있다. 다니엘서와 바울의 글을 보면 오직 한 요소에서는 여전히 제법 큰 차이를 보여준다. 그것은 계시된 진리를 왜곡함이라는 요소인데, 바울의 글에서는 이 요소가 아주 두드러지게 나타나지만, 다니엘서에서는 이 요소가 다소 정지 상태에 있다(나타나지 않는다). 그러나 구약 성경의 환상 묘사에서 이렇게 계시된 진리를 왜곡하는 모습이 보이지 않는 것은 당연한 일이 아닐까 싶다.

이 모든 점을 볼 때, 다니엘서 뒷부분은 초자연적 색깔이 흠뻑 배어 있을 뿐 아니라, 이 뒷부분의 환상들에서 등장해 이 환상들을 가로질러 다니는 형상들은 비범하고 거대하며 어마어마한 모양을 갖고 있다. 장차 올 이 유일무이한 악의 대표자들이 가진 얼굴에는 그 누구도 부인할 수 없고 그 누구도 따라할 수 없을 정도로 극악한 하나님 모독 행위가 큰 글씨로 기록되어 있다. 하나님 백성이 겪을 비참한 운명들을 예언하는 과정에서 이런 엄청난 악들을 인격체로 응축하여 표현해 놓았음을 의심할 필요는 없겠다. 사실 데살로니가 서신은 하나님을 거역하는 경건치 않은 움직임을 완벽한 통일성을 갖춰 표현해 놓았다. 이 서신에서는 적그리스도가 살아 있는 모습으로 묘사된 인격체로 등장한다. 그러나 다니엘서에서는 적그리스도가 아직 이런 모습을 갖추지 못했다. 아직은 폭풍을 몰고 오는 구름들이 적그리스도가 인격체인 영으로서 폭풍우처럼 등장할 기회를 허락하지 않았다. 하지만 우리는 이런 유형의 묵시 표현이 집단 개념과 개별 개념, 추상적 개념인 힘(권력)과 구체적 개념인 이런 힘을 휘두르는 자를 언제나 예리하게 구분하지는 않음을 유념해야 한다. 이것이 곧 그런 유형의 묵시 표현에서는 적그리스도와 인격체를 동일시하는 견해가 무시당했다거나 철저히 그 표현 배경에만 자리 잡고 있었다는 말은 아니다. 사악하고 억압하며 하나님을 모독하는 세상 권력이 그 권력과 똑같은 성격을 가진 왕을 써먹는 것은 당연한 일이다. 주목할 게 있다. 다니엘 7:1-8은 짐승들을 묘사하는데, 이 짐승들을 보면 우리는 그저 왕국들만 생각하기 쉽다. 그러나 해석자는 이 묘사에 이어 이렇게 말한다 (17절): "이 네 큰 짐승은 네 왕이다." 따라서 "사람(인자) 같은 이"가 나타난 신현 (神顯) 장면을 보면서, 우리가 이를 단지 하나님 나라를 가리키는 상징 정도로 생각하길 원하는 이들이 아주 많지만, 단순히 그렇게 생각하지 않고 실제로 어떤 한 존재가 나타나신 것으로 생각해도 정당하다. 이처럼 힘(권력)과 이 힘을 대표하는 우두머리를 서로 바꿔가며 사용하는 모습이 다니엘서의 환상들과 그 환상들을 해석한 내용에서 줄기차게 되풀이된다. 다니엘 8:10-12은 오직 어떤 개인으로 인식할 수밖에 없는 "작은 뿔" 이야기를 서술한다. "뿔"이라는 명사는 여성 명사인데, 이 구절 문장들이 쓴 여성 동사들과 일치한다. 다니엘 8:22-26에서는 털이 많은 염소와 그 눈 사이에 난 큰 뿔이 그리스의 첫 번째 왕을 상징한다. 여기서 처음에는 여성 형태들이 등장하지만, 23절에서는 "한 왕"이 일어나리라고 말한다. 이 내용대로 악함이 한 구체적 인물을 통해 절정에 이르기 때문이다. 다니엘 7:8 이하도 그렇게 표현하는데, 여기에서는 네 번째 짐승에서 열 뿔이 나온다. 본문은 이 뿔들 사이에서 나온 작은 뿔에 사람의 눈 같은 눈이 있고 큰일들을 말하는 입이 있다고 말한다. 이 묘사가 초자연적 색채를 띠다보니, 사람들은 그 안에 틀림없이 사람인 적그리스도를 묘사한 환상이 들어 있다고 추정해왔다. 이 묘사 뒤에 곧바로 심판 에피소드를 다룬 9-14절이 이어지는 점도 그런 추정에 더 큰 힘을 실어주었다. "곁에 서 있는 이들 가운데 하나"가 이 환상을 해석한 것(7:15 이하)을 보면, 역시 성도들을 혹독하게 참소(헐뜯고 죄인으로 몰아붙임)하는 모습과 심판 사이의 긴밀한 연관성을 간파할 수 있다. 여기에서도 열 뿔에서 나온 뿔을 비범한 특징들을 지닌 모습으로 묘사한다. 7:25은 이 뿔이 지극히 높으신 이를 대적하며 말한다고 기록해 놓았다. 분명 여기에서는 이런 요소를 그리 크게 강조하지 않는다. 때문에 이 말 자체는 인간들로 이루어진 어떤 정치 세력 혹은 그 세력을 대표하는 왕을 가리킨다고 이해해도 될 것 같다. 그는 "시대를 바꾸고 법을 바꾼다." 그러나 7:14을 보면 심판과 그에 이어 성도들이 지배하는 환상이 나오는데, 이 환상은 애초에 주어졌던 계시의 끝부분에 자리한 환상만큼이나 종말론의 색깔이 깊이 배어 있다.

다니엘 8:10에서도 비슷한 현상들이 나타난다. 그 앞에 있는 기사(記事)처럼 "작은 뿔"이 하는 일들을 묘사할 때 몇 가지 점에서는 훨씬 더 강한 말들을 쓴다(여기에서는 작은 뿔이 숫염소의 네 뿔 가운데 하나에서 나온다): "그것이 크게 자라 심지어 하늘의 군대에 이를 정도로 커지더니, 그것이 그 군대와 별들 가운데 몇을 땅에 집어던지고 그들을 짓밟았다." 여기에서는 우리가 마치 비참한 운명과 고초가 이어지는 시리아 전쟁 the Syrian war 한가운데 있는 것처럼 보이며, 억압이 지속될 기간을 제시하는 게 눈에 띈다. 더욱이 이 기사는 절대 완성 장면에는 이르지 못한다. 이 기사가 이르려 하는 목표는 성소(聖所)를 정결케 함이다. 이는 본문에 나오는 폭군의 사악함이 성소와 성물을 상대로 저지르는 하나님 모독 행위에서 절정에 이르렀다는 사실과 일치한다. 그렇긴 해도 나중에 덧붙인 해석에서는 사나운 얼굴을 가진 왕이 등장한다. 그는 이해하기 힘든 수수께끼들을 이해하고 힘이 세지만, 그 자신의 힘으로 그런 게 아니며, 그의 손으로 교활한 술수를 널리 퍼뜨리고, 그 마음으로 자신을 높이지만, 결국에는 다른 사람이 손대지 않았는데도 스스로 무너지고 만다. 다니엘 11:36 이하는 이 왕이 자기 뜻대로 행하고, 자신을 모든 신보다 높여 큰 자로 만들고, 신들의 신을 대적하여 기이한 일들을 말하고, 심지어 그 조상들의 신과 여자들이 원하는 것은 물론 어떤 신도 돌아보지 않은 채, 자신을 가장 큰 자로 추켜세운다고 말한다. 이를 읽다보면, 들뜬 신앙이 낳은 애국심에서 비롯한 히스테리 때문에 이런 폭군을 이처럼 초자연성을 가진 괴물로 묘사할 때가 많긴 해도, 이런 말들을 아무리 원수일지언정 보통 사람에게 적용하는 것은 어색하다는 느낌이 강하게 들 수밖에 없다.9) 사람들은 이런 현상들이 나타나는 곳에서는 묵시가 제시하는 환상이 정치-역사 무대에서 벌어질 일을 다룬 예언들에서 멀리 있는 절대 종말로 갑자기 비약하여 실제 사람인 적그리스도를 등장시킨다고 추정해왔다. 이를 어느 정도나마 이해하려면 예언을 설명하는 글에서 심심치 않게 볼 수 있는 법칙, 곧 선지자가 종말을 실제보다 더 가깝게 내다본다는 법칙에 의존할 수밖에 없다. 다

---

9) 어쩌면 세계대전(즉 1차 세계대전—역주) 동안에 밑도 끝도 없는 과정이 횡행하던 이 분야에서 일어난 일을 기억해보는 것이 이를 심리학 차원에서 이해하는 데 다소 도움을 줄지도 모르겠다. 다만 이 경우에는 불순한 인간의 열정이 아니라 하나님의 영감이 이 형상들을 스크린 위에 펼쳐 보였다.

니엘 11장과 12장에 부활 개념이 들어 있음은 묵시를 보는 자가 종말론의 가치들을 기탄없이 다루고 있음을 증명하는데, 바로 이 11장과 12장에서 가장 놀라운 본문들조차도 방금 말한 법칙에서 벗어나지 못한다. 이는 12:1의 "또 그 때에and at that time"라는 말이 말 그대로 더 가까운 현재에서 더 드문 종말의 분위기로 날아가고자 이륙하는 지점을 나타내기 때문이다. 여기서 언급한 견해는 몇 가지 매력이 있다. 이 견해는 굳이 모형으로 예시하는 중간 과정을 거치지 않고 구약에서 곧장 진짜 적그리스도의 모습을 생생히 그려낸다. 신약 성경이 적그리스도를 생생한 말로 가르치는 내용과 구약 성경의 예언들이 곧장 이어지는 것도 그 덕분이다. 그 바람에 적그리스도라는 개념은 중간에 느닷없이 뚝 끊어지지 않고 구약에서 신약으로 계속 발전해간다. 사실 따지고 보면, 종말에 나타날 적그리스도와 각 시대 역사 속의 인물이나 사건을 긴밀하게 묶는 일이 계속되는 것도 그런 이유 때문이다. 이런 어려움을 적어도 일부나마 미연에 막아보려는 제안이 있었다. 과거 수십 년 동안, 고대 세계 몇몇 지역에는 확고한 종말론 전승이 존재했으며 이 전승에는 다른 요소도 들어 있었지만 무엇보다 지극히 사악한 힘을 가진 인물(형체)이 자리하고 있었다고 주장한 이론들이 많이 있었다. 계시는 이 적그리스도 주위에 모여 있던 기괴한 형체들을 더 가깝거나 더 먼 위기 때 나타날 악한 원수에게 옮겨 놓음으로써, 이전부터 사람들이 이 신비로운 인격체에 관해 알고 있던 것들을 늘려주고 그것이 갖고 있던 중요한 의미를 그 시대가 실제로 요구하는 것들에 적용할 수 있게 하려는 이중 목적을 이루었다.

그렇다면 우리는 이렇게 가정한 특성(이런 특성을 가진 존재)을 나타내는 확실한 전문 용어를 만들어내고도 남을 믿음이나 계시를 구약 성경 어디에서 찾아낼 수 있는가? 이런 문제가 종말론 전반의 문제라면, 후대의 믿음에서 처음에 가졌던 믿음으로 거슬러 올라가 살펴보는 것이 더 편할지도 모른다. 후대의 믿음은 후대에 더 상세히 다듬은 내용을 처음에 가졌던 믿음에 덧붙인 것일 수 있기 때문이다. 그러나 어떤 한 적그리스도라는 형상을 염두에 두고 그런 과정을 생각하는 것은 전혀 다른 일이며, 설령 적그리스도의 어원을 무시하는 것일지라도, 우리는 적그리스도를 악의와 적대감을 최고로 체현(體現)한 존재라는 일반개념으로 한정하여 생각해야 할 것이다. 그 밭(분야)에는 고대 자료에서 흘러나온 민간전승이라는 물줄기가 그저 조금 흐르거나, 아니면 똑똑 떨어지다 결국 완전히 그쳐 버린다. 그 때문에 결국 우리는 고대 바벨론 창조 신화에서 마르둑과 싸우는 무서운 용으로 되돌아가고 만다. 다니엘에서 이 셈족 원시 신화들 사이에는 아주 먼 거리가 존재하며, 그처럼 아주 크고 넓게 펼쳐진 영역에서는 그 영역을 구성하는 한 부분과 다른 부분 사이에 큰 중요성을 지닌 연속성이 거의 남아 있지 않을 것이다.

얼핏 보면, 에스겔서에서 "곡(과 마곡," 혹은 "마곡에서"[10])을 이야기하는 예언이 여기서 어떤 도움을 주는 것처럼 보인다. 하지만 자세히 들여다보면, 그 예언은 오히려 엄밀히 말해 다니엘서의 환상이라는 선례보다 그 시기가 좀 더 오래된 유사 사례를 제시한다. 에스겔서의 예언은, 우선 전쟁 같은 양상을 다룬다는 점에서, 그리고 대놓고 하나님을 모독하는 요소가 없다는 점에서, 다니엘서의 묘사와 다르다. 하지만 에스겔서의 예언도 그 예언이 아우르는 규모가 방대하다 보니, 선지자들이 현재와 미래에 이스라엘을 대적하는 원수

---

10) 창 10:2, 야벳의 아들인 "마곡"; 겔 38:2, "마곡" 땅에 있는 로스와 메섹과 두발 왕 "곡"; 겔 38:14, "곡"; 겔 38:16, "오, 곡아"; 겔 38:18, "곡"; 겔 39:1, "곡", "오, 곡아"; 겔 39:6, 사람들 혹은 땅을 의미하는 "마곡에 불을 내리리니"; 39:6, 11, 사람들을 가리키는 "곡"; 39:11, 15, "하몬곡 골짜기"; 계 20:8, 사탄의 미혹을 받아 다른 나라들과 합세하여 거룩한 성에 맞서 전쟁을 벌이는 "곡과 마곡."

들에게 보통 가하던 위협이라는 틀에서 벗어나 있다. 확실히 이것은 정도 문제이지, 큰 차이가 있는 문제는 아니다. 에스겔서의 예언에는 위협을 가하는 보통 예언에서 흔히 볼 수 없는 한 가지 특징이 있다. 그것은 에스겔 38:7-12, 14이 하나님 백성이 구속받고 그들이 살던 땅으로 돌아와 얼마간 쉼과 행복을 누린 뒤에 곡과 그 무리가 공격하리라는 것을 분명하게 묘사한다는 점이다. 하지만 바로 이것(온 세계를 아우르는 규모를 가진 두 번째 공격과 이 연합 세력을 격파하는 엄청난 승리)조차도 이보다 앞선 예언, 특히 이사야 24-27장과 미가 4:2 및 그 문맥에서 두드러지게 나타나는 예언이 이미 그 형태를 만들어 놓았다. 이 앞선 본문들에서는 문제가 된 특정 시점, 즉 엄청나게 큰 두 번째 공격이 이어질 시기를 확실하게 증명하기가 다소 어렵다. 에스겔 38:17처럼 더 앞선 말들에 주목해야 한다. 에스겔 38:16이 "끝날"에 속한 일로 말하는 큰 사건들이 일어날 연대를 명확히 밝힌다 해도, 그 자체가 이런 일을 종말의 완성이라 규정하기엔 충분하지 않다. 이미 관련 부분에서 살펴보았지만, 방금 말한 문구는 선지자의 관점에서 보면 변동이 가능한 위치에 있기 때문이다. 에스겔서의 예언이 구약의 종말론에서 확실히 두드러진 위치를 차지하는 이유는 그 예언의 내용 속에 들어 있는 어떤 것 때문이라기보다 오히려 신약 성경, 곧 요한계시록 20:7-10이 에스겔서 본문을 재생산한 것을 가져다가 에스겔서에 덧붙이고 집어넣은 어떤 것 때문이다. 요한계시록 20:7-10은 그 문맥으로 보아 사건들(에스겔 38:16이 "끝날"에 일어나리라고 말하는 사건들—역주)이 절대 일어나리라는 것을 말하는 것으로 볼 수밖에 없다.[11]

---

11) 사람들은 특히 에스겔서에 나오는 두 구체적 형상이 적그리스도와 연관이 있다고 지적해왔다. 하나는 38:4의 "내가 갈고리로 네 아가리를 꿰리라"인데, 여기에서는 곡을 짐승에 비유한다. 다른 하나는 38:7로 곡이 미리 준비함을 이야기한다.

결국 우리가 주로 관심을 갖는 것은 바울이 적그리스도를 다룬 본문보다 앞서 이를 다룬 성경 속의 선례들이다. 이에 관한 한, 얼른 봐도 바울은 분명 에스겔서의 자료에 그리 의지하지 않는다. 에스겔서는 특정한 이름을 언급할 뿐 아니라 마지막 때에 원수가 내보이는 적의(敵意)의 총체를 그 안에 집약해 놓았다는 점에서 다니엘서를 넘어서는 것 같은 특징을 갖고 있지만, 바울은 이런 이름이나 마지막 때 원수가 내보이는 적의를 집약한 표현을 사용하지 않고 도리어 그런 적그리스도의 특질만 묘사한 말들을 사용하기 때문이다. 이런 바울의 특징은 군사 및 정치와 거리가 먼 바울 서신 속 예언의 음조와 철저히 일치한다. 반면 다니엘서에서는 여러 장면과 환상이 대체로 보여주는 색조와 분위기가 현세와 더 거리가 멀고 더 초월성을 띠며, 바로 이런 점들을 볼 때 구약과 신약에서 신기원을 이루는 예언들이 일부러 그리고 긴밀하게 연결되어 있는 모습을 발견해도 놀랄 이유가 전혀 없다. 에스겔은 우리에게 곡과 마곡이라는 흥미로운 이름을 제공해주었을지 모르지만, 우리에게 부활이라는 두루마리를 펼쳐 보인 이는 바로 다니엘이다. 마지막 때에 있을 완성은 이 부활의 결과로서 부활과 시차를 두고 혹은 시차를 두지 않고 틀림없이 일어난다.

바울이 데살로니가후서 2장에서 다니엘서에 의존한다는 것은 새삼 지적할 필요가 없다. 3절에 있는 "배교함"(이는 분명 묵시에서 쓰는 전문 용어다)은 다니엘 11:32 이하와 11:39을 강하게 떠올려주며, 데살로니가후서 2:11-13은 예정론을 이야기하는 것 같은 다니엘 11, 12장의 흐름을 반영한다. 특히 데살로니가후서가 원수의 특징으로 묘사하는 반(反)경건성과 신성모독은 다니엘서를 베낀 게 틀림없다: "그가 하나님이라 불리는 모든 것, 곧 예배를 받는 모든 것에 대항하여 자신을 높이고, 하나님의 전에 앉아 그 자신을 하나님으로 내세우리라." 다니엘 5:2-23, 7:20, 21, 8:11, 11:31, 36-40과 데살로니가후서

2:4을 비교해보기 바란다.

하지만 이런 예언 선례들과 문학적(성경에 있는 책들 사이의—역주) 의존 사례들이 놀라워 보일지라도, 바울 자신이 이 신비한 힘을 어떻게 인식했는가가 여전히 가장 중요한 문제다. 우선 바울은 분명하게 강조하지는 않지만 시종일관 이 힘이 인격체일 것이라고 추정한다. 실제로 집단성과 추상성을 띤 운동을 이 힘의 모습과 연관지어 놓았다는 것은 이 힘이 한 힘센 인격체보다 더 많은 존재와 연관이 있음을 가르쳐준다. 그러나 무엇보다 확실한 것은 이 운동의 지도자가 인격체요 인간인 인격체임을 시사한다는 점이다. 얼른 보기에 이를 가장 쉽게 증명할 수 있는 길은 "죄의 사람," "멸망의 아들"이라는 문구들을 제시하는 방법인 것 같다. 이런 문구들이 항간에서 널리 쓰는 말로서 어떤 속성이나 특질을 나타내는 말 앞에 "아들"이나 "사람"을 붙임으로써 그 인간을 이 문구에서 이야기하는 특질을 가장 잘 드러내는 존재나 대변자로 표현한 것이 아니라면, 앞서 말한 방법이 가장 쉬운 증명 방법이다. 이런 경우에 "아들"이 꼭 여기서 언급하는 사람의 종류를 단정하는 말은 아닐 것이다: 죄의 세력을 이끌고 멸망을 가져오며 인간을 넘어선 마귀 같은 지도자라면, 사람들이 그와 동일시하는 것(곧 "죄"나 "멸망"—역주)의 "사람"이나 "아들"이라 불러도 옳을 것이다. 요한복음 17:12이 유다를 두고 "멸망의 아들"이라 부른 것과 비교해보기 바란다. 이런 관용 표현을 썼다 하여 사탄은 적그리스도일 가능성이 아예 없다는 말은 아니다. 데살로니가후서 2장이 묘사하는 내용에는 하나님을 대적하는 자 가운데 우두머리인 사탄의 본질과 여러 모습을 생생히 떠올려주는 특징이 적지 않다. 그렇지만 이 본문의 전체 취지는 바울이 역사라는 조건에 구속당하고 사람들이 볼 수 있으며 인간 역사의 분명한 빛 속에서 움직이는 에피소드를 염두에 두고 있음을 암시한다. 이뿐 아니라, 데살로니가후서 2:9은 우리에게 그가 "옴은 사탄의 활동을 따른 것"이라고 분명하게 일러준다. 사탄의 활동을 **따른** 것을 사탄 자신과 동일시할 수는 없다. 반면, 적그리스도가 초인(超人)이면서 사탄 아래에 있는 악령이라면, 일단 역사의 장에 무대가 서고 드라마가 펼쳐질 경우, 그 드라마에는 십중팔구 악의 나라의 우두머리인 자가 사람들이 볼 수 있게 개입하는 것이 필요하며, 비록 초인일지라도 그 우두머리에 협력하면서 그의 부림을 받는 마귀 같은 중간자가 필요하다. 그렇다면 우리는 적그리스도가 사람이리라는 것을 당연시해도 된다. 적그리스도의 모습 및 행위와 연관된 양상과 사건도 적그리스도가 사람이리라는 견해와 가장 잘 들어맞는다. 그의 형상 전체가 말 그대로 초자연성을 띤 분위기 속에 푹 잠겨 있다 해도 방금 말한 점에는 아무런 변화가 없다. 그는 분명 순수하게 자연성을 지닌 인간(보통 사람)에서 아주 먼 곳에 자리해 있다. 데살로니가후서 2:9은 그가 이적과 표적을 일으킨다고 말한다. 9절은 "거짓 이적들"이라는 말에 그 속성을 나타내는 말인 "거짓"을 붙여 이 이적들을 본디 거짓이요 가짜이며 그저 꾸며낸 가식일 뿐이라고 규정한다. 이런 이적들을 거짓이라 부르는 이유는 이 이적들이 오류를 떠들어대는 선전과 함께하기 때문이다. 마치 계시인 기적들이 복음의 진리를 선포하는 말과 함께하는 것과 같은 셈이다. 초자연적 환경은 진정 존재한다. 그러나 그 환경은 하나님 대신 사탄을 믿게 하는 악한 목적에 봉사할 뿐이다. 이처럼 초자연성과 죄의 사람을 긴밀하게 연계하다보니, 어떤 저술가들은 이런 연계를 위격의 성격을 가진 것으로 보는, 다시 말해 "적그리스도"를 메시아처럼 육신이 되어 나타나 활동하는 사탄으로 보는 극단적 견해를 표명하기도 했다. 이런 견해는 불가능하다. 그 적그리스도가 괴물 같은 본질을 가졌을 뿐 아니라, 메시아의 자리라는 것 자체가 애초부터 더 위에 있는 이에게 복종하는 기능을 가졌기 때문이다. 때문에 자신을 메시아로 내세우는 자는 적어도 겉으로나마 자신보다 더 위에 어떤 이가 있음을 인정하는 셈이다. 바울은 "죄의 사람"이 신으로서 자기보다 더 위에 있는 다른 모든 권세를 부인하고 부정한다고 말한다. 이 "죄의 사람"은 자기 자신을 그야말로 절대 의미를 가진 신으로 내세운다. 이런 점에서 적그리스도 개념과 메시아 개념은 서로 배척한다. 적그리스도는 자기 아래 있는 메시아라는 이를 자기 도구로 활용하는 길을 택할지언정, 그 자신이 메시아인 것처럼 행세할 리는 없다. 자신이 메시아인 것처럼 행세한다는 것은 자신이 하나님인 것처럼 행세하기를 그만 둔다는 말이기 때문이다. 예수는 세 번째 시험에서 사탄의 조종을 받는 메시아 자리를 제안 받는다. 그것은 메시아로서 하나님께 충성하기를 그만두고 시험하는 자에게 충성하는 자리를 받아들이라는 제안이었다. 바로 이 제안은 방금 전에 말한 원리를 분명하게 제시한다. 예수는 시험하는 자가 제안한 새 관계가 우상을 숭배하라는 것임을 깨닫자마자, 다른 이유는 관두고라도 바로 그런 이유로 그 제안을 거부하신다. 거기서 사탄이 제안한 것은 바로 그 자신이 하나님 노릇을 하고 예수는 그(사탄)의 메시아가 되라는 것이었다. 예배를 받고 세상 모든 나라에 권세를 행사하는 이는 개념상 하나님과 똑같은 이다. 그런 이에게 그런 권세를 받는 이는 그 직위가 하나님보다 더 낮을 수밖에 없다. 예수가 진정 하나님을 모독하는 이런 제안을 받아들여 그대로 행하셨다면, 실제도 하나님께 복종하는 분이셨지만 그 경우에도 역시 사탄에게 복종하는 (사탄) 대리인이 되셨을 것이요, 예수와 거짓 신 사이에는 오직 그런 관계만 존재했을 것이며, 실상이 아니라 허상에 동참하는 셈이 되었을 것이다. 바울의 묘사에 따르면, 죄의 사람은 이와 정반대편에 서 있다. 그가 보기에 그 자신을 메시아로 내세우는 것은 곧 그 자신을 부인하는 의미가 되었을 것이다. 두 경우, 곧 예수가 시험을 받으신 경우와 데살로니가 서신이 말하는 경우를 억지로 비교해보면, 둘 다 지극히 경건하지 않게 (자신만이 신임을) 내세운다는 점에서는 똑같지만, 한 경우는 예수를 메시아이자 배교자 역할을 하는 자로 만들려 하고 다른 한 경우는 미래에 나타날 죄의 아들을 이야기한다는 점에서 역할에 차이가 있다. 두 경우 모두 참되신 하나님 아래에 있는 사탄은 신이 되길 열망한다. 복음서에서는 사탄이 예수를 (자기 아래에 있는) 타락한 메시아로 만들어 신이 되고픈 자신의 열망을 이루려고 애쓴다. 그러나 적어도 바울이 분명하게 말하는 내용을 보면, 우리는 미래에 사탄이 이 방법을 쓰지 않을 것으로 추론한다. 사탄은 자신이 메시아의 영역이 아니라 하나님의 영역에 있다고 주장할 것이다.

이렇게 대체로 정리해본 근거들을 놓고 볼 때, 우리는 적그리스도를 메시아라는 틀 속에서 구성한 개념을 거부해야 한다는 마음이 든다. 사람들은 바울 사도가 장차 나타날 죄의 사람을 유대인의 사이비 메시아로서 조만간 그 자신을 그리스도인들이 말하는 메시아인 예수를 부인하고 거부하는 자로, 그리고 원칙상 자신의 모든 행위로 메시아이신 예수에 맞서는 자로 내세울 자로 인식했다고 주장했다.[12] 이 견해는 바울이 데살로니가후서를 쓸 당시 생각했던 적그리스도는 유대인들이 그들의 메시아로 인정하려 했던 자요, 예수가 메시아이심을 중심으로 삼는 참된 기독교 복음에 비춰볼 때 현실에서 불순종과 불신앙의 영을 최고로 체현하곤 했던 자라고 본다. 그런 인물은 유대인들이 가졌던 메시아 대망이 사탄을 따라 부패하고 타락한 모습을 대변할 것이다. 이 견해를 따르는 사람들은 이 모든 상황을 데살로니가 서신을 쓴 여러 정황에 비춰 쉽게 설명할 수 있다고 믿는다. 그때까지 바울 사도가 직접 겪은 반대와 핍박은 오로지 유대인이 가한 것이었다. 이방인들이 사도를 괴롭혔을 때도 유대인들이 부추기는 바람에 그런 일이 벌어졌다. 다름

---

12) Schneckenburger, J. f.d. D. Th., 1859; Weiss, St. u. Kr., 1869와 비교해보라. 하지만 부세트는 이를 단지 이 개념의 오랜 진화 과정에서 나타난 한 양상으로 본다.

아닌 데살로니가에서, 그러니까 바울이 그 도시에서 설교하던 때에 이방인들이 유대인들의 부추김을 받아 바울을 괴롭힌 일이 벌어졌다. 마찬가지로 바울은 우리가 보는 서신(즉 데살로니가 서신—역주)을 쓴 고린도에서도 그와 똑같은 적대감에 부닥쳤던 일이 있었다. 데살로니가전서와 데살로니가후서는 유대인들을 이야기하면서 가장 센 악담을 쓴다. 데살로니가후서는 "불법의 비밀"이 "이미 활동하고" 있었다고 말하는데(2:7), 말하자면 이것은 바로 그때 바울을 파괴할 음모를 몰래 꾸미던 유대인들의 적대 행위로 이해하는 것이 가장 자연스럽다. 요컨대 이 적대 행위는 겉으로 보면 예수와 예수의 사도(바울—역주)만을 대상으로 한 것이나 하나님께 불순종한 것이었기에, 결국 뒷부분이 묘사하는 것처럼 경건치 않고 하나님을 모독하는 행위를 공공연히 저지르면서 대놓고 배교하는 일이 벌어진다. 심지어 이 견해는 "불법한 사람"이 하나님을 모독하는 주장들, 곧 하나님으로 불리거나 예배 받는 모든 것에 맞서 자신을 높임으로써 하나님의 전에 앉아 자신을 하나님으로 내세우는 주장들(살후 2:4)을 메시아를 하나님의 절대 대변자로 보는 원리를 토대로 설명할 수 있다고 믿는다. 이 경우, 자기가 메시아 지위를 가졌다고 거짓 주장하는 것은 자기가 하나님이 받으실 영예와 예배를 받을 권리가 있다고 거짓 주장하는 것이다. 이 견해는 이 자가 예루살렘 성전에서 보좌에 앉았다는 사실을 들어 바로 이 자를 유대인들의 사이비 메시아로 생각할 수 있다고 말한다. 자신을 하나님이 거하시는 성소로 인정하는 장소에 의지하여 거짓 주장을 내세우기 때문이다. 데살로니가후서 2:9이 말하는 거짓 예언 역시 이렇게 문제를 해결하는 견해를 지지한다고 믿는다. 이 견해는 함께 묶어 제시한 권세 침해(즉 하나님이 아닌 자가 하나님인 것처럼 하나님의 권세를 침해함—역주)와 거짓 예언이라는 두 특징이 특히 대적 행위를 하는 원수가 유대인이 틀림없음을 증명해주는 것으로 본다. 반면 이교도 권력자가 적그리스도인 인간으로 나타나는 곳에서는(요한계시록이 그러하다) 거짓 예언이 적그리스도 원리와 동일하진 않지만 그 원리와 연관 있는 활동일 가능성이 지극히 높은 별개의 움직임으로 나타난다고 본다. 더 나아가 지금 우리가 논의하는 이 견해는 바울이 유대인인 사이비 메시아가 로마 제국을 뒤엎고 ("보편성을 띤^{universlaistic} 나라가 아니라) 세계를 아우르는^{universal} 유대인 왕국을 세우려 할 것으로 예상했다고 본다. 결국 이 해석은 "제지(制止)하는 자"(ὁ κατέχων, 남성)와 "제지"(τὸ κατέχον, 중성)라는 전문 용어가 로마의 권력과 로마 황제를 가리킨다고 생각하는 것이 자연스럽다고 본다. 바울은 두 번 이상 로마 당국의 보호를 받아 유대인들의 간계와 핍박에서 벗어났기 때문에, 로마 당국을 자신이 제시하는 그리스도의 대의에 맞서 마지막 몸부림을 치며 극렬히 불타오르는 유대인의 적대감을 당장 제지해주는 이로 생각하기 쉬웠을 것이다.

하지만 유대인이 사이비 메시아요 적그리스도라는 이론이 이처럼 우리 앞에 제시되었으나, 우리는 이 이론이 암시하는 내용들이 얼마나 터무니없는지 금세 느끼기 시작한다. 적그리스도를 이처럼 대담하게 묘사하는 예언이 정녕 바울이 말하는 것이라면, 깊이 생각해볼 것도 없이 그의 예언은 십중팔구 잘못이어서 결국 이루어지지 않은(아니 어쩌면 "이루어질 수 없는"이라고 말해야 할지도 모르겠다) 예언에 속할 것이다. 이런 입장을 가장 널리 지지해주는 근거가 바로 "적그리스도"라는 이름 자체다. 적그리스도는 말 그대로 "그리스도"를 떠올려주는데, 그는 그리스도를 대적하거나 반대할 뿐 아니라, 그리스도의 자리를 찬탈하여 아예 그리스도를 몰아낸다. 그러나 처음부터 기억해두어야 할 것은 "적그리스도"라는 말이나 "적그리스도다"라는 술어가 바울이 쓴 단어는 아니라는 것이다. 신약 성경에서 이 단어들은 요한이 썼다.13) 나아가 이 말들이 요한 서신에서 나올 때도 "적anti"라는 접두어가 꼭 "…을 대신하는in the place of"이라는 의미인가는 확실치 않다. 요한 서신 본문에서는 "그리스도를 대적하는 자"라는 의미가 아주 분명하고 자연스럽게 나타난다. 하지만 그리스도를 대적하는 자와 그리스도를 몰아내는 자가 구분된다 할지라도 대중은 마음속으로 그런 구분을 항상 예리하게 느끼지 않았을 수도 있다. 물론 몰아냄은 대적 행위를 포함하나, 그 역(逆)은 참이 아니다. 대적 행위에는 원수의 자리를 찬탈하는 것 외에도 다른 방식들이 있기 때문이다. 여기에서는 오로지 더 커다란 일반 개념만 인정할 수 있지만, 더 나아가, 만일 그런 요소들이 있다면, 정확히 어떤 본질을 가진 요소들이 더 특별한(구체적) 개념을 이루는 요소들로 들어와 있는지 밝혀내려고 노력함으로써 "적"의 의미로 "…을 대신하는"이 확실히 등장하는지 확인해볼 수도 있다.

정확히 말하면 사이비 유대인 메시아라는 개념과 하나님의 원수 우두머리라는 개념은 구분해야 한다. 하나님을 대적하는 원수의 우두머리는 자신을 유대인의 메시아로 내세우려 하지도 않고 공중(公衆)이 그를 그런 메시아로 인정하지도 않는다. 그는 말 그대로 그리스도인의 참 메시아가 행하시는 특정한 방법들을 택하거나 모방할 뿐이다. 하지만 그 내면의 영적 정서와 태도는 메시아처럼 하나님께 복종한다는 초점에서 늘 벗어나 있으며, 그를 추종하는 자들의 영적 정서 및 태도도 하나같이 그러하다. 메시아의 방법 및 절차와 유사하리라는 것은 경험으로 증명하지 않고*a priori* 인정해도 무방하다. 결국 우리는 여기서 세계를 조직하는 가장 높은 힘 둘을 다루고 있으며,

---

13) 요일 2:18, 22, 4:3, 요이 7.

이 둘은 똑같이 그 활동 규모가 거대하다. 때문에 그 형태를 생각해보면, 이 둘 사이에는 그들끼리 서로 닿아 있고 이 때문에 어느 정도는 서로 비슷한 점과 평면이 있을 수밖에 없다. 우주 전체를 아우르는 휘장의 넓은 주름들이 이 둘 위에 똑같이 드리워 있다. 이 둘은 거대한 모습으로 예언과 세계사의 영역을 밟고 다닌다. 이를 보면서, 이 둘이 똑같이 최고 목표에 이르고자 다툼을 벌이는 것이 이 둘을 각기 앞으로 나아가게 만드는 원동력이 된다는 인상을 받는 것은 전혀 이상한 일이 아니다. 그들이 구성하는 프로그램도 크다. 이 때문에 우리는 이 둘을 나란히 놓고 볼 수밖에 없다. 이 때문에 데살로니가후서 2:6은 죄의 사람에게 "ἀποκάλυψις"(아포칼립시스, "나타남")라는 말을 사용하여 "그가 그 자신의 때에 나타나게 하려 하여"라고 말하고, 8절에서는 "그 때에 '불법한 자'가 나타나리니"라고 말하며, 9절에서는 그의 "παρουσία"(파루시아, "나타남")를 말하면서 "그의 나타남은 모든 권세와 표적과 거짓 이적들을 행하는 사탄의 활동을 따름이라"고 말한다. 우리는 성경이 그가 일하는 방식을 묘사해 놓은 말을 보면서 그 방식이 참 그리스도의 종들이 행하는 복음 선포와 비슷하다는 생각을 할 수밖에 없다. 하지만 이 모든 본문들이 겉으로 보면 사이비 유대인 메시아를 말하는 이론을 지지하는 것 같지만, 그 내용에는 대단히 중요한 한 가지가 빠져 있다: 즉 이 모든 본문은 지극히 높으신 하나님께 복종하는 메시아를 인식하거나 인정하거나 인정하는 척이라도 한다는 암시를 전혀 주지 않는다. 이 본문들과 4절을 통틀어 살펴봐도, 지극히 높으신 하나님께 복종하는 메시아를 인식하거나 인정하거나 인정하는 척 한다고 말하기가 불가능하다. 죄의 사람은 사탄의 조종을 받아 그리스도의 나타남에 동반하는 어떤 웅대한 일들을 재생산하고 악용하여 그의 사악한 목적을 이루려고 동분서주하지만, 이런 일들을 메시아직이라는 최상위 개념 밑에 집약하기는 불가능하다. 그 이유는 간단하다. 그런 사악한 목적을 이루려는 일들을 메시아라는 이름을 내걸고 했다간 신 혹은 신에 준하는 모든 것에서 절대 벗어나려 하는 그의 지극히 내밀한, 그리고 공중이 다 아는, 목표가 부숴질 것이기 때문이다. 만일 한쪽의 사역 정신과 방법을 규정하는 틀과 다른 쪽의 그것을 예리하게 구분할 말이 필요하다면, 적그리스도의 사역 정신과 틀은 대단히 훌륭한 메시아의 방법들을 "표절"하여 이런 방법들을 최대한 활용하면서 자신을 따르는 자들이 메시아의 의도와 동떨어진, 아니 오히려 메시아의 의도에 대놓고 대항하는 자신의 의도를 좌절시키는 쪽으로 해석하지 않게 늘 조심한다는 말로 규정할 수 있겠다. 실제로 이렇게 공공연히 경건치 않음을 내보이는 적그리스도의 정신 상태와 거의 자기존재를 지워버렸다 할 정도로(오로지 하나님만 드러내면서 자신은 철저히 하나님 밑에 두어 사람들이 그 존재를 모를 정도로—역주) 하나님께 철저히 경건하게 복종하는 예수의 정신 상태만큼 상극을 이루는 것은 없을 것이다. 적그리스도가 택한 표절은 그 내용 자체만 놓고 보면 복잡하다. 그러나 이렇게 표절한 것들은 메시아와 거리가 먼 것임을 공공연히 드러내는 프로그램, 객관적으로 봐도 공허할 뿐 아니라 그리스도인의 모든 경건한 인식과 열망을 없애는 것을 목적으로 삼는 프로그램을 세우려는 도구들이다. 죄의 사람은 그 누구보다 더 경건치 않고 경건에 맞서며 메시아에 맞서는 자다.

이레나이우스(135-202, 프랑스 리옹 주교였으며 사도 요한의 제자인 폴리카르푸스의 제자였다고 한다—역주) 이후 교부 저술가들이 쓴 글에서는 적그리스도가 유대인으로 빈번히 등장했음을 인정하지 않을 수 없다. 그런 예 중의 하나가 적그리스도의 계보를 찾으면서 단 지파까지 거슬러 올라간 경우다. 부세트는 이런 경우를 충분한 근거로 삼아 적그리스도를 유대인으로 보는 교리가 우리에겐 남아 있지 않지만 교부들은 아직 볼 수 있었던 유대교 기록이나 전승이 죄의 아들에 관해 천명했을 것으로 추정하는 기독교 이전의 고대 교리 가운데 일부라고 선언했다. 단 지파를 적그리스도의 근원으로 생각하게 된 것은 창세기 49:16, 17이 이 지파를 두고 이야기하는 내용 때문이다: "단은 이스라엘의 한 지파로서 그의 백성을 심판하리라. 단은 길가의 뱀이요 샛길의 독사로 말굽을 물어 말 탄 자를 뒤로 넘어지게 하리라." 신명기 33:22은 "단은 바산에서 뛰어나오는 사자 새끼다"라고 말하는데, 이는 곧 메시아가 나올 지파인 유다 지파의 경쟁자나 원수를 말한다. 또 예레미야 8:16은 단에서 원수의 말들이 콧김을 뿜으며 숨쉬는 소리가 들릴 것이며, 단의 힘센 말들이 우는 소리에 온 땅이 떨리라고 말한다. 레위기 24:10, 11도 들 수 있다. 거기서 "그 이름"을 모독한 자가 단 지파 여자의 아들이었다고 말하기 때문이다. 또 다른 사실이 있다. 사사기 18:30, 31은 단 지파가 일찍부터 우상숭배를 해왔다고 말하며, 훗날 단은 여로보암이 도입한 황소 숭배의 두 중심지 가운데 하나가 되었다. 그러나 교부들이 후대에 죄의 사람을 두고 이런 판단을 내린 주된 이유는 (요한계시록은 차치하고) 십중팔구 바울이 그 죄의 사람이 성전 안에 그 보좌를 세우리라고 예언하기 때문인 것 같다. 이 죄의 사람이 성전 안에 보좌를 세우는 것은 오로지 그가 유대교와 손을 잡았기 때문이라고 생각하는 사람들이 많았을 것이다. 이 모든 해석이 나온 것은 오로지 알레고리 주해 때문이라고 믿을 수밖에 없다.

위 내용은 바울이, 곧 사람들이 데살로니가후서 저자라 여기는 이가, 죄의 사람의 기원을 유대인으로 보고 유대인인 거짓 메시아의 이미지를 따라 죄의 사람을 묘사했다고 보는 견해에 이의를 제기한다. 이 견해에 반대하는 견해는 "시대사에 따른*zeitgeschichtliche*" 해석을 통해 다른 설명을 제시하면서, 그 죄의 사람이 말 그대로 이교의 사악한 본질을 가장 강렬하게 구현하고 참되신 하나님과 하나님 백성에 가장 지독한 악의를 품고 대항하는 이교도 인물이라고 본다. 다니엘서와 요한계시록에는 적어도 적그리스도 사상의 역사 중 한 면을 이루면서 방금 말한 견해를 지지하는 것으로 보이는 내용이 많이 들어 있다. 하지만 죄의 사람을 "시대사에 따른" 해석을 따라 좁혀볼 경우, 바울이 그 끝에 이르면 세상의 마지막이 임하리라고 예상했던 과정은 단지 로마 제국이 유대인과 그리스도인에게 가한 핍박 드라마의 일부에 불과한 것이 되어 버리고, 오래 전부터 적그리스도 개념에 담겨 있던 광범위한 의미도 신빙성을 잃어버린다. 사람들은 이 죄의 사람 개념이 한때 유행했던 믿음, 곧 핍박자의 우두머리인 네로가 도망치거나 죽어 역사의 장면에서 사라진 뒤에도 금세 돌아와 사탄의 도움을 힘입어 초자연적 영향력을 행사하고 초자연적 활동을 펼침으로 그의 사악한 통치를 새롭게 펼쳐 보이면서 그 누구도 따르지 못할 악의를 품고 적그리스도가 행할 핍박을 행하리라는 믿음과 결합한 것이라고 믿는데, 이렇게 보는 것이 대중에게 가장 널리 알려진 죄의 사람 개념이다. 사람들은 데살로니가후서와 요한계시록 저자가 이 견해를 취한다고 보았으나, 방금 말한 견해에서는 데살로니가후서와 요한계시록이 그 제목에서 제시하는 정경 저자가 쓴 것이 아니라고 본다. 이 이론은 저작 연대 문제만 살펴봐도 사도 바울은 데살로니가후서를 기록한 일과 전혀 무관하다는 것이 분명하게 드러난다고 말한다. 이 견해가 이렇게 해석하는 성경 부분은 68년에 일어난 네로의 죽음을 전제하기 때문이다. 물론 (여러 시대 일이 뒤섞여 있다고 보는) 요한계시록의 경우에는 데살로니가후서처럼 저자라고 생각되는 이의 활동 연대와 책 내용의 배경 연대가 일치하지 않는다는 비판은 하지 못할 것이다. 하지만 여기 요한계시록에서도 마치 판타지 같고 많은 점에서 갈등을 빚는 장면들, 아주 다양하나 대부분 신화 같은 자료들에서 연유했다고 여기는 장면들은 우리가 가진 이 신약 정경의 마지막 책에서, 적어도 이 책의 환상 장면에서, 거의 모든 신앙적 가치를 앗아갈 것이다. 우리는 여기서 이런 가설을 요한계시록에 적용하는 일에는 상관하지 않겠다. 다만 바울의 종말론이라는 테두리를 엄격히 지키고 싶기 때문이다. 데살로니가후서는 마지막 때 일들을 가르친다는 점에서 바울 서신에서도 독특한 서신이며, 그런 이유만으로도 주의를 집중하여 다뤄야 할 가치가 있다. "신앙의 유비^{analogia fidei}" 법칙이 학생들에게 요구하는 것은 가능하다면 데살로니가후서의 내용을 확실히 밝힌 뒤에 비로소 하나와 다른 하나를 연계하며 서로 조화를 이루게 해석하려고 노력해야 한다는 것이다.

근대 비평은 이런 방법 원리를 늘 충분히 유념하지는 않았다. 근대 비평은 적그리스도를 네로로 보는 이론에서 출발한 뒤 이런 이론을 요한계시록에도 아주 성급하게 강요했다. 그 바람에 바울의 미미한 예언은 그보다 더 큰 동료(즉 요한계시록—역주)가 드리운 거대한 그림자에 가려 어둠에 싸인 채 왜소해지고 말았다. 사람들은 고대 그리스도인들이 마지막 때 일들에 골몰하며 두려워했던 주된 이유는 필시 네로 이야기 때문이었을 것이라는 강박에 사로잡혀, 바울이 말하는 "죄의 사람"도 그와 동일한 미신의 범주 속에서 자라났다는 것을 자명한 공리로 여겼다. 튀빙언 학파[정반합(正反合)이라는 헤겔의 역사 발전 논리를 종교사에 적용했던 독일의 신학 학파로 19세기부터 20세기까지 활동했다—역주]는 이런 "로마와 관련지어 해석하기^{Rominization}"(아니 "네로와 관련지어 해석하기^{Neronization}"라고 부르는 것이 낫겠다)에 각별한 도움을 주었다. 헤겔 철학에 기초한 신약 비평의 태두인 케른^{Friedrich Heinrich Kern}, 바우어^{Ferdinand Christian Baur}, 힐겐펠트^{Adolf Bernhard Christoph Hilgenfeld}와 다른 많은 이들은 처음부터 이런 견해를 힘써 옹호했다. 이들은 요한계시록 13장과 17장에 나오는 장면들을 네로가 다시 돌아오리라는 믿음에 근거한 것이라고 설명한다. 요한계시록에서 이 앞의 문맥은 "짐승"의 일곱 머리 가운데 하나가 쳐 죽임을 당했다가 그의 목숨을 앗아간 타격에서 회복함, 이 일 후에 그 짐승이 용에게 권세를 받은 뒤 적그리스도의 모습대로 행하고 예배 받음을 상세히 이야기한다. 또 666이라는 유명한 숫자를 이 짐승에게 부여하는데, 방금 말한 이론을 뒷받침하고자 이 숫자가 "네론 케자르^{Neron Kesar}"라는 이름을 구성하는 히브리어 문자들이 가리키는 숫자들의 합이라는 견해가 등장했다.[3] 요한계시록 17장은 일곱 머리와 열 뿔을 가진 짐승과 이 짐승 위에 음녀가 앉아 있는 모습을 이야기한다. 아울러 이 짐승이 예전에 있었으나 지금은 없으며 장차 무저갱에서 올라와 멸망으로 들어가리라는 것을, 다시 말해 이전에는 있었으나 지금은 없으되 장차 나타나리라는(πάρεσται) 것을 상세히 이야기한다. 더 나아가 일곱 머리는 일곱 왕이요, 그 일곱 가운데 다섯은 쓰러졌으나 하나는 현재 있고 다른 하나는 아직 나타나지 않았다는 것, 일곱 번째 머리가 나타나면 필시 잠시 동안 존속하리라는 것, 그리고 거기서 짐승이 여덟 번째로 등장하겠으나 이 짐승 역시 일곱에 속해 있다는 것을 상세히 이야기한다. 이 이론은 그 일곱 왕을 로마 제정기 첫 일곱 황제(일곱 황제를 순서대로 말하면, 옥타비아누스, 티베리우스, 칼리굴라, 클라우디우스, 네로, 갈바, 오토 마르쿠스다―역주)와 같다고 본다. 네로는 그 일곱 황제 중 다섯 번째 황제였다. 따라서 이 이론은 요한계시록의 이 부분이 네로가 죽은 뒤 여섯 번째 황제 치세기에 쓴 것이며, 네로 뒤를 이은 두 황제가 잠시 다스린 뒤에 네로가 죽은 자들 가운데서 돌아와 적그리스도 역할을 하리라는 예상을 반영한 것이라고 믿는다.

우리는 데살로니가후서 2장이라는 열쇠구멍에 요한계시록이라는 열쇠를 끼워 맞추기가 심히 불가능함을 분명히 밝히고자 이런 몇 가지 해석 시도를 간략히 살펴보았다. 데살로니가후서의 예언과 요한계시록의 예언은 한 예언이 아니라 두 예언이며, 각각 그 고유한 맥락 속에서 주해해야 마땅하다. 바울이 죄의 사람을 묘사한 내용에는 네로를 떠올리게 할 만한 게 전혀 없다. 사실 죄의 사람에게도 강림이 있으며, 이 죄의 사람의 강림에도 그리스도의 이중 강림("재림") 같은 개념이 결합해 있다. 죄의 사람이 두 번 나타남과 그리스도의 재림이 닮았음은 죄의 사람도 두 번 나타나리라는 것, 그리고 처음에 역사 속에 등장한 뒤, 죽든지 아니면 동방으로 도망치든지 역사의 장면에서 사라진 다음, 아주 마귀 같고 초자연성을 띤 형상으로 자신이 할 적그리스도 역할을 완전히 펼쳐 보이리라는 취지로 죄의 사람이 나타남을 소개한 내용에서 발견할 수 있을 것 같다. 데살로니가후서가 말하는 사건들과 요한계시록이 말하는 사건들을 아주 성급하게 동일시하는 견해는 분명 지지를 받을 만한 근거가 약하다. 우리는 이처럼 "첫 번째 강림"과 "두 번째 강림"을 형식상 구분하는 것에 익숙하지만, 당시에는 이런 구분을 하지 않았으며, 적어도 이런 구분이 네로가 두 번에 걸쳐 나타나리라는 것을 시사한다 할 정도로 확정된 의미를 얻지는 않았다. 예수의 나타나심은 단 한 번만 있었고, 다른 한 번은 미래에 일어날 일이었다. 그렇다면 "παρουσία"(파루시아, 강림, 나타나심)라는 말을 연대(年代, 당시에 사람들이 가졌을 법한 이해—역주)에 맞게 사용할 경우, 이 말은 네로가 다시 돌아온다는 개념을 가리킬 리 없으며, 네로가 죽은 자 가운데서 다시 살아온다는 개념을 가리킬 리는 더더욱 있을 수 없는 일이다. 더욱이 네로는 그리스도인들을 크게 핍박한 자였다. 그가 종말론적 평판을 얻은 이유는 바로 이런 핍박자라는 인물상 때문이었다.[14] 데살로니가 서신에

---

14) Zahn, *Einleitung* I, pp. 251ff.는 네로 신화가 요한계시록에도 들어와 있다는 견해를 강력히 반박하는 주장을 제시한다. 찬은 연대 순서를 주장 근거로 제시한다. 네로가 돌아오리라는 믿음은 차례로 두 단계를 거쳤다. 초기 단계의 믿음은 네로가 실제로 죽임을 당하지 않고 동방(파르티아)으로 도망쳤으며, 앞서 죽지 않았던 그가 돌아와 이전에 가졌던 지배권을 되찾으리라고 주장했다. 뒤이어 시간이 흐르자, 네로가 여전히 살아 있다는 믿음은 없어지고 네로가 돌아오리라는 첫 기대는 그가 정말로 죽었으나 곧 하데스에서 돌아오리라는, 더 신비한 믿음으로 바뀌었다. 찬은 요한계시록 안에서 첫 단계의 믿음이 뒤 단계의 믿음으로 넘어가고 있음을, 혹은 넘어갔음을 발견하기에는 요한계시록의 저작 연대가 너무 이르다고 주장한다. 네로는 사라질(죽을) 당시 겨우 31세였다(68년). 때문에 80년에 혹은 80년 무렵이 되었어도 그는 나이가 43세를 넘지 않았을 것이다. 네로를 생각하면서, 네로의 삶이 그 단계에 있을 때는 그가 산 사람으로 돌아오리라고, 혹은 어느 때든 돌아올지 모른다고 믿는다 할지라도 전혀 터무니없는 견해가 아니다. 그러나 사람들

서는 그의 행위가 애초부터 종교적, 도덕적 꾐(미혹)이라는 영역에 자리해 있다. 그는 폭력 행사라는 방법이 아니라 그의 추종자들을 복음의 진리에서 떼어내어 잘못된 길로 이끄는 방법으로 전진한다. 사실 바울 사도보다 앞선 적그리스도 전승 선례들에서는 적그리스도를 정치 조직과 정치 활동에서 완전히 떼어놓기가 힘들었다. 하지만 바울 사도는 정치 조직 및 정치 활동을 그리 많이 말하지 않는다. 대체로 바울의 가르침은, 종교의 발전 방향이 좋은 쪽이냐 나쁜 쪽이냐를 떠나, 종교 발전의 큰 원리들을 포착해내려는 분위기를 보여준다. 이런 분위기는 적그리스도라는 주제를 말 그대로 정치 조직이나 정치 활동의 평면을 넘어 더 높은 차원으로 끌어올린다(즉 바울은 적그리스도라는 주제를 현실 정치 차원이 아니라 더 높은 차원에서 다룬다는 말이다—역주).

바울이 큰 원수를 다룰 때 드러내는 이런 특징을 분명하게 보여주는 것이 "죄의 사람"이라는 이름, 혹은 이 이름의 변형으로 바울이 많이 채택한 "불의의 사람"과 "불법의 사람"이다. 앞서 살펴보았듯이, 이 이름들은 히브리어 관

이 요한계시록에서 네로라고 추정하는 인물은 이전에는 죽었다가 다시 등장하는 인물이다. 그는 치명상에서 회복하고 무저갱(밑바닥이 아예 없는 깊은 구덩이)에서 올라온다. 당시에도 여전히 대체로 사람들이 네로가 살아 있는 사람으로서 돌아오리라고 예상했다면, 방금 말한 요한계시록 장면은 그런 예상과 들어맞을 수 없을 것이다. 물론 이런 주장은 찰이 생각하는 요한계시록 저작 연대를 토대로 한 것이다.
데살로니가후서의 경우, 이 서신이 본질상 예언임을 충분히 고려한다 할지라도, 네로가 아직 즉위하지도 않았고, 그의 악랄하고 잔인한 계획들을 아직 실행하지도 않았으며, 아직 사라지지도 않았고, 다른 황제가 그의 뒤를 잇지도 않았는데, 바울이 (종말의 인물이 나타나기까지—역주) 중간에 일어난 이 사건들을 그냥 당연한 것으로 받아들인 채, 그의 독자들은 이런 사건들을 전혀 알지 못하는데도 이 독자들에게 불쑥 어떤 종말론적 인물을 들이댔으리라고 생각하기는 십중팔구 불가능한 일이다. 바울의 독자들이 그런 자를 종말론적 인물로 인식하려면 미래에 일어난 이 모든 사건을 그래도 어느 정도는 익히 알고 있었어야 하기 때문이다.

용어다. 이 이름들은 죄와 불의의 집약체인 자를 가리키지만, 그렇다고 이 자와 바울이 생각하는 사탄이 완전히 같지는 않다. 이 말들은 다니엘서의 예언이 미리 말했던 시리아 위기(시리아 사람들의 침입) 이후 특별한 의미를 떠올려주는 말이 되었다. 데살로니가후서 2:3의 "ἀποστασία"(아포스타시아), 곧 "배교"역시 다른 말들과 조화를 이루어 그 원수가 "배교의 화신"Apostasy Incarnate 임을 표현하는 고유명사로 쓴 말이라고 주장하는 이도 있었다.15) 이것은 후대 교부 저술가들이 공식 확인해주었지만(크리소스토무스와 테오도레투스 같은 이가 그런 이다), 이런 사실이 여기서 바울이 품은 의도를 증명해주지는 않는다. 가끔 벨리알을 "Apostasis"(아포스타시스)로 바꿔 쓰고 그로 말미암아 벨리알과 적그리스도를 동일시하게 된 것도 "배교"라는 말이 고유명사로 바뀌었음을 지지해주는 증거일 개연성이 높다. 실제로 바울이 이 용법을 구사했음을 증명할 수는 없지만, 이런 개념이 처음부터 예언 속에 즉각 침투했다는 것은 이 용례가 지닌 중요성을 증명해준다. 바울 사도는 하나님 모독을 가장 나쁜 악으로 여긴다. 데살로니가후서 2:4에서 말하는 자기신격화(자기를 신으로 높임)가 죄의 사람이 지은 죄 가운데 가장 큰 죄악이라는 느낌이 든다. 단지 관사만 사용하여 3절에서 4절로 넘어간 것은[4] 사상의 연관성을 놀라울 만큼 분명하게 밝혀준다: 이 죄의 사람은 죄의 정점으로 나아간다. 바로 그런 이유 때문에 그는 말 그대로 "죄의 사람"이라는 이름을 가질 만하고 "멸망의 아들"이라 불리는 운명을 맞을 만하다. 바울은 이처럼 하나님 바로 그분의 존재를

---

15) Wohlenberg, *I u. II Thessalonicherbrief*², p. 145을 참고하라. 볼렌베르크는 The Expository Times, *On II Thessalonians*, Vol. XVI, pp. 472, 473에 있는 네스틀레Eberhard Nestle의 논문을 언급한다. "*apostasia*"(아포스타시아)가 여성이고 관사를 사용했다는 것은 이 견해를 반박하는 것 같다. 이는 특히 다른 두 이름에 이 두 이름이 어떤 사람을 가리킨다는 것을 나타내는 접두어가 붙어 있기 때문이다.

부인하는 일, 이처럼 악의를 품고 하나님의 엄위를 모독하는 일을 종말이 가까워졌을 때 일어날 무서운 일들 가운데 가장 무서운 일로 여긴다. 그런 일이 벌어지면 종교의 기반 자체가 흔들린다. "하나님의 성전에 앉아 있음"은 지극히 거룩하신 분을 지극히 불경하게 모독함을 간결하게 한 이미지로 집약해서 보여주는 말일 뿐이다. 이 자기신격화는 순수하게 수동적 태도로(즉 자기를 신으로 높일 의사가 없는데 타의로 말미암아 마지못해 자기를 신으로 높인 것으로—역주) 볼 수 없다. 오히려 이 죄의 사람은 거짓 신이나 참 신을 묻지 않고 정녕 모든 신에 맞서 자신이 신이라고 힘차게 주장한다. ἀποδεικνύντα(아포데이크뉜타, "사람들 앞에서 자신이 어떤 이라고 선포하다"라는 뜻을 가진 헬라어 동사 ἀποδείκνυμι의 현재분사, 중성, 복수, 주격/목적격 형태다—역주)라는 분사는 하나님을 강하게, 적극 모욕하려는 생각을 암시한다. 이 분사는 이 자가 단지 주장에 그치지 않고 자기주장을 행동으로 옮겼음을 의미한다. 바울은 그의 다른 모든 가르침에서도 그렇지만 여기에서도 자신이 철저히 하나님 중심임을 보여준다.

하지만 바울 사도가 악함을 사람으로 표현하면서 제시한 이 인물을 좀 더 깊이 밝혀보려면, 이처럼 지극히 큰 규모로 일어나는 도덕과 종교의 붕괴를 가리키는 "배교"와 끝내 재앙으로 파국을 맞을 "불법한 자"의 나타남 및 행위 사이에 어떤 내밀한 연관성이 있는가라는 질문을 던져보는 것이 도움이 될 것이다. "죄의 사람"과 배교는 이외에 달리 더 동일한 부분이 없다. 오히려 배교는 아주 컴컴하고 시커먼 불길한 구름처럼 "죄의 사람"의 나타남을 에워싼다. "배교"는 갑자기 터진 이 지옥 같은 사건과 더불어 나타난 현상이지, 폭발하듯 벌어진 그 지옥 같은 사건과 완전히 같지는 않다. 배교는 그 원수의 등장과 확실히 연관이 있긴 하지만, 단지 그 원수가 등장할 것을 미리 일러주는 예고편에 불과하다. "죄의 사람"은 그 불길(배교의 불길—역주)이 온 세상을 뒤덮는 화재가 될 정도로 맹렬히 타오르게 부채질한다. 데살로니가후서 2:9-12은 이런 모습을 분명하게 강조한다. 그러나 이와 순서가 반대인 관계(즉 배교가 먼저 있고 죄의 사람이 뒤이어 나타나는 게 아니라, 죄의 사람이 먼저 나타나고 이어 배교가 벌어짐을 말한다—역주)도 역시 옳다고 인정할 수 있다. 3절이 일러주는 순서를 보면, 배교가 먼저 일어난 뒤, 이어 배교의 열풍이 낳은 여파로 악한 자가 올림을 받아 그의 최종 종착지에 이를 때까지 나아간다. 심지어 세상에 악한 구조가 엄습해옴은 물론이요 이런 악한 구조의 불길한 시작을 알리는 첫 사건들도 그 악한 자 때문이라는 추론까지 가능할 것 같다. 7절은 아주 수수께끼 같은 말을 한다: "불법의 비밀이 이미 활동하고 있다." 이 말이 구체적으로 가리키는 것이 무엇이든, 분명 말 그대로 곧 눈앞에 펼쳐질 장면 뒤편에서 그 장면을 예고하는 어떤 은밀한 행위가 차근차근 이루어지고 있다는 인상을 남긴다. "불법한 자"는 자신이 주도하여 이미 시동을 건 어떤 운동의 정점에 그 자신이 설 순간이 무르익으면 등장한다. 물론 이런 운동은 애초부터 바로 그 초인이 휘두르는 힘의 영향 아래 있지만, 이 운동도 죄의 사람을 온 천하에 드러낼 것이다. 이 두 가지(배교와 죄의 사람의 등장—역주)는 서로 시간 순서를 따라 차례로 이뤄지지만, 동시에 각각의 뒤편에서 활동하는 사탄의 영향을 통해 속으로 연결되어 있다. 반면 9-12절에 따르면, "불법한 자^{Anomos}"의 등장은 배교가 더 넓게 퍼지고 체계 있게 짜인 형태로 이루어지게 만드는 계기가 된다. 그는 잃어버린 자들을(즉 정죄를 받아 멸망으로 나아가는 자들을) 미혹한다. 하나님은 불법한 자를 통해 잃어버린 자들에게 미혹하는 활동(개역개정판은 "미혹의 역사"—역주)을 보내심으로(즉 불법한 자가 잃어버린 자들을 미혹하게 하심으로—역주) 이 잃어버린 자들이 거짓을 믿게 하신다. 불법한 자는 사람들을 속이고 그릇된 방법들을 사용하는데, 이 방법들은 잃어버린 자들을 그런 운명의 정점(종착점)으로 인도한다. 잃어버린 자들이 이런 운명에 이른 것은 애초부터 이 사람들이 가졌던 불신앙과 하나님이 벌로 이들의 마음을 굳게 하심이 상호작용하면서 일어날 수밖에 없는 일이었다. 방금 제시한 모든 것은 여호와가 파라오를 다루심을 이야기한 출애굽기 내용을 생생히 떠올려준다. "진리의 사랑을 받지 않았다"는 말은 배교자들이 단순히 추상적 진리를 무시하는 데서 그치지 않고 더 나아가 하나님을 겨누고 대적함으로써 하나님이 나타내신 사랑을, 곧 복음이 그들에게 계시하고 제시한 "진리"의 중심 내용을 이루며 그들을 구원하는 데 이바지하는 그 사랑을 멸시했음을 일러주는 것 같다. 복음을 향한 이런 태도가 드러내는 과도한 죄악성은 이런 태도에 자극받은 하나님이 보이시는 극렬한 반응에서 나타난다: "이런 이유로 하나님이 그들에게 미혹하는 활동을 보내심으로 그들이 거짓을 믿게 하신다." 10-12절은 "불법한 자"가 자기를 신으로 높임이 그 자신만의 확신으로 그치지 않음을 보여준다. 그들은(곧 정죄를 받아 멸망으로 나아가는 자들은—역주) 하나님이 보내신 미혹의 영을 통해 "τὸ ψεῦδος"(토 프슈도스), 곧 "거짓"을 믿게 된다. 이것은 근본적이고 모든 것을 망라하는 거짓이며, 철두철미하게 "죄의 사람"이 그 자신을 하나님으로 세움에서 나온다. 이는 마치 온 세계와 진리 체계가 하나님과 이 하나님이 가지신 신이라는 지위 속에 세워져 있듯이, 자신을 신으로 높이는 거짓 하나님과 그의 짝꿍인 "거짓" 세상도 떼려야 뗄 수 없는 사이이기 때문이다.[16]

이처럼 사도 바울은 이 하나님과 그리스도를 대적하는 자의 비도덕성과

---

[16] 이 본문은 바울 서신에서 가장 흥미로운 말 가운데 하나로서 참된 종교 체험과 지성을 통해 받아들인 진리의 지적 총체를 결합한다. 거짓 종교도 이런 지식 법칙과 종교의 우선성을 믿는 믿음을 피하지 못한다. 종교가 그 모든 기능을 적절히 행하려면, 이런 우선성이 필수불가결하기 때문이다. 이는 진정한 유형의 기독교가 진리의 본질적 내용을 전혀 채용하지 않고도 존재하며 번성할 수 있다는 근대의 망상과 완전히 다른 이야기다.

비경건성을 대강만 그려 놓은 채, 데살로니가 사람들은 물론이요 그들 못지 않게 우리도 당연히 열망할 법한 세세하고 자세한 정보를 그들은 물론 우리에게도 전혀 제공해주지 않았다. 심지어 이 모든 무시무시한 현상들이 일어나 떨어져 나오는 정황조차도 분명하게 일러주지 않는다. 이 외에도 더 구체적 질문, 곧 이 악함의 우두머리인 인격체가 어디서 등장하며 어떻게 활동하는 무대에 등장할 것인가라는 질문 역시 대답이 없는 채로 남아 있다. 그는 사람으로 태어나 때가 무르익은 어느 시점에 이르면 공중 앞에서 그가 할 역할을 떠맡을 것인가? 아니면 그의 모든 활동 방식이 그런 것처럼, 그가 태어나는 방식도 초자연성을 띨 것이라고 추정해야 할까? 후자가 옳다면, 유대인들 자신이 메시아가 사람들 앞에 나타나기 이전의 상태를 묘사했던 것처럼, 하나님과 그리스도를 대적하는 이 자도 드러나지 않은 어떤 신비한 영역 속에서 선재(앞서 존재)하는 시간을 보냈으리라는 생각을 피할 수 있을까? 그의 이력이 끝을 맺을 때는, 이사야 11:4 말씀이 묘사하듯이, "죽임 slaying"이라는 방식을 따름으로써 죽임 당한 그 원수가 지녔던 인격체라는 정체성을 보존해줄까, 아니면 완전히 없애버림 annihilation 이라는 방식을 따를까? ἀναλίσκειν(아날리스케인, "무언가를 완전히 없애다, 파괴하다")과 καταργεῖσθαι(카타르게이스따이, "제거하다, 말끔히 없애다"라는 뜻을 가진 καταργέω의 현재 수동태 부정사—역주)라는 말이 꼭 후자(즉 완전히 없애 버린다는 의미—역주)를 암시하진 않지만, 그래도 어찌 되었든 이 말들은 주가 이 대적자를 심판하시는 행위가 즉각성과 최종성을 가진다는 것을 강조한다: "주 예수가 그를 그의 입의 숨(기운)으로 죽이실 것이요 그의 강림의 나타나심으로 폐하시리라."[17] 하나님

---

17) 벵엘 Johann Albrecht Bengel 은 "ἐπιφανεία"(나타남)와 "παρουσία"(강림)라는 두 단어의 정확한 차이

과 그리스도를 대적하는 이 자가 나타나기 직전 상황을 탐구해보면, 그가 유대인이든 혹은 이방인이든, 이 문제를 좁게 시대사의 틀 속에서 다룬다는 느낌이 아주 많이 든다. 물론 그가 유대인이 아니라면 이교도일 것이라고 주장하기는 쉬운 일이다. 그러나 꼭 이러해야 하는 것은 아니다. 우리는 앞선 논의에서 그 자가 유대인이라는 것 자체를 배제함을 목표로 삼지 않았으며, 다만 그 자가 유대인으로서 메시아 자리에 있는 자일 가능성을 부인하는 주장을 폈을 뿐이다. 이 둘은 서로 다른 이야기다. 마찬가지로 우리는 죄의 사람이 이교도 출신임을 긍정하려 하지도 않았고 부인하려 하지도 않았다. 이 죄의 사람이라는 인격체는 "배교"라는 개념이 아주 촘촘하게 감싸고 있는데, 신약 성경에서는 "배교"가 기독교회와 결합하는 것이 보통이다. 때문에 이런 점을 봐도 당연히 죄의 사람이 신실하지 않고 올곧은 참 신앙에서 심히 먼 교회라는 모태에서 태어나리라는 생각이 가장 먼저 들 것이다. 죄의 사람이 등장하는 정황은 유대인과 이방인의 구분이 의미가 없어진 정황, 원칙상 종교가 문제되지 않는 정황인 것 같다. 그보다 훨씬 더 흥미롭고 대중의 호기심을 더 끌어당기는 것은 어떻게 적그리스도가 세상 속으로 들어올 것인지 탐구해보는 것으로 보인다. 이처럼 이 땅을 초월함은 말할 것도 없고 초자연성을 지닌 분위기가 이 죄의 아들이라는 형상을 감싸고 있음을 인정할 수밖에 없다보니, 그가 어떤 신비한 기원을 가졌다는 생각을 할 수밖에 없을 것 같다. 적그리스도가 인간임은 확실히 의심할 여지가 없다. 위에서 살펴본 명칭들

를 다음과 같이 훌륭하게 정의한다: "강림의 나타나심은 강림 자체(곧 그리스도의 강림—역주)보다 앞서며, 혹은 적어도, ἐπιφανεία τῆς ἡμέρας(에피파네이아 테스 헤메라스, 그 날의 나타남)처럼, 강림 자체가 처음 그 밝은 빛을 비출 때보다는 앞선다." 두 단어와 ἐπιφανεία를 결합해 놓은 바람에 확연히 효과가 커졌다. 이 말들을 가져온 이사야서에서는 하나님의 전능하심이 역사하심이 보여주는 돌연성과 즉각성이 심판 묘사가 보여주는 가장 두드러진 특징 가운데 하나다.

은 관두고라도 그와 하나님이 아주 날카롭게 대립한다는 점, 그가 하나님인 체 행세하는 것이 범죄임을 강조하는 것을 보면, 그는 확실히 피조물의 범주에 속한 자다. 하지만 그가 역사 속에서 등장함을 강조하느라 그와 그가 하는 일을 역사 속에 펼쳐지는 하나님의 계획 속에서 다른 선행 단계들에 곧장 뒤따르는 단순한 단계 정도로 만들어 버리는 것은 설득력이 없다. 성경이 그의 인물상을 묘사하는 방식을 보면, 그가 선재했다는 것을 그가 활동 무대에 공공연히 모습을 드러내기 이전부터 존재했고, 세상 속에 들어오기 이전부터 존재했음을 가리키는 말로 생각하게 만드는 내용이 적잖이 있다. 결국 그가 마지막에 당할 처분이 무엇인가라는 문제를 놓고 섣불리 단정하여 결론을 내리는 것은 주제넘은 일일 것이다. 요한계시록 자체만 봐도 큰 속이는 자(온 세상을 속이는 자)인 마귀와 관련해 그가 불과 유황에 던져질 것이요, 짐승과 거짓 선지자도 거기에 던져지며, 그들에게 영원한 고통이 주어지고, 바로 그 불 연못에 죽음과 음부 ^{Hades}도 던져진다는 것만 이야기한다. 요한계시록 20:6, 14은 이를 "두 번째 죽음"이라 부른다. 일부 주해가들은 이 "두 번째 죽음"이 멸절과 같다고 말한다.[18]

그러나 이런 문제들은 주해가들이 확정적이고 분명한 대답을 만들어내지 못할 정도로 이미 모호하긴 하지만, 그래도 적그리스도의 등장을 다룬 예언에서 가장 신비한 부분을 이루지는 않는다. 이상한 말이지만, 가장 신비한 부분은 바울이 그의 독자들에게 실제로 필요한 것들을 잠시 말한 대목에서 발견할 수 있다. 데살로니가후서 2:5-7을 보면, 분명 그 담화의 주된 취지는

---

18) Zahn, *Komm. z. N. T.* 해당 부분과 비교해보라.

거기 있는 단일 부분들의 의미와 이 단일 부분들 사이의 상호관계만큼 불분명하지는 않다. 이 구절들의 분명한 목표는 다름 아니라 주의 강림이 임박한 것처럼, 아니 어쩌면 아예 바로 그 순간에 주의 강림이 일어나고 있다고 생각하여 과도한 열광과 흥분에 빠져 있던 데살로니가 사람들을 더욱 더 제지하면서도 동시에 이 문제 자체가 갖고 있는 중요한 가치와 고도의 진지함은 전혀 손상하지 않는 것이다. 본문에 있는 말은 독자들을 두렵게 하면서도 위로하는 강림의 실상들을 내다보는 독자들을 다독이면서 다시 인내로 이끌려고 쓴 것이다. 마지막 사건이 일어나기 전에는 아직 죄의 사람의 등장이 늦춰진다. 드러나지 않은 어떤 준비 과정이 진행되어야 한다. 본문(즉 데살로니가후서 2:7—역주)은 이 과정을 ἐνεργεῖσθαι(에네르게이스따이, "활동하다"를 뜻하는 동사 ἐνεργέω의 현재 수동태 부정사다—역주)라 부른다. 이 활동과 유기적 관련성을 가진 지연(遲延)과 더불어 더 적극성을 띤 κατέχειν(카테케인, "방해하다, 막다"를 뜻하는 동사 κατέχω의 현재 능동태 부정사다—역주), 곧 "막음"도 이루어진다. 이 말에서 이렇게 막는 자를 가리키는 준(準)전문용어인 ὁ κατέχων, 곧 "막는 자"나 막는 것을 가리키는 2:6의 중성 명사 τὸ κατέχον이 나왔다. 이렇게 막는 이유는 죄의 사람이 나타나야 할 (바로 그) 때에 나타나고 그 전에 나타나지 않게 하려 하기 때문이다. 결국 죄의 사람(불법한 자)이 나타나려면 "막는 자"나 "막는 것"이 ἐκ μέσου γίγνεσθαι("그 중에서 옮겨져야") 한다. 그러면 곧바로(τότε) 불법한 자가 나타날 것이요, 그를 둘러싼 예언도 무엇이든 이루어진다. 더 나아가 바울은 그의 독자들이 이런 몇 가지 일을 이전부터 이미 어느 정도 알았으며, 그런 지식은 이전에 바울 자신이 그들과 함께 있을 때 갖게 된 것이라고 말한다. 아울러 그는 그의 독자들이 가진 지식이 어떤 주변 문제들(하찮은 내용들)이 아니라 죄의 사람이 저지르는 행위의 핵심과 관련이 있다고 말한다. 바울은 그의 두 번째 서신을 써 보내는 바로 지금, 그의 독자들이 "불법의 비밀" 및 이 비밀의 활동을 막는 것과 관련해 **추가** 지식을 갖고 있다고 선언한다. 요컨대 이것이 우리가 문제 삼은 핵심 구절들이 담고 있는 내용의 핵심이며, 가능한 한 선입견에 치우친 주해를 피하여 이끌어낸 결론이다.

위에서 열거한 몇 가지 점이 서로 완전히 무관하지는 않음을 관찰할 수 있다. "활동"과 "막음"이 서로 상대방을 결정한다는 것이 분명하게 드러난다. 그렇다면 그 비밀은 어떻게 활동하는가? 그 비밀의 활동을 막는 활동을 하고 있다는 것은 어디서 찾아야 하는가? 사람들이 종종 그러하듯이, 6절의 "νῦν(뉜)," 곧 "지금"을 바울이 보낸 이 서신을 읽는 자들이 이전에는 그다지 몰랐으나 이전과 달리 이제는 이전보다 더 많이 알고 있음을 시사하는 말로 해석한다면, 바울이 이 서신을 쓸 때에는 데살로니가 사람들이 그 비밀을 대부분 풀었으리라고 쉬이 추론해볼 수 있다. 데살로니가 사람들이 막는 힘에 관해 "알았다면"(οἴδατε), 이 사람들은 필시 그 힘이 막는 불법의 비밀에 관한 정보도 전해 들었을 가능성이 더더욱 크다. 하지만 데살로니가 사람들이 추가 정보를 얻은 내막을 이렇게 구성하면, 데살로니가 사람들이 어느 경로를 통해 이런 추가 정보를 얻었는가라는 문제가 나타날 수밖에 없다. 이런 추가 정보는 첫 번째 서신(즉 데살로니가전서—역주)을 통해 얻은 것이 아니다. 첫 번째 서신에서는 그런 흔적을 전혀 찾을 수 없기 때문이다. 데살로니가전서를 보내고 후서를 보내기까지 사이에 얻은 것도 아니다. 바울이 직접 그의 독자들에게 주의 날이 임함과 관련해 마치 바울이 보낸 서신인 것처럼 꾸며 그들에게 이른 전갈들을 믿지 말라고 경고하기 때문이다. 그렇다면 그 내막을 이렇게 구성하는 것은 그만둬야 할 것이다. 하지만 말의 순서로 보면 그렇게 구성해도 된다. 아울러 "내가 이 일을 너희에게 말했다"라는 동사[살후 2:5, "말하다"라는 뜻을 가진 헬라어 동사 λέγω의 1인칭 단수 미완료 능동태 직설법 형태인 ἔλεγον(엘레곤)을 사용했다—역주]와 짝을 이룬 "내가 아직 너희와 함께 있을 때에"라는 말과 νῦν이라는 말이 자연스럽게 대조를 이루는 점은 그런 구성에 어느 정도 타당성을 부여한다. "그때 내가 말했기"에 "이제 너희가 안다"고 볼 수 있기 때문이다. 또 다른 해석은 "νῦν"과 κατέχον이라는 분사(7절에서는 κατέχων)를 결합하는 해석이다. 이는 그들이 마지막으로 나타날 악이 "지금" 나타나지 못하게 막고 있는 힘에 관해 들었으며, 7절 서두에 있는 γάρ에 비춰볼 때, 악의 비밀을 조장하는 은밀한 일들이 벌어지고 있다는 것도 어느 정도 전해 들어 알았음을 의미할 것이다. "지금"이라는 말을 이렇게 해석하면, 죄의 사람의 나타남이 만물이 맞이할 절대 종말보다 앞서 일어나고 이 둘(즉 죄의 사람의 나타남과 절대 종말—역주) 사이에 적어도 종말론 차원에서 더 이상 어떤 일들이 대규모로 벌어지지 않는다고 말할 수 있는 한, 이 "지금"이라는 말은 바울 사도와 데살로니가 사람들이 현재 가진 지식과 만물이 맞이할 절대 종말을 곧장 연결해준다. 이렇게 두 시대를 곧장 이어주는 전망은 성경의 예언도 모르는 일이 아니다. 독자가 살아가는 "지금"과 완성의 때를 가리키는 "그때"가 둘 사이에 존재하는 엄청난 공간을 초월하여 서로 상대방에게 손을 내미는 경우가 적지 않다. 유달리 어려움을 안겨주는 원인은 그런 것이 아니라, 우리가 그토록 오랜 시간(즉 우리가 살아가는 "지금"부터 절대 종말 내지 완성에 이를 "그때"까지 흐르는 시간—역주)이 언제부터 시작하는지 결정할 수 없다는 사실이다. 물론 바울과 이 데살로니가후서 독자들도 그 시작 지점을 모르긴 마찬가지였다. 그러나 또 다른 난점을 간과해서는 안 된다. 사람들은 보통 "막는 자"나 "막는 것"이 자리한 지점과 적그리스도의 중심인 악이 자리한 위치는 이 둘이 서로 대립의 원리에 따라 상대가 자리한 지점을 결정한다고 주장한다. 죄의 사람이 유대교 안에 있다면, 막는 것이나 막는 자는 이교도의 영역, 특히 로마라는 영역 안에 있다. 이에 반대하는 견해, 곧 사람들이 원수는 로마 쪽에서 나오리라 예상했으며 이를 막는 힘은 어쨌든 유대교 안에 자리한 것으로 보았다고 생각하는 견해를 지지하는 이들도 없지 않았다. 후자의 견해는 두 요소의 불균형이 아주 명백하여 진지하게 살펴볼 만한 가치가 없다. 전자의 경우, 원수(죄의 사람)가 유대인에게서 나오리라는 이론을 가로막는 장애물은 이미 관련 부분에서 충분히 제시해보았다. 유대교를 죄의 사람을 다루는 이 구조에서 완전히 배제하고 "시대사를 따른" 원리를 지지할 경우에는, 네로를 적그리스도로 보는 가설처럼, 적그리스도와 이를 막는 자를 같은 범주 안에 두어야 한다. 즉 적그리스도가 한 황제라면, 이를 막는 자는 그보다 앞서 황제를 지낸 자로 봐야 한다. 그러나 이 견해를 지지할 수 없는 것은 우리가 보기에 바울이 두 원리(적그리스도와 이를 막는 자를 규정하는 원리—역주)를 서로 날카롭게 대립하는 성격을 지닌 것으로 보기 때문이다. 이 두 원리는 아주 딴판이고 서로 대립한다. 이 때문에 하나가 다른 하나보다 앞서며 앞선 것이 뒤에 올 것을 기다린다는 견해는 자연스럽지 않다. 우리가 이미 이해한 대로, "불법의 비밀"이 점점 더 기승을 부리는 가운데 사탄의 원리들은 하나님 백성에게 마지막 결정타를 날리려고 준비하는데, 그래도 좀 더 나은 황제가 미래에 나타날 지독히 악한 원수를 막거나 제지한다든지 혹은 이 황제가 점점 늘어나는 "불법의 비밀"의 활동이 더 늘어나지 못하게 막는다는 것이 과연 있을 수 있는 일이겠는가? 돌아온 네로(죽음에서 혹은 도망쳤다 돌아온 네로—역주)를 준비시키고 이 네로에게 추진력을 불어넣는 이가 바로 악한 자(사탄) 자신이라면, 잠시 네로를 계승한 자(네로가 죽거나 도망치는 바람에 네로 뒤를 이은 황제로서 네로가 다시 나타날 때까지 황제 노릇을 하는 자다—역주)가 아무리 그 배후에 황제의 권력이 있다 한들 돌아온 네로가 저지를 살육을 과연 잠시라도 저지할 수 있을까? 진정 우리는 여기서 비밀 중의 비밀 속을 돌아다니는 셈이다!

폰 호프만Johann Christian Konrad von Hofmann이 만들어낸 독특한 견해를 잠시 짚고 넘어가도 되겠다. 그의 견해는 다니엘서가 잇달아 등장한 세력이 이스라엘 백성에 맞서 싸우리라는 것과 이 세력들이 펼치는 활동 상호간의 관계에 관해 말한 내용을 근거로 삼는다. 다니엘서가 제시한 환상을 보면, 선지자는 정치 세력의 변동 과정에서 일어나는 다툼 뒤편에 이 땅을 초월한 더 높은 존재가 있음을 목격하는데, 이는 새삼 다시 지적할 필요가 없겠다. 다니엘서 10장을 보면, 다니엘에게 나타난 초자연적 인물이 페르시아(바사) 왕국의 군주라 불리는 또 다른 초자연적 힘이 자신을 막았음을 인정한다. 이런 일이 일정 기간 이어졌으며, 그 뒤 가장 높은 군주 가운데 하나인 미가엘(10:21은 "너희의 군주," 곧 이스라엘을 돕는 군주라고도 부른다)이 와서 그를 도왔고(13절), 11:1 역시 이 군주가 그를 도와 강하게 했다고 말한다. 이 본문이 제시하는 내용에 따르면, 세상 권세에도 그가 섬기는 군주가 있고, 이스라엘에게도 인간을 뛰어넘는 영의 세계에 있는 군주가 있다. 이 군주들은 우리 눈엔 보이지 않는 거대한 전장에서 서로 우위를 차지하고자 격렬하고 기나긴 싸움을 이어가고 있다. 이처럼 이스라엘의 군주 외에도 또 다른 군주가 있다. 그는 다니엘 선지자에게 말한 뒤에 다시 돌아와 페르시아 군주와 싸울 것이라고 선언한다. 그러나 그가 싸움을 더 이어가기를 포기하고 떠나가면, 그리스 군주가 등장하여 새롭게 공격을 이어갈 것이다. 폰 호프만은 여기서 대체로 이야기하는 줄거리가 데살로니가후서의 상황과 얼추 비슷하다고 생각한다. 세상 권세의 우두머리인 마귀를 막음, 이렇게 막는 자가 물러남 혹은 떠나감, 그리고 이 일에 이어 곧바로 이스라엘의 대의에 맞서는, 더 경건하지 않은 자의 등장이라는 세 가지 특징이 여기에서도 함께 등장한다. 이처럼 두 예언(곧 다니엘서 10-11장의 예언과 데살로니가후서 2장의 예언—역주)이 우연히 일치하는 점을 볼 때, 적어도 가설로나마, 바울도 κατέχον과 κατέχων을 초자연성을 띠고 로마의 모든 힘보다 훨씬 더 우월한 어떤 것으로 이해했으리라는 추측을 하고픈 마음이 들지도 모르겠다. 잠정적이나마 이런 가설을 받아들인다면, 이는 다른 견해에 따르면 도통 밝혀낼 수 없어 완전히 어둠에 묻혀 있던 한 주제를 적어도 어느 정도는 설명해주는 셈이다. 그럼에도 우리는 여전히 불법의 비밀을 막는 것이 어떻게 일어나는지, 그 비밀을 막는 힘이 어떻게 조직되어 있는지, "불법한 자"를 직접 제지하는 영향력이 존재하는지, 혹은 이 "불법한 자"의 제물이 된 자들에게 미치는 영향이 이 자에게도 에둘러 영향을 미침으로써 이 자의 움직임을 막는 것인지, 구체적 개념을 형성하기가 불가능하다.

데살로니가후서의 진정성(즉 바울 사도가 이 서신을 썼다는 것)을 인정하지 않는 이들은 그 이유 가운데 하나로서 바울 사도가 로마서 11:25에서는 이방인이 가득 차고 모든 이스라엘이 구원을 받을 때가 임할 것을 내다보고 이 중요한 때를 종말을 알리는 전조로 여겼으면서, 정작 여기 데살로니가후서에서는 그와 정반대로 종말이 여기서 예언한 배교에 달려 있다고 이야기할 리는 없다는 것을 든다. 이런 견해에는 이방인이 가득 찰 때가 임한다 하여 그것이 곧 그 이방인 중에서 다시 상당한 무리들이 떨어져 나감(즉 배교―역주)을 배제하는 것은 아니라는 말로 대답할 수 있겠다. 종말에 있을 배교는 바울이 등장하기 오래 전부터 이미 종말론 속에 단단히 박혀 있는 요소였다. 때문에 아무리 바울이라도 이런 배교를 간단히 무시해 버리거나 배교가 들어설 여지가 절대 존재하지 않는 프로그램(즉 종말 프로그램―역주)을 그려내기는 불가능했을 것이다. 심지어 우리 주님도 배교를 분명하게 예언하셨다. 또 로마서 11:20 이하도 배교가 일어날 가능성을 암시한다. 다니엘 11:32을 보더라도, 배교는 다니엘서에서도 선지자가 본 전형적 적그리스도 환상과 긴밀하게 결합해 있는 중요한 요소다.[19]

---

19) ἡ ἀποστασία(헤 아포스타시아, "배교"라는 뜻이며 "헤"는 여성 주격 정관사―역주)라는 명사

우리가 연구를 맺는 이 결론 부분에서 이야기한 내용에는 어쩔 수 없이 큰 문제로 남아 있을 수밖에 없는 것들이 많이 들어왔다. 이 문제들도 결국은 종말 환상이 서둘러 마지막에 이르러야(즉 종말 환상이 마지막 때에 현실로 이루어져야—역주) 비로소 다 풀릴 것이다. 데살로니가후서도 많은 예언 가운데 속하는데, 이런 예언들의 가장 훌륭한 최종 주해자는 종말론에서 말하는 완성일 것이다(만물이 완성에 이르면 모든 예언을 확실하게 속 시원히 알게 되리라는 말이다—역주). 성도들은 이런 점을 고려하여 특별한 종류의 종말론적 인내를 보여야 한다.[20]

앞에 붙어 있는 관사는 이 말이 마지막 때 펼쳐질 일들 속에 단단히 박혀 있는 요소로서 갖게 된 전문적 의미를 증언해준다.

20) 데살로니가후서 2:5-7 주해에는 분명 극복할 수 없는 난점들이 있다. 이를 고려할 때, 이 난제들은 이 정도 논의로 만족하고 나중에 판단할 문제로 남겨 놓는 것이 현명해보일지도 모르겠다. 심지어 다른 곳에서는 복잡한 주해 문제를 푸는데 아주 능숙한 솜씨를 보여주었던 볼렌베르크(Gustav Wohlenberg)도 이 *katechon*(막는 것) 문제에서는 뒤로 물러선다: "여기서 주해자는 여러 난제에 에워싸여 있다"(G. Wohlenberg, *Komm*, p. 153, 주). 그러나 어쩌면 주해자는 *katechein*의 또 다른 의미로서 드물지 않게 사용하는 "점유하다," "소유하여 갖고 있다"에 더 주의를 기울였어야 할지도 모른다. 이 데살로니가후서 본문을 주해하면서 "…을 막다"나 "…을 억제하다"라는 의미만 지나치게 선호하여 받아들이려다 보니 본문 주해가 잘못된 길로 빠져 버렸을 가능성도 생각해볼 수 있다.

이렇게 *katechein*을 달리 번역하면, 이 말이 바울이 데살로니가 서신을 쓸 때 널리 온 세상 위에 군림하던 세상 권세를 언급하는 말임을 간과할 것이다. 이런 해석은 우리를 돌이켜 다니엘서 체계로 인도해줄 것이다. 뿐만 아니라, 이런 식으로 해석하면 다니엘서의 체계를 데살로니가후서의 프로그램에 적용하는 폰 호프만의 견해도 좀 더 지지를 얻을 것이다. 데살로니가후서 독자들이 "*katechon*"이 무엇인지 혹은 누구인지 알았다고, 특별히 그때(즉 바울이 이 서신을 쓸 때—역주)는 알았다고 이해하는 것이 더 쉬워 보일 수 있다. 심지어 아우구스티누스도 예로부터 내려온 주해에 뭔가 불만을 느꼈다. 아우구스티누스는 바울이 데살로니가 사람들에게는 "너희가 안다"고 말할 수 있었겠지만 우리 자신은 모른다고 말한다. 교부 저술가들은 독특하게도 "막다(붙잡다)"라는 번역 자체가 로마의 통치를 상당히 좋게 보는 견해를 담고 있다고 본다. 막는 것이 본디 무엇이든, 그 막는 것은 측량할 수 없을 정도로 더 악한 무언가를 늦추고 지연시킴으로써 교회에 선한 기여를 했다.

바울이 당장 여기서 말하려는 목적은 배교가 아닐지도 모른다. 하지만 널리 적그리스도라는 개념 그리고 특히 배교라는 개념은 우리가 종말에 이르

어떤 의미에서 보면 이것은 "막음(억제)라는 개념"을 포기하는 것이라기보다 오히려 이 *katechein*이라는 단어가 보통 표현한다고 생각해왔던 의미를 바꿔버린 것이다: 그 결과, 이제 이 단어는 "통치를 견제함으로써 절대 악한 통치가 이어지는 것을 막다"라는 의미를 갖게 되었다. 이런 해석을 따라 테르툴리아누스(155?-220? 카르타고 출신의 서방 교회 교부이자 신학자다―역주)도 "우리는 로마가 오랫동안 이어지는 것을 좋아한다*Romanae diuturnitati favemus*"고 주저 없이 말한다. 다니엘서가 묘사하는 네 번째 짐승의 모습이 이 교부들이 상당히 온화하고 친절하다 싶게 묘사해 놓은 네 번째 짐승의 모습은 양자가 이 짐승을 놓고 내린 종말론적 평가가 달라도 한참 다르다는 것을 보여준다. 로마 제국은 늘 변함없이 "네 번째 짐승"이었기 때문이다. 이 네 번째 짐승이 제거당하면, 로마도 감히 그 무시무시함을 따라갈 수 없는 공포의 정점이 비로소 등장한다. 하지만 교부 저술가들은 "*katechein*"을 번역하고 적용할 때 통일되고 일관된 모습을 전혀 보여주지 않는다. 테르툴리아누스와 아우구스티누스는 여러 본문에서 "*tenere*"(붙잡다, 점유하다, 막다)와 "*detinere*"(제지하다, 가로막다, 점유하다)라는 두 가지 의미를 모두 사용하며, 때로는 한 의미를 남성형에, 또 다른 의미를 중성 분사에 적용하는 흥미로운 모습을 보여주기도 한다. 아우구스티누스는 "*apostasia*"라는 말을 어떤 인격체를 의미하는 말로 보아 "*Refuga*"(떨어져 나간 자)로 번역하여 "주에게서 떨어져 나간 자"(*Refuga de Domino*)로 바꿔 쓴다. 아울러 아우구스티누스가 적그리스도를 네로로 보는 네로 가설을 되살리는 것은 흥미로운 점이다. 물론 그는 이 가설이 일부의 견해일 뿐이라고 조심스럽게 이야기한다.

위에서 언급한 교부들의 견해를 보면, 종말론의 내용과 상상이 현실로 일어난다고 보는 실재론을 완전히 보존하고 있다. 그러나 오리게네스(185-254. 페니키아 출신의 초기 그리스 교회 신학자다―역주)의 경우는 이와 다르다. 그는 이 모든 사물 세계에서 실체를 제거하고 이 세계를 영의 세계로 바꿔놓음으로써(즉 알레고리로 해석함으로써―역주) 우리가 보는 본문을 완전히 엉망으로 만들기 시작한다. 오리게네스는 하나님의 원수를 인격체로 보는 개념을 일관되게 포기하지는 않는다. 그러면서 또 다른 곳에서는 적그리스도가 인격체가 아니요 순전히 영적 원리를 상징한다는 견해를 은근히 지지하는 것 같다. 이 두 용법을 함께 고려해보면, 이 두 용법이 요한 서신이 적그리스도를 두고 제시한 가르침의 복제물이라는 느낌을 십중팔구 받을지도 모르겠다.

마지막으로 주목해볼 수 있는 것이 윌리허^(Adolf Jülicher)가 한 말이다. 그는 데살로니가후서에서 거의 모든 도구가 사라진 것은 로마서 11장이 모든 것을 영으로 바꿔놓았기(즉 알레고리로 풀어놓았기―역주) 때문이라고 말한다(Jülicher, *Th. LZ*. 1896에서 부세트가 쓴 책 *Zur Entstehungsgeschichte des Christentums*, 1894를 평한 내용). 이와 반대되는 증거를 찾으려면, 볼렌베르크가 시사점을 제공할 목적으로 자신이 쓴 주석 말미에 붙여 놓은 후기를 참조해야 한다. 방금 언급한 이 후기에서 뽑아낸 몇 가지 사실만으로도 부세트의 견해를 반박하는 데 충분하다.

기까지 모든 세대를 거치는 동안 그리스도의 대의가 아무런 방해도 받지 않고 전진하는 것을 당연시하면 안 된다는 경고임에 틀림없다. 진리의 통치가 점점 확장되듯이, 악의 힘도 종말에 이르기까지 힘을 키워갈 것이다. 세상 만물을 바르고 새롭게 하는 일은 만물을 점차 개선한다고 해서 될 일이 아니며 마지막에 하나님이 개입하셔야 비로소 이루어질 일이다.

역자 주

[1] 단 11:21-35을 참조하라. 안티오쿠스 에피파네스(재위 주전 175-163)는 예루살렘 성전에 제우스 신상을 세우고 이를 섬기도록 강요했으며 유대 율법이 금하는 돼지고기를 먹도록 장려하는 등 유대인들의 신앙을 무시하는 정책을 펼쳐 유대인들에게 큰 반발을 샀다. 이 때문에 결국 마카비 가문이 주도하는 유대인 봉기가 일어났다.
[2] "시빌"은 헬라어로 σίβυλλα(시뷜라)이다. 시뷜라는 고대 그리스의 델피와 같은 곳에서 신에게 계시를 받아 미래 일을 미리 일러주는 역할을 했다고 알려진 여자 예언자다.
[3] 정확히 말하면, 헬라어로 네로 황제는 네론 카이사르(nerōn kaisar)다. 이를 히브리어로 음역하면 nrwn qsr이 되는데, 이 일곱 글자가 가리키는 숫자(즉 n은 50, r은 200, w은 6, n은 50, q는 100, s는 60, r은 200)를 모두 더하면 666이 나온다.
[4] 헬라어 본문(NA27판)을 보면, 살후 2:3은 ὁ υἱὸς τῆς ἀπωλείας(호 휘오스 테스 아폴레이아스, "파멸의 아들")로 끝나며, 곧바로 이어지는 4절은 ὁ ἀντικείμενος καὶ ὑπεραιρόμενος ἐπὶ …(호 안티케이메노스 카이 휘페라이로메노스 에피, "…에 대항하여 자신을 높이는 자")라는 말로 시작한다. ἀντικείμενος는 "…에 대항하다"라는 뜻을 가진 ἀντίκειμαι의 남성 단수 주격 현재 중간/수동 분사로 정관사 ὁ와 결합하여 "…에 대항하는 사람"이라는 뜻이 되고, ὑπεραιρόμενος는 "자기를 높이다"라는 뜻을 가진 ὑπεραίρω의 남성 단수 주격 현재 중간/수동 분사로 역시 정관사 ὁ와 결합하여 "자기를 높이는 자"라는 뜻이 된다.

Chapter 6

부활

데살로니가전서는 부활의 본질 자체에 관해 그리 많은 정보를 제공하지는 않지만, 파루시아(강림)의 본질은 세세한 것들을 많이 이야기한다. 이 서신은 강림과 부활이 곧장 이어져 일어난다는 것을 분명하게 강조한다. 4:16은 이렇게 말한다. "주가 몸소 하늘에서 내려오실 것이요 … 그리스도 안에서 죽은 자들이 먼저 일어나리라." 하지만 4:17이(원서는 18절로 잘못 적어 놓았다―역주) "구름"과 "공중(空中)"을 언급한 것을 근거로 제시하면서 파루시아와 부활이 일어나는 과정을 다음과 같이 구성하는 것은, 즉 주의 강림이 지표면에 이르기 전에 공중의 어느 지점에서 잠시 멈췄다가 이후 계속하여 그 공중에서 어떤 사전 행위들이 다 이루어진 뒤 계속하여 땅으로 내려오리라고 말하는 것은 정당한 근거가 없다. 주의 강림이 늦춰지는(즉 어느 지점에서 그 진행 속도가 더뎌지는―역주) 것은 맞지만, 중단되지는 않는다. "공중에서"라는 장소는 강림하시는 분이 땅으로 오시기에 가장 가까운 장소다. 이 본문이 제시하는 전체 내용을 보면 어색하거나 신비를 시사하는 구석이 전혀 없다. 이런 점을 볼 때 결국은 지표면에서 제법 멀리 떨어진 곳을 상상하는 것이 가장 자연스럽다. 여기 이 본문에서 벌어지는 이 엄청난 사건은 그 범위가 광대하고 우주 전체를 아우른다. 이런 범위는 평평한 지표 위의 어느 한 지점보다 공중에 있는 어떤 높은 중앙 지점과 더 잘 들어맞는다. 물론 일으키심을 받는(부활하는) 이들과 파루시아 때 살아 있는 이들은 처음에는 땅에 있으나 이어 공중으로 옮겨가야 한다. 주가 자리를 잡으신 공중의 어떤 지점에서 주를 뵈어야 하기 때문이다. 데살로니가전서 3:13, 곧 "그가 끝까지 너희 마음을 세워주시고 … 우리 주 예수께서 그의 모든 성도와 함께 오실 때에"라는 말을 주해해보면, 어떤 신비한 요소가 강림과 부활이 벌어지는 이 상황 속으로 들어온다. 여기서 예수와 함께 오는 "성도들"을 그때까지 몸이 없는 unembodied 신자들로서 예수와 함께 하늘에서 땅까지 이 독특한 여행을 하는 이들로 이해하면, 이들의 실체를 파악할 수 없음은 관두고라도 여러 가지 난제가 더 많이 늘어난다. 다양한 의문이 생긴다. 우선 그때까지 하늘에서 몸 없이 살았던 이 성도들이 우리 눈으로 볼 수 있는 몸을 갖고 나타나시는 주와 어울리는 여행 동반자일 수 있을까? (굳이 다니엘 7장으로 되돌아가지 않아도) 신약 성경의 다른 곳은 물론이요 바울도 모든 곳에서 강조하는 것은 영광 가운데 우리 눈이 볼 수 있는 모습으로 나타난다는 이 특징이 이 최후 사건의 가장 두드러진 특징이라는 것이다. 그렇다면 하늘에서 다다를 성도들이 주와 어울리는 빛나는 옷을 입고 땅을 향해 더 움직이실 주를 따라갈 수 있으려면, 부활은 대부분 하늘에서 다다를 성도들에게 일어날 일이라고 예상해야 할 것이다(하늘에서 올 이 성도들은 몸이 없으므로 우선 몸을 갖춘 형태로 부활하여 비로소 우리가 눈으로 볼 수 있는 몸을 가져야 빛나는 옷을 갖춰 입을 수 있기 때문이다—역주). 이 마지막 강림이 끝날 때에 죽었던 모든 신자가 뒤따라 부활할 것이요, 살아 있는 신자들은 (부활 때 일어날 변화에 상응하는 변화를 겪은 뒤에) 이미 공중에서 부활의 실체를 입은 이들과 합류할 것이다. 그리고 이 모든 이들은 함께 어울려 주가 이들을 만나시려고 이미 골라놓으신 곳으로(어떤 곳으로) 가서 주를 뵐 것이다. 여기에서는 이런 구성과 천년왕국의 연관성은 다루지 않겠다. 양자의 연관성은 나중에 바울 서신에 나타난 천년왕국 문제를 다룬 장에서 살펴보겠다. 지금은 이처럼 "성도들"이라는 용어를 하늘에서 온 이들로 보는 이해가 만들어내는 환상적 양상들에 주목하는 것으로도 충분할 것 같다. 이렇게 이상한 모습들이 쌓여 생겨나는 모든 어려움은 "성도들"을 그리스도와 함께 하늘에서 오는 **천사들**을 가리키는 말로 받아들이면 즉시 사라진다. 사실 바울은 어떤 본문에서도 천사들을 "성도들"이라 부르지 않는다. 그러나 우리는 마태복음 27:52에서 그리스도가 십자가에 못 박히셨을 때 자던 성도들의 몸이 거룩한 성에 나타났다는 말을 읽는다. 하지만 이와 상반되는 말로 마가복음 8:38에서 예수가 친히 하신 말씀을 제시할 수 있다: "인자가 그의 아버지의 영광으로 거룩한 천사들과 함께 올 때에 그를 부끄러워하리라." 이 말씀을 보면, 종말론과 연관이 있는 부분들에서는 천사들에게 "거룩한"이라는 속성을 부여하는 것이 특히 적합할 것으로 보인다. 여하튼 데살로니가전서 3:13처럼 종말론 분위기가 아주 물씬 풍기는 본문에서는 천사를 언급하는 것을 금기시할 이유가 전혀 없다. 데살로니가전서 4:14은 "자는 자들을 … 하나님이 그와 함께 데려오시리라[ἄξει(악세이, "데려오다"를 뜻하는 ἄγω의 3인칭 단수 미래 능동 직설법 형태다—역주)]"라고 말하는데, 이 본문에서는 강림 때 그리스도와 부활한 성도들이 함께 오리라는 주장을 끌어낼 수 없다. 여기서 "데려오다"(ἄγειν, ἄγω의 현재 능동태 부정사다—역주)는 성도들을 그리스도와 더불어 하나님 나라로 이끌어 들임을 뜻하지, 하나님이 강림 운동을 통해 땅으로 데려가신다는 말이 아니다. 17절에 있는 말도 똑같이 해석할 수 있다. 그렇게 보면 신자들이 공중에서 그리스도와 만나는 것은 심판을 위해 땅으로 더 내려가려고 준비하는 게 아니라, 천상의 영역에서 그리스도와 더불어 살아가기 시작하는 것이다.

부활과 더불어 벌어지는 상황을 더 분명하게 일러주는 정보는 데살로니가전서 4:16에서 얻을 수 있다. 여기서 우리는 "호령"과 "천사장의 소리"와 "하나님의 나팔 소리"가 강림에 함께함을 안다. 이렇게 묘사해 놓은 소리들은 죽었다가 부활한 이들을 말 그대로 먼 곳에서 불러 모아 이들이 그리스도가 땅으로 내려가시기 시작한 뒤 얼마 안 있어 곧바로 이 강림 사건에 참여할 준비를 하게 하는 역할을 한다.

이 세 묘사 문구에 쓴 전치사가 ἐν(엔)이다(헬라어 본문에서 4:16을 보면, "호령"과 "천사장의 소리"와 "하나님의 나팔 소리" 앞에 모두 전치사 ἐν이 붙어 있다—역주). 이 전치사는 강림 행위와 함께 벌어지는 상황들을 묘사한다. 여기서 다음과 같은 의문이 생긴다: (1) "호령"[κέλευσμα(켈류스마)]하는 주체는 누구이며, 이를 받는 객체는 누구인가? (2) 이 "호령"에 덧붙인 두 말 "천사장의 소리"와 "하나님의 나팔 소리"는 keleusma와 무슨 관계인가? keleusma는 가령 병사들이나 배에서 노를 젓는 선원들, 혹은 무언가를 쫓아가는 개에게 내리는 명령을 묘사할 때 쓰는 강력한 말이다. 하지만 여기에서는 이 말의 의미가 이 특별한 용법들과 전혀 관련이 없다. 여기서 이 말에 군사 개념을 끌어들인다면, 예수를 호령으로 당신 군대를 모아 악의 세력과 싸워 최후 승리를 거두게 독려하는 분으로 표현하는 말이 될 것이다. 그러나 악의 세력은 아직도 철저히 이 모든 표현의 뒤편에 자리해 있다. 여기서 말하는 호령은 분명 죽은 자들에게 외치는 호령이지만, 이 죽은 자들은 비유로 쓴 말로서 소리가 끼치는 다른 모든 영향을 받아들이지 못할 정도로 귀가 먹어 하나님의 모든 권위와 전능하심을 동원해야 비로소 일으킬 수 있을 만큼 죽은 것과 다름없는 상태에 있는 자들을 말한다. 본문은 이런 소리가 다른 방법으로는 소리가 뚫고 들어갈 수 없는 영역에 전달하는 힘이 즉시 효과를 발휘하고 저항할 수 없는 힘이라는 것을 아주 놀랍게 표현한다.

그렇다면 *keleusma*를 내리는 주체, 곧 이 엄청난 명령을 내리는 이는 누구인가? 그리스도이신가 아니면 하나님이신가? 혹자는 "주"가 "강림하시리니"라는 동사의 주어이므로 역시 "주"가 그의 강림에 동반하는 행위의 주어일 수밖에 없다고 주장했다. 그러나 두 번째 문구인 "천사장의 소리"는 이런 주장이 아무런 힘이 없음을 보여준다. 그리스도가 천사장의 목소리와 함께 내려오실 수 있다면, 다른 어떤 이, 곧 이 경우에는 하나님에게서 나오는 *keleusma*와 함께 내려오심도 가능하다. 하지만 이것은 가능하긴 해도 어디까지나 가능성에 불과하며, 이를 뒷받침할 설득력 있는 증거가 부족하다. 오히려 여기서 하는 말 전체를 살펴보면, 다른 견해, 곧 그리스도가 이 *keleusma*를 내시는(호령하시는) 분이라는 견해를 지지한다. 우리는 이 본문이 특히 그리스도가 몸소 내려오리시라는 사실을 강조한 점 때문에 이 전체 사건에서 그리스도가 두드러지실 것이라고 예상한다. 이는 그가 *keleusma*를 내심이 확인해줄 것이다. 호령하시는 분을 바로 그리스도로 보는 것은 신자들의 부활을 부인할 여지없이 확실한 것으로 만들려는 또 다른 목적에도 이바지한다. 그들은 "그리스도 안에서 죽었기에" 그리스도가 으뜸 내지 중심이신 행위 혹은 과정이 낳을 결과에 틀림없이 참여할 수밖에 없다. 어쨌든 그리스도가 *keleusma*의 주체이시든 아니든, 그리스도를 명령하시는 목소리의 객체로 여기는 것은 앞뒤가 안 맞는 생각을 낳을 것이다. 하나님 바로 옆에 계시는 그리스도를 그렇게 큰 목소리로 부른다는 것은 도무지 말이 되지 않을 것이다. 반면 그 큰 소리를 받는 이들이 죽은 자들이라고 생각하면, 본문이 말하는 상황과 완벽하게 들어맞는다.[1]

---

1) 카비쉬Richard Martin Kabisch는 그리스도를 *keleusma*를 듣는 분으로 보려 했다.

그리스도가 *keleusma*를 내리신다고 한다면, 뒤이어 이 *keleusma*와 이 본문이 말하는 다른 두 용어인 "천사장의 소리" 및 "하나님의 나팔 소리"는 어떤 관계에 있는가라는 질문이 등장한다. 이 둘은 서로 나란히 조화를 이루는 개념인가 아니면 한쪽이 다른 한쪽에 종속된 개념인가? 이 둘은 *keleusma*의 내용이 무엇인지 밝혀주는 말인가, 아니면 *keleusma* 외에 따로 더 두 항목을 가리키는 말인가? 전자의 경우(즉 이 둘을 *keleusma*의 내용으로 보는 경우—역주)는, 본문이 "천사장의 소리"를 소유격으로[즉 φωνῆς ἀρχαγγέλου(포네스 아르캉겔루)로] 구성하고 "하나님의 나팔 소리"도 역시 소유격으로[σάλπιγγος θεοῦ(살핑고스 쎄우)로] 구성했다면, 더 가능성이 있었을 것이다. 그러나 본문이 ἐν을 거듭 사용한 것은 다른 해석을 지지해준다. 그렇다고 이것을 마치 천사장의 소리가 울려 퍼지고 하나님의 나팔 소리가 울려 퍼지면서 이 나팔 소리가 죽은 자들을 깨우고 천사장의 소리가 이미 깨어난 죽은 자들을 불러 모은 뒤에야 비로소 *keleusma*가 효과를 발휘하는 것처럼 이해해서는 안 된다. 이 셋은 같은 목적에 이바지하며, 이 셋이 발휘하는 힘도 셋 중 하나가 더해질수록 더 커진다. 본문은 나팔을 부는 이가 누구인지 말하지 않는다. 오직 천사장의 소리만 나팔 소리와 동일시해서도 안 된다. καί(카이)라는 접속사는 그리 해선 안 된다는 것을 일러준다. 하지만 다른 곳에는 천사들이 종말에 울려 퍼질 나팔을 분다고 말하는 곳이 있다. 요한계시록 10:7과 11:15이 그런 경우다. 이 본문에서 말하는 7이라는 숫자는 일곱 천사장을 뜻하는 말임이 틀림없다. 천사장 가운데 하나인 미가엘은 이미 다니엘 12:1(원서에는 12:12로 잘못 적혀 있다—역주)에서 부활과 관련해 중요하게 등장한다. 미가엘이 마지막 때의 일과 관련해 특별한 임무를 맡으리라는 개념은 묵시 문헌에서도 발견할 수 있다.[2] 고대 유대교 전승은 그를 특별히 마지막 나팔을 부는 이로 여긴다.[3] 하지만 나팔(나팔을 붊)이라는 비유는 그 뿌리가 이런 고대 유대교 전승에 있지 않고 구약 성경에 있다. 그 기원은 오경(五經)이 율법 수여 때 나팔이 울린 일을 상세히 이야기한 내용에 있는 것 같다: "천둥과 번개가 있었고, 짙은 구름이 산 위에 있었으며, 나팔 소리가 아주 컸으니"(출 19:16). 이사야 27:13(원서에는 28:13로 잘못 나와 있다—역주)은 큰 나팔을 불어 흩어진 하나님 백성을 앗수르(앗시리아)와 애굽(이집트)에서 모으고 그들을 예루살렘의 거룩한 산에 불로 모을 것이며 이 백성들이 그 곳에서 야훼께 예배할 것이라고 말한다. 구약의 관점에서 보면 이것은 이미 종말론을 다룬 말씀이다. 히브리서 저자는 출애굽기에 있는 말씀에 신약의 종말론과 관련지어 완전한 의미를 부여하면서, 히브리서 독자들에게 이 독자들이 이를 곳은 "만질 수 있고[4] 불타는 산이 아니요, 캄캄함과 어둠과 폭풍과 나팔 소리와 말소리가 아니라 … 하늘의 예루살렘"이라고 되새겨준다(히 12:18, 19, 22). 여기에서는 모형론의 원리를 반대 방향으로 적용한다. 즉 무대와 외부 도구는 같지만, 그 의미와 효과는 정반대다.[5] 마찬가지로 우리 주님은 종말론 담화에서 천사들이 택함을 받은 자들을 불러 모을 때 나팔 소리가 크게 울려 퍼질 것을 말씀하신다(마

---

2) 모세 승천기 10:2, 에녹서 10:11, 24:6, 25:4, 90:14과 비교해보라.

3) 에스라4서 6:23, 시빌의 신탁 4:173과 비교해보라.

4) "만질 수 있다"는 말은 그 산이 물질이요, 만질 수 있는 성질을 가졌음을 나타낸다. 이 말은 출애굽기 19:12이 산을 만지는 것을 금지한 것과 아무 관련이 없다. 이 말과 반대말은 접근할 수 있음이 아니라, 새 예루살렘의 산이 가지는 영적 성격spiritualness이다.

5) 스가랴 9:14은 종말론을 염두에 두고 한 말이 아니다. 여기서 나팔은 전쟁 때 쓰는 나팔이다: "또 여호와께서 그들 위에 나타나시고, 그의 화살은 번개처럼 나아가리라. 또 주 여호와께서 나팔을 부시고 남쪽의 회오리바람을 타고 가시리라."

24:31). 여기에서도 역시 천사들이 나팔을 부는 이들임을 볼 수 있다. 요한계시록에 나오는 나팔을 제외하면, 유일하게 나팔을 언급하는 곳은 바울 자신이 쓴 글뿐이다(고전 15:52). 여기에서는 "마지막 나팔"[ἐσχάτῃ σάλπιγξ(에스카테 살핑스)]을 말한다: "우리가 마지막 나팔에 모두 바뀌리니, 이는 그 나팔이 울려 퍼지고 썩지 않을 것으로 일으키심을 받을 것이기 때문이라." 사람들은 보통 이 "마지막 나팔"이라는 말의 "마지막"이라는 형용사를 오해한다. 바울 사도가 말하려는 것은 세계사를 이루는 여러 시대에 많은 나팔이 잇달아 울려 퍼진다는 것이 아니라, 모든 역사에 마침표를 찍는 이 나팔이 마지막으로 울려 퍼진다는 말이다. 여기서 "마지막"은 연대 순서상 "마지막"이라는 뜻이 아니다. 이것은 종말론의 전문 용어이며, 복수가 아니라 쌍수(雙數)를 가리킨다. 즉 처음에 하나가 있고, 이 처음 것에 상응하는 다른 하나는 마지막에 있을 것이며, 이 두 나팔 사이에 역사 속에서 일어나는 모든 사건의 내용이 들어 있다. 마지막으로 "나팔 소리"에 덧붙인 형용사("하나님의")는 하나님이 그 나팔을 부신다는 뜻이 아니라, 단지 그 나팔이 만물이 맞을 종말의 질서에 속해 있음을 나타낼 뿐이다.

바울은 이 다채로운 모습들을 동원하여 철두철미하게 강렬한 실재를 표현하는 장면이라고 말할 수밖에 없는 것을 우리에게 훨씬 더 웅장하고 인상 깊게 제시한다. 그가 제시하는 모습들은 사실상 한 가지 내용뿐이지만, 우리는 상상력을 발휘해 그 유일한 내용을 바탕으로 커다란 캔버스를 가득 메울 그림을 그릴 수 있다. 때문에 저자(즉 바울—역주)도 성령이 그에게 주신 예언의 견실한 내용을 그대로 베껴 그리기보다 오히려 자유롭게 그려내고 있음을 잘 안다는 점을 고려하면, 바울이 여기서 언급하는 모든 것을 그저 비유 언어 정도로 축소해 버리는 것은 분명 잘못일 것이다. 반면 우리가 마찬가지로 간과해서는 안 될 분명한 사실이 있다. 즉 사도 바울은 이 모든 내용을 말로 묘사할 때 분명 그가 묘사하는 것을 오로지 정확히 묘사하겠다는 의도를 가지고 언어라는 고정된 매개체를 활용했겠지만, 이런 언어 활용은 지나친 문자주의를 낳을 여지가 있었다. 따라서 다른 이들이 바울이 써놓은 말을 해석할 때 이런 문자주의를 따른다면, 겉보기에는 바울이 써놓은 말과 완전히 일치하는 해석처럼 보일지 모르나, 바울의 실제 의도와 비교하면 오히려 적절치 않은 요소를 끌어들이는 해석이 될 수도 있다. 여기서 우리는 본문이 사용한 언어와 이미지를 문자 그대로 받아들일 것을 지나치게 강조할 경우, 저자가 하는 말을 올바로 받아들일 것 같지만 사실은 그런 태도 때문에 저자가 진짜 말하는 개념의 더 깊고 정교한 특질과 목적을 놓쳐 버릴 수 있음을 알려주는 놀라운 사례를 만난다. 사람의 눈으로 보기엔 문자주의를 따르는 것이 실체에 더 가까워 보일지 모른다. 하지만 구체적 모습을 캐내고자 하는 우리 인간의 자연스러운 열망 때문에, 문자주의 해석을 하는 이들은 영에 치우친(알레고리에 빠진―역주) 해석을 하는 이들보다 더 주관에 치우칠 수도 있다.

부활 용어를 형성하는 단어들은 애초부터 문자적, 물리적 차원에서 "자다"나 "일어나게 하다 또는 일어서게 하다"라는 개념과 연관을 맺고 있다. 이런 점을 볼 때, 바울이 생각하던 죽음과 부활 사이의 상태는 잠자는 상태인가 혹은 무의식 상태인가라는 물음이 생긴다. 하나님이 죽은 자들을 깨우신다면, 또는 이 죽은 자들이 일으키심을 받아 그들의 발로 선다면, 이것이 그들이 잠자는 상태에서 깨어난 상태로 옮겨간다는 의미 외에 또 다른 의미를 가질 수 있을까? 또 이보다 더 강력해 보이는 것이 있다. 즉 바울은 죽은 자를 쉬게 된 자(잠자리에 든 자)요 결국 지금도 그런 상태에 있는 자로 표현하는데, 이런 표현은 몸의 수면 현상과 떼어 생각할 수 없을 것으로 보인다. 하지만 이런 표현의 표면에 분명 어떤 신학적, 종말론적 의미가 있을지라도, 이런 표현에서 그런 신학적, 종말론적 의미를 추출해내는 것은 성급한 일일 것이다. 이 말들은 모두 아주 오랜 기원을 가진 말이요 화법이다. 확실히 처음 사용했을 때만 해도 이 말들은 이 말들의 어원상 의미가 주었던 느낌, 곧 죽은 자들은 의식이 희미한 상태 혹은 무의식 상태에 있다는 느낌과 분명하게 결합해 있었다. 그러나 모든 말이 그렇듯이, 특히 보편적, 공통적 과정을 가리키는 모든 말이 그러하듯이, 이 말들도 마모될 수밖에 없었다(즉 처음에 가졌던 의미가 줄어들 수밖에 없었다―역주). 물론 이 말들은 사실의 겉모습만은 계속해서 묘사할 수 있었다. 하지만 애초에 이 말들이 만들어질 때만 해도 사람들이 이해했던 것으로 보이는 그런 사실의 색깔과 여러 시사점 가운데 일부는 시간이 가면서 잃어버릴 수밖에 없었다. 이 말들은, 이제 이들이 본디 가졌던 의미를 곱씹어봐야 할 특별한 계기가 생기지 않는 한, 보통 언어 사용자가 그 말이 최초에 가졌던 다채로운 의미를 더 이상 파고들지 않는 수많은 말과 같은 취급을 받게 되었다. 특별한 계시 기능을 하지 않고 그 시대에 모든 사람이 공통으로 사용하던 말 같은 경우는 분명 그러했다. "잠자다"를 가리키는 단어들[κοιμᾶν(코이만), κοιμᾶσθαι(코이마스따이), κεκοιμᾶσθαι(케코이마스따이)]이 이런 말이다. 이 말들은 다채로운 의미를 연상시켜주었던 처음 한 단계를 지나 이후 여러 단계를 거쳐 내려왔을지도 모른다. 하지만 이 말들 역시 눈먼 단어(처음에 연상시켜주었던 의미를 잃어버린 단어―역주)가 될 운명을 겪을 수밖에 없었다. 물론 계시의 여러 목적에 이바지해야 했던 용어들은 그와 달랐다. 이런 용어들도 본디 똑같은 마모 과정을 겪어야 했지만, 그리스도인의 사고와 감정은 그런 단어들이 오래 전에 지녔던 다채로운 색깔 가운데 일부를 되가져올 수 있었다. 그러나 κοιμᾶν(코이만), κοιμᾶσθαι(코이마스따이)가 말 그대로 무덤 안에 누운 자세로 놓여 있음만을 의미하게 되었을 가능성도 역시 고려해봐야 한다. 동시에 신자들은 이렇게 무덤에 눕히는 행위에서 사람들이 어린 아기를 사랑이 담긴 손으로 침대에 눕히는 평상시 행동을 떠올려주는 부드러움을 특별히 느꼈을 수 있다.

아울러 우리는 육신의 잠이 깸과 연관이 있듯이, 이교(異敎) 언어에는 한 번도 존재하지 않았거나 적어도 오래 전에 사라져 버린 이 "깨다"라는 개념이 말 그대로 새로운 의미를 얻었을 가능성도 있음을 의심해서는 안 된다. 여기서 이교의 부정적 개념이 그와 다른 그리스도인의 마음 속 정서를 만나게 되었다. 이교도는 κοιμᾶσθαι를 깨어남이 없는 잠으로 본다. 이 대단히 중요한 측면 때문에 이교도가 말하는 "잠자다"와 그리스도인이 말하는 "잠자다"는 결코 비슷한 말이 아니었다. ἐγείρειν[에게이레인, "깨우다, 일으키다"를 뜻하는 ἐγείρω(에게이로)의 현재 능동태 부정사다—역주]의 경우, 이 말이 연상케 하는 어느 한 개념만이 그리스도인과 이교도를 갈라놓는 게 아니다. 이교도는 철저히 초자연적이요 기적 개념인 "죽은 자들 가운데서 다시 데려오다"라는 개념을 전혀 생각하지 못한다. 이교에는 초자연적 배경이 아예 없기 때문이다. 결국 성경의 용례는 이 말을 완전히 새로운 범주의 믿음과 이해로 바꿔 놓은 게 틀림없다: 이리하여 보통 몸과 관련지어 말하는 ἐγείρειν이 새롭고, 구속(救贖)과 관련이 있으며, 가장 차원이 높은 의미를 얻었다.

어떤 용어들에서 초자연적 개념, 기적 개념을 긍정하는 결론을 끌어내는 모험을 하려면, 더욱이 나아가 후대 이교에서는 이전과 달리 이와 비슷한(초자연적, 기적 개념을 긍정하는—역주) 추론을 행했음을 우리가 확신하지 못하는데도 그런 개념을 긍정하는 추론을 감행하려면, 그 전에 먼저 방금 말한 모든 것을 기억해둬야 한다. 기독교 이전의 이교 역시 κοιμώμενος(코이모메노스, "잠자다"를 뜻하는 헬라어 동사 κοιμάω의 현재 중간/수동태 분사 남성 주격 형태다—역주)나 κεκοιμημένος(케코이메노스, "잠자다"를 뜻하는 헬라어 동사 κοιμάω의 완료 중간/수동태 분사 남성 주격 형태다—역주)를 무의식을 의미하는 잠이나 쉼으로 여기지 않는 것이 보통이었다. 그렇다면 옛적에는 사람들의 생각 속에 존재했던 이런 말들의 부수적 의미가 거의 사라졌다가 기독교 신앙으로 말미암아 새로운 문자적 의미로 되살아났다고 가정해서는 안 된다. 이교도 시인은 "긴 잠이 든 밤 *nox una longa dormienda*," 곧 끝없는 잠만 내다보았지만, 초기 그리스도인은 분명 그런 예상을 하지 않았다. 만일 초기 그리스도인이 "*una*"(영어의 a/an)와 "*longa*"(긴)라는 개념을 전혀 갖고 있지 않았다면, 무의식을 의미하는 잠 개념이 존속했어야 할 이유가 없지 않은가? 더욱이 우리는 바울이 이 "중간기 상태"를 놓고 분명하게 이야기한 것을 본다. 여기서 바울은 자신이 이 상태를 무의식 상태, 즉 꿈과 별개로 우리 몸의 수면이 보통 일으키는 상태로 생각하지 않음을 적극 밝힌다. 바울이 고린도후서 5장에서 전개해 가는 논리를 모두 추적해보면, 사후 상태의 느낌에는 살아 있을 때의 느낌과 다름이 있으리라는(즉 자기를 돌아보는 의식에 두드러진 차이가 있으리라는) 생각이 그 논리의 바탕에 깔려 있다. 자신이 몸을 입고 있다고 느끼는가 혹은 벌거벗었다고 느끼는가도 죽은 자가 인식하는 대상이 될 것이다. 죽은 자에게 의식이 없다면, 그에게는 이 상태와 저 상태가 아무 차이가 없으며 두 상태 사이에 어떤 구분이 있을 수 없다. 그에게는 만물이 다 똑같다. 바울은 자신이 바랄 수 있는 것 가운데 가장 작은 것으로 주가 강림하시기 전에 죽는 것을 생각한다. 하지만 그런 그도 자신이 "옷을 입지 않은"(벌거벗은, 즉 몸이 없는—역주) 상태로 주와 함께 고향에 있는 것이 자신에게 만족을 주는 원인이요, 잠시 동안 겪을 이 가장 작은 것(몸이 없는 상태로 잠들어 있는 중간기 상태—역주)이 선한 용기를 주는 원인이 된다는 확신을 표현한다. 사후 상태에도 의식이 있을 것을 기대하지 않으면, 이런 확신을 표현하기는 불가능하다. 마찬가지로 바울은 빌립보서 1:23에서도 떠나서 그리스도와 함께 있는 것을 "훨씬 더 좋다"고 평가한다. 분명 이런 평가는 바울의 현재 생각이 만들어낸 것이다. 하지만 이렇게 서로 다름을 평가하는 유일한 기관인 의식이 존재함을 부인한다면, "더 나쁨"과 "더 좋음"을 대비하는 것은 그 의미를 잃어버릴 것이다. 때문에 바울 사도는 이런 것들을 가르칠 때 그 시대 사람들이 널리 쓰던 언어를 계속하여 사용하며, 그 시대의 이런 언어 용법을 바로잡거나 고치려고 유달리 노력하지도 않는다. 그가 한 일은 의미를 아주 많이 잃어버린 언어에 꼭 있어야 할 내용을 채워 넣는 것이다.

사람들은 바울이 별세한 신자들을 가리키는 말로 "죽음"이라는 말을 사용하지 않고 그가 이런 신자들을 가리키는 데 유용한 완곡어인 "잠자다"를 채용했다고 주장했는데, 맞는 말이다. 또 사람들은 바울이 오직 신자들에게만 "죽음"이라는 말을 사용하지 않았으며, 그리스도에게는 이 말 사용을 피하지 않았다고 주장한다. 그리스도의 경우는 구원과 관련된 필요성 때문에 "죽음"이라는 말을 십중팔구 쓸 수밖에 없었다는 것이다. 하지만 설령 바울이 이 "죽음"이라는 말을 한정하여 썼다 하더라도 신자에게는 "죽음"이라는 말을 쓰지 않았다는 이론이 사실에서 나온 것은 아니다. 바울 사도가 데살로니가전서 4:16에서 "그리스도 안에서 죽은 자들[νεκροί(넥크로이, "죽은"을 뜻하는 νεκρός의 남성 복수 주격 형태다―역주)]"을 이야기하기 때문이다. 그가 "죽은"이라는 말을 썼다면, 분명 "죽음"이라는 말도 쓸 수 있었을 것이며, 이 말이 결코 더 나쁜 말도 아니다. 게다가 아름다움을 추구한다는 이유로 저 단어보다 이 단어를 즐겨 쓰는 것과 한 단어의 외형을 완전히 새로운 내용으로 채워 넣는 것은 완전히 다른 문제다. 바울이 당시에 아무 색깔이 없던 κοιμᾶσθαι에 문자 그대로 해석한 죽음-잠이라는 의미를 강요했다면, 그는 한 단어에 완전히 새로운 내용을 채워 넣은 셈이다. 죽음 상태는 의식이 있는 상태이며, 이미 제시했듯이, 몸이 있고 없음에 따라 편함이나 불편함을 느낄 수 있는 상태다. 이는 늘 입어 버릇해서 입고 있지 않으면 그리워지는 옷이 만들어내는 편함이나 불편함과 같다. 따라서 이런 점을 고려하지 않고 신자들의 죽음 상태를 바람직스럽지 않은 경험이라고 강조하는 것은 아마도 너무 지나친 일일 것이다. 이런 상태가 복된 상태의 정점에 미치지 못함을 인정해야 하며, 죽음을 의식이 없는 잠으로 보는 견해의 오류와 이런 사실을 대비하여 주목하는 것이 좋겠다. 잠자는 이에게는 고통도 쾌락도 없지만, 이 점을 염두에 두다보면 죽음은 곧 절대 휴면(休眠)이라는 개념에 사로잡혀 생각의 방향이 오로지 죽음은 아무 의식이 없는 잠이라는 그릇된 이론과 그런 이론의 기초가 된 그릇된 주해 쪽으로 흐를 수 있기 때문이다. 매장 관습을 표현할 때 보통 쓰는 말도 이런 오류를 낳는데 일정 부분 기여했을지 모른다. 하지만 대체로 보면 이런 오류는 분명 삶을 섬뜩할 정도로 어둡게 보는 평가에서 나온 것이다. 이런 평가에는 이런 삶을 나타내는 말로 채용한 언어가 가진 시적 매력도 보탬이 되었을 것이다.

더 나아가 사람들은 고린도전서 11:30과 데살로니가전서 4:13이 신자들이 겪을 죽음 상태도 보여준다고 주장해왔다. 이런 주장이 옳다면, 우리가 여기서 비판하는 이론에 반박하는 또 한 가지 논증을 제시하는 셈이다. 하지만 이런 주장은 그 단어들(즉 죽음을 잠잔다고 표현한 단어들—역주)에 너무 많은 것을 집어넣는 것은 아닌가하는 의문을 여전히 남긴다. 죽는다는 것 자체는, 이 죽음이 죽는 이를 어떤 상태로 이끄느냐와 상관없이, 보통 고통스러운 경험이다. 어쩌면 고린도 교회에서 죽은 사람들은 하나님이 그들의 행위를 인정하시지 않는다는 것이 분명하게 드러나는 특별한 상황에서 죽었을지도 모른다. 그랬다면 그들의 죽음이 그들을 곧장 어떤 상태로 인도했을까라는 문제와 무관하게 그들의 죽음 자체가 징벌이었을 것이다. 아울러 주가 곧 오시리라는 기대가 널리 퍼져 있었던 까닭에 바울의 가르침이 중간기 상태를 그리 많이 다루지 않았음을 기억해야 한다. 이 때문에 바울이 회심케 했던 고린도 사람들은 우리보다 더 쉽게 이른 죽음을 징벌로 여겼을 수도 있다. 바울은 데살로니가전서 4:13에서 데살로니가 사람들이 "슬퍼함"을 꾸짖는데, 그들이 이렇게 슬퍼한 원인은 그들이 죽음의 상태 자체를 악으로 여겼기 때문이 아니라 그것을 끝없는 상태로 이해했기 때문이다. 데살로니가 사람들은 부활의 진리를 아직 완전히 받아들이지 못했던 것으로 보인다. 바울이 이 본문에서 하는 말을 이와 연관된 다른 곳에서 더 충실히 다루길 소망하지만, 어쨌든 그는 이 본문에서 엄격하게 데살로니가 사람들이 불안해하던 한 문제, 곧 주가 강림하실 때 그들보다 앞서 죽었던 그들 같은 그리스도인들도 함께 나타날 것인가라는 문제에만 집중하여 이야기한다. 그가 여기서 하는 말은 어쨌든 중간기 상태는 전혀 설명해주지 않는다.[6]

---

[6] 이 지점에서 바울이 부활을 놓고 구사한 말과 관련해 몇 가지 언어학적 언급을 더 하고 가는 것이 좋을 것 같다. 바울이 구사한 말 가운데 가장 큰 부분을 차지하는 것이 ἐγείρειν(에게이레인)이다. 이 말을 능동태로 쓸 경우, 하나님 아버지가 그 일을 행하시는 주어다. 예수 바로 그 분의 경우에는 그가 "일으키심을 받았다"("깨우심을 받았다")고 말하는데, 이 역시 하나님이 똑같이 일으키시고 깨우시는 행위를 하시는 분이심을 암시한다. 이 행위의 창조적 측면이 전면에 자리한 것으로 보아, 하나님이 행위 주체이심은 우리도 자연스럽게 예상할 수 있는 것이다. 예수가 당신 자신의 부활에 기여하셨다고 말하는 곳은 하나도 없다. 물론 예수가 당신 스스로 부활하셨다고 말하는 곳도 전혀 없다. 예수는 철저히 부활케 하시는 하나님의 행위가 미치는 목적지 역할만 하심으로써, 예수 당신을 통해 하나님의 그런 행위가 다른 이들에게도 미칠 수 있게 하신다. 롬 4:24, 25, 6:4, 9, 7:4, 8:11, 34, 10:9, 고전 6:14, 15:12-17, 20, 고후 4:14, 5:15을 비교해보기 바란다. 이 본문들을 보면, ἐγείρειν이 일부는 능동, 일부는 수동으로 나타나는데, 전자는 하나님이 주어이고 후자는 예수가 주어다. ἐγείρειν보다 훨씬 더 드물게 쓰는 동사가 ἀνιστάναι(아니스타나이, 타동사로서 "일으키다, 다시 살리다"를 뜻하고 자동사로서 "일어나다, 다시 살다"를 뜻한다―역주)다(롬 14:9과 비교해보라). ἀνιστάναι는 일으키심을 받는 자가 (ἐγείρειν보다―역주) 더 많은 반응을 보일 여지를 인정한다. 우리는 여기서 그리스도가 ἀνέστη("다시 살아나셨다," ἀνιστάναι의 3인칭 단수 2부정과거 능동 직설법 형태다―역주)(살전 4:14)라는 표현을 발견하는데, 이 표현에는 이런 변화에 예수가 주체로 참여하심이라는 요소가 어느 정도 들어 있다. 이처럼 예수에게 "일으키다, 다시 살리다"라는 동사를 적용할 때 조금 달라진 모습이 나타나긴 하지만, 이와 상관없이, 바울이 부활을 증언하는 본문에서 ἀνιστάναι보다 ἐγείρειν을 훨씬 더 많이 사용한다는 것은 얼른 봐도 알 것이다.

사도행전 10장에 나오는 바울의 말은 이 두 말을 서로 바꿔 사용한다(행 17:18, 32, 23:6, 24:15, 21

이제까지 직접 선례들과 일반 용어를 살펴보았으니, 이어서 부활의 밑바탕에 깔려 있는 종교 원리와 교리 원리를 꿰뚫어 볼 통찰을 얻어보도록 하자. 부활은 사실로서, 그리고 교리의 설명을 갖춘 사실로서, 십자가 다음으로 구속사에서 두드러진 사건이다. 그러나 바울은 가장 먼저 이 부활을 기독교의 근본 가르침의 초점으로 삼았으며, 이 부활을 중심으로 삼아 그가 변호하고 전파한 모든 신앙 개념을 수립했다. 이런 일이 어떻게 이루어졌는지 통찰하

과 비교해보라). 여기서 채용한 시제와 관련해 ἐγείρειν의 부정과거와 완료의 차이를 주목해야 한다. 완료 시제가 지닌 특별한 의미는 딤후 2:8 같은 본문에서 가장 분명하게 느낄 수 있다: "죽은 자들에게서 일으키심을 받은(ἐγηγερμένον, "일으키다"를 뜻하는 ἐγείρω의 남성, 단수, 목적격, 완료, 중간/수동분사다—역주) 예수 그리스도를 기억하라." 여기서 "일으키심을 받은"이라는 형태는 부활 체험이 그리스도를 "일으키심을 받은 분"으로 **영원히**in perpetuum 규정하기 때문에, 그의 인격 전반을 기억하는 것으로 끝내지 말고 "일으키심을 받아 늘 살아 계신 분"인 그 분께 속한 그 인격의 능력까지 기억해야 한다는 것을 표현한다(고전 15:16, 17, 20과 비교해보라). 반면 부정과거를 가진 본문은 빈번히 등장한다. 명사의 영역에서는 ἀνάστασις(아나스타시스)가 독점권을 행사한다. 이에 상응하는 명사인 ἔγερσις(에게르시스)는 드물게 사용한 것으로 보이기 때문이다(마 27:53과 비교해보라. 예수의 부활을 가리키는 말로 이 말을 사용했다).

신약 성경에서 유일무이하게 나타나는 말이 ἐξανάστασις(엑스아나스타시스, 빌 3:11, 바울의 부활을 가리키는 말로 사용했다)다. 이 말은 더 뒤에 가서 다룬다. anastasis라는 말은 가끔씩 능동으로, 곧 부활을 만들어내는 행위를 가리키는 말로 사용하지만, 추상 용어로서 널리 부활이라는 사건 자체를 묘사하는 말일 때도 있다(롬 1:4, 고전 15:12). ἐγείρειν과 ἀνιστάναι 그룹보다 훨씬 드물게 나타나는 말이 이 단어들과 관련이 있는 말로서 부활 이전 상태를 묘사하는 κοιμᾶσθαι. 이 말은 주로 데살로니가전서 4장 문맥과 고린도전서 15장 문맥에서만 사용한다. 여기에서는 비록 단어 자체만 놓고 보면 더 거친 느낌을 떠올려주는 말인 νεκρός(죽은, 죽은 자)라는 말이 대세를 이루었다. 하지만 κοιμᾶσθαι는 신자에게 사용하는 말이요 νεκρός는 신자와 불신자를 가리지 않고 죽은 상태에 있는 이들에게 아무 구분 없이 사용한 것처럼 구분하기는 불가능하다. νεκροὶ ἐν χριστῷ(살전 4:16, "그리스도 안에서 죽은 자들")라는 말은 이 νεκρός라는 말이 죽음의 산물인 nekrosis라는 말을 떠올려주긴 하지만, 그래도 이 말과 그리스도인의 상태가 가진 가장 고귀하고 친밀한 관계들을 결합하는 것도 불가능하지만은 않다는 것을 충분히 증명해준다. 썩을 수 있는 것도 죽었을 때조차 즉시 이루어지는 주님과 우리의 신비한 연합이 집어삼켜 버린다. 반면 κοιμᾶσθαι를 명예스럽지 않은 것과 연관지어 사용한 경우를 보려면, 고전 11:30을 보라. 예수의 부활과 신자의 부활을 가리키는 용어들 사이에는 아무런 차이가 없다.

려면, 먼저 바울 사도가 구성한 기독교 진리 체계에 두 가지 특색이 나타남을 마음에 새겨둬야 한다. 첫 번째는 법정적^{forensic} 특색이라고 부를 수 있겠다. 이 특색은 인간이 죄책^{guilt}이라는 객관적 영역에서 정상(正常)이 아닌 지위에 있음을 논의의 중심으로 삼고, 이렇게 비정상인 지위를 정상으로 바꿈으로써 인간이 하나님 앞에서 누리는 법적 지위가 ἄδικος(아디코스, "불의한, 불의한 자") 대신 δίκαιος(디카이오스, "의로운, 의로운 자")가 되게 하려면 인간 밖에서 이루어져야 하는 모든 일을 다룬다. 다른 특색은 사람에 따라 다양한 이름을 붙이지만, 여기에서는 편의상 변화적(사람을 변화시키는)^{transforming} 특색이라고 부를 수 있겠다. 이 특색은 하나님이 그 은혜를 베푸시는 사람의 주관적 내면 상태에 속한 모든 것과 관련이 있다. 전자는 칭의를 낳고, 후자는 중생(거듭남)과 성화를 낳는다.

바울의 진리 체계가 지닌 독특한 특징은 이 두 교리가 단순히 한 교리를 다른 한 교리에 더하여 바울 신학이라는 완전체를 만들어내는 식으로 나란히 존재한다기보다 오히려 각 교리가 각각의 궤도를 따라 계속하여 복음의 개요를 제시함으로써 각 궤도가 다른 궤도와 비교하여 그 나름대로 자신만의 완전성을 주장할 수 있다는 데 있다. 이 때문에 일부 저술가들이 바울의 가르침을 다루면서 그 자신이 더 좋아한다고 느끼는 한 궤도만을 택하여 이 궤도만 따라가면서도 마치 그들이 바울 사도의 종교 사상 전체를 학생들에게 제공하고 있는 것 마냥 만족을 느끼는 현상이 벌어졌다. 그들은 줄곧 그들이 택하여 따라간 궤도 외에 이 궤도와 쌍을 이루는 또 다른 궤도가 바울의 가르침 가운데 다른 반원을 구성하며 달려간다는 것을 잊어버리고 있었다. 어쩌면 그들은 일부러 자신들이 택한 궤도만 편애하면서 다른 궤도는 무시했을지도 모른다. 이런 일이 불행한 이유는 이런 태도가 결국 불완전한 해석을 낳기 때문만은 아니다. 오히려 더 심각한 사실은 이런 식으로 한 궤도만을 따라가 얻어낸 재생산물조차도 적절한 균형을 이루지 못했다는 것이었다. 바울처럼 대단히 교리적이고 종합적 사고를 갖춘 지성인이 두 궤도를 달리는 사고를 적어도 논리상 서로 연관지어보려는 시도조차 하지 않은 채 그냥 느슨하게 나란히 놓아두기만 했다는 건 있을 수 없는 일이라고 생각하는 것이 타당하기 때문이다. 이런 문제에서는 자기들 멋대로 자기들이 좋아하는 쪽만 따르면서 기독교 자료를 갖고 가장 위대한 구성 작업을 펼친 지성을 가진 천재(곧 바울 사도—역주)를 정당하게 평가했다고 생각하는(착각하는) 사람들보다 신학 사상가 바울의 생각이 훨씬 더 정확했다. 지금까지 우리는 이 문제를 순전히 그 종교 사상가(곧 바울 사도—역주)의 인간적 관점에서 살펴보고 있다. 그러나 그 기관들을 organs 통해 가르친(즉 하나님이 계시에 사용하신 기관들을 통해 가르치신—역주) 진리의 완전성과 논리적 일관성이 계시의 두드러진 기본 원리임을 되새기지 않은 채 무턱대고 그런 점을 무시해서는 안 된다.[1] 이런 이유들 때문에 우리는 바울이 제시한 진리 체계 안에서 발견할 수 있는 두 궤도의 서열이 완전히 같지는 않으리라는 것을 **경험해보지 않아도 미리** $a\ priori$ 예상할 수 있다. 만일 두 궤도의 서열이 완전히 동일하다면, 이는 견디기 힘든 이원론을 만들어내는 것이기 때문이다. 이런 문제가 등장하면, 두 영역 가운데 어느 하나를 주된 것이요 우월한 것으로 삼음으로써 두 영역 사이에 필요한 조화와 균형을 확보한다. 따라서 바울의 체계에서는 법정적 원리를 우월한 원리로 삼고 변화적 원리를 법정적 원리에 종속시키는 것 외에는 다른 해결책이 있을 수 없다. 칭의와 성화는 같지 않은데도, 사람들은 짧은 시야로 이 둘을 동일시하려다가 끝없이 많은 해를 끼쳐왔다. 그러나 이 둘은 하나가 다른 하나에서 독립해 있는 것이 아니다. 하나가 목표를 설정하고 방향을 정하면, 다른 하나는 그것을 따라간다. 이 문제에서 일부 사람들의 눈이 어두워진 것은 이 사람들이 다른 것보다 앞서가는 위치에 있고 우월한 것이라면 당연히 그것이 다른 것보다 훨씬 더 많이, 더 뛰어나게 두드러질 것이라고 생각했기 때문이다. 서신서처럼 제자들을 믿음 안에서 세워가고자 실천에 주안점을 두고 쓴 전갈에서는 성화라는 관점이 따로 잠깐 다루고 넘어가는 칭의 문제보다 더 중요한 문제로 등장하기가 쉬울 수밖에 없었을 것이다. 예를 들어 갈라디아서와 로마서의 어떤 부분들처럼 칭의 원리를 아주 강조하면서 결코 지울 수 없을 정도로 확실하게 증언한 곳이 아니면, 방금 말한 현상이 틀림없이 일어났을 것이다.

이제 부활을 자세히 살펴보면, 이 부활은 다른 어떤 것보다 변화적 영역에서 법정적 영역으로 옮겨감과 무관한 일처럼 보일 것이다. 사실 부활은 신자가 경험하는 구원의 전 영역을 놓고 볼 때 가장 철저하고 모든 것을 망라하는 변화 사건을 의미한다. 부활은 "새 창조가 되는 것"과 같은데, 이토록 철저한 갱신에서 무엇을 뺄 수 있겠는가? 그리스도 안에 있는 자는 καινὴ κτίσις(카이네 크티시스)[2]다. 그리스도 안에서 옛 것은 지나갔고, 그 시점부터 만물은 새것이 되었다.[7] 종말에 일어날 변화를 이 땅에서 미리 보여주는 원

---

7) 사람들은 설교 때뿐 아니라 주석-강해에서도 καινὴ κτίσις가 전부는 아니어도 최소한 십중팔구는 신자의 주관적 상태에 일어난 쇄신을 묘사한다고 보는 견해를 으레 당연시한다. καινὴ κτίσις를 "새로운 피조물"로 번역한 것이 이런 일부 그릇된 이해를 낳았다. 그러나 ktisis는 "피조물" 못지않게 "창조"를 의미하는 경우도 빈번하다. 문맥은 바울이 실제로 말하는 관점을 "새 창조"로 번역하는 것이 더 나음을 보여준다. 그리스도인은 하나님이 그리스도 안에서 제공하신 구속을 통해, 그리고 특히 εἶναι ἐν χριστῷ(에이나이 엔 크리스토, "그리스도 안에 있음")를 통해 새 세계로 옮겨졌다. 이 새 세계는 그 모든 성격, 그 모든 환경이 지금 이 세계와 완전히 다르며, (이런 점을 이렇게 모든 것을 망라하는 말에서 표현하지 않고 남겨둘 수는 없을 것이다) 무엇보다 새 사람이 서 있는 객관적 의의 기초라는 점에서 지금 이 세계와 완전히 다르다. 이런 결론은 굳이 추론을 통해 다다르지 않아도 된다. 본문 문맥이 이를 다음과 같이 아주 많은 말로 이야기하기 때문이다: "그러나 모든 것이 하나님에게서 났으며, 그가 그리스도를 통해 우리를 당신 자신과 화해하게 하셨으니, … 곧 하나님이 그리스도 안에서 세상을 당신 자신과 화해하게 하셨느니라." 이 "화해"가 객관적 과정(속죄와 칭의를 더한 개념)이라는 것은 이어지는 말인 "그들의 죄를 그들에게 돌리지 않으셨다"는 말이 분명하게 보여준다. ktisis에 "창조"라는 의미가 있음을 살펴보려면, 히 9:11을 참고하라.

형prototype에서 참인 것이라면, 마지막 때에 닥칠 절정의 위기에 속한 부활의 경우에도 사실상 참일 수밖에 없다. 갱신이라는 개념은 결코 선례가 없는 방식으로 만물을 조명할 빛을 제공하며, 그 개념이 이런 빛을 제공하는 범위도 선례를 찾아볼 수 없다. 하지만 바울의 가르침에 비춰볼 때, 여기서 말하는 두드러짐prominence과 완전한 우월성undivided supremacy을 같다고 여기는 것은 잘못일 것이다. 바울이 보기에 부활과 그 주위에 모여 있는 모든 것은 그 뒤에 훨씬 더 강한 원리를 갖고 있다. 사실은 부활도 이 원리에서 나오며, 이 원리 깊숙한 곳에 닻을 내리고 있다. 이 더 깊은 원리는 의롭다하심을 얻음이라는 원리다. 이 원리는 철두철미하게 법정적 원리지만, 부활 못지않은 변화적 원리기도 하다. 특별히 그리스도와 신자의 연합을 생각해보면 방금 말한 것을 가장 분명하게 인식할 수 있다. 그리스도의 칭의에 그리스도인의 부활이 가지는 확실성이 있고 이 부활의 뿌리가 있다. 이는 수동적 순종과 능동적 순종에 근거한 그리스도의 칭의가 낳은 최고 열매가 바로 성령이기 때문이요, 이 성령은 다시 당신 자신 안에 부활의 모든 범주를 망라하여 장차 모든 변화를 일으킬 능력이 있는 원리를 담고 있기 때문이다. 이처럼 부활은 칭의에서 나오며, 칭의는 가장 세심하게 정의한 방식을 따라 부활에서 나온다. 주의할 것은 이 부활이 신자 자신의 영적 부활이 아니라 그리스도의 부활이라는 것이다. 이런 일이 이루어지는 것은 공로(곧 그리스도의 공로—역주) 때문이다. 그리스도의 부활은 사실 그리스도가 의로우시다는 하나님의 선언이었다. 그리스도가 다시 살아나심 자체가 그리스도가 의로우시다는 증언이다. 하나님은 죽음의 세력이 그리스도에게 미침을 중지시키심으로 죄가 낳은 궁극의 결과이자 최종 결과가 그 끝에 이르렀음을 선언하셨다. 다시 말해 부활은 유죄 선고를 무효로 만들었다.

이것이 바로 로마서 4:25이 분명하게 말하는 의미다: "우리 죄 때문에 넘겨졌던 이가 또 우리를 의롭다 하시려고 일으키심을 받았느니라." 각 절^{clause}에 등장하는 전치사 διά(디아)는 물론 구조상 똑같은 의미를 갖고 있는 게 틀림없다. 첫째 절은 이 의미가 무엇인가를 아주 확실하게 보여준다: 그리스도는 "우리 죄 때문에" 죽음에 넘겨졌다. 우리 죄가 개념상 그리스도의 죽음을 낳은 원인이었다(διά를 목적격과 함께 사용했다). 둘째 절도 이와 같다면, 둘째 절은 그리스도가 "우리를 의롭다 하시려고"(διά를 목적격과 함께 사용했다) 일으키심을 받았다는 의미일 수밖에 없다.[3] 그리스도가 죽음에 마침표를 찍으심으로 사실상 우리에게 의롭다하심을 확보해주셨다. 때문에 이제 필요한 것은 죽음이 그리스도를 떠나 지나가게 하는 것이요, 뒤이어 죽음을 생명으로 대치함으로써 죽음이 떠나갔음을 선언하는 것뿐이다. 따라서 그리스도가 일으키심을 받은 것은 우리에게 칭의를 더 쉽게 적용하려 함도 아니요, 칭의를 적용하는 일을 할 힘을 그리스도 안에 풀어놓으려는 목적도 아니었다. 그가 살아나심 속에는 어떤 단순한 증명보다 훨씬 더 유효한 무언가가 들어 있었다.[8]

이와 비슷한 생각 흐름을 가진 본문이 로마서 8:23이다. 여기에서는 υἱοθεσία(휘오페시아, "입양")라는 전문 용어를 "몸의 구속," 곧 종말에 있을 부활과 긴밀하게 연계하여 가져다쓴다. 신자가 죄가 행사하는 법적 힘에서 풀려나는 열매를 맛보는 것은 비단 현세의 삶에서만 누리는 은혜가 아니다. 이

---

8) 이 구절 중 여기서 발견하는 개념은 영원한 칭의 교리와 무관하다. 여기서 말하는 것은 영원한 행위, 곧 시간을 초월한 행위가 아니라 역사 속에서 하는 행위다. 그리스도의 죽음이 중단된 일은 사람 눈으로 볼 수 있게 시간 속에서 일어났으며, 영원한 행위는 다만 하나님의 마음속에 존재하는 관념적 측면이었다.

와 같은 원리는, 바로잡아야 할 무언가가 여전히 남아 있고 몸의 영역 속에도 제거해야 할 죄의 결과가 여전히 남아 있는 한, 끝까지 작용한다. 여기서 한 생각이 다른 생각으로 넘어가는 모습을 분명하게 관찰할 수 있다. "입양"은 본디 법률(법정적) 개념이다. 그러나 이 개념은 부활로 몸의 변화가 일어날 때에 완전히 이루어진다.

사람들은 선언 행위요 정당성 확인 행위이며 칭의 행위인 부활의 이런 법정적 측면을 이런 주제를 다룬 바울의 교리에서 가장 오래되지는 않았어도 아주 오래된 교리라고 주장했는데, 타당성 없는 주장은 아니다. 유대교에서는 부활을 믿는 믿음이 주로 이런 의미를 갖고 있었다. 나중에 바울은 부활을 설교할 때 이런 사실을 강조함으로써 바리새파의 입장을 옹호하면서도 이런 사실이 하나님 백성의 정당성을 인정해주는 한도에서 바리새파의 입장을 옹호한다는 것을 기탄없이 말할 수 있었다(행 23:6). 고린도전서 15:30-32은 부활을 위험을 겪고 매일 죽음을 경험함에 따른 보상으로 본다. 같은 문맥 속에 자리한 55-57절은 부활을 죽음에 승리를 거두고 죽음을 삼켜 버림으로 묘사한다(원서는 55-57절을 근거 구절로 제시하나, 이 말을 하는 구절은 고전 15:54이 맞다―역주). 여기에서는 율법이 죄 때문에 부과하는 형벌이 죽음임을 정확히 밝힌다. 결국 부활은 정죄를 condemnation of sin 최종 제거하는 것이다. 58절은 부활을 다 마친 수고에 따른 보상으로 제시함으로써, 결국 더 열심히 이런 수고를 행할 동기로 제시한다: "그러므로 내 사랑하는 형제들아 너희는 견실하고 흔들림 없이 늘 주의 일을 많이 하라. 이는 너희 수고가 주 안에서 헛되지 않음을 너희가 알기 때문이다." "그러므로"는 죽은 자들의 부활을 길게 논한 뒤에 등장한다. 이로 보아 이 "그러므로"는 바울이 이런 권면을 하는 이유가 부활이 확실히 있으리라고 전망하기 때문이라는 것을 의미하는 말일 수밖에 없다. 마찬가지로 "이는 너희가 알기 때문이다"도 경건한 자들이 받을 모든 보상이 다 마무리될 이 정점의 사건이 확고 불변하다는 것을 이야기해준다.

물론 이 모든 것은 행위가 아니라 은혜로 구원을 얻는다는 바울 사도의 구원 원리에 맞춰 이해해야 하며, 심판 때에 널리 보상이 있으리라는 그의 교리도 마찬가지로 그렇게 이해해야 한다. 따라서 바울 사도가 제시한 교리와 유대교 교리 사이에는 유사점도 있지만, 이와 더불어 한쪽은 부활이 주어지는 근거로 우리 공로를 인정하나 다른 한쪽은 인정하지 않는다는 대단히 중요한 차이가 있음을 간과해서는 안 된다. 그렇지만 바울 사도가 이런 부활 개념을 그의 법정적 구조 안에 통합해 놓은 점은 여전히 주목할 만한 가치가 있다. 우리가 부활절을 지킬 때 다른 것보다 더 떠올리는 것들이 있지만 정작 그런 점은 거의 생각해보지 않았다는 게 안타까워 보인다. 바울은 부활을 죄에서 구속받는 데 아주 중요하다 여겨 최고 사실로 기억하지만, 현대 기독교의 부활절 축하는 점점 바울이 기억하는 이 최고의 사실과 완전히 다른 일이 되어 버렸다. 이 시대에 영생을 유업으로 받으리라는 보증이 곧 죄 사함이며 이런 죄 사함을 받으리라는 새롭고 기쁜 확신을 영혼에 가득 채워주려고 마련한 것이 부활절이라고 생각하는 이가 어디 있는가?[9]

---

9) 그리스도의 부활 사례와 비교해보면 신자들의 부활이 가지는 법정적 의미가 많이 드러난다. 성령은 그리스도 안에서 그가 의로우심을 확인해주시는 인(印)이자 열매이다. 동시에 성령은 부활이 만들어낸 그리스도의 높아지신 상태를 통해 그가 계속하여 의로우신 지위를 유지하시고 그가 이 지위에 계심을 그 안에서 영원히 증언하시는 증인이시다. 이 그리스도 안에서 칭의의 샘이 끊임없이 솟아나며, 모든 신자가 이 샘에서 길어온다(즉 칭의를 길어온다—역주). 그리스도의 공로가 전가됨으로 말미암아 죄를 용서받음을 확보했다고 말하는 것은 단지 그리스도인의 삶을 시작하는 행위에 불과하다. 그 뒤 과거의 죄는 깨끗이 지워졌으므로 이제는 더 이상 죄를 용서받을 필요도 없고 죄 용서에 의지할 수도 없으며 이후에는 오로지 성화만이 문제일 뿐이라고 말하

하지만 우리는 이 부활 사건의 또 다른 측면이요 우리에게 더 익숙한 측면을 서둘러 묘사해보겠다. 몸에 관한 한, 부활에는 분명 그런 측면이 있다. 이것이 곧 그리스도 자신이 몸소 일으키신 변형이라는 것도 분명하다. 더욱이 이 변형은 그리스도가 부활하셨을 때 그분 자신의 몸에서 일어난 변형과 유사하다. 이 모든 내용은 고전적 본문인 빌립보서 3:21이 암시한다. 이 본문에서는 이런 변형을 묘사하는 말로 의미심장한 말인 μετασχηματίζειν(메타스케마티제인, "무언가의 형태를 바꾸다"라는 뜻을 가진 μετασχηματίζω의 현재 능동태 부정사다—역주)을 쓴다. 이런 몸의 변형이 주가 강림하실 때에 교회 신자 중 죽지 않고 살아 있는 이들에게만 일어나는가, 아니면 주가 강림하실 때 살아 있을 모든 이에게(즉 교회 신자뿐 아니라 교회 밖의 모든 살아 있는 이에게도—역주) 일어나는가라는 문제는 여기서 한쪽으로 제쳐놓아도 되겠다. 우리가 현재 이야기하려는 것을 고려하면, 여기서 말하는 변화가 신자들의 부활과 동시에 일어나는가 아니면 신자들이 부활한 뒤에 따로 일어나는 행위인가도 별다른 의미가 없다.

이보다 훨씬 더 복잡한 문제는 주가 강림하실 때 일어난다는 이 변형이 오직 신자들의 몸 상태와 관련이 있는가, 아니면 더 나아가 이에 상응하는 물리적 변화로서 더 특별히 몸과 영혼이 아주 긴밀한 연관을 맺고 있는 인간

는 것은 잘못이다. 다른 모든 비판은 제쳐두더라도, 법정적 칭의가 구주를 높아지신 상태에 있게 한 필수 요소임을 무시한 말이기 때문이다. 만일 이런 설명이 옳지 않다면, 바울이 칭의 문제를 다루면서 믿음이 바라보는 대상을 단지 뒤에 있는(과거에 일어난 사건인) 십자가에 국한하지 않고 위로 하늘에 계신 그리스도의 영광스러운 실존까지 포함시킨 이유를 여전히 설명할 수 없을 것이다. 그리스도가 계신 그곳에는 십자가의 모든 공로가 자리해 있고 그곳에서는 이 공로를 영원히 활용할 수 있다.

본질이라는 측면에 영향을 미치는 변화도 포함하는가다. 증거를 검토해보지도 않은 채 무턱대고ᵃ ᵖʳⁱᵒʳⁱ 후자의 변화는 포함하지 않는다고 말하기는 어려운 것 같다. 후자의 변화는 포함하지 않는다고 말하는 것은 부활 원리를 오로지 몸에만 치중하여 구성하는 것이 될 것이며, 우리가 바울이 말하는 게 이런 원리라고 선뜻 말하지 못한 것도 당연하다. 부활은 분명 몸으로 부활함이다. 초자연성만 추구하는 자들은 부활에 물질적 측면이 있음을 싫어한 나머지 몸의 부활을 인정하지 못하게 부추길 때가 아주 많았다. 이렇게 몸의 부활을 부인하려는 시도는 모두 주해를 통해 절묘한 몸부림을 치는 지경까지 이르렀으며, 이런 몸부림이 얼마나 처절했는가는 굳이 많은 말을 할 필요가 없을 정도다. 몸의 부활이 있다면, 몸의 변형 이외에 우리가 달리 몸의 부활을 인식할 수 있는 방법이 없다. 몸의 부활은 단순히 죽음으로 사라진 것이 다시 돌아오는 게 아니다. 되돌아온 유기체는 새 힘을 부여받고 이 힘을 갖춘 채 돌아온다. 이 유기체는 이전에 죄로 말미암아 지녔던 약점들이 제거된 것은 말할 것도 없고 더 풍요롭다. 분명 정상이었던 것이 회복되지만, 거기서 더 나아가 현재 우리의 실존 상태에 비춰보면 정상을 초월하는 것이라고 볼 수밖에 없는 능력들과 특질들이 그 정상인 것에 덧붙여진다. 몸을 다시 얻고 몸을 가진다는 것만 해도 엄청난 일이다(고후 5:1-9). 하지만 우리는 바울이 말하는 부활의 은혜가 그게 전부는 아니며, 부활을 오로지 몸에 국한된 것으로 보는 견해도 그것을 은혜의 전부로 여기지 않는다는 것을 확실히 느낄 수 있다. 부활의 은혜가 그것만은 아님을 일러주는 정보도 있다. 고린도전서 15:45-49은 신자들이 그리스도를 따라 그리스도 자신이 부활하실 때 얻으셨던 형상을 가질 것이라고 말한다. 물론 우리가 이 형상의 구체적 모습을 파악하는 것은 불가능할지 모르며, 어쩌면 바울 자신도 우리 자신과 마찬가지였을지 모른다. 하지만 이것은 단순히 겉에 부어진 영광 때문에 겉모습에서 광채가 날 것을 비유한 사례가 아니라, 그보다 더 심오하고 더 너른 범위에 미치는 것이요, 강렬한 실재다. 그리스도의 부활과 신자들의 부활 사이에는 분명 차이가 있을 수밖에 없지만, 신자들의 부활에도 로마서 1:4이 말하는 ὁρισθῆναι ἐν δυνάμει ἐξ ἀναστάσεως νεκρῶν(죽은 자들 가운데서 부활하여 능력으로 선포되셨다; 헬라어 본문에는 ὁρισθῆναι와 ἐν δυνάμει 사이에 "하나님의 아들이라"를 뜻하는 υἱοῦ θεοῦ가 있다—역주)에 상응하는 부분이 분명 있을 것이다. 신자들이 부활할 때도 분명 δύναμις(뒤나미스, "능력")를 입는 일이 일어날 것이다.[10]

---

10) 이런 유사성, 그리고 이런 유사성과 우리가 다루는 문제의 관련성은 로마서 1:3-4 본문을 어느 정도 꼼꼼하게 분석해보면 아주 분명하게 드러난다. 이 본문은 예수가 ὁρισθείς υἱὸς θεοῦ ἐν δυνάμει κατὰ πνεῦμα ἁγιωσύνης ἐξ ἀναστάσεως νεκρῶν(성령을 따라 죽은 자들 가운데서 부활하사 능력으로 하나님의 아들로 선포되셨다)이라고 말한다(원서는 υἱοῦ을 υἱὸς로 적어 놓아 υἱοῦ로 고쳤다—역주). 이 절은 3절에 있는 τοῦ γενομένου ἐκ σπέρματος Δαυεὶδ κατὰ σάρκα(육신을 따라 다윗의 씨에서 나셨다)와 평행을 이룬다(원서는 Δαυὶδ를 Δαυεὶδ로 적어 놓았다. 에버하르트 네스틀레가 편집한 Novum Testamentum Graece를 비롯하여 원서가 나올 당시 존재하던 헬라어 비평본 성경은 Δαυὶδ을 Δαυεὶδ로 적어 놓았다—역주). 이 두 절에서 다음과 같은 구성 부분들이 서로 대응함을 볼 수 있다: γενόμενος-ὁρισθείς(태어나셨다-선포되셨다); κατὰ σάρκα-κατὰ πνεῦμα ἁγιωσύνης(육신을 따라-성령을 따라); ἐκ σπέρματος Δαυεὶδ-ἐξ ἀναστάσεως νεκρῶν(다윗의 씨에서-죽은 자들 가운데서). 이것은 구주가 두 가지 상태가 공존하는 분이심을 말하려는 게 아니라, 구주의 삶에 잇달아 존재한 두 단계를 가리키는 것이다. 첫째는 γενέσθαι κατὰ σάρκα(육신을 따라 태어남)가 있었고, 이어서 ὁρισθῆναι κατὰ πνεῦμα[성령을 따라 (하나님의 아들로) 선포되심]이 있었다. 두 전치사구(즉 κατὰ σάρκα와 κατὰ πνεῦμα—역주)는 부사의 의미를 갖지만, 그 때문에 결국 처음 행위 못지않게 결과도 강조한다. 즉 예수는, 육신의 실존으로 말하면, "다윗의 씨에서 나셨고," 그로 말미암아 "다윗의 씨에 속한" 분이었다. 바울이 말하는 ὁρισθῆναι(호리스테나이가, "선포되심")는 어떤 추상적 결정이 아니라, 어떤 효과를 낳는 임명으로서 새로운 상태에 필요한 에너지를 부여한다.

바울은 γενομένου를 반복하지 않으려고 하는 것 같다. 이는 문체상의 이유 때문이라기보다 γενομένου를 반복하면 그리스도가 가지신 아들의 지위가 부활 때에 비로소 생겨나는 것 같은 인상을 줄 수 있기 때문이다. 물론 이 문장을 다 읽기 전에 이런 오류는 바로잡을 수 있겠지만, 그래도 바울이 실제로 말하고자 하는 것은 그리스도가 가지신 아들의 지위가 이미 κατὰ δύναμιν(카타 뒤나민, "능력을 따라") 작동하기 시작했다는 것이기 때문이다. 바울은 두 κατά를 사용하여 각 실존 상태의 존재 방식을 대조하고, 두 ἐκ를 사용하여 각 실존 상태가 유래한 영역

그동안 사람들은 부활 개념을 다루면서 몸이라는 측면 자체에만 너무 집중해왔다. 사람들은 인간 본질이 완전함을 회복하는 데 필요한 것은 오로지 맨몸뿐이라는 것을 당연시해왔다. 우리가 신자들의 부활을 유사 사례인 그리스도의 부활에 비추어 판단할 수 있다면, 그 사건(곧 신자들의 부활—역주)이 아주 엄청난 역동성을 지닌 새 평면 위에 세워진 새 세계로 들어가는 일이 되리라는 것을 믿어야 할 것이다. 부활은 영혼은 물론이요 몸에게도 새로운 탄생이다. 부활은 말 그대로 새 세대의 자궁을 이룬다. 신자들은 이 자궁에서 새롭고 전혀 선례가 없는 하나님의 아들로 태어난다: "그들은 하나님의 자녀요 부활의 자녀다." 때문에 그들은 장가들지도 않고 시집가지도 않는다(눅 20:35-36). 이처럼 ἀνάστασις(아나스타시스, 부활)는 철두철미하게 더 높은 세계로 태어남을 의미한다. 이런 ἀνάστασις 개념은 우리가 생각할 수 있는 시각 가운데 가장 큰 시각을 열어줌으로써 그리스도인의 모든 상태에 필요한 새 구조와 새 잠재력을 가진 삶을 들여다보게 해준다. 이런 점에서 여기서 말하는 ἀνάστασις와 마태복음 19:28이 말하는 온 우주의 παλιγγενεσία(팔링게네시아, "새로워짐," "재탄생") 사이에는 어떤 유사점이 있다.

을 대조한다. 한편으로 보면 예수는 "다윗의 씨에서 나신" 분이요, 다른 한편으로 보면 "죽은 자들 가운데서 부활하심으로 나신" 분이다. 따라서 바울은 부활(예수의 부활과 신자들의 부활)을 아들의 지위라는 새 국면으로 들어감으로 본다. 이 아들의 지위는 독특한 초자연적 능력을 소유하고 행사한다는 특징을 가진다. 여기에서는 이런 능력을 오직 그리스도의 몸에만 적용해야 한다거나, 아니면 그리스도가 오직 신자들의 몸에 몸의 능력을 행사하실 때만 적용해야 한다는 것을 분명하게 부인하지는 않지만, 그래도 그렇게만 적용해야 한다고 말하는 것은 대단히 설득력이 없다.

물론 위의 해석은 바울이 예수가 성령으로 말미암아 잉태되신 초자연적 사건을 부인했다고 암시하는 게 아니다. 정확히 말하면, 바울은 절대 종말론 차원에서 영의 상태를 이야기하고 있기 때문에, 여기에서는 이전에 예수가 성령으로 말미암아 태어나시고 세례 때 성령을 받으신 일을 무시할 수 있었다는 말이다.

하지만 우리는 이제까지 몸의 부활만을 이야기해왔다. 이 과정에서 예수께 일어났던 몸의 부활과 그리스도가 강림하실 때 그리스도의 소유인 사람들에게 일어날 몸의 부활 사이에 연속성이 있음을 확증했으며, 이런 연속성을 확실히 보장해주는 이가 다름 아닌 그리스도 바로 그 분이심을 발견했다. 바울이 하는 말을 근거 삼아 여기 이 땅 위에서 펼쳐지는 그리스도인의 모든 삶과 마지막에 있을 부활을 이어줄 유기적 연결 관계를 만들어내고 싶다면, 위에서 한 말이 다소 부족하다고 느낄지 모르겠다. 우리는 예수의 부활에서 신자들의 부활로 뛰어올라야 했다. 그러나 이런 뛰어오름은 두 부활 사이에 채워지지 않은 공간들을 만들었으며, 참된 유기적 일관성을 파괴할 위험이 있다. 우리는 신자의 모든 윤리적-신앙적 실존 및 신자가 그리스도인으로서 겪는 경험과 진보의 총체, 곧 그의 삶과 행위에서 두드러지게 나타나는 모든 것을 신자가 부활이라는 최고 은혜를 받을 준비로 봐야 한다는 것을 증명하고 싶다. 이를 증명해야 바울 사도의 가르침은 비로소 그의 종교와 그의 종말론 사이에 일관성이 없다는 비판에서 자유로울 수 있다. 우리는 이를 증명할 수 있다고 믿는다. 여기에서는 그리스도인 상태^{Christian state}에 들어감을 그리스도와 함께 일으킴을 받는 것으로 제시하는 본문들을 살펴보겠다. 앞서 봤듯이, 이 본문들의 취지는 반(半)종말론이다^{semi-eschatological}. 이 본문들은 신자가 원리상 새 세대의 더 높은 세계로 옮겨갔음을 당연시한다. 하지만 바로 이런 이유 때문에 이 본문들은 이미 신자가 누리고 있는 것과 마지막에 받을 것 사이에 실제로 아주 긴요한 관계가 있음을 확증해준다. 그것이 마지막 완성으로 이끄는 그 원리의 특징이기 때문이다. 때문에 로마서 6:5은 그리스도인의 부활이 구주의 부활과 같은 모양("같은 형상")을 가질 것이라고 말한다. 지금도 신자들은 자신을 주이신 그리스도 예수 안에서 하나님께 대하여 살아 있는 자로 여겨야 한다(롬 6:11). 고린도후서 3:18은 영광을 받으신 그리스도를 본 사람들이 그를 봄으로 "그와 같은 형상으로 변하여 영광에서 영광에 이른다"고 말한다. 이 수수께끼 같은 말이 정확히 무슨 의미이든, 변형을 일으키는 영향력이 그리스도로부터 나오는 것만은 분명하다. 그리스도가 우리에게 행사하실 수 있는 이런 영향력은 오로지 영광을 받으신, 곧 부활하신 그리스도의 능력에 속한 것이요, 신자들이 그와 똑같은 영광의 형상을 얻게 하는 것이 그 목적이다.

그 형태는 다르지만 현재의 영적 삶과 부활 사이에서도 똑같이 연속성의 원리가 나타난다. 바울 사도는 신자들에게 마음의 생각과 소원을 거룩히 하는데(성화에) 힘써 주가 오시는 날에 이런 생각과 소원을 거룩한 상태로 주께 드릴 수 있게 하라고 권면한다. 아울러 그는 이렇게 생각과 소원을 거룩하게 주께 드리는 일이 이 성화에 힘쓴 이들에게 기쁨을 줄 것이며 그 사건(곧 주의 오심과 부활—역주)을 누가 봐도 더 큰 은혜와 기쁨을 만들어내는 사건으로 만들어줄 것이라고 말한다. 바울은 데살로니가 사람들을 생각하면서 주가 그들을 끝까지 자라게 하시고 풍성하게 하심으로 주 예수가 그의 모든 성도와 함께 오실 때에 그들의 마음이 흠 없이 나타나게 해주시길 바라는 소망을 표현한다(살전 3:13, 5:23). 더 나아가 우리는 이런 시사점들에 "그리스도 안에 있다"는 문구를 중심으로 모여 있는 개념 덩어리를 덧붙여야 할 것이다.[11] 바울

---

11) ἐν χριστῷ(엔 크리스토, "그리스도 안에")와 ἐν πνεύματι(엔 프뉴마티, "영 안에")라는 두 문구가 완전히 같은 뜻이요 그 의미범주도 완전히 같다고 주장해야 하는 것은 아니며, 다이스만이 생각하듯이(Adolf Deissmann, *Die neutestamentliche Formel in Christo-Jesu*, 1892), "그리스도 안에"라는 말을 "영 안에"를 유추하여 만들었다고 주장할 필요도 없다. 오히려 그 반대로 발터(Johann Walter, *Der religiöse Gehalt des Galaterbriefes*, 1904, pp. 122-144)는 "그리스도 안에"라는 말의 사용 범위가 "영 안에"라는 말을 적용할 수 있는 범위와 상당히 겹치기는 하지만, "그리스도 안에"라는 말이 커다란 법정적 의미를 갖고 있음을 증명했다. 그러나 "그리스도 안에"가 신비의 영역과 관련이 있을 때는 두 문구를 실제로 서로 바꿔 쓰는 것도 가능하다.

은 그리스도 안에 있는 신자들을 그리스도가 움직임도 없고 생산적이지도 않은 방법으로 감싸 안고 계신 이들로 생각하지 않는다. 그리스도와 그 안에 있는 신자들의 관계는 신자들이 그들 자신의 분깃대로 영광을 받으신 그리스도의 상태에 동참할 그들의 운명이 그 관계의 목적을 결정하는 관계다. 죽은 신자들도 부활하기 전 중간기 상태에 있는 동안 "그리스도 안에서 죽어 있는" 자들이다(살전 4:16). 바울이 이런 말을 한 것은 당시 살아 있던 자들에게 때가 되면 그들 자신도 변화되리라는 확신을 심어주려 했기 때문이다. 그리스도가 "죽은" 자들도 당신에게서 결코 떨어져 나가지 않게 하시고 당신도 그들에게서 떨어져 나가심 없이 당신 자신에게 속한 이들을 모두 이렇게 망라하여 모으고 포용하신다면, 그리스도가 그들에게 행하시는 모든 행위의 목적은 결국 그들을 부활시켜 당신 자신과 같은 모양으로 변하게 하시는 것이라는 결론을 내리더라도 분명 타당한 결론이다. 이처럼 신자들의 삶과 운명이 그리스도의 삶 및 운명과 결합해 있기 때문에 그리스도가 겪으신 경험의 커다란 부분 부분에서 나타난 일반 법칙은 신자들의 경험 속에서도 틀림없이 되풀이될 것이다: "우리가 그와 함께 고난을 받는다면, 또한 그와 더불어 영광을 받을 수 있으리라."

마지막으로 바울은 여기서 말했던 것, 곧 신자가 은혜 안에 있는 상태에서 자라감과 부활을 유업으로 받음 사이에 존재하는 연속성 원리와 인과관계를 씨 뿌림과 수확이라는 비유를 사용하여 기독론과 더 거리가 먼 형태로 놀랍게 표현했다: "사람이 무엇을 뿌리든지 그대로 거둘 것이다. 이는 자기 육체를 위하여 뿌리는 자는 그 육체에서 썩을 것을 거두지만, 성령을 위하여 뿌리는 자는 성령에서 영생을 거둘 것이기 때문이다. 선을 행함에 지치지 말자. 이는 우리가 포기하지 않으면 때가 되었을 때 거둘 것이기 때문이다"(갈 6:7-9). 앞서 본 다른 본문들처럼 여기 이 본문도 미래에 그리스도인이 누릴 생

명과 그리스도인의 행위가 서로 연관이 있고 비례함을 강조한다.[12]

지금까지 기독론의 관점에서 살펴본 이 문제는 성령에 관한 교리와 성령의 역할이라는 제목 아래 연구해볼 수도 있다. 이를 이해하려면 독자는 성령과 종말 사이에 얼마나 긴밀한 관계가 존재하는지 그 스스로 분명하게 깨달으려고 노력해야 한다. 심지어 교리 교육을 받은 그리스도인들 가운데에도 이런 사실을 깨닫지 못한 이들이 아주 흔한데, 이는 성령이 종말론 영역에서 하시는 일이 성령이 현세에 행하시는 구원 사역에 가려져 버렸기 때문이다. 우리는 성령이 우리가 지금 경험하는 은혜의 과정에서 보편적이고 인간의 도움이 필요 없는 독자적 영향력을 행사하신다는 것을 강조하지만, 그 바람에 우리 시각이 지나치게 축소되는 부당한 결과를 낳고 말았다(즉 성령이 현세에 행하시는 구원 사역만 보고 종말론 영역에서 행하시는 사역은 보지 못하게 만드는 부당한 결과를 낳고 말았다—역주). 그 결과, 우리는 성령이 행하시는 구원 사역이 모든 것을 망라하는 성질을 가졌음을 강조해 놓고도 막상 그 뒤에는 깜빡하고 성령에 속한 영역 중 나머지 절반, 곧 내세의 삶 속으로 들어가 그 속에서 살아감은 다루지 않거나 그저 형식상 다루었다는 것을 잊어버린다. 바울은 성령이 하시는 사역의 이 나머지 절반도 우리에게 확실하고 분명하게 일러주었다. 고린도전서 15장과 다른 고전적 문맥들은 이 주제를 아주 두드러지게 이야기하고 이 주제에 계시의 빛을 아주 많이 집중한다. 때문에 어떤 이들은

---

[12] 여기서 빌 3:10, 11이 하는 말을 그냥 지나치는 것은 거의 용서할 수 없는 일일지도 모르겠다: "내가 그의 죽음을 본받아 어떤 수단을 써서라도 죽은 자들 가운데서 부활에 이르려 하노니." 하지만 바울이 여기서 표현하는 생각은 위에서 말한 본문의 취지를 벗어나는 것 같다. 부활을 얻음 자체가 바울이 그리스도인으로서 살아가려고 애쓰는 것에 따라 좌우되는 것처럼 말하기 때문이다. 이 본문은 뒤에 관련 부분에서 논해보겠다.

마치 이 주제가 보통 구원과 관련된 것들과 아주 긴밀히 결합해 있는 그리스도의 영광보다 오히려 좀 더 각광을 받는 것처럼 느끼기도 했다. 그러나 구원론은 아주 오랫동안 교회가 성령과 친숙해지게 만들어준 일등공신이었다. 그러다보니 성령의 역할이라는 주제와 관련해 구원론을 제외한 다른 부분은 앞에 나설 기회가 거의 없었으며, 마땅히 받아야 할 주목도 받지 못했다. 이처럼 성령이 구원론 영역에서 하시는 역할에 비해 종말론 영역에서 하시는 역할을 무시해온 현상을 더욱 설명할 수 없고 어떤 점에서는 용서하기조차 불가능한 이유는 성령이 종말론 영역에서 하시는 기능들이 결국은 단지 그가 구원론 영역에서 하시는 일의 연장에 불과하다는 사실 때문이다. 그러나 이제까지는 그랬을지라도, 요 근래에는 성경 학도들이 이런 사실들에 관심을 기울여온 결과, 이런 강렬한 관심이 이전 시대의 약점들을 보충하고도 남음이 있게 되었다.

성령과 종말론의 연관관계는 멀리 구약 성경까지 거슬러 올라간다. 히브리어와 다른 셈어에서 רוח(루아흐)가 가지는 근본 의미는 움직이는 공기다. 그러나 헬라어 πνεῦμα(프뉴마)는 주로 움직이지 않는 공기라는 개념과 결합해 있었던 것 같다. 이 때문에 רוח라는 히브리어가 힘을 불어넣고 활동성을 지닌 성령을 묘사하는 데 적합한 말이 되었다. 이는 더 나아가 성령이 종말론 영역에서 행하시는 궁극의 기능, 곧 가장 높은 차원에서 초자연적 결과들을 만들어내시는 기능과 일치하기도 한다. 이렇게 성령은 종말론과 이어지게 된다. 우리는 이를 다음과 같은 몇 가지 생각의 흐름을 따라 관찰해볼 수 있다.

첫째, 성령이 장차 있을 일을 미리 일러주는 표징들을 통해 초자연적 일들을 비범하게 나타냄으로써 미래 세계가 가까이 다가왔음을 선포한다는 생각이 있다. 그리하여 요엘 3:1 이하[3])는 영(성령)을 모든 육체에게 부어주심을 "야훼의 크고 무서운 날이 임하기 전에" 일어날 일로 묘사한다.[14] 이것이 곧 성령이 새 세대 자체 안에도 그의 자리를 가지실 것을 인정하지 않는 것은 아니지만, 여기 본문에서는 그것까지 일러주지는 않는다. 성령이 이런 표징들을 행하심은 그가 종말론적인 것 자체를 대변하시기 때문이 아니다. 종말론적 개념이 아직 나타나지는 않았기 때문이다.

다음으로, 성령을 메시아가 그 직무를 행하실 수 있게 준비시키는 분으로서 종말론 영역으로 들어오신다고 보는 생각이 있다. 이런 내용이 나타나는 본문들(사 11:2, 28:6, 42:1, 59:21, 61:1)에서는 메시아가 성령을 영원한 소유로 받으신다는 것을 주목하기 바란다. 메시아가 성령을 갖추심을 직무와 관련이 있다고 말한 것은 성령이 메시아의 겉면과 결합한 채 메시아 자신의 주관적 신앙생활에는 영향을 미치지 않는다는 뜻이 아니다. 성령은 지혜와 이해의 영이요 모략과 능력의 영이시지만, 동시에 "지식의 영이자 야훼를 두려워하게 만드는 영"이시기 때문이다. 하지만 이사야 선지자는 성령을 메시아 바로

---

13) 영역 성경은 2:28 이하다(개역개정판도 2:28 이하이나, 공동번역은 3:1 이하다―역주).

14) 폴츠(Paul Volz, *Der Geist Gottes und die verwandten Erscheinungen im Alten Testament und im anschliessenden Judentum*, 1910, p. 93)는 요엘서를 위와 같이 설명하면서도, 베드로가 사도행전 2:16-21에서 제자들이 성령을 영원히 소유한 것으로 제시하여 다른 주해를 따랐다고 생각한다. 그러나 사실은 그 반대다. 베드로는 분명 요엘서 본문 전체를 인용하면서, 여호와의 날이 임하기 전에 일어날 현상을 일러주는 말(20절)은 물론이요, 사람들이 심판 날에 결국 구원을 받을 수 있도록 여호와의 이름을 부를 수 있는 기회가 일정 기간 주어질 것이라고 추정하는 말(21절)도 함께 인용하기 때문이다. 여기서 성령의 사역은 요엘서가 말하는 것 못지않게 종말론과 **가깝다** sub-eschatological. 종말론과 관련된 것은 베드로가 요엘보다 오히려 훨씬 분명하게 말한다. 베드로는 자신이 하는 말에 "마지막 날에"라는 말을 집어넣어 원문을 수정하기 때문이다. 신약 성경에서는 이 "마지막 날에"라는 말이 언제나 종말론에 가까운 의미를 나타낸다.

그 분을 위하여 존재하는 분으로 묘사하지 않고 메시아를 통해 오셔서 백성을 위해 존재하시는 분으로 묘사하려고 한다.

셋째, 여기에서는 성령이 미래에 이스라엘이 살아갈 새 삶의 근원으로, 특별히 윤리적-종교적 갱신의 근원으로 등장한다. 이를 통해 성령은 처음으로 종말론적 상태 자체를 일러주시는 분이 되신다. 이에 속하는 성경 본문에는 이사야 32:15-17, 44:3, 59:21, 에스겔 36:27, 37:14, 39:29이 있다. 이 예언들은 성령을 메시아가 보내시지 않고 야훼 바로 그분이 직접 보내실 것으로 예상한다는 것을 유념하기 바란다. 그러나 이런 말들은 메시아라는 분을 담고 있는 예언들에서 등장한다. 이 본문들은 새로운 상태를 만들어내는 첫 행위를 강조한다. 동시에 여기서 사용한 말들은 성령의 임재와 사역이 종말론적 상태가 처음 시작할 때만 이루어지는 게 아니라 이런 종말론적 상태가 계속 이어지게 한다는 것을 보여준다. 그 땅과 그 나라는 성령을 영원히 담아두는 저장소가 된다. 에스겔 36:26에서는 이런 약속이 개인에게 적용되는 형태를 띤다.

넷째, "영"이라는 말이 구약 성경에서는 초월적이고 초자연성을 띤 것을 망라하여 가리키는 말로 등장함을 유념해야 한다. 영이 나타나는 모든 경우를 보면, 어떤 초자연적 실재가 인간의 경험 속에 자신을 투사한다. 때문에 이처럼 영의 나타남이 유래한 영역은 이런 나타남을 있게 한 직접 근원인 능력을 따라 그 이름을 붙일 수 있겠다. 이는 바람이 가지는 양면성, 곧 어떤 구체적 힘이자 위에서 오는 것으로 보이는 하늘의 요소라는 특성과 일치한다. 그러나 영은 초자연성을 지닌 것(존재)을 대변한다. 이는 초자연성을 지녔다는 것이 기적적인 것(존재)이라는 의미도 있지만, 피조물과 비교할 때 주권을 가졌다는 의미도 있기 때문이다: "바람은 그가 원하는 대로 분다." 영적인 것은 사람 안에서 초자연적인 것을 두려워하게 하고 사람을 바로 그런 위험한 존재에 노출시킨다. 선지자는 그의 일상생활 속에서도 마치 더 높은 세계에만 집중하는 것 같은 그의 영적 성격 때문에 "여호와 손에 붙들려 홀로 앉아 있다"(렘 15:17).

네 번째로 이야기한 생각은 묵시 문학 속에서 더 깊이 있게 발전했다. 여기에서는 적어도 성령을 영생의 영이자(시빌의 신탁 3:771), 낙원과 관련된 거룩함의 영(레위의 유언 18:11)으로 분명하게 묘사한다. 여기서 낙원이 낙원이라는 이름을 갖게 된 것은 거기 있는 생명나무 때문이다. 하지만 랍비 신학은 여기서 더 나아가 성령을 특별히 부활과 연계한다: "거룩함은 성령으로 인도하며, 성령은 부활로 인도하신다."[15] 유대교 시대는 성령이 함께하시지 않았던 시대라는 느낌이 들 때가 있는데, 이런 느낌이 드는 이유는 유대교 시대와 그 뒤에 성령으로 충만했던 초기 교회 시대를 딱히 비교해야 할 이유도 없이 무턱대고 비교하기 때문이다. 유대교 시대의 현자(賢者)들과 묵시 문학 저자들은 자신들이 더 고매한 신의 반열에 있다고 느꼈다. 그들이 자랑하던 이런 영적 상태는 때로 하늘의 영역으로 옮겨간 형태를 취하기도 했다.

다시 바울로 돌아가보자. 바울의 가르침에서는 성령의 종말론적 기능이 양면성을 띠고 나타나는데, 우리는 이런 양면성을 안내자로 삼을 수 있겠다. 한편으로 성령은 부활의 근원이시지만, 다른 한편으로 성령은 부활 뒤에 이

---

15) 저자가 쓴 논문인 "The Eschatological Aspect of the Pauline Conception of the Spirit," in *Princeton Biblical and Theological Studies*(1912), pp. 211-259를 참고하라.

어질 생명 resurrection-life의 토대이시자, 생명을 둘러싼 대기처럼, 장차 임할 세대의 생명이 살아갈 환경으로서 등장하신다. 성령은 사건을 만들어내시고, 계속하여 그 사건의 결과인 상태의 기초가 되신다. 성령은 창조주이자 유지하시는 분이다. 그는 창조주 성령이자 동시에 미래 삶의 초자연적 상태를 유지하시는 분이다. 먼저 성령이 부활의 근원이심을 살펴보자. 로마서 8:11은 하나님이 διὰ τοῦ ἐνοικοῦντος αὐτοῦ πνεύματος ἐν ὑμῖν("너희 안에 거하시는 그의 영을 통해") 혹은 διὰ τὸ ἐνοικοῦν πνεῦμα("거하시는 성령 때문에")[4] 독자들(로마서를 읽는 이들)의 죽을 몸에 생명을 주실 것이라고 강조한다. 여기서 πνεῦμα(프뉴마)는 심리학에서 생각하는 사람의 영이 아니다. 10절을 보면 언뜻 사람의 영이 아닌가 하는 추측이 들지만, 그런 영이 아니다. 여기서 말하는 영은 분명 하나님의 *Pneuma*(영)이며, 신자의 인격과 긴밀하게 연합하고 친밀하게 결합하는 그런 영이다. 때문에 11절은 그냥 *pneuma*라 말하지 않고 "예수를 죽은 자들 가운데서 일으키신 그분의 영"이라고 완전하게 정의해 놓았다. 하나님을 이렇게 정의한 이 말속에는 "하나님이 예수에게 행하신 일을 신자에게도 행하실 것이다"라는 주장이 들어 있다.[16] 바울 사도는, 그리 많은 말로 표현하지는 않지만, 하나님이 성령을 통해 예수를 일으키셨음을(부활케 하셨음을) 전제한다. 사도가 예수의 사례를 신자의 경우에 유추하여 제시한 이 논증에 더 힘을 실어주는 것이 하나님이 예수 안에서 이런 일

---

16) 바울이 이와 관련된 부분에서 그리스도의 이름을 아주 의미심장하게 바꾼다는 것을 주목해야 한다. 첫째, 바울은 예수를 죽은 자들 가운데서 일으키심을 이야기한다. 여기에서는 구주를 살피되, 구주 자신, 구주 자신이 가지신 인성(人性)을 고려한다. 이어 그는 그리스도 예수를 죽은 자들 가운데서 일으키심을 이야기한다. 여기에서는 구주를 메시아로서 살피되, 그를 대변하는 능력을 고려한다. 이 능력은 그의 부활이 다른 이들의 부활에서도 틀림없이 되풀이되리라는 것을 보증한다.

을 행하실 때 사용하신 도구(곧 성령—역주)가 이미 독자들 안에 존재한다는 말이다(사도는 이를 로마서 8:11에서 분명히 밝힌다—역주). 사도는 성령이 부활 때 도구 역할을 한다는 생각을 분명하게 암시한다. 이것은 중요한 권위를 근거로 제시하는 몇몇 부분에서 목적격과 함께 등장하는 διά 구문이 흥미로운 다양성을 보인다는 점과 전연 무관하다. 그렇다면 11절은 이렇게 바꿔 쓸 수 있을 것이다: "예수를 일으키신 하나님의 영이 너희 안에 거하시면, 하나님이 부활하신 예수의 몸 안에 바로 그 영을 위하여 만드셨던 것과 똑같은 적합한 거소를 그 영을 위하여 (너희 안에도—역자 첨가) 만드실 것이다." 이것은 독특한 개념이다. 이 개념은 성령과 부활한 몸의 관계를 뒤집어 놓는다. 보통은 성령이 새 몸을 위하여 존재하나, 여기에서는 새 몸이 성령을 아름답게 꾸미기 위해 존재할 것이라고 말한다. 그러나 이런 생각이 흥미로울지는 몰라도, 이 본문은 달리 읽는 것이(즉 διά+소유격 구문으로 읽는 것이; 즉 어떤 사본처럼 διὰ τὸ ἐνοικοῦν πνεῦμα로 읽지 않고 διὰ τοῦ ἐνοικοῦντος αὐτοῦ πνεύματος ἐν ὑμῖν으로 읽는 것이—역주) 더 타당할 것 같다. διά+소유격 구문을 택하면, 우리는 이 구절을 이렇게 바꿔볼 수 있다: "예수를 일으키신 하나님의 영이 너희 안에 거하시면, 하나님은 너희 안에 거하시는 그 영이 예수가 부활하실 때 예수에게 이루셨던 일을 너희에게 이루게 하실 것이다." 성령이 신자들 "안에 사신다"는 개념이 부활을 내다보는 일련의 생각 속에서 등장하는 것을 볼 때, 이 개념은 종국에 있을 위기의 정점을 염두에 둔 준비 과정이 진행되리라는 것을 가리키는 것일 수밖에 없다. 그때 그리스도인 안에 들어와 사시는 성령은 이 그리스도인이 마지막에 오로지 부활만 얻으리라는 확신을 심어주려고 들어와 사시는 분이 아니다. 성령이 들어와 사심은 그분의 활동으로도 나타날 수밖에 없다.

하지만 이런 종류 이야기를 할 때는 먼저 성령을 현재 그리스도인의 삶

속에서 활동하시는 요소로 보는 구원론적 성령 개념에서 시작한 뒤, 거기서 미래로 나아가야 하지 않을까 싶다. 그렇게 해야 성령이 종말론 영역에서 하실 과업이 특수한 일이 되지 않고 다만 어떤 특별한 상황에 적용되는 일반적 과업이 될 것이다. 그러므로 우리는 또 다른 생각의 흐름, 곧 분명 종말에 다다를 종점에서 출발한 뒤, 거기서 뒤로 돌아 현세의 삶을 바라보는 생각의 흐름으로 돌아가야 한다. 이런 경우가 고린도후서 1:22, 5:5, 에베소서 1:14이다. 여기서 바울은 하나님이 그가 하늘에 속한 새 몸으로 영원한 상태에서 살 수 있게 준비해 놓으셨다는 증거로 하나님이 그에게 ἀρραβὼν τοῦ πνεύματος("성령이라는 보증금")를 주셨다는 사실을 든다. 그 "보증금"은 바로 성령이다. 여기서 소유격(곧 τοῦ πνεύματος—역주)은 앞말을 보충 설명해주는 소유격이기 때문이다. 갈라디아서 3:14도 마찬가지여서, 이 구절에 나오는 "성령의(성령이라는) 약속"(헬라어 본문은 ἐπαγγελία τοῦ πνεύματος—역주)은 하나님이 약속하신 것이 바로 성령임을 뜻한다.[17] 이제 성령은 이렇게 "보증, 담보"라는 의미를 갖는다. 이는 바로 성령이 나중에 완전히 얻게 될 것 가운데 일부를 우선 잠시 제공해주기 때문이다. 이와 아주 비슷한 개념인 ἀπαρχὴ τοῦ πνεύματος(롬 8:23, "성령의 첫 열매")도 이를 증명해준다. ἀρραβὼν(아라본, "보증금, 계약금")은 뭔가를 사면서 나중에 대금을 완전히 갚겠다고 약속하며 그 보증으로 주는 돈을 말한다. 따라서 이 경우에는 성령을 현세의 실질을 이루는 부분이 아니라 특별히 미래의 삶에 속한 존재로 보면서, 성령을 현재 소유함을 미래를 향한 기대라는 관점에서 바라보는 것이다. 본디 성령의 영역은

---

17) ἀρραβὼν과 ἀπαρχή에서는 보증금과 이 보증금이 보증하는 것이 동일하다는 점이 분명하게 드러나지만, 이 둘과 또 다른 세 번째 개념인 σφραγίς[스프라기스, "인"(印)]에서는 그 점이 분명하게 드러나지 않는다. 고후 1:22, 엡 1:13, 4:30을 참고하라.

미래 세대다. 성령은 그 미래 세대에서 현세 속으로 자신을 비춰주시고, 당신이 펼치시는 종말론적 활동을 통해 당신 자신이 어떤 분인지 미리 알려주는 예언이 되신다.

위에서 말했듯이, 성령은 부활 행위의 저자(즉 부활 행위를 만들어내시는 분—역주)이자 부활 이후 생명의 영원한 토대이시다. 성령은 부활 이후의 생명에 내부의 기본 요소와 외부 환경을 공급하신다. 성령이 행하시는 기능의 이 두 번째 측면이 바로 지금 우리가 살펴봐야 할 것이다. 먼저 우리가 만나는 난점을 간략히 짚어볼 수 있겠다. 이 난점은 성경이 우리에게 제시하는 성령의 성격이 양면성을 띤다는 점과 관련이 있다. 우리는 성령을 아주 익숙하게 인격으로 인식한다. 그 이유는 성령이 성삼위 하나님의 다른 두 위격과 더불어 개인 구원에서 행하시는 일 때문이다. 뿐만 아니라, 성령이 하시는 일을 철두철미하게 인격체가 하시는 일로 이야기하기 때문에, 우리가 실제로 성령을 생각할 때도 인격 이외에 다른 존재로 생각할 여지가 거의 없다. 하지만 성령의 활동과 기능을 표현할 때는 성령을 인격체가 아닌 것에 비유하여 표현해야 할 때도 있다. 그럴지라도 이 문제를 다룰 때는, 이 모든 것을 고려하여, 서로 별개요 다른 방향을 지향하는 두 가지 성령 개념(즉 성령을 인격체로 보는 개념과 인격체가 아닌 것으로 보는 개념—역주)이 우리 앞에 있기 때문에 이 두 개념을 어떤 공통 용어로 묶어내기는 절대 불가능할 것이라고 성급하게 결론지어서는 안 된다. 물론 우리는 바로 이 주제를 다루면서 우리 생각에 서로 결합할 수 없다 싶은 것들을 조화롭게 결합해줄 구조를 만들어낼 수 없을지도 모른다. 그러나 이것이 곧 하나님 안에서도 이 두 측면이 실제로 공존하기가 불가능하다는 것을 증명해주는 증거는 아니다. 우리가 이와 유사한 기독론 사례(즉 한분이신 예수 그리스도가 그 안에 신성과 인성을 모두 가지심—역주)를 생각해보면 서로 결합할 수 없을 것처럼 보이는 두 측면이 공존하기는 불가능하다는 결론을 꼭 내려야 하는 것은 아님을 쉽게 알 수 있다. 그리스도(특히 부활하신 그리스도)가 신자와 유지하시는 친밀한 관계만큼 인격적인 관계는 있을 리 없다. 그러나 우리가 그리스도를 둘러싼 분위기(그리스도에 관한 지식—역주)를 더 잘 알지 못하면, 이런 인격적 관계의 배경이나 기초를 항간에 널리 퍼져 있는 기본적 분위기(즉 기본 수준의 그리스도 지식—역주)나 떠올릴 법한 말로 표현할 때가 대부분이다. 이런 기본 수준의 분위기에서는 적어도 구주(救主) 쪽의 인격적 측면이 그 분위기에 잠겨 보이지 않으며, 이런 기본 수준의 분위기에서 생각하다간, 아무리 깊이 생각해봐도, 그 인격적 관계가 무엇 속에 존재하는지(즉 그 인격적 관계가 무엇인지—역주) 올바로 일러주는 개념을 얻지 못한다. "그리스도 안에" 있다는 것 그리고 그와 더불어 그리스도와 의식적 교통 및 사귐을 나누며 살아간다는 것이 논리상 동일하지는 않아도, 우리가 공통으로 가진 기독교 신앙에 비춰볼 때 이 두 측면이 어느 한 측면 때문에 다른 측면을 인식하지 못할 위험을 초래함 없이 동일한 신앙 주체 안에서 결합할 수 있다면, 성령과 우리 인간의 관계 역시 그리스도와 우리의 관계와 유사한 이중 관계로 보더라도 그른 말은 아니지 않는가? 이처럼 두 경우, 곧 그리스도의 경우와 성령의 경우가 유사하다고 보는 것이 훨씬 더 설득력이 있다. 왜냐하면 바울의 구원론에서는 ἐν πνεύματι(엔 프뉴마티, "성령 안에서")와 ἐν χριστῷ(엔 크리스토, "그리스도 안에서")라는 두 문구가, 적어도 후자를 법정적 의미로 사용하지 않는 이상, 같은 의미이기 때문이다. 성령과 부활하신 그리스도를 비교하여 말해보면, 성령이 부활하신 그리스도보다 훨씬 더 기본^{elemental}이시다. 그러니 하물며 종말론에서도 성령이 이처럼 인격체에 준하는 역할을 하신다는 것을 의아하게 생각할 이유가 전혀 없다.

이제 바울 서신이 이런 취지를 지지한다는 증거를 간략히 살펴보자. 고린도전서 15:42-49은 종말 이전의 상태에 속한 몸과 종말 상태에 속한 몸을 잇달아 대조한다. 본문은 전자를 ψυχικόν(프쉬키콘, "혼의, 혼에 속한")으로 규정하고 후자를 πνευματικόν[프뉴마티콘, "영(성령)의, 영(성령)에 속한"]으로 규정한다. 이 *Pneumatikon*이라는 형용사는 종말 상태에 있는 몸의 성질을 표현한다. 이 말에서는 종말 상태의 몸은 물질이 아니라는 생각, 천상의 신비한 몸이라는 생각, 물리학에서 말하는 밀도가 존재하지 않는 몸이라는 생각을 모두 꼼꼼하게 제거해야 한다. 이런 특질들 가운데 *Pneumatikon*이라는 형용사와 관련이 있거나 없는 것이 무엇이든, 문제가 된 이 형용사가 설령 그런 특질을 나타내는 경우가 있을지라도 여기에서는 분명 그런 특질을 묘사하지 않는다. 이런 오해가 없게 하려면, 이 말을 번역하는 경우는 물론이요 다른 경우에도 세심하게 주의하여 이 말의 첫 글자를 대문자로 써야 한다. πνευματικόν은 십중팔구 잘못된 길로 이끌지만, Πνευματικόν은 주의하라는 경고음을 울려줄 뿐 아니라 올바른 방향을 일러주기 때문이다. 바울은 부활 상태를 *Pneuma*(프뉴마, "성령")가 다스리는 상태로 규정하려 한다. 성령이 다스리신다는 것은, 더 자세히 말하면, 성령이 부활한 몸에 당신의 세 특성인 ἀφθαρσία(아프따르시아, "썩지 않음, 죽지 않음"), δόξα(독사, "영광") 그리고 δύναμις(뒤나미스, "능력")를 깊이 새겨 넣는다는 것을 뜻한다(42, 43절). 이 몸 반대편에 있는 것이 육의 몸이며, 이 육의 몸은 시간 순서상 영의 몸 *soma Pneumatikon* 보다 앞선다. 육의 몸을 규정하는 특징은 φθορά(프또라, "썩음"), ἀτιμία(아티미아, "수치, 치욕"), 그리고 ἀσθενεία(아스뻬네이아, "약함, 병")다. 이 본문은 바울이 신앙의 고상한 신비들을 길게 기록해 놓은 내용 중에서도 독특한 부분이다. 죄가 영향을 미친 몸, 악이 세상 속에 들어옴으로 말미암아 존재하게 된 몸과 미래의 몸을 대조하지 않고, 처음에 아담("첫 아담")이 가졌던 몸과 완성(역사의 완성—역주)에 이를 때의 몸을 대조하기 때문이다. 바로 다음 구절(즉 44절—역주)에서 말하는 것은 두 몸을 대조하는 내용뿐이다. 그러나 46절에 이르면, 제시하는 내용이 훨씬 더 일반성을 띤 것까지 넓어져 실로 온 우주를 아우르는 범위까지 이야기한다. 이 구절에서는 모든 것을 망라하는 대립 구조를 이런 원리로 제시한다: "τὸ Πνευματικόν(토 프뉴마티콘, "영의 것")이 처음이 아니요, τὸ ψυχικόν[토 프쉬키콘, "혼(육)의 것"]이 처음이며, 그 다음이 τὸ Πνευματικόν이라." 본문은 이를 ἐκ γῆς(엑크 게스, "땅에서")와 ἐξ οὐρανοῦ(엑스 우라누, "하늘에서")를 대조하여 표현한다. 둘째 사람이 하늘에서 온 사람임을 강조하지만, 이는 그리스도가 본디 하늘에서 오신 분이라는 것과 아무 관련이 없다. "하늘에서"라는 말이 꼭 "하늘에서 온"이라는 의미는 아니다. 마찬가지로 그 반대말인 "땅에서"도 아담이 첫 창조 때 땅에서 왔음을 의미하지는 않는다.[18] 그리스도가 성육신하실 때 선재 상태에서 오심을 "하늘에서"라고 말한 것이라면, 바울은 앞뒤가 맞지 않는 말을 한 셈이다. 그리 말하는 것은 그가 46절에서 역설한 순서, 곧 "영의 것"이 처음이 아니라 "육의 것"이 처음이라는 말을 뒤집어 버리는 것이기 때문이다. 게다가 그런 말은 영의 것을 그리스도가 부활하시기 전에 가지셨던 인성의 구성 원리로 만드는 셈

---

18) 이 ἐξ οὐρανοῦ의 용법을 살펴보려면 고후 5:2의 "하늘에서 오는 우리 처소"를 참고하라. 마찬가지로 막 8:11, 11:30, 요 3:27, 6:31, 계 21:2을 참고하라. 이 문구를 이렇게 해석하는 것이 옳은지 검증할 기준은 48, 49절에 나오는 ἐπουράνιος(에푸라니오스, "하늘에 속한")의 용법이다. 본문은 이 형용사를 그리스도는 물론이요 신자에게도 적용한다. 이 말을 신자에게 적용할 경우, 사도가 이 서신을 쓸 때 신자들이 "하늘에서" 왔다거나 "하늘에" 있다는 뜻일 리는 없다. 고전 15:45-49에 σαρκικός(사르키코스, "육의")라는 말이 없다는 것 자체가 여기서 대조하는 것이 창조 때의 몸과 부활 때의 몸이 죄가 침입한 몸과 구속으로 회복된 몸이 아니라는 것을 가장 확실하게 인식할 수 있는 증거다. 물론 더 큰 변형이 부분 변형을 포함한다. 그것은 마치 변신과 같다. 치료 영역에서도 그런 변신이 가능하다면, 의사는 치료 목적으로 약을 투여하다가도 그 약에 영생불사약을 섞을 것이다. 환자는 그 치료가 끝나면 단지 병이 나은데 그치지 않고 새 사람이 되어 있는 자신을 발견할 것이다. 여기서 새 사람은 우리가 완전히 나았음을 가리키는 비유로 쓰는 말이 아니라, 진짜 말 그대로 완전히 다른 새 사람을 가리킨다. 이것이, 그 철학 배경이야 어떠하든, 그리스(동방 교회) 교부들이 말하는 φάρμακον ἀθανασίας(파르마콘 아따나시아스, "불사약")에 담긴 진실의 요체다.

인데, 바울 서신의 다른 어느 곳을 봐도 그렇게 말한 흔적이 없다. "하늘에서"라는 말은 단지 그리스도가 ἔπειτα(에페이타, "그 다음에")로 나타낸 시점에 초자연적 방식으로 둘째 사람이 되셨음을 표현할 뿐이다. 바울은 첫째 아담은 물론이요 둘째 아담에게도 모두 "되었다"고 말한다. 45절의 ἐγένετο(에게네토, "되었다," "…이 되다"를 뜻하는 γίνομαι의 3인칭 단수 2부정과거 능동 직설법 형태다—역주)가 두 절에 모두 속하기 때문이다.[5] 본문은 각 경우에 "되었다"라는 말을 적용한 주어(곧 첫째 아담과 둘째 아담—역주)가 이전에(즉 산 영이 되고 살려주는 영이 되기 전에—역주) 다른 상태로 존속한 기간이 얼마인가는 고찰하지 않는다. 바울이 제시하는 주장의 전체 취지를 고려할 때, 우리는 부활을 τὸ Πνευματικόν이 시작한 순간이라고 생각할 수밖에 없다. 그리스도는 그때 거기서 Πνευματικός(프뉴마티코스, "영의 사람")라는 형태로 나타나셨으며, 그런 사람으로 종말의 시대를 시작하셨다. 그러나 우리가 보는 본문은 종말에 속한 것과 영의 것이 무엇인가를 밝혀줄 뿐 아니라, 영(성령)과 그리스도를 거의 동일시하는 독특한 특징이 있다. 이 지점에 이르기까지 미래의 삶을 만들어내시고 유지하시는 성령은 하나님의 영이었다. 그런데 이처럼 성령과 부활하신 그리스도라는 두 주체를 긴밀히 동일시함에 따라, 성령은 자신이 독특하게 소유하신 능력인 생명을 주는 능력을 그리스도에게 부여하신다. 이리하여 둘째 아담은 Πνεῦμα(프뉴마, "영")뿐 아니라 πνεῦμα ζωοποιοῦν(프뉴마 조오포이운, "살려주는 영")이 되셨다. 이는 종말론과 그리스도가 신자 속에서 만들어내신 삶의 관계가 어떤 관계인지 결정하는 데 아주 중요하다.[19]

---

19) 바울은 43절까지(43절도 포함하여) 죄의 몸과 부활의 몸을 대비한 내용을 기초로 삼아 자신의 모든 논증을 펼쳐왔다. 그런 그가 왜 44절 이후에는 죄의 몸을 창조 때 가졌던 보통 몸으로 바꿔 이 몸과 부활의 몸을 대비하는가가 흥미로운 문제다. 물론 이 문제는 대답하기가 어렵다. 그 답

우리는 성령이 부활 행위의 도구이자 부활 생명(부활로 말미암아 누리는 새 삶—역주)의 영원한 토대임을 발견했다. 여기서 이 둘 가운데 어느 것이 생각 순서나 연대상의 등장 시점을 놓고 볼 때 첫 번째 자리에 있는 개념인가라는

을 바울이 창조 때 가진 몸과 죄의 몸을 성질상 동일한 것으로 보았기 때문이라는 쪽으로, 다시 말해 42절이 열거하는 φθορά(프또라, "썩음"), ἀτιμία(아티미아, "수치, 치욕"), ἀσθενεία(아스떼네이아, "약함, 병")라는 악한 속성들이 창조로 말미암아 몸에 속하게 된 것으로 보았기 때문이라는 쪽으로 찾으려 해서는 안 된다. 바울은 다른 곳에서 이런 것들이 죄를 통해 세상 속으로 들어왔다고 아주 분명하게 가르친다.

이 문제에는 다음과 같이 대답하는 것이 옳다고 본다: 바울 사도는 하나님이 처음부터 더 높은 종류의 몸(대체로 더 높은 실존 상태에 속한 몸)을 주실 계획을 갖고 계셨음을 보여주려 했다. 그러나 정상이 아닌 죄의 몸에서 그런 취지를 끌어낼 수는 없었다. 비정상인 것과 종말의 영역에 속한 것은 논리상 서로 관련이 없기 때문에 하나를 당연한 전제로 삼아 그것에서 다른 하나를 끌어내는 것은 불가능하다. 그러나 창조 때의 세계와 장차 임할 세계는 서로 관련이 있기 때문에 하나가 다른 하나를 미리 일러준다. 모형론 원리에 따라 첫 아담은 마지막 아담을 미리 보여주고 육의 몸은 영의 몸을 미리 보여준다(롬 5:14과 비교해보라). 44절 하반절에서 하는 말은 어떤 명백한 사실을 역설하려는 게 아니라 논증하려는 말이다: 한 종류의 몸이 존재한다면 다른 종류의 몸도 존재한다는 것이다. 이것은 바울이 우선 육의 상태만 이야기하는 이 인용문(창 2:7)을 왜 둘을 다 증명하는 것으로 다루는지, 그럼으로써 또 덧붙인 명제—"마지막 아담이 생명을 주시는 영이 되셨다"—에도 정당성을 부여하는 근거로 다루는지, 그 이유를 설명해준다. 그 인용문은 마지막 아담이 생명을 주시는 영이 되셨음을 증명한다. "육의 것" 자체는 영의 것의 모형이요, 첫 번째 창조는 두 번째 창조의 모형이며, 지금 이 세상은 (죄가 없는 세상으로 본다면) 오는 세상의 모형이기 때문이다.

아울러 이런 주해는 바울이 창 1:27(하나님이 사람을 하나님의 형상으로 창조하심)에서 가져온 인용문에 45절의 세 번째 부분(즉 "마지막 아담은 생명을 주는 영이 되셨다"는 부분—역주)을 포함하려 했다는 견해를 말끔히 정리해 버린다. 이런 가설을 따르면, 바울이 창세기 기록을 다룰 때 필시 필론(혹은 그보다 더 이전 사람들)이 생각했던 이중 창조론, 곧 처음에는 관념적 인간을 창조하고 그 다음에 경험적(실제) 인간을 창조했다는 이론에 의지했다는 말이 될 것이다. 이런 생각에 따르면 창세기 1장이 창세기 2장 앞에 오기 때문에 관념적 인간이 먼저 창조되고 뒤이어 경험적 인간이 창조되었다고 본다. 그러나 바울은 그와 정반대인 견해를 역설한다. 즉 영의 것이 첫 번째가 아니라 육의 것이 첫 번째다. 46절이 이런 필론식 철학적 사유를 언급한다면, 그것은 분명 그런 사유를 예리하게 꼬집어 바로잡을 목적으로 언급한 것이다. 바울은 관념 철학이 제시하는 순서를 실제 역사가 펼쳐진 순서로 바꾸려 했을 것이다. 바울 사상의 개념들은 유대의 개념이지, 헬라의 개념이 아니다. 그는 시간의 형태로 추론하지, 공간의 형태로 추론하지 않는다.

문제가 등장한다. 우선 성령이 부활 행위의 기원이심을 전제하고, 이어 이런 특징을 구약이 세계와 사람 속에 있는 자연적 생명의 원천이신 하나님의 영에 관하여 가르치는 내용을 토대로 설명하는 것이 타당해 보일지도 모르겠다. 특별히 에스겔 37장이 제시하는 알레고리가 이미 이런 것을 이스라엘 민족의 부활에 적용했기 때문이다. 만일 성령이 현재 이런 형태를 지닌 몸속에서 일하신다면, 부활 때 회복할 몸을 지어낼 분도 성령이실 것이라고 추정하는 것은 더 당연한 일이다. 하지만 사실 우리는 자연계와 관련된 성령의 활동이 이미 구약과 신약 중간기 문헌에서는 뒷자리로 물러나고 신약 성경에서도 역시 그대로 뒷자리로 물러나 있는 모습을 발견한다. 따라서 부활 생명에 관한 생각이 순서상 먼저 나타났으며, 적어도 이런 생각을 일부나마 기초로 삼아 성령을 부활이라는 기적을 만들어내시는 분으로 여기는 생각이 나타났다고 추정하는 것이 더 설득력 있다. 이는 오는 세대가 영적 성격을 가졌다는 여러 사상 흐름이 구약 성경에 견고한 기초를 두고 있었기 때문이요, 신약 시대 초기에는 이런 사상 흐름들이 그 나름대로 완전히 자리를 잡고 나아가 더 풍성하게 발전해갔기 때문이다. 아울러 우리는, 종말론적 맥락과 상관없이, 하늘의 세계가 영의 세계라는 생각을 바울 서신에서 만난다. 고린도전서 10:3, 4, 에베소서 1:3이 그 예다. 이런 생각에서 종말의 상태를 무엇보다 영의 상태로 보는 생각으로 옮겨가기는 어렵지 않다. 우리가 아는 최고 형태의 삶, 하늘의 세계에서 누리는 삶이라면 그 삶에 필시 그런 특별한 성격을 제공해줄 것이기 때문이다.

성령을 종말론과 관련지어 살펴보면 어쩌면 또 다른 문제도 어느 정도 설명이 되지 않을까 싶다. 그 문제는 성령이 이 땅에서 그리스도인이 살아가는 삶 전반에 자리해 계심[성령의 편재성(遍在性)], 곧 그 삶의 모든 영역과 활동에 똑같이 자리해 계심과 관련이 있다. 바울 서신을 보면, 우선 주관적 측면에서는 그리스도인이라는 것^{Christianity}과 성령을 소유함 그리고 성령을 통한 행위가 서로 바꿔 쓸 수 있는 말이 되며, 성령이 하시는 활동의 중심이 윤리적-종교적 영역에 있음을 힘주어 강조한다. 바울 이전에는 이런 점을 이토록 철저하게 강조하지 않았다. 분명 궁켈$^{Hermann\ Gunkel}$은 바울 사도가 이런 관점의 원조임을 다소 과장했으며, 구약의 선지자들이 제시한 가르침과 신약에서 바울보다 앞서 나온 가르침이 이런 관점이 발전할 수 있게 준비했다는 것을 과소평가했다.[20] 하지만 사도행전에 나오는 베드로의 설교와 바울 서신에 있는 말들을 비교해보기만 해도 성령에 그런 주도적 지위를 부여하고 성령이 어디에서나 널리 활동하신다고 인정한 첫 인물이 바울임을 풍성하게 일러준다. 이를 통해 바울은 성령이 하나님으로서 성부 및 성자와 함께 모든 점에서 그리스도인의 상태와 관계를 맺으실 수밖에 없는 분이라는 것을 확실히 밝힌다.

---

20) Gunkel, *Die Wirkungen des Heiligen Geistes nach der populären Anschauung der apostolischen Zeit und nach der Lehre des Apostels Paulus.*

역자 주

[1] 하나님이 인간을 통해 계시하신 진리는 그분의 계시로서 완전하고 그 논리가 일관성이 있다. 이것이 하나님이 주신 계시의 두드러진 원리다. 따라서 지금까지 살펴본 내용이 바울이 인간의 관점에서 이야기한 내용이라 하더라도 이를 인간의 관점에서 한 이야기라 하여 무턱대고 무시해서는 안 된다는 말이다.

[2] 개역개정판은 이를 "새로운 피조물"로, 공동번역은 "새 사람"으로 번역했으나, 저자는 이를 "새 피조물"로 번역한다.

[3] 로마서 4:25의 첫째 절에서 헬라어 원문이 쓴 말은 "*dia ta paraptōmata hēmōn*"(디아 타 파라프토마타 헤몬)인데, *paraptōmata*는 "죄, 잘못"을 뜻하는 *paraptōma*의 복수, 목적격이다. διά라는 전치사를 목적격과 함께 사용하면, 이 전치사는 "… 때문에"라는 뜻이다. 둘째 절에서 헬라어 원문이 쓴 말은 "*dia tēn dikaiōsin hēmōn*"인데, *dikaiōsin*은 "의롭다 하심, 정당성을 인정해 줌"을 뜻하는 *dikaiōsis*의 단수, 목적격이다.

[4] διὰ τοῦ ἐνοικοῦντος αὐτοῦ πνεύματος ἐν ὑμῖν은 διά+소유격 구문이고 διὰ τὸ ἐνοικοῦν πνεῦμα는 διά+목적격 구문이다. ἐνοικοῦντος는 "살다, 거하다"를 뜻하는 헬라어 동사 *enoikeō*(에노이케오)의 현재분사, 능동태, 중성, 소유격 형태이며, ἐνοικοῦν은 *enoikeō*의 현재분사, 능동태, 중성, 목적격 형태다. διά 다음에 소유격이 오면 "…을 통해"라는 뜻이 되지만, διά 다음에 목적격이 오면 "… 때문에"라는 뜻이 된다. 헬라어 사본들을 보면, 어떤 사본은 διὰ τοῦ ἐνοικοῦντος αὐτοῦ πνεύματος라고 되어 있으나, 어떤 사본은 διὰ τὸ ἐνοικοῦν πνεῦμα라고 되어 있다.

[5] 헬라어 본문을 보면, 45절 서두에 *egeneto*가 나오고, 이어 *ho prōtos*에서 시작하여 *zōsan*으로 끝나는 첫째 절이 나온 뒤, *ho eskhatos*에서 시작하여 *zōopoioun*으로 끝나는 둘째 절이 나온다. 저자 말은 *egeneto*가 이 두 절에 나오는 첫째 사람 아담과 마지막 아담의 술어라는 말이다.

Chapter 7

부활에 관한 바울의 가르침이 발전해갔다고 추정하는 이론

근래 성령이 바울의 종말론 구조에서 차지하는 의미를 집중 연구하면서 이 주제에 관한 우리 지식도 많은 점에서 풍성해졌다. 그러나 동시에 이런 혜택(즉 우리 지식이 풍성해진 것—역주)을 상쇄하기라도 하듯이, 비평에 치중하는 쪽에서는 바울 사도가 부활에 관하여 말하는 확신과 기대가 발전해갔다고 보면서 어떤 발전 체계를 만들어보려는 노력들을 펼쳤다. 그 결과로 나온 견해들은(아래에서는 이 견해들을 편의상 "발전 이론"으로 줄여 번역하겠다—역주) 아주 과격하고 심히 비판적이어서, 이 견해들을 지지하는 사람들은 비단 이 중요한 한 가지 점(즉 부활에 관한 가르침—역주)뿐 아니라 바울의 가르침이라는 유기체 전체도 달리 생각하게 되었다. 이번 장에서는 이 견해 지지자들이 주장하는 이론들과 이들이 생각하는 근거를 간략히 탐구해보겠다.

방금 암시했지만, 이런 발전 이론은 성령이라는 개념을 바울의 가르침 중 특정 측면은 물론이요 그의 가르침 전반에 걸쳐 이루어진 이런 발전의 출발점이자 추진력으로 삼는다. 일단 이런 이론을 채택하자, 그때부터 이 이론은 바울 사도의 세계관이 드러나는 모든 고봉 꼭대기에 빛나는 광선을 비추는 탐조등으로 바뀌었다. 이 이론은 바울의 기독교 사상에서 유대 색깔을 벗겨 버리고 헬라(그리스) 색깔을 적잖이 입혀 놓았다. 하지만 이런 이론이 추정하는 발전은 일찍이 자신에 관하여 "내가 어렸을 때는 어린이처럼 말했으나, … 이제는 어른이 되었으므로 어린이다운 일들을 버렸다"(고전 13:11)라고 증언했던 어떤 사람 속에서 보통 일어났으리라고 예상할 수 있을 법한 진전과 다르다. 오히려 이 발전 이론은 이런 발전을 오류를 제거한다는 의미의 발전으로 보아 환영한다. 이런 발전에서는 발전을 구성하는 각 단계의 믿음이 앞 단계의 그것과 대립하며, 다음 단계의 믿음이 그 전 단계의 믿음을 차례차례 대신한다. 이 발전 이론은 이런 발전 구조를 이루는 단계들과 그 단계들 뒤에 자리한 힘들을 다음과 같이 설명한다.

이런 비평가들은 이런 발전의 **첫 번째** 단계를 데살로니가전서에서 찾는다.[1] 이 비평가들에 따르면, 이 서신에는 아직까지 순수한 유대 색깔을 보존하고 있는 종말론 신앙 형태가 들어 있으나, 다만 예수의 인격을 종말론 신앙의 중심으로 삼는다는 것이 유대교의 종말론 신앙과 다르다. 바룩묵시록 1:2 처럼 데살로니가전서도 하나님이 죽은 자들을 일으키실 것이요 일으키심을 받는 자들의 모습에는 아무 변화가 없을 것이라고 추정한다. 이 비평가들은 바울이 이 서신을 쓸 때 그리고 이 서신을 쓰기 전에 말씀을 전하던 동안에는 몸이 무덤에 묻혔을 때와 같은 상태로 무덤에서 일으킴을 받을 것으로

---

1) 이 이론은 데살로니가후서가 바울이 쓴 서신이 아니라고 추정하여 아예 고려하지 않는다.

믿었다고 말한다. 바울이 데살로니가 사람들에게 이런 가르침을 전한 주된 목적은 주가 강림하실 때 근래 죽은 자들도 데살로니가 사람들 자신과 같은 위치에 있으리라는 것을 이 데살로니가 사람들에게 다시금 확신시켜주려는 데 있었다. 이 때문에 바울은 당시에 살아 있는 사람들의 변화는 전혀 이야기하지 않는다. 바울은 몸이 무덤 속에서 해체된다는 사실을 골치 아프게 생각하지 않았다. 그는 주의 강림 때까지 남은 시간이 당연히 아주 짧으리라고 생각했기 때문이다!

이 비평가들은 고린도전서가 발전의 두 번째 형태를 제시한다고 본다. 비평가들은 데살로니가전서 단계를 영(성령) 개념 전(前) 단계라고 부를 수 있다면 이 다음 단계는 영 개념이 영향을 미친 단계라고 규정한다. 여기서 영적 종말론pneumatic eschatology이 시작한다. 바울은 이제 부활이 부활하는 몸에 엄청난 변화를 일으키리라고 예상하면서, 그 변화가 부활하는 바로 그 순간에 일어나리라고 예상한다. 영적 변형 개념(즉 성령이 부활한 몸에 변형을 일으키신다는 개념—역주)은 사실상 부활 개념 자체의 한 부분이 되었다. 그러나 이런 개념이 가능해진 것은 비단 성령Pneuma이라는 요인을 끌어들였기 때문만은 아니었다. 본디 변형을 일으키는 것을 그 역할로 삼는 성령이 부활이라는 사건과 긴밀하게 결합하면서, 영적 변형 개념은 즉시 필수불가결한 개념이 되었다. 성령이 부활 때 몸에 작용하여 창조적 변화를 일으킴 없이 그저 순수하게 죽은 자들을 살리는 객관적 임무에만 만족하셨다면, 본디 변형을 일으키는 것을 그 임무로 삼으시는 자신의 본질을 부인하는 셈이 되었을 것이다. 더욱이 새 사람의 본질이 영에 있고 이 영과 정반대인 σάρξ(사륵스, "육")가 자리한 곳이 몸이라 할 때, 부활과 같은 근본 행위에 가장 필요한 일은, 부활이라는 행위의 본질상, 바로 "육(肉)의 성질을 지닌sarkic" 몸을 없애는 것이다. 이것은 물론 현재의 몸과 부활 때의 몸이 가진 모든 연관을 실제로 끊어 버림을 뜻한다. 하지만 이전 견해를 수정한 견해가 제시한 이런 결론은 분명 바울이 끌어낸 결론은 아니다. 이런 견해에 따르면, 실제로 계속되는 것은 성령이며 몸은 더 이상 계속되지 않는데도 바울 사도는 계속하여 주가 강림하시는 순간에 부활이 이뤄지는 것으로 본다는 것이다. 발전 이론은 이것을 (바울의 견해가—역자 첨가) 일관성이 없음을 보여준 사례라고 말한다. 발전 이론이 보기에 이런 견해는 바울 자신이 이전에 데살로니가전서에서 취한 입장이 보여주는 유대교의 기계적 체계에나 들어맞는 것이었다. 이렇게 일관성이 없다보니 세 번째 입장으로 발전해갈 수밖에 없었다.

이 세 번째 입장은 바울이 관찰한 결과에 근거를 두고 있다. 바울이 관찰한 대로 신자가 그리스도인으로 살기 시작한 때부터 성령이 신자 안에 계신다면, 바울이 주의 강림을 멀다 혹은 가깝다고 생각했는가와 상관없이, 성령의 가장 위대한 사역(즉 부활—역주)을 마뜩치 않은 지연 요인을 내포한 주의 강림 순간까지 늦춰야 할 이유는 사실상 전혀 없다는 것이 이 입장이다. 이제 이 입장은 부활이 이루어지는 순간을 신자가 죽을 때로 본다. 하지만 그 순간에 일어나는 부활은 어떤 부류들이 아주 많이 좋아하는 현대의 희석된 영화(靈化)diluted modern spiritualization 느낌을 전혀 풍기지 않았음을 유념해야 한다. 바울이 생각하기에 부활은 단순히 더 우월하고 몸이 없는 어떤 상태로 들어가는 것이 아니라 몸이 있으면서도 더 나은 상태로 들어가는 것이었다. 이 상태로 들어가는 것은 그가 두 번째 시기(즉 두 번째 발전 단계—역주) 동안에 예상했던 것처럼 순수해지고 영으로 바뀌는spiritualized 것이었기 때문에, 결국은 더 이상 나중의 어느 시점까지 늦춰지지 않고 죽는 순간에 즉시 이루어질 일이었다. 그렇다면 여기에서는 부활이라는 개념은 그대로 놔두고 단지 부활이라는 개념의 내용만 새로운 근거에 기초하여 리모델링한 셈이다. 발전 이론은 고린도후서 5:1-8 본문이 이 세 번째 확신을 두드러지게 반영한다고 본다. 아울러 이 이론은 로마서와 골로새서에 있는 어떤 말들도 이 세 번째 확신을 인정한다고 본다. 위와 같은 말을 하게 된 논리적 동기와 상관없이, 바울 사도가 이런 확신을 품게 된 것은 그가 선교하며 수고하다가 거듭하여 죽을 위기를 겪었기 때문이다. 그때까지만 해도 바울은 주가 오시는 순간까지 그 삶이 이어지리라는 소망을 당연하게 여기며 간직할 정도로 주가 오실 때가 아주 가깝다고 믿었다. 그러나 바울은 이제 주가 오시기 전에 죽을 수도 있음을 진지하게 고려하게 되었고, 이에 맞춰 자신의 부활 신앙을 다시 생각해야만 했다. 또 그는 주가 강림하시기 전에 죽을 수 있다는 생각이 일으킨 감정에 눌린 나머지, 그리고 특별히 주의 강림 전에 죽음을 맞으면 "벌거벗은 상태"로, 곧 영혼만 있고 이 영혼을 덮어주는 몸은 없는 상태로 존재하는 중간기가 있을 수밖에 없다는 생각이 일으킨 감정에 눌린 나머지, 이처럼 새롭게 구성한 부활 개념에서 도피처를 찾았다. 만일 옛 몸을 벗는 바로 그 순간 이 몸을 대신할 새 몸이라는 옷이 만들어져 이 옷을 입는다면, 벌거벗음은 미리 막을 수 있을 것이다. 심지어 이 견해에 새 몸이 그 전부터 이미 존재했다고, 말하자면 새 몸이 이미 그 전에 만들어져 하늘에 보관되었다가 신자가 죽는 바로 그 순간에 예정된 용도로 사용되리라고 믿는 믿음을 덧붙이는 것도 가능해 보였다. 이렇게 부활 개념을 새롭게 구성하다보니, 바울은 로마서 8:19에서 하나님의 아들들이 영광을 받을 것을 이야기하지 않고 하나님의 아들들이 **나타날** 것을 이야기한다. 이런 표현은 하나님의 자녀들이 누리는 영광이 이미 존재하며 다만 그 영광이 나타나기만 기다린다는 것을 일러주려고 쓴 것이다. 마찬가지로 골로새서 3:4에서도 우리의 생명이신 그리스도가 나타나실 때 골로새 사람들 역시 **영광** 가운데 **나타나리라**고 말한다.

하지만 발전 이론은 바울이 네 번째 관점을 말한다고 본다. 이 관점은 바

7. 부활에 관한 바울의 가르침이 발전해갔다고 추정하는 이론 269

울이 몇몇 관련 부분에서 현세의 삶이 펼쳐지는 동안에 몸을 지닌 유기체가 신자 안에서 태어나고 발전해가지만 이런 일은 신자가 이 땅에 속한 몸을 여전히 입고 있는 동안에 일어난다는 것을 암시한다고 본다. 하지만 이것은 앞서 열거한 단계들과 다르다. 이 단계는 연대 순서상 앞 단계들을 뒤따르면서 바울이 앞서 가졌던 믿음을 대신하는 모습을 보여주지 않기 때문이다. 이 네 번째 관점은 이전 관점들 가운데 이것이나 저것을 동시에 보여주는 서신들에서 나타난다. 고린도후서 4:17은 여전히 현재 상태에 있는 신자에게 주어질 "영광의 무거움"(무거운 영광)이 만들어진다고 말하며, 같은 문맥에 자리한 고린도후서 3:18은 "주의 형상으로 바뀌어 영광에서 영광에 이르는" 일이 본문 자체가 말하는 그대로 지금 여기서 점차 이루어지고 있다고 말한다. 이 관점을 일관되게 밀고 나갔다면, 당연히 새로운 주해가 고린도후서 5:1 이하에서 발견하는 내용도 위에서 천명한 것과 같은 내용으로 상당히 바꿔놓는 결과를 낳았을 것이다. 이런 이론에 따르면, 굳이 죽는 순간에 새 몸을 입어야 할 필요가 없을 것이다. 새 몸은 죽기 전에 이미 옛 몸 안에 형성되어 있다. 때문에 이제 남은 것은 오로지 이제까지 옛 몸속에 감춰져 보이지 않았던 새 몸이 옛 몸속에서 드러날 수 있게 그 옛 몸을 벗어버리는 일뿐이었다.

이 발전 체계를 단계별로 하나씩 살펴볼 필요는 없겠다. 다만 이 체계가 주로 바울에게서 받아들여 전통 대대로 인정해온 부활 교리에서 벗어나는 내용을 담고 있을 때는 논의해봐야 한다. 고린도전서 15장에서 볼 수 있다는 소위 두 번째 단계는 대체로 그 윤곽이 그리스도인들의 공통 신앙과 일치한다. 이 두 번째 단계는 나머지 세 단계와 다르다. 따라서 우리는 (그리스도인들의 공통 신앙과 일치하지 않는—역주) 나머지 세 단계를 놓고 몇 가지 비판을 제시해보겠다.

첫 번째 단계를 보면, 영이라는 요소가 없다는 것이 문제점이다. 실제로 여기에서는 성령을 부활의 저자(부활을 만들어내시는 분)나 부활 생명(부활 뒤에 누릴 영원한 생명—역주)의 기초라고 분명하게 말하지 않는다. 이것은 바울이 이런 개념들을 잘 알지 못했음을 보여주는 걸까? 우리는 바울의 글에서 보이지 않는 특징들은 바울의 권면 목적과 직접 관련이 없는 것임을 간과하지 말아야 한다. 바울이 강조해야 할 것은 부활의 본질이 아니라 부활이라는 사실이었다. 바울이 여기서 힘써 강조해야 할 점은 이 기쁜 일이 일어났을 때(즉 부활 때—역주) 살아 있던 사람들이 그 전에 죽은 자들을 기다릴 필요가 없다는 것이었다. 바울은 그런 내용을 분명하게 제시한다. 하지만 이런 내용을 보고 바울이 부활 사건의 본질을 이야기하지 않는 것이 그의 권면 목적에 부합했기에 그가 부활의 본질을 더욱더 많이 이야기하기는 불가능했으리라고 추론하는 것은 어리석은 일이다. 비록 에둘러 말하기는 하지만, 데살로니가전서도 저자의 말을 듣는 이들은 어떠했을지 모르나 이 서신의 저자(바울—역주)는 부활의 영적 성격을 알았음을 충분히 분명하게 보여준다. 데살로니가전서 4:14은 독자들이 확실히 부활하리라는 근거로 예수가 "죽었다가 다시 일어나셨다(다시 살아나셨다)"는 사실을 든다. 그리스도가 지금도 살아 계시니 그가 다른 사람들을 부활시키는 도구 역할을 하실 수 있다는 것이 부활이 확실하다는 근거일 수는 없다. 그런 경우에는 그리스도가 일어나셨다(살아나셨다)는 것만 강조하면 되지, 굳이 그가 "죽었다가 다시 일어나셨다"고 강조할 이유는 없기 때문이다. 바울이 제시하는 논증의 핵심은 예수가 그 삶으로 그들(데살로니가 사람들, 나아가 이 서신을 읽는 그리스도인들—역주)이 겪을 일을 미리 보여주셨기 때문에 문제가 된 단계(즉 부활—역주)도 역시 그들 안에서 똑같이 일어날 수밖에 없다는 것이다. 바울은 모든 곳에서 성령을 그리스도가 하신 경험을 신자들 속에서 다시 만들어내시는 중개 요소(중개자)로 가르친다. 때문에 여기서 바울이 말하는 개념도 이와 같이 성령에 기초를 두고 있다고 생각하는 것이 타당하다. 우리는 "그리스도 안에서 죽은"이라는 문구도 만난다(데살로니가전서 4:16을 보라—역주). 이 문구는 특정한 부류의 "죽은 자들"에게만, 가령 그리스도를 위하여 죽은 자들에게만 적용한 말이 아니다. 이 말은 그리스도를 위하여 죽은 자들을 가리키지 않으며, 일찍이 데살로니가에서 그런 순교 사건이 있었다는 증거도 전혀 없다. "그리스도 안에서"라는 말의 의미는 다른 곳에서 이 말의 의미로 제시한 바로 그 의미를 가질 뿐이다. 이 말은 죽은 자와 그리스도 사이의 근본적이고도 신비한 연합을 묘사한다. 이 말 뒤편에는 분명 "성령 안에서"라는 말이 자리해 있다.

두 번째 단계는 간단히 몇 마디만 해도 충분할 것 같다(고린도전서 15장을 보면서 이 내용을 읽어보기 바란다—역주). 여기서 문제 삼는 주제는 사람이 본디 가진 몸과 부활 뒤의 몸 사이에는 실상 연속성이 없다는 것이 바울이 전개한 견해요 교회가 바울에게서 받아들여 신경(信經) 속에 집어넣은 견해라고 강조하는 주장과 관련이 있다. 물론 이런 주장은 그 본질상 주해로 발견한 결과라기보다 교리 주장에 더 가깝다. 이는 바울의 관점이 바뀌고 그를 따르는 자들이 영적이지 않다보니 이 방향으로 흘러가던 신앙 흐름이 결국 저 방향으로 흘러가게 되었음을 뜻한다. 그들은 여기서 갖고 있는 몸과 똑같은 몸을 회복하는 것을 늘 소중하게 생각해왔지만, 이제는 그들이 그렇게 소중히 생각해온 것을 잃어버리기 직전에 와 있었다. 이제 우리는 이 문제의 형이상학적, 물리학적 혹은 생물학적 요소들은 파고들지 않고 바울이 이 주제와 관련해 하는 말이 무슨 의미일까라는 순수 주해 차원의 문제만 탐구하겠지만, 그렇게 탐구해도 그 답이 꼭 지나치게 어렵거나 의심스럽지는 않다. 물론 이 논증에서 아주 큰 역할을 하는 "씨 뿌림"[σπείρειν(스페이레인)] 비유 자체는 바울이 땅에 묻힌 것과 일으키심을 받는 것 사이에 실제로 연속성(이 연속성은 완전한 동일성과 분명 다른 말이다)이 있다고 믿었다는 것을 보증해주기에는 불충분하다. 그렇긴 해도 이 논증은 무덤에 눕혀진 몸과 일으키심을 받는 몸 사이에 연속성이 존재한다는 생각이 여기서 사용한 말과 비유의 밑바탕을 이룬다는 것을 암시하는 것 같다. 사람들은 바울이 여기서 제시하는 취지를 과대평가하다가 그저 실수만 저지를 때가 자주 있었다. 바울이 씨 뿌림 비유를 채택하거나 고안하여 활용한 것은 두 몸 사이의 연속성을 강조하는 것이 그의 유일한 목적이거나 주된 목적이었기 때문이 아니다. 이 씨 뿌림 비유를 안에 담고 있는 논증은 부활과 관련된 모든 내용이 진실임을 논증하려는 것이지, 특별히 이 한 가지 점(즉 원래 가졌던 몸과 부활 후의 몸이 연속성을 가진다는 것—역주)만 논증하려는 게 아니다. 이 논증 전체를 놓고 볼 때, "씨 뿌림"이라는 개념은 목적에 이르는 수단이지, 그것 자체가 목표는 아니다. 따라서 이 논증은 비유로 표현한 "씨 뿌림"과 "수확" 사이의 중간 과정이 펼쳐지는 방식 modus quo 과 관련해 아무런 정보도 주지 않는다. 이 비유는 다만 이 신비한 과정의 두 극점, 곧 이 과정의 시작과 끝을 의미할 뿐이다. 우리는 바울도 성장이란 것이 어떻게 이루어지는지 알지 못한 이 비유 속의 사람과 같이 느꼈을 수 있고 느꼈을 것이라고 확신한다. 바울이 이 비유를 사용한 진짜 목적은 바울이 논증을 전개해가는 과정을 꼼꼼하게 살펴봐야 비로소 확인할 수 있다. 그러려면 고린도전서 15:35로 돌아가야 한다. 여기서 바울은 고린도에서 사람들이 제기한 두 가지 주요 반론을 분명하게 이야기한다. 아마도 처음에는 이교도들이 이런 반론을 제기했으나, 나중에는 다른 이들이 트집 잡은 것들에 어느 정도 공감한 그리스도인들도 이런 반론을 제기했던 것 같다. 바울이 밝힌 반론은 이렇다: "그러나 누군가는 묻기를, 죽은 자가 어떻게 일으킴을 받으며(부활하며), 그들이 무슨 종류의 몸을 입고 오느냐 하리라." 보면 알겠지만, 이 질문은 무언가를 강조하거나 분명히 밝힐 목적으로 한 질문을 두 가지 형태를 사용하여 제시한 게 아니다. 이 질문이 제기하는 의문에는 서로 다른 두 가지 근거가 있는데, 이 질문은 이 두 근거를 분명하게 구별하여 제시한다. 첫 번째 반론인 "죽은 자가 어떻게 일으킴을 받는다는 말인가?"는 죽은 몸이 되살아남을 믿는 것이 허황한 꿈을 꾸는 것처럼 어리석다고 조롱한다. 바울은 모든 것을 논증할 수 있는 범위를 벗어나는 것으로 여긴다. 두 번째 반론은 이 구절의 두 번째 부분에 들어 있다: "그들이 무슨 종류의 몸을 입고 오느냐?" 이 두 번째 질문은 부활하는 사람의 형태를 확실히 단정할 수 없음 혹은 상상할 수 없음을 이야기한다. 바울 사도는 이 두 질문을 그 순서에 맞춰 차례대로 다룬다.[2] 그는 첫 질문의 대답을 36절에서 제시한다. 그는 "죽은"[νεκρόν(넥크론)] 것이 부활할 수 없다고 생각하는 것은 사람들이 경험하는 사실들에 명백히 어긋난다고 말한다: "너희가 뿌리는 씨는 죽지 않으면 살아나지 못한다." 죽음은 되살림을 가로막는 방해물이 아니라 오히려 되살림에 꼭 필요한 전제조건이다. 여기에는 "씨 뿌림"이라는 비유가 이미 존재한다. 이 비유는 공통된 자연 법칙을 가리키려는 목적에 이바지한다. 바울은 37절부터 이 말을 완전히 다른 용도로 사용한다. 여기서 두 번째(혹은 부차적) 반론인 "그들이 무슨 종류의 몸을 입고 오느냐?"가 등장한다. 반론을 내놓은 이들은 부활한 몸의 본질, 곧 그 몸의 형태와 모습을 구체적 개념으로 정립하기가 불가능하다는 것을 발견했다. 두 단계에 걸친 논증 중 어느 단계도 **실체**(즉 몸을 이루는 실질—역주)라는 문제를 다루지 않는 것 같다는 점을 유념하는 게 중요하다. 의문을 제기하는 이들이 당황스러워한 것은 새 몸의 성질, 곧 겉으로 **나타나는** 새 몸의 성질과 관련이 있었다. 여기에서는 (철학자를 제외한) 보통 그리스 사람이 가졌을 특별한 정서를 떠올려보는 것도 어

---

[2] 두 질문은 논리상 별개이며, 바울도 이 둘을 별개로 인식하여 순서대로 다룬다. 하지만 이 두 질문은 서로 완전히 독립된 질문은 아니며, 이중 의문문 속에 어느 정도 섞여 있다. 상상할 수 없음(상상 불가능)은 사실 더 큰 개념인 있을 수 없음(불가능)의 한 부분이다.

쩌면 딱히 잘못은 아닐 것 같다. 그리스 사람이라면 이런 일에 부닥쳤을 때 무엇보다도 환상과 상상이 설득력 있기를(그들 기준으로 말이 되는 소리이기를—역주) 바랄 것이다. 어떤 것의 구체적 이미지를 그려볼 수 없다면 그것만으로도 그것이 진실인지 의심이 생긴다. 이에 따라 바울은 (50절에 이르기까지) 이 담화를 펼쳐가는 내내 성질과 겉모습에 초점을 맞춰 현재의 몸과 미래의 몸을 이야기한다. 50절이 실체라는 문제를 소개하는 방식을 보면, 이 50절에서 이 신비의 새로운 측면을 처음으로 다룬다는 것이 드러난다.[3] 50절에 이르기 전에는 "씨 뿌림"이라는 비유가 단지 사람들이 제기하는 두 번째 반론, 곧 장차 갖게 될 몸의 구체적 형상을 그려보기가 불가능하다는 반론에 내놓은 답변에 불과했다. 바울은 그런 반론이 옳지 않다고 답변하면서, 하나님이 형체를 부여하실 때 활용하실 수 있는 자원이 풍성하다는 것, 그리고 하나님이 각 경우마다 당신이 활용하실 수 있는 자원 가운데 당신이 적합하다 여기시는 것을 당신 뜻대로 고르실 수 있는 주권을 가지셨다는 것을 답변 근거로 내세운다(고전 15:37-38을 보라—역주): "네가 뿌리는 것은 장래에 있을 몸을 뿌리는 게 아니라 다만 밀이나 다른 종류의 알맹이를 뿌리는 것이다. 그러나 하나님은 당신이 기뻐하시는 대로 그 알맹이에 몸을 주시고 모든 씨에 그에 맞는 몸을 주신다."[4] 땅에서 나타날(부활할—역주) 것의 특징을 규정하는 형태

---

[3] "형제들아, 내가 이제 이것을 말하니, 살(肉)과 피(血)는 하나님 나라를 유업으로 받을 수 없다."

[4] 헬라어 본문이 과거 시제를 써서 표현한 "그가 기뻐하셨던 대로"는 하나님이 창조 때 사물이 가질 "몸"을 지목하셨던 것을 가리키는 말처럼 보일지도 모르겠다[헬라어 본문은 "기뻐하셨던 대로, 원하셨던 대로"라는 말로 "뜻하다, 원하다"를 가리키는 동사 θέλω(뗄로)의 3인칭 단수 부정과거 능동형인 ἠθέλεσεν(에텔레센)을 썼다—역주]. 그러나 이는, "주시다"라는 동사가 현재 시제임을 고려하면["주다"를 뜻하는 동사 δίδωμι(디도미)의 3인칭 단수 현재 능동형인 δίδωσιν(디도신)을 사용했다—역주], 딱히 그렇게 볼 이유가 없다.

7. 부활에 관한 바울의 가르침이 발전해갔다고 추정하는 이론

나 겉모습은 땅속에 눕혔던 것(죽을 때 가졌던 몸—역주)의 복사물에 그치지 않을 것이다. 곡식 알맹이, 씨앗은 "벌거벗었다." 즉 잎이나 꽃을 입고 있지 않다. 하나님은 이를 감싸주는 옷을, 겉싸개를 주신다. 씨앗을 아무리 관찰했어도, 이전에 경험한 것이 없었으면, 앞으로 돋아날 싹이나 식물의 모습이 어떠하리라는 것을 가르칠 수 없었을 것이다. 그렇다면 미리 내다보고 미리 상상할 수 없다는 이유를 내세워 장차 지금과 다른 형체를 갖고 지금과 다른 옷을 입은 새 몸이 나타나리라는 것을 무턱대고 $^{a\ priori}$ 말이 되지 않는 소리라고 지레 결론짓는 것이 과연 타당한 일일까?

분명 이런 특징이, 곧 씨앗과 식물 사이에 닮은 점이 전혀 없음을 제시하려는 의도가 바울이 대조하며 다루는 내용 전체를 지배한다. 이런 설명은 우리가 바울 사도의 의도를 올바로 진단했음을 보여주는데, 우리 진단이 옳음은 바울이 39-41절에서 추가로 제시한 논증도 보여준다. 여기서 바울은 서로 다른 두 영역을 통해 문제가 된 원리를 설명하면서, 식물이라는 존재에서 동물 및 별이라는 존재로 넘어간다. 물론 이것은 아예 발생학(發生學)으로 설명하려는 시도조차 할 수 없는 내용이지만, 씨 뿌림과 수확을 살펴본 앞부분(고전 15:36-38을 말한다—역주)은 분명 발생학으로 설명할 수 있는 부분처럼 보였을지도 모른다. 여기 논증에서 남은 것은 오로지 각 그룹(이를테면, 사람, 짐승, 새, 물고기 같은 그룹—역주)의 몸 상태가 각양각색인 것을 고정된 사실로 이야기한다는 것뿐이다. 바울이 인간에 가장 가까운 동물 그룹을 첫 번째 사례로 인용한 것은 당연한 일이다. 그는 동물 그룹에 이어 별 세계를 살핀다. 하지만 여전히 여기에서도 쟁점은 앞에서 논한 것과 같다. 다양한 그룹이 얼마나 많이 존재하는가는 시간에 따라 많고 적음의 차이가 있지만, 다양성 자체는 사실상 불변하는 현상으로 존재한다. 이렇게 다양성이 존재함을 보더라도, 그 모습(피부색)이 각양각색인 몸을 일일이 알아보기는 불가능하다는 이유 하나만을 내세워 부활이 가능할지 의심하는 것은 말이 되지 않는다. 바울의 논증 과정을 간략히 따라가 보자. 바울은 ἄλλος(알로스)와 ἕτερος(헤테로스)라는 두 형용사를 번갈아 채용하여 이 논증의 구조를 세심하고 능숙하게 짜놓았다. 불행한 일이나 영문 성경 독자는 이 두 형용사의 정확한 차이를 알 수 없으며, 결국 이 논증의 취지도 완전하게 파악할 수 없다[헬라어 사전인 영문판 발터바우어 사전 3판(BDAG)은 고전 15:39 이하에 나오는 ἄλλος와 ἕτερος를 모두 another나 different로 풀어놓았다—역주]. ἄλλος와 ἕτερος는 학자들이나 쓸 철학적 문구인 "속(屬)이 다른generically different"과 "종(種)이 다른specifically different"으로 바꿔 표현해보면 비로소 그 둘의 분명한 차이를 보존할 수 있다. 바울은 인간 아래 영역과 인간 위 영역에서 각 종(種) 사이에 나타나는 차이점들에 주목한다. 마찬가지로 그는 모든 영역을 통틀어 살펴볼 때 이런 영역들 사이에 포괄적, 근본적 차이점이 있음을 주목한다. ἄλλος는 동일한 속(屬) 안에 들어 있는 종과 종의 차이를 나타내지만, ἕτερος는 속과 속의 차이를 나타낸다. 사람과 짐승과 새의 몸은 종이 다름에 따른 차이만 있을 뿐이다. 속을 놓고 보면, 사람과 짐승과 새는 똑같이 같은 동물 세계에 속한다. 이 때문에 바울은 39절에서 ἄλλος를 쓴다: "사람의 몸이라는 몸이 하나 있고, 짐승의[κτηνῶν(크테논, "짐승들의")] 몸이라는 몸이 또 하나 있다" 같은 말이 그 예다. 하지만 이 모든 몸을 통틀어 이 몸들과 하늘의 몸을 대비하여 말할 때는 결국 이렇게 말한다: "하늘에 속한 것의 영광과 땅에 속한 것의 영광이 ἕτεραι"(ἕτεραι는 ἕτερος의 복수형이다—역주). 그러나 하늘에 속한 것들도 역시 종에 따른 차이가 있다: "하나는(ἄλλη) 해의 영광이요 다른 하나는 달의 영광이며 다른 하나는 별의 영광이니, 이는 별과 별의 영광이 다르기 때문이다."[1] 여기에서도 이 논증의 중심 주제가 이런 몸들을 구성하는 실체가 아니라 이런 몸들의 종류와 성질과 겉모습이라는 것을 금세 알 수 있다. 이 논증의 중심 주제가 그러하다는 것은 38절 끝부분이 39-41절과 긴밀하게 연결되어 있다는 사실, 그리고 위에서 보았듯이 38절도 분명 잎과 꽃이라는 식물의 옷을 언급한다는 사실이 더 증명해준다. 여기서 바울 사도가 다양성이 존재하는 것들을 염두에 두고 이 다양성이라는 측면을 표현하고자 골라 쓴 말을 꼼꼼히 살펴봐도 이 논증의 중심 주제가 몸들의 종류와 성질과 겉모습이라는 것을 똑같이 관찰해낼 수 있다. 바울은 다양성을 표현하고자 "영광"[δόξα(독사)]이라는 말을 골라 썼는데, 이 "영광"은 주로 겉에 나타나는 것을 가리키는 말이다. 바울이 논증하는 주제가 몸들의 종류와 성질과 겉모습이라는 결론은 그가 씨 뿌림이라는 비유로 돌아가자마자 곧바로 성질을 나타내는 말을 다시 사용한다는 점에서도 끌어낼 수 있다. 바울은 두 몸("씨처럼 뿌려진 몸"과 "부활하는 몸")을 대조하면서, 이 두 몸이 썩음과 "썩지 않음", 욕됨과 "영광", 약함과 "강함"을 갖고 있다고 말한다. 이 모든 것을 고려할 때, 39절에 있는 단어 σάρξ(사륵스, "육, 육체, 살")는 동물의 "육"이 아니라, 보통 어떤 특징이나 겉으로 나타난 모습의 총체를 표현할 때 사용하는 도구인 몸으로 이해해야 할 것이다. 이런 점을 볼 때, sarx는 다만 이렇게 성질이라는 관점에서 σῶμα(소마, "몸")를 가리키는 제유법(전체를 구성하는 한 부분으로 전체를 표현하거나 전체로 한 부분을 표현하는 수사법—역주) 표현일 뿐이다(38, 40절을 보라). 바울은 "하나는 사람의 sarx요, 다른 하나는 짐승의 sarx요, 다른 하나는 새의 sarx요, 다른 하나는 물고기의 sarx요"라고 말하는데, 이는 바로 각 경우에 그 동족(즉 사람이면 사람, 짐승이면 짐승—역주)이 가진 몸 조직이 그 종의 경계를 정해준다는 것을 의미한다. 이처럼 땅에 속한 몸과 땅에 속하지 않은 몸은 sarx라는 말로 구별할 수 있다. 이는 sarx가 땅에 속한 몸의 가장 두드러진 특징이요, 언어가 사물에 이름을 붙여줄 때 기준이 되는 요소 가운데 하나이기 때문이다. 그러나 "하늘에 속한 것"으로 나아가면, 이렇게 하늘에 속한 것들은 그것들을 제유할 만한 sarx를 갖고 있지 않다는 난점이 생긴다. 하지만 sarx라는 말은 쓰지 않더라도, 위에서 정의한 것처럼 그 모습을 알려주는 매개체라는 의미를 지닌 *soma*라는 말은 계속하여 사용할 수 있었다. 바울은 σώματα ἐπουράνια(소마타 에푸라니아, "하늘에 속한 몸들")을 이야기하는데, 여기서 말하는 "몸"이 물리학이나 생물학에서 말하는 몸인지 딱 부러지게 결정하기가 좀 어렵다. 바울이 해와 달과 별들을 하늘에 속한 몸들의 예로 든다는 것은 이 몸이 물리학이 말하는 몸(즉 천체—역주)으로 보는 견해를 지지하는 것 같다. 그러나 다른 이들은 딱 잘라서 그렇다고 말할 수는 없다고 주장한다. 바울이 유대인과 이교도를 불문하고 대다수 사람이 가졌던 믿음을 따라 이런 천구(天球)들을 천사들이 사는 곳으로 보았을 수도 있기 때문이다. 정녕 그랬다면 바울은 이 천구들이 보여주는 영광스러운 겉모습을 거기 사는 천사들이 내뿜는 광채로 여겼을지도 모른다. 이 본문을 주해하면서 두 견해 중 어느 것을 택해도 상관없으나, 이 경우에도 앞 경우와 마찬가지로 부활한 몸은 영광스러운 광채를 내뿜을 것이기에 우리가 지금 가진 몸과 크게 다르리라는 결론을 끌어낼 수 있다. 이는 *heteros*에 해당하는 경우이지 단순히 *allos*에 해당하는 경우는 아닐 것이다. 42, 43절은 땅에 속한 것과 하늘에 속한 것 사이에 이런 차이를 일으키는 양자의 속성들을 이야기한다. 네 가지 대조를 구별해낼 수 있다. 하지만 이 네 가지는 그냥 동등한 위치에 있는 것들이 아니다. 땅에 속한 것의 속성이든 아니면 하늘에 속한 것의 속성이든, 처음에 말하는 세 가지는 마지막 네 번째 것의 산물이라고 생각할 수 있다. 땅에 속한 몸이 썩음과 욕됨과 약함 가운데 있음은 어쨌든 이 몸이 σῶμα ψυχικόν(소마 프쉬키콘, "육에 속한 몸, 혼에 속한 몸")이라는 것과 관련이 있다. 마찬가지로 하늘에 속한 몸을 규정하는 특징은 썩지 않음, 영광, 강함인데, 이 셋은 모두 이 몸이 σῶμα Πνευματικόν[소마 프뉴마티콘, "영(성령)에 속한 몸"]인 데 따른 결과물이다. 그렇다면 풀리지 않은 채 남아 있는 난제는 정작 이 다음 문맥에서는(즉 고전 15:45 이하에서는—역주) 육을 가진 몸을 창조 때의 몸, 타락하지 않은 몸이라 말하는 바울이 어떻게 이 문맥에서는 육의 몸이 썩음, 욕됨, 약함이라는 세 가지 추한 속성을 가짐을 당연한 결론처럼 말할 수 있었을까 하는 것이다. 바울이 말하는 것은 피조물에 이런 특질들이 실제로 존재한다는 것이 아니라 피조물에 이런 특질들이 우연히 등장했다는 것이라고 주장하는 이가 있을 수 있다: 바울이 말하는 것이 그런 것이라면, "육의 몸"은 썩음과 욕됨과 약함에 감염되지는 않았지만 면역력은 없는 몸이요, 영(성령)의 몸은 올림을 받아 썩음과 욕됨과 약함의 모든 공격에도 끄떡없는 몸일 것이다. 하지만 우리가 지금 살펴보는 본문을 놓고 볼 때, 그런 주장은 교리적 구성임을 인정할 수밖에 없다. 여기서 분명하게 표현하는 것은 원리만이 아니다. 그러나 여기에도 위에서 제시한 주장을 지지해주는 현상이 하나 있긴 있다: 즉 바울은 첫 사람의 몸을 규정할 때 일부러 sarkic(육의, 육에 속한)이라는 형용사와 이 형용사가 속한 명사 sarx를 피하는 것처럼 보인다.[2] 바울이 보통 사용하는 단어를 보면, 이 두 말(sarx와 sarkic—역주)과 죄, 도덕적 타락이라는 개념은 떼려야 뗄 수 없게 결합해 있다. 47-49절은 여느 때 같으면 sarx와 sarkic이라는 평범한 말로 표현했을 법한 곳에서 ἐκ γῆς χοϊκός(엑 크 게스 코이이코스, "흙으로 이루어진 땅에서"), χοϊκός("흙의, 흙에 속한") 같은 말을 사용하는데, 이는 바울이 일부러 sarx와 sarkic이라는 말을 피한 것이지 단지 문체에 변화를 주려고 그리한 것이 아님을 우리에게 증명해준다. 반면 사람의 몸이 죄로 가득한 상태에 있음을 확실히 이야기하는 50절에서는 sarx라는 말이 곧바로 등장한다.[5]

이제 우리 앞에는 충분히 완벽한 사실들이 있다. 그렇다면 이제 문제가

---

5) "살과 피는 하나님 나라를 유업으로 받을 수 없다."

되는 것은, 바울의 성령론이 발전해갔다는 주장이 제시하는 것처럼, 정말 성령 원리$^{Pneuma-principle}$가 다른 모든 것을 압도할 만큼, 심지어 이전에 존재했던 땅에 속한 몸이라는 요소를 여기서 묘사하는 과정에서 배제해 버릴 만큼, 여러 신비로 가득한 이 문맥 속에 강력하게 흘러들어와 있는가라는 것이다. 그 대답은 틀림없이 "아니오"다. 새 이론에 따르면 성령은 그 어느 것보다 두드러진 위치를 부여받거나 소유해야 한다. 그러나 부활케 하는 행위에 관한 한, 이 문맥은 성령에 그런 위치를 부여하지 않음을 주목해야 한다. 다른 곳에서도 그러하지만, 이 곳에서도 부활케 하시는 분은 하나님이시다. 분명 하나님은 성령을 통해 그 일을 하시지만, 이 문맥은 하나님이 성령을 통해 그리하신다는 것을 콕 집어 강조하지 않는다. 바울은 이런 사실을 표현할 때도 (성령론이 아니라—역주) 기독론 형태로 표현하여, 주(마지막 아담—역주)가 Πνεῦμα ζωοποιοῦν(프뉴마 조오포이운, "살려주는 영")이 되셨다고 말한다(45절). 엄밀히 말하면 이 말은 부활 행위와 관련이 있을 뿐이다. 그러나 뒤이어 부활 상태(부활한 뒤의 상태—역주)를 이야기하는 대목도 우리가 장차 성령의 형상을 가지거나 성령이 충만한 분위기에서 살리라는 것을 오로지 추론을 통해 가르쳐줄 뿐이다(49절). 여기에서는 중간기 상태 때 장차 있을 부활을 생각하여 죽은 자들을 준비시키시는 성령의 존재와 활동을 전혀 이야기하지 않기 때문에, 우리는 데살로니가전서의 "그리스도 안에서 죽은"(살전 4:16을 보라—역주)이라는 빈약한 문구에 의존하게 된다. 만일 마지막으로 언급한 개념(즉 성령이 중간기 상태 때 죽은 자들의 부활을 준비하신다는 개념—역주)을 본문에서 정당하게 끌어낼 수 있다면, 성령의 중요성은 아주 커질 것이다. 그러나 그럴지라도 신비는 더 커지며, 죽어 묻힌 몸이 어떻게 부활한 몸과 연속성을 유지할 수 있는가라는 문제에는 아무런 답도 주지 못할 것이다. 그럴 경우 성령은 점차 부활 사건이 일어나게 준비하는 대행자(진정 부활을 일으키시는 분인 하나님이 부리시는 대로 부활을 준비하는 자—역주)에 불과할 것이다. 모든 신비 중에서도 신비인 이 문제(죽어 묻힌 몸이 어떻게 부활한 몸과 연속성을 유지할 수 있는가라는 문제—역주)는 오직 한 견해만이 어느 정도 설명해줄 수 있을 것 같다. 즉 어떤 식으로든 성령을 씨처럼 뿌려진 몸과 동일시할 수 있다면, 그리하여 이 성령을 더 이상 행위자(행위 주체)가 되지 못하고 행위의 대상인 객체가 될 수 있을 뿐이며 더 이상 씨 뿌리는 자가 되지 못하고 어떤 의미에서는 뿌려진 씨와 같은 존재로 볼 수 있다면, 죽어 묻힌 몸이 어떻게 부활한 몸과 연속성을 유지할 수 있는가라는 문제를 어느 정도 설명할 수 있을 것 같다. 그럴 경우에는(즉 성령을 씨처럼 뿌려진 몸 및 행위 객체와 동일시할 경우에는—역주), 바울이 성령을 절대 변할 수 없는 분이라고 판단하기 때문에, 뿌려진 것과 마지막에 부활하는 것이 연속성과 동일성을 가짐을 절대 보장할 수 있을 것이다. 방금 제시한 이 해결책을 따르면, 우리는 풀리지 않는 문제요 어쩌면 풀 수 없을지도 모를 문제, 곧 신자 밖의 성령과 신자의 인격을 구성하는 부분이라 여기는 신자 안의 성령의 관계라는 문제와 정면으로 마주친다. 그러나 여기 이 문맥이 채용한 관점에 비춰보면, 이 문제를 풀 수 있느냐 여부와 상관없이, 또 설령 이 문제를 풀면 전체를 설명할 수 있는 가망이 보인다 할지라도, 이 문제를 참된 해결책으로서 받아들이기는 분명 불가능할 것이다. 이 점은 바울이 비유로 말하는 변화 속에 들어가 있는 몇 가지 요소를 다시 한 번 떠올려보면 분명하게 드러날 것이다. 사람들은 바울이 "알맹이"라는 말을 이런 구성의 출발점으로 삼았다고 추정한다. 사람들은 이 "알맹이"가 그 안에 생명체의 핵인 배아(胚芽)를 담고 있다고 설명하는데, 이와 같은 원리를 따른다면, 죽어 묻힌 몸은 그 안에 다시 살아날 생명의 원리 내지 잠재력으로 성령을 갖고 있을 것이다. 만일 바울이 이런 비유를 만들어내면서 배아와 씨를 구별했다면 배아의 존재가 부활하는 몸과 죽어 묻힌 몸의 동일성을 보장해주는 역할을 할 수 있을 것이나, 불행히도 바울은 배아와 씨를 구별하지 않는다. 오히려 반대로 바울은 뿌려진 것이 살아나고, 뿌려진 바로 그것이 죽는다고 강조한다. 이 둘이 제시하는 주제는 동일하다. 더욱이 바울은 37절에서 방금 제시한 해석이 주장하는 관점을 따라 씨앗과 식물의 관계를 묘사하지 않고 도리어 완전히 다른 맥락을 지닌 생각으로 넘어간다. 그는 다시 살아남이 있으려면 그에 앞서 죽음이 있어야 함을 강조한 다음, 식물 세계가 드러내는 겉옷이 다양하다는 논증으로 옮겨간다. 바울이 방금 말한 이론을 옹호했다면 (즉 배아와 씨를 구별하면서 알맹이 속에 죽어 묻힌 몸이 다시 살아나게 해줄 배아이자 생명의 원리인 성령이 들어 있다고 주장하는 이론을 지지했다면—역주), 죽음도 다만 성령이라는 알맹이가 실제로 들어 있지 않은 한 부분이라는 사실에(바울은 살전 4:16에서 신자를 "성령 안에서 죽은 자"로 묘사하지 않고 "그리스도 안에서 죽은 자"로 묘사한다—역주) 즉시 주목했어야 했다. 그러나 바울은 그런 일을 하지 않는다. 바울이 뒤이어 구사하는 용어들 역시 방금 논한 이론에 전혀 들어맞지 않는다. 성령이 씨 속에 담겨 뿌려진다면, 뿌려진 것(성령—역주)이 벌거벗었다고 강조하기는 더 이상 불가능하다. 성령이 씨 속에 담겨 뿌려진다고 보면, 성령이라는 알맹이가 씨라는 옷을 입고 있기 때문이다. 바울은 뿌려진 것을 두고 이야기하면서 이 뿌려진 것이 썩음과 욕됨과 약함 가운데 이런 과정을 겪는다고 힘써 강조한다. 그러나 성령을 객관적 관점에서 하나님이신 분으로 받아들이든 혹은 주관적 관점에서 사람 안에 계신 분으로 받아들이든, 이런 것들은(썩음과 욕됨과 약함은—역주) 물론이요 이런 것과 비슷한 것들은 도저히 성령의 속성이라고 말할 수 없다. 따라서 방금 제시한 설명은 그 설명 방식이 어떠하든지 불가능하고 쓸모없다는 것이 드러난다. 차라리 이 문제(죽어 묻힌 몸이 어떻게 부활한 몸과 연속성을 유지할 수 있는가라는 문제—역주)는 지금 이대로 놓아두고 이 신비를 푸는 일은 인간의 지성이 파헤칠 수 없는 일들을 만들어내실 수 있는 하나님께 맡기는 것이 더 낫다. 부활은 종말론적 신앙의 대상인 다른 많은 것과 함께 "눈에 보이지 않고, 귀에 들리지 않으며, 사람의 마음속으로 올라오지 않는" 영역에 속한다.

계속해서, 바울의 부활 신앙이 발전해갔다는 주장(앞서 말했지만, 이 주장을 "발전 이론"으로 약칭한다—역주)이 추정하는 세 번째 단계를 논해보겠다. 발전 이론은 바울 사도가 이 단계에 이르러 주가 강림하시기 전에 이 땅에 속한 몸이 죽을 경우에는 죽은 자가 새 몸을 받는 때를 죽음의 순간으로 앞당겼다고 추정한다. 발전 이론은 이런 견해가 바울에겐 확립된 확신이 아니라 다소 우연한 결과였는데도, 바울이 이 견해를 진지하게 고려했다고 본다. 발전 이론이 이 견해의 주된 근거로 보는 본문은 고린도후서 5:1-8이다. 이 본문 문맥은 해석하기가 아주 어려운데, 이런 어려움은 본문 자체가 다소 불확실하기 때문이기도 하지만 본문을 고쳐 주해나 교리에 방해가 되는 것들을 제거하려는 욕구가 빚은 결과였을 수도 있다. 이 본문을 다루는 가장 좋은 방법은 우선 이어지는 절들을 대강 주해하면서 특별히 이 절들이 가진 구문의 일관성을 주목하여 살펴본 뒤, 이를 통해 얻은 결과들을 간략한 말로 바꿔 요약해보는 방법인 것 같다. 탁월한 분별력을 보여주는 주해를 하려면, 우리 지성보다 이 말씀에 관한 전통적 이해, 곧 현대의 주해가 이 말씀을 파악할 때까지 널리 퍼져 있었던 말씀 이해를 분명히 앞세우는 것이 바람직할 것이다. 이 옛 견해는 다음과 같이 해석한다: 바울은 자신이 주가 강림하실 때까지 살아 있을지 아니면 그 전에 죽을지 확실히 알지 못했다. 만일 바울이 주가 강림하실 때까지 살아 있다면, 그가 간절히 바라던 하늘에 속한 몸은 즉시 그의 것이 될 것이며, 그러기 전에 먼저 지금 그를 감싸고 있는 땅에 속한 몸을 벗는, 어색하고 두려운 과정은 일어나지 않을 것이다. 그는 이런 변형 방식이 두 가지 점에서 더 바람직하다고 보았다. 즉 그런 변형에는 지연(새 몸을 갖는 것이 늦춰짐—역주)이 없을 것이요, 죽음에 보통 따르는 두려움이 전혀 없을 것이다. 그러나 이와 달리 바울이 주가 오시기 전에 죽는 일이 벌어질 경우에는, 이 두 가지 이점이 사라질 뿐 아니라, 그보다 훨씬 더 심각한 손해, 곧 그의 죽음과 주의 강림 사이의 시기를 몸이 없는 상태로 보내야 하는 일이, 그가 하는 말을 따르자면 "벌거벗은" 상태로 보내야 하는 일이 생길 것이다. 바울은 이 두 가능성(그가 주의 강림 때까지 살아 있을 가능성과 주의 강림 전에 죽을 가능성—역주)과 이 두 가능성이 암시하는 서로 다른 결과들을 마주하자, 전자(그가 주의 강림 때까지 살아 있는 경우—역주)를 받아들이고 후자(그가 주의 강림 전에 죽는 경우—역주)를 피하고 싶어 하는 강한 욕구를 이야기한다. 옛 주해는 바울이 세 번째 길, 곧 자신이 죽자마자 곧바로 새 몸이 그의 것이 될 수 있다는 개념은 전혀 고려하지 않았다고 본다. 현대의 주해가 바울의 소망이 보여주는 운동의 중심축을 이루었다고 보는 개념이 있지만, 옛 주해는 바울이 아예 그런 개념을 생각하지도 않았다고 본다. 옛 주해는 바울 앞에 최대치와 최소치가 있었다고 본다. 바울은 최대치를 선호했지만, 최소치도 주가 그의 종을 생각하여 예비해두신 것이겠기에 이 최소치에도 만족한다는 심정을 표현하여 진정한 그리스도인답게 감내하는 모습을 보인다. 이처럼 바울은 그가 덜 바라던 소망도 결국 그가 더 바라던 소망과 마찬가지로 그가 죽자마자 그리스도와 함께 있으리라는 것을 확실히 보장해주었기 때문에, 비록 자신이 몸을 입은 상태로 그리스도와 함께 있는 복된 상태로 들어가는 최고의 만족을 누리지 못할지언정, 더 떨어지는 소망이 이루어짐에도 만족할 수 있었다.

이제 이 복잡한 사상을 대강 주해해보자. 우리는 A. V.가 번역해 놓은 1절의 여는 말이 이 본문(고후 5:1-8—역주) 속의 다른 어떤 말보다 현대의 해석을 만들어내고 현대의 해석을 부추기는 데 더 많은 영향을 끼쳤을 수 있음을 깨닫는다: "이는 설령 이 땅에 속한 우리 장막집이 해체되는 일이 벌어지더라도[καταλυθῇ(카탈뤼떼), "파괴하다, 끝내다"를 뜻하는 καταλύω의 3인칭 단수 부정과거 수동태 가정법 형태다—역주], 우리가 하나님에게서 오는 건물을 가진다는 것을 알기 때문이다 For we know that if our earthly house of this tabernacle *were dissolved*, we have a building from God." 이 가정법 "were"는, 이 가정법 문장이 묘사하는 방식에 비춰볼 때, 그런 일이 일어날 가망이 없다는 생각을 이 말 속에 집어넣는다: 그런 일이 있을지도 모르지만, 그래도 그런 일이 일어날 가능성은 거의 없다. 본문 첫머리에서 제시한 이 번역은 장차 일어날 일에 관한 바울 사도의 마음 상태를 조급하게 판단한 것이며, 헬라어 본문은 이런 번역을 전혀 요구하지 않는다. "만일"[ἐάν(에안)]이라는 접속사와 부정과거 가정법을 함께 쓰면 미래완료를 뜻할 때가 적지 않다. 따라서 헬라어 본문을 정확히 번역하면 이런 말이 될 것이다: "우리는 장차 이 땅에 속한 우리 장막집이 해체될 경우에는 in case our earthly-tent house shall have been dissolved 우리가 하나님에게서 오는 건물을 가진다는 것을 안다." R. V.는 A. V.의 이런 부정확한 번역을 바로잡아 이렇게 번역해 놓았다: "이는 우리가 이 땅에 속한 우리 장막집이 해체되면 … 알기 때문이다.For we know that if the earthly house of our tabernacle be dissolved"("were" 대신 "be"를 썼다). 이렇게 번역을 바로잡은 덕분에 마치 바울이 이 본문에서 자신이 그리 원하지 않는 주의 강림 전 죽음이 일어나더라도 그 죽음이 일어나는 바로 그 순간에 자신을 위해 마련된 새 몸을 입을 수 있다고 생각하는 것 같아 거북했던 느낌이 줄어들었다. 엄밀히 보면 바울이 여기서 말하려는 것은 오로지 이 땅에 속한 몸이 없어지면 (머지않아) 다른 영역에 속하는 완전히 다른 몸이 없어진 몸을 대신하리라는 것뿐이며, 이 확실한 일이 실제로 이루어질 시점은 전혀 이야기하지 않는다. 여기서 하는 말 자체만 놓고 보면, 그 "해체"가 가까운지 가깝지 않은지 전혀 암시하지 않는다. 그러나 바울 사도가 "우리가 가지는"[ἔχομεν(에코멘)이라는 현재 시제 동사("갖다"를 뜻하는 ἔχω의 1인칭 복수 현재 능동태 직설법 형태다—역주)를 그 앞에 있는 말과 연결해 놓은 것은 그가 죽을 때 틀림없이 새 몸을 소유한다는 것을 암시하는 것이 아닌가라는 의문이 생길 것이다: 그렇지 않다면 어떻게 바울이 그가 이 땅에서 보내는 삶을 마치는 순간에 새 몸을 가진다고 선언할 수 있겠는가? 이런 난제를 풀 방법은 여러 가지가 있다. 우선 "우리가 가지는(우리가 가진다)"이라는 동사에 확실히 보증받은 소유라는 의미를 부여할 수 있는데, 이는 이미 존재할 수도 있고 아직 존재하지 않을 수도 있는 어떤 것에 법률상 권리를 부여한다. 또는 "우리가 가지는"이라는 말은 상상을 통해 장차 다가올 세계를 비춰주는 경우일 수도 있다. 이 구절의 마지막 말[ἐν οὐρανοῖς(엔 우라노이스), "하늘에 있는"]은 후자를 지지한다. 이 "하늘에 있는"은 지금 몸이 존재하는 곳이나 처음부터 이 몸이 존재했던 곳을 묘사하는 말이 아니기 때문이다. "하늘에 있는"은 영혼의 선재(先在)를 공식 인정하는 말일 것이나, 바울 사도가 일단 이 말을 영혼과 관련지어 썼을 때는 이 말의 적용 범위를 영혼에 한정하지 않았을 수도 있다. 이 말이 진정 뜻하는 것은 하늘이 사도가 장차 받을 새 몸을 영원히 소유할 장소요, 이 새 몸이 존재하고 움직이며 살 곳이라는 것이다. 이런 해석이 옳은 해석임은 "하늘에 있는"에 상응하는 문구인 "땅에 속한"[ἐπίγειος(에피게이오스)]으로 증명할 수 있다. 바울은 이 말을 "하늘에 있는"과 대조하는 말로 사용하면서 "장막집"[οἰκία τοῦ σκήνους(오이키아 투 스케누스)]에 적용한다. 더욱이 바울은 "우리가 가지는"의 목적어인 "집"οἰκία이라는 말을 하늘의 삶이 실제로 영원히 소유한다는 관점에서 사용하는데, 이런 점은 (헬라어 본문을 놓고 볼 때—역주) 이 말과 그 바로 앞에서 사용한 "건물"[οἰκοδομή(오이코도메)]의 차이에서 드러난다. 후자("건물")는 몸의 기원에 강조점을 둔다: 몸은 건물이며, 누군가가 지은 것이다. 때문에 바울은 ἐκ θεοῦ(엑크 떼우, "하나님에게서 오는, 하나님이 지으신")라는 말을 덧붙여 놓았다. 이 건물은 하나님이 주신 것이요, 하나님이 몸소 지으신 것이다. 전자("집")는 완성된 산물, 곧 "집"이라는 몸의 존재에 강조점을 둔다. 따라서 1절은 이 새 몸을 받을 때를 딱 부러지게 말하지 않은 채 남겨두고, 이 몸이 선재(先在)함을 암시하지 않는다. 새 몸을 "영원한" 몸으로 규정한 것은 오로지 이 새 몸과 연약하고 무너질 수 있는 것으로 땅에 속한 몸을 가리키는 비유인 "장막집"을 대비하여 강조하려 하기 때문이다. 방금 말한 해석은 선재 개념과 만나는 점을 더 나아가 2절 끝에 있는 말인 "하늘에서 오는 우리 처소"에서 찾았다. 그러나 이 "하늘에서 오는"이라는 말은 1절이 "하나님에게서 오는"이라 말한 것을 달리 말한 형태일 뿐이다. 부활하는 몸이 하늘에서 오는 몸인 이유는 그 몸이 특별한 초자연적 의미에서 하나님에게서 오기 때문이다. 하늘은 부활하는 몸을 형성하시는 성령이 계신 자리요 성령의 원천이다.[6] 그런가 하면 2절의 ἐπενδύσασθαι[에펜뒤사스따이, "입고 있는 옷 위에 옷을 하나 더 입다"라는 뜻을 가진 ἐπενδύομαι(에펜뒤오마이)의 부정과거 중간태 부정사다—역주]는 바울이 죽을 때에 혹은 죽고 나서 곧바로 새 몸을 받을 수 있으리라고 예상했다거나 새 몸을 받을 가능성에 무게를 두었다고 보는 견해를 분명 지지하지 않는다. ἐνδύσασθαι[엔뒤사스따이, "옷을 입다"를 뜻하는 ἐνδύω(엔뒤오)의 부정과거 중간태 부정사다—역주]는 "옷을 입다"라는 뜻이요, ἐπενδύσασθαι는 "입고 있는 옷 위에 옷을 하나 더 입다"라는 뜻이다. 이렇게 "더 입는다"는 의미를 만들어내는 것이 바로 접두사 ἐπί(에피)다. ἐπενδύσασθαι는 바울이 고린도전서 15:53에서 ἐνδύσασθαι라 부르는 바로 그것을 표현한다. 고린도전서 15:53에서는 행위 주체가 현재 이 땅에 속한 몸이기 때문이다: "이 썩을 것이 반드시 썩지 않을 것을 입겠고, 이 죽을 것이 반드시 죽지 않을 것을 입으리라." 반면 여기 고린도후서 5장에서는 입는 주체가 자아, 곧 신자의 무형 incorporeal 부분이다. 바울은 이 자아가 현재의 몸이라는 옷을 입었다고 생각하면서, 이 자아가 이 옷 위에 종말론적 몸이라는 덧옷을 더 입기를 원한다고 말한다. 자 그렇다면 바울은 어떻게 이런 소원이

---

6) 고전 15:47과 비교해보라: "둘째 사람은 (부활로 말미암아) 하늘에서 나셨다." 아울러 기원과 관련이 있는 (고후 5:2의—역주) ἐξ οὐρανοῦ(엑스 우라누, 단수)와 있는 장소를 나타내는 고후 5:1의 ἐν τοῖς οὐρανοῖς(엔 토이스 우라노이스, 복수)의 차이에 주목하라.

이루어지리라는 생각을 했으며 어떻게 그런 생각을 할 수 있었을까? 그 대답은 분명해 보인다. 바울은 이런 종말론적 몸이라는 옷을 덧입음을 죽을 때 일어나는 일로 생각하지 않았을 것이다. 죽음은 바로 죽는 순간까지 입어왔던 첫 옷을 벗음이기 때문이다. 그렇게 가정한다면 이제는 ἐνδύσασθαι만 생각할 수 있을 뿐, ἐπενδύσασθαι는 더 이상 생각할 여지가 없다. 바울 사도가 비록 잠시 잠깐이나마 이 땅에 속한 몸이 계속 이어져 이 몸 위에 새 몸을 입을 것으로 예상했다고 추정하는 것은 지극히 터무니없는 생각만 낳을 뿐이다. 진짜 죽음이라는 것이 없다면, 장사(葬事)를 지내고 말고 할 일이 전혀 없을 것이기 때문이다. 우리가 이 ἐπενδύσασθαι를 우리 자신부터 이해할 수 있게끔 해석할 수 있는 길은 이 일이 주의 강림 때, 그리고 주가 강림하실 때 아직 죽지 않은 사람들 가운데서 일어난다고 해석하는 것뿐이다. 바울은 오로지 이런 상황일 때에만 여전히 옛 몸을 입고 있을 것이요, 그 옛 몸 위에 하늘에서 오는 처소를 입을 수 있을 것이다. 결국 고린도후서 5:2은 죽을 때 새 몸을 받는다는 현대의 주해와 전혀 들어맞지 않는다.

3절은 일단 주석하지 않고 넘어갔으면 한다. 이는 이 구절이 지나치게 모호하기 때문인데, 본문 속 두 단어의 의미가 확실치 않아 우리가 마주한 문제와 관련해 어떤 딱 부러진 결론을 내리기가 불가능한 것도 그런 모호함을 만들어낸 한 원인이다. 우리는 얼마 안 있어 이 본문 전체를 다른 말로 바꿔 제시해보려 하는데, 그때 이 구절을 다시 다뤄보겠다.

4절로 들어가면 바울이 죽을 때 일어날 일과 관련해 생각하는 개념과 전혀 일치하지 않는 몇 가지 것이 눈에 띈다. 그는 이렇게 선언한다: "장막 속에 있는 우리가 짐을 진 것을 탄식하노니, 이는 우리가 벗고자 함이 아니라 덧입으려 하기 때문이요, 이를 통해 죽을 것이 생명에 삼켜지게 하려 함이라." 여기서 바울은 선택할 것을 제시하면서 그 가운데 어느 하나를 더 좋아한다는 뜻을 밝힌다. 선택은 두 가지 경험 가운데 하나를 고르는 것인데, 첫 번째는 먼저 벗고 그 다음에 새로 입는 것(옛 몸을 벗고 그 다음에 새 몸을 입는 것—역주)이요, 두 번째는 곧바로 입는 것(옛 몸 위에 곧바로 새 몸을 덧입는 것—역주)이다. 바울은 후자를 더 좋아한다. 그는 후자를 더 좋아한다는 뜻을 강하게 천명한다. 그러나 바울은 둘 중 어떤 일이 일어날지 확실히 결정되어 있지 않다는데 탄식한다. 이러다보니 이제 이런 의문이 생긴다: 이 상황은 죽는 순간에 새 몸을 부여하는 경우와 일치하는가 아니면 주의 강림 때 새 몸을 부여하는 경우와 일치하는가? 우리가 이 물음에 대답할 때는 우선 바울이 이 두 선택 사항을 죽는 순간과 결합하여 생각하고 있다고 인식하면 바울의 탄식과 그가 내비치는 강한 선호 의사가 전혀 이해할 수 없는 되고 만다는 것부터 분명하게 이해하도록 하자. 그가 죽음의 순간에 둘 중 하나를 선택하여 결정하는 것을 버겁고 불확실한 문제로 여겼을 리는 없기 때문이다. 그는 분명 새 옷을 입는 것을 어떤 엄숙한 행사에 적합한 의복을 갖춰 입는 절차로 여겼을 것이다. 그렇다면 두 경우 모두 그 결과는 똑같았을 것이다(죽는 순간에 옛 몸을 벗고 새 몸을 입든, 옛 몸 위에 새 옷을 입든, 새 옷을 갖춰 입기는 마찬가지기 때문이다—역주). 만일 새 몸이 곧바로 오는 것이 확실하다면, 바울은 틀림없이 새 몸이 곧바로(지극히 적은 시차를 두고) 옛 몸 뒤를 잇는가 아니면 이 새 몸이 그 아래에서 벌어지는 모든 일을 덮고 옛 몸을 삼키면서 말 그대로 이 옛 몸을 흡수해 버릴 것인가라는 문제는, 새 몸이 곧바로 온다는 엄청난 사실과 비교하면, 사소한 문제에 불과하다고 여겼을 것이다. 죽음은 틀림없이 죽음과 더불어 새 몸을 가져다준다고 확신하는 사람이 보기에는 죽음과 동시에 일어날 이 사건이 이런 식으로 일어나느냐 혹은 저런 식으로 일어나느냐라는 시시한 문제 때문에 탄식한다는 것이 소심한 일일 것이다(죽음과 동시에 새 몸이 오는 게 확실하다면, 그 새 몸이 옛 몸을 대신하든 아니면 옛 몸을 덮든 상관할 게 없다는 말이다―역주). 바울은 온통 위기와 고통으로 뒤덮인 삶을 겪었기에 이런 문제들로 마음을 못 잡고 탄식하며 두려워할 사람이 아니었다. 소소한 문제 하나가 이처럼 당황스러울 정도로 불확실하고 고통스러울 만큼 무겁지만, 바울 같은 기질을 가진 사람에게는 필시 정말 중요한 문제는 아니었을 것이다. 바울이 한 순간의 경험인 죽음 자체를 두려워했다고 봐야 할 이유가 없다. 그렇다면 바울이 이렇게 강한 불안을 느끼고 어느 하나를 다른 것보다 더 좋아한다는 뜻을 강하게 표현하는 이유는 틀림없이 훨씬 더 심각하고 엄숙한 또 다른 문제가 있었기 때문일 것이다. 즉 바울에게는 가까운 미래에 옷을 벗은 상태가 일정 기간 지속될 것인가의 여부, 다시 말해 바울이 맞이할 죽음의 때부터 주가 강림하실 때까지 일정 기간을 "벌거벗은" 상태로 지낼 것인가의 여부가 그런 문제였다. 따라서 이 문제에서 생겨난 불확실성과 1절에 있는 "우리는 안다"가 직접 모순일 리는 없다. 바꿔 말하면 "우리는 안다"는 뒤따르는 내용과 일치하기 때문에, 여기에서는 이 말이 "우리는 우리가 죽을 때에 새 몸을 받음을 안다"는 의미일 수 없다. 바울이 애초부터 이런 확신을 가졌다면, 뒤이어 부담감과 탄식을 토로하는 일도 전혀 없었을 것이다. 이 구절의 의미는, 위에서 암시했듯이, 간명하다: 바울은 장막집이 해체되는 대신 새 구조물을 받으리라는 것을 두루뭉술하게 강조하지만, 그 구조물이 언제 혹은 어떻게 주어질 것인가는 여기서 일러주지 않는다.

혹자는 고린도후서 5:5이 바울이 "새 옷을 덧입는 것"을 모든 신자가 공통으로 누릴 몫으로 보았음을 증명한다고 말한다. 5절이 "바로 이 일을 우리에게 이뤄주신 이는 하나님이시다"라고 말하기 때문이다. 이 견해는 복수형인 "우리"를 모든 그리스도인으로 이해한다. 마찬가지로 이 말에 덧붙인 "성령이라는 보증을 우리에게 주신"이라는 말도 이런 주해를 지지하는 것으로 받아들인다. 모든 그리스도인이 성령을 받고 결국에는 이 성령이라는 선물이 보증하는 것을 틀림없이 함께 누리기 때문이다. 바울이 주의 강림 때 살아 있는 자로 나타날 자들만이 "덧입을" 자들이라고 보았다면, 방금 말한 것을 역설할 수 없었을 것이다. 그러나 우리는 이 견해를 받아들일 수 없다. "우리"라는 말과 성령을 보증으로 주셨다는 말에서 그런 결론을 끌어내는 것은 정당하지 않다. 설령 바울이 여기서 "우리"를 복수를 뜻하는 수사로 사용하지 않고 실제로 모든 신자를 아우르는 말로 사용한다고 하더라도, 이 말은 단지 바울이 그와 같은 시대를 살아가는 대다수 그리스도인들이 살아서 주의 강림을 맞이할 수 있으리라는 기대를 품고 살아간다는 것, 그리고 그 사이에(즉 바울이 이런 말을 하는 때부터 주가 강림하실 때까지—역주) 죽은 이들은 예외인 사례로 본다는 것을 보여줄 뿐이다. 결국, 우리가 살펴본 가설에 비춰볼 때 바울은 지금 그의 독자를 한데 묶어 "우리"라는 말로 지칭하면서 이들이 죽을 때에 새 몸을 입을 수 있도록 하나님이 준비해 놓으셨다고 강조하는 것일 수 있으며, 마찬가지로 널리 전체 신자에게도 마지막 날에 새 몸을 "덧입을" 수 있게 하나님이 준비해 놓으셨다고 말하는 것일 수 있다. 어쨌든 바울도 주의 강림 때 살아 있는 자로 나타날 자들이 일부 있을 것이요 하나님도 이런 특별한 경우를 대비하시지 못하여 이런 경우를 대비한 보증인 성령을 주시지 못한 일이 일어날 수 있음을 틀림없이 알았을 것이기 때문이다. 우리는 5절의 "바로 이것"[αὐτὸ τοῦτο(아우토 투토)]이 사실은 4절이 말하는 "덧입음," 곧 "입음"(아예 옛 몸이 없는 상태에서 새 몸을 입음—역주)을 배제하고 오직 "덧입음"만 가리키는 말이라 가정하고 이 주장에 답변해보았다. 물론, "바로 이것"이 "덧입음"을 가리킨다고 대답하면, 어떻게 바울은 하나님이 주가 강림하실 때까지 살아남은 대다수 신자가 그 때에(주가 강림하실 때에—역주) "덧입음"이라는 말이 표현하는 방식으로 변화되게 준비해 놓으셨다고 아주 딱 부러지게 강조할 수 있었는가라는 난제가 우리 앞에 등장한다. 이런 이유 때문에 우리는 "바로 이것"을 또 다른 것을 가리키는 말로 보고 싶다. 하지만 지금 당장은 보통 해석하는 대로 5절을 해석할 경우 "덧입음"을 죽을 때에 일어나는 일로 볼 필요가 없음을 보여준 것만으로도 충분하다.

마지막으로, 6-8절은 현대의 주해를 따라 주해해야 한다는 말이 있다. 여기서 바울은 자신이 죽은 뒤에 곧바로 주와 함께 있을 것이므로 선한 용기를(담대함을) 가졌다고 선언한다. 몸 안에 거하는 것은 주를 떠나 있는 것이나, 몸을 떠나는 것은 주와 함께 있는 것이다. 또 그는 자신이 죽을 때에 다다를 것으로 기대하며 소망하는 이 목표를 2절과 4절에서 "덧입음"이라 묘사한 것과 같은 것으로 받아들인다. "그러므로"라는 말이 그 앞에 있는 말과 연결해주기 때문이다: "그러므로 늘 선한 용기를 가져(담대하여) …"(고후 5:6). 따라서 주와 함께 거함은 죽을 때 "덧입음"을 통해 이루어진다는 결론이 나온다. 이런 결론에 우리는 다음과 같이 대답한다: 바울의 선한 용기는 죽음이 주와 함께 거함을 뜻한다는 사실을 고려한 결과다. 이 선한 용기는, 앞 문맥의 **전체 취지**, 곧 고린도후서 4:17, 18과 5:1이 가장 분명하게 표현한 전체 취지에 비춰볼 때, 이 앞 문맥과 단단히 결합해 있다. 본문 전체가 바울이 절대 확신했다고 제시하는 명제는 현재의 환난이 끝난 뒤에, 혹은 현재의 환난에 대한 보상으로, 영원한 영광이 신자들을 위해 준비되어 있다는 것, 그리고 이를 더 소상히 표현하면, 이 땅에 있는 장막인 몸이 해체된 뒤에 신자들이 하늘에 속한 영원한 몸을 소유하리라는 것이었다. 바울은 이 영광스러운 완성 상태에 이를 때 죽음에 이어 벌거벗은 상태로 지내는 중간기를 거칠 것인가 거치지 않을 것인가라는 **부차적** 문제에서는 이쪽인지 저쪽인지 아무런 확신도 갖고 있지 않았으며, 다만 이랬으면 좋겠다는 바람과 선호를 갖고 있을 뿐이었다. 때문에 그는 벌거벗은 상태를 아주 싫어한 나머지 자신이 더 좋아하는 쪽이 이뤄지길 바란다는 마음을 표현하는 것으로 만족한다. 이제 바울은 한 가지 특정한 문제에서는 확신을 품지 못해도 일반 문제에서는 훨씬 더 큰 확신을 품게 되었으며, 덕분에 비록 2절과 4절에서는 아직 풀리지 않은 의심을 이야기하지만 6절에서는 자신이 늘 선한 용기를 갖고 있다고 선언할 수 있었다. 물론 바울은 그가 확신하는 상황이 아무리 많아도 그 가운데 최소 형태만을 자신이 가진 선한 용기의 근거로 삼아야 했다. 그는 우리가 늘 선한 용기를 갖는 것은 이 땅에 속한 몸을 떠나는 것이 곧바로 하늘에 속한 몸을 소유한다는 것을 의미하기 때문이라고 말할 수 없었다. 바울은 자신이 주가 강림하실 때까지 살아 있을지 확신하지 못했기 때문에 그런 말을 할 수 없었다. 결국 그는 자신이 완전한 확신을 품고 고백할 수 있는 것만, 즉 몸을 떠나 있는 것은 주와 함께 있음이라는 것만 이야기할 뿐이다. 바울은 그가 보기에 덜 바람직스러운 일이 일어난다 할지라도 여전히 만족할 것이다. 결국은 다른 모든 것도 그가 주와 함께 있을 때에 주어질 것이기 때문이다. 이런 말들을 꼼꼼히 살펴보면, 6-8절이 하는 말은 죽을 때에 새 몸이 주어진다는 생각을 깔보는 것처럼 보인다. 바울은 여기서 죽음이 몸을 떠남을 의미한다고 말한다. 물론 그가 말하는 몸은 이 땅에 속한 몸이다. 그러나 바울이 말하려는 것이 죽음 뒤에 곧바로 또 다른 몸이 옛 몸을 대신한다는 것이었다면, 죽음이 몸을 떠남을 의미한다고 표현하지는 않았을 것이다. 이렇게 새 몸을 입은 상태(즉 죽은 뒤 곧바로 새 몸을 입은 상태—역주)를 몸을 떠난 상태로 묘사할 수는 없기 때문이다. 마찬가지로 "주와 함께 있음"도 아주 두루뭉술하다. 만일 바울이 영광스러운 새 몸을 입고 그리스도와 함께 있음을 생각했더라면, 십중팔구는 "몸을 떠나 있음"이라는 표현과 대조를 이루는 더 명확한 표현 방식을 골랐을 것이다. 따라서 우리가 내린 결론은 6-8절도 우리가 검토해 본 주해(현대의 주해—역주)를 지지하지 않는다는 것이다.

이제 이 본문 전체(고린도후서 5:1-8—역주)의 취지를 파악하고 우리가 제법 심혈을 기울여 주해한 열매를 거둬보려면, 잠시 시간을 내어 이 본문 전체를 살펴보고, 난해한 구절인 3절을 본문 전체와 관련지어 살펴봐야 한다. 이 본문은 "이는 … 때문이다"[γάρ(가르)]라는 말을 통해 고린도후서 4:17, 18과 연결되어 있다: "이는 우리가 이 땅에 속한 우리 장막집이 해체될 경우에는 하나님에게서 온 건물을 가진다는 것을 알기 때문이다." 4:17, 18은 몸으로 겪는 환난이 역시 몸으로 누릴 영원한 영광의 무거움을 만들어 내리라고 강조한다. 몸으로 그 "환난"을 견뎌냈기 때문이다. 따라서 미래의 몸은 처음부터 영원한 영광의 무거움을 가지고 있는 몸으로 보인다. 이런 새 몸이 우리 것이 되리라는 것을 아는 지식이 이런 영원한 영광을 확실히 소유하고 누리리라는 소망의 기초다. 이런 중심이 없다면 그 영광은 존재할 수 없을 것이다. 특히 이 새 몸을 "집"으로 묘사해 놓은 것은 이런 생각 흐름과 놀라울 만큼 들어맞는다. 집을 단순히 은신처로 여기지 않고, 오히려 이 집에 사는 이의 영광을 드러내는 중심이라는 심미적 개념을 집이라는 말과 결합해 놓았기 때문이다. 다음 절(고린도후서 5:2—역주)은 "καὶ γάρ"(카이 가르)를 통해 이 5:1과 결합하면서, "우리가 하늘에서 오는 우리 처소를 덧입기를 소망하며 탄식한다"는 정황을 제시하여 1절의 "우리는 안다"가 표현하는 확신에 더 깊은 기초를 제공한다.[7] 이렇게 탄식하며 토로하는 열렬한 소망은 우리에게 주어질 하늘에 속한 몸이 틀림없이 정해져 있다는 확신에 특별히 강한 근거를 부여한다. 만일 이 간절한 소망의 본질이 순전히 주관적 감정이나 열망에 불과하다면, 이런 소망에는 당연히 방금 말한 것과 같은 확신이 뒤따르지는 않을 것이다. 이런 확신이 현재 시제로 뒤따르는 것은[고린도후서 5:1 첫머리에 나오는 οἴδαμεν(오이다멘), 곧 "우리는 안다"는 "알다"를 뜻하는 헬라어 동사 οἶδα의 1인칭 복수

---

7) καὶ γάρ는 단순히 γάρ만 썼을 때보다 그 의미가 더 강하다: "이는 바로 … 때문이다."

현재 능동태 직설법 동사다—역주] 성령이 신자 안에서 역사하사 실제로 이 신자를 위하여 준비된 일을 하나님으로서 미리 알려주시기 때문이다. 그리스도인이 가능하면 몸이 없는 상태로 지내는 기간을 거침이 없이 하늘의 몸을 이어받기를 간절히 원한다는 생각은 이런 확신 속에서 성령의 손을 찾아낼 수 있다는 결론에 정당성을 실어준다. 이런 소망이 열렬하고 간절하다는 것은 이 소망이 하나님에게서 나왔다는 보증이다. 바울은 계속하여 "우리가 이것에서 탄식한다"고 말한다. 몇몇 사람들은 "이것(이 장막)에서"가 앞에 있는 1절을 가리킨다고 해석한다. 이런 해석은 이와 똑같은 생각을 "이는 이 장막을 입은(이 장막 안에 있는) 우리가 탄식하기 때문이다"라는 말로 표현한 4절이 어느 정도 지지해준다. 하지만 "이 점에서(이 점 때문에) 우리가 탄식하노니, 곧 우리가 덧입기를 소망하는 것이라"로 번역할 수도 있다.

앞에 있는 내용은 우리를 어려운 3절로 이끈다. 이 3절 본문에는 불확실한 점이 두 가지 있다: (1) 문장을 시작하는 접속사가 어떤 사본에서는 εἴ γε(에이 게, "정녕 …한다면," "정녕 …하는 한")(혹은 εἴ γε καί)인데,[3] 다른 사본에서는 εἴ περ(에이 페르)다. (2) 이 접속사에 이어 나오는 분사가 어떤 권위 있는 사본에서는 ἐνδυσάμενοι[엔뒤사메노이, "옷을 입다"를 뜻하는 ἐνδύω(엔뒤오)의 부정과거 분사 남성 주격 복수 중간태다—역주]이지만, 다른 사본에서는 ἐκδυσάμενοι[에크뒤사메노이, "옷을 벗다"를 뜻하는 ἐκδύω(에크뒤오)의 부정과거 분사 남성 주격 복수 중간태다—역주]다. 증거는 εἴ γε καὶ ἐνδυσάμενοι οὐ γυμνοὶ εὑρεθησόκεθα를 지지하는 것 같다(네스틀레-알란트 27판과 28판 본문은 모두 εἴ γε καὶ ἐκδυσάμενοι οὐ γυμνοὶ εὑρεθησόκεθα를 택했다—역주). 그러나 이 본문 전체와 관련해 어느 견해를 취하든, 이 말들을 이 문맥 속에 집어넣었을 때 우리가 이해할 수 있는 결과를 이끌어내기가 아주 힘들다. 위에서 우리가 비판했던 현대의 주해는 이 3절 본문을 다음과 같이 받아들일 것이다: 이 3절은 죽을 때 덧입기를 바라는 소망의 이유를 제공한다. 우리가 (새) 몸을 입으면 죽을 때에 벌거벗은 채로 발견되지 않을 것이다. 그와 같은 경우에는 몸이 없는 채로 존재하는 기간이 없겠기 때문이다. 생각 자체만 놓고 보면, 이 현대의 주해가 말하는 것도 적절한 말일 것이다. 그러나 이런 현대의 주해를 반박하는 중대한 반론은 이 주해가 ἐνδύσασθαι를 특히 ἐπενδύσασθαι가 가지는 의미와 같은 의미로 받아들인다고 말한다. 이 반론은 2절과 4절이 ἐπενδύσασθαι를 사용하면서 ἐπί를 콕 집어 강조하는 이상, 설령 그 결과는 그렇지 않을지라도 분명 진행 방법만큼은 ἐνδύσασθαι와 동일하지 않고 오히려 ἐνδύσασθαι와 반대인 것으로 분명하게 이해할 수밖에 없다고 말한다. 이런 반론을 듣고 보니, 바울이 방금 전에 말한 새로운 주해가 바울의 생각이라고 주장하는 생각을 표현하려는 목적을 갖고 있었다면, 십중팔구는 ἐπενδύσασθαι라는 말을 분사 형태로 되풀이했을 것이라고 말할 수도 있겠다. 즉 바울이 그런 목적을 갖고 있었다면, "우리는 덧입기를 간절히 바라노니, 이는 우리가 덧입어 벌거벗은 채로 발견되지 않게 하려 함이니라"라고 말했을 것이다(그러나 개역개정판만 봐도 바울은 5:3에서 "우리가 덧입어"라 말하지 않고 "이렇게 입음은"이라고 말한다—역주). 접두어를 오직 하나만 가진 동사(ἐν이라는 접두어만 가진 ἐνδύσασθαι—역주)는 바로 이런 중요한 점에서 이중 복합 접두어를 가진 동사(ἐπί와 ἐν이라는 접두어를 함께 가진 ἐπενδύσασθαι—역주)와 구별된다. 다시 말해 접두어를 오직 하나만 가진 동사는, 그것이 "입을" 시점을 죽는 순간으로 못 박지 않는 한, "벌거벗음"을 피하리라는 보증을 암시하지 않는다. 따라서 우리는 ἐνδυσάμενοι를 ἐπενδυσάμενοι["입고 있는 옷 위에 옷을 하나 더 입다"라는 뜻을 가진 ἐπενδύομαι(에펜뒤오마이)의 부정과거 분사 남성 주격 복수 중간태—역주]와 다른 의미로 받아들일 수밖에 없다.[4] 그러나 ἐνδυσάμενοι와 ἐπενδυσάμενοι를 구별해야 한다고 주장할 경우에는, 비록 우리도 양자를 구별해야 한다고 믿기는 하지만, εἴ γε καὶ ἐνδυσάμενοι라는 절이 무슨 뜻인지 밝혀내기 어려워 보인다. 이런 상황에서는 이 본문을 붙들고 씨름하면서 기껏해야 절반짜리 동의밖에 이끌어내지 못할 의미를 이 본문에서 끌어내려고 하기보다는 차라리 ἐνδυσάμενοι 대신 ἐκδυσάμενοι가 들어 있는 이문(異文, 다른 사본 본문)을 채택하면 이런 어려움을 얼마나 덜 수 있는지 시험해보는 쪽을 택하겠다.8) 이 말(ἐκδυσάμενοι—역주)을 εἴ γε καί나 εἴ περ("비록 …할지라도")와 결합하면, 제법 분명한 의미에 이를 수 있다. 말 그대로 본문을 수정하여, 혹은 옳다는 것이 그리 강하게 증명되지 않은 다른 독법(讀法)을 채택하여 본문을 바꾸었을 때, 이런 본문 변경이 정당성을 인정받을 수 있는 경우는 언제나 한 경우, 즉 이렇게 채택한 본문이 이전에는 어둠이 뒤덮고 있던 곳을 갑자기 환하게 밝혀준다는 것을 발견할 때뿐이다. 여기가 그런 경우다. εἴ γε καὶ ἐκδυσάμενοι를 택하면, "그러하면 역시, 우리가 이 몸을 벗었어도(즉 죽었어도), 결국은 벌거벗은 채 발견되지 않을 것이요, 우리의 '덧입음'은 모든 이가 부활할 때에 일어나리라"라는 번역이 나온다. 다른 접속사인 εἴ περ를 취하면 다음과 같은 번역이 나온다: "비록 이 몸을 벗었을지라도(죽었

---

8) 물론 이런 막다른 골목을 만나도 자신이 어디 있는지 아는 능숙한 주해가라면, 표현의 자연스러움을 희생하는 한이 있더라도 어쨌든 본문 속의 말들이 무언가를 말하게 만들겠다는 한 가지 소망을 앞세워 본문에서 어느 정도 그럴싸한 의미를 끄집어낼 수 있다. 이런 종류의 주해 사례로 다음과 같은 주해를 들 수 있겠다: 우리는 주의 재림 때까지 살아 있다가 덧입음으로써 벌거벗고 지내는 중간기를 피하길 열망하노니, 이는 그때 "입은" 뒤로 우리가 영원한 상태에 들어갈 때 벌거벗은 채 발견되지 않게 하려 함이라. 다시 말해, 어쨌든 이런 것이 우리가 결국 맞이할 운명이기 때문에, 설령 우리가 옛 몸 위에 즉시 새 몸을 입지 않고 일단 죽음을 맞은 뒤 벌거벗은 상태를 거쳐 결국 새 몸을 입음에 이르러야 한다 할지라도, 우리는 죽기 전에 주의 재림을 맞고 새 옷을 입기를 계속하여 열망할 수밖에 없다. 그것이 최단 시간에, 가장 쉬운 방법으로 최종 목표에 이르는 길이기 때문이다. 앞으로 알게 되겠지만, 이런 주해는 καί를 εἴ γε에서 떼어내어 ἐνδυσάμενοι와 결합한다. 이 주해는 분명 교묘하다. 그러나 너무 교묘해서 확신을 품고 받아들이기가 불가능하지 않은가?

을지라도) 결국은 벌거벗은 채 발견되지 않으리라."[9)]

4절은 2절을 끄집어 올려 2절에서 표현했던 바로 그 생각을 더 상세히 설명한다. 4절도 2절과 똑같이 καὶ γάρ로 시작한다. 여기서 말하는 탄식은 어떻게 혹은 언제인지가 불확실하여 생긴 것이지만, 그래도 결국 도달할 분명한 사실만큼은 틀림없다는 확신을 전달한다. 여기서 말하는 "짐을 짊"은, 현대 해석이 그리 하는 것처럼, 1절의 "우리는 안다"를 배제하지 않는다.

앞서 우리는 5절과 관련해 한 가지 난제를 만났으나, 잠시 한쪽으로 제쳐 놓았다. 여기서 그 난제를 살펴보겠다. 그 난제는 어떻게 "바로 이것"이 바로 그 앞에 나온 "덧입음"을 가리킬 수 있는가라는 문제였다.[10)] 바울은 어떻게 하나님이 목표하고 준비하시는 일이 그와 그의 독자들의 "덧입음"이라는 것을 아주 객관적 사실처럼 단언하면서도 그가 그 "덧입음"을 얻을지 여부는 여전히 확신하지 못했을까? 하나님이 신자들이 얻게 준비하시는 것은 결코 의심할 거리로 여길 수 없다. 반대로 그 점(하나님이 바울과 그의 독자들이 장차 "덧입게" 준비해 놓으셨다는 것—역주)을 의심할 수밖에 없다면, 바울도 하나님이 그와 다른 이들이 그것(덧입음—역주)을 얻게 준비해 놓으셨다고 단언할 수는 없을 것이다. 우리는 앞서 "바로 이것"을 바로 그 앞에 나오는 "덧입음"이 아니라

---

9) 더 이전의 헬라어(호메로스의 글)에서는 접속사가 결합한 εἴ περ가 "비록 …할지라도"라는 의미를 가질 때가 심심찮게 있었다. 이 말은 후대 헬라어에서도 가끔씩 이런 의미를 그대로 유지한다.
10) 여기서 다루는 난제는, 앞으로 살펴보겠지만, 옛 주해와 새 주해가 똑같이 부닥치는 난제다. 두 주해 모두 바울이 4절에서 어떤 의심을 표현한다는 것을 틀림없이 인정하며, 1절의 "우리는 안다"와 뭔가 조화를 모색한다.

앞에 있는 문맥 전체를 널리 지배하는 생각, 곧 그리스도인은 어떤 식으로든 틀림없이 새 몸을 얻는다는 생각을 가리키는 말로 봄으로써 이 난제를 해결하자고 제안했다. 하지만 "바로 이것"은 이렇게 전체를 아우르는 생각을 가리키는 말치고는 너무 콕 집어 강조하는 말이 아닌가 하는 의문이 여전히 남는다. 이런 이유 때문에 우리는 이제 이 "바로 이것"을 "덧입음"이 아니라 "우리가 탄식한다"를 가리키는 말로 보자고 제안한다. 이 견해는 "탄식"을 하나님이 신자를 준비시켜 내뱉게 하신 바로 그것으로 본다. 이런 탄식은 하나님이 신자의 마음에서 나오게 하시는 것이기에 예언적 의미를 가질 뿐 아니라, 이 신자가 결국은 하늘에 속한 몸을 얻으리라는 것을 확실하게 보증해준다.

우리는 지금까지 바울이 전개한 종말론에 어떤 변화가 있었음을 보여주는 증거를 담고 있다 하는 주요 본문을 상당히 길게 논해봤지만, 그런 변화가 있었다고 말하는 견해가 적절치 않음은 물론이요 오히려 많은 점에서 설득력이 없음을 발견했다. 이런 견해가 같은 논지(바울이 전개한 종말론에 어떤 변화가 있었다는 것—역주)를 지지하는 근거로 원용한 다른 본문들은 그런 논지와 더 관련이 없었으며, 때문에 결국은 처리하기가(그런 논지와 무관한 본문이라는 판단을 내리기가—역주) 더 쉬웠다. 바울은 로마서 8:19에서 이렇게 선언한다: "피조물이 간절히 고대하는 것은 하나님의 아들들의 나타남[ἀποκάλυψις(아포칼륍시스)]이다." 여기에서는 마지막에 일어날 일로 하나님의 아들들의 "나타남"을 말하는데, 이 "나타남"이 필요한 것은 그들의 몸의 영광이 그 전부터 이미 존재하므로 그저 잠시 광채를 발산하는 일이 필요하기 때문이 아니다. 이에는 완전히 다른 이유가 있다. 그건 바로 자유와 상속권 같은 온갖 특권이 딸린 하나님의 아들이라는 지위가 이전부터 이미 존재했지만, 그들이 이런 지위를 가졌음을 온 천하에 드러내 보인 적이 한 번도 없었기 때문이다. 그동안 감춰져 있었던 것은 하늘에 속한 그들의 몸이 아니라 그들이 아들로서 가진 최고 지위였다. 마지막에 나타날 것은 바로 이 지위다. 이 나타남은 그들에게 영광을 부여함으로써 이루어질 것이며, 그들이 나타날 방편은 분명 부활의 몸이다. 하지만 이런 일을 행하려고 부활의 몸이 그 전부터 존재할 필요는 없었다. 바울도 영광스러운 몸이 나타나리라고 말하지 않고, 도리어 하나님의 아들들이 나타나리라고, 또는 같은 말이지만, 영광이 "우리에게"[11] 나타나리라고(롬 8:18) 말한다. 부활은 하나님 아들들이 (그때까지 감춰졌던 몸을 나타냄이 아니라) 아들이라는 지위를 나타냄이다. 때문에 부활은 "아들들을 입양함"[υἱοθεσία(휘오떼시아)]이라고도 부를 수 있다. 여기서 말하는 것이 그저 이미 존재하는 몸의 나타남이 아니라 정말로 몸을 형성하는 일임은 몸의 구속과 온 피조물이 썩음에 묶여 있던 처지에서 구원받음이 일치한다는 것으로 알 수 있다. 바울의 종말론이 발전해갔다고 추정하는 견해가 근거로 원용하는 또 다른 본문(골로새서 3:3, 4)은 생명이 그리스도와 함께 하나님 안에 감춰져 있으며, 그리스도가 영광 중에 자신을 나타내실 때에 신자들도 그리스도와 더불어 나타나리라고 이야기한다. 여기서 "생명"은 꼭 몸이 존재함을 암시하지 않는다. 몸이 존재함을 암시하는 말이라면 바울도 각 신자에게 주어질 몸이 그리스도 안에 감춰진 채 존재함을 시인했을 것이다. 신자들의 나타남과 그리스도 자신이 영광 중에 나타나심이 함께 이루어진다는 것은 진실로 그리스도가 당신 몸을 통해 나타나실 것처럼 신자들도 나타날 때에 그들을 나타내줄 몸을 소유하리라는 것을 전제한다. 그러나 이렇다고 그저 그리스도가 신자들과 더불어 나타나시기 전에 당신 몸을 가지셨다는 이유를 내세워 신자들도 그렇게 나타나기 전에 이렇게 나타날 몸을 소유했다는 결론

---

11) 전치사가 ἐν ἡμῖν이 아니라 εἰς ἡμᾶς임을 주목하라.

을 내려서는 안 된다. 감춰진 상태와 나타난 상태를 대조할 때 이 대조가 주제로 삼는 것은 몸이 아니라 신자의 생명이다. 이 생명은 처음에는 그리스도와 함께 감춰져 있다. 몸이 없는 생명이기 때문이다. 그러다가 마지막 날에는 이 생명이 종말론적 몸과 연합함으로써 나타날 것이다. 다가올 세상에서는 만물이 나타나면서 나타남에 적합한 기관들을^{organs} 제공받기 때문이다.

우리는 앞서 말한 내용에 덧붙여 이렇게 바뀐 부활 교리를 지지하는 자들은 바울이 세 번째 시기라 추정하는 이 발견 단계 안에서조차 일관된 견해를 보여주지 않는다고 인정할 수밖에 없다는 것에 주목한다. 바울 사도는 바로 이 장에서(즉 고린도후서 5장에서—역주) 모든 신자가 그리스도의 심판석 앞에 나타나야 한다는 사실을 이야기한다(고린도후서 5:10을 보라—역주). 바울이 이를 언급하는 방식을 보면 집단으로 나타남을 염두에 두었다는 것이 드러난다. 우리는 바울 사도가 앞 문맥에서 그가 가진 확신을, 곧 주 예수를 일으키셨던 하나님이 그(바울)도 예수와 함께 일으키시며, 그를 고린도 사람들과 함께 나타내시리라는 확신을 이야기하는 것을 이미 보았다(고린도후서 4:14을 보라—역주). 우리는 더 나아가 이를 빌립보서 3:20, 21과 비교해볼 수 있다: "이는 우리의 나라(개역개정판은 "시민권"—역주)가 하늘에 있기 때문이다. 거기에서 또한 우리는 구주, 곧 주 예수 그리스도를 기다리니, 그가 만물을 그 자신에게 복종하게 하실 수 있는 역사를 따라 우리의 비천한 몸을 새롭게 만들어 그의 영광의 몸과 일치하게 하실 것이다." 방금 본 이 본문도 새 몸이 성령의 산물이라면 신자가 새 몸은 주가 강림하실 때까지 기다려야 하지만 성령은 현세에서 살아가는 동안에 이미 소유하는 이유가 무엇인가라는 물음에 대답을 제시한다. 만물을 새롭게 하시는 성령의 역사는 분명하게 구별되는 여러 단계를 거쳐 흔들림 없고 체계 있는 방법을 따라 진행되어간다. 먼저 성령의 역사는 속사람이라는 영역에서 효력을 발휘한다. 성령의 역사가 겉

사람을 장악하는 것은 그리스도가 몸으로 이 땅에 나타나실 때까지 기다려야 한다. 그때가 되면 "그(성령)가 만물을 자신에게 복종케 하실 수 있는 역사"가 자신이 활동하는 영역 속으로 우리 눈에 보이며 몸이 속해 있는 모든 외부 영역을 끌어들인다. 결국 주가 강림하실 때까지 몸의 변형이 늦춰진 것은 아무 생각 없이 멋대로 이루어진 일이 아니요, 신자들이 현재 성령을 소유하고 있다고 말하는 바울의 교리와 일치하지 않는다고 말할 수 있는 것도 전혀 없다.

여전히 남은 일은 바울이 그의 부활 개념을 전개하면서 이르렀다고 추정하는 네 번째 단계이자 가장 혁명적 성격이 강한 최종 단계를 살펴보는 일이다. [바울의 종말론이 시간이 흘러감에 따라 네 단계에 걸쳐 발전해갔다고 주장하는 이론("발전" 이론)에 따르면—역주] 바울은 이 단계에서 신자가 이 땅에서 살아가는 동안에 신자 안에서 새 몸이 실제로 이미 형성된다는 생각을 갖게 되었다고 주장한다. 이 주장은 고린도후서 5장을 토대로 구성한 줄거리에 아주 많이 의존한다. 때문에 이 주장을 따르면, 바울 사도가 일단 이 새로운 개념에 이르렀으면서도 이 개념을 일관되게 견지하지 않고 도리어 죽음의 순간 직후를 새 몸이 존재하게 될 적절한 시점으로 고정한 것에 의아함을 느낄 수밖에 없다. 그 이유는 이런 극단적 견해가 나타나는 곳이 주로 고린도후서 3장이기 때문이다. 여기에는 분명히 앞뒤 순서를 바꿔놓음$^{hysteron-proteron}$이 있다. 고린도후서 3장에서 문제가 된 신비한 과정을 이야기한다고 믿을 수 있는 말이 있는 곳은 17-18절이다: "이제는 주가 영이시니 주의 영이 계신 곳에는 자유가 있다. 그러나 우리가 모두 베일을 벗은 얼굴로 거울을 들여다보는 것 같이 주의 영광을 보면서(또는 거울처럼 주의 영광을 반사하면서) 같은 형상으로 변하여 영광에서 영광에 이르니, 영이신 주에게서 나온 영광과 같은 것이다." 이 본문과 비교해볼 수 있는 말이 고린도후서 4:16에 있는 말이다: "그러므로 우리는 낙심하지 않으니, 우리 겉사람은 낡아가나 우리 속사람은 날마다 새로워지도다."("발전" 이론이—역자 첨가) 이 본문들이 하는 말에 강요하는 주해를 판단할 때는 바울이 시간이라는 문제와 관련해 일관되게 제시하는 증언과 이런 "발전" 이론이 바울이 한 말이라며 제시한 의견이 철저히 어긋난다는 것을 잊지 말아야 한다. 이는 바울이 모든 곳에서 이 땅에서 이루어지는 삶의 과정을 부활 과정에서 제외하기 때문이다. 심지어 어떤 이들은 바울이 죽음의 순간을 부활 과정의 시작으로 본다고 말하지만, 바울은 이런 이들이 그 근거로 내세우는 곳에서도 이런 이들의 견해와 완전히 다른 입장을 보인다. 바울이 정점에 일어날 그 사건을 이야기할 때 사용하는 시제는 철저히 미래 시제다. 로마서 8:11, 갈라디아서 6:8, 고린도전서 15장(곳곳), 고린도후서 5:1-10, 빌립보서 3:20-21을 참고하기 바란다. 지금 우리가 고린도후서 3장과 4장 문맥에서 만나는 개념이 이렇게 완전히 유형이 반대인 다른 개념(즉 바울이 다른 곳에서 말하는 것과 완전히 다른 개념—역주)이라면, 우리는 기껏해야 바울 사도가 이 순간에 느닷없이 황홀경에 빠져 이토록 신비한 경지로 들림을 받다보니 결국 이 경우에는 자신이 일관되게 주장했던 통일된 교리에서 완전히 벗어나게 되었다는 말밖에 할 수 없을 것이다. 그러나 이런 추정을 하기에는 상당한 어려움이 있다. 이런 추정을 할 경우, 우리는 바울이 적어도 이 지점부터는 계속하여 이런 추정이 제시하는 줄거리를 일관되게 따라 갔으리라는 예상을 하게 된다. 만일 바울이 고린도전서를 쓰고 고린도후서를 쓰기 전에 부활 시점을 주의 재림 때부터 각 사람의 죽음으로 앞당겨 놓는 생각까지 충분히 나아갔다면, 그리고 심지어 어떤 순간에는 번뜩이는 성령의 조명을 힘입어 새 몸의 형성이 그리스도인 자신은 인식하지 못해도 이미 그 그리스도인 안에서 이루어지고 있다고 믿게 되었다면, 틀림없이 바울은 그때부터 빌립보서를 쓸 때까지 사이에 훨씬 더 큰 진전을 이루어 이런 발전의 마지막 결과물을 확실한 소유물로 차지했을 것이다. 그러나 사실 우리가 발견하는 것은 정반대다. 빌립보서는 이런 추정이 말하는 것과 관련해 우리를 깨우쳐주고도 남음이 있다 하겠다. 이 빌립보서는 바울 사도가 가설("발전" 이론—역주)이 이야기하는 그의 발전을 멈췄을 뿐 아니라, 몸의 변형이 일어날 때를 주의 재림 때로 아주 분명하게 못 박음으로써 그가 새로 얻은 근거도 포기했음을 증명해주기 때문이다. 이런 이유 때문에 "발전" 이론이 인용하는 이 본문들이 말 그대로 바울이 다른 곳에서 한 말과 전혀 다른 극단적 말을 담고 있다 해도 이 본문을 "발전" 이론처럼 해석하는 것은 십중팔구 불가능하다. 고린도후서 3:18은 신자들이 주의 영광을 거울 속을 들여다보듯이 바라봄으로써(혹은 또 다른 번역에 따르면, "거울처럼 반사함으로써") 영광으로 변화될 것을 이야기한다. 바울은 신자들이 변형되어 얻을 영광과 모세가 하나님의 산에서 내려올 때 그의 얼굴에서 빛나던 영광을 대조하려 한다. 모세의 경우에는 이 영광이 눈으로 볼 수 있는 몸의 영광이었다. 그렇게 보면, 신자들을 두고 말하는 영광도 같은 본질일 것이라고, 아니 그럴 가능성이 더 높다고 생각할 수 있을 것 같다. 종말론에서는 "영광"[δόζα(독사)]이 대다수 경우에 몸과 관련된 의미를 갖고 있기 때문이다. 뿐만 아니라 이 문맥도 바울이 지금 이 경우에는 이 영광이라는 말에 다른 의미를 부여한다는 것을, 즉 하나님의 영이 조명하는 내면의 영광이라는 개념을 부여한다는 것을 보여준다. 영광이 빛났던 곳은 모세의 몸 전체가 아니라 시각 기관이 있는 그의 얼굴이었다. 마찬가지로 그리스도인도 이 영광을 바라봄을 통해 받는다. 즉 그 영광을 받아들이는 기관은 바로 얼굴이다. 이렇게 영광을 받아들이는 일은 "베일을 벗은 얼굴을 통해"[ἀνακεκαλυμμένῳ προσώπῳ(아나케카륍메노 프로소포); ἀνακεκαλυμμένῳ는 "베일을 벗다"를 뜻하는 동사 ἀνακαλύπτω의 완료분사 중성 단수 여격 형태이며, προσώπῳ는 얼굴을 뜻하는 명사 πρόσωπον의 단수 여격 형태다—역주] 일어난다. 이를 더 문자 그대로 말하면, 이 신비한 과정을 중개해주는 것이 바로 복음이다. 이 때문에 바울 사도는 이 복음을 고린도후서 4:4에서 "그리스도의 영광의 복음"이라 부른다. 멸망하는 자들에게는 복음이 베일이 덮인 모세의 얼굴과 같다. 이 멸망하는 자들 속에 있는 이 세상의 신(사탄)은 믿지 않는 자들의 마음의 눈을 멀게 했다. 하나님은 바울이 회심할 때 바울의 마음에 빛을 비추셨다. 이는 "사도가 그의 설교를 통해 예수 그리스도의 얼굴에 있는 하나님의 영광을 아는 지식의 빛을(πρὸς φωτισμὸν τῆς γνώσεως τῆς δόξης τοῦ θεοῦ) 다른 사람들에게 나눠줄 수 있게 하려는 목적 때문이었다." 이처럼 거울을 통해 영광을 바라봄은, 세대주의식으로 말하면, 현재 상태에 속한다. 바울이 고린도전서 13:12에서 "수수께끼 속에 있는"[ἐν αἰνίγματι(엔 아이니그마티)] 모습과 "얼굴과 얼굴을 마주하여 보는" 모습을 예리하게 구분하면서, 후자의 모습은 마지막 때 볼 모습으로 남겨두기 때문이다. 고린도후서 5:7도 같은 취지다. 이 본문은 신자를 믿음의 땅(즉 훤히 보이지 않고 희미하게 보일 뿐이나 믿음으로 지나가는 땅—역주)을 지나가나 눈으로 보는 땅(뭐든지 훤히 보이는 땅—역주)은 아직 지나가지 않는 사람으로 묘사한다. 이 모든 내용을 볼 때, 우리가 살펴본 본문 문맥은 "영광"이라는 개념에 특별한 변화를 주어 이 "영광"이라는 개념을 "지식"[γνῶσις(그노시스)]의 영역에 놓아둔다는 결론을 내릴 수 있다. 이것은 고린도후서 3:17이 변형이 일어날 때 함께 따라 나타나는 것 가운데 하나로 "자유"를 말한다는 사실이 확인해준다. 로마서 8:21에서도 이런 "자유"가 "영광"과 결합하여 나타난다. 위에서 제시한 해석이 옳다면, 우리가 살펴본 본문이 말하는 "영광"은 몸과 아무 상관이 없고 오히려 어떤 내면 상태이며 특히 초자연적 지식 영역에 속한 것이라고 결론지을 수 있겠다.

고린도후서 4:16-18에는 땅에 속한 옛 몸이 여전히 속사람을 감싸고 있는데도 지금 그 몸 안에서 변형이 일어난다는 개념을 발견할 수 있는 근거가 훨씬 더 적다. 여기 문맥에서는 부활을 분명히 마지막에 놓아두었다. 14절은 이렇게 말한다. "주 예수를 일으키신 이가 우리도 일으키셔서 우리를 너희와 함께 나타내실 줄을 아느니라." 여기서 많은 사람들이 오해해온 것은 바울이 앞 문맥에서 예수의 생명이 "그의 죽을 육"에, 곧 그의 몸에[5] 나타남을 이야기하기 때문이다. 그러나 바울이 sarx(사륵스, "육")라는 말로 이야기한다는 것은 그가 여기서 말하고자 한 것이 몸의 변형일 리 없음을 보여주기에 충분하다. 몸의 변형은 오로지 죽을 몸을 제거해야 이루어질 수 있기 때문이요, 바울이 그런 것을 "생명이 몸에 나타남"으로 불렀을 리 만무하기 때문이다. 바울 사도는 이 표현들을 사용하여 그가 8절과 9절에서 말하는 죽을 법한 온갖 위험 속에서도 그의 생명이 보존되었다고 이야기한다. 그는 10절에서 이런 위험들을 "예수의 죽음[νέκρωσις(넥크로시스)]을 늘 몸에 지님"이라고 묘사한다. 그러나 이처럼 하나님의 능력이 계속하여 활동함과 몸을 형성하시는 성령의 활동을 동일시함은 잘못이겠지만, 그럴지라도 바울 사도가 갖가지 고생을 하며 죽음이 따르는 체험을 한 것과 마지막에 있을 부활 사이에는 어떤 실질적 관계가 있는 것으로 보이며, 이것이 여기서 제시하는 환상 같은 견해가 말하는 진리의 요소다. 바울은 14절에서 자신이 그 앞에 적어 놓은 핍박과 고초 목록에 철저히 근거하여 이렇게 말한다. "주 예수를 일으키신 이가 우리도 예수와 함께 일으키실 줄을 아느니라." 여기서 분명하게 암시하는 신비한 연관 관계는 무엇인가? 그 관계는 드러난 positive 쪽이 아니라 감춰진 negative 쪽에서 찾아야 한다. 부활 과정은 본디 그 본질상 육을 벗음과 신자에게 영의 몸을 부여함이라는 두 측면을 갖고 있다. 감춰진 쪽을 보면, 진정 부활 과정이 진행 중이라고, 옛 몸이 점차 제거됨으로써 새 몸이 들어설 공간이 만들어지고 있다고 인정할 수 있을 것이다. 그러나 이것은 새 몸이 옛 몸 안에서 자라간다고 추정하는 견해와 아주 다른 견해다. 감춰진 쪽을 보면, 옛 구조의 해체도 장차 세워지기로 정해 놓은 새 건물이 세워지리라는 예언으로 해석할 수 있을 것이다. 하지만 새 건물이 세워지리라는 예언과 실제로 새 건물을 세움은 여전히 다른 문제다. 바울 사도는 자기 독자들에게 오로지 이렇게 감춰진 의미로 말할 수 있었다: "그러므로 죽음은 우리 안에서 역사하고 생명은 너희 안에서 역사하느니라." 하나님이 바울 안에서 유지해주신 몸의 생명은 그가 고린도 사람들을 위하여 수고할 수 있게 한 바로 그 생명이었다. 또 바울은 그들을 위하여 수고하되, 분명 신비하고 눈에 보이지 않으며 태아처럼 완전히 발달하지 않은 몸으로 수고한 게 아니라 바로 현재 몸이 갖고 있는 타고난 생명으로 수고했다. 그는 이 생명을 갖고 고린도 사람들을 위하여 고초를 겪고 있었다. 고린도후서 4:16과 17절이 하는 말을 봐도 우리는 현재 몸이 누리는 영광이 바울 안에 들어 있다는 생각을 할 수 없다. 바울은 겉사람은 썩어가나 속사람은 날로 새로워진다고 선언한다. 이는 여기서 말하는 "속사람"이 영^{Pneuma}과 새 몸으로 이루어진 복합 인격체인 인간을 의미하지 않기 때문이다. 이는 현재 육을 가진 몸과 구별되는 영^{Spirit}을 가리킨다. 만일 다른 견해가 옳다면, ὁ ἔσω(또는 ἔσωθεν) ἄνθρωπος[호 에소(에소뗀) 안뜨로포스, "속사람"]가 영과 몸의 결합체를 의미할 때, 그 반대말인 ὁ ἔξω ἄνθρωπος(호 엑소 안뜨로포스, "겉사람")도 자연적(날 때부터 가진) 영과 몸의 결합체를 의미해야 하나, 문맥은 이 말이 오로지 몸$^{bodily\ life}$을 의미한다는 것을 보여준다. ὁ ἔσω ἄνθρωπος를 이야기하는 다른 두 본문을 봐도(롬 7:22, 엡 3:16), 바울이 이 말로 가리키는 것은 사람속의 영적 부분이며 새 몸은 여기에 포함되지 않는다는 것을 의심할 수 없다. 그러나 16절이 말하는 이 속사람의 새로워짐은 이 속사람이 미래에 누릴 종말론적 영광의 시작이다. 바울이 여기서 말하는 것이 분명 미래의 영광임은 그가 가벼운 고초를 그저 잠시 지속될 뿐이라고 이야기하는 것을 보면 알 수 있다. 바울은 이 고초가 잠깐뿐이라는 것과 영광이 가진 영원성을 대조하며, 이 대조는 현재와 미래의 대조도 포함한다. 여기서 겪는 고초는 은혜로운 보상이라는 원리에 근거하여 영원한 세계, "영광"의 아주 큰 무거움을 만들어낸다. 이 때문에 바울은 지금 당장은 오로지 속사람이 새로워짐만 이야기한다. 바울은 현재와 대조하여 영광의 무거움을 폭넓게 이야기하면서, 이 영광의 무거움을 그가 말하는 이 순간에는 존재하지 않으나 저축된 것으로(실제로 준비 중이지는 않다), 현재의 환난이 그것을 얻을 자격을 만들어내는 것으로 이야기한다.[12]

---

[12] 또 다른 접근법을 따르면 바울 사도가 두 문맥에서 옛 몸을 "씨처럼 뿌리고" 이 옛 몸에서 새 몸을 거둠에 관해 이야기하는 내용(갈 6:7, 8과 고전 15:36 이하)에서 부활 때 가질 몸이 현재 준비 중에 있다는 가설을 끄집어낼 수 있을지 모르며, 실제로 그런 가설을 끄집어내기도 했다. 분명 갈라디아서에서는 씨 뿌림과 거둠의 비유가 몸 안에서 일어나는 몸의 변형과 무관하며, 육신과 아무 상관없이 보상 원리에 관한 종말론적 이슈를 결정하는 윤리적-종교적 행위와 관련이 있다. 고린도전서 15:36 이하를 보면, 이 땅에서 보내는 삶의 끝(장사지냄)을 이야기하는데, 그 전에 광범위한 준비 과정이 들어설 여지가 없다. (칼뱅처럼) 씨 뿌림이 죽기 전에 살아 있는 삶의 전 과정에 걸쳐 이뤄진다고 봐야 위 가설이 원하는 대로 죽기 전에 옛 몸 안에서 이미 새 몸이 만들어지고 있다는 추론을 이끌어낼 수 있다. 종말을 맞이하기 전인 현재에 어떤 몸이 어떤 몸 안에서 형성되고 있다는 이론은 모두 터무니없는 환상 같은 느낌이 든다. 흥미롭게도 이런 가설은 고대 그리스인이 영혼soul에 관하여 생각했던 개념, 곧 물질적 실체 속에 영적 실체가 존재한다고 생각한 게 아니라, 겉으로 드러난 실체 속에 몸-영으로 이뤄진 완전한 내면의 실체가 존재한다고 생각했던, 전인 속에 전인이 존재한다고 생각했던 개념을 떠올려준다(Rohde, *Psyche*가 고대 그리스인의 심리를 묘사해 놓은 것을 참고하라; 원서는 Rohde를 Rhode로 잘못 적어 놓았다—역주). 물론 이런 고대 그리스 심리학과 바울의 섬세한 심리학 사이에는 큰 차이가 있다. 하지만 순수한 주해라는 관점에서 이 문제를 살펴보면, 고린도전서 15장에서 제시하는 내용이 이런 가설을 지지한다고 칼뱅이 주장할 만도 함을 인정할 수밖에 없다. 식물을 보면 씨 뿌림이 죽음보다 앞선다. 때문에 고린도전서 15:36도 "그 씨가 죽지 않으면 살아나지 못한다"고 말한다. 그러나 이를 보고 이렇게 씨 뿌림과 죽음이 불가분이니 이에 상응하는 영적 과정에서도 똑같이 시간 순서상 사람이 죽기 전에 먼저 씨 뿌림이 있어야 한다는 결론을 끌어낼 수는 없다. 식물의 씨 뿌림 및 죽음을 사람의 경우를 대응시켜 전자를 후자에 적용할 경우에는 이런 점, 곧 식물에게 필요한 죽음은 사람의 죽음처럼 순간에 일어나는 일이 아니라 땅속에서 점차 이루어지는 해체 과정이라는 점도 걸림돌이 된다. 따라서 사람은 그가 부활 때 가질 몸을 자신이 죽고 장사되기 전에 뿌려야 한다는 식으로 전과 후의 출발점을 딱 부러지게 고정하는 것은 더 이상 자명하지 않다(누가 봐도 옳은 말이 아니다). 나아가 고린도전서 15:42-44이 열거하는 특질들이 살아 있는 동안에 "씨 뿌림"을 다소 선호하고 있음은 인정해야 한다. 적어도 "욕됨"과 "약함"은 그렇다. "썩음"은 더 중립적인데, 이 썩음은 죽은 몸의 경우에도 산 몸 못지않게 이야기할 수 있는 것이기 때문이다. 칼뱅의 견해를 가장 지지해주는 것은 σῶμα ψυχικόν[소마 프쉬키콘, "육(혼)의 몸"]이라는 문구다. 이 문구는 죽은 몸에는 적용할 수 없고 죽기 전의 살아 있는 몸에 적용하는 것이 아주 적절할 수 있다.

역자 주

[1] 개역개정판은 고전 15:41에서 "해의 영광이 다르고 달의 영광이 다르며 별의 영광도 다른데 별과 별의 영광이 다르도다"로 번역했다. 이유를 제시하는 불변화사 *gar*가 들어 있는 헬라어 본문을 고려하면, 개역개정판 번역보다 원서의 번역이 더 옳은 것 같다.

[2] 바울이 창조 때 인간이 가졌던 육의 몸이 애초부터 세 가지 추한 속성을 가진 몸이라고 생각했다면, 첫 사람의 몸을 이야기하면서 "육의"나 "육"이라는 말을 피하지 않고 거리낌 없이 이런 말을 첫 사람의 몸을 규정하는 특징으로 사용했을 것이다. 그러나 바울은 그리 하지 않는다. 그렇다면 위에서 어떤 이가 주장하는 견해처럼, 바울은 이런 속성들이 본디 육의 몸에 존재한 것이 아니라 우연히 등장한 것이라고 생각했을지도 모른다.

[3] εἴ γε καί로 시작하는 헬라어 본문을 직역한다면, "정녕 그러하다면(우리가 하늘에서 오는 처소를 덧입는다면) 우리는 틀림없이 벗은 자들로 발견되지 않으리라"다.

[4] 저자 말대로 고린도후서 5:3 본문이 네스틀레-알란트 27판/28판 본문과 달리 εἴ γε καί ἐνδυσάμενοι οὐ γυμνοί εὑρεθησόκεθα라면, 고린도후서 5:1-8의 헬라어 본문에는 ἐνδυσάμενοι만 나올 뿐 ἐπενδυσάμενοι는 단 한 번도 나오지 않는다.

[5] 저자인 보스 박사는 예수의 생명이 "그의 죽을 육에, 곧 그의 몸에" 나타난다고 말하나, 고린도후서 4:11의 헬라어 본문은 "우리의 죽을 육에"라고 적어 놓았다. KJV, RSV, ESV 같은 영역 성경도 모두 in his mortal flesh가 아니라 "in our mortal flesh"로 기록해 놓았다.

Chapter 8

부활과 변화

바울 사도가 기록해 놓은 가르침을 놓고 볼 때, 이 부활과 변화라는 주제는 신자들, 곧 주가 강림하실 때 살아 있을 신자들 그리고 주가 강림하실 때 죽은 자들 가운데서 일으키실 신자들과 관련이 있다. 이 변화는 성령^{Pneuma}의 작용과 아주 긴밀한 관련이 있고 연관이 있기 때문에, 이 변화를 살펴볼 때는 일으키심을 받아 복을 누리는 영원한 영적^{Pneumatic} 상태에 있을 자들에게 일어날 일만을 고려하지, 일으키심을 받아 벌 받는 상태에 있을 자들에게 무슨 일이 일어나는가라는 문제는 애초부터 고려하지 않을 것이다. 사람들이 보통 이 땅에서 갖고 있는 형체가 신자들을 기다리는 영생의 환경과 힘에 적합하다면, 사실 그와 같은 형체는 파괴만이 영원히 이어지는 환경과 그 환경이 지닌 파괴력에는 역시 어울리지 않을 것이다. 이 문제는 주해할 자료가 없어 사변적이고 순전히 추론에 의지하는 성격을 가졌는데, 이를 이유로 이 문제를 한쪽으로 밀쳐놓을 경우에는 그 밑바닥에 깔린 문제, 곧 그 변화가 신자들에게 영향을 미칠 때 그 변화와 부활 과정 자체를 내용상 구분할 수 있는가라는 문제가 제기될 수 있다. 이런 구분이 올바른가는 부활할 사람들(주가 강림하실 때 죽음 상태에 있다가 부활하는 신자들—역주)과 변화할 사람들(주가 강림하실 때 살아 있어서 그대로 몸에 변화를 겪을 신자들—역주)이 부닥칠 두 상황 사이의 차이에 달려 있다. 부활할 사람들은 죽음 상태에서 나오는 이들이고, 변화할 사람들은 이미 성령을 소유하긴 했지만 그래도 그들의 몸은 아직 영에 속하지 않은$^{un\text{-}pneumatic}$ 상태로 존재할 것이다. 이 때문에 변화할 사람들의 경우에는 다른 사건과 분명하게 구별되는 별개 사건으로서 변화가 일어나야 한다. 이 변화는 다른 어떤 과정과 섞이지 않은 별개 사건이다. 그런가 하면, 일으키심을 받는 자들(곧 주가 강림하실 때 살아 있다가 몸에 변화를 겪을 이들이 아니라 죽음 상태에 있다가 부활하는 자들—역주)에게 일어날 변화는 이처럼 다른 것과 구별되고 독립된 성격을 갖지 않는다. 일으키심을 받을 자들에게 일어날 변화는 더 크고 더 포괄적 사건인 부활 자체가 정녕 삼켜 버린다. 우리가 보기에는 죽은 신자들이 우선 우리 눈에는 전혀 보이지 않는 방식을 통해 아직 채 변화되지 않은 형태의 몸으로 회복되었다가 이어서 우리 눈에 보이는 두 번째 행위가 더해짐으로 말미암아 변형된 몸 구성을 갖게 될 것 같은 인상을 풍기는 부분이 전혀 없다. 이런 식의 변화 과정은 기계에서나 일어날 법한 절차일 것이다. 경험하지 않고 하는 말이지만, 우리는 성령이 이런 점에서도 구속을 행하시는 모든 활동에서 유기적 절차를 사랑하시는 자신의 본질을 부인하시지 않으리라고 예상한다.

주가 강림하실 때 살아 있는 채 발견될 신자들이 겪을 운명과 경험을 다룬 본문이 넷 있다. 이 본문들은 데살로니가전서 4:15-17, 고린도전서 15:51-53, 고린도후서 5:1-5, 빌립보서 3:20, 21이다. 이 네 본문 가운데 첫 본문(데살로니가전서 4:15-17)은 어떤 변화도 이야기하지 않는다. 이 본문은 단지 죽은 자들이 먼저 일으키심을 받은 뒤에 살아 있는 자들도 먼저 일으키심을 받은 자들과 함께 구름 속으로 붙들려 올라가 공중에서 주를 만나리라는 것만 강조한다. 사람들은 이 본문을 읽고 바울이 이 본문을 쓸 때는 부활 때 몸에서 일어날 변화를 다룬 교리를 아직 발전시키지 않았으며 결국은 그 때문에 살아 있는 자들에게도 상응하는 변화가 일어나리라는 예상을 하지 않았다고 추론했지만, 이런 추론에는 정당한 근거가 없다. 그러나 이와 관련한 부분에서 변화라는 문제는 전혀 쟁점이 아니었으며, (바울이—역자 첨가) 당연시하던 성령의 임재가 죽은 자들에게 변화가 있을 것을 암시하고 보장해주었다. 이런 성령의 임재는, 앞에서 보았듯이, 죽은 자들이 죽음에서 부활에 이르는 중간기에도 그리스도 안에 있음을 밑받침하는 근거다. 또 죽은 자들이 일으키심을 받았을 때 어떤 변화를 겪는다면, 우리는 바울이 (죽었다가 주가 강림하실 때 부활할 자들과—역자 첨가) 똑같은 존재 및 존재 원인을 가지며 똑같이 성령이 활동하시는 사람인 살아 있는 자들에게도 같은 일이 일어날 것을 믿었으리라고 확신할 수 있다. 다른 세 본문은 이 변화를 분명하게 이야기한다. 고린도후서 5:1-5은 이미 상세하게 살펴보았다. 이 본문에는 신자가 땅에 속한 몸 위에 하늘에 속한 몸을 "ἐπενδύσασθαι"(에펜뒤사스따이)하는("덧입는") 비유가 들어 있다. 이런 덧입음이 일어나면 결국 생명이 죽을 것(즉 땅에 속한 몸)을 집어삼킬 것이다.[1] 이 표현에서 특이한 점은 새 몸에서 시작하여 새 몸이 다른 몸을 흡수하게 한다는 것이다. 그러나 이 비유가 구사하는 말로 보아 이 과정이 보여주는 특별한 방식은 당연히 주가 강림하실 때 살아 있는 채 발견될 사람들에만 적용되며, 다른 사람들은 다만 "입을" 뿐이지 "덧입지는" 않는다. 얼른 봐도 1절과 2절이 제시하는 몇 가지 대조는 부활 뒤의 몸과

---

[1] καταποθῇ(카타포떼)는 말 그대로 옮기면 "술 취해 쓰러져 사라져 버리다"다.

그 전에 가졌던 몸의 구성이 완전히 다르다고 말하는 게 분명하다. 부활 뒤의 몸은 더 이상 "땅에 속하지도" 않고 더 이상 "장막"이라는 본질을 가지지도 않는다. 도리어 부활 뒤의 몸은 하늘에서 영원히 소유하고 사용할 수 있는 단단한 구조를 가졌는데, 이것이 "하늘에 있는 영원한"의 의미다. 바울이 이렇게 철저히 변화된 상태를 하나의 사실로서 확언한다는 것은 이런 상태를 낳은 어떤 변화가 틀림없이 일어났으며 이런 변화가 바울이 여기서 생각하는 두 부류, 곧 주의 강림 때 살아 있는 자들과 일으키심을 받는 자들(죽었다가 부활한 자들—역주)에게 똑같이 적용된다는 뜻일 수밖에 없다. 바울이 이런 변화가 일반성을 지녔음을(즉 이런 변화가 주의 강림 때 살아 있는 자들과 죽었다가 부활할 자들에게 널리 적용된다는 것을—역주) 확언하기 때문이다. 다른 두 본문인 고린도전서 15:51-53과 빌립보서 3:20, 21에서는 옛 몸에서 시작하여 이 옛 몸이 새 몸으로 바뀜을 표현한다. 이 표현에는 모순이 없다. 둘 다 비유이며, 이 둘을 각각 따로 생각하면 적절치 않은 표현이 된다. 이 두 몸이 서로 배타적이지 않음은 고린도후서 5:1-5에서 이 두 몸이 "ἐπενδύσασθαι"(에펜뒤사스따이, "덧입혀지다")와 "κατλυθῇ"(카트뤼떼, "해체되다, 무너지다")로 나란히 등장하기 때문이다.

사람들은 고린도전서 15장과 빌립보서 3장 사이에서 불일치점을 발견했는데, 이를 근거삼아 빌립보서는 바울이 쓴 서신이 아니라는 주장이 나왔다.[2] 이 주장이 말하는 불일치점이란 빌립보서는 우리의 비천한 이 몸이 변화한다고 말하는 반면, 고린도전서는 우리 자신이 변화하며 이 땅에 속

---

2) Hoekstra in *Theol. Tydsch*. 1875, p. 443.

한 몸이 제거된다고 말하는 것이었다. 하지만 이것 역시 비유 표현의 한계에서 생겨날 수밖에 없는 말의 차이일 뿐이다. 우선 빌립보서 3장이 말하는 "μετασχηματισμός"(메타스케마티스모스, "변형")는 비천한 몸을 제거함도 포함한다. 그런가 하면 살과 피를 가진 몸을 제거한다는 것을 옛 몸과 새 몸의 연속성을 파괴한다는 의미로 이해할 수는 없다. 바울은 여기서 "우리가 변화되리라"라고 말한다. 그러나 그는 "썩을 것이 썩지 않음을 입으리라"는 또 다른 표현도 사용한다. 비천한 몸이 영광의 몸으로 변형된다고 말하든, 아니면 썩을 것이 썩지 않음을 입고 죽을 것이 죽지 않음을 입는다고 말하든, 연속성의 원리에서는 아무런 차이가 없다. 어떤 경우에도 그 σχῆμα(스케마, "외형")를 바꾸는 실체가 영원히 이어지거나 그 위에 새 옷을 덧입는 옛 옷이 영원히 이어진다고 강조하지 않는다. 사도는 고린도전서 7:31에서 παράγει τὸ σχῆμα τοῦ κόσμου τούτου("이 세상의 외형은 지나간다")라고 말하는데, 여기서 그가 강조하려는 것은 분명 현재 세계의 실체가 그대로 존속한다는 게 아니다. 빌립보서에서도 문제 삼는 점은 실체가 아니라 "σχῆμα"이며, 여기서 "ταπείνωσις"(타페이노시스, "비천함")와 "δόξα"(독사, "영광")가 상반된 모습을 드러내 보인다.3)

일으키심을 받는 신자들이 부활할 때 어떤 변화가 일어나리라는 것은 이런 점을 분명히 혹은 다소 모호하게 밝혀 놓은 말들을 근거로 하나, 이보다 더 강력한 근거가 되는 것이 바울이 시종일관 전제하는 예수의 부활과 신자

---

3) 반면 고린도후서 11:13-15은 사탄이 그 외형을 빛의 천사로 바꾼다 할지라도 그의 실제 특성은 변함없이 그대로 남아 있음을 강조한다.

들의 부활 사이의 유사성이다. 로마서 1:1-4에 따르면, 무덤에 묻히셨던 바로 그 예수가 무덤에서 일어나셨으나, 그가 받으시고 갖추신 인성(人性)을 놓고 보면 부활 전의 예수와 같은 예수가 아니셨다. 그는 부활로 말미암아 새 지위를 얻으셨을 뿐 아니라, 하나님의 전능하신 능력이 그 안에서 새로운 특질들을 미래 하늘의 환경에 맞게 재구성하셨다. 그는 죽은 자들 가운데서 부활하심으로 거룩함의 영을 따라 능력으로 하나님의 아들이심이 확정되었다(유효하게 선언되었다).4) 이런 말들은 분명 예수가 부활 때 겪으셔야 했던 종교적 변형이나 윤리적 변형을 가리키는 말이 아니다. 바울의 기독론은 물론이요 그의 가르침 전반을 살펴봐도 이런 생각을 지지하는 곳은 하나도 없다. 이런 생각을 배제하려는 열심이 아주 정당하긴 하나, 이런 열심만 낼 경우에는 마치 이 문장(롬 1:4—역주)이 순전히 몸의 변형만 강조하는 것처럼 생각하는 아주 좁은 해석이 존재할 뿐이다. 우리 주의 인성이 지닌 다른 측면인 영혼의 측면도 분명 육체의 측면 못지않게 영향을 받았다. 이런 광범위한 변화가 부활 자체와 분리될 수는 없었다. 이런 변화는 추가 요소가 아니라, 가장 중요하고 유일한 행위의 본질을 이루는 부분으로서 반드시 있어야 할 것이었다. 이런 변화가 없었다면, 부활이 아니라 부활 뒤에 이어질 변형이 구원받은 신자들에게 일어날 갱신(새로워짐) 패턴을 제공해주었어야 했다. 사실 바울이 공식처럼 쓰는 문구는 "그리스도와 함께 일으킴을 받아"이며, "그리스도와 함께 변화되어"라는 특별한 형태는 단지 그리스도인이 새로워짐을 통틀어 가리키는 말인 "그리스도와 함께 일으킴을 받아"의 특수한 변형일 수 있다.

---

4) 고린도전서 15:45-49이 둘째 아담의 새로운 구성과 형상에 관하여 가르치는 내용과 비교해보라. 여기에서는 시종일관 순전히 육체를 언급하는 말만 구사하지 않는다.

이 "변화"라는 신비한 과정 자체가 부활과 별개로서(즉 부활 때 일어나는 변화가 아니라 부활과 상관없이 부활 뒤에 일어나는 변화로서―역주) 등장하는 경우에 우리가 이 신비한 과정이 어떻게 일어날 것인가라는 문제와 관련해 바울 사도가 비유로 하는 말들에서 얻는 정보는 관련 문제인 부활 때 일어날 변화의 형태라는 문제와 관련해 사도가 하는 말에서 얻는 정보와 마찬가지로 역시 구체적이지 않다. 하지만 바울이 어쨌든 아주 유사한 이 두 변화(부활 때 일어나는 변화와 부활 뒤에 부활과 별개로 일어날 변화―역주)를 통틀어 가리키는 어떤 공통 용어를 알고 사용하는가라는 문제는 제기해볼 수 있다. 바울이 이 두 변화를 통틀어 가리키는 공통 용어는 ἀλλάττεσθαι(알라테스파이, "어떤 것이 완전히 다른 어떤 것으로 변하다"를 뜻하는 ἀλλάσσω의 현재 중간/수동태 부정사―역주)인가 아니면 μετασχηματίζεσθαι(메타스케마티제스파이, "겉모습이 변하다"를 뜻하는 μετασχηματίζω의 현재 중간/수동태 부정사―역주)인가? 이 문제의 답은 고린도전서 15:51-53과 빌립보서 3:20, 21을 주해한 결과에 달려 있다. 앞서 보았지만, 고린도후서 5:1-5이 쓴 비유는 둘을 형태상 구분하여 하나는 ἐνδύσασθαι(엔뒤사스파이, "입다")라 부르고 다른 하나는 ἐπενδύσασθαι(에펜뒤사스파이, "덧입다")라 부른다. 그러나 다른 두 본문(고린도전서 15:51-53과 빌립보서 3:20, 21―역주)에서는 어느 본문을 봐도 실제로 이렇게 구분하여 말하는 모습을 찾을 수 없다. 일부 해석자들은 여기서 사용한 용어를 죽은 신자들과 살아 있는 신자들을 통틀어 모든 신자를 가리키는 말로 이해하지만, 다른 해석자들은 더 좁게 살아 있는 신자들에게만 적용한다. 이 문제는 상당히 중요하다. 우리가 죽은 신자들과 살아 있는 신자들을 통틀어 모든 신자를 가리키는 말로 이해하는 견해를 채택하면, 이 견해가 새 몸과 옛 몸이 연속성이 가짐을 확실히 보증해주는 근거를 하나 더 제공해주기 때문이다. 바울은 δεῖ τὸ φθαρτὸν τοῦτο ἐνδύσασθαι ἀφθαρσίαν καὶ τὸ θνητὸν τοῦτο (ἐνδύσασθαι) ἀθανασίαν(이 썩을 것이 썩지 않을 것을 꼭 입겠고 이 죽을 것이 죽지 않을 것을 입으리로다, 고전 15:53)이라고 말하는데, 우리가 이를 부활 뿐 아니라 변화에도 적용하는 것이 타당하다면, 결국 부활 때 옛 몸도 그 나름의 역할을 할 것이요, ἐνδυσάμενον(엔뒤사메논, "입다"를 뜻하는 ἐνδύω의 중성 부정과거 중간태 분사 주격/목적격 형태다—역주)인 존재로서, 곧 "그 자체에 무언가가 입혀지는" 존재로서 부활이 일어날 곳에 있을 것이다. 다시 말해 우리가 부활 때는 무덤에 누워 있는 옛 몸과 아무 상관없이 그저 영혼에 새 몸이 주어진다고 생각하는 것은 옳지 않다. 특별히 고린도전서 15:51-53을 살펴볼 때는 두 견해 중 하나를 택하기가 어렵다. 어떤 견해를 선택할지는 πάντες οὐ κοιμηθησόμεθα, πάντες δὲ ἀλλαγησόμεθα(우리가 다 잠자지 않고 도리어 다 변화되리라, 고전 15:51)라는 말을 어떻게 해석하느냐에 달려 있다. 사람들이 더 흔히 사용하는 οὐ의 의미를 따른다면 [이것이 첫 번째 해석론(주해)이다—역주], 이 말은 이런 의미일 것이다: 진정 우리 모든 이가 잠자지 않고 변화되리라. 이는 바울이 그의 모든 독자가 주의 강림 때까지 살아남아 있으리라고 예상했다는 의미일 수밖에 없다. 나아가 이 견해를 따르면, οὐ κοιμηθησόμεθα는 여전히 이중의 의미를 가질 수 있다. 우선 οὐ κοιμηθησόμεθα라는 말은 "우리는 지금부터 주의 강림 때까지 사이에 잠들지(죽지) 않을 것이요, 도리어 주의 강림 때 변화되리라"라는 의미를 강조하는 말일 수 있다. 또 다른 견해(즉 οὐ κοιμηθησόμεθα의 의미를 달리 보는 견해—역주)에 따르면 이 절 clause은 "우리 모든 이가 주의 강림 때 먼저 잠들(죽을) 필요가 없을 것이요, 도리어 우리 모든 이가 그때에(주의 강림 때) 그런 중간기를 경험하지 않고 곧장 변화되리라"라는 의미가 된다(즉 주의 강림 때 죽어 있는 자는 부활한 뒤에 변화를 겪겠지만, 그때 살아 있는 자들은 죽음을 거치지 않고 곧장 변화를 겪을 것이니, 변화를 겪으려고 굳이 죽었다가 부활하는 과정을 거칠 필요는 없다는 말이다—역주). 이 첫 번째 주해의 난점은, 두 형태 중 어느 것을 취하든, 바울이 한 예상이 이루어지지 않았다는 것이다. 바울은 물론이요 그가 이 서신을 쓸 때 살아 있던 사람들 가운데 어느 누구도 몸을 갖고(살아서—역주) 주의 강림에 이른 이는 아무도 없었다. 바울은 모든 이가 οὐ κοιμηθησόμεθα("잠자지 않으리라")고 말했지만, 사실은 모든 이가 ἐκοιμήθησαν[에코이메떼산, "잠들다"를 뜻하는 κοιμάω(코이마오)의 3인칭 복수 부정과거 수동태 직설법 형태로서 "잠이 들었다"라는 뜻이다—역주]. 이런 난점이 훨씬 더 중대한 이유는 바울이 여기서 단순한 주관적 희망이나 의견을 피력하는 것처럼 보이지 않고, 이 말을 분명히 "μυστήριον"(뮈스테리온, "비밀")으로, 계시로 받은 무언가로 규정하기 때문이다: ἰδοὺ μυστήριον ὑμῖν λέγω("보라 내가 너희에게 비밀을 말한다."). 마이어Meyer는 바울이 이런 난점을 피하고자 πάντες라는 주어를 "주의 강림 때 남아 있을 모든 이들"이라는 말에 조용히 공급했다고 추정하면서, 이 말을 위에서 지적한 두 번째 의미로, 곧 주의 강림 때 남아 있는 자들은 일단 죽었다가 부활하는 과정을 거칠 필요가 없으리라는 취지를 선언한 말로 이해한다. 우리가 이 견해를 택한다면, 마이어가 제시하는 형태가 상당히 설득력이 있어 보인다. 그렇다면 "μυστήριον"은 모든 이가 살아 있으리라는 사실을 가리키는 게 아니라, 그 수가 많든 적든 혹은 주의 강림이 곧 이르든 더디 이르든, 주의 강림 때 살아 있는 자들은 죽을 필요 없이 살아 있는 사람으로서 변화되리라는 사실만을 가리키는 셈이다. 또 바울이 1인칭 복수형("우리")으로 말하다보니, 마치 그 자신과 그의 독자들만 관련이 있는 말을 하는 것 같지만, 이를 주로 개인의 호기심 때문이라 볼 필요도 없고 이렇게 말하는 형태를 순전히 수사(修辭) 복수로 생각할 필요도 없다. 이는 어쩌면 주가 강림하실 때까지 살아남기를 바랐던 바울 시대 모든 그리스도인의 공통된 소망이라 여겨도 될 것이다. 이 견해의 장점은 우리가 이 견해를 따를 경우 ἀλλαγησόμεθα("우리가 변화되리라")라는 동사를 고린도전서 15:51과 52절에서 모두 같은 의미로, 즉 두 경우 모두 주의 강림 때 살아 있을 자들만을 가리키는 말로 받아들일 수 있다는 것이다. 그러나 이 견해는 결국 풍부한 의미를 잃어버린 채 죽은 자들 가운데서 부활할 때 몸에 일어날 변화는 설명해주지 못하는 결과를 낳는다. 바울 사도는 분명 52절에서 이 ἀλλαγησόμεθα라는 말을 이렇게 한정하여 사용한다. 그가 두 그룹을 구분하면서 이렇게 말하기 때문이다: οἱ νεκροὶ ἐγερθήσονται ⋯ καὶ ἡμεῖς ἀλλαγησόμεθα(죽은 자들이 일으키심을 받고 우리도 변화되리라). 반면 마이어가 추정하듯이 이런 수식어를 조용히 보충했다 말하면 뭔가 좀 제멋대로 이야기한다는 인상을 받음을 고백할 수밖에 없다.

그 형태가 가장 간단한 다른 해석[이것이 저자가 제시하는 두 번째 해석론(주해)이다—역주]은(가장 간단하다 말하는 이유는 이외에 다른 해석들이 있기 때문이다) 부정어(否定語)인 οὐ의 위치가 바뀌었다고 추정한다. 이 해석은 πάντες οὐ와 οὐ πάντες를 같은 말로 여긴다.[5] 이런 해석이 불가능해 보이지는 않는다. 아마도 이 해석을 하는 이들은 주로 교리를 향한 관심에서 영감을 얻은 이들이겠지만, 교리라는 요인을 중시하지 않고 언어의 관점에서 이 해석이 정당하다고 느껴 이 해석을 지지하는 이들도 없지 않았다. 이 해석은 결국 이런 의미다: 우리가 잠잘 것이라는 말은 모든 이가 아니라 단지 일부에게만 해당하는 말이다. 그러나 우리가 마지막 날에 변화되리라는 말은 모든 이에게(즉 주가 강림하실 때 잠자는 자들과 잠자지 않는 자들에게) 적용된다. 이 해석에 따르면 바울은 두 그룹(주의 강림 때 잠자는 자들과 살아 있는 자들—역주)에게 모두 변화가 일어난다고 인정하는 셈이다. 하지만 이 해석은 신자들이 부활해도 이 부활 자체는 아직 필요한 변화를 일으키지 않을 뿐 아니라, 오히려 변화는 부활

---

5) 하지만 천년왕국을 다룬 이 책 10장에서 데살로니가전서 4:15의 οὐ μὴ φθάσωμεν("결코 앞서지 못하리라")과 이 문구 해석을 다룬 내용을 참고하라.

이 있고 잠시 뒤에 일어난다고 분명하게 암시하는 약점이 있다. 부활한 자들에게 일어날 변화가 부활보다 조금 더 늦게 일어나야, 일으키심을 받는 자들(곧 죽은 상태로 있다가 부활하는 자들—역주)과 살아 있는 자들이 동시에 변화라는 같은 경험에 참여할 수 있기 때문이다. 이 해석은 진정한 변화가 부활 자체의 한 측면이라는 것을 간파하지 못한다. 결국 이 해석은, 앞에서도 넌지시 말했지만, 성령과 관련이 있는 부활 행위의 성격과 일치하지 않는다. 이 해석을 들으면, 마치 성령은 죽은 자들을 살리실 때 이들을 변하게 할 당신의 특별한 변형 임무는 수행하시면서도, 당신이 살리시는 이 죽은 자들을 이들이 누릴 종말론적 삶, 하늘의 삶에 맞는 상태로 데려가심으로써 당신의 임무를 논리적으로 완결하는 일은 피하시는 것 같다. 이 해석의 동기를 단순히 이 부활 행위의 마지막 단계(즉 변화—역주)가 동시에 일어난다는 견해를 보호하려는 데서 찾는 것은 다소 엉성해 보일지도 모르겠다. 이것은 단순히 한 연속 행위를 형성하는 과정이 어떤 순서를 밟는다고 보는 것이 적절한가를 묻는 문제가 아니다. 이 해석처럼 일으키심을 받는 자들에게 변화가 일어나는 시기를 늦춰 잡으면, 바울이 52절에서 분명하게 말하는 것과 충돌을 일으킨다. 바울은 52절에서 그냥 οἱ νεκροὶ ἐγερθήσονται("죽은 자들이 일으키심을 받을 것이다")라고 말하지 않고 οἱ νεκροὶ ἐγερθήσονται ἄφθαρτοι("죽은 자들이 썩지 아니할 것으로 일으키심을 받을 것이다")라고 말한다. 이 말에 따르면, 일으키심을 받는 자들에게 일어날 변화는 부활 뒤에 일어나지 않고 부활과 동시에 일어날 뿐 아니라, 시간 순서는 물론이요 실질 내용을 놓고 봐도 부활과 함께 일어난다. 죽은 자들의 경우에는 부활이 실상 "썩지 아니함"이라는 결과를 낳는 일이다. 실제로 54절부터 이어지는 구절들은 죽음을 정복한 승리를 이야기하는데, 이 구절들은 단지 이런 승리의 어떤 한 특별한 측면만을, 곧 살아 있는 자들의 변화만을 이야기한다고 믿기가 어려울 만큼 모든 이를 널리 아우르는 말로 이야기한다. 그렇지만 어쩌면 여기에서는 κατεπόθη(카테포떼,

"삼키다"를 뜻하는 동사 καταπίνω의 3인칭 단수 부정과거 수동태 직설법 형태로 "삼켜졌다"라는 뜻이다―역주)라는 비유가 고린도후서 5:4과 비슷하다는 점 때문에 (고후 5:4은 죽음이 생명에 삼켜짐을 말하면서 καταπίνω의 3인칭 단수 부정과거 수동태 가정법 형태인 καταποθῇ를 사용했다―역주) 특별히 살아 있는 자들의 변화를 가리키는 말처럼 보일지도 모르겠다. 그럴지라도 이런 점을 지나치게 중시해서는 안 된다. 그 이유는 여기 고린도전서 15:54에서는 문제가 된 말이 인용문의 일부를 이루면서 다만 호세아서 본문을 떠올려주지만(저자는 이 본문이 호세아 13:14을 인용한 것으로 보나 엄밀히 말하면 κατεπόθη가 들어 있는 문장은 이사야 25:8을 인용한 것이다―역주), 고린도후서 5장에서는 이 말이 독립된 비유를 이루기 때문이다.

위 두 견해의 장점과 단점이 서로 거의 대등하다보니, 어느 한 견해를 선택하기가 어려운 느낌이 든다. 한 가지 확실한 것은 바울이 부활을 영적 변형까지 포함하는 개념으로 이해한다는 것이다. 이 점은 부활이 ἐγερθήσονται ἄφθαρτοι임을 일러주는 52절이 포괄하여 증언해준다. 그러나 바울이 일으키심을 받는 자들과 살아 있는 자들이 훨씬 더 심오한 어떤 변화를 함께 겪는다는 말을 한 것인가, 혹은 여기서 채용한 언어를 놓고 볼 때 "변화"라는 말이 때로는 변화의 두 측면을 통틀어 아우르는 말인가가 문제가 될 경우에는, 우리가 어떤 딱 부러진 결정을 내리기가 불가능하다.[6]

---

[6] 정확한 교리 구성이라는 관점에서 볼 때 이 본문이 아주 어려운 본문임은 권위 있는 초기 사본들이 이미 이 본문을 바꾸려 여러 번 시도했다는 사실에서 알 수 있다. 위에서 말한 두 이문(異文)(πάντες οὐ와 πάντες μὲν οὐ)외에도 이런 이문이 보인다: πάντες μὲν ἐγερθησόμεθα, οὐ πάντες δὲ ἀλλαγησόμεθα("모든 이가 일으키심을 받으려니와, 모든 이가 변화되지는 않을 것이다")와 πάντες μὲν κοιμηθησόμεθα, οὐ πάντες δὲ ἀλλαγησόμεθα("모든 이가 잠들겠으나, 모

빌립보서 3:20, 21의 경우, 여기서 쓴 그리스도인이 "구원자를 기다린다"는 표현은 바울 사도가 그들이 살아 있는 동안에 주가 강림하시길 기대하는 이들의 관점에서 이야기한 것이기에, 결국 여기서 말하는 μετασχηματισμός("변형")에는 부활 때 일어날 변화가 포함되지 않는다는 것을 보여주는 것 같다. 반면 μετασχηματισμός라는 개념이나 σῶμα τῆς ταπεινώσεως(소마 테스 타페이노세오스, "비천한 몸")라는 문구에는 바울이 이 말들을 부활 과정 자체에 적용하지 못하게 막았을 법한 것이 전혀 들어 있지 않다.[7]

든 이가 변화되지는 않을 것이다"). 이 본문들은 Westcott and Hort의 부록 부분(Brooke Foss Westcott와 Fenton John Anthony Hort가 1881년에 내놓은 헬라어 신약 성경 **The New Testament in the Original Greek**의 부록을 말한다—역주)을 참고하라.

7) 참고. Klöpper, *Der Brief des Apostels Paulus an die Philipper*, p. 224, 각주. 심지어 클뢰퍼 Albert Klöpper는 고후 5:3, 4의 "ἐπενδύσασθαι"를 주의 강림 때 일으키심을 받는 자들에게 적용되는 말이며, 이 본문에서는 이 말이 막 일으키심을 받은 옛 몸 위에 새 몸을 입음을 의미할 것이라고 생각한다. 우리가 보기에 고후 5:4의 οὐ θέλομεν ἐκδύσασθαι("우리는 벌거벗기를 원하지 않는다")는 클뢰퍼의 견해를 확실히 배제하면서, ἐπενδύσασθαι를 그의 견해와 반대로(주의 강림 때 살아 있는 자들에게 적용할 말로—역주) 제시한다. 두 개념은 서로 배척한다.

Chapter 9

부활의 범위

우리가 "부활의 범위"라는 말을 사용하여 제기하는 문제는 바울이 마지막 때에 모든 죽은 자들이 부활하리라고 가르치는가, 아니면 마지막 때가 이르기 전에 죽었을 자들 가운데 제한된 일부만이 부활하리라고 가르치는가다. 물론 이 문제는 천년왕국 문제와 어느 정도 연관이 있으며, 그런 점에서 다음 장에서 다룰 문제이기도 하다. 천년왕국이 시작할 때 있으리라 예상되는 부활을 누릴 이들로서 따로 구별해 놓은 교회의 일부분(즉 일부 신자들—역주)도, 그 수를 많이 잡든 아니면 좁혀서 적게 잡든, 어쨌거나 부활의 일부를 형성한다. 따라서 천년왕국 교리 자체 때문에 절대 종말이 이르기까지 흘러가는 중간기 동안 과거에 신자였던 이들이나 현재 신자인 자들이나 미래에 신자일 자들이 모두 통틀어 부활하리라는 것에 반대하는 이는 아무도 없다. 반면, 부활 때 일어날 변화의 범위는 단일하고 unitary 포괄성을 지녔다는 점이 부활의 범위를 논하는 자리에 불쑥 끼어들면, 부활 사건의 이런 부분적 측면을 부활 드라마의 2막이자 마지막 막에도 적용하여 이것(즉 부활 드라마의 마

325

지막 막에 있을 부활의 범위—역주)을 신자들에 국한함으로써 결국 그리스도인의 부활을 제외한 모든 것은 부활 드라마에서 배제하고픈 유혹이 쉬이 일어날 수 있는데, 이는 당연하다. 부활 개념의 부분성^{partialness}은 본디 부활 개념을 적용할 때에 적합한 말이나, 이제는 이런 부분성을 아예 부활 개념과 결합하곤 한다. 논리상 이것은 분명 필연은 아니다: 천년왕국이 시작할 때 일부 부활이 있으리라는 것과 죽어 있던 모든 자들이 마지막 날에 하나도 빠짐없이 부활하리라는 것이 본디 모순은 아니다. 마지막 부활에 어떤 제한을 두는 것이 바울 사도의 가르침에서 나타나는 전반적 흐름과 일치하는가라는 또 한 가지 문제가 있지만, 그런 제한이 사도의 가르침이 보여주는 전체 흐름과 일치하지 않는다 해도, 바울 사상 전체의 성격에 비추어 볼 때, 아예 처음부터 믿을 수 없는 것으로 보이지는 않을 것이다.

다소 선험성(先驗性)을 띤 이런 고찰들은 한쪽으로 밀어 놓고, 부활 범위 자체와 직접 관련이 있는 데이터인 바울의 의견이나 언급을 살펴보도록 하겠다. 부활할 자들에 불신자들은 들어가지 않는가 혹은 불신자들도 들어가는가를 놓고 갈라진 제한 부활설과 무제한 부활설 사이의 논쟁은 얼핏 보면 무제한 부활설을 주장하는 이들에게 그들이 내세우는 주장의 장점들을 제시할 좋은 기회를 허용하지 않는 것 같다. 우리가 앞서 분명하게 제시했듯이, 바울은 부활 주제를 다루는 사실상 모든 큰 문맥에서 부활을 이야기할 때 이 부활을 영의(성령의) $Pneumatic$ 사건으로 보고 또 그런 사건으로 다룬다. 그렇다면 금세 이런 질문이 생긴다: 어떻게 이런 영의 사건이, 성령이 아주 두드러지고 본질적인 역할을 하시는 이런 사건이 그리스도인이 아닌 자들의 영역에서 일어날 수 있을까? 성령 및 그리스도와 부활의 긴밀한 관계를 살펴보는 곳에서도 단지 그 각도만 다를 뿐이지 똑같은 질문이 생긴다. 일으키심을 받는(부활하는) 자들이 일으키심을 받는 것은 그들이 "그리스도에게 속한"

자들이거나 "그리스도 안에서 잠든" 자들이기 때문이다. 이런 상태들은 성령을 소유하지 않거나 성령이 소유하지 않은 자들에게는 적용할 수 없다. 그리스도인의 상태 전체를 살펴볼 때도 그렇지만, 그에 못지않게 이 문제에서도 그리스도께 속했다는 것과 성령께 속했다는 것이 한 근원으로 흘러들기 때문이다. 성령을 가지지 않은 불신자들은 부활을 만들어내는 성령의 재생(다시 살리는) 행위 부분을 경험할 수 없다. 설령 이 불신자들이 이런 재생 행위를 경험할 수 있다 해도 이들은 부활 뒤에 이어질 성령의 삶을 살아가는 데 적합한 주체가 될 수 없다. 성령이 부활 행위에서 하시는 작용은 사실상 부활 뒤에 이어질 성령의 삶에 필요한 준비일 뿐이기 때문이다. 그리스도인이 아닌 이들과 관련지어 보면, 부활은 내부 붕괴를 일으킨 것으로 보일 것이다. 이 그리스도인이 아닌 이들보다 더 좋고 영원한 이들(곧 신자들―역주)이 자리한 부활의 나머지 반쪽 부분에서는 그런 일이 일어날 것을 예상할 수 없기 때문이다. 바울의 가르침이 보여주는 전반적 흐름을 살펴볼 때, 포괄적 해석(그리스도인과 그리스도인이 아닌 자를 모두 고려하는 해석―역주)은 분명 불리한 점이 있음을 솔직하게 인정해야 한다. 그런데도 이런 포괄적 해석에 아주 큰 비중을 두기가 쉬운 것은 다음과 같은 이유 때문이다: 바울 사도는 비록 신약성경의 다른 어떤 가르침 모둠보다 더 많은 가르침을 우리에게 제시해주었으면서도, 그의 마음속으로 그가 쓴 서신이 모든 것을 골고루 아우르는 완벽한 기독교 진리 체계를 제시한다고 생각하지 않는다. 바울은 그리스도인들에게 서신을 써 보내며, 그가 서신을 쓴 것도 주로 실천적 목적 때문이다. 이런 사실은 바울이 신자들의 부활에만 몰두하고 그 반대편(곧 불신자들)은 무시하는 것처럼 보이는 현상이 그가 논리상 완벽한 체계를 만들기를 무시했기 때문이 아니라 그것과 완전히 다른 이유들 때문일 수 있음을 우리에게 일깨워준다. 사실 우리가 바울이 생각하던 일에 관하여 정보를 끌어내는 곳들은 각 경우가 성격상 내면의 구속을 다루는 곳들이다. 이런 곳들은 위로에 그 목적이 있으며, 설령 논증을 목적으로 하는 곳이라도 그리스도인 독자들이 위로가 필요한 처지에 있다는 논증을 목적으로 한다. 우리에겐 기록이 거의 남아 있지 않지만 다른 상황에서는 바울의 마음속에 불신자들의 부활도 당연한 일로 여길 만한 이유들이, 엄격히 구원론 영역에 속하지는 않지만 그와 다른 영역에 속하는 이유들이 작동하고 있었을 가능성도 여전히 크다. 부활이 자리한 기초가 성령이라는 것만이 이 한 가지 것, 곧 바울이 둘로 나뉜 부활 부분들(즉 신자들의 부활과 불신자들의 부활―역주)을 함께 조화시키며 언급하지 않는다는 것을 설명해준다. 바울이 양면(즉 신자들의 부활과 불신자들의 부활을 나누어 보는―역주) 부활 교리를 지지하는 자였다면 두 부분을 조화시키며 함께 언급하는 것을 자연스럽게 여겼을 것이다. 그러나 이렇게 두 부분을 함께 언급하거나 조화시키기에는 부활이라는 사건이 두 부류의 사람들(즉 신자들과 불신자들―역주)에서 가지는 의미가 서로 아주 큰 차이를 보이는 것이 되어 버렸다. 이는 바울이 그의 성령론 교리를 철두철미하게(오로지 신자 중심으로 일관되게―역주) 전개한 결과였다. 당시 보통 유대인의 의식에 친숙한 믿음은 부활이 모든 사람의 경우에 똑같을 것이며, 모든 사람이 똑같이 땅에 속한 몸을 회복한 상태로 하나님의 심판석 앞에 서리라는 것이었다. 이런 의식을 가진 사람들에게 부활을 이야기할 때는 사람들이 익히 아는 방식을 따라 선인과 악인을 아우르는 한 부활 a resurrection of the good and the evil을 이야기하는 것이 훨씬 쉬웠다. 바울에게는 이것이(선인과 악인을 아울러 한 부활을 이야기하기가―역주) 틀림없이 아주 어려운 일이었다. 그 이유는 단순했다. "부활"이라는 말이 으레 구원과 관련지어 이야기하는 개념들까지 그 자신에게 끌어와 독점하기 시작하면서, 어쨌든 이렇게 구원에 함께 따르는 것들이 들어설 자리가 없는 것에는 적용할 수 없는 것이 되어 버렸기 때문이다.[1] 어쩔 수 없이 "부활"이라는 말은 그 중립성을 어느 정도 잃어버렸고, 사실상 오로지 좋은 뜻으로만 쓰기에 적합한 말이 되어 버렸다. 우리는 바울이 일부러 악한 자들의 부활을 이야기하지 않았을 가능성도 있다고 본다. 확실히 이 점은 힘써 강조할 필요가 있다. 하지만 이 점을 근거로 삼아 바울 사도가 이 "부활"이라는 말을 악한 자들에게 적용하길 피한 것을 이런 원리, 곧 사도가 악인과 선인에게 똑같이 동시에 구분 없이 적용되었던 이 "부활" 개념의 내용 중 특별히 성령과 관련된 요소들은 미리 제쳐놓고 그 나머지 부분은 쓸데없는 것으로 여겨 던져 버렸다는 원리를 증명해주는 증거로 해석하는 것은 옳지 않을 것이다. 그러므로 우리는 여기서 아주 신중하게 논의를 전개해가야 한다.[1]

일부 부활론이 바울이 진정 가르치는 교리라는 주장은 사람들이 이 주제와 관련해 바리새인들이 품었던 생각이라고 믿는 것에서 나왔다. 우리가 이 점과 관련해 바리새인들이 가졌던 믿음에 관한 정보를 얻는 곳은 요세푸스가 쓴 문헌이다. 요세푸스는 바리새인들이 오로지 의인의 영혼만이 다시 생명을 얻을 능력(자격)을 가지며 악인들은 영원히 하계(下界)에 갇혀 지내는 것으로 믿었다고 말한다.[2] 그는 또 다른 본문에서 오로지 의인의 영혼만이 악인의 그것과 구별되어 새 몸으로 들어간다는 것을 바리새인의 견해라고 기록한다.[3] 일부 사람들의 주장대로 바리새인들의 주장이 이러했다면, 또 우리가 다른 곳에서 알 수 있듯이 바울 사도가 이 문제와 관련해 자신과 바리새

---

1) Schwally, *Das Leben nach dem Tode*, pp. 168, 172는 요세푸스가 ἀνάστασις가 "반란"을 의미할 수도 있음을 정치적 차원에서 신중히 고려하여 심지어 의인에게도 ἀνάστασις(아나스타시스, "부활")라는 말을 쓰려 하지 않았다고 말한다.

2) *Antiquit. XVIII*, 14.

3) *Bellum Jud. III*, 374.

인이 본질상 의견 일치를 이룬다고 선언했다면, 사도는 우리가 지금 검토하는 문제와 관련해 그가 이전에 한솥밥을 먹었던 종교인들과 다른 생각을 하기가 불가능했을 것이다. 하지만 이 주장은 얼핏 보기에는 포괄적이지만 실은 그리 포괄적이지 않다. 우리는 바리새인들이 이렇게 논쟁이 있고 다소 비교(秘敎) 색채를 띤 점을 두고 내세운 교리를 정확히 설명하고자 할 때 요세푸스를 어느 정도나 신뢰할 수 있을지 알지 못한다. 요세푸스가 한 말을 완전히 신뢰할 수 없다는 것은 위에서 인용한 두 번째 본문에서 드러난다. 이 두 번째 본문에서 요세푸스는 심지어 요세푸스 자신이 믿었고 우리가 마지막으로 인용한 본문이 표현하는 영혼의 이주(移住)가 바리새인이 가졌던 믿음이라고 생각한다. 확실히 요세푸스가 두 경우에 바리새인들이 가졌던 믿음으로 보는 것들이 적어도 일부 바리새인들이 주장하던 교리임이 틀림없을 개연성이 있다. 바리새인 지도자들은 그들이 견지하는 체계의 원리에 어긋나는 것은 무엇이든 직관으로 물리칠 수 있을 만한 전문가도 아니었고 정확한 신학자도 아니었다. 이런 문제에서는 바울이 훨씬 더 예리한 감각이 있었다. 하지만 우리는 요세푸스가 인용하는 견해가 바리새파가 주장하는 유일한 교리는 아니었다고 확신할 수 있다. 십중팔구는 하나만이 아니라 더 많은 견해들이 떠돌았을 것이다. 부활이 정확히 어느 범위 사람들까지 미치는가라는 문제와 상관없이, 부활 자체가 실재라는 것에는 모든 이가 의견을 같이했다. 이론상 모든 이의 부활을 부인하지 않았던 바리새인들도 실제적 이유 때문에 의인의 부활이라는 부활의 주된 측면을 훨씬 더 크게 강조했을 가능성이 있으며, 요세푸스도 오로지 그런 이유 때문에 그가 한 말에서 표현한 그릇된 추론에 이르렀을 수 있다. 그러나 요세푸스의 설명이 내용상 옳다고 받아들여야 할 것 같은 느낌이 들더라도, 바울이 회심 뒤에도 바리새인의 주장을 일체 바꾸지 않고 그대로 똑같이 유지했다고 생각할 필요는 없을 것이다. 바울은 계시라는 요인을 전혀 통하지 않고 초창기 그리스도인과 가진 만남을 통해 이 주제와 관련해 자신이 가졌던 바리새파의 견해를 바꾸게 되었을지도 모른다. 물론 초창기 그리스도인들은 바리새파 출신이 대다수는 아니었다. 다른 집단에서 온 회심자들은 당연히 다른 견해를 가졌을 것이다.

바리새파 및 요세푸스와 관련된 이 문제를 한쪽으로 밀어 놓으면, 모든 이가 부활한다는 교리는 바울 이전이나 바울 당시만 해도 견고히 확립된 유대교 교리가 아니었음을 인정해야 한다. 당시에는 여러 방면에서, 여러 형태로 부활의 범위에 제한을 두었다. 구약 성경 자체는 하나님 백성의 관점이나 하나님 백성 중 경건한 자의 관점에서 부활의 범위를 다루는 교리에 다가갔다. 이사야 26:19도 이렇게 말한다: "당신의 죽은 자들이 살아나고 나의 죽은 몸들이 일어날 것입니다." 이 구절은 거룩한 백성에 속한 죽은 자들이 부활하리라고 예언한다. 그들이 미래의 즐거움에 동참할 수 있다는 보증이 있기 때문이다. 이 약속을 얼마나 멀리 거슬러 올라가 적용하려 했는지 분명하지 않으며, 이 약속이 미치는 범위도 얼마나 광범위한지 알 수 없다. 다니엘 12:2은 그 예언의 적용범위를 장차 깨어날 많은 사람에게 한정한다. 물론 여기에서는 깨어날 이를 의인들로 한정하지 않으며, 일부는 영생을 누리고 일부는 부끄러움과 영원한 모욕을 당하리라고 말한다. 여기서 말하는 대상은 십중팔구 모든 세대에 걸쳐 이스라엘 백성을 구성했던 모든 의인과 악인이 아니라 이 예언이 다루는 위기 때에 두드러진 역할을 한 의인들과 악인들이다. 하나님 백성 가운데 순교자는 틀림없이 부활하지만 다른 나머지 사람들이 어찌 될지는 이들이 의인이냐 아니냐를 떠나 아무 말이 없다는 생각은 다른 곳에서도 발견할 수 있다. 이와 비교해볼 수 있는 곳이 에녹서 90장이다. 마카비(마카베오)2서에서는 악인의 부활을 부인하는지 부인하지 않는지 확실하게 판별할 수 없다. 이 책은 안티오쿠스 에피파네스(기원전 2세기에 유대 지방을 통치하면서 유대인의 신앙을 핍박한 인물이다. 유대인들이 율법으로 금하는 돼지고기를 유대인들에게 강요하고 성전에 제우스 신상을 세우는 등 여러 악행을 저질러 유대인들의 저주를 받았다—역주)의 경우에는 분명 부활을 부인하지만, 이것과 부활 자체를 연계하지는 않는다. 여기서 언급하는 것은 ἀνάστασις εἰς ζωήν(아나스타시스 에이스 조엔, "생명으로 부활함, 부활하여 생명으로 들어감")이다. 유다 마카비는 죽임을 당한 자들 가운데 그 옷에서 이방 종교의 우상이 발견된 이들을 위해 속죄하면서, ὑπὲρ ἀναστάσεως διαλογιζόμενος(휘페르 아나스타세오스 디아로기조메노스, "그들의 부활을 놓고 염려한다."). 하지만 이것은 그들이 부활하기 전에 스올에서 겪어야 할지 모르는 형벌과 관련이 있을 수 있으며, 때문에 반드시 부활과 그 뒤에 있을 형벌을 암시하지는 않는다.4) 하지만 이 교리의 또 다른 변형은 마지막 위기 때 순교한 이들뿐 아니라 이스라엘의 죽은 자들 가운데 모든 의인이 일으키심을 받으리라고 말한다. 이런 내용은 솔로몬의 시편 3:10 이하와 에녹묵시록 91장부터 104장에 이르는 부분에서 발견할 수 있다. 이보다 좀 더 넓은 범위에서 부활이 이루어진다고 말하는 곳이 에녹서 1-36장이다. 이 문서는 이스라엘 가운데 있는 의인의 부활(몸으로 부활함) 외에 경건하지 않은 일부 이스라엘 사람들이 몸이 없는 영혼으로 부활하는 것도, 즉 현세의 삶에서 적절한 처벌을 받지 않은 이들의 부활도 가르치는 것 같다. 이들은 벌을 받을 장소인 게헨나로 던져지고자 하계에서 들어올림을 받는다. 반면 이미 현세에서 충분히 벌을 받은 다른 악한 이스라엘 사람들은 더 어두운 상태인 스올 속에 영원히 머무는 것으로 보인다. 마지막으로 부활 범위를 가장 넓게 보는 견해는 의인은 물론이요 악한 자들도 모두 일으키심을 받아 심판을 받는다고 본다. 이 견해를 발견할 수 있는 곳을 보면, 비록 그 저자

---

4) Schwally, *Das Leben nach dem Tode*, p. 171.

는 각 경우에 이 주제와 관련해 분명한 견해를 가졌을 수도 있지만, 두 가지 점이 모호하게 남아 있는 경우가 자주 있다: 그 두 문제는 a) 모든 이가 부활한다는 말은 이스라엘 가운데 있는 모든 악인과 모든 의인이 부활한다는 말인가, 아니면 인류를 구성하는 모든 악인과 모든 의인이 부활한다는 말인가, b) 악인은 단지 심판을 받고자 몸이 없는 영혼으로 들어 올림을 받은 뒤에 역시 똑같이 몸이 없는 상태로 영원한 벌을 받는가, 아니면 그들이 이전에 가졌던 몸을 다시 소유하고 이 상태로 벌을 받는가다. 이런 보편(만인) 부활 교리를 발견할 수 있는 기록들은 다음과 같다: **에녹 비유서** 51:1(여기에서는 방금 말한 두 가지 점을 모호하게 남겨 놓았다); **에스라4서** 5:45, 7:32, 14:35[여기에서는 두 본문이 인류의 보편 부활을 이야기한다(하나님이 피조물을 살리실 것이다)]. 그러나 마지막에 언급한 14:35은 이스라엘로 부활 범위를 제한하는 것 같다); **바룩묵시록** 42:8, 50:2(폴츠$^{Paul\ Volz}$ 같은 몇몇 저술가는 여기서 절대 보편성을 발견하지만, 찰스$^{Robert\ Henry\ Charles}$ 같은 다른 이들은 절대 보편성을 부인한다). 여기서 부활은 똑같은 몸으로 부활함을 말하며, 이 몸은 나중에 좋은 몸이나 나쁜 몸으로 바뀐다; 열두 족장의 유언 중 베냐민 10과 레위 4. 베냐민 10에서는 조상들이 일으키심을 받은 뒤에 모든 이가 일으키심을 받으리라고 말한다(여기서 "모든 이"가 모든 이스라엘 사람을 가리키는지 아니면 모든 사람을 가리키는지 분명하지 않다). 또 다른 본문인 레위 4의 경우, 헬라어 본문은 주가 모든 인류를 심판하실 때 음부(陰府, *Hades*)가 고갈되리라고 말한다. 반면 아르메니아어 본문은 "하계가 죄수들이 지극히 높으신 이가 내리신 재앙을 거치게 하리라"라고 말하여 헬라어 본문과 아주 다른 말을 한다; **시빌의 신탁**의 네 번째 책 180절 이하(여기에서는 일으키심을 받을 악인들이 역사 속의 모든 세대에 존재했던 악인들인지, 아니면 세상의 대환난 때 막 죽은 악인들인지 확실하게 말하지 않는다.); **아담의 생애** 10장의 "죄인들이 거기에 있으리라"와 41장의 "아담의 모든 씨."

특별히 우리의 현재 목적에 비춰보면 모든 이가 부활할 것을 가르치는 이 마지막 부류의 기록들이 흥미롭다. 이 기록들은 모든 이가 부활하리라고 분명히 강조하지만, 그럼에도 우리는 의인들의 부활을 이야기하는 다른 말들을 발견한다. 이 다른 말들을 보면, 마치 이 말이 담긴 기록의 저자들은 부활의 다른 측면을 전혀 모르는 것처럼 보인다. 이런 다양한 표현들은 비평가들이 합성 문서라고 믿는 기록들은 물론이요 그 통일성을 의심할 수 없는 문서들이나 문서들의 부분들에서 나란히 나타난다. 그리하여 가령 에녹 비유서에는 위에서 인용한 본문(51:1) 외에도 오직 의인의 부활만 곱씹어보는 문맥들이 따로 더 있는데, 40:3, 61:5, 62:8을 비교해보기 바란다. 에스라4서에는 모든 이가 부활하리라고 말하는 본문들(5:45, 7:32, 14:35)과 함께 특별한 사람들만이 부활하리라고 말하는 4:35, 7:28이 있다. 바룩묵시록에는 모든 이가 부활하리라고 말하는 42:8과 50:2 외에 마치 오직 의인만이 부활할 이들인 것처럼 의인의 부활을 언급하는 24:(21), 24과 30:1 이하가 있다. 열두 족장의 유언에는 이 두 부류의 말이 그리 많이 들어 있지 않지만, 적어도 다소 의심스러운 해석을 하게 하는 말들이 있긴 있다. 아담의 생애에는 모든 이가 부활하리라는 말과 특정 부류만이 부활하리라는 말이 가장 놀라운 모습으로 나란히 존재함을 보여준다. 방금 전에 위에서 말한 41장은 아담의 씨인 모든 인류가 부활하리라는 교리를 담고 있다. 13장에는 이런 말이 들어 있다: "그 때는 아담에서 나온 모든 육체가 위로 일으키심을 받으니, 거룩한 백성은 모두 (그러하리라)." 이런 사실들을 고려할 때, 우리는 다음과 같은 점을 강조하고 싶다: 이 묵시 문헌 저자들의 주장이 한쪽에 치우쳐 의인들의 부활을 강조하긴 해도, 이런 강조점이, 비록 이론적 성질이 더 강한 믿음이긴 하지만, 선인과 악인이 모두 부활한다는 믿음을 배척하지 않는다면, 바울이 부활을 주로 성령이 일으키시는 변화로 이야기한다는 이유를 내세워, 그도 틀림없이 부활 범위를 신자들로 제한했으리라고 말하는 것은 삼가는 게 마땅하다.

바울은 그가 언급하는 여러 말에서 부활의 이런 양면성을 소개하는데, 이런 소개는 묵시 문헌 저자들보다 그에게 분명 더 쉬운 일이었을 것이다. 왜냐하면 바울이 성령을 줄기차게 강조하는 것 자체가 부활의 다른 측면(즉 믿지 않는 자들의 부활—역주)을 거의 잊어버리게 만들었고, 이는 묵시 문학에는 존재하지 않는 특징이기 때문이다. 물론 묵시 문학은 바울과 비교하면 성령을 그리 강조하지 않지만, 그래도 이와 상관없이 부활에 따른 변화가 가지는 구원의 측면에 주목할 것을 오롯이 강조한다. 바룩묵시록과 에스라4서가 명백한 모순(즉 바울과 분명히 다른 점—역주)이 가장 뚜렷이 나타나면서도 분명 바울과 가장 가까운 문헌인 것은 바로 그런 이유 때문이다.

바울이 의인은 물론이요 악한 자들까지 모두 부활하리라고 믿었음을 분명하게 일러주는 유일한 증언은 그가 벨릭스(펠릭스)에게 한 연설이 담긴 사도행전 24:15에서 발견할 수 있다. 여기서 바울 사도는 그가 율법에 따른 모든 것과 선지자들(선지서)이 기록해 놓은 모든 것을 믿는다고 선언한다. 바울이 이렇게 이중으로 강조한 것은 십중팔구 오로지 토라의 분명한 증언만을 고수하고 선지자들이 한 말은 고려하길 거부했던 사두개인들의 불신앙과 반대편에 있던 바리새인과 입장을 같이 함을 분명히 밝히려 했기 때문이었을 것이다. 바울은 선지자들과 율법에 근거한 이런 믿음의 주된 내용으로서 그가 하나님을 향하여 가진 소망을 언급한다. 이 소망은 (바리새인) 유대인들도 바라던 것으로서 의로운 자와 불의한 자가 모두 부활하리라는 소망이었다. 여기서 비록 부활의 양면성을 강조하긴 하지만, 그래도 주로 강조하는 것은 부활에서도 소망을 주는 측면, 곧 의인의 부활임을 볼 수 있다. 부활 교리를 통틀어 말하면 "하나님을 향하여 품은 소망"이다.[5] 또 바울은 자신과 (바리새인) 유대인이 이 소망을 공통으로 갖고 있다고 선언하는데, 이는 바리새인들이 주장하는 교리 역시 악인의 부활을 부인하지 않으면서도 주된 관심사는 이 부활 교리가 의인에게 주는 소망이었음을 보여준다. 이것이 요세푸스가 바리새인들이 오직 의인의 부활만 고대했다고 믿게 된 연유를 설명하는데 도움을 줄지도 모르겠다. 바울이 벨릭스에게 한 이 말이 정확한지 의문을 제기할 근거가 없거니와, 이 말의 역사성을 부인할 근거는 더더욱 존재하지 않는다. 사도행전 저자는 다른 여러 곳에서도 자신이 바리새인이 믿는 것과 사두개인이 믿는 것의 차이를 아주 잘 알며 널리 유대인들이 믿는 것들을 잘 앎을 증명해 보인다. 설령 이 사도행전 저자가 바울이 벨릭스에게 한 말을 마음대로 지어냈다고 가정할지라도, 이 말이 우리가 지금 살펴보는 문제에 진실로 중요할 뿐 아니라 이 말이 보여주는 신학적 색채 역시 아주 많은 부분이 참일 것이라고 예상해볼 수 있다. 정통 유대인은 물론이요 바울 사도도 그들에게 주어진 믿음을 실제로 받아들이지 않았는데, 사도행전 저자가 이 지점에서 바울이 유대교 정통 교리와 의견을 같이했다고 제시하는 실수를 저지를 수는 없었을 것이다.

우리가 일부 사람들이 고린도전서 15:22-28과 빌립보서 3:11에 붙인 해석을 받아들일 수 있다면, 이 두 서신이 제시하는 직접 증언이 사도행전의 이

---

5) 어쩌면 유대교의 관점에서는 악인의 부활을 "소망"이라는 측면에서 모조리 배제할 필요는 없을지도 모르겠다. 앞에서 보았듯이 유대인들이 고대했던 부활에는 유대교의 대의에 맞선 악한 원수들을 누르고 승리한다는 요소가 들어 있었다. 악한 원수들은 의인들이 정당함을 확인받아 만족을 얻는 것을 보아야 했다. 부활의 뒤편에는 유대인들이 간절히 바라던 심판이 어렴풋이 보인다.

증언을 보강해줄 것이다. 만일 고린도전서 15장 본문의 "그 뒤에는 마지막이 오리라"(고전 15:24)는 말을 부활의 마지막으로 이해할 수 있다면, 적어도 모든 신자를 포함하여 "그리스도께 속한 자들"이 앞선 부활 행위에서 일으키심을 받았다고 가정할 때, 뒤이은 부활 행위로 남아 있는 것은 악인들의 부활뿐일 것이다. 하지만 우리는 또 다른 장에서 여기서 말하는 "마지막"이 "부활의 마지막"이 아님을 제시하려고 노력하겠다. 이 "부활의 마지막"이라는 말로 말미암아 위 논증이 제시하는 소극적 결론은 무너지고 만다. 빌립보서 3장은 사람이 어떡하든지 부활이라는 특권을 얻으려고 애씀을 말하는데, 새로운 해석에 따르면 이 특권은 순교자가 누릴 특권으로 봐야 할 것이다. 그렇다면 이 본문은 뒤이어 순교자가 아닌 그리스도인들이 부활할 단계를 고려할 마당을 열어 놓은 셈이요, 악인의 부활 문제는 다루지 않는 셈이 될 것이다.

악인들도 부활하리라는 것을 일러주는 간접 증거는 불신자들이 부활에 뒤이은 심판 자리에 있으리라고 추측하는 바울의 주장에서 발견할 수 있었다. 이 주장이 확정된 결론이 아닌 이유는 몸이 없는 영혼을 심판한다는 것이 불가능한 생각은 아니기 때문이요, 위에서 보았듯이, 실제로 이런 생각이 유대교 자료의 다른 곳에서도 나타나기 때문이다. 따라서 우리가 논의하는 이 문제를 완전히 종결지을 수 없는 이상, 우리는 부활과 심판이 몸이 없는 상태에 있는 악인들도 그 대상으로 삼을 수 있는 가능성을 고려해야 한다. 바울의 글을 적극 살펴봐도 방금 말한 생각을 일러주는 부분은 분명 전혀 없다. 있다 해도 그저 막연한 가능성 정도를 일러줄 뿐이다. 오히려 절대 증거(절대적 증거능력을 가진 증거—역주)는 아니지만 적어도 그 반대 견해를 지지하는 경향을 보이는 증거는 있다. 이 증거는 우리가 바울 사도가 말하는 심판 교리를 다룰 때에 곧 나타날 것이다. 마지막으로 주목할 수 있을 만한 본문이 디모데전서 6:13이다: "내가 τοῦ ζῳογονοῦντος τὰ πάντα(만물을 살게 하신)

하나님 앞에서 네게 명령한다." 이 본문을 디모데후서 4:1, 곧 "내가 하나님 앞과 산 자와 죽은 자를 심판하실 그리스도 예수 앞에서 그가 나타나실 것과 그의 나라를 두고 네게 명령한다"를 비교해보면, 디모데전서 6:13의 "살게 하신"은 종말론적 관점에서 해석해야 할 말처럼 보이며, 이 말의 목적어가 "만물을"이기에[또는 "우주 the universe"(τὰ πάντα에는 "만물" 외에 "우주"라는 의미도 있다—역주) 앞에 붙은 관사를 고려할 때] 부활이 의인과 악인을 모두 망라한 일임을 긍정하는 것처럼 보일 수도 있겠다. 고전 헬라어에서는 ζωογονεῖν(조오고네인)이 실제로 "살리다," "살게 하다"라는 뜻이 있었다. 하지만 신약 성경의 다른 두 본문인 누가복음 17:33과 사도행전 7:19에서도 똑같은 동사가 등장하는데, 여기에서는 "목숨을 보존하다"라는 뜻이며 부활을 해석하는데 적합한 의미는 아니다. 만일 디모데전서 6:13의 바른 독법이 "ζωογονοῦντος"가 아니라 "ζωοποιοῦντος"라면(어떤 헬라어 사본은 "ζωοποιοῦντος"로 기록해 놓았다—역주), 이런 반론은 사라질 것이다. "ζωοποιεῖν"(조오포이에인)은 다른 곳에서(바울과 베드로와 요한이) "살리다"라는 뜻으로 사용하기 때문이다. 하지만 독법과 번역이 불확실하여 확실한 결론을 내릴 수 없다. 이 논의가 남긴 결론은 여전히 우리가 사도행전 24:15에 있는 증언을 바울이 부활의 보편성(의인과 악인이 모두 부활함—역주)을 믿었음을 분명히 보여주는 증거로 의지한다는 것이다.

역자 주

[1] 바울이 말하는 부활 개념은 구원론 영역에서 다루는 개념들까지 포괄하는 넓은 개념이 되었다. 때문에 구원에 동반하여 일어나는 일까지 부활 개념을 다루면서 이야기하게 되었다. 구원으로 말미암아 일어날 일들은 아무래도 신자에게만 적용된다. 믿는 자들만이 구원을 받기 때문이다. 따라서 구원론 속의 개념까지 가져온 바울의 부활 개념은 신자들을 염두에 둔 개념일 수밖에 없다. 이런 점 때문에 바울은 유대인들이 으레 생각하던 부활 개념, 곧 선인과 악인이 모두 함께 부활한다는 개념을 설명하기가 퍽 어려웠을 것이다.

Chapter 10

바울과 천년왕국 문제

"천년왕국," 혹은 사람들이 더 흔히 쓰는 말로 "전천년설Pre-millennarianism"은 성경의 종말론 체계에서 독특한 위치를 차지한다. 이 "천년왕국" 문제는 아무리 심사숙고해도, 딱 잘라 거부하든 열렬히 동의하든, 어느 한쪽으로 판단을 내리기가 어렵다. 물론 문제는 증거 문제이기 때문에, 성경의 증언 그리고 냉철하고 진지하며 교리에 따른 선입견을 갖지 않은 주해에 기초하여 증거를 살펴보고 결정해야 한다. 오로지 바울의 종말론만 설명하는 것으로 그친다면, 문제 해결은 분명 그리 어렵지 않아 보인다. 하지만 불행히도 이런 일을 하려는 사람은 요한계시록 20:4 이하가 그려 보이는 틀도 집중하여 살펴보게 되리라는 것을 예상해야 한다. 바울의 종말론을 살펴봤다 해도 곧이어 종말론과 관련한 바울의 가르침이라는 큰 틀을 더 좁고 그림 같은 요한계시록의 환상 크기로 줄여 양자를 조화시키는 힘든 수고를 해야 할 필요가 끈덕지게 제기되기 때문이다. 마땅히 존중해야 할 성경 예언의 권위를 고려할 때, 이런 조화 작업은 무질서한 과정이라는 느낌을 피하기가 힘들다. 이런 조화 과정에서는 소소한 진술들이 광범위하고 시대를 아우르는 바울 신학의 프로그램에 길을 내주어야 한다(우선 바울 신학 프로그램부터 다루고 다음 것으로 넘어가야 한다는 말이다—역주). 바울 신학이 내건 프로그램을 만족할 만큼 분명하고 확실하게 해석하고 나면, 그때 비로소 요한계시록을 들여다보면서 요한계시록과 바울이 한 진술들을 조화시키려고 애써볼 수 있을 것이다. 이와 같이 광범위한 문제를 다룰 때는 비례의 법칙을 완전히 포기하기가 불가능하다. 반면, 우리가 이 문제를 아주 객관성 있게 해결할 필요가 없고 오히려 철학적 행동주의를 모방한 신학에 근거하여 해결하고자 하여 전천년설과 후천년설 가운데 어느 것이 실제 기독교에 더 유익을 주었는지 혹은 더 유익을 끼칠 가능성을 갖고 있는지, 아니면 이 둘(전천년설과 후천년설—역주) 가운데 어느 것을 종교(기독교)의 대의에 해를 덜 끼치는 것으로 신뢰할 수 있는지 우리 자신에게 물어본다 할지라도, 그 답은 그리 쉽게 나오지 않는다. 천년왕국설은 구약 성경이 말하는 것들을 실제로 일어날 일로 받아들이되, 그저 믿음만으로, 곧 이런 일들이 이루어지리라는 것을 논리상 이해할 수 있는지 묻지 않고 다만 하나님에겐 모든 게 가능하시다는 확신만을 유일한 근거로 내세워 사람들이 놀랄 만큼 흔쾌히 받아들이는 태도를 보여준다는 점에서는 칭찬할 만하다. 물론 이런 태도는 구약 주해의 기본 원리들을 분별없이 남용하면서 이미 구약 성경 자체가 천년왕국설이 문제 삼는 대다수 것들을 (실제로 일어날 일이 아니라—역자 첨가) 영(靈)의 차원에서 해석한다는 사실을 간과하다가, 어쩔 수 없이 신약 주해의 영역까지 침범하는 잘못을 저지르는 바람에 얻은 것이다. 결국 우연히 드러나는 특징들과 상관없이, 모든 것을 넓게 보고 이야기해보면, 천년왕국설은 옛적의 계시 내용을 무모하게 문자 그대로 해석하여 구체적으로 풀어놓은 것이다. 이런 정서에 담긴 순진한 신앙은 칭찬해야 마땅하다. 하지만 바로 이런 관점에서 전천년설을 심리적 차원에서 psychologically 연구해오지 않다보니 이 학설이 오랜 세월을 거치며 길고 구불

구불한 길을 지나오는 동안 이런 특징들을 어디서 얻었는지 그 출처를 확실히 밝히지 못하게 된 것은 아주 불행한 일이다. 전천년설이 어느 지역만의 현상은 아니지만, 그래도 이 전천년설이 다른 어느 곳보다 더 잘 자랄 수 있는 특정한 환경이 분명 있긴 있다. 종말론의 시각에서 보면 피상적이고 눈으로 볼 수 있으며 호기심만 불러일으키는 사건에 보이는 관심은 괴이한 관심이지만, 그래도 어떤 나라들에서는 전천년설이 그런 괴이한 관심을 채워주었다. 어떤 악 자체가 악이 아니다. 종말론 영역에는 더 본질적이고 더 중대한 것이 있는데, 정작 그런 것은 희생시키고 대신 기형malformation이나 과도하게 웃자란 것이 지나친 종교적 관심사가 되는 것이 악이다. 대개 이런 악은 적어도 정상인 생각을 가진 그리스도인이 보기에 이 한 가지 측면보다 훨씬 더 중요한 종말론 속의 다른 과정들을 평가할 때 결함이 있을 경우 생겨난다. 그 자신보다 더 중요한 견해들을 가려버리는 이런 경향이 많은 해를 끼쳐왔다. 오늘날 천년왕국설에 동의하지 않는다고 말하는 사람들이 "그럼 당신은 '재림'을 믿지 않습니까?"라는 질문을 받는 것은 드문 경험이 아니다. 다시 말해 폭넓고 거대한 의미를 지닌 종말론이라는 주제가 시야에서 사라져 버리고, 종말론과 천년왕국설을 서로 바꿔 쓸 수 있는 말로 여기는 그릇된 생각이 만들어졌으며, 종species이 속genus의 자리를 빼앗고 말았는데, 이는 종이라는 개념을 받아들이는 것이 성경의 데이터와 일치하느냐 않느냐라는 문제와 상관없이 어처구니없는 일이다.

"천년왕국설"은 "천"(1,000)을 가리키는 수사(數詞) "χίλιοι"(킬리오이)를 따라 붙인 이름이다. 이 이름을 고른 것은 다소 적절치 않다. 이 천년왕국설을 지지하는 다양한 사람들이 연이어 이뤄질 두 부활 사이에 존재하는 기간으로 지정하는 기간 혹은 잇달아 이어질 두 시대의 출발점으로 지정하는 지점이 각양각색이기 때문이다. 그 기간은 600년일 수도 있었고 400년일 수도 있었는데, 어느 경우든 이런 믿음의 본질에는 전혀 영향을 주지 않았다. 하지만 사람들이 보통 쓰는 말에서는 "천"이라는 숫자가 바탕에 깔려 있기 때문에, 대다수 지지자가 선호한다는 이유를 내세워 "천년왕국설"이라는 말을 허용할 수도 있겠다. 사실 더 많은 정보를 알려주는 말을 찾는다면 다른 말인 "전천년설"이 더 선호할 만할 것이다. 그러나 "전천년설"은 더 명확하지 않다. "전천년설"이라는 명사는 그 안의 접두어 "전^{pre}"이 무엇을 가리키는지 분명하게 일러주지 않기 때문이요, 라틴어인 "millenium"도 같은 의미인 헬라어 명칭(즉 χίλιοι—역주)만큼이나 그 지속 기간을 고정시켜 버리는 선입견에서 자유롭지 못하기 때문이다. 두 경우에 출발점은 모두 주의 강림^{parousia}이다. 이 주의 강림에서 사람들이 고정시켜 놓은 햇수가 시작한다. "전천년$^{pre\text{-}millennarian}$"은 이 말이 암시하는 명사인 강림 앞에 붙은 형용사로서, 그리스도가 천년왕국이 시작하기 전에 다시 오시리라는 추측을 표현한다. 문제의 본질은 천년왕국설이 주의 강림 뒤에 이어질 종말론적 미래를 서로 다른 두 단계로 나누어, 한 단계는 임시적이고 잠정적이나 다른 한 단계는 영원하고 절대성을 갖는 것으로 본다는 것이다. 예로부터 정통 신학이 취하는 전통적 견해와 이 시대의 바울 해석론은 종말론을 이렇게 이원론으로 보는 시각을 알지 못한다. 두 견해는 모두 영원한 상태가 엄밀히 말해 주의 재림으로 시작한다고 본다.

이렇게 "천년왕국"으로 종말론적 미래를 서로 다른 두 단계로 나누는 것은 십중팔구 기독교가 등장하기 전에 시작된 것 같다. 이렇게 나눠보는 견해를 처음 만날 수 있는 곳이 에녹서 91장과 93장에 나오는 소위 "주(週)들 환상$^{Vision\ of\ Weeks}$"인 것 같다. 이 곳은 세상이 지속되는 전 기간을 10주로 나누기 때문이다. 이 10주 가운데 여덟째 주는 메시아 시대를 나타내고, 아홉째 주와 열째 주는 마지막 심판을 나타내며, 열째 주가 끝나야 비로소 새 창조가 나타난다. 유대 시빌$^{Jewish\ Sibyl}$ 3권(652-660절)은 여러 나라가 연합하여 메시아의 나라를 공격하고 파괴하지만, 뒤이어 이 연합국들이 파괴당하고 하나님 나라가 시작한다고 제시한다. 이 두 묵시 문서가 나온 연대는 좀 분명하지 않으나, 몇몇 권위자들은 이 문서들을 기독교 이전 시대에 나온 것으로 본다.[1] 사람들은 이들과 똑같이 먼저 있을 메시아 나라와 마지막으로 등장할 나라를 구분하는 모습을 솔로몬의 시편에서도 찾아냈다. 솔로몬의 시편 17편과 18편을 보면, 메시아의 통치를 잠시 동안 존재할 것으로 묘사하는 것 같다. 이 문서 저자가 "그의(곧 메시아의) 날들"과 "그 날들"을 말할 뿐 아니라(17:32, 18:6), 그의(메시아의) 생애도 이야기하기 때문이다(17:37). 반면, 솔로몬의 시편 3:12은 부활하여 영생을 누릴 것을 이야기한다. 하지만 이 시 모음 속의 시들이 모두 한 저자가 쓴 시인가는 완전히 확실하지는 않다. 우리가 저자가 단일 저자임을 확신할 수만 있다면, 서로 다른 두 나라를 연이어 제시해 놓은 이 경우가 미래를 서로 다르게 둘로 나누어 서술해 놓은 것을 설명해주는 유일한 사례가 될 것이다. 만일 저자가 여러 사람이라면, 꼭 이런 결론을 내리지는 못할 것이다. 한 저자는 메시아 시대를 철저히 **일정한 시간 동안** 존속하는 시대로 볼 수 있지만, 다른 저자는 같은 시대를 영원히 존속하는 시대라고 생각할 수 있기 때문이다.[2] 기독교 시대로 내려오면, 슬라브 에녹서Slavic Enoch(에녹2서라고도 부르는 구약 위경 중 하나로 주후 1세기에 기록된 것으로 본다. 슬라브어로 기록되어 있다—역주)와 에스라묵시록 및 바룩묵시록이라는 두 큰 묵

---

1) Bousset, *Die Religion des Judentums*, p. 331, 주1이 그러하다.

2) 솔로몬의 시편 3편의 저자가 이런 구분을 하지 않았음은 물론이다. 그 저자는 메시아의 통치를 영원한 것으로 생각했을 수도 있고, 혹은 그가 생각하는 "영생"이 메시아와 무관한 것이었을 수도 있다. 우리가 그 저자와 솔로몬의 시편 17편과 18편의 저자를 같은 저자로 볼 때만 17편과 18편의 종말론도 그의 종말론이라고 인정할 수 있다.

시록에서 두 나라 개념을 만난다. 여기에서는 메시아의 통치가 일정 기간만 이어진다고 보면서, 그 햇수를 명확하게 확정하여 제시한다. 에스라4서 7:28 이하를 보면, 그리스도가 400년을 다스리셨다가, 이어 그가 이 땅에 있는 다른 모든 피조물과 함께 죽는다. 그런 뒤에 죽은 자들이 깨어나고 영원한 심판이 이뤄진다. 이와 비슷하게 12:34에서도 메시아의 통치가 세상이 끝나고 심판이 있는 날까지 이어진다고 말한다. 슬라브 에녹서와 바룩묵시록은 메시아 시대의 한정된 존속 기간과 세계사의 시대 체계를 연계한다. 바룩묵시록은 29장에서 메시아의 나라를 묘사한 뒤, 다음 장(30장)을 시작하는 절에서 메시아가 오실 시대가 다 차면, 그가 영광 중에 하늘로 돌아오실 것이며, 이 일이 메시아를 대망하며 잠든 이들의 부활을 알리는 신호가 될 것이라고 말한다. 41:3은 메시아의 통치를 "영원무궁하다"고 표현하지만, 이 말을 수식하는 절로서 "파괴당할 세상이 막을 내리고 위에서 말한 것들이 다 이루어질 때까지"라는 말이 곧바로 이어진다. 마지막으로 74:2은 메시아 시대가 잠시 있다 사라질 시대로서 영원한 시대 앞에 존재한다고 말한다.

근래 저자들은 이렇게 메시아의 나라를 잠시 있다 사라질 것으로 보는 개념이 나오게 된 이유는 상이한 성질을 가진 두 종말론 사상을, 곧 이스라엘의 운명을 중심으로 한 고대의 민족적-정치적, 현세적 종말론 체계와 후대에 우주의 변형과 현세를 뛰어넘는 차원에서 완전히 새로운 상태가 들어설 것을 내다본 초월적-우주적 종말론 체계를 절충했기 때문으로 봐야 한다고 주장했다. 얼핏 보면 이 두 체계와 관련된 여러 개념과 기대는 무질서한 덩어리, 서로 들어맞지도 않고 아무 관련도 없는 것들이 모인 복합체를 형성했다. 서로 조화를 이루지도 않고 이룰 수도 없는 아주 다양한 요소들이 서로 아주 가까이 놓여 있었는데, 에녹서와 희년서의 더 오랜 부분들이 그런 예였다. 혹은 종말론적 소망이 가진 이런 두 측면 가운데 오직 한 측면만 전면에 내세우고 다른 한 측면은 비록 이론 차원에서는 존재할 수 있음을 인정하면서도 실제로는 전면에 드러내지 않음으로써 겉모습만은 일관성을 지닌 모습으로 보존했다. 그리하여 에녹서 비유집과 열두 족장의 유언에서는 초월적이고 현세를 뛰어넘는 분위기가 압도하지만, 이 땅에 속하고 민족의 시각으로 바라보는 전망을 완전히 배제하지는 않는다. 반면 솔로몬의 시편과 모세 승천기 같은 기록들에서는 종말론 드라마가 주로 이 세상이라는 무대에서 시간의 제약을 받는 가운데 펼쳐지며, 이스라엘에 관심을 집중한다. 드물기는 하지만 슬라브 에녹서처럼 이 세상에 속하지 않은 정신이 아주 강하게 지배하여 이 정신과 다르고 더 낮은 차원에 속하는 이질적 요소들은 모두 배제하는 경우도 있긴 있다. 그러나 대다수 경우는 이런 모순들을 실제로 제거하지 않고 단지 어느 한쪽을 더 강조하는 식으로 강조점을 분산하여 그런 모순들을 감춰 놓았다. 이런 이유 때문에 결국은 더 체계 있는 시도를 통해 분명하고 실제에 맞는 질서를 세워 이런 혼란을 수습할 수밖에 없었다는 생각이 든다. 사람들은 다양한 요소(서로 조화를 이루지도 않고 이룰 수도 없는 두 체계에 속한 여러 요소—역주)를 잇달아 이어지는 두 시대에 골고루 배분하여 그런 혼란을 수습했다. 그리하여 이제 사람들은 더 오래된 민족적, 정치적, 현세적 소망들이 먼저 다 이루어지고 이어 이 소망들이 완전히 만족을 얻는 일이 있을 것이라고 믿게 되었다. 그러나 이 일은 그저 잠시 동안만 지속될 것이다. 이런 일이 다 이루어진 뒤에는 새로운 질서가 영원히, 우주 전체를 다스릴 것이며, 더 저열한 유형의 동기들이 침입해온다 해도 이 새 질서가 그 초월적 성격을 펼쳐가는 데 더 이상 방해받지 않을 것이다.

때로는, 부세트$^{\text{Wilhelm Bousset}}$의 주장에서 두드러지게 나타나듯이, 방금 묘사한 견해가 더 높은 차원의 유대교 종말론은 모두 구약의 토양을 바탕으로 유대 민족 안에서 자라난 것이 아니라 바벨론이라는(결국은 페르시아라는) 근원에서 수입해온 것이라는 가설과 결합하기도 한다. 하지만 이 특이한 가설이 아주 깊고 광범위한 결과를 낳긴 했어도, 이 가설이 그 이론의 본질은 결코 아니다.[3] 유대교 종말론의 특징인 이런 틈새와 이질성이 결국은 이런 부조화를 외부에서 침투한 영향 때문이자 유대 내부에서 이루어진 발전 때문이라고 생각하는 한 체계를 만들어냈을 것이다. 그러나 이와 상관없이 이 문제 자체를 통틀어 살펴보면, 이런 해결책이 매력은 있어 보여도 사실들에서 나왔다는 확신은 들지 않는다. 어떤 체계의 기원과 이후에 그 체계가 가질 수 있는 쓰임새가 늘 일치하지는 않는다. 정경의 예언이 나온 시대로 돌아가 보면, 두 모습이 함께 나타남을 본다. 한편으로는 메시아인 왕의 등장으로 말미암아 만물의 마지막 질서가 나타나지만, 다른 한편으로는 하나님이 몸소 등장하시고 개입하심으로 만물의 마지막 질서가 나타난다. 결국은 이렇게 일찍부터 메시아의 나라와 하나님 나라라는 두 개념이 나란히 등장하지만, 이 두 개념을 조화시켜보려는 어떤 시도도 하지 않는 셈이다. 따라서 이렇게 예언이 옛적부터 다양한 모습을 보인 것을 생각할 때, 굳이 바벨론과 페르시아에 의지하지 않고도, 혹은 묵시 문학가들이 세상에게 품었던 불만에서 이 모든 것이 비롯되었다고 설명하지 않고도, 두 나라가 연이어 나타나리라는 사상의 기원을 충분히 적절하게 설명할 수 있을 것으로 보인다. 일단 애초부터 이 문제를 이렇게 두 시각으로 바라보았음을 느끼면, 두 가지 형태의 미래 상태가 잇달아 이어지게 하는 것이 이 문제를 해결할 수 있는 가장 쉬운 길

---

[3] 이 이론은 기독교가 말하는 모든 구원 사상의 기초와 배경이 이방 종교에서 나왔다는 추론을 담고 있다. 묵시 문학의 종말론이 어디에서 유래했느냐를 묻는 질문은 결국 기독교가 이야기하는 독특한 구원론 요소의 선례가 있는지 묻는 질문으로 귀결된다. 구원론은 철저히 종말론에 의존하기 때문이다.

임을 인식하는 데 달리 깊은 통찰이 필요하지 않다. 미래에 두 상태가 잇달아 이어지는 경우, 순서상 첫 번째는 당연히 메시아의 나라일 것이며, 하나님 나라가 만물의 절대 완성으로서 그 뒤를 이을 것이다. 자신들이 좋아하는 생각이 구약 속으로 흘러들어온 이방 사상의 요소들에 의존하고 있다는 비판에 분노하는 천년왕국설 지지자들도 방금 제시한 근거를 내세워 자신들의 주장을 충분히 변호할 수 있다. 신약 성경이 초기 유대교 신학이 방금 말한 이론을 토대로 우리가 다루는 이 문제를 해결하려고 제시한 해결책에 동의하는지, 아니면 그 나름대로 다른 해결책을 내놓는지는 지금도 여전히 미해결 문제일 수 있다. 그러나 구약 성경이 하는 말이 아니라 이방 종교에 뿌리를 두고 있다는 비판을 천년왕국설에 가할 필요는 없겠다.

하지만 우리는 이런 구분의 기원일 수 있는 것과 세월이 흘러가면서 이런 구분이 갖게 된 쓰임새를 구별해야 한다.4) 먼저 등장할 메시아의 나라와 이어 등장할 하나님 나라를 구분하는 것 자체는 종말론의 색채나 분위기와 아무 관계가 없다. 앞서 살펴본 자료에서는 메시아 나라를 특별히 휘황찬란한 감각적 색깔로 묘사하지 않는다. 일부러 현실적인 소망과 꿈만 보존하면서 사람들이 느끼기에 더 현대적(근사한) 모습을 지닌 소망과 꿈은 들어설 여지를 남겨두지 않으려고 노력한 것 같다. 그런가 하면 마지막 상태를 묘사하면서, 그렇게 구성된 만물의 질서가 옛적에 사람들이 땅에(현세에) 매인 채 품었던 기대의 내용과 완전히 다르다는 인상을 전해주는 초감각적 언어로 묘사

---

4) 이 점을 가장 분명하게 볼 수 있는 것이 슬라브 에녹서일 것 같다. 부세트가 말하듯이, 슬라브 에녹서의 분위기는 대체로 초월적이지만, 그래도 (처음으로) 메시아의 나라를 천년 동안 이어질 나라로 본다.

하지도 않는다. 에녹서, 유대 시빌 3권의 유명한 구절들, 그리고 솔로몬의 시편도 일정 기간 있다가 사라질 메시아의 나라가 "천년왕국"이라는 말의 구체적 의미에 비춰 사람들이 보통 "천년왕국chiliastic"이라고 부르는 모습을 갖고 있다고 말하지 않는다. 이런 일은(즉 메시아의 나라가 천년왕국의 모습을 가졌다고 묘사함—역주) 큰 묵시록인 에스라묵시록과 바룩묵시록에서 처음 일어난다. 에스라4서 7:28은 하나님의 아들이신 그리스도가 나타나시면 "남은 자들에게 400년 동안 기쁨을 나누어주리라"고 말한다. 이와 똑같이 12:24도 땅에 남아 있는 자들이 "기쁨"을 누릴 것을 내다본다. 가장 전형적인 본문은 바룩묵시록 29:1-8이다: "메시아가 나타나시기 시작할 때, 베헤못^{Behemoth}과 리버(워)야탄^{Leviathan}(히브리어로 $liwey\bar{a}t\bar{a}n$이다. 성경에서는 바다 속에 사는 괴물, 혹은 뱀 모양에 머리가 여럿인 괴물로 등장한다—역주)도 나타나 남은 자들에게 음식으로 주어지리라. 땅은 산물을 만 배나 내고, 포도나무에는 천 가지가 있고, 각 가지마다 천 송이가 열리고, 각 송이마다 포도 천 알이 열리고, 각 포도마다 포도주를 일 코르(kor; 1코르는 약 400리터다—역주)나 내리라. 바람이 하나님에게서 나와 사람들에게 향기로운 열매의 향기를 전해주고 밤에는 구름이 치유하는 이슬을 내리리라. 하늘은 만나를 공급하여 내려주고 그들은 그 햇수들 동안에 그 만나를 먹으리니, 이는 그들이 그 세대의 마지막에 이르렀기 때문이라."5) 74:1도 독특하다: "이날에는 수확하는 자들이 애쓸 필요가 없을 것이요, 짓는 자들이 힘써 수고할 필요도 없을 것이니, 이는 일을 하는 자들이 많이 쉬며 일해도 모든 일이 저절로 이루어져 갈 것이기 때문이다." 우리

---

5) 이것은 사람들이 파피아스가 천년왕국의 상태를 묘사한 그의 유명한 글에서 빌려왔다고 믿는 본문에 있는 내용이며, 이레나이우스(Irenaeus, v, 33, 3)가 인용했다.

가 방금 살펴본 묵시 문헌이 묘사하는 마지막 상태는 아무리 이상적 형태라 곤 하지만 이 땅에 존재하는 상태에서 가장 멀리 떨어져 있는 것으로 보인다. 그러나 이 마지막 상태는 현세의 삶을 완성하는 것이 아니라, 현세의 삶을 사람들이 기대하는 초자연적 조(調)^{key}로 옮기는 것이다. 이런 영광과 보통 사람들이 생각하던 메시아적 희열이 조화를 이루지 못한다고 느끼면서 잇달아 이어지는 두 상태(메시아의 나라라는 상태와 하나님 나라라는 상태—역주)를 예리하게 구분하게 되었고, 결국 이 두 상태를 시간상 순서는 물론이요 서로 대립하는 성격 때문에도 예리하게 구분하게 되었음을 의심할 수 없다.

시간이라는 관점에서 보면 바울의 종말론은 천년왕국이 싹튼 더 오래된 문서들과 그 뒤에 이 천년왕국이 꽃을 피운 에스라4서 및 바룩묵시록 사이에 자리해 있다. 때문에 사람들이 이 문제를 다루면서 바울 사도(곧 바울 사도의 주장—역주)와 묵시 문헌이 대체로 전개하는 논지를 일치시키려는 시도를 했을지라도 놀랍지 않다. 학자들은 바울을 유대 문헌이 생각하는 것과 같이 일정 기간 있다 사라질 어떤 나라가 미래에 나타나리라고 가르친 사람으로 만들려고 애쓴다.[6] 그들은 바울이 이중 부활을 예상한다고 추정한다. 즉 어떤 부류에 속하는 죽은 자들이 주가 강림하실 때 부활하고 이어 죽은 자들

---

[6] Grimm, *Q. F. W. Th.*, 1873, pp. 380-411; Schmiedel in Holtzmann's *Handkommentar*² II, p. 196; Kabisch, *Die Paulinischen Vorstellungen von Auferstehung und Gericht und ihre Beziehung zur Jüdischen Apocalypse*, pp. 111-112; Bousset, *Die Religion des Judentums*², , p. 331. 근래 저자 가운데 바울 서신에는 천년왕국이 나오지 않는다고 주장하는 이들은 Titius, *Die Neutestamentliche Lehre von der Seligkeit* II, *Der Paulinismus*, p. 47; Charles, *A Critical History of the Doctrine of a Future Life in Israel, in Judaism, and in Christianity*, p. 386; Kennedy, *St. Paul's Conceptions of the Last Things*, pp. 322-324이다.

가운데 남은 자들이 만물의 마지막 때 부활할 것으로 예상하면서, 이 두 부활 사이에 그리스도의 영광스러운 잠정적 통치가 있으리라고 예상했다는 것이다. 그러나 이제 우리는 유대 묵시 문헌이 구체적 형태로 소개하는 이런 천년왕국 사상이 사실은 바울 서신도 얼추 지지한다고 볼 수 있는 유일한 형태이긴 하지만, 유대 묵시 문헌이 전개하는 교리와 특별히 일치하지는 않음을 알게 될 것이다. 오히려 이 천년왕국 사상은 에스라4서와 바룩묵시록에서 만나는 사상보다 더 발전한 형태를 제시하는 것 같다. 바울 서신에서는 두 나라(곧 메시아의 나라와 하나님 나라―역주)를 구분함이 두 부활을 구분하는 지점까지 나아간 것으로 보이기 때문이다. 위에서 말한 두 유대 묵시 문헌은 아직 부활을 구분하지 않으며, 부활을 우리에게 익숙한 자리인 마지막 심판 직전에 붙박아 놓았다. 결국 바울의 가르침은 이런 점에서 유대 묵시 문헌이 전개하는 교리와 연속성을 갖진 않고, 도리어 그 교리를 추월하고 뛰어넘어 나아간다. 물론 이런 현상을 특별히 기독교의 특징에 비추어 설명할 수 있다고 말하는 이들이 있을지 모르겠다. 즉 메시아가 이미 오셨고 중심이신 그분 안에서 부활이 이미 이루어진 사실이 된 이상, 이 근본적 부활(그리스도의 부활-예수)과 마지막 때 있을 부활 사이에 천년왕국을 미래에 있을 단계로서 끼워 넣는다면, 이런 중간 단계에서도 그 단계가 시작할 때에는 당연히 그 단계와 관련된 어떤 부활이 있으리라고 설명할 수 있지 않겠느냐는 것이다. 이런 식으로 설명한다면, 사람들이 보통 생각하는 체계에서 벗어난 설명이 안 겨주는 이상한 느낌을 적어도 어느 정도는 줄일 수 있을 것이다. 그리한다면 (바울과 유대 묵시 문헌의 생각이―역자 첨가) 주요한 점에서는 실제로 연관을 맺고 있다는 가설이 지지를 받을 수 있을 것이다.

하지만 우리는 바울 사도의 가르침 전체가 보여주는 흐름이 바울 서신에서 천년왕국 사상을 발견할 수 있다는 생각을 지지하지 않음을 인정해야 한다. 그가 종말의 사건들을 대체로 연관지어 놓은 모습을 보면 주의 강림과 신자의 부활이 심판과 결합해 있는데, 이때 오래 이어지는 중간기 단계를 일체 인정하지 않는다. 뿐만 아니라, 이보다 훨씬 더 중요한 것은 바울이 현재 그리스도인의 상태를 이상적이라 생각하며 아주 높은 차원에서 살아가는 상태로 인식하다보니, 현재 상태가 마지막에 완성될 영원한 나라라는 절대 상태보다 덜하지도 않고 못하지도 않은 상태가 곧바로 이어져도 될 만큼 훌륭한 상태로 보인다는 것이다.[7] 현재 상태에 뒤이어 완벽한 하늘의 삶에 조금 못 미치는 어떤 중간기 상태가 이어진다고 제시한다면, 이는 종말의 본질을 절정으로 보는 견해에 어긋날 것이다. 앞서 제시했듯이, 구원의 본질을 이야기할 때는 그리스도인의 상태와 마지막 날 및 장차 올 세상과 관련된 큰 문제들을 서로 연계한다. 이 점과 관련해 한 번 더 짚고 넘어가야 할 것은 각 그리스도인의 경우마다 이 땅에 있는 그리스도인의 상태는 본질상 절대적이고 영생과 관련이 있는 어떤 것을 내다본다는 점이다. 사람들이 가정하는 천년왕국 체제가 구체적으로 어떤 요소나 색깔로 채워질지 모르지만, 어쨌든 영생의 첫 열매를 맛보고 자란 사람에게는, 그 천년왕국 체제가 영생에는 미치지 못한다는 바로 그 이유 때문에 아무런 의미나 매력도 가지지 못한다.

이렇게 대충 살펴보았지만, 그래도 우리는 이 이론 지지자들이 이 이론

---

[7] 살전 1:10, 2:17, 3:13, 5:19, 23, 살후 1:10, 2:12, 13을 참고하라. 사실, 천년왕국 체계는 바울 사도의 가르침 전체와 모순되기 때문에, 일부 저술가들은 고전 15:4과 빌 3장이 천년왕국을 이야기하는 것 같은 모습을 보면서, 이를 후대 사람이 고전 15:4 본문을 뜯어고쳤음을 보여주는 명백한 증거로 해석하거나(Michelson, *Th. T.*, 1872, pp. 215-221과 Bruins, *ibid.*, pp. 381-415가 그렇다) 빌립보서 전체가 위작임을 보여주는 명백한 증거라고 해석한다(Hoekstra, *Th. T.*, 1815, 442-450이 그렇다).

의 기초라 믿고 있는 주해 결과를 검증해봐야 한다. 바울의 종말론의 전체 구조를 우리와 완전히 같은 견지에서 이해하면서도, 자신의 주해 결과를 근거로 삼아, 바울 사도가 미처 구분을 하지 못하여 자신의 전체 가르침과 성질이 다른 이런 가르침을 유대교에 몸담았던 그의 과거가 남긴 것으로 여기고 그의 사상 속에 담아둔 채 결국 그가 선포하는 복음에도 해를 끼치도록 놔두었다고 생각해야 할 것처럼 느끼는 이들이 없지 않다. 천년왕국을 발견할 수 있는 본문은 주로 넷인데, 고린도전서 15:23-28, 데살로니가전서 4:13-18, 데살로니가후서 1:5-12, 빌립보서 3:10-14이다. 이 네 본문을 차례로 살펴보겠다. 고린도전서(15장)가 천년왕국을 이야기한다고 해석하는 주장은 간단하게 다음과 같이 말해볼 수 있다. 이 견해 주장자들은 우선 22절이 하는 말, 곧 "아담 안에서 모든 사람이 죽는 것과 같이, 그리스도 안에서 모든 사람이 살게 되리라"에서 "모든 사람"을 아무 제한 없이 받아들여야 한다고 말한다. 모든 사람이 죽고, 모든 사람이 살게 될 것이다. 나아가 이런 견해를 주장하는 이들은 23절의 "οἱ τοῦ χριστοῦ"(호이 투 크리스투, "그리스도의 사람들")가 "πάντες"(판테스, "모든 사람," 22절)를 다 담아내지 못하기 때문에, 24절을 부활의 여러 단계 중 그 다음 단계를 이야기하는 구절로 보는 가정이 필요하다고 말한다. 따라서 이들은 "εἶτα τὸ τέλος"(에이타 토 텔로스, 24절)라는 말을 "그때에 마지막이 온다"는 뜻으로, 곧 부활의 마지막 단계를 뜻하는 말로 받아들인다. 또 이 견해 주장자들은 바울 사도가 23절에서 이렇게 잇달아 이어지는 두 단계가 "각각 자기 순서대로" 이어질 것으로 기록해 놓았다고 믿는다. 두 개 순서가 있는데, 첫 번째 순서는 그리스도가 강림하실 때 그리스도께 속한 자들이 부활함이요, 두 번째 순서는 부활의 마지막(남은 자들의 부활)이다. 이 마지막 부활이 있을 때에 그리스도가 그 나라를 하나님께, 곧 아버지께 들어 바치신다. 첫 번째 말에서는 이 첫 번째 행위가 일어날 때를 못 박아 두려고 "그가 강림하실 때"라는 말을 덧붙여 놓았다. 마찬가지로 두 번째 말에서도 두 번째 행위가 있을 때를 밝히고자 "그가 그 나라를 들어 바치실 때"라는 말을 덧붙여 놓았다.

그렇다면 첫 번째 부활은 그리스도가 강림하실 때 일어나고, 두 번째 부활은 그리스도가 그의 나라를 바치실 때 일어나는 셈이다. 물론 이것은 두 부활이 동시에 일어나지 않고, 짧든 길든 어느 정도 사이를 두고서 떨어져 있음과 관련이 있다. "ἀπαρχὴ χριστός"(아파르케 크리스토스, "첫 열매인 그리스도")와 "ἐν τῇ παρουσίᾳ αὐτοῦ"(엔 테 파루시아 아우투, "그가 강림하실 때") 사이에는 "ἔπειτα"(에페이타, "다음에는")가 나타내는 기간이 있다. 마찬가지로 바울은 "ἐν τῇ παρουσίᾳ"와 "τὸ τέλος"(토 텔로스, "마지막, 끝") 사이에도 일정한 간격을 두며 이를 εἶτα(에이타, "그 뒤에는")라는 말로 나타낸다. 이 견해 주장자들은 바울이 "τάγμα"(타그마, "순서")라는 말을 쓴 것—"각각 자기 순서대로"—을 보고, 부활 속에 서로 구분되지만 순서대로 잇달아 일어나는 두 부활 행위가 있다고 믿는다. 이렇게 나누어 말한다는 것은 한 순서^{tagma}뿐 아니라 더 많은 순서가 있음을 암시한다. 또 그리스도가 그의 부활 때 홀로 계시고, 그분 자신이 부활의 한 순서를 형성하시지는 못하기에, 그리스도 외에 두 순서가 틀림없이 존재하는 게 분명하다. 이 둘 가운데 하나는 그리스도가 오실 때 그리스도의 소유인 자들이 부활하는 순서요, 다른 하나는 마지막에 일으키심을 받는 자들이 부활하는 순서다. 이 견해 주장자들은 24절에 있는 두 번째 ὅταν(호탄, "때")이 신자들의 부활과 마지막 부활 사이에 흐르는 시간이 틀림없이 긴 시간임을 암시한다고 말한다(24절에는 ὅταν이 두 번 등장한다—역주). 첫 번째 ὅταν은 단순히 현재 가정법 형태로 마지막 부활이 일어날 때를 가리키면서, ὅταν παραδιδῷ τὴν βασιλείαν τῷ θεῷ("그 때에 그 나라를 하나님께 들어 바치신다")라고 말한다(παραδιδῷ는 "바치다, 넘기다"를 뜻하는 παραδίδωμι의 3인칭 단수 현재 능동태 가정법 형태다—역주). 두 번째 ὅταν은 부정과거 가정법 형태로 마지막 부활이 일어난 뒤의 기간을 가리키면서, ὅταν καταργήσῃ πᾶσαν ἀρχὴν("그 때에 그가 모든 통치를 멸하실 것이다")라고 말한다(καταργήσῃ는 "싹 쓸어 버리다"라는 뜻을 가진 καταργέω의 3인칭 단수 부정과거 능동태 가정법 형태다—역주). 결국 바울은 신자들의 부활과 신자가 아닌 다른 이들의 부활 사이에 일정 기간이 있으리라고 암시할 뿐 아니라, 이 기간을 특히 그 뒤에 이어질 하나님 나라와 구별하여 "그리스도의 나라"로 이해한다. 더욱이 바울은 이 부활과 부활 사이에 존재할 그리스도의 나라가 ἀρχαί(아르카이, "통치자들"), ἐξουσίαι(엑수시아이, "권세들"), δυνάμεις(뒤나메이스, "능력들")라 불리는 원수들을 점차 굴복시키는 것을 그 구체적 내용으로 갖게 될 것이라고 강조한다.

이제 이 견해가 제시한 주해가 우리 앞에 있다. 얼핏 보면 이 견해가 가장 인기 있고 신뢰할 만한 증거의 지지를 받는 것 같고 간명해 보인다는 것을 알 수 있다. 그러나 으레 그렇듯이, 난제는 표면 아래에 숨어 있다. 먼저 22절의 πάντες에서 끌어낸 논증부터 살펴보자. 이 πάντες를 "모든 사람"으로 이해하는 데는 극복할 수 없는 장애가 있다. ζωοποιεῖσθαι(조오포이에이스따이, "살게 하다, 생명을 주다"를 뜻하는 ζωοποιέω의 현재 중간/수동태 부정사다—역주), 곧 "살게 하는" 일이 그리스도 안에서(ἐν Χριστῷ) 일어난다고 제시하는 사실 때문이다. 이를 마지막에 있을 두 번째 부활에 어떻게 적용할 수 있을까? 이 견해는 우리에게 두 대답을 제시하지만, 바울의 가르침 전반을 살펴볼 때 이 두 가르침은 모두 받아들일 수 없다. 첫 번째 대답은 마이어 Heinrich August Wilhelm Meyer와 고데 Frédéric Louis Godet가 제시한 답이다. 이 두 사람은 "ἐν Χριστῷ"를 약한 의미로 보자고, 즉 실제로 이를 약한 의미로 해석하여 이 말을 신자들의 부활은 물론이요 잃어버린 자들의 부활에도 똑같이 적용하자고 제안한다. 그리하여 마이어는 문제가 된 이 문구가 이런 의미를 가진다고 해석한다: "역사 속에서 구속 사역이 마지막으로 완성될 때 죽음이 다시 제거되고 모든 것이 살게 될 근거와 이유가 **그리스도 안에** 있다." 또 고데는 이렇게 묻는다: "부활하여 정죄를 받을 사람들도 ἐν χριστῷ(그리스도 안에서) 부활하리라고 말하지 못할 이유가 있을까? … 일단 구주가 나타나시면, 복이든 화든 모든 이가 맞이할 운명은 그들과 그분의 관계에 달려 있다. 결국은 이 관계가 그들이 다시 생명으로 돌아갈지, 영광을 얻을지 아니면 정죄를 받을지 결정한다." 우리는 이 모든 내용이 "ἐν χριστῷ"라는 문구를 바울의 가르침과 완전히 다르게 해석한 데서 나온 결과라고 주장한다. 바울 서신에서 이 문구가 나타나는 곳을 보면, 이 문구는 늘 철저히 구원론적 의미를 나타내어 그리스도 안에 있음을 의미한다(하지만 반드시 "성령론적" 의미를 갖지는 않는다). 특별히 그리스도 안에서 살게 됨(ζωοποιεῖσθαι)은 반드시 성령이 중개하셔야 이루어진다. ἀποθνήσκειν ἐν τῷ Ἀδάμ(아담 안에서 죽음)이 아담과 죽은 모든 이들 사이에 실제로 연관관계가 있음을 암시하는 것과 마찬가지다. 따라서 이런 주장은 받아들일 수 없다. 이런 어려움을 해결하려는 두 번째 방법, 곧 그리스도께 속한 자들이 부활한 뒤에 다른 이들도 ἐν τῷ χριστῷ(그리스도 안에서) 부활하리라는 주장은 더 설득력이 없다. 이 주장은 대담하게도 바울 사도가 여기서 소위 절대 보편구원론에 속하는 "ἀποκατάστασις πάντων"(아포카타스타시스 판톤, "모든 이의 회복")을 믿는 믿음의 최고봉에 이르렀다고 추정한다. 두 번째 부활 때 부활할 사람들은 주가 강림하실 때 있었던 첫 번째 부활 때는 아직 "그리스도께 속하지" 않았지만 그 뒤 두 번째 부활이 있을 때까지 회심하여 구원을 안겨주는 부활의 주체가 된 사람들이다.[8] 하지만 이런 가설도,

---

8) 이것이 Grimm, *Z. W. Th.*, 1873, pp. 380-411과 Schmiedel, *Handkommentar*, II, p. 196 의 견해다.

마이어와 고데가 내놓은 주장 못지않게, 바울 사도가 다른 곳에서 아주 분명하게 제시하는 가르침으로서 우리가 진지하게 고려할 가치가 있는 내용과 아주 뚜렷이 일치하지 않는다. 악한 자들이 영원한 심판을 받으리라는 것은 바울의 초기 서신뿐 아니라 바로 이 고린도 서신과 후기 서신에서도 가르치는 내용이다. 때문에 설령 바울이 보편구원론 쪽으로 그 생각을 발전시켜 갔다 하더라도 방금 말한 차이점은 설명하기가 불가능하다. 28절에 있는 "ἵνα ᾖ ὁ θεὸς πάντα ἐν πᾶσιν"(하나님이 만유 안의 만유로 계시려 함이다)도 모든 인간과 초인간적 피조물의 최종 구원과 관련해 반드시 절대 보편구원론을 말하는 것으로 해석할 필요가 없다. 이 말은 24, 25절이 말하는 원수들을 완전히 파멸시켜 버릴 것을 이야기하는 것이기 때문이다. 이렇게 파멸당할 원수들 가운데 마지막으로 파멸당할 것이 죽음이다(26절을 보라—역주). 본문은 이 원수들을 "ἀρχαί"("통치자들"), ἐξουσίαι("권세들"), δυνάμεις("능력들"), θάνατος(따나토스, "죽음")이라 부른다. 이 원수들은 하나님이 "τὰ πάντα ἐν πᾶσιν"("만유 안에 만유")가 되실 때까지 훼방을 놓는다. 곧 이 원수들은 하나님이 완전한 승리를 거두시고 온 우주를 다스리시지 못하게 방해한다.[9] 세상에 있는 이 원수들의 힘이 완전히 부서진다고 해석하는 것이 이 말을 제대로 이해하는 것이다. 분명 사악한 사람들이 남아 있는 한 초인적 원수들의 힘은 완전히 부서지지 않은 것이라고 대답할 수 있다. 일부 사람들 가운데 도덕적 악이 존재한다면 그 힘이 계속 존재한다는 의미일 것이요, 따라서 ἐν πᾶσιν(엔 파신, "만유 안에")이 중성(中性)이고 모든 사람의 회심을 직접 긍정하는 말은 아니지만, 그래도 온 우주가 하나님께 무조건 복종하고 이 힘들이 완전히 파괴당하리

---

9) πᾶσιν은 십중팔구 중성이다: "만물 안에," 곧 "우주 안에."

라는 것(καταργεῖσθαι; "싹 쓸어버리다"라는 뜻을 가진 καταργέω의 현재 중간/수동태 부정사다—역주) 역시 에둘러 같은 결론을 뒷받침해주기 때문이다. 우리는 이 견해를 상대로 τὰ πάντα ἐν πᾶσιν이라는 말을 그 의미의 극단까지 밀어붙여 해석할 수 있다면 바울은 틀림없이 이 말을 이 영적 세력들도 회심하거나 완전히 제거당하리라는 의미로 전달하려 했을 것이라는 답변을 제시하겠다. 도덕적 악이 사람들 안에 계속 존재할 수 없다면, 아무리 절대 보편구원론이라도 그런 악이 인간 밖에 계속하여 존재하게 허용하는 것은 불가능하다. 하지만 바울 사도는 우리 앞에 놓인 본문에서 이런 마귀 세력들이 회심하거나 완전히 파멸당하리라는 것을 이야기하지도 않고 암시하지도 않는다. 그는 그저 그것들이 καταργεῖσθαι("완전히 파괴당하다") 하리라는 것만 강조한다. 대체로 보아 이 말은 결국 그것들이 존재하지 않게 되리라는 뜻이 아니라, 활동을 하지 못하게 되고 힘을 빼앗겨 "ἀεργὸν ποιεῖσθαι"(아에르곤 포이에이스따이, "그 기능을 하지 못하게 되다")라는 뜻이다.[10] 또 ὁ θάνατος("죽음")의 경우는 이것이 무슨 의미인지 일러주는 구체적 사례가 있다. 죽음은 그것이 더 이상 사람들을 죽이지 못하게 될 때 καταργεῖται(카타르게이타이; "싹 쓸어버리다"라는 뜻을 가진 καταργέω의 3인칭 단수 현재 중간/수동태 직설법 형태다—역주)한다("파멸 당한다."). 부활이 있은 뒤에는 죽음이 더 이상 사람들을 죽이지 못할 것이다. ὁ θάνατος가 단순히 사람에 빗대 쓴 말이 아니라 실제 존재하는 마귀의 힘 demon-power을 가리키며 "통치자들"과 "권세들"과 "능력들"로 나누어진 어떤 부류를 총칭하는 한 존재라고 가정한다면, 나아가 바로 그런 이유 때문에 죽음이 영원히 벌을 받게 된다고 가정한다면, 이 모든 내용에는 하나

---

10) 살후 2:8, 고전 1:28, 2:6, 히 2:14과 비교해보라.

님이 우주 안에서 만유 안에 만유가 되심과 모순되는 내용이 없을 것이다. 나아가 하나님이 인류 가운데 악한 자들도 영원한 멸망에 내어주신다고 한 번 더 가정한다면, 그런 악한 이들이 악을 계속 행함 역시 죽음이 파멸 당함이나 하나님이 만유 안에 만유가 되심과 전혀 모순되지 않는다.

우리가 이 두 제안을 받아들일 수 없다면, 22절의 "모든 사람이 살게 되리라"의 올바른 해석이 무엇인가가 여전히 문제로 남는다. 이 경우에도 사람들은 다시 두 가지 해석을 제시한다. 첫 번째 해석은 "아담 안에서"와 "그리스도 안에서"가 "모든 사람"을 수식한다고 생각한다. 찰스Robert Henry Charles는 22절 문언을 이루는 단어들의 위치가 그런 구성(해석)을 일러준다고 믿는다. 그는 22절을 이렇게 읽어야 한다고 본다: "아담 안에 있는 모든 사람이 죽는 것처럼, 그리스도 안에 있는 모든 사람이 살게 되리라." 이것도 가능한 견해다. 고린도전서 15:18("그리스도 안에서 잠든 자들도 망하였다"), 데살로니가전서 4:16("그리스도 안에서 죽은 자들이 먼저 일어나리라"), 골로새서 1:4("그리스도 예수 안에서 너희 믿음을your faith in Christ Jesus"),[1] 로마서 9:3("저주를 받아 그리스도에게서 끊어질지라도")과 비교하면 유사점을 볼 수 있기 때문이다. 이 견해는 22절 뒤에 이어지는 문맥 전체가 명백히 신자들의 부활만 다룬다고 본다. 물론 찰스는 바울이 오로지 신자들의 부활만 가르쳤다고 추론을 더 제시하지만, 이런 추론을 인정하지 않고도 22절을 이렇게 구성(해석)하면서 이 본문이 오로지 신자들의 부활만 이야기한다고 추론하는 것도 분명 가능하다. 하지만 두 번째 해석 방법이 있다. 이 방법을 따르면, 22절을 첫 번째 해석 방법과 똑같이 이해하면서도, 사람들이 더 흔히 취하는 구성 방식을 따라 "아담 안에서"와 "그리스도 안에서"를 해석할 수 있다. 이는 우리가 동사들을 가진 이 22절 문언을 해석할 때도 바울이 마음속으로 앞의 "모든"은 "아담 안에 있는 자들," 뒤의 "모든"은 "그리스도 안에 있는 자들"이라는 의미로 한정하여 사용했다고 얼마든지 생각할 수 있기 때문이다. 우리는 이것이 이 구절을 가장 그럴듯하게 해석한 것이라고 믿는다. 바울 사도가 말하고자 하는 것은 아담 안에서 죽음에는 예외가 없다는 것(물론 사실만 놓고 보면 이것이 실제로, 그의 가르침이었다)도 아니요, 그리스도 안에서 살게 되리라는 것에 예외가 없다는 것도, 다시 말해 살게 됨이라는 일이 어디서 벌어지든 모두 그리스도 안에서 이루어지리라는 것도 아니다. 오히려 그가 정말 강조하고자 하는 것은 "아담 안에서"와 "그리스도 안에서"로 묘사한 이 두 과정의 범위 속에는 다양한 활동이 존재하지 않는다는 것이다. 다시 말해 바울이 여기서 강조하는 것은 율법이 보편성을 가진다는 게 아니라, 율법이 그 활동 범위 안에서 일하는 방식이 보편성을 갖는다는 것이다. 22절은 21절의 의미를 분명히 밝히는 데 도움을 주는데, 21절에서 말하는 요점은 죽음과 부활이 한 사람을 통해 일어난다는 것이다. 그러다 결국 23절에서는 "πάντες"(판테스, "모든 사람") 자체가 아니라 "아담 안에서" 및 "그리스도 안에서"와 결합한 "πάντες"가 아담 밖에서 죽음이 없듯이 그리스도를 떠나서 되살림이 없음을 강조하는 셈이다. 어쨌든 이런 내용은 밑도 끝도 없는 절대 보편구원론과 아무 상관이 없다.

그 다음에 제시했던 논점은 바울이 쓴 "τάγμα"(타그마, "순서")와 관련이 있었다. 사람들은 이 말이 부활에는 두 단계가 있으며 그 둘은 서로 일정한 간격을 두고 떨어져 있음을 암시한다고 주장한다. "tagma"의 주된 의미(곧 "순서"—역주)를 강조하면 그런 결론을 내릴 수밖에 없음을 인정해야 할 것이다. 이 말은 주로 "구분(부대)," "집단," "그룹"을 가리키며, 주로 군사 전술 용어로 사용한다. 그렇다면 "각각 자기 순서대로"(23절; 헬라어 본문은 ἐν τῷ ἰδίῳ τάγματι다—역주)는 일으키심을 받을(부활할) 그룹이 적어도 둘이 있음을 암시하는 말일 것이다. 여기서 사람들은 바울 사도가 그리스도 자신을 한 순서(타그마)를 이루는 분으로 여겼을 리는 없다는 말을 덧붙인다. 결국 23절이 말하는 "구분들"(23절은 τάγμα의 복수형인 τάγματα의 여격 τάγματι를 사용했다—역주)은 그리스도와 떨어져 따로 한 쌍을 이루어 존재하는 것으로 계산해야 한다. 다시 말해 그리스도의 부활에 뒤이어 틀림없이 두 부활이 더 있으며 이 두 부활 사이에는 일정한 간격이 있을 수밖에 없다. 이 견해는 23절의 ἕκαστος(헤카스토스, "각각")라는 말이 그리스도를 포함하지 않으며 다만 22절이 말하는 "모든 사람"만 가리킬 뿐이라고 본다. 아울러 이 "모든 사람"은 "그리스도 안에서" 살게 될 것이요, 따라서 "그리스도 안에서" 살게 되리라는 말을 그리스도 자신에게는 적용할 수 없을 거라고 말한다.

우리는 이런 주장이 타당하지 않다고 보기 때문에 23절의 ἕκαστος가 아우르는 범위에서 그리스도를 제외하기는 불가능하다고 주장한다. 그리스도는 ἀπαρχή(아파르케, "첫 열매")이시다. 이 ἀπαρχή는 ἔπειτα(에페이타, "다음에는") 와 결합해 있다. 바울이 부활 순서상 그리스도의 위치가 어디인가를 분명하게 정하여 밝힐 생각을 하지 않았다고 가정할 경우에는 그가 그리스도에게 "첫 열매인 그리스도"라는 말을 써야 했던 이유를 설득력 있게 제시할 수 없다. 반면, 그리스도 자신이 한 타그마(순서)를 이룬다고 가정하면, 바울이 여기서 그리스도의 부활을 소개하는 이유가 이내 분명하게 드러난다. 십중팔구는 당시 바울 사도의 부활 교리에 반대하는 이들이 신자들의 부활은 그들이 죽은 뒤에 곧바로, 그러니까 적어도 그리스도의 죽음과 부활 사이의 시간보다 더 짧은 간격을 두고 일어난다고 주장하는 상황이 있었던 것 같다. "각각 자기 순서대로"라는 말은 사도가 그런 주장에 제시한 대답으로 볼 수 있다. 그리스도가 먼저 부활하신다. 그가 모든 과정의 근원인 ἀπαρχή이시다. 따라서 그의 부활은 그의 죽음 뒤에 지체 없이 이어져야 했다. 하지만 다른 이들의 부활은 당연히 그가 오실 때까지 미뤄질 수밖에 없다. 그가 ἀπαρχή이시기 때문이다. 우리가 보기에 바울 사도는 tagma라는 말을 이 말의 주된 의미인 군사상 의미를 강조할 목적으로 사용한 것 같지는 않다. ἀπαρχή는 그것과 완전히 다른 비유 표현 영역, 곧 첫 열매와 수확이라는 영역에 속하기 때문이다. tagma의 용례에서 ἀπαρχή와 유일하게 비교 가능한 의미가 있다면 일의 발생 차례를 뜻하는 순서라는 의미다. 여기서 tagma를 그렇게 이해하면 그리스도 자신이 tagma를 이루실 수는 없다는 난점에서 끌어낸 주장도 해결할 수 있다. tagma의 주된 의미인 "부대," "집단"이라는 의미를 고수하면서도 이 말이 가리키는 대상에 그리스도를 포함하는 것은, 마치 그리스도 자신이 말 그대로 한 부대를 이루시고 그 자신의 힘으로 말미암아 그가 홀로 완전히 한 부대를 이루신다고 주장하는 경우처럼, 이 말이 가진 군사적 의미를 힘주어 강조할 때에나 가능할 것이다. 이렇게 보면, 그리스도가 종말론적 과정에서 행하시는 역할과 어울릴 수 있고, 그를 결국 모든 원수를 정복할 분으로 제시하는 것과도 들어맞을지 모른다. 그러나 이미 보았듯이, 이런 견해는 본문이 그리스도를 ἀρχηγός(아르케고스, "지도자, 통치자, 창시자")나 이와 비슷한 말이 아니라 ἀπαρχή("첫 열매")로 규정해 놓았다는 사실이 지지하지 않는다. 또 그런 견해는 다른 tagma를 형성하는 이들의 경우에도 들어맞지 않는다. 신자들은 부활할 때 군인이라는 자격으로 등장하지 않기 때문이다.

결국 tagma에 "순서," "순위"라는 의미를 부여하고 그리스도가 첫 번째 tagma로 나타나신다면, 그리스도의 tagma와 신자들의 tagma 외에 또 다른 tagma가 틀림없이 더 있다고 추론해야 할 필요성도 모두 사라지고, 여기서 그 다른 해석의 결과로 말미암아 이중 부활 교리, 곧 먼저 한 부활이 있고 천년왕국 뒤에 또 다른 부활이 있다는 교리를 발견해야 할 필요성도 모두 사라지고 만다.

24절 첫머리에 나오는 εἶτα(에이타, "그 뒤에는")는 그리스도의 강림과 "마지막" 사이에 상당한 간격이 있음을 증명한다는 주장은 생각해볼 게 많다. 여기서 바울 사도가 그런 사상을 표현하려 했다면, εἶτα가 그 목적에 완전히 부합하는 말이었으리라는 점을 인정해야 한다. 하지만 또 다른 견해, 곧 바울이 여기서 길게 이어지는 어떤 간격을 생각하지 않고 단순히 순서만 강조하려 한다고 보는 견해를 따르면, εἶτα가 설 자리를 잃고 만다는 견해는 참이 아니다.[11] εἶτα는 τότε와 마찬가지로 사건들이 줄지어 끊임없이 되풀이되는 것을 표현할 때 사용할 수 있다. 이는 고린도전서 15:5, 6, 7 및 요한복음 13: 4, 5과 비교해보면 확인할 수 있다. 물론 적어도 논리만 놓고 생각해보면 짧은 간격이 있으리라고 생각해야 한다: 엄밀히 시간 순서를 놓고 이야기한다면, "τὸ τέλος"는 οἱ τοῦ χριστοῦ(호이 투 크리스투, "그리스도께 속한 자들")가 부활한 뒤에 온다. 그러나 그것이 매끄럽게 다듬은 천년이 끼어들 문을 열어주지는 않는다.

"τὸ τέλος"라는 절대 문구는 이 말이 "부활의 끝"을 의미할 수 있으며 아예 틀림없이 그 끝을 의미한다고 보는 견해를 지지하지 않는다. "τὸ τέλος"는 단순하긴 해도 그 말에 담긴 절대성 때문에 "부활의 끝"이 감당하기에는 아주 버거운 말이다. "τὸ τέλος"는 "부활의 끝"보다 더 절대적 의미를 요구한다. "τὸ τέλος"를 현세의 끝으로 해석하는 것도 받아들일 수 없다. 그렇게 해석하면 "τὸ τέλος"가 주의 강림과 일치하게 되는데, 본문은 εἶτα(에이타, "그 뒤에는")

---

11) Titius, *Der Paulinismus unter dem Gesichtspunkt der Seligkeit*, p. 47은 바울이 길게 이어지는 어떤 간격을 언급하려 했다면 ἔπειτα(에페이타)를 반복하여 썼어야 했다고 주장하지만, 문법을 유추해 봐도 이 주장이 옳음을 증명할 수 없다.

를 사용하여 "그 끝"을 주의 강림 뒤에 이어지는 한 단계로 제시하기 때문이다. 우리는 이 "τὸ τέλος"를 엄밀하게 목적론적 의미로 해석하여 "목표," 곧 전체 구속 과정이 향하여 나아가는 목표 지점으로 받아들이든지, 아니면 이 말을 시간의 요소도 담고 있는 것으로 보아 커다란 종말론적 피날레의 마침으로, 곧 현세에서 다음 세대로 이어주는 것으로 받아들이든지, 둘 중 하나를 선택해야 한다. ὅταν(호탄, "그 때에")이 가진 시간의 의미와 이 ὅταν이라는 접속사로 시작하는 절들[2]은 두 번째 해석을 지지하는 것 같다. 말하자면 이 "telos"의 구체적 내용을 이루는 것은 그리스도가 아버지 하나님께 왕의 지위를 넘겨드림이다. 이 "넘겨드림"은 원수들을 굴복시키는 종말론적 과정이 정점에서 드러내는 결과일 뿐이다. 두 번째 ὅταν도 아버지께 왕권을 넘겨드리는 일이 이 모든 원수가 굴복한 뒤에 일어난다고 묘사한다. 우리가 이 telos를 이런 의미로 보아 그리스도의 종말론적 통치가 완성되는 지점으로 받아들이면, 이 말 속에서는 더 이상 천년왕국을 지지하는 증거를 찾을 수 없다. 물론 telos가 "부활의 끝"을 의미한다고 받아들인다면, 천년왕국이라는 의미가 들어 있을 것이다.

하지만 바울이 신자들이 부활한 뒤에 막을 내릴 이 그리스도의 종말론적 통치가 어디서 시작한다고 보는가라는 문제는 여전히 남는다. εἶτα(에이타, "그 뒤에는")는 그 자체만 놓고 보면 시간 간격이 있음을 의미할 수도 있고 간격이 없음을 의미할 수도 있지만, 이 본문에서 이 εἶτα를 어떻게 이해할 것인가는 방금 제시한 문제의 답이 무엇인가에 달려 있다. 만일 바울이 이 그리스도의 통치가 주의 강림 때 시작한다고 본다면, 주의 강림과 telos 사이에는 분명 어떤 기간이 존재한다. 만물의 시작과 끝은 오로지 시간으로만 구분할 수 있기 때문이다. 이와 달리, 그리스도의 통치가 주가 강림하시기 전에 시작한 것으로 본다면, telos는 주의 강림과 가깝게 결합하여 강림 뒤에 곧바로 이어질 수 있다. 여기서 두 번째 ὅταν절이 우리가 결정을 내리게 도와줄지도 모르겠다. 이는 그리스도가 이 본문이 열거하는 여러 힘들을 완전히 쓸어 버리신 뒤에 당신 나라를 아버지께 넘겨드리리라는 것을 강조한다. 결국 이 문제는 이런 물음으로 귀결된다: 그리스도가 적대 세력에 맞서 전쟁을 벌이시고 승리를 거두시는 일을 주가 강림하시기 전에는 일어나지 않을 일로 생각하게 만드는 무언가가 이 적대 세력과 그들의 굴복을 말하는 개념 속에 존재하는가? 분명 이 정복은 일정 기간 동안 이어진다는 본질을 갖고 있다. 이는 ἄχρις οὗ(아크리스 후, "…할 때까지," 25절)[3]와 "마지막 원수"라는 말의 "마지막"이 암시한다. 그러나 문제는 이 기간이 어디서 시작하는 것으로 볼 것인가다. 주의 강림 때 시작한다고 볼 것인가 아니면 그보다 더 앞선 시점에 시작한다고 볼 것인가? ὅταν(호탄, "그 때에")은 과거를 돌아보는 말인데, 본문에서는 어느 지점까지 돌아보는지 확실치 않다. 우리가 오로지 말할 수 있는 것은 이 본문 자체가 하는 말이나 바울의 전체 가르침을 볼 때 이 종말론적 정복 기간이 구주의 죽음과 부활에서 시작한다고 보더라도 거리낄 게 전혀 없다는 것이다. 바울은 우리가 방금 열거한 이 사건들(곧 예수 그리스도의 죽음과 부활—역주)을 종말론의 관점에서 바라본다. 그는 골로새서 2:15에서 ἀρχαί(아르카이, "통치자들")와 ἐξουσίαι(엑수시아이, "권세들")를 정복하는 일이 원리상 그리스도의 십자가에서 이루어졌다고 말한다. 또 그는 로마서 8:38, 39에서 이제 그리스도가 죽음과 생명과 통치자들과 권세들을 다스리고 통제하시게 되었으니 어떤 것도 그리스도인을 그리스도 안에서 나타난 하나님의 사랑에서 끊을 수 없다고 딱 잘라 말한다.

그러나 이 두 번째 ὅταν절(곧 ὅταν καταργήσῃ πᾶσαν ἀρχήν, "그 때에 그가 모든 통치를 멸하실 것이다"—역주)은 어느 견해와도 들어맞는 말이다. 하지만 이 절을 26절이 하는 말과 연계하여 살펴보면, 이 두 번째 ὅταν절이 그리스도의 나라가 그리스도의 강림 때보다 더 앞서 시작한다는 견해를 지지한다는 것을 확실히 느낄 것이다. 파멸당하는 마지막 원수는 죽음이다. 다른 원수들을 정복함, 그리고 결국 이 정복을 통해 이루어지는 그리스도의 통치는 죽음을 정복하는 일보다 앞서 이루어진다. 이제 바울은 죽음을 정복하는 일이 그리스도의 강림 및 신자들의 부활과 동시에 이루어진다고 본다. 고린도전서 15:50-58을 보면, 죽은 자들이 썩지 않을 몸으로 부활하고 살아 있는 자들이 변화될 때(23절은 이런 일이 그리스도의 강림 때 일어난다고 말한다), 그리스도의 승리가 죽음을 삼켜 버린다. 더욱이 이 구체적 논증과 별개로, 50-58절을 토대로 더 일반적 논증을 제시해볼 수 있다. 이 50-58절에서는 의인의 부활과 다름 아닌 마지막 "끝"이 함께 일어난다고 암시하기 때문이다. 여기서 바울 사도는 시종일관 절대 완성이라는 관점에서 이야기한다. 50절은 죽은 의인들이 일으키심을 받을 바로 그때(부활할 때)가 그들이 "하나님 나라"를 유업으로 받을 때라고 말한다. 여기서 바울 사도가 "그리스도의 나라"라 말하지 않고 "하나님 나라"라고 말함을 주목하기 바란다. 24-28절을 천년왕국 관점에서 주해하는 견해에 따르면, 사도는 여기서 "하나님 나라"라 말하지 않고 "그리스도의 나라"라고 말했어야 한다. 천년왕국 관점을 따르는 주해에서는 바울이 그리스도의 나라와 하나님 나라를 구분하며, 그리스도의 나라는 그의 강림 때부터 "마지막"까지 이어지지만 하나님 나라는 "마지막"이 임할 때까지 아직 시작하지 않는 것으로 본다고 이해하기 때문이다. 50절은 하나님 나라가 그리스도의 강림 및 의인의 부활과 함께 시작함을 증명해준다. 그렇다면 시간 순서상 그리스도의 나라와 하나님 나라를 구분할 경우, 그리스도의 나라는 그리스도의 강림 전에 존재해야 한다. 앞서 말했지만, 그리스도의 나라는 그리스도 자신의 부활과 함께 시작한다. 이런 결론 역시 그리스도의 κυριότης(퀴리오테스, "통치권, 주님이심")와 그리스도의 βασιλεία(바실레이아, "나라")를 같다고 본 결과다. κυριότης가 구주의 부활과 함께 시작하기 때문에, 그리스도의 βασιλεία가 그보다 더 뒤에 시작하는 것은 불가능하다. 빌립보서 2:9-11은 고린도전서 15:24-28이 그리스도가 왕으로서 다스리심과 연계했던 바로 그것(즉 그리스도를 대적하는 원수를 비롯하여 모든 통치자와 권세가 그리스도 앞에 무릎을 꿇음—역주)을 그리스도가 κυριότης로 높이 올림을 받으신 일과 연계한다. 그리스도인의 부활 때 울려 퍼질 나팔은 "마지막 나팔"이며, 이는 더 이상 위기가 없으리라는 것을 알려준다. 바울 사도는 다른 곳에서도 신자의 부활과 살아 있는 자들의 변화 그리고 세상 심판을 함께 결합한다.[12] 마지막으로, 바울은 κτίσις(크티시스, "피조물")가 새로워지는 일이 성도들의 부활과 함께 일어나리라고 예상한다.[13] 피조물이 썩음에 종노릇하는 처지에서 구원을 받아 하나님의 자녀가 누리는 영광의 자유에 이를 때, 이것 자체가 틀림없이 만물의 완성일 것이요, 원수들의 또 다른 대적 행위도 없을 것이며, 그들의 대적 행위는 결국 굴복(복종)으로 귀결될 수밖에 없을 것이다.

사람들이 보통 천년왕국을 암시하는 본문으로 더 인용하는 두 본문이 데살로니가전서 4:13-18과 데살로니가후서 1:5-12이다. 데살로니가전서 4:13-18을 근거로 삼은 주장은 이 본문이 직접 말하는 내용에서 끌어낸 주장이라기보다, 천년왕국 개념을 이 본문 주해 속에 집어넣지 않으면 이 본문의 의미가 전혀 분명하지 않지만, 천년왕국이라는 요인을 고려하면 곧바로 본문의 의미가 분명해진다는 관찰 결과를 그 바탕으로 삼은 것이다. 이 견해는 데살로니가 사람들이 그들이 속한 교회가 형성된 뒤 그들 가운데에서 죽은 자들

---

12) 살전 2:19, 살후 1:7, 고전 1:7, 8, 딤후 4:1과 비교해보라.
13) 롬 8:18-22과 비교해보라.

이 주가 오실 때 과연 부활할지 의심했던 것으로 보인다고 주장한다. 그러나 이 견해는 더 나아가 데살로니가 사람들이 성도들의 마지막 부활 자체를 몰랐거나 이 마지막 부활을 믿지 않는 자들이었을 리 없다고 주장한다. 이 마지막 부활 교리는 바울이 전한 복음에서 중심이자 두드러진 위치를 차지하고 있었으며, 바울도 이 교리를 데살로니가 사람들에게 힘주어 설교했을 수밖에 없기 때문이다. 그들이 이런 교리를 모르거나 받아들이지 않았다면 그리스도인이 될 수 없었을 것이다. 우리가 이런 상황을 분명히 알고 이해할 수 있으려면, 이런 의심 내지 불신이 신자 전체의 부활과 관련이 있다고 이해할 게 아니라, 이미 세상을 떠난 성도들이 그리스도가 강림하실 때에 부활하여 주가 오실 때 살아 있는 자로 발견될 이들과 함께 일정 기간 존속할 그리스도의 나라에 참여할 수 있을 것인가, 아니면 그 성도들이 그들의 부활과 영광을 얻으려면 그리스도의 나라가 끝날 때까지 기다려야 하는가라는 문제와 관련이 있다고 이해해야 한다. 그들이 문제 삼은 것은 부활이 있느냐 없느냐가 아니라, 부활이 빨리 있을 것이냐 아니면 더디 이뤄질 것이냐였다. 빨리 이뤄진다는 것은 천년왕국의 복된 상태에 참여할 수 있다는 의미였고, 더디 이뤄진다는 것은 참여하지 못한다는 의미였다. 이 견해는 이와 달리 생각하기가 불가능할 뿐 아니라 바울이 이 난제를 해결하는 방식을 봐도 방금 말한 내용이 실제 상황이었다고 주장한다. 바울은 고린도전서 15장에서 그랬던 것처럼 죽은 자들이 부활하리라는 것을 일반론으로서 강조하지 않고, "잠든 자들도 하나님이 예수를 통해 예수와 함께 데려오실 것이다"(살전 4:14)라고 말한다. 또 "살아 있고 주가 오실 때까지 남겨진 우리는 잠든 자들보다 결코 앞서지 않을 것이다"(살전 4:15)라고 말한다. 이 견해는 여기서 "앞서다"라는 뜻을 가진 동사 φθάνειν(프따네인)을 쓴 것을 데살로니가의 문제가 단순히 앞섬이라는 문제였음을 일러주는 증거로 받아들인다. 바울은 데살로니가 사람들이 상상하던 특별한 형태의 앞섬을 부인한다. 신자들의 경우에는 일정 기간 존속할 메시아의 나라에 참여함에 더 늦음이나 더 빠름이 없을 것이며, 산 자와 죽은 자 사이에도 차별이 없을 것이다. 하나님은 예수가 오실 때 모든 이를 예수와 함께 데려오실 것이다. 그러나 바울은 이런 점(즉 신자들 사이에 늦음과 빠름이 있고 산 자와 죽은 자 사이에 차별이 있으리라는 생각—역주)을 부인하면서도, 이런 점을 부인하는 바로 그 행위를 하면서도, 부활에 관한 일반 체계가 사람들이 이런 점에 의문("과연 늦음과 빠름의 차이가 없고 산 자와 죽은 자 사이에 차별이 없을까?"라는 의문—역주)을 품을 가능성을 남겨 놓았음을 암시한다. 우리가 그냥 생각해봐도 앞섬이란 것이 있으면, 그 뒤에 이어지는 단계들이 있기 마련이다. 그렇다면 분명 두 번에 걸쳐 부활이 있을 것이며, 한 번은 그리스도가 강림하실 때에 이루어지고, 다른 한 번은 그리스도의 천년 통치가 끝날 때에 있으리라는 생각도 할 법하다. 바울 사도도 데살로니가 사람들에게 그들 중 죽은 자들이 성도들과 그리스도의 첫 번째 만남에 참여하리라는 것을 사실상 확인해주는데, 이는 분명 그 뒤 어느 시점에 두 번째 만남이 있으리라는 것을 전제하는 말이다.

여기 데살로니가 서신에서 바울이 제시하는 주장이 고린도전서 15장의 경우보다 훨씬 더 그럴듯하고 설득력 있어 보인다는 것만큼은 우리도 인정해야 한다. 그러나 이 데살로니가 서신 본문이 실제로 하는 말을 더 꼼꼼히 살펴보면, 오히려 문제가 상당히 더 복잡하고 모호해진다. 우선 데살로니가 사람들이 바울의 설교가 있은 뒤에는 죽은 성도들이 모두 부활할 것을 의심했을 리 없다고 지레 $^{a\ priori}$ 단정해 버리면 더 이상 어떤 논의도 불가능하다는 점을 알아야 한다. 바울은 고린도 교회에게도 부활을 설교했지만, 그 교회의 일부 지체는 여전히 바울이 가르친 교리를 믿지 않았다. 데살로니가 사람 중에도 믿지 않은 이들이 있었다면, 그들의 의심은 분명 색깔이 다소 달랐을 것이며, 고린도 사람들이 품었던 의심보다 더 순진하고 덜 이론적이었을 것이다. 그렇지 않았다면, 바울은 고린도전서 15장에서 그랬던 것처럼 데살로니가 사람들이 품은 의심에도 체계 있게 대응했을 것이다. 그러나 고린도 사람들은 바울이 분명하게 설명했는데도 이론에 치우친 생각을 하다가 회의에 빠졌던 경우라 한다면, 데살로니가 사람들은 믿지 않는 이교도가 품는 의문처럼 좀 더 원시적이거나 본능적인 의문을 품는 바람에 바울 복음의 이 부분을 받아들이지 않았을 수도 있으며, 당연히 그들의 의문 제기는 더 솔직했을 수도 있다. 바울이 데살로니가 사람들을 비판하지 않고 그저 위로하며 다시 확신을 심어준 것도 그런 이유 때문이다. 실제로 증명되지는 않았지만, 데살로니가 사람들 가운데에는 그리스도가 강림하실 때 살아서 발견되는 자들만이 최후의 영광을 누리리라고 믿으면서, 죽은 자들은 그리스도의 강림 때는 물론 그 뒤에도 그 몸과 영혼이 아무것도 기대하지 못한다고 예상한 이들, 다시 말해 죽은 자들을 판단할 때는 이교도의 판단을 따르면서도 그리스도가 강림하실 때 몸으로 살아서 발견될 자들을 판단할 때는 그리스도인의 견해를 받아들이는 이들이 있었을 수 있다.

그러나 가장 중요한 질문은 바로 이것이다: 이 본문 자체가 암시하는 것은 무엇인가? 바울 사도가 여기서 다루는 주제를 소개하는 말을 보면, 분명 데살로니가 사람들은 그들 가운데 죽은 자들이 그리스도가 강림하시고 이어 그리스도의 통치가 있은 뒤 어느 시점에 부활하리라는 것을 상당히 실망스럽다거나 상당히 위로를 주는 일로 여기지 않았던 것 같다. 데살로니가전서 4:13은 이 서신을 읽는 자들이 그들 가운데 죽은 자들을 놓고 소망이 없는 이교도처럼 슬퍼했음을 암시한다. 여기서 사람들은 이것을 꼭 데살로니가 사람들이 이교도가 슬퍼하곤 하는 것과 똑같은 이유로 슬퍼했다는 의미로 받아들여야 하는지, 아니면 단지 그들이 이방인과 똑같이 지나치게 슬퍼하긴 했지만 슬퍼하는 이유는 달랐다는 의미로 받아들이는 것이, 다시 말해 이방인은 사후 상태에 대한 소망이 전혀 없기에 슬퍼하지만 데살로니가 사람들은 그들 가운데 죽은 자들이 (일정 기간만 존속할) 그리스도의 메시아적 통치 뒤에도 되살아나지 못하여 그 전에 되살아났다면 누렸을 즐거움이 아무 소망 없이 과거지사가 되어 버릴까 봐 슬퍼했다는 의미로 받아들이는 것이 이 본문을 바로 해석하는 것일지, 물음을 제기했다. 사람들은 바울이 데살로니가 사람들의 경우와 λοιποί(로이포이, "다른 사람들, 나머지 사람들")의 경우를 구분한다고 주장했다. λοιποί는 οἱ μὴ ἔχοντες ἐλπίδα(호이 메 에콘테스 엘피다, "소망을 갖지 않은 사람들")이다. 결국 바울은 부활에 관한 한 데살로니가 사람들을 불신자와 동일시하지 않는다. 데살로니가 사람들은 다만 슬퍼하는 방식이나 지나치게 슬퍼한다는 점에서만 이교도와 같은 모습을 보였을 뿐, 슬퍼하는 이유는 서로 달랐다. 하지만 이런 주장은 분명 바울이 독자들을 염두에 두고 쓴 말인 ἐλπίδα ἔχειν(엘피다 에케인, "소망을 갖다")이 그들의 주관적 의식 속에 자리한 "소망을 가짐"이 아니라 바울의 객관적 확신 속에 자리한 "소망을 가짐"임을 간과한다. 바울 사도가 말하려는 것은 "너희도 너희가 소망을 가졌음을 아니, 슬퍼할 필요가 없다"는 게 아니다. 그가 하려는 말은 "나는 너희에게 소망이 있음을 아니, 너희는 슬퍼할 필요가 없다"는 것이다. 따라서 이 말은 우리가 어떻게든 데살로니가 사람들의 주관적 심리 상태를, 곧 데살로니가 사람들이 그리스도가 강림하실 때 그들 가운데 죽은 자들이 부활할 것을 의심했는지 아니면 그 죽은 자들이 어쨌든 어느 때라도 부활하리라는 것을 의심했는지 밝혀내게 도와주는 말이 아니다. 하지만 우리가 보기엔 다음과 같은 내용이 대단히 중요한 것 같다. (1) (데살로니가전서 4:13에서—역주) οἱ λοιποί 앞에 καί가 있다는 것은 데살로니가 사람들 자신이 생각하기에도 그들 역시 소망이 없는 사람들에 속해 있었음을 암시한다. 단순히 슬퍼하는 모양이나 정도를 놓고 데살로니가 사람들과 이방인을 비교한 것이었다면, 바울은 καθὼς οἱ λοιποί(카또스 호이 로이포이, "다른 사람들과 마찬가지로")라고 썼을 것이다. (2) 바울이 14절에서 스스로 설명하는 내용을 보면, 그가 데살로니가 사람들의 주관적 심리 상태를 어떻게 이해했는지 드러난다. 이 구절에서는 실제로 바울이 이중(두 가지) 확신을 심어주고 있음을 주목해야 한다: (a) κοιμηθέντες(코이메펜테스, "잠든 자들")가 부활할 것이다. (b) 예수가 강림하실 때 하나님이 부활하는 그들을 예수가 계신 곳으로 데려오실 것이다. 이는 마치 데살로니가 사람들이 이 두 가지를 의심하고 있었다는 말처럼 들린다. 만일 데살로니가 사람들이 후자, 곧 (b)만 의심했다면, 바울은 이렇게 말했을 것이다. "부활은 그리스도의 강림보다 더 뒤에 일어나지 않고 강림 때에 일어날 것이다." 그러나 그는 지금 "죽은 자들의 부활이 있을 것이요, 그 죽은 자들은 그리스도의 강림 때 그 자리에 있을 것이다"라고 말한다. 이 점은 특히 14절의 조건절인 "이는 우리가 예수가 죽었다가 부활하셨음을 믿는다면"이 아주 분명하게 밝혀준다. 논리상 이 조건절에는 이런 귀결절이 필요하기 때문이다: "그렇다면 잠든 자들도 그리스도 안에서 부활할 것이다." 데살로니가 사람들이 다 부활하리라는 사실을 의심하지 않았다면, 바울은 예수가 부활하셨음을 아예 언급하지 않았을 것이다. 바울이 여기 14절에 실제로 써 놓은 귀결절은 우리가 제시한 논지를 아주 분명하게 보여주지는 않는다. 이는 그가 서로 구분되는 두 명제, 곧 ὁ θεὸς τοὺς κοιμηθέντας ἐγερεῖ διὰ τοῦ Ἰησοῦ("하나님이 잠자는 자들을 예수를 통해 부활케 하실 것이다")와 ὁ θεὸς τοὺς κοιμηθέντας ἄξει σὺν αὐτῷ("하나님이 잠자는 자들을 그와 함께 데려오실 것이다")를 한 절(節)로 줄여 써놓았기 때문이다. (3) 데살로니가 사람들이 그저 그들 가운데 죽은 사람들이 미래의 복에 더디 참여할까 봐 걱정한 것이었다면, 그리고 완전히 소망이 없는 이교도의 불신앙과 비교해보니 그래도 데살로니가 사람들의 심리 상태는 상당히 소망이 있음을 일깨워주는 것이 바울 사도의 바람이었다면, 사도는 실제로 데살로니가 사람들에게 그들이 안심할 두 가지 근거를 분명하게 구분하여 제시했을 것이다: 첫째는 그들 스스로 모든 그리스도인을 아우르는 궁극의 부활이 있을 것이라고 계속 확신해왔으니만큼 아무리 그들에게 의심이 있다 해도 그토록 지나치게 슬퍼할 필요는 없다는 것이요, 둘째는 그들이 그리스도가 강림하심과 동시에 즉시 부활할 것도 생각할 수 있느니만큼 실제 상황이 그들이 상상하는 것보다 훨씬 낫다는 것이다. 그러나 사실은 바울 사도가 서로 구분되는 두 가지 생각을 마음에 담고 있었음을 보여주는 흔적이 전혀 없다. 14절은 "이는"(이유를 나타내는 영역 성경의 접속사 for를 "이는"으로 번역했다—역주)이라는 말을 통해 13절과 연결되어 있다. 하지만 천년왕국설을 지지하는 주해를 따르면 13절에서는 데살로니가 사람들이 어쨌든 마지막 부활에 의지했다는 취지가 나타나고 14절에서는 그런 취지를 곱씹어보았을 법 한데, 14절에는 그렇게 곱씹어보는 내용이 전혀 없다.

이 세 가지 점을 고려할 때, 데살로니가 사람들의 슬픔은 천년왕국이라는 배경과 아무 상관이 없고, 도리어 더 근본적 성격을 지닌 그릇된 인식이 이런 슬픔을 만들어냈다고 자신 있게 확언할 수 있다. 실제로 이런 그릇된 인식은 바로 그런 나쁜 결과를 낳는다. 데살로니가 사람들의 심리 상태는 그들이 천년왕국 신봉자였으며 바울이 그들에게 그런 교리를 가르쳤음을 증명해줄 수 있는 증거가 아니다. 이렇긴 해도 바울이 데살로니가 사람들을 가르치거나 안심시키려고 제시한 이 대답들에 천년왕국을 암시하는 말이 들어 있었을 가능성을 배제하지는 못한다. 데살로니가 사람들은 그들 가운데 죽은 자들이 그리스도의 강림 때 그 자리에 있을지 널리 의심했지만, 바울은 그들이 부활에 참여함은 물론이요 신자들만이 참여할 첫 번째 부활에 참여하리라는 것을 더 정교하게 암시하는 말로 그들의 의심을 풀어주었을지도 모른다. 다시 말해 바울이 바로 이 본문을 쓴 것이 데살로니가의 회심자들에게 일정 기간 있다가 사라질 나라라는 주제를 처음으로 일깨워준 경우였을 수도 있다. 이는 다시 15절의 φθάσωμεν(프따소멘, "앞설 것이다")이라는 말을 어떻게 이해해야 하는가라는 문제를 낳는다. 이 동사는 어떤 이가 다른 어떤 이보다 더 앞서 목표에 도달한다는 생각을 표현한다. 현재 상황에서 이 본문을 어떻게 이해해야 할까? 바울은 이 비유를 사용할 때 주의 임재에 이르는 사건과 부활의 위기에 이르는 사건이 서로 별개인 두 사건이며 한 사건이 다른 사건보다 앞서 일어나리라고 생각했을까? 그는 지금 주가 강림하실 때 살아서 남아 있는 자들은 먼저 도달하는 혜택을 누리지 못하나 그리스도 안에서 죽은 자들은 나중에 도달하는 일을 당하지 않아도 되리라는 확신을 데살로니가 사람들에게 심어주고 있는 것인가? 그럴 경우에는 바울이 하는 말 뒤편에 이중부활을 인정하는 천년왕국 개념이 자리해 있는 셈이다. 아니면 바울은 단지 이 "앞서다"라는 비유를 사용하여 죽은 자들이 살아 있는 자들보다 한 순간도 더딤 없이 주의 임재에 이르리라는 확신을 그의 독자들에게 심어주었던 것일까? 그런 경우라면 바울이 여기서 제시하는 내용은 천년왕국과 아무 상관이 없다. 우리가 보기에는 모든 내용이 후자의 주해(즉 바울이 말하는 내용은 천년왕국과 아무 상관이 없다는 견해—역주)를 지지하는 것 같다. 천년왕국 체계는 두 부활을 구분하지, **영광**에 이르는 두 부활을 구분하지 않는다. 이 때문에 천년왕국 체계는 남은 자들이 죽은 자들을 앞서지 못하리라는 표현 방식을 설명하지 못한다. 천년왕국 체계는 영광을 기대한 나머지 순교자들만이 첫 번째 부활을 누릴 것으로 알지만, 바울이 여기서 제시하는 주장은 그런 것일 리 없다. 바울은 그리스도 안에서 죽은 모든 이를 이야기하기 때문이다.[14]

---

14) 15-17절에서 얼마나 많은 부분이 바울 사도가 인용하는 λόγος Κυρίου(로고스 퀴리우, "주의 말

데살로니가후서 1:5-12을 보면, 천년왕국 관점에서 설명하게 만드는 두 가지 표현이 등장한다. 바울 사도는 5절 이하에서 교회 지체들이 견디는 핍박과 고초는 하나님의 의로운 심판을 분명하게 드러내는 표지이며, 이 지체들이 이런 고난을 당함은 하나님 나라에 합당한 자로 여김을 받게 하려는 것이라고 말한다. 하나님께서는 이 서신 독자들에게 고초를 안겨주는 이들에겐 고초로 되갚아주시고 고초를 당하는 이들에게는 주 예수가 하늘에서 나타나실 때 바울과 더불어 쉼을 누리게 해주시는 것이 의로운 일이기 때문이다. 우리는 11절에서 더 일반적인 생각을, 즉 하나님이 데살로니가 사람들을 그들이 받은 부르심에 합당한 자로 여기실 수 있다는 생각을 볼 수 있다[여기 11절에서 등장하는 κλῆσις(클레시스)는 객관적 의미에서 "어떤 이가 부르심을 받은 일(곧 소명)"을 뜻한다. 이는 ἐλπίς(엘피스)가 다른 곳에서 "소망하는 것"을 의미하는 것과 같다]. 하지만 고난과 영광, 성화와 하나님 나라를 유업으로 받음이 떼려야 뗄 수 없게 결합해 있다는 일반적 생각을 넘어서는 말이 전혀 없다. 5절 이하에서 이야기하는 핍박과 고초는 특별히 순교라는 핍박과 고초가 아니다. 또 핍박을 받고 고초를 겪는 모든 이가 따로따로 부활하리라고 생각하는 것도 이와

씀")에 속하며, 그가 어느 정도나 문자 그대로 인용하는가라는 문제는 지금도 논쟁중인 문제이나, 십중팔구는 만족스러운 답을 얻지 못할 것이다. 우리가 15절에 있는 말인 οἱ περιλειπόμενοι οὐ μὴ φθάσωμεν τοὺς κοιμηθέντας("살아 있는 자들은 잠든 자들보다 결코 앞서지 못할 것이다," 물론 이는 1인칭을 3인칭으로 바꾼 말이다)가, 바울이 구전으로 전해 받았든 아니면 계시로 전해 받았든, 예수가 하신 말씀을 글자 그대로 옮겨 놓은 것이라고 확신할 수 있다면, 누가 봐도 φθάσωμεν에서 천년왕국을 끌어내는 견해와 바울은 물론이요 예수도 이 교리를 말한 것으로 보는 견해가 분명 연관이 있다 할 것이다. 그러나 우리의 현재 목적을 고려할 때 이 문제는 더 파고들만한 가치가 없다. 바울이 예수의 말씀을 정확히 얼마만큼 인용했으며 얼마나 문자 그대로 인용했는지 판단할 자료가 없기 때문이다. 예수가 하신 말씀은 단지 그가 강림하실 때 잠든 신자들이 부활하리라는 것을 강조하는 말일 수 있으며, 바울은 이런 선언을 천년왕국을 암시하는 혹은 암시하지 않는 논증에서 활용한 것일지도 모른다.

같은 생각을 하는 사례가 없다. 이 뿐 아니라, 바울이 말하는 나라는 "하나님 나라"(5절)이며, 이 나라는, 고린도전서 15:24에 따르면, 절대 종말의 나라이지 그 앞에 어떤 중간 단계인 나라가 존재하는 나라가 아니다.[15]

우리가 천년왕국 문제와 관련지어 마지막으로 살펴볼 본문은 빌립보서 3:10-14이다. 사람들은 바울 사도가 여기서 그리스도의 죽음까지 닮고자 하는 욕구를, 곧 순교하는 고난까지 겪으려는 욕구를 표현한다고 말한다. 바울은 이런 욕구를 갖게 된 동기를 이런 말로 표현한다: "어떤 수단을 써서라도 내가 죽은 자들 가운데서 부활에 이를 수 있다면"(11절). 이 해석에 따르면, 바울은 그리스도를 위하여 죽은 사람만이 먼저 참여할 부활이 있고 다른 사람들은 한참 뒤에 있을 일반 부활에 만족해야 할 것으로 예상한 셈이다. 이는 천년왕국 관점에서 해석한 고린도전서 15:22 이하보다 천년왕국을 지지하는 주해자들이 요한계시록의 유명한 본문에서 발견하는 것과 훨씬 더 비슷한 개념을 제시함을 볼 수 있다. 우리는 분명 여기 빌립보서에서는 실제로 순교자들이 다른 이들보다 앞서 부활함을 특별한 보상으로 받는다는 취지를 발견할 수 있지만, 고린도전서 15장은 그리스도에게 속한 모든 자가 그가 강림하실 때 부활에 참여하리라고 말한다.[16]

---

15) 살전 2:12과 비교해보라: "이는 너희가 너희를 당신 자신의 나라와 영광으로 부르신 하나님께 합당히 행하게 하려는 것이다." 위에서 다룬 데살로니가전서 4장 본문과 데살로니가후서 1장의 표현이 모두 천년왕국을 가르친다면, 이 두 본문이 가르치는 천년왕국 유형은 확실히 일치하지 않음을 볼 수 있다. 데살로니가전서는 죽은 신자들 전부가 그리스도가 강림하실 때 부활에 참여한다고 암시하지만, 데살로니가후서는 핍박을 견딘 자들만이 이런 특권을 누린다고 시사하기 때문이다. 자칫하면 사람들은 이를 데살로니가후서가 정말 바울이 쓴 서신인지 그 진정성을 곱씹어보는 말로 해석할 수도 있겠다.

16) 고린도전서 15:22 이하에서 볼 수 있는 천년왕국과 요한계시록에서 발견할 수 있는 천년왕국은

이 때문에 빌립보서에서는 다른 어느 곳보다 더 소위 천년왕국 요소들과 바울의 종말론이 가진 근본 구조를 조화시키기가 불가능하다. 바울은 빌립보서 3:20과 21절에서 주의 강림 때 몸의 변화가 일어나리라고 말하면서, 이런 변화가 바울 자신뿐 아니라 모든 이에게 일어나리라고 말한다: "이는 우리 시민권이 하늘에 있기 때문이니, 우리는 거기서 오실 구주, 곧 주 예수 그리스도를 기다린다. 그가 만물을 당신 자신에게 복종케 하실 수 있는 역사를 따라 우리 비천한 몸을 새롭게 만들어 그의 영광의 몸을 닮게 하실 것이다." 만일 바울이 자신과 다른 순교자들은 부활 시간 및 순서 면에서 어떤 특별한 혜택을 누릴 것으로 예상했다면, 부활과 주의 강림을 연계했을 리 없다. 만일 그가 그런 예상을 했다면, 우리는 그가 더 이른 부활, 어쩌면 죽음 직후에 있을지도 모를 부활을 내다보았다고 추정해야 할 것이다. 이런 견해를 따르면, 20절과 21절의 복수를 바울이 구사한 수사라고 설명함으로써 결국 그 안에 바울 자신은 포함되지 않는다고 설명할 수도 있을 것이다. 그럴 경우, 이를 확증해주는 증거는 바울이 "떠남"과 "그리스도와 함께 있음"을 동일시한 1장에서 발견할 수 있을지도 모르겠다. 그렇게 본다면 빌립보서도 어느 정도 일관성을 유지할 수 있을 것이다. 하지만 바울이 예상했던 부활에 관한 이론

몇 가지 다른 점에서도 차이를 보인다: 요한계시록은 그리스도의 통치가 천년 동안 이어진다고 말한다. 반면 바울은 고린도전서 15장에서 그 기간이 얼마나 이어질지 명확하게 말하지 않는다. 요한계시록에 따르면, 사탄이 천년 동안 묶여 있다가 이 천년이 끝날 때에 다시 풀려지만 뒤이어 그리스도에게 최후 패배를 당하고 만다. 고린도전서 15장에서는 천년왕국이 끝날 때 마지막 원수가 정복당한다고 말한다. 요한계시록에서는 그리스도와 원수들 사이의 싸움이 마지막에 있을 위기 때에 집중되어 있지만, 바울은 그리스도의 나라가 존재하는 기간 내내 이 싸움이 벌어진다고 시사한다. 요한계시록은 천년 동안 있을 통치를 사탄도 결박당한 평화로운 통치 기간으로 묘사하나, 바울이 하는 말을 해석해보면, 이 천년은 전쟁이 이어지는 통치 기간이다. 사람들은 보통 요한계시록이 이야기한다고 믿는 천년 통치는 그리스도가 땅에서 행하시는 통치라 추정하고 바울이 이야기하는 통치 과정은 초월의 영역인 하늘에서 행하시는 통치라고 추정한다.

을 그렇게 변형하여 제시한다 해도 그 이론은 충분히 고려할 가치가 있을 만큼 설득력은 없을 것이다. 우선 바울을 빌립보서 3:20, 21의 ἡμεῖς(헤메이스, "우리")에서 제외한다는 것 자체가 어색하다. 그런가 하면 빌립보서 1:20-24에는 사도가 "그리스도와 함께 있음"을 그가 죽은 뒤에 곧장 그에게 있을 일로, 하늘에서 몸을 입고 누리는 삶으로 생각했다고 제시할 수 있는 내용이 전혀 없다. 사실 데살로니가전서 4:17에서는 σὺν Κυρίῳ εἶναι(쉰 퀴리오 에이나이, "주와 함께 있음")가 부활 뒤에 몸을 입고 그리스도와 함께 있음을 가리킨다. 하지만 데살로니가전서 4:17에서는 "주와 함께 있음"이 그런 특별한 의미를 가지는 것은, οὕτως(후토스, "그리하여")라는 말이 일러주듯이, "그리하여 우리가 주와 함께 영원히 있으리라"라는 문맥 때문이다. 우리가 보는 빌립보서 1:20-24 본문에서는(정확히 말하면 23절 본문에서는—역주) "그리스도와 함께 있음"이라는 말이 이런 식으로 결정된 의미를 갖지 않는다. 이 문구 자체는 그리스도와 함께 있음이 어떤 형태를 띨지 전혀 결정해주지 않는다. 모든 증거가 이 말을 고린도후서 5:8의 ἐνδημῆσαι πρὸς τὸν Κύριον("주와 함께 거함")과 같은 의미로 보는 것을 지지한다.

천년왕국 해석에 반대하는 진지한 표현이 또 하나 나타나는 곳이 빌립보서 3:12이다. 여기서 바울은 그가 καταντᾶν εἰς τὴν ἐξανάστασιν τὴν ἐκ νεκρῶν("죽은 자들 가운데서 부활에 이를") 수 있게 해줄 일을 "얻을" 일이자 "완전하게 이룰" 일이라고 이야기하면서, 자신이 이에 이르지 못했다고 말한다: "나는 이미 얻지도 않았고 혹은 이미 완전히 이루지도 않았으니, 도리어 나는 예수 그리스도가 나를 붙잡으신 그것(그 목적)을 잡으려고 달려간다." 이를 볼 때 바울 사도가 자신이 부활에 이를 조건으로 생각한 것이 순교일 리 없다는 게 분명히 드러난다. 그가 아직 얻지도 않았고 완전히 이루지도 않은 일을 그의 독자들에게 확실히 보장한다는 것은 말이 되지 않을 것이기 때문이다. 그가 말하는 것은 얻음과 완전하게 이룸에 이르는 어떤 내부 과정임이 틀림없다. 우리가 이 말을 그런 의미에서 부활에 이름을 이야기하는 말로 이해하는 한, 이 말은 바울이 다른 곳에서 우리가 여기 이 땅에서 그리스도와 함께 고난 받음과 이후에 그와 함께 영광을 받음 사이에 인과관계가 있음을 강조한 말과 내용상 같은 말로 보인다. 이 때문에 통설은 이 말을 어떤 부류의 신자들만 특별한 혜택을 받았다는 뜻이 아니라 단지 모든 신자가 널리 누릴 은혜인 부활의 영광이 준비되어 있음을 일러주는 말로 인식한다.17)

그러나 이렇게 주해할 경우, 바울이 다른 곳에서는 부활에 참여함이 모든 그리스도인에게 이미 확실하게 결정된 소망인 것처럼 이야기해 놓고 정작 여기에서는 자신이 부활에 참여함이 여기 이 땅에서 지금 그가 겪고 있는 어떤 과정이라는 문제에 좌우되는 일처럼 이야기하는 것 같아 어려움이 생긴다. 여기서 우리는 이런 질문을 할 수밖에 없다. "어떤 수단을 쓰든 내가 죽은 자들 가운데서 부활에 이를 수만 있다면"이라는 말은 부활을 의심하는 마음을 암시하는데, 바울은 어떻게 자신의 부활을 놓고 이런 말을 할 수 있었을까? 판 헹얼Wessel Albertus van Hengel은 이런 어려움을 덜고자 그가 쓴 빌립보서 주석에서 여기 있는 ἐξανάστασις(엑스아나스타시스, "부활")는 바울 자신의 부활을 의미하는 게 아니라 그리스도의 강림이 일어날 때를 가리킨다고 제안한다. 판 헹얼의 제안을 따른다면, 바울은 자신이 그리스도를 닮으려고 애썼으니 결국은 하나님이 그가 부활에 이르게 허락해주실 것이라는 바람을,

---

17) 롬 8:17: "그렇다면 우리가 그와 함께 영광을 받을 수 있게 그와 함께 고난도 받아야 한다"; 딤후 2:12: "우리가 고난을 받으면 우리도 그와 함께 다스릴 것이다"와 비교해보라.

곧 부활의 날까지 살아남게 허락해주시리라는 바람을 어느 정도 의심이 담긴 마음으로 표현하는 셈이다.[18] 그러나 이것은 불가능한 주해다. 몇 가지 이유 때문이다. 만일 바울 자신이 그리스도가 강림하시는 날까지 살아남길 바라거나 소망한다면, 그 자신에겐 이 날이 부활의 날일 리 없다. 그런데 왜 그는 그리스도가 강림하시는 날을 "죽은 자들 가운데서 부활"이라는 이름으로 불러야 했을까? 그가 보통 쓰는 말을 벗어나 기이한 이름을 채용했다면, 우리는 그가 적어도 자기 자신의 사례에 적용한 말을 골라 썼으리라고 예상할 수밖에 없다. 또 바울은 빌립보서 1장에서 그리스도가 강림하실 때까지 살아남는 일이 그가 보기에는 더 이상 바람직스러운 일이 아니기에 이제는 그의 지상 목표가 아니라는 것을 아주 분명하게 제시한다. 그는 이 빌립보서 1장에서 이 세상을 떠나 그리스도와 함께 있는 것이 "육으로 있는 것"보다 "훨씬 더 좋다"고 선언한다(1:23-24을 보라—역주).[19]

따라서 우리는 ἐξανάστασις가 그리스도의 강림 때 있을 바울 자신의 부활을 가리키며, 바울 사도는 이 부활이 어떤 의미에서는 그가 오로지 그리스도를 붙잡고 그의 죽음을 닮아가려고 애쓰며 살아가는 데 달려 있는 것으로 제시한다는 사실을 마주할 수밖에 없다. 이것이 특이한 표현일지 모르지만, 그래도 우리에겐 이런 표현이 불가능하다고 선언하거나 아예 무턱대

---

18) *Commentarius Perpetuus in Epistolam Pauli ad Philippenses*, 1838, pp. 234 이하.

19) 판 헹엘은 καταντᾶν(카탄탄, "이르다")이라는 동사 때문에 "이 사건이 일어나는 때에 이르다 *pervenire ad tempus hujus eventi*"로 해석할 수밖에 없다고 생각한다. 그러나 그는 바울이 이 동사를 선택한 이유가 결국은 "애쓰다, 쫓아가다"라는 비유, 곧 διώκειν(디오케인) 때문이라는 사실을 간과한다. 분명 이 둘은 모두 은유다.

고 $^{a\ priori}$ 배제할 권리 없다. 설령 우리가 ἐξανάστασις의 의미를 제대로 완전히 이해하려면 전천년설 체계를 받아들이는 대가를 치러야 한다 할지라도, 교리에 지나치게 치우쳐 이 문제를 등한시해서는 안 된다. 물론 우리가 모든 가능성을 다 열어 놓고 생각해봐도 결단코 이런 주해가 나올 수밖에 없다고 결론지을 수는 없다. 빌립보서 전체가 제시하는 주장도 이런 점을 아주 힘써 강조하는 것 같다. 물론 한 관점에서 보면, 곧 신자가 가진 구원 확신이 되비쳐주는 하나님의 목적이라는 관점에서 보면, 부활은 바울 사도가 절대 확신하는 영역에 속해 있었다. 그러나 또 다른 관점에서 보면, 부활은 그가 윤리적, 종교적 조건 속에서 은혜 가운데 자라가고 그리스도를 닮아간 과정의 정점으로 보였을 수도 있다. 이런 결과를 믿을 수 있는 가장 좋은 방법은 심판날을 내다보는 바울의 강한 책임감과 의롭다하심이라는 판결이 모든 것을 망라하며 확실한 것이라는 그의 절대 확신을 나란히 놓고 살펴보는 것이다. 바울은 신자가 실제 삶 속에서 이뤄가는 성화를 마지막 날에 하나님께 인정을 받는데 없어서는 안 될 조건$^{sine\ qua\ non}$으로 본다. 이것이 부활을 이와 비슷하게 그리스도를 끊임없이 알아가고 다시 만들어내며(그리스도의 형상을 삶으로 다시 만들어내며—역주) 자라가는 과정의 목표(종착점)로 제시했던 바울의 견해를 설명해줄지도 모른다. 하나님을 두려워하면서 거룩함을 실천하지 않는 자는 누구도 마지막 날에 하나님 앞에 서 있으리라는 기대를 갖지 못한다. 마찬가지로 그리스도와 그의 부활의 능력과 그의 고난에 참여함을 알지 못하고 그의 죽음을 본받는 데까지 이르지 못한 자는 누구도 생명의 부활을 얻을 소망을 갖지 못한다. 그러나 부활을 이렇게 본다 하여 이 부활을 다르게 보는 견해, 곧 그리스도가 베푸신 은덕으로 말미암아 거저 주어진 은혜의 선물로 보는 견해를 배제해야 할 필요는 없다. 빌립보서 3:8, 9은 바울이 그리스도와 맺은 첫 번째 관계를 이렇게 표현한다: "이는 내가 그리스도를 얻고 그(그리스도) 안에서 발견되려 하기 때문이요, 내가 율법에서 난 내 자신의 의를 갖지 않고 그리스도를 믿음으로 말미암은 의, 믿음으로 하나님에게서 난 의를 가졌기 때문이다." 이는 법정적 칭의와 관련이 있으며 기본이 되는 것이다. 그러나 이에 이어 성화를 거치며 그리스도를 주관적으로 알아가는 과정이 있다. 바울이 부활을 힘써 추구해야 할 목표로 내세우는 것은 불가능한 일이 아니다. 이는 그가 다른 곳에서는 영혼의 부활을 몸의 부활과 마찬가지로 하나님의 절대 행위 내지 절대 선물이라는 측면에서 보았지만, 여기에서는 사실 영혼의 부활을 분명히 그렇게(즉 힘써 추구해야 할 일로—역주) 제시하기 때문이다. "그리스도를 알아가는" 과정, 더 자세히 말하면 "그의 부활의 능력"을 알아가는 과정은 어떤 의미에서는 διώκειν(디오케인, "힘써 쫓아감, 추구함")해야 할 과정이다. 그것(곧 그리스도를, 그의 부활의 능력을 앎—역주)은 하나님이 베푸시는 은혜이자 그리스도인이 힘써 얻는 것이다. 바울이 능동적 역할을 맡는 곳이 바로 γνῶσις(그노시스, "앎")이며, 이곳이 καταλαβεῖν(카타라베인, "얻다, 이르다, 이해하다"를 뜻하는 καταλαμβάνω의 부정사다—역주)이 이루어지는 곳이다. 이는 마치 종말론적 부활을 καταντᾶν("이르다, 다다르다")할 대상으로 표현한 것과 마찬가지다. 이와 관련해 바울 사도가 정확히 인식하고 있던 내용을 자세히 설명하기는 쉽지 않을지도 모르겠다. 다만 하나 우리가 여기서 강조해두고픈 것은, 노력(애씀, 힘써 추구함)이라는 말이 영혼의 부활과 관련해 사용하기에 적절한 말이라면, 바울의 관점에서 볼 때에는 εἴ πως(에이 포스, "만일 어떤 수단을 써서라도")와 함께 쓴 καταντᾶν εἰς(카탄탄 에이스, "…에 이르다")가 마지막 날에 있을 몸의 부활을 가리키는 말로 불가능한 표현만은 아니라는 것이다. 어쩌면 빌립보서 3:14에서 말하는 "그리스도 예수 안에서 하나님이 위에서 부르신 상(賞)"도 하나님이 마지막에 신자들을 부르시거나 혹은 이미 부름을 받은 신자들이 다다를 목표로서 하늘에 준비되어 있는 부활 경험 또는 부활 상태를 가리킬지도 모른다. 바울은 이제 이 상을 이야기하면서 자신이 마치 목표지점을 향해 달려가듯 이 상을 향해 달려간다고 선언한다. 아울러 그는 모든 성숙한 그리스도인[τέλειοι(텔레이오이), τέλειοι는 "성숙한 사람, 어른"을 뜻하는 τέλειος의 복수형이다—역주]이 "이와 같은 마음을 품기를," 곧 자신과 같이 그 상을 추구하는 태도를 갖기를 기대한다.

천년왕국론의 근거라 하는 본문들을 우리 나름대로 주해하며 살펴보았다. 결론부터 말하면, 우리가 주해로 밝혀낸 사실들에 비춰볼 때 천년왕국론 지지자들이 천년왕국을 지지하는 근거를 발견했다고 제시한 어떤 본문에서도 그런 근거는 발견되지 않는다. 오히려 본문 문맥을 볼 때 천년왕국론과 바울 사도가 제시하는 주장이 확실히 일치하지 않는 경우가 적지 않았다. 하지만 우리가 조사하여 얻어낸 이 결과는 어디까지나 일정 기간 있다 사라질 메시아의 나라를 미래의 나라로 보는 견해, 곧 바울 자신의 관점으로 볼 때 엄격히 종말론적 나라로서 주의 강림 때 시작하는 나라로 보는 견해와 관련이 있을 뿐이라는 것을 기억해두기 바란다. 우리가 천년왕국론을 부인하는 논증을 했지만, 그렇다고 바울이 그리스도가 현재 통치하심을 인정하면서, 그리스도의 이런 통치를 주의 강림 때 임할 절대적 나라에 앞서 일정 기간 있다가 사라질 나라로 보아 반(半)종말론적 semi-eschatological 성격을 가진 것으로 보았음을 부인하는 것은 아니다. 사실만 놓고 보면 이런 개념은 고린도전서 15장 본문에서도 발견할 수 있다. 여기서 본문은 아주 많은 말로 "마지막"에 그리스도가 그의 나라를 하나님께, 곧 아버지께 넘겨드릴 것이라고 이야기한다. 이것은 바울이 현재의 실재인 그리스도의 나라와 미래의 실재인 하나님 나라를 구분했음을 분명히 암시한다. 이어 바울은 이곳에서 자신의 종말론 속에 두 나라 개념을 분명하게 결합하는데, 이는 우리 주님의 가르침 속에서도 이와 같이 현재의 나라와 종말론적 나라를 구분하는 모습이 나타나는 것과 마찬가지다. 이런 형태로, 오직 이런 형태로 이해할 경우에만, 설령 두 나라를 구분한다 할지라도, 바울의 가르침 전체가 보여주는 분위기는 단절이 없는 연속성을 요구하는데 도리어 이렇게 두 나라를 구분하면 그 가르침 속에 뭔가 다른 것이 끼어들어 용두사미로 끝나버릴 수밖에 없다는 비판을 받지 않게 된다. 우리는 일정 기간 존속하는 메시아의 나라와 현재의 σωτηρία(소테리아, "구원")가 같은 것이요 그 범위도 같으므로, 그리스도인은 이미 지금 영생의 첫 열매요 영생을 보증하는 담보를 소유하고 누린다고 해석한다. 바울의 열망은 언제 어디에서나, 중간의 어떤 쉬는 지점으로 눈길을 돌리지 않고, 늘 영원한 상태만을 주목한다. 이것은 곧 메시아의 통치가 안겨주는 복과 희락이 이미 임했다면 그리스도인의 소망도 다른 것에 한눈을 팔지 않고 오로지 장차 임할 세상에만 시선을 집중할 수 있다는 말로 설명할 수 있겠다.

하지만 바울이 시종일관 통일성 있게 그리스도의 나라와 하나님 나라를 구분한다고 주장하기는 불가능하다. 바울이 인식하는 종말론의 범위가 예수가 인식하시는 범위보다 더 크긴 하지만, 바울도 하나님 나라를 오로지 종말론적 개념으로만 가르치지 않는다. 사도는 고린도전서 6:9, 15:50, 갈라디아서 5:21, 에베소서 5:5에서는 "하나님 나라를 유업으로(기업으로) 받음"을 이야기하고, 데살로니가전서 2:12에서는 신자들이 "하나님 나라와 영광으로 부르심을 받았다"고 이야기하며, 데살로니가후서 1:5에서는 신자들이 "하나님 나라에 합당한 자로 여김을 받을 수 있게" 고난을 당한다고 이야기한다. 그러나 하나님 나라는 현재의 실재로도 등장한다. 로마서 14:17은 하나님 나라가 먹는 것과 마시는 것에 있지 않고 의와 평강과 희락에 있다고 말하며, 고린도전서 4:20은 하나님 나라의 본질이 말에 있지 않고 능력에 있다고 말한다.[20] 이 본문들은 하나님 나라와 그리스도가 현재 통치하심을 동일하게 본다. 현재 나라를 하나님 나라라 부를 수 있다면, 미래의 나라를 그리스도의 나라라 부를 수 있다는 것도 유념할 필요가 있다. 이런 모습은 에베소서 5:5에서 나타나는데, 여기서 바울은 "그리스도의 나라와 하나님 나라를 유업으로 받음"을 이야기한다. 디모데후서 4:1은 "주 예수 그리스도의 ἐπιφάνεια(에피파네이아, "나타나심")와 βασιλεία(바실레이아, "나라")를 심판과 함께 일어날 사건으로 이야기한다. 사도는 이런 점과 후기 서신에서 더 발전된 모습으로 전개한 교리를 연계했으며, 후기 서신에서는 그리스도를 이 세상이 움직여가는 목표로 제시한다.[21]

위에서 관찰한 결과는 바울의 글에서 메시아의 나라와 궁극에 이루어질 하나님 나라를 시종일관 확실하고 견고하게 구분하기는 불가능함을 보여준다. 고린도전서 15장을 보고 두 나라를 구분했던 것은 분명 그리스도의 통치가 어느 한 특별한 측면에서, 곧 정복에 따른 통치로서 나타난다는 사실 때문이었다. 여기에서는 그리스도의 βασιλεύειν(바실류에인, "다스리심")이 사실상 원수들을 하나씩 차례로 굴복시키는 모습으로 나타난다. 이러다보니 그리스도의 나라는 마지막에 이루어질 하나님의 영원한 절대적 통치와 저절로 대조를 이루게 된다. 마지막에 이루어질 하나님의 통치는 모든 원수와 전쟁이 사라짐을 그 특징으로 삼기 때문이다. 이를 확증해주는 내용을 골로새서 1:13에서 발견할 수 있다. 뿐만 아니라 고린도전서 15:24은 그리스도의 나

---

20) 아울러 고전 4:8 및 골 4:11과 비교해보라.
21) *Enc. Bibl.* II, 1386과 비교해보라.

라를 다소 전투적 분위기로 묘사하며 이렇게 말한다: "하나님이 우리를 어둠의 세력에서 구해내어 그의 사랑의(그가 사랑하시는) 아들의 나라로 옮기셨다." 분명 여기에서도 우리를 원수에게서 구하신 정복자는 그리스도라기보다 하나님이시다.

역자 주

[1] 이는 "그리스도 예수를 믿는 너희 믿음을"로 번역할 수도 있을 것 같다. 헬라어 본문은 "τὴν πίστιν ὑμῶν ἐν Χριστῷ Ἰησοῦ"(텐 피스틴 휘몬 엔 크리스토 예수)인데, 믿음을 뜻하는 헬라어 πίστις(피스티스) 뒤에 전치사 ἐν+목적어가 올 경우 그 목적어가 보통 믿고 의지하는 대상을 가리킬 수 있다(BDAG, 819쪽 참고). 때문에 이 본문을 "그리스도 예수 안에 너희의 믿음을"로 번역할 수 있겠지만 "그리스도 예수를 믿는 너희의 믿음"으로 번역하는 것도 가능하다고 본다. 한국어 역본 중 공동번역과 새번역은 "그리스도 예수를 믿는 너희의 믿음"으로 번역했다.

[2] 24절에는 ὅταν이 두 번 등장한다. 첫 번째 ὅταν은 단순히 현재 가정법 형태로 마지막 부활이 일어날 때를 가리키면서, ὅταν παραδιδῷ τὴν βασιλείαν τῷ θεῷ("그 때에 그 나라를 하나님께 들어 바치신다")라고 말한다. 여기서 παραδιδῷ는 "바치다, 넘기다"를 뜻하는 παραδίδωμι의 3인칭 단수 현재 능동태 가정법 형태다. 두 번째 ὅταν은 부정과거 가정법 형태로 마지막 부활이 일어난 뒤의 기간을 가리키면서, ὅταν καταργήσῃ πᾶσαν ἀρχὴν("그 때에 그가 모든 통치를 멸하실 것이다")라고 말한다. 여기서 καταργήσῃ는 "싹 쓸어 버리다"라는 뜻을 가진 καταργέω의 3인칭 단수 부정과거 능동태 가정법 형태다.

[3] 그러나 NA27판은 ἄχρι οὗ로 적어 놓았다. 신약 성경 헬라어 본문에서 "…할 때까지"라는 의미로 ἄχρις οὗ를 사용한 곳은 갈라디아서 3:19과 히브리서 3:13뿐이다.

Chapter 11

심판

부활과 심판은 만물의 마지막 완성 때 이루어질 두 행위로서 서로 연관이 있다. 이 부활과 심판은 쌍둥이를 낳는 산고와 같으며, 장차 임할 시대는 이 산고를 통해 태어난다. 그러나 부활과 심판은 종말에 나타날 때 분명하게 구별되어 나타나지 않는다. 적어도 신자들의 경우에는 부활이 이미 심판 과정을 감싸고 있다: 신자들의 경우에는 이 신자들을 부활시키는 행위가, 이에 함께 따르는 변화와 더불어, 이 신자들의 의로움(정당성)을 천명하는 선언을 분명하게 담고 있다. 부활은 심판을 받게 하는데 그 목적이 있으나, 그래도 부활은 그 목적(즉 심판)을 준비하는 차원을 넘어 더 많은 일을 한다. 그리스도인의 경우에는 부활이 심판이라는 이슈를 작동시키고 어느 정도는 미리 간여한다. 또 심판이 신자가 부활 때 받은 것에 확인 인(印)을 찍어준다고 말하여 방금 말한 내용을 바꿔 말해도 그른 말은 아닐 것이다. 넓게 말하면, 그리고 계시의 흐름 전체를 놓고 생각하면, 부활과 심판이라는 두 과정이 인간의 종교적 운명 전체와 지위를 다 아우른다. 여기서 퓌시스^{physis}("본성")와 에토스

ethos("윤리")가 서로 의존하는 것으로 보인다. 윤리 차원에서 보면, 인간은 바로 잡아야 할 존재이지만, 육의 차원에서, 아니 구원 차원에서 보면, 인간은 고침을 받고 변화되어야 할 존재다. 이 두 개념에 이 두 개념(즉 부활과 심판—역주)만큼이나 근본적 중요성을 지닌 것을 추가하기는 불가능할 것이다: 이 둘이야말로 원리상 마지막 때에 일어날 일들을 모두 아우르기 때문이다.

성경은 종말론적 심판을 서로 큰 차이가 있는 두 가지 형태로 묘사하는 것으로 보이는데, 이 둘은 각각 사실적realistic 묘사와 법정적forensic 묘사라고 부를 수 있다. 사실적 묘사의 경우에는 굳이 "심판"이라는 전문 용어를 채용할 필요가 없다. 이 "심판"이라는 말이 등장할 경우에도 이 말은 형식의 의미가 덜하며 완전한 은유라기보다 은유와 사실이 뒤섞인 의미 a less formal half-metaphorical sense를 지닌다.[1] 하지만 그 내용은 언제나 똑같아서, 하나님이 그때까지 이루어진 모든 과정을 훌륭하게 마무리 지으시고 그 자리를 그 종류가 완전히 다르며 궁극적 의미를 지닌 무언가로 대신 채워 넣으신다는 내용을 가진다. 이 무언가가 펼쳐지는 상황을 보면, 그 본질은 주로 하나님의 원수를 심판함과 관련이 있다. 그 배경은 전쟁이다. 즉 치열한 싸움과 결정적 승리가 배경으로 등장한다. 구약 성경에서는 오랫동안 주로 이런 식으로 표현해왔다. 물론 다니엘서와 시편 이후에는 계속하여 법정(法廷)이라는 형태를 보여주는 장면이 증거에서 점점 더 큰 비중을 갖게 되지만, 그래도 이것이 사실적 묘사를 완전히 능가하지는 않는다. 전쟁을 통한 심판에서는 기록 보존과 검토라는 도구를 사용하지 않으며, 기록 검토를 토대로 엄숙하게 평결(판결)을 선고하는 모습도 나타나지 않는다. 이 심판을 표현하는 방식은 신현(神顯), 곧 여호와가 자신을 나타내심이다. 그러나 이 신현이 이런 차원을 갖고 이런 절대 효과를 만들어내다 보니, 이 신현도 진정한 종말론 영역에 속함에는 의문이 있을 수 없다. 성경은 분명 물리적 성격을 지닌 과정을 심판이라는 범주에 포함시킴으로써 그 과정이 본디 종말론적 성격을 지녔음을 확실히 밝힌다. 얼핏 보면 모호하고 설명할 수 없는 것처럼 보이는 것을 지극히 높은 분의 목적에 비추어 밝히 일러준다.

구약 성경이 심판을 표현한 내용을 보면, 이런 신현을 가리키는 말로서, 그리고 이보다 앞서 존재한 말로서, 나타나는 두 용어가 ὀργή(오르게, "분노, 진노")와 ὄλεθρος(올레뜨로스, "파괴, 죽음, 멸망")다. 하나님의 "진노"라는 개념을 다시금 종말론이라는 배경에 비추어 살펴보게 된 것은 주로 리츨$^{Albrecht\ Ritschl}$의 공로다.[1] 물론 이 말은 오로지 종말론에서만 사용하는 말이 아니다. 마가복음 3:5, 로마서 12:19, 13:4, 5을 참고하기 바란다. 그러나 이 말이 보통은 윤리적 성격을 띠다가도 특별한 경우에는 종말론적 성격을 더 두드러지게 보여주는 사례를 분명하게 찾아볼 수 있다. 세례 요한이 말한 ὀργὴ μέλλουσα(오르게 멜루사, "임박한 진노," 이 표현은 마태복음 3:7과 누가복음 3:7에 나온다—역주), 요한복음 3:36에 나오는 "그 위에 머무는 하나님의 ὀργή,"[헬라어 본문은 ἡ ὀργὴ τοῦ θεοῦ μένει ἐπ' αὐτόν("하나님의 진노가 그 위에 머문다")이다—역주], 데살로니가전서 1:10에 나오는 "다가오는 ὀργή"는 구약 시대 이후에도 오랫동안 이 말

---

[1] 로마서 1:18에서는 "진노"가 명백히 현재를 가리키는 것으로 보인다. 이 때문에 이 말을 더 구체적으로 종말론과 관련지어 적용하기가 힘든 결과가 벌어졌다. 현재 시제인 "나타난다$^{is\ revealed}$"[헬라어 본문은 ἀποκαλύπτεται(아포칼륍테타이)를 사용했는데, 이는 "완전히 알려주다, 나타내다"를 뜻하는 ἀποκαλύπτω의 3인칭 단수 현재 중간/수동태 직설법 형태다. 물론 이 구절에서 이 동사의 주어는 ὀργὴ θεοῦ(오르게 떼우, "하나님의 진노")다—역주]는 물론이요 곧바로 이어지는 내용이 묘사하는 결과들은 그 시대 이방인들의 윤리-종교 생활의 사악한 모습을 표현한 말이다. 이 때문에 이 본문을 읽는 이들은 이 본문 문맥이 순전히 하나님의 섭리에 따른 보응을 이야기한다고 성급히 결론짓고 말았다. 그러나 이 본문이 쓴 현재 시제는 "나타나고 있다$^{is\ being\ revealed}$"로 해석하는 것이 더 낫다. 목회 서신에서 볼 수 있듯이, 이런 괴악한 종교 생활과 윤리 생활이 종말의 특징이다.

을 옛적의 의미와 비슷한 종말론적 의미를 지닌 말로 사용했음을 분명하게 보여준다. 이어 "쌓여 있음"이라는 비유도 있는데, 이는 진노가 극에 이를(다 쌓일) 시대의 마지막 지점이 있을 것을 전제한 비유다. 이런 언급이 분명하게 필요한 이유는 로마서 5:9 본문이 심지어 신자조차도 그리스도의 생명을 통해 이 "진노"에서 구원을 받아야 할 필요가 있다고 말하기 때문이다. 현재는 신자들이 하나님의 진노 대상이라고 보기가 절대 불가능할 것이다. 그런 연유 때문에 "진노"를 언급하면서 종말의 위기를 지목할 수밖에 없었던 것으로 보인다. 로마서 9:22은 "σκεύη ὀργῆς," 곧 진노가 가득 쌓여 있는 그릇으로서 미래에 나타날 것을 영원히 벌할 대상으로 지목한다.

ὀργή보다 드물게 나타나는 말이 "ὄλεθρος"(올레뜨로스, "파괴, 죽음, 멸망")다. 아마도 이 말은 바울만 종말론과 관련지어 특별하게 사용하는 말일 것이다. 이 말은 바울 서신에서 모두 네 번 등장한다. 고린도전서 5:5, 데살로니가전서 5:3, 데살로니가후서 1:9, 디모데전서 6:9이 그 네 곳이다. 이 말도 "orge"처럼 보통은 법정과 거리가 먼 상황을 그 배경으로 삼는다. "olethros"라는 말은 "ἀπόλλυμι"(아폴뤼미, "멸망하다, 파멸시키다") 및 "ἀπόλλυμι"와 관련이 있는 명사인 "ἀπώλεια"(아폴레이아, "파괴, 멸절")와 그 뿌리가 같다. 이 모든 형태는 분명히 종말론적이다. 데살로니가후서 2:3에 나오는 "죄의 사람"(개역개정판: 불법의 사람—역주)은 "멸망 *apōleia*의 아들"이라는 이름을 갖고 있다. 디모데전서 6:9에서는 "*olethros*"와 "*apōleia*"가 함께 나타난다. 종말론에서 "*apollumi*"라는 동사가 "멸망시키다"를 의미하고 "*apōleia*"라는 명사는 "멸망"을 의미하는가는 곧 살펴봐야 할 문제다.

이런 심판 집행에는 한 가지 독특한 특징이 있다. 심판 효과가 즉각 나타난다는 것이다. 이런 특징을 가장 잘 나타낸 것이 "죄의 사람"을 처리하는 모습을 묘사한 데살로니가 서신의 내용이다. "죄의 사람"은 그리스도의 입김으로, 단순히 그리스도의 오심이 나타나는 것만으로 처리된다. 이런 특징은 이사야 11:5에서 빌려온 게 분명하다. 이사야서에서는 이런 모습이 여호와가 특별히 심판 때 초자연적 일을 즉시 행하시리라는 선지자의 인식을 드러낸 여러 사례 가운데 하나일 뿐이다.

바울은 이런 생생한 심판 묘사에 나오는 하나님을 자기주장은 없고 그저 열만 내는 상태의 하나님으로 묘사했다고 생각하지 않는다. 만일 바울이 그렇게 생각했다고 이해한다면, 잘못된 이해다. 심지어 구약 성경도 하나님을 그렇게 묘사하지 않는다. 폭발하듯 "진노"를 터뜨리고 멸망당할 자들을 "멸망"에 내어주는 뒤편에는 늘 진지하게 생각하고 올바른 근거에 기초한 결정이 자리해 있는 것으로 보인다. 사람들은 빈번히 구약 성경은 대부분 하나님을 본질상 윤리와 거리가 먼 분으로 묘사한다고 추정하면서 아무 생각 없이 그런 추정을 되풀이하곤 하는데, 하나님을 그렇게 볼 만한 근거를 전혀 찾을 수 없다. 용어도 그런 추정을 지지하지 않는다. 예로부터 이런 과정을 "심판"을 뜻하는 "*Shaphat*"(샤파트)라 불렀는데, "심판" 자체가 지성을 동원하여 가려낸다는 의미를 그 안에 담고 있기 때문이다. 그 밖의 경우였다면, 그것이 종말론을 논하는 경우든 아니면 다른 경우든, 이 "심판"이라는 말과 그 파생어들을 현재 구약 성경이 제시하는 여호와의 성격을 묘사하는 데 활용할 수는 없었을 것이다. 구약 성경의 어떤 문맥에서는 "승리"를 가리키는 특수한 말인 "*zedakah*"(체다카)가 같은 원리를 증언한다.[2]

---

2) 여기서 간과하지 말아야 할 것은 "*orge*"가 객관적 상태(외부로 드러나 다른 사람들도 볼 수 있는

하지만 이렇게 법정(사법 절차)과 거리가 먼 형태의 심판 집행을 순수한 물리적 과정과 동일시하는 것은 적지 않은 잘못일 것이다. 이런 심판 집행 형태들은 분명 현실감이 있지만, 이런 현실감을 감각적-물리적이라는 말과 동일시해서는 안 된다. 나타나실 그리스도의 입김을 만물을 마르게 하는 폭풍으로 이해해서는 안 된다. 물론 일부 묵시 문헌 저자들은 메시아의 행동 양식을 실제로 이렇게 생각했을지 모르지만, 그래도 그렇게 이해할 수는 없다. 그렇다고 이 모든 내용을 순수하게 윤리적-영적 차원으로 희석하여, 마치 이런 심판 과정이 마치 일종의 심리적 과정이요 다만 더 높은 평면에서 이루어지는 과정인 것처럼 생각해서도 안 된다. 하나님이 만들어내시는 현실(실재)은 생각 덩어리나 의지 덩어리를 넘어선다. 그러나 이 두 오해 가운데 더 큰 오해는 아마도 일어나는 일들을 물리학에서 말하는 요소들로 응고시켜 버리는 오해일 것이다. 카비쉬$^{Richard\ Kabisch}$는 묵시 문학을 탁월하게 풀어내긴 했지만, 철두철미하게 후자 쪽으로 나아가 그 극단까지 이르렀다. 그는 "불"이라는 개념을 사실적-실질적 차원은 물론이요 물질적 차원에서 다루면서, 특히 고린도전서 3:13-15과 연계하여 다룬다. 카비쉬는 무엇보다 심판이 가지는 조명(照明, 환히 비춰 밝히 드러냄)이라는 성격이 여기서(고전 3:13-15에서—역주) 이야기하는 불의 물리적 본질 때문이라고 본다: 즉 그는 "그 날(즉 여호와의 날)에 모든 사람이 한 일이 분명하게 드러날 것"인즉, 이를 불이 빛을 만들어내는 복합체로서 행할 일로 본다. 하지만 동시에 불은 파괴하고 살라버리는 원리다. 때문에 이런 과정을 일단 물리적 과정으로 이해하면, 진짜 불$^{literal\ fire}$

상태)라는 것이다. 이 말은 산물, 어떤 마음 상태에 따른 행동을 하는 것을 가리킨다. "*orge*"를 표출할 때 따르는 마음 상태가 "θυμός"(뛰모스, "분노, 진노)다.

은 이 두 효과(즉 조명과 파괴—역주)가 자연스럽게 결합하여 나타나는 단일 요소가 될 것이다. 여기서 말하는 불도, 문자 그대로 이해하면, 성령을 구성하는, 어떤 원리인 불이라고 추정할 수 있다. 카비쉬는 이 영적 불이 그 본질과 비슷한 것은 보존하지만 그 본질과 비슷하지 않은 것은, 곧 육에 속한 것은 모두 파괴한다는 것이 바울의 생각이었다고 본다.[3]

이 모든 것은 비유인 언어로 이해해야 할 것을 지나치게 문자 그대로 해석한 탓이다. 물론 비유적 성격을 띤 씨줄과 문자적-사실적 성격을 띤 날줄을 출중하고 교묘한 솜씨로 엮어 두드러진 인상을 풍기는 직물을 만들어냈음을 부인할 수 없다. 이런 비유들을 제시한 이유는 분명 심판 날에 실제로 기능할 사실적, 종말론적 불이 나타날 것을 확실히 믿었기 때문이다. 그러나 이 때문에 이런 표현 전체를 물리적(사실적)-종말론적 표현으로 해석하는 것은 지나친 일이다. 심지어 여기서 인용한 묵시 문헌 본문들이 과연 비유를 넘어 그보다 훨씬 더 많은 것을 이야기하려고 하는가도 의심해볼 수 있다. 다른

---

[3] 카비쉬는 이런 내용이 담긴 묵시 문헌 자료로 에스라4서 13:9, 10을 언급한다. 여기에서는 원수들과 싸우는 메시아가 그의 손을 들지도 않고, 칼이나 다른 무기도 들지 않는다. 그러나 그는 그의 입에서 불길을 내보내고 그의 입술에서 불타는 숨을 내보내며, 그 혀에서는 폭풍 같은 불꽃이 날아간다. 이 모든 것이 함께 섞여 공격해오는 원수의 군대를 불사르고 이 군대를 모두 쓸어 버린다. 이어 38장을 보면, 이 묵시 문헌 저자는(카비쉬의 해석에 따르면) 더 나아가 이 불을 율법과 동일시하는데, 유대교 랍비들은 이 불을 불의 실체를 가진 것으로 이해했다고 한다. 이렇게 이해한다면 이 불을 문자 그대로 불로 볼 수 있는 요소를 하나 더 이 표현의 의미에 덧붙이는 셈이 될 것이다. 더 나아가 에스라4서 14:39은 에스라가 불의 색깔을 가진 물로 가득한 잔을 마시는 모습으로 율법을 마시는 모습을 표현해 놓았다. 또 바룩묵시록 48:39은 불이 사악한 자들의 계략을 먹어 버릴 것이요 그들이 꾸미는 계략들이 불로 검증을 받을 것이라고 말한다. 묵시 문헌이 말하는 이 모든 내용을 문자 그대로 받아들여야 한다면, 우리는 적어도 이런 내용이 구약 성경이 표현하는 실재(현실)를 훨씬 넘어간다고 말할 수밖에 없을 것이다. 사 11:4, 말 4:1과 비교해보기 바란다.

본문들에서는 비유적 의미가 표면에 존재하기 때문이다. 그리하여 아브라함의 유언(기원전 3세기부터 기원후 3세기 사이에 나온 유대교 위경 가운데 하나로서 유언 문학서의 일종으로 분류한다—역주)의 본문도 이같이 기록해 놓았다: "그가 사람이 한 일을 불로 검증하시리니, 어느 사람이 한 일이 불로 살라지면, 심판 천사가 곧장 그를 데리고 죄인들이 있는 곳으로 데려가겠으나, 불이 어떤 사람이 한 일을 검증하는데도 그 일에 아무 이상이 없으면, 그는 의롭다 하리라." 율법을 불과 같은 실체를 갖고 불과 같은 기능을 하는 것으로 본 유대 문헌의 표현에서 가져온 이런 주장은 그 근거가 아주 희박하다. 에스라4서 13:38은 오직 시리아어판만 이렇게 말하기 때문이다: "불꽃을 닮은 그의 율법으로." 그러나 이 본문은 "불꽃을 닮은 그의 명령의 말씀으로"로 읽는 것이 더 나은 것 같다.[4] 14:39에서는 에스라에게 주어 마시게 하는 물이 불과 닮았는데, 이는 율법의 실질이 불이기 때문이 아니라 환상을 보는 자의 영감을 묘사한 것이기 때문이다.[5] 그러나 설령 이 환상을 기록한 자가 여기서 하는 이런 말들 가운데 일부, 혹은 심지어 전부를 대체로 물리적 의미로 생각한다 하더라도, 단순히 바울 사도가 제시하는 이미지들 안에 이 에스라4서와 똑같은 말들이 나타난다는 이유를 내세워 사도가 하는 말을 에스라4서와 똑같이 해석할 필요도 없고 그렇게 해서도 안 될 것이다. 바울이 고린도전서 3장 본문에서 이 비유를 각기 다른 세 방향으로 바꿔놓았다는 사실 하나만 봐도 그에게는 이 본문에서 말하는 내용이 실상 비유라는 것을 증명하는 데 충분하

---

4) Kautzsch, *Die Apokryphen und Pseudepigraphen*에 있는 Gunkel의 글을 참고하라(이 책 331쪽부터 궁켈이 에스라4서를 설명한 내용이 들어 있다—역주).

5) Gunkel, *ibid*.

다.[6] 바울은 건초와 나무 그리고 나무 그루터기에 비유한 공로의 산물을 파괴하는데 그런 불이 필요하다고 믿지도 않는다. 혹자는 나무와 건초와 나무 그루터기를 공로의 산물을 표현하는 데 활용했다는 점에서 이것들을 문자 그대로 받아들이는 것이 옳다고 주장하면서, 마찬가지로 이런 물건들을 파괴하는 과정을 표현하는 데 활용한 소각(燒却) 과정이라는 말도 문자 그대로 받아들이는 것이 옳다고 주장할지 모르겠다. 본문이 말하는 파괴가 화학적 불을 통한 파괴이며 이 파괴를 실제 사실로 이해해야 한다면, 심판 날에 그런 사실적 의미를 지닌 공로의 산물이 현실로 존재하리라고 생각할 수밖에 없을 것이다. 이렇게 생각해도 분명 카비쉬의 주장을 방해하지는 않는다. 그는 유대인들은 물론이요 바울도 사람이 행한 공로의 내용이 형체를 가진 채 bodily 보존되고 형체를 가진 채 심판받게 될 것으로 생각했다고 강조하기 때문이다. 사람들은 이런 내용을 그리스도인들이 각각 그리스도의 심판대 앞에 나아가, 선한 일이든 악한 일이든, 몸으로 행한 일대로 받을 것이라는 고린도후서 5:10의 표현에서 찾으려고 노력했다. 하지만 이 말(즉 고린도후서 5:10이 하는 말—역주)을 보면, "몸으로 행한"이라는 문구는 오로지 심판 때 검증받게 될 삶의 상태, 곧 몸을 입고 보낸 기간에 살았던 상태를 자세히 가리키는 목적에 이바지할 뿐이다. 바울은 지금 몸으로 지은 죄만 심판받고 몸으로 짓지 않은 모든 잘못은 심판 대상에서 제외된다는 말을 하는 것이라고 생각할 수는 없다. 심지어 그는 갈라디아서 5:19에서 "육"의 일들을 열거할 때도 이 범주 가운데 몸의 영역 밖에 존재하는 몇 가지 죄 형태도 포함시킨다.

---

[6] 그 세 방향은 이렇다: (a) 그 날 불이 그것을 나타낼 것이다, (b) 그 날 불이 검증(시험)할 것이다, (c) 불이 모두 사를 것이다.

우리가 여기서 엄격한 법정적 심판 개념을 이야기하는 마당으로 넘어가면 전문 용어를 활용하는 모습을 발견한다. κρίνειν(크리네인, "선택하다, 심판하다, 판단하다"라는 뜻을 가진 κρίνω의 현재 능동태 부정사다—역주)과 κρίνεσθαι(크리네스따이, "선택하다, 심판하다, 판단하다"라는 뜻을 가진 κρίνω의 현재 중간태/수동태 부정사다—역주)라는 동사는 하나님이나 그리스도의 심판 행위를 묘사할 때 보통 사용하는 말이다. 심판을 통과함을 나타내는 명사는 κρίσις(크리시스)이며, 심판에 따른 판결(평결)을 나타내는 말은 κρίμα(크리마)다. 로마서 5:16을 참고하기 바란다. 물론 이 말들은 종말론에서만 사용하는 말이 아니지만, 실제로 이 말들이 가리키는 대상은 종말론과 관련이 있는 경우가 대다수다. 그 어원을 살펴보면 "κρίνειν"이라는 말은 완전히 중립적 용어로서(즉 법적 의미의 심판이나 판결만을 가리키는 말이 아니며—역주) "무언가를 떼어놓다, 갈라놓다"라는 뜻이다. 이 말의 중심 의미는 구별 discrimination이다. 본디 자연적, 물리적 차원을 연상케 하는 판단 개념에는 법과 관련된 전문적 요소가 존재하지 않는다. "판단하다 to judge"는 단순히 어떤 평가 의견을 형성함을 뜻한다. 이런 의견은 평가 대상이 되는 사람을 믿게 하거나 믿지 못하게 하는 결과를 낳을 수밖에 없지만, 그런 경우에도 "판단하다"라는 말은 법이나 법정을 전혀 떠올려주지 않는다. 이런 판단이라는 정신 활동이 말 그대로 순수하게 생각과 관련이 있는 개념임은 특히 이 정신 활동이 ἀποκριθῆναι(아포크리떼나이), 곧 "대답하다"라는 개념의 주된 요소를 형성한다는 점에서 분명하게 드러난다. 사람들은 자신이 말하려는 의견을 그 상대방이 생각할 수 있게 그 사람 앞에 제시한다. 이 의견은 이와 관련된 또 다른 의견을 불러일으키며, 사람들은 "대답" 행위를 어떤 한 사람의 다른 사람에 대한 의견이 낳은 반응의 결과라고 분명하게 인식한다. 우리는 누가복음 7:43, 12:57, 야고보서 2:12 같은 본문에서 이 "판단하다"(헬라어로 κρίνω—역주)라는 말을 아직 윤리나 법의 색깔을 지니지 않은 말로 사용하는 모습을 만난다. 바울이 한 말에서는 이런 의미를 지닌 말이 사도행전 13:46, 15:19("내 의견은 이렇다"), 20:16("결정했다, 작정했다"), 고린도전서 10:15, 고린도후서 5:14, 디도서 3:12에서 나타난다. 하지만 이런 말에는 많든 적든 무언가를 공식 인정하거나 공식 부인한다는 개념이 쉽게 들어간다. 이 때문에 사도행전 16:4은 사도행전 15장이 이야기하는 공의회가 디아스포라 그리스도인들에게 정의하여 일러준 것들을 δόγματα κεκριμένα(도그마타 케크리메나, "정한 가르침들, 정한 규례들")라 부른다. 이것은 법정에서 쓰는 말이다. 물론 여기서 이 말은 어떤 강제력이 있는 결정을 묘사하는 게 아니라, 사도들의 권면이라는 성질을 가진다.

반면 우리는 로마서 2:2, 2:16, 3:6, 고린도전서 4:5, 5:13, 11:32, 데살로니가후서 2:12, 디모데후서 4:1 같은 본문이 쓴 말(곧 κρίνω나 이와 뿌리가 같은 말—역주)에서는 분명 하나님의 사법 영역에 속하는 표현을 만난다. 이 κρίνειν이라는 단어에 이처럼 법과 관련된 의미를 부여하여 사용한 경우에는 대부분 이 말이 하나님이 무언가를 인정하지 않으신다는, 상대방을 좋지 않게 여기신다는 의미로 줄어든다. 중립적 의미의(법의 영역에서 이야기하는 심판의 의미를 갖지 않은—역주) "κρίνειν"이 상대방을 좋지 않게 여긴다(지지하지 않는다)는 의미의 "κρίνειν"으로 바뀌는 경향이 있다. 하지만 후자의 의미 역시, 비록 상대방을 좋지 않게 여긴다는 의미를 함축하고 있긴 해도, 여전히 마지막 심판 때 심판받는 자에게 절대로 불리한 판결(평결)과 구분할 수 있다.[7]

---

7) 롬 2:2에서는 *krinein*이 (하나님의 소송에서도) 여전히 중립적 의미로 등장한다. 롬 5:16과 고전 11:32은 "*krinesthai*"와 "*katakrinesthai*"(카타크리네스따이, κατακρίνω의 현재 중간태/수동태 부정사이며 "죄가 있다고 결정한 뒤 유죄 선고를 내리다"라는 뜻이다—역주)를 예리하게 구분한다. 고린도 신자들은 죄로 가득한 행위로 말미암아 "심판"을 받지만, 이 심판은 그들 가운데 질병과 죽음을 일으키는 식으로 행하여졌을 뿐 아니라, 분명한 목적, 곧 그들이 마지막 심판 때에 세상

그런가 하면 하나님의 심판 절차와 관련해 그 심판에 따른 최종적, 절대적 결정 결과를 나타내는 세 번째 용어 그룹이 있다. 이 그룹은 "δίκαιος-δικαιοῦν-δικαίωσις"[2]라는 개념과 결합해 있는데, 이 개념은 바울 사도의 구원론 언어, 특히 그의 칭의 언어에서 아주 큰 역할을 한다. 우리가 살펴보는 이 형용사, 명사와 동사는 모두 오로지 심판 대상에게 유리한 의미로 등장한다. 물론 의롭다하심을 받음으로 "의로운" 자는 마지막 심판 때도 정죄를 받을 리 없다. 하지만 성경 본문은 그 "의로운" 자가 마지막에 확실히 형벌을 면제받고 종말에 누릴 최고의 복에 관하여 일러주는 내용을 우리가 심판을 이야기하는 맥락에서 읽을 수 있으리라고 지레 기대함직한 만큼 일러주지 않는다. 문제가 된 그런 요소가 분명 거의 존재하지 않음은 그런 경우들이(즉 심판을 이야기하는 문맥들이—역주) 칭의 용어를 거의 사용하지 않는다는 점에서 드러난다. "δίκαιος"(디카이오스)라는 말을 확실히 마지막 심판과 관련지어 언급한 경우는 오직 디모데후서 4:8뿐이다(이 경우에는 "δίκαιος"가 심판자이신 하나님의 의로우심을 가리킨다).[8] 데살로니가후서 1:5, 6은 신자들이 핍박을 견디는 것을 하나님의 "δικαία κρίσις"(디카이아 크리시스, "의로운 심판")를 나타내는 "ἔνδειγμα"(엔데이그마, "증거")라 부르면서, 이 서신을 읽는 자들이 하나님

과 함께 κατάκρισις(카타크리시스, "유죄 선고")를 받지 않게 하려는 목적을 염두에 둔 것이었다.

8) 해석자들은 이 구절이 암시하는 정확한 의미를 놓고 의견을 달리 한다. 이 구절이 마지막 날을 가리킨다는 점은 의심할 수 없으며, 하나님도 이 마지막 날과 관련지어 "의로운 심판자(재판장)"라 부른다. "의의 관(면류관)"(헬라어 본문은 ὁ τῆς δικαιοσύνης στέφανος이다—역주)이라는 문언의 구조는 불확실하다. 여기서 소유격(즉 τῆς δικαιοσύνης, "의의"—역주)은 설명하는 소유격인가, 소유를 나타내는 소유격인가? 전자로 보면, 이 말은 "의에 존재하는 관," 곧 마지막 심판에서 흘러나온 절대적이고 영원한 의에 존재하는 관이라는 뜻이 될 것이다. 후자로 보면, 이 말은 그런 의의 완성(관)을 의미하며, 이는 신자가 이미 현세의 삶에서 소유하는 것이다. 고전 9:25에 나오는 썩지 아니할 관과 비교해보기 바란다.

나라에 합당한 자로 여김을 받게 하려는 것이 이런 핍박이 주어진 목적이라고 말한다. 여기서 전체 문맥과 특히 "나라"라는 말은 이 말이 엄격한 의미의 종말론을 염두에 두고 한 말임을 증명해준다. 여기에서는 복된 상태의 정도들degrees of blessedness이라는 상대적 문제들은 거의 곱씹어보지 않는다. 하나님 나라를 유업으로 받음만을 이야기할 뿐이다. "의롭다하다"라는 동사는 로마서 2:13이 제시하는 주장에서 발견할 수 있다[로마서 2:13은 δικαιόω("의롭다하다")의 3인칭 복수 미래 수동태 직설법 형태인 δικαιωθήσονται(디카이오쎄손타이)를 사용했다—역주]. 이 주장은 위에서 설명한 대로 가정이지만, 그럼에도 근본적 중요성을 가진 주장이다. 이 주장은 여기서 천명한 원리를 로마서 2:16에서 분명하게 언급하는 마지막 심판, 곧 "하나님이 예수 그리스도로 말미암아 사람들의 은밀한 일들을 심판하실" 그날과 연계한다. "δικαίωσις"(디카이오시스)라는 명사가 십중팔구 종말을 가리키는 말로서 나타나는 경우는 단 한 번, 로마서 5:18뿐이다: "(거저 주어진 선물)이 모든 사람에게 이르러 생명의 의롭다 하심에[헬라어 본문은 εἰς δικαίωσιν ζωῆς(에이스 디카이오신 조에스)—역주] 이르렀다." 여기서 언급하는 생명에는 분명 영원한 상태의 완성된 생명이 들어가지만, 꼭 이 완성된 생명에 한정할 필요는 없다. 동의어인 "δικαιοκρισία"(디카이오크리시아, "의로운 평결, 공정한 판결")는 로마서 2:5에 나오는데, 여기에서는 특별히 종말과 관련지어 사용했다: "진노의 날이요 하나님의 의로운 심판이 나타나는 날." 어떤 본문에 나오는 미래 시제를 절대 신뢰할 수는 없다. 그 시제는 연대(시간)를 기준으로 미래 일을 내다본 것이라기보다 논리적 의미를 지닌 것일 수 있기 때문이다.[9] 바울이 심판을 언급할 때 칭의 용어 사용을 다

---

9) 롬 2:13, 3:20, 4:2(이 구절은 시제가 미래가 아니라 미완료다. 미래 시제는 3:30에 나온다—역주),

소 중지한다는 사실은 여전히 변함없다. 이는 앞서 내린 결론, 곧 바울은 사실상 예견이라는 방법을 통해 심판에 중요한 의미를 부여했다는 결론을 어느 정도 확증해준다.

하지만 이것이 곧 그리스도인들이 장차 다가올 심판에 더 이상 관심을 갖지 않거나 마음을 쓰지 않는다는 의미는 아니다. 이것(그리스도인들이 장래의 심판에 관심이 없거나 마음을 쓰지 않는다는 견해—역주)이 옳지 않음은 지금까지 마지막 심판 개념이 등장하는 사례로서 살펴본 대다수 경우가 신자들을 놓고 이야기한다는 사실에서 알 수 있다. 물론 이렇게 말하는 가장 분명한 이유는 바울이 쓴 서신들이 그리스도인들에게 보낸 서신이요, 결국 그 때문에 심판 개념을 이런 그리스도인들과 연계하여 이야기하기 때문이다. 하나님은 오로지 "밖에" 있는 자들(고전 5:12, 13을 보라—역주)을 심판하신다. 때문에 바울 사도도 당연히 불신자들의 세계가 심판을 받는 것은 절대 피할 수 없다는 말밖에 할 수 없었을 것이다. 이런 점에 제약을 두다보니(즉 불신자들의 세계만을 염두에 두고 심판을 이야기하다보니—역주) 마지막 날에 무죄 선고를 받을 신자들과 유죄 선고를 받은 비(非)그리스도인들을 예리하게 구별하는 일도 그만둘 수밖에 없었을 것이다.[10] 이렇게 바울 사도가 무죄 선고를 받을 신자들과 유죄 선고를 받은 비 그리스도인들을 예리하게 구별하지 않은 모습을 보

5:17, 19과 비교해보라.

10) 마 25:32, 33에 있는 예수의 말씀과 비교해보라. "세상"(곧 악한 성격을 가진 "세상")이 정죄를 받고 정죄를 받을 것을 강조하는 말을 악한 자들이 정죄를 받을 것을 이야기하는 경우들에 덧붙일 수 있겠다. 롬 3:6[순전히 수량 개념?; 원서는 롬 3:6을 제시하나, "행한 만큼 갚는 것"을 심판의 내용으로 이야기하는 것이라면 롬 2:6이 맞는 것 같다—역주], 고전 6:2, 11:32을 보라.

면서 사도는 이런 신자들과 비 그리스도인들을 예리하게 구별하는 일에 익숙하지 않았거나 심지어 무관심했다고 추론하는 것은 딱히 옳지 않을 것이다. "κρίνειν"("심판") 행위를 이야기하면서 사람들이 구원받음이나 구원받지 못함을 중심 주제로 삼아 이야기하는 본문들은 다음과 같다: 로마서 2:2, 3, 8, 12, 16, 3:6, 8, 5:16, 고린도전서 5:13, 6:2, 고린도후서 2:9, 데살로니가후서 2:12, 디모데전서 3:6, 디모데후서 4:1.

이 본문들을 철저히 중시하면서도 이 본문들에서 터무니없는 일반론을 결론으로 끌어내지 않는다면, 대체로 보아 바울은 심판을 개개 그리스도인들이 다가오는 삶에서 장차 갖게 될 서열과 즐거움을 구분할(즉 등급별로 나누어 결정할―역주) 사건으로 본다는 점에 주목할 수밖에 없다. 이런 구분에 따라 생겨날 차이들은 클 수도 있고 또 크겠지만, 그래도 이런 차이들이 존재하는 범위는 어디까지나 구원이라는 영역 속이다(신자들이 장차 누릴 삶에서 갖게 될 서열과 즐거움에 차이가 있더라도 결국은 다 구원이라는 범주 속에 들어 있다는 말이다―역주). 죄를 지은 고린도 사람들은 "심판을 받았다." 즉 하나님은 그들 가운데 질병이나 죽음을 내리심으로 심판을 실행하셨다. 하지만 고린도전서 11:30-32에 따르면, 이런 일은 그 사람들이 당할 마지막 심판에 지장을 주기보다 오히려 그 심판을 더 깊게 만든다. 바울은 특별히 이런 원리를 다른 이들에게 복음을 전하는 이들과 관련지어 적용한다. 이렇게 복음을 전하는 이가 행한 모든 일도 마지막 날에 불로 파괴당하듯이 파괴당할 수 있다. 하지만 고린도전서 3:15은 그 일을 한 사람 자신은 그가 한 일을 파괴하는 불덩이에서 뽑혀 나온 횃불과 같이 심판에서 빠져나오리라고 말한다. 동시에 그는 그가 일한 결과물이 이렇게 파괴당한 것을 그가 겪는 실제 손해로 여기게 될 것이다. 바울은, 비록 가정이지만 정말 진지하면서도 확실히 두려운 마음으로, 자신이 다른 이들을 구원하려고 모든 수고를 다한 뒤에 정작 그 자신은

버림을 받는 결과가 생길까 봐 걱정한다.[11]

얼핏 보면, 강조점을 개인 차원의 문제에서 영원한 복락의 차등 분배 문제로 살짝 옮겨 놓는 바람에 마지막 심판을 내다보는 전망이 가져야 할 엄숙함을 다소 잃어버린 것 같다는 인상을 받을지도 모르겠다. 그러나 실제로 바울 사도가 이 주제(마지막 심판—역주)를 놓고 하는 말들의 분위기와 취지는 그런 인상이 옳다고 확증해주지 않는다. 심판이 다가옴을 의식하지만, 이런 의식 위에는 여전히 불안한 염려라는 베일이 드리워 있다. 지극히 높은 단계의 성화(聖化)에 이르더라도 이런 불안한 염려를 떨쳐 버리기는 불가능하다.[3] 어떤 의미에서 보면, 이런 불안한 염려는 새로 거듭난 믿음을 처음으로 받은 자들이 그들 가운데 널리 퍼져 있는 근본적 희열에만 취해 있지 않게 막아주는 균형추가 되어준다. 이런 떨림은 원시 그리스도인들의 마음 밑바닥을 흐르면서도 동시에 심지어 그 그리스도인들의 경험이라는 표면의 물결과 뒤섞였다. 이런 떨림이 어찌나 생생한지 그리스도인으로서 느끼는 환희의 정점까지 올라가는 일이 낯설지 않았던 바울 사도 자신의 마음속에도 그런 떨림이 있다는 게 드러난다. 이런 환희가 만들어내는 최고의 희열도 그 자체 안에 영원한 문제들과 관련된 모든 것을 담고 있는 마지막 때의 위기를 생각하면 어김없이 찾아오는 공포와 우울에서 사도를 구해주지 못했다. 바울 사도는 이런 생각이 의식 속에 자리해 있다 보니 그가 고린도후서 5:11에서 "주의 두려움"(주가 두려우신 분이심)[12](헬라어 본문은 ὁ φόβος τοῦ κυρίου—역주)이라 부르

---

11) 고전 9:27.

12) "우리가 주의 두려움을 알므로 사람들을 권면한다"는 말을 바울이 복음을 전하는 자로서 가진 능력 때문에 특별히 느끼는 심판을 향한 두려움으로 이해해야 할지, 아니면 바울이 그 말을 들

는 것에 익숙해지게 되었다. 보통 신자의 경우에도 이런 정서가 늘 그 마음속에 한 요소로 자리해 있다. 칭의 경험과 연관지어 하나님이 아버지이심과 하나님의 사랑을 일러주는 모든 가르침도 그것(마지막 심판을 생각하면 늘 찾아오는 공포와 우울—역주)을 송두리째 없애지 못했다. 바울과 초기 그리스도인들의 마음속에 자리한 이런 요소(마지막 심판을 생각하며 느끼는 공포와 우울—역주)를 단지 바울이 이전에 가졌던 종교적 사유 방식과 느낌의 끈질긴 찌꺼기라고 말하는 것만으로는 충분한 설명이 되지 않는다. 그렇게 설명하기에는 이런 요소가 깊어도 아주 깊이 박혀 있다. 오히려 이런 요소 속에서 율법과 선지자들(구약 성경을 가리키는 말이다—역주)이 길러낸, 구약의 하나님 백성 가운데 계시된 종교의 도덕적 측면이 오랜 세월에 걸쳐 빚어낸 문화의 완숙한 열매를 찾아내는 것이 훨씬 더 옳을 것이다. 이런 점에서 보면, 바울도 진정한 이스라엘 자손이었다. 그는 이런 원리를 지지함으로써 자신이 회심시킨 사람들을 모세의 율법에서도 가장 훌륭하고 고결한 것을 물려받을 영적 상속인으로 만들려는 수고를 감내했다. 더욱이 그에 못지않게 확실한 것은 바울의 사상 속에 존재하는 이런 흐름을 가벼이 여기는 어떤 판단도 예수의 가르침에 똑같은 영향을 미친다는 것이다(즉 마지막 때 있을 일을 엄중히 받아들이라는 바울의 가르침을 가벼이 여길 경우에는 역시 같은 내용을 담은 예수의 가르침도 가벼이 흘려듣게 된다는 말이다—역주).

심판이 지닌 이런 요소를 분명히 인식하면 바울의 가르침에서 (그리고 널

는 자들에게 이들이 장차 심판을 받으리라는 것을 되새겨줌으로써 이들 속에 심어주려 하는 두려움(즉 주를 두려워하는 마음—역주)을 말하는지 그리 확실하지 않다. 고후 5:10은 모든 사람이 심판을 받아야 한다고 말하는데, 이를 보면 후자로 이해하는 것이 옳겠다.

리 성경의 가르침 속에서) 보상(상급)이라는 개념이 행하는 역할이 정당한가 아니면 정당하지 않은가라는 문제와 정면으로 부닥치게 된다. 이 문제는 이 책 3장에서 다루었지만, 이 점을 더 자세히 살펴봐도 지나치지는 않겠다. 근대는 종교의 자율성과 자발성을 강조하다보니, 심지어 모든 형태의 외부 권위를 엄격히 배척하는 지경에까지 이르렀다. 바로 여기에서 근대의 이런 경향과 성경에서 나온 종교의 주된 흐름을 이루는 것이 뚜렷이 충돌한다. 근대는 **외부에서 온**$^{ab\ extra}$ 어떤 규칙을 제시하고 어떤 동기를 도입하는 것은, 그것이 무엇이든, 종교적 과정을 그 밑바닥부터 손상한다고 주장한다. 물론 우리는 이런 급진적 입장을 상대로 보통 이 입장이 종교적 대화라는 문제에서 인간을 하나님과 같은 평면에 놓으며 이런 입장 자체가 경건하지 않은(종교와 거리가 먼) 태도를 취한다는 대답(비판)을 내놓을 수 있다. 이런 입장이 역설하는 이런 자율성과 자발성은 하나님께 속하는 것이요 오로지 하나님만 소유하신다. 만일 종교를 인간에게 **강요**해서는 **안** 된다는 입장을 엄격히 문자 그대로 받아들인다면, 그런 입장은 얼마든지 받아들일 수 있을 것이다. 그런 경우에는 하나님을 이야기하면서 그토록 크게 경건의 본질을 침해하는 것은 상상할 수 없다고 말하는 것 자체가 부질없는 일이다. 그러나 종교가 권위를 부여하는 원리에 근대가 퍼부은 비판은 방금 전에 정의한 견해보다 훨씬 더 혹독하다. 근대가 퍼붓는 비판은, 사실 그 근본을 살펴보면, 사람이 원하지 않는데도 종교를 억지로 그 영혼 속에 집어넣는 것에 맞서는 저항으로 들린다. 근대의 이런 비판은 잠재의식을 통해 전달되는 유효한 은혜라는 체계마저도 송두리째 부인하는 것이다. 그런 입장을 취하는 것은 결국 구속과 관련해 신약의 기독교가 제시하는 모든 내용을 단번에 무효로 만들어 버리는 일이요, 바울이 자신도 모르는 사이에 펠라기우스주의자와 같은 역할을 하고 있다는 황당한 비판을 바울에게 가하는 셈이 될 것이다. 여기서 우리가 더 직접 관심을 갖는 비판은 이런 불쾌한 비판을 훨씬 더 교묘하면서도 분명 덜 파괴적인 형태로 표현한다. 이런 비판은 종교에서 보상이라는 모티프를 활용함이 그 본질상 절대 이타주의라는 고차원에서 이루어져야 하는 사귐의 섬세함에 손상을 입힌다고 주장한다. 다시 말해 보상이라는 개념이 가진 상업적 측면, 곧 오는 것이 있으면 가는 것도 있어야 한다 quid pro quo 는 식의 방법이 사람들의 저항감을 불러일으킨다는 것이다. 그리하여 이런 측면에 붙은 이름이 "율법주의"다. 이 율법주의의 탄생은 유대교의 일그러진 시스템, 특히 구약 이후 시대에 존재했던 시스템으로 거슬러 올라간다. 이런 견해[4]를 낳은 심리도 앞서 말한 오류(자율성과 자발성을 내세워 종교의 권위에 맞서는 근대의 오류—역주)를 낳은 뿌리와 그리 멀리 떨어져 있지 않다. 즉 이 경우에도 자기 자신으로 만족하는 사람은 자신을 아주 높이 여기다보니, 자신이 사람으로서 가진 존엄성이 하나님에게 잠식당하는 고통을 견디지 못한다. 이런 사람도 그 나름의 종교관에 따른 정교한 영적 무관심이라는 섬세한 조직에 외부의 어떤 영역이 간섭하는 것을 허용할 수는 있으나, 그 경우에도 자신의 종교는 심리적 자발성을 가져야 한다(즉 자신의 마음에서 우러나와 믿는 것이어야 한다—역주)는 원리를 넘지 않는 범위에서만 외부의 간섭을 허용할 뿐이다.

이제 종교 윤리나 종교 심리가 아니라 오로지 활용할 수 있는 증거만을 근거로 삼아 과연 바울의 종말론에 보상이라는 개념이 존재하며 이 개념이 바울의 종말론에서 대단히 큰 중요성을 가지는가라는 질문을 제기한다면, 그런 개념이 존재하고 그런 개념이 아주 큰 중요성을 가짐을 의심할 여지가 없다. 이런 보상 개념을 이야기하는 고전적 본문이 로마서 2:6-10이다. 우리는 앞서 죄가 침입함으로 말미암아 여기서 자세히 설명한 규칙이 실제로 실현되지 못한 이유가 무엇이며 그런 규칙이 성공리에 작동하지 못하도록 막은 특별한 장애물이 무엇인지 설명했다. 로마서 7:5, 18, 8:7, 갈라디아서 5:17은 이런 일이 벌어지는 큰 이유로 육(죄로 가득한 인간 본성)이 하나님 뜻에 복종하길 거부하기 때문이라고 말한다. 그러나 이것이 인간의 잠재의식 속에 자리한 성향이긴 하지만, 바울은 거기서 더 나아가 하나님을 거부하는 이런 내면의 성향이 겉으로 드러날 출구를 인간이 의식하는 통로를 따라 스스로 찾아간다고 우리에게 일러준다. 어쩌면 바울은 죄로 가득한 마음의 본성을 인간이 종말에 보상을 얻고자 하여 펼치려는 모든 노력을 완전히 헛일로 만들어 그런 노력을 못하게 하고 그런 노력을 할 힘도 없게 만드는 요인으로 오해했을지도 모른다. 실제로 바울은 율법이라는 방법이 실패한 원인을, 종교적 측면에서 고려할 때, 더 근본적 근거가 아니라 더 추악한 근거에서 찾는다. 율법이라는 방법은 극단적 형태를 띨 경우, 하나님을 적대시하는 성격을 띤다. 이런 적대감에서는 단순히 하나님께 다가가고 하나님과 접촉하는 것도 적대적 반응을 불러일으키는 자극제 역할을 한다. 바울 사도는 이렇게 형성된 율법이라는 방법이 한 특정 지점에 이르면 무너져 내린다는 것을, 다시 말해 하나님 앞에서 "자신을 과시하는" 죄로 빠질 수밖에 없다는 것을 훨씬 더 자세하게 가르친다. 우리는 바울이 죄론(罪論)을 다루면서 죄의 단계를 평가할 때 이것(즉 하나님 앞에서 자신을 과시하는 죄—역주)이 인간의 의식 속에서 죄가 걸어가는 치명적 경로의 정점을 이루는 것으로 보았음을 분명하게 관찰할 수 있다. 그렇게 하나님 앞에서 자신을 과시하는 죄가 이런 정점이라는 위치를 차지하는 이유는 간단하다. 그런 죄는 종교적 영광의 합당한 소유자요 그런 영광을 받음이 마땅한 유일한 분이신 하나님께 심히 경건치 않은 태도를 취하는 것이기 때문이다. 로마서 3:27을 참고하더라도, 바울 사도는 율법에 치우친 종교 유형이 이런 유형의 죄를 부추기고 키운다는 사실 하나만으로도 율법이라는 방법을 종말의 목표에 이르기에 적합한 방법으로서 고려할 가치가 없다고 충분히 판단할 만 했다.

하지만 이렇게 보상이라는 개념을 원칙상 배제해야 하는 것은 오로지 구속보다 아래 단계에만 only in the sub-redemptive 해당하는 이야기다. 구속은 인간과 하나님의 관계를 다시 세워준다. 이런 관계 재구성은 비단 일반적 차원뿐 아니라 바로 이런 측면에서도 이루어지며, 그 덕분에 보상 개념 reward-complex 을 다시 도입할 여지가 만들어진다. 우선 이 보상이라는 개념은 오래 전의 형태를 변함없이 그대로 간직한 채 그리스도가 인간을 위하여 행하신 객관적 대속 사역 objective vicarious task[5] 속에 통합되었으며, 지금도 이 사역 속에 견고히 뿌리를 내리고 있다. 바울은 타락한 인간이 죄가 인간이 가는 길에 설치해 놓은, 극복 불가능한 장애물로 말미암아 더 이상 할 수 없는 바로 그 일을 그리스도가 행하신다고 본다. 그리스도의 경우에는 이런 장애물이 존재하지 않기 때문이다. 주관적 관점에서 봐도, 그리스도는 사람을 무능하게 만들어 버리는 죄의 영향을 받지 않으신다. 그리스도는 도덕과 종교 면에서 확실히 완전하시므로 자신에게(하나님이 아니라 인간 자신에게—역주) 영광을 돌리는 요소가 그의 의식 속으로 침입하는 일은 애초부터 불가능하다. 이 때문에 바울은 빌립보서 2:9에서 구주 그리스도가 모든 이름 위에 뛰어난 이름을 은혜로(하나님의 은혜로—역주) 부여받으신 것이 그가 이루신 일과 그가 얻으신 가치 때문이라고 조금도 주저 없이 이야기한다: "이러므로 하나님도 그를 지극히 높여 모든 이름 위에 뛰어난 이름을 그에게 주셨다."[13] 더구나 우리가

---

13) 이 본문(빌 2:9)에서 "주셨다"에 해당하는 헬라어 원어 "ἐχαρίσατο"[에카리사토, "은혜로 거저 주다"를 뜻하는 헬라어 동사 χαρίζομαι(카리조마이)의 3인칭, 단수, 1부정과거, 중간태, 직설법 형태다—역주]를 그냥 보아 넘기면 안 된다. 예수가 그 이름을 얻으심은 당연한 권리이나(즉 당신이 하신 일에 따른 합당한 대가로 얻으셨지만—역주), 그래도 하나님은 은혜라는 방법을 통해 그 이름을 예수에게 주셨다. 하나님은 사람과 보상 관계를 맺으실 때도, 인간의 공로 행위가 아니라 당신의 호의를 토대로 관계를 맺으시기에, 하나님이 인간에게 무언가를 주시더라도 결코 그것을 주실 의무가 있어서 주시는 게 아니다.

인식할 수 있는 바울의 일반적 가르침에 따르면, 신자들의 경우에는, 엄밀한 의미에서 볼 때, "수고한 대가로 보상을 얻음earning"이라는 개념이 존재하지 않는다. 그래도 이 개념을 신자들에게도 똑같이 적용한다면, 신자들 역시 은혜의 체제, 곧 공로라는 개념은 여전히 엄격하게 부인하면서도 신자들이 모든 것을 정산 받을 마지막 날을 내다보며 그들 자신이 보상받을 것을 쌓는(저축하는) 일은 허용되는 체제 속에서 한 자리를 차지할 수 있다. 요한은 그리스도의 충만함에서 받으니 은혜 위에 은혜라고 말했다(요한복음 1:16을 보라—역주). 마찬가지로 그와 얼추 비슷하게 바울이 제시하는 이런 체계 속에도 모든 지점, 모든 평면에서 잇달아 나타나는 하나님의 섭리를 따라 심오하고 또 심오한 부르심, 은혜 아래 은혜가 또 존재하는 일이 존재한다고 말할 수 있겠다.

로마서 2:5-10외에도 개개 신자에게 일정한 보상을 나눠줄 것을 이야기하는 본문들은 다음과 같다: 고린도전서 1:4-8, 3:8, 15:32, 58, 고린도후서 4:16, 5:10, 9:6-8, 갈라디아서 6:5-10, 빌 1:10, 26, 2:16, 골로새서 1:5, 3:24, 데살로니가전서 3:13, 5:23, 데살로니가후서 1:7(1:5-9이 아닐까?—역주), 디모데전서 2:18(성경에는 2:18이 아예 없다—역주), 4:8, 5:25, 6:18-19, 디모데후서 2:11(디모데후서 2:21이 아닌지?—역주), 4:4, 8, 14, 16. 우리가 이런 본문들을 보며 크게 놀라는 이유는 보상 원리를 천명하기 때문이 아니라, 보상 원리를 생생하게 표현해 놓았기 때문이다. 바울은 유대교를 따르려는 자들과 논쟁을 벌이며 폭풍 같은 세월을 보내고 스트레스를 겪었지만, 결국 율법의 행위가 아니라 값없이 받는 은혜로 구원을 얻는다는 교리를 확증함으로써 그런 위기를 돌파하고 승리를 얻었다. 이런 바울이기에 분명 그는 보상받을 정도가 늘어나는 이에게 주어지는 인센티브 때문에 자신이 확증했던 구원 교리가 훼손당한다고 전혀 느끼지 않았을 것이다. 바울 사도는 분명 보상을 이야기하는 이 모든 내용이 앞서 말한 그의 입장(구원은 율법의 행위가 아니라 하나님이 값없이 베푸시는 은혜로 받는 것이라는 입장—역주)에서 전혀 물러선 게 아니라고 생각했다. 이 보상 문제는 말 그대로 다른 평면에 속하는 일이었다.[14]

여기서 간과하지 말아야 할 것은 우리가 방금 다룬 보상 예측이 바울과 보통 그리스도인이 모두 상상하는 심판의 모습에 다시 영향을 미친다는 점이다. 심판 자체는 엄중하고 두려운 일로 여길 수밖에 없다. 하지만 이제 이 엄중함과 두려움이라는 측면에 그와 반대되는 측면, 곧 기쁨과 소망이 담긴 예상이 추가되었다. 이 때문에 결국은 심판을 생각할 때 느끼는 감정이 가장 훌륭한 심리학적 분석을 해보려는 시도조차 아예 못하게 만들 만큼 훨씬 더 복잡해졌다. 장래에 받을 보상이라는 요인도, 보상이 어떤 것일지 불확실한 데다 보상 정도도 성화의 진전 정도에 달려 있는지라, 결국은 그리스도인이 가진 소망에 불안이라는 요소를 더해줄 수밖에 없다. 심판은 부활과 다르다. 심판이라는 캔버스를 온통 빛과 기쁨으로 채워 넣기는 아예 불가능하기 때문이다. 그러나 심판 속에도 보상이라는 음조가 들어와 있음을 고려하면, 심판을 음울함과 두려움에 따른 떨림이라는 측면으로 완전히 도배하는 것도

---

[14] 위에서 말한 설명에 비춰볼 때, 바울이 계속하여 유대교 율법주의에 물들어 있었다는 비판은 근거가 없는 비판이다. 이는 이미 이 책 3장에서 증명했었다. 유대교의 관점과 바울의 관점 사이에 존재하는 차이점은 다음과 같이 간단하게 설명해볼 수 있겠다: 유대교에서는 보상 문제가 상업적 기초(원리)에 의지한다고 생각한다. 결국 하나님은 선택권이 없으시고 보상할 것은 반드시 보상하셔야 한다. 그러나 바울은 하나님의 주권이 대권(大權)이라는 점을 늘 시야에 담고 있다. 하나님은 죄를 벌하실 때도 그러하듯이 보상을 베푸셔야 할 의무도 가지지 않으시는 분이다. 다만 당신이 암암리에 혹은 분명하게 보상을 하겠다고 약속하셨을 때만 그 약속에 매이셨다. 바로 이런 점을 근거로 바울은 보상도 엄격한 균등 원리에 따라 주어지는 게 결코 아니라고 주장한다. 이런 점에서도 하나님은 여전히 당신의 완전한 주권을 행사하신다. 결국 그리스도인과 하나님이 갖게 된 부자 관계는 이런 보상 절차에 완전히 새로운 특징을 부여할 수밖에 없다. 즉 이런 보상은 은혜로 주어지는 보상이자, 특별히 아버지의 사랑으로 주어지는 보상이다.

불가능하다. 실제로 심판 때 받을 것들은 시시한 것들이 아니다. 그것들은 영원한 세계 속에서 공급받을 엄청난 것들과 관련이 있다. 때문에 보상의 등급(정도)이라는 사소한 문제조차도 결코 부차적 중요성을 갖는 문제일 수 없으며, 우리가 아예 관심을 가질 필요도 없는 문제라고 말하기는 더더욱 불가능하다. 두려움에 따른 떨림이라는 요소를 완전히 제거할 수는 없다. 이 요소는 심판이라는 상황 자체에 본디 들어 있는 것이기 때문이다. 그럴지라도 결국 이 요소가 왕 노릇하기는 더 이상 불가능하다. 바울 사도는 온전히 주를 섬겼던 삶이 쌓아 놓은 열매들이 분명하게 드러날 그날(그가 주를 온전히 섬긴 열매들이 다 드러날 마지막 심판 날—역주)을 당당하면서도 기쁜 마음으로 기대한다. 사도는 마지막 심판 날에 이처럼 개인적 차원과 공적 차원에서 만족을 얻으리라고 예상했다. 이 때문에 이런 독특한 상을 받을 때 바울 자신이나 그들 자신을 실망시키지 말 것을 자신이 회심케 한 사람들에게 권면하며 다그치고 또 다그치는 말이 다시 나타난다. 다음과 같은 본문들은 확실히 그런 의미를 담고 있다: 고린도전서 9:15, 고린도후서 1:14, 4:17, 7:4, 갈라디아서 6:9, 에베소서 6:9(6:8이 아닌지?—역주), 데살로니가전서 2:19.

바울이 곱씹어보는 심판의 측면에는 아직도 두 가지 요소가 더 있다. 하나는 공개성(모든 이가 다 알게 함)이요, 다른 하나는 심판에 하나님이 택하시는 방법이 정당함을 확증해주는 성격이 있다는 점이다. 이 둘은 서로 무관한 요소가 아니다. 하나님의 방법이 정당함을 확증하려면 공개성이 필요하다. 마지막 심판은 한정된 몇몇 그룹의 사람들이 아니라 온 세상을 대상으로 삼아 예외 없이 심판하는 일이기에, 하나님이 내리시는 이 최종 선고를 온 세상이 알아야 하기 때문이다. 이렇게 공개하는 것만이 하나님의 엄위 및 그 심판이 가지는 엄숙함과 어울린다. 하지만 바울은 하나님과 사람이 대면하고 사람과 사람이 서로 대면할 때 사람들 사이에 있었던 일이 낱낱이 드러나는 공개성뿐 아니라, 마지막 심판 날에 사람들의 마음속에 숨어 있는 내용을 끄집어내어 밝히는 인간 내면 조사(調査)도 생각한다. 하나님은 모든 것을 아시는 분이므로 이런 일이 쓸데없는 일처럼 보일지 모르나, 사람들은 그렇지 않으므로 이런 일이 필요하며, 심판 자체가 다른 방법이 아니라 모든 관련자가 심판 절차에 참여하는 방법을 통해 완성되므로 이런 일이 필요하다. 바울이 볼 때, 사람들의 마음속에 숨어 있는 내용은 공허해도 형태가 있었으며, 그저 우리의 감각 세계를 초월한 세계에서 일어날 일을 어렴풋이 보여주는 은유적 묘사에 그치는 것이 아니었다. 마음속에 감춰진 비밀들을 우리 눈으로 보듯이 생생하게 묘사해 보려고 시도할 때마다 늘 어려움이 따랐고, 마음속에 감춰진 내용의 세부 사항들 역시 그 내용 전체처럼 비밀스러운 성격을 갖고 있었지만, 이런 비밀들도 바울이 이와 같은 본질적 형상에 관심을 갖고 이런 형상을 강조하는 것을 막지는 못했다. 마음속에 그런 비밀 자체를 감추려고 하는 것 자체가, 아니 내면을 살펴보시는 하나님께 그런 비밀을 들키지 않게 감추려고 하는 것 자체가 악의 일부분이다. 마음속에 감춰진 것들을 사방에서 살펴볼 수 있도록 표면에 드러냄은 그것들에 내릴 보응(報應)에 첫발을 떼는 일이며, 말 그대로 그것들에 유죄 선고를 내리고 처벌하는 첫 단계를 밟는 것이다. 이런 점을 볼 때, 그것(즉 하나님께 들키지 않으려고 마음속에 숨겨 놓은 비밀—역주)은 그 마음이 감춰진 사람 the hidden man of the heart [6]과 정반대다. 이런 사람은 그가 오로지 하나님과 함께 거하는 은밀한 곳을 그의 본향집으로 삼은 사람이기 때문이다.[15] 바울은 로마서 2:16과 고린도전서 4:5에

---

15) 로마서 3:4 19과 비교해보라(이 문장이 말하는 "이런 사람", 곧 "그 마음이 감춰진 사람"은 벧전 3:4이 이야기한다—역주).

서 감춰진 죄가 드러날 수밖에 없다는 필연성을 이야기한다. 그는 앞 본문(로마서 2:16)에서 독자들에게 마지막 심판 날이 이르기 전에 서로 심판하지 말라고 주의를 준다. 이는 한편으로 증거라는 것이 본질상 감춰져 있기 때문에 마지막 심판 시간이 이르기 전에는 공정한 심판을 하는 데 필요한 자료들이 갖춰져 있지 않다는 것을 암시하는 말이요, 다른 한편으로는 마지막 심판 시간이 이르러 그때까지 비밀을 가려주었던 베일이 열리면 하나님이 올바른 심판을 할 수 있는 가능성과 기회를 사람들에게 제공하시리라는 것을 암시하는 말이다.

바울이 심판을 이야기하는 곳에서 하나님의 의가 정당함을 확인받으리라는 사상을 직설화법으로 천명하는 경우는 드물게 나타날 뿐이다. 그러나 다른 한편으로 보면, 바울은 의롭다하시는(칭의) 과정을 다룰 때에 그 문제를 한 번 더 다룬다.[16] 그는 심판을 빈번히 신정론theodicy으로 제시했다(즉 심판을 하나님이 옳으심을 드러내는 과정으로 제시했다—역주). 신정론이 필연이라는 생각(즉 결국은 하나님이 옳으신 것으로 드러날 수밖에 없다는 생각—역주)이 사도의 마음에 아주 강력한 호소력을 발휘할 수는 없었다. 그 경우에 실제로 그에게 아주 깊은 인상을 심어준 것은 하나님의 주권이었다. 하지만 이런 관점으로 접근하는 경우(즉 신정론의 관점에서 심판을 바라보는 경우—역주)가 아예 없지는 않다. 구약 성경을 보면, 하나님의 심판을 표현하는 여러 개념 가운데 하나가 변론을 통해 의로움을 확인해준다는 개념이다. 이런 개념은 특히 이사야서 뒷부분에서 발견할 수 있다. 하지만 이사야서에서 이야기하는 것은 하

---

16) 로마서 9:14과 비교해보라.

나님 백성이 이교도와 다툼을 벌일 때 하나님 백성이 정당함을 확인해준다는 것이지, 특별히 여호와가 주관하시는 심판 절차에서 여호와 자신이 정당하시다는 것을 확인해주신다(드러내 보여주신다)는 말이 아니다. 뿐만 아니라, 여호와의 명분(여호와가 옳으심―역주)은 이스라엘의 명분과 아주 긴밀히 결합해 있기 때문에, 하나님이 정당하시다는 것이 확인되지 않는 이상 이스라엘이 그 정당성을 확인받는 것은 생각할 수도 없는 일이며, 본문 역시 실제로 그렇게 생각하지도 않는다. 사실 바울 서신에서 하나님이 당신이 정당하심을 법정에서 드러내신다는 사상을 담고 있는 본문은 오로지 로마서 3:4뿐이다. 하지만 로마서 3:4은 이사야서 문맥에서 인용하지 않고 시편 51편(정확히 말하면 51:4―역주)에서 인용했다. 여기에서는 대담한 은유를 구사하여 하나님을 그 스스로 자신을 변호하는 이로 소개한다. 말하자면 시편 기자는 자신이 지은 죄들을 놓고 깊이 참회하면서 하나님이 옳으시고 자신이 잘못이라는 사실을 특별히 인정하고 싶어 한다. 그는 이런 목적을 이루고자 "내가 오로지 당신에게만 죄를 지었습니다"라는 은밀한 고백을 콕 집어 털어놓는데, 말하자면 이는 법에 따라 어떤 형식을 갖춘 행위(곧 죄인이 스스로 자기 죄를 고백하는 자백―역주)를 함으로써 여호와가 옳으시다는 게 드러남을 보고 싶어 하는 것이다. 결국 여기서 이 비유가 구사하는 용어들을 보면, 하나님은 재판관이 아니라 오히려 심판을 받는 분이다(하나님이 옳다는 판단을 받으시므로―역주). 하지만 바울이 이런 상황을 다시 만들어내는 목적은 그 자신이 거칠 사법 절차에서 하나님은 참된 분이고 모든 사람은 거짓말쟁이임이 드러나게 하려 하기 때문이다.

바울의 종말론은 두 곳에서 그의 마귀론과 만난다. 이 두 곳 가운데 더 크고 가장 중요한 부분은 그리스도가 큰 마귀 세력들에 맞서 하시는 행동과 관련이 있다. 이 마귀 세력들은 그 우두머리인 사탄과 함께 이 시대를 다스리며, 그리스도가 부활을 통해 보좌에 오르신 뒤에도 여전히 그 영향력을 어느 정도 유지하고 있다. 사탄은 "이 세상의 신"이다. 때문에 바울은 고린도후서 4:4에서 사탄이 믿지 않는 이들의 마음을 가려 복음의 빛이 그들에게 비치지 않게 훼방한다고 말한다. 그는 장래 일을 내다보며 로마서 독자들에게 "곧 하나님이 사탄을 너희 발아래에서 상하게 하시리라"고 말한다. 이것은 다만 창세기 3:15을 따라 뱀에게 선포된 저주가 다 이루어질 것을 말하는 것일 수 있다. 그렇다면 이는 정확히 종말론적 의미를 지닌 말이다. 하지만 바울은 마귀가 다스리는 세상에서 사탄에게 굴복한 세력들에게 내려질 심판을 이야기한다. 로마서 8:38이 열거하는 것들이 그런 예다. 여기에서는 이 세력들이 신자들을 하나님의 사랑에서 떼어놓으려고 시도할지 모른다고 암시하는데, 이는 이 세력들이 하나님의 목적과 맞지 않는 것들임을 일러준다. 이 세력들에 "천사들"을 포함시켰지만, 이는 전혀 이상하지 않으며 이런 암시 내용과 일치한다. 바울 사도 자신이 고린도후서 11:14에서 "빛의 천사"와 "어둠의 천사"를 형태상 구분하기 때문이다.[17] 바울은 우주에서 악한 쪽을 다스리고 움직이는 주범인 사탄과 그를 따르는 무리들을 더 이상 언급하지 않는다. 이는 그가 이런 대립 구도(사탄 대 하나님)를 심판과 관련된 이슈들을 훨씬 더 폭넓게 아우르는 "첫째 아담"과 "둘째 아담"의 대립 구도로 바꾸었기 때문이기도 하지만, 어쩌면 바울이 쓴 서신을 읽는 독자 중 적어도 유대인만큼은 바울 신학이 다룬 이 분야(즉 사탄과 하나님의 대립 구도, 천사와 사

---

17) 사탄은 "빛의 천사"로 "변장"하는데, 이 "빛의 천사"는 은유로 한 말이 아니다. 이 말은 상대를 홀리려고 상대를 속이고 그 비위를 맞추는 사탄의 겉모습을 설명하는 말이면서도, "빛의 천사"와 "어둠의 천사"를 확실하고 엄밀하게 구분함에 근거한 것이다. 사탄은 본디 "어둠의 천사"에 속하나, "빛의 천사"라는 "모습(옷)"을 입을 수 있다.

탄, 마귀와 관련된 내용—역주)를 익히 알고 있었기 때문이었을지도 모른다.[18] 확실히 저자(곧 바울—역주)는 이런 세력들이 악하므로 마지막 날 심판을 받으리라고 생각한다. 어쩌면 이 세력들도 바울이 예수의 이름 앞에 무릎을 꿇을 것으로 분명히 한정하여 열거하는 것들 속에 들어 있을지 모른다. 빌립보서 2:9-11은 우주에 존재하는 세 영역(하늘에 있는 자들, 땅에 있는 자들, 땅 아래 있는 자들—역주)을 이런 행위에 가담한 자들에게 기여한 자로 분명하게 이야기하기 때문이다. 고린도전서 15:24은 이런 악한 영들이 받을 심판을 더 상세히 묘사하여 제시한다. 여기에서는 고린도전서 15:25이 "모든 원수"라는 말로 총칭하는 모든 통치와 권세와 세력을 "무능한 자로 만들어 버리실(개역개정판: 멸하실) 것"이라고 말한다. 하지만 앞장에서 논했듯이, 이것은 엄밀히 말해 마지막 위기만을 한정하여 일컫는 말이 아니다. 이 일은 그리스도의 부활과 강림 사이의 시기에 해당하는 말이며, 마지막 원수인 죽음을 멸하심은 여기에 포함되지 않는다. 고린도전서 1:18에서는 다른 관점, 곧 심판이 더 점진적으로 이루어지리라고 내다보는 관점을 관찰할 수 있다. 이 구절에서는 십자가로 말미암은 구원을 받지 못한 이들을 현재 시제를 사용하여 "멸망하는 자들"[7]로 묘사한다. 이 멸망하는 자들에 복음 설교를 실패하게 만들려고 애쓰는 악한 영들도 포함되는가는 분명 여전히 의문이다. 고린도전서 2:6은 "이 세상의 통치자들"이 "실패할 것$^{coming\ to\ nought}$"이라고 혹은 "없어질 것$^{being\ reduced\ to\ nought}$"이라고 이야기한다. 여기서 언급하는 것이 마귀의(마

---

18) Everling, *Die Paulinische Angelogie und Dämonologie*, 1888을 참고하라. 이 단행본은 유대교 신앙과 바울의 신앙에서 크게 알려지지 않았던 커다란 영역을 열어 놓았다. 하지만 이 책은 유대인들이 공상으로 만들어낸 기이한 믿음들로서 외경 문헌이 기록해 놓은 것들을 자료로 삼는 경향이 지나치게 강하다.

귀에 속한) 영들임은 의심할 여지가 없다. 고린도전서 2:8이 그리스도의 영광과 관련해 바로 이 통치자들을 이야기하면서 무지함이 이들을 인도하여 주를 십자가에 못 박게 했다고 말하기 때문이다.[19] 이런 행동이 정죄할 수 있는 행동이요 스스로 정죄를 부르는 행동인 한, 더 나아가 이런 행동이 십자가를 통해 만물을 마무리 짓는 종말론적 청산을 시작하는 일인 한, 이런 말(즉 이 세상의 통치자들이 없어지리라는 말—역주)에서 장차 있으리라 예상하는 심판의 형태를 밝혀내도 무모하지는 않을 것이다. 우리는 이 주제를 다룬 여러 본문에서 바울 사도가 우리 눈에 보이는 이 세상의 장면들 뒤편에 자리한 영들의 세계에서 펼쳐지는 신비한 드라마를 의식하고 있다는 인상을 받는다. 이 드라마는 드라마 자체에 담긴 의미만 전달하면 끝인 드라마가 아니다. 이 드라마에는 역사가 막을 내릴 때 세계라는 드라마가 맞이할 최고의 해결책(결말)이 가득 들어 있다. 하지만 다른 곳에서는 단지 어렴풋이 예측만 할 수 있는 이런 사실을 분명하게 선언하는 본문이 하나 있다. 바로 골로새서 2:15이다. 바울은 여기서 하나님이 십자가에서 통치자들과 세력들을 "벌거벗기시고(무장 해제시키시고)"[ἀπεκδυσάμενος(아페크뒤사메노스)]하시고, 온 천하의 구경거리로 만드시며[ἐδειγμάτισεν(에데이그마티센)], (이를 통해) 그들에게 승리하셨다[θριαμβεύσας(뜨리암뷰사스)]고 선언한다.[8] 이 말이 정확히 암시하는 의미는 십중팔구 ἀπεκδυσάμενος라는 분사와 관련된 존재에 달려 있다. 영역 성경들은 이 말을 "spoiled"(결딴내다), "despoiled"(발가벗기다, 손상을 입히다)로 번역해 놓았지만, "그 자신(하나님 자신)에게서 떼어놓다"(put off from Himself)로 달

---

19) 세상의 (악한) 영들이 하나님이 펼쳐 가시는 과정에 담긴 의도(즉 하나님의 의도—역주)를 모른다는 개념은 유대교도 익히 알았던 개념인 것 같다. Everling, *op cit*. p. 12이하를 참고하라. 신약 성경에는 이와 유사한 내용이 드물다. 에베소서 3:10과 베드로전서 1:12은 그 본질이 다르다.

리 번역해 놓은 것도 있다.[9] 언어학의 관점에서 살펴보면, 두 번역 모두 반대할 수 없다. 이 두 번역이 보여주는 주된 차이점을 든다면, 전자는 하나님과 통치자들 및 세력들 사이의 적대 관계를 강조한다는 것이다. 이는 악한 천사들을 두고 하는 말로 봐야 이해할 수 있는 말인 "구경거리로 삼다"와 "승리하다"라는 말과 어울린다. 다른 견해(즉 "그 자신의 힘을 꺾어 놓다"로 번역하는 견해—역주)는 여기서 말하는 세력들이 이방신들과 어떤 연관을 갖고 있었다는 가정과 관련이 있다. 말하자면, 이 이방신들은 마치 가면처럼 참된 하나님의 얼굴을 가리고 희미하게 하여 이교도들이 그 얼굴을 보지 못하게 했다. 이 때문에 하나님은 이제 온 천하가 보는 가운데 당신이 그 이방신들과 근본부터 다르시다는 것을 선언하셨다. 그런 이유 때문에 "구경거리로 만드시다"와 "승리하시다"라는 문구도 그들(이방신들 그리고 이들과 연관이 있는 세력들—역주)에게는 불길한 의미가 있다. 게다가 바울이 마귀론과 관련된 이런 생각들을 구원에서 십자가가 가지는 의미(이 의미는 15절이 "십자가로"라는 말로 지적한다) 및 하나님이 통치자들과 세력들을 당신 자신에게서 떼어놓으심 혹은 발가벗기심과 연계하면서 한 가지 다른 점이 생긴다. 하나님의 이런 행동은 이교(異敎)와 관련된 망상들을 제거하신다는 의미만 있는 게 아니라, 이스라엘 자신에게도 율법 아래에서 살아가는 인생들에게 불리한 것을 법에 따라 기록해 놓은 증서에서 말끔히 지워버림으로써 죄를 용서해주신다는 의미를 담고 있다.[20] 그러나 이 수수께끼 같은 말들을 무엇이라 해석하든지, 어쨌든 바울 사

---

20) Zahn, *Einleitung in das Neue Testament*, I, pp. 334, 335은 위에서 살펴본 둘째 견해를 채택하지만, 율법에 따른 채무를 면제한 구원과 통치자들 및 세력들에 거둔 승리 사이의 상호의존성을 어떻게 인식해야 하는지 분명하게 설명하지는 못했다. 이 본문에서 말하는 문제는 갈라디아서 4:9과 골로새서 2:8, 20에서 등장하는 말인 στοιχεῖα τοῦ κόσμου(스토케이아 투 코스무), 곧 세상의 "기초들" 혹은 "초보 원리들"(개역개정판: 세상의 초등 학문) 문제를 다루는 것과 다를 게

도가 그리스도가 십자가에서 돌아가신 일을 인간보다 위에 있는 영들에게 내려진 진짜 심판으로, 말하자면, 그리스도의 부활을 보면서 기대하게 된 마지막 부활과 나란히 놓을 수 있는 어떤 사건으로 본 것만은 분명하다.

없다. 찬은 이 στοιχεῖα τοῦ κόσμου를 다룰 때도 전통적 인식을 따라 stoicheia(스토이케이아)를 "가르치는 기초 원리들"(히브리서 5:12)로 이해하면서, 마귀론의 관점에서 이 원리들을 특별히 천체와 관련이 있고 이방 종교의 물리적, 의식적(儀式的) 도구처럼 뭔가를 규율하는 영들로 받아들이려 하는 근대의 견해에 반대한다.

후자의 견해에서는 바울이 본디 이방 종교를 믿었던 갈라디아 사람들이 유대교의 종교 형식을 받아들이면서 이런 초보 원리 숭배로 돌아가는 어리석음을 저지르고 있다고 비판할 때 이런 개념(즉 "세상의 초보 원리들"라는 개념—역주)을 사용하는 것을 특이하게 받아들인다. 이런 점에서 바울은 이방 종교의 의식(儀式)주의와 유대교의 의식주의 사이에 어떤 공통 요소가 있다고 추정한다. 그리고 드디어 갈라디아서 4:9-11에서 그 공통 요소가 천체 운행의 규칙을 따라 날과 달과 절기와 해(年)를 지키는 것임을 설명한다. 그렇다고 이 말이 꼭 모든 종교에서 등장하는 stoicheia가 다 똑같은 성격을 지녔다는 말은 아니다. 바울은 여러 종교에서 행하는 이런 준수 행위들이 구약 시대에는(즉 구약 시대 이스라엘에서는—역주) 하나님의 특별한 규율과 감독을 따랐지만, 이방 세계에서는 그런 제약 없이 내버려져 제멋대로 펼쳐졌다고 생각했던 것 같다. stoicheia는 새 체제가 그것들을 철폐할 때까지 하나님이 부리시는 도구 역할을 했을 것이다. 갈라디아서만 놓고 보면, 이런 견해가 설득력이 있을 수 있다.

갈라디아서에는 갈라디아 사람들을 정죄하는 말은 없다. 바울은 초보 원리들의 지배에서 빠져나온 뒤에 다시 그 지배를 받으려고 하는 이들을 비판하되, 주로 이들이 어리석고 부질없는 짓을 한다고 비판한다. 그는 그들을 상대로 하나님의 심판이 있으리라는 말을 일체 하지 않는다. 그러나 골로새서에서는 다르다. stoicheia 자체를 하나님을 대적하는 것으로 규정하지 않으면서도, 문맥을 살펴보면 이 초보 원리들을 하나님이 발가벗기시거나 당신 자신에게서 떨어 버리시고 맞서 승리를 거두신 통치자들 및 세력들과 동일시하는 것 같다. 후자가 골로새서 2:15에서 나타난다. 바로 그 앞에는(즉 골로새서 2:14에는—역주) 사람들에게 불리한 것을 법에 따라 기록해 놓은 증서에서 말끔히 지워버린다는 말이 있다. 바로 그 세력들이 하나님을 대신하여 증서를 보유할 권세를 부여받은 자들로 나타나지만, 이들은 결국 하나님이 진행하시는 형벌 절차의 대상이 되고 만다. 골로새서 2:8은 이들을 공공연히 "초보 원리들"이라 부르면서 곱지 않은 시선으로 바라본다: "세상에 속하고 그리스도를 따르지 않는 것들." 이어 2:20도 이것들을 15절과 밀접하게 관련지어 언급하면서 독자들이 이미 그리스도와 함께 죽었던 존재들 혹은 것들로 규정한다. 16절에서 "그러므로"라는 말을 쓴 이유도 그 때문이다. 이 주제는 교리상 여전히 모호한 구석이 많다. 이 주제는 하나님이 현세와 동일시되는 괘씸한 영들을 상대로 행하시는 심판과 관련이 있는 경우에만 논의할 문제다. stoicheia 문제를 다룬 현대 문헌들을 살펴보려면, 뒤에 있는 참고문헌을 참고하라.

아울러 또 한 가지 더 살펴볼 측면이 있다. 여기에서는 천사들이 심판을 받을 대상으로 등장하는데, 이번에는 하나님이 천사들을 심판하시지 않고 신자들이 천사들을 심판한다. 이런 표현이 고린도전서 6:3에 나온다. 바로 그 앞에서는(즉 6:2에서는) 이 표현이 "혹은 너희는 성도가 세상을 판단할 줄을 모르느냐?"라는 형태로 등장한다. 바울이 지금 "천사들"과 "세상"이라는 이 두 목적어를 서로 바꿔 쓸 수 있는 말로 이해하라는 말을 하는 것인가는 썩 확실치 않다. 그럴 경우에는(그렇게 둘을 서로 바꿔 쓸 수 있는 말로 이해할 경우에는—역주) 오로지 악한 천사들만을 고려 대상으로 삼을 수 있을 것이다. 바울이 말하는 "세상 kosmos"은, 언제나 그렇지는 않지만, 대체로 악을 떠올려주기 때문이다. 가령 로마서 3:6처럼 심판하시는 주체가 하나님이신 곳에서는 이 말을 수량 개념으로 이해하여 온 세상 totum mundum이라는 뜻으로 받아들여야 할지 모르지만, 세상에 악한 측면들이 쌓여 있음을 말하는 고린도전서 1-3장에서는 십중팔구 그런 뜻으로 받아들일 수 없다. 바울이 천사들을 판단하고 세상을 심판하는 이 기능을 고린도 사람들이 익히 아는 것으로 이야기하는 점이 눈길을 잡아끈다. 이는 그런 내용이 이미 널리 받아들여진 믿음이었음을 일러준다. 그렇지 않았다면, 바울이 여기서 그런 말을 "너희는 모르느냐" 같은 질문 형태로 하기는 불가능했을 것이다. 바울이 쓴 글에는 이 문제를 더 자세히 언급하거나 암시하는 곳이 없다. 묵시 문헌에 있는 유사한 본문에 많이 의존하는 에벌링 Otto Everling 은 여기서 이 문제를 거의 해명해주지 못한다. 그가 비교하는데 인용할 수 있는 것은 에녹서 13장뿐이다. 이곳에서는 하나님이 천사장들의 고소에 따라 일찍이 사람의 딸들과 혼인했던(창세기 6장을 보라) 악한 영들에게 내리신 유죄 선고를 전할 사명을 에녹에게 맡기셨다고 말한다. 여기서 고소자들은 천사장들 가운데서 등장하지만, "하나님의 아들들"은 천사 200을 거느린 조그만 아사셀 그룹인데, 이는 바울이 아주 기탄없이 말하는 "성도들이 세상을 판단할 것이다"라는 말이나 "우리가 천사들을 판단할 것이다"라는 말과 잘 들어맞지 않는다. 이와 비슷한 뜻을 제시하는 유일한 말이 예수가 사도들에게 이 사도들이 열두 보좌에 앉아 이스라엘 열두 지파를 심판하리라고 확실하게 일러주시는 말씀(마태복음 19:28과 누가복음 22:30)이다. 동방에서는 심판이 왕의 역할이다. 왕은 법을 만드는 자요 법을 집행하는 자다. 그러나 우리 주님이 하신 말씀은 성도들이 당신과 함께 다스릴 것이라는 의미로 받아들일 수 있지만, 바울이 하는 말은 아주 특이하여 그렇게 주해할 수 없다. 바울 사도가 그의 독자들을 꾸짖는 이유는 그들이 같은 그리스도인 형제자매들에게 보이는 오만한 태도 때문이 아니라, 이런 형제자매들을 상대로 소송을 일삼기 때문이다. 이 독자들은 성도들이 아니라 불의한 자들(이방인들) 앞에서 소송을 벌인다. 더군다나 이들은 "지극히 사소한 일들," 곧 이 세상에 속한 일들을 갖고 이런 일을 한다. 바울이 이를 보면서 비판하는 점은 두 가지다. 첫째, 신자들이, 심지어 고린도에서는 지체도 높고 성령께 속했다 하는 신자들이 돈 때문에 벌어진 시시한 다툼들을[βιωτικά(비오티카), 고린도전서 6:4에 나온 이 말은 "세상에 속한 일"을 뜻하는 말인 βιωτικόν(비오티콘)의 복수, 목적격 형태다—역주] 지체 낮은 이방인들에게 심판해달라고 제출하는 것은 신자의 품위를 떨어뜨리는 일이다. 둘째, 신자들이 이방인들에게 잘못을 바로잡아달라고 요청하는 것은 자신 같은 신자들을 이런 일이 있게 한 다툼들을 충분히 해결할 수 있을 만큼 지혜롭거나 뛰어난 자들이 아니라고 모욕하며 무시하는 것이다.[21] 이 두 가지 점을 볼 때, 바울이 신자들에게 장차 그들이 천사를 판단하리라는 것을 되새겨주는 것은 잘못을 바로잡으려고

---

21) 더 중요한 점은 법정에서 받아들일 수 있을 만한 이런 다툼들이 고린도 사람들 가운데에서도 필시 일어나고 있었다는 점이다. 바울은 7절에 가서 이 점을 이야기한다: "아니다. 너희에게 이미 어떤 허물이 있기 때문에, 너희가 서로 소송을 벌이는 것이다."

하는 말이다(이에는 비꼼도 어느 정도 함께 들어 있다). 우리는 이를 보면서 바울 사도가 미래에 우리가 천사들을 판단할 일을 시시한 역할로 생각하지 않았음을 짐작할 수 있다. 오히려 천사를 판단할 일은 모든 그리스도인이 존중하는 마음으로 새겨두어야 할 것이었다. 이런 일을 경멸하는 자는 꾸지람을 들어도 쌌다. 나아가 바울이 천사들을 판단하는 일과 관련이 있다고 말하는 것들은 사소한 문제가 아니라 장차 임할 삶과 관련된 문제로서 지극히 중요한 문제였다. 이는 바울 사도가 이 주제를 놓고 품었던 속생각을 우리에게 살짝 일러주긴 하지만, 우리의 정당한 호기심을 결코 채워주지 않는다. 고린도의 그리스도인들은 이 문제에 관하여 분명 우리보다 더 많은 것을, 어쩌면 모든 것을, 알고 있었음을 생각하면, 우리의 호기심은 더 커질 뿐이다.[22]

하지만 짧게 살펴봐야 할 문제가 하나 더 남아 있다. 그것은 바울이 이 엄숙한 역할을 주재하고 최고 결정을 내릴 이라고 말하는 재판관이 누구이신가라는 문제다. 그 재판관은 하나님이시다. 그 분에게서 모든 의와 심판이 나온다. 사람들은 인간의 행위에 얽혀 있는 복잡한 실들을 풀지 못하나, 그 분은 사람 내면에 있는 것이든 혹은 외면에 있는 것이든, 명쾌하게 아신다. 그 분은 하나님으로서 당신이 가지신 권리를 행사하사, 모든 대상을 망라하는 이런 심판 행위를 집행하시고, 이를 통해 일찍이 이 세상에서 일어났던 모든 일이 마땅히 당신께 돌렸어야 할 영광 중 일부를 받으신다. 이것은 실로 바울이 여러 각도에서 하나님의 의라는 개념을 탐구한 내용 가운데 가장 빼어난

---

[22] 이 본문 전체를 훌륭하게 분석한 바흐만^{Philipp Bachmann}의 유익한 주해가 Zahn, *Komm. z. N. T.*, Vol. VII, 2nd ed., pp. 224-238에 실려 있으니, 참고하기 바란다.

부분이다. 객관적으로 보아 의로운 것만으로는 불충분하며, 자신의 내면 안에 있는 양심으로 동의를 표명하는 것만으로도 충분하지 않다. 하나님이 공식 재판에서 하나님의 재판을 받는 사람이 죄를 용서받았다고 선고하셔야만 비로소 그 사람이 면류관을 쓰게 되지, 재판을 받는 동안에는 면류관이 주어지지 않는다. 바울이 이런 것을 워낙 작은 소리로 말하다보니, 고린도전서 4:3-4처럼 이런 것을 가끔씩 분명하게 말하는 곳에서도 귀를 기울여야 들을 수 있다: "그러나 내게는 너희에게나 혹은 사람의 날에게(곧 사람이 심판하는 법정에서) 심판을 받는 것이 아주 작은 일이다. 그렇다. 나도 내 자신을 판단하지 않는다. 이는 내가 내 자신에게 불리한 것을 전혀 알지 못하기 때문이다. 그러나 나는 이 때문에 의롭다하심을 받지 않는다. 나를 심판하시는 이는 주님이시기 때문이다." 하지만 따로 떨어져 있는 이 음(音)도 원칙상 이신칭의 교리라는 풀 코러스 full chorus 음악, 곧 "자기를 의롭다 하시고, (하물며) 예수를 믿는 자도 의롭다하시는 이가 되려 하심이다"(로마서 3:26)와 "하나님은 참되심이 드러나고 모든 사람은 거짓말쟁이임이 드러날지어다. 기록되었으되, 이는 당신이 당신의 말씀으로 의롭다 함을 얻으시고, 당신이 판단을 받으실 때에 이기려 하심입니다"(로마서 3:4)와 다르지 않다. 이 정점(頂點)에서 하나님이 행하시는 심판이라는 절차와 하나님이 구원에서 사용하시는 칭의라는 방법이 같은 뿌리에서 나왔다는 게 분명히 드러난다.

하나님이 행하시는 심판이 나란히 자리해 있는 것이 고린도후서 5:10에서 이야기하는 심판, 곧 그리스도가 주재자로 등장하시는 심판이다. 하지만 그리스도가 심판자이시라는 이 말은 나중에 그리스도의 위엄과 직무에 덧붙인 말이며, 그 때문에 이 말을 구주가 하나님이심을 뒷받침하는 증거로 특별히 인용할 수 있게 되었다고 해석해서는 안 된다. 이 본문은 분명 예수가 하나님이심을 증명해주는 증거이지만, 초기 교회가 예수에게 하나님이 가지신 속성이나 하나님이 하시는 역할을 부여한 본문은 아니다. 그 뿌리(즉 그리스도 예수가 곧 하나님이심을 처음으로 밝힌 곳—역주)는 훨씬 더 멀리 거슬러 올라가, 메시아를 하나님 대리자로 이해하는 구약의 메시아 개념 속에 들어 있다. 메시아는 하나님을 대리하기에 하나님의 심판을 집행하고 그 심판에 참여한다. 이렇게 생각한 것도 결국은 떼려야 뗄 수 없는 연합(하나님과 메시아의 연합—역주) 때문이며, 이런 연합에 기초한 통치 기능과 심판 기능이 아주 오래 전부터 셈족 세계에 들어왔었다.

바울의 담화를 살펴보면, 그리스도가 심판을 주재하시려면 반드시 인성을 가지셔야 함을 사도가 곱씹어보는 사례가 하나 있다. 이는 아레오바고(아레오파고스) 담화에서 등장하는데, 사도행전 17:31은 이렇게 말한다: "그가 당신이 세운 사람을 통해 의로 세상을 심판하실 날을 정하셨기 때문이다."[23] 이와 비슷한 말이 요한복음 5:27에서도 나타난다: "또 그가 그에게 심판을 집행할 권위를 주셨으니, 이는 그가 사람의 아들(인자)이시기 때문이다."[24] 각 본문이 예수가 인성에 참여하셨음을 강조하는 동기가 무엇인지 분명치는 않다. 이 본문들은 예수가 당신이 심판하실 사람들의 자아 속으로 들어가실 수 있는 능력을 염두에 두었다. 이런 점을 생각하면 이 본문들이 표명하는 사상은

---

23) 영역 성경들은 번역을 통해 이런 난점을 교묘히 피해간다. A. V.는 "by that man whom He has ordained"로 번역했으며, R. V.는 "by a man"이라 번역하고 방주(傍註)에 "that man"이라 적어 놓았다. A. R. V.는 "by the man"이라 번역하고 방주에 "a man"이라 적어 놓았다.

24) 어떤 이들은 요한복음 5:27에서 "son of man"(사람의 아들)을 "man"(사람)으로 대체하려 했다. 그렇다면 인자는 그 자체가 심판권을 가진 메시아를 나타내는 공식 칭호가 된다. 공관복음 뒷부분에서는 "인자"와 심판 사이에 긴밀한 관계가 있음을 보여주는 증거가 있다. 하지만 여기서 그렇게 대체한다면, 그것은 헬라어 원문에서 비롯되었을 것이다. 본문을 보면 "son" 앞과 "man" 앞에 모두 관사가 없기 때문이다.

히브리서에서 두드러지게 나타나는 사상과 비슷한데, 다만 히브리서에서는 그 같은 사상을 독특하게 바꿔 표현한다. 예수가 긍휼히 여기심은 주로 고난을 통해 신자들을 엄습해오는 시험과 관련이 있다. 이렇게 긍휼히 여기심은 아주 도덕적이며, 단순히 고난 그 자체에 감정적 공감을 표시하는 게 아니다.

역자 주

[1] 반면 법정적 묘사는 법정에서 벌어지는 재판이라는 "형식"을 빌려 종말의 심판을 서술하고 법정 재판이라는 "완전한" 은유를 사용하여 심판을 묘사한다는 점에서 사실적 묘사보다 형식이라는 면이 더 두드러지게 나타나고 은유가 더 확실하게 나타난다.

[2] δίκαιος는 "의로운, 올곧은"이라는 뜻을 가진 형용사, δικαιοῦν는 "의를 행하다, 의롭다고 판결하다"라는 뜻을 가진 동사 δικαιόω의 현재 능동태 부정사, δικαίωσις는 "의롭다함, 정당성을 인정해줌"이라는 뜻을 가진 명사다.

[3] 아무리 변화를 받아 거룩함에 이른다 할지라도 마지막 심판을 생각하면 불안과 염려에 사로잡힐 수밖에 없는 것이 인간이라는 말이다.

[4] 우리가 더 직접 관심을 갖는 비판, 곧 훨씬 덜 자극적인 형태로 종교를 비판하는 견해로서 특히 보상이라는 모티프를 활용하는 종교가 과연 종교이냐고 따지는 견해를 말한다.

[5] vicarious는 엄밀히 말하면 "빚을 대신 갚음"을 뜻하는 대리 상환이나 대리 변제로 번역하는 쪽이 더 낫겠으나, 대리 상환이나 대리 변제는 아무래도 일반 그리스도인에게는 덜 친한 법률용어라서 그리스도인들이 익히 아는 "대속"(代贖)으로 번역했다.

[6] 개역개정판은 베드로전서 3:4에서 이를 "마음에 숨은 사람"으로 번역했다. 헬라어 비평 본문을 담은 Nestle-Aland 27판 본문은 이를 "ὁ κρυπτὸς τῆς καρδίας ἄνθρωπος"(호 크립토스 테스 카르디아스 안뜨로포스)로 기록했는데, 공동번역은 "속마음," 새번역은 "속사람"이라 번역했다.

[7] NA27판 본문은 이를 τοῖς ἀπολλυμένοις(토이스 아폴뤼메노이스, "멸망하는 자들에게는")로 적어 놓았다. ἀπολλυμένοις는 ἀπόλλυμι의 현재분사, 중간태/수동태, 남성, 복수, 여격 형태다.

[8] ἀπεκδυσάμενος는 "벌거벗기다, 무장 해제시키다"를 뜻하는 ἀπεκδύομαι(아페크뒤오마이)의 부정과거 중간태 분사 남성 주격 단수형이고, ἐδειγμάτισεν(에데이그마티센)은 "폭로하다, 부끄러운 예로 삼다"를 뜻하는 δειγματίζω(데이그마티조)의 3인칭 단수 부정과거 능동 직설법 형태이며, θριαμβεύσας(뜨리암뷰사스)는 "승리하다, 부끄러움을 당하게 하다"를 뜻하는 θριαμβεύω(뜨리암뷰오)의 부정과거 능동태 분사 남성 주격 단수형이다.

[9] "무장 해제시키다"를 뜻하는 disarm을 쓴 영역 성경으로 NIV, NLT, ESV, NASB, NET가 있고, KJV은 spoil, ASV는 despoil, English Revised Version은 put off from himself를 사용했다.

Chapter 12

영원한 상태

부활과 심판에 뒤따르는 상태의 큰 특징을 묘사해주는 형용사가 "αἰώνιος"(아이오니오스, "영원한")다. 곧 드러나겠지만, 방금 말한 성격("영원함"—역주)은 오로지 시간과 연결되어 있거나 시간과 단절되어 있음만을 표현하는 게 아니다. 이 말은 이 말을 들으면 떠오르는 어떤 성질들과 결합해 있다. 바울 서신에서는 이 말이 종말에 잇달아 일어날 사건들의 최종 결과를 이야기하는 자리에서 14회 등장한다: 로마서 2:7, 5:21, 6:22, 23, 고린도후서 4:17, 18, 5:1, 갈라디아서 6:8, 데살로니가후서 1:9, 2:16, 디모데후서 2:10(원서에는 디모데전서 2:10로 잘못 나와 있다—역주), 디도서 1:2, 3:7, 빌레몬서 15절. 이 구절들에 사도행전 13:46, 48을 더해야 한다. 이 본문들 가운데 이 말과 마지막 심판 때 유죄 선고를 받은 자들이 당할 운명을 분명하게 결합하는 유일한 본문이 데살로니가후서 1:9이며, "ὄλεθρον αἰώνιον"(올레뜨론 아이오니온, "영원한 파멸, 영원한 멸망")이라는 말이 등장한다. "αἰώνιος"의 명사형인 "αἰών"(아이온, "영원")의 기원임이 분명한 히브리어 "Olam"(올람)은 그 본래 의미가 철학자들이 "한계 개념Grezbegriff"이라 부르는 것 같지만, 성경에서는 이를 좀 더 자세한 의미로 인식하는 것 같다. 즉 이 말은 "사람의 시간 개념으로 다다를 수 없는" 것을 가리킨다.1) 이는 무엇보다도 사람의 기억이 미치지 않는 곳에 자리한 과거와 연관이 있는 것으로 보인다. 창세기 49:26, 신명기 33:15에 나오는 "영원한 언덕들"("영원한 산," "영원한 작은 언덕")은 기억이 닿지 않는 곳에 존재했던 언덕들이다. 그렇다고 이것들에 실제로 시작이라는 것도 없었다는 의미는 아니다. "le'olam wa'ed"(러올람 바에드, "영원에서 영원까지")처럼 영원이라는 말을 겹쳐 쓴 문구는 반복법을 통해 영원이라는 개념을 강조하려고 쓴 것이다. 말을 겹쳐 쓴 것은 "앞에 존재했던" 영원과 "뒤에 존재할" 영원을 구분하려 했기 때문일 수도 있다: "me-'olam 'ad 'olam."2) 어떤 사람들은 "αἰώνιος"가 구약의 영원 개념에서 나오지 않고 종말론에서 형식상 "이 세대"와 "장차 임할 세대"를 구분함에서 유래했다고 주장했다. 이는 여러 이유 때문에 설득력이 없다. 영원이나 끝나지 않음이라는 개념은 장차 임할 세대에게는 완벽하게 적용할 수 있지만, 분명 "현세"라는 문구는 본디 그런 개념과 반대다. 게다가 헬라 세계에서 말하는 "aion"은 종말론과 전혀 상관이 없고 "늘(항상)"을 뜻하는 "aiei"와 관련이 있는 게 분명하다. 때문에 전문 종말론 체계에서 유래한 모든 말이 필요하지 않았던 것으로 보인다. 현세는 *aionios*의 정반대말이다. 현세에는

---

1) 어원학자들은 이 말의 뿌리인 "*alam*"(알람)이 "감춰진"을 뜻한다고 말한다. 영원(하늘)이라는 개념과 감춰져 있음이라는 개념은 긴밀하게 결합하여 나타난다. 고전 2:7(원서는 고전 10:7로 잘못 표시해 놓았다—역주), 엡 3:9, 골 1:26을 참고하기 바란다. "비밀"(감춰진 것)과 "계시"(드러낸 것)는 서로 반대말로서 상관관계에 있다. 이 때문에 골로새서 1:26은 "만세 전부터 감춰진"(개역개정판은 "만세와 만대로부터 감추어졌던," 공동번역은 "과거의 모든 세대, 모든 사람에게 감추어져 있던"—역주)이라 적어 놓았다.

2) von Orelli, *Die Hebräischen Synonyme der Zeit und Ewigkeit*, 1871을 참고하라.

"συντέλεια"(쉰텔레이아. "완성, 끝")가 있기 때문이다. 특히 바울의 용례를 보면, 사도는 갈라디아서 4:4에서 완성된 상태를 "시간"을 뜻하는 "chronos"(크로노스)의 반대말로 본다.[3] 바울 서신에는 이 aionios라는 형용사를 다른 것과 비교하여 더 오래 지속된다는 의미로 한정하여 봐야 한다고 강요하는 경우가 하나도 없다. 위에서 인용한 사례 중 적어도 열한 개 사례가 이 형용사와 "생명"이라는 명사를 결합하여 "ζωὴ αἰώνιος"(조에 아이오니오스, "영생")라는 말을 사용했는데, "영생"이라는 말은 본디 그 내용상 어떤 한계를 인정하지 않는다. 랍비 신학과 그리스 철학은 이 말의 특이한 점을 우리가 인식할 수 있는 어떤 시간상의 한계를 부인하는 데서 찾았다. 가령 키두쉬[Kiddush][1] 39:2을 보면, 랍비들은 "미래 세대[future aion]"를 "완벽히 길다"고 규정한다. 아리스토텔레스는 <하늘에 관하여[De Coelo]> 1:9에서 aionios를 본디 그 너머에 아무것도 없는 것이라 이야기하면서, 이는 분명 한 사람이 사는 기간과 관련이 있지만, 우주 차원의 시간 길이에도 같은 의미로 적용할 수 있다고 말한다. 그러나 아리스토텔레스는 철학에서 말하는 "ἀπειρία"(아페이리아, "무한한, 한계가 없는")에 관하여 이야기하면서, 기간의 한계를 이에 적용하는 것이 에피노미[epinomy], 곧 은유라는 성질을 가졌음을 인정한다.[4] 따라서 우리는 셈어와 헬라어에서 볼 수 있는 이 말의 여러 형태가 그 안에 "멈춤(중지)이 없음"이라는 개념을 씨앗처럼 담고 있지만, 셈어와 헬라어에서 이 씨앗이 미리 결정된 절

---

3) 앞서 다른 것과 연관지어 말했듯이, 여기 갈 4:4에서 말하는 "참fulness"은 무엇보다 "무르익음"을 의미하는 말이 아니다. 이 말은 "시간"이었던 것의 완성을 가리키며, 메시아가 세상 속으로 보내심을 받음으로써 그 시간과 다른 무언가가 "시간"이었던 것 뒤에 이어짐을 가리킨다. 메시아는 종말론적 세계를 가져오신 분이요 시작하신 분이기 때문이다.

4) Cremer, *Biblisch-theologisches Wörterbuch der Neutestamentlichen Gräcität*, 1895, aionios 부분을 보라.

대성predestined absoluteness이라는 열매(의미)로 무르익는 데에는 다른 원리가 필요했음을 본다.5)

마지막 상태는 영원성을 가졌으나 현재 상태는 시간성을 가졌음을 대비해보면, 이 둘의 차이가 사람들이 보통 생각하는 것과 얼추 들어맞는다. 나는 시간 바깥에, 시간 너머에 신의 본질에 속하는 어떤 것이 존재한다는 철학-신학의 관념을 결코 부인하지 않으며, 이를 내 나름대로 말해보면, 거기에는 현재와 과거와 미래라는 범주(개념)가 존재하지 않는다. 이런 상태를 어느 정도 암시하더라도, 이런 상태가 존재한다면, 그 상태는 오로지 하나님의 본질에만 들어맞을 것이요, 어떤 상황에서든 피조물의 상태를 초월한 상태이겠지만, 종말론에서 말하는 완성 상태는 배제하지 않을 것이다. 바울은 이 세대가 막을 내리면 사람의 삶에서는 더 이상 시간이 이어지지 않을 것이며 시간 단위를 구분하는 것도 더 이상 존재하지 않을 것이라는 말을 어디에서도 하지 않는다. 그런 삶은 본질상 분명 창조주만이 누리시는 대권이다: 오는 세대에 살아갈 사람들에게 이런 의미의 영원성을 부여하는 것은 그 사람들을 신으로 만드는 것이며, 그런 생각은 이방인의 사고 유형에나 존재하는 것이지, 성경을 따르는 종교 속에는 그런 생각이 존재하지 않는다.6) 바울도

---

5) "*aionios*"라는 말을 영원함과 관련이 없는 말로 만들려는 시도가 늘 되풀이되어왔는데, 이런 시도를 줄곧 하는 의도는 교리적-신학적이다. 이런 시도는 복된 상태를 제한하기보다, 오히려 언어학과 주해를 앞세워 "영원한 벌(罰)"이라는 개념을 공격할 근거를 찾고 싶어 한다. 이렇게 *aionios*를 묽게 만드는(즉 *aionios*라는 말에서 영원함이라는 의미를 없애버리는—역주) 공격을 해도 이런 공격에서는 사실 아무런 안도감도 얻지 못한다. 그런 안도감은 이 *aionios*라는 말과 결합해 있는 파멸이라는 의미를 약하게 만들어야 비로소 찾아올 수 있을 것이다. "*aionios*"라는 말을 영원함과 관련이 없는 말로 만들려는 시도들은 곧 살펴보겠다.
6) 라이첸쉬타인Richard August Reitzenstein은 신비주의 문헌에서 이교도들이 이렇게 자신을 신(神)으

분명 그리스도가 강림하시기 전에 죽는 것과 그때까지 살아 있는 것을 구분하여 달리 생각한다. 언제 일어나지 모를 이 사건들은 당연히 앞에 일어날 사건*a prius*과 뒤에 일어날 사건*a post*이 있으며, 둘 다 시간 법칙에 매인다. 하지만 그는 또, 그 기간이 길든 짧든, 죽은 뒤에 벌거벗은 몸으로 존재하는 상태가 있을 수 있다고 생각하면서, 분명 어떤 기간이 이어진다는 생각을 저 건너편의 삶에도 투사(적용)한다. 요한계시록 10:6에서 천사는 "χρόνος οὐκέτι ἔσται(크로노스 우케티 에스타이, "더 이상 늦춤이 없으리라")라고 선언하는데, 이 선언은 방금 제시한 원리를 침해하려고 한 말이 아니다. 이 말은 A. R. V.처럼 "that there shall be **delay** no longer"로 번역할 수 있겠다.[7] 그렇지만 현세의 시간은 천체들이 벌이는 큰 운동과 떼려야 뗄 수 없게 결합해 있기 때문에, 이런 천체들이 존재하지 않거나 활동을 멈춘다면, 이런 천체 운동과 결합하여 오랫동안 이 땅에 존재해왔던 형태의 시간도 없어지리라고 진정 말할 수 있을 것이다.[8] 이런 말들을 제외하면, 요한계시록이 하늘 영역에서 펼쳐질 극적 장면들을 묘사한 내용들은 시간의 운동으로 가득하다.[9]

로 만든 사례를 발견하고, 이런 사례와 고전 3:4을 연계한다. 고전 3:4은 영(靈)의 사람들 *pneumatikoi* 이라는 이들이 신 행세를 함을 암시하려고 "너희가 사람이 아니냐?"라는 표현을 사용한다. 이에 관한 것을 더 살펴보려면, Geerhardus Vos, "The Eschatological Aspect of the Pauline Conception of the Sprit," in *Princeton Theological Studies*, pp. 248-250을 참고하라.

7) A. R. V.는 옛 번역어인 "time"을 방주(傍註)에 기록해 놓았다.

8) 계 7:16, 21:23을 참고하라.

9) 사람들은 보통 구약 성경도 여호와를 시간의 모든 흐름을 초월하여 존재하시는 분으로 제시한다고 보면서 사 57:15에 있는 "영원히 거하시는 지극히 높으신 분"이 그런 증거라고 믿는다. 그러나 이것도 십중팔구는 시간 형태를 띤 표현을 유지한 말로서 "영원히 보좌에 앉아계신 분"으로 해석해야 할 것이다.

영원한 것들이 가진 특징들을 더 자세히 파고들면서 그 실질 내용보다 그 형식이라는 측면을 계속하여 관찰해보면, 영원에 속하는 것들이 가진 특징으로서 가장 먼저 등장하는 것이 불멸성이며, 이 불멸성에는 불변성도 포함된다. 바울은 고린도후서 4:18에서 "보이는 것들은 잠깐이요 보이지 않는 것들은 영원하다"라는 말을 거의 공리에 속하는 진리처럼 선언한다. 얼핏 보면 이 말은 보이는 것과 보이지 않는 것을 구분하여 달리 평가하면서, 플라톤이 대비하여 제시한 이상 세계와 감각 세계라는 두 세계를 되새겨주는 말 같다. 그러나 이 말을 그 문맥에 비추어 더 꼼꼼히 살펴보면, 그런 주해는 이 본문의 의미를 일부만 전달해주는 것이요 그릇된 시각을 만들어내는 것임을 이내 확신할 수 있을 것이다. 이 본문이 강조하는 것은 보이는 것과 보이지 않는 것의 차이가 아니다. 도리어 이 본문은 현 상황에서 보이는 것은 죽어 사라질 것들로 이루어져 있지만, 똑같은 상황에서도 보이지 않는 것들은 영원한 본질을 갖고 있으며, 이런 것들은 본디 그 자체 안에 영원한 원리를 담고 있기 때문에 애초부터 죽어 사라질 수 없는 것들이라는 사실을 강조한다. 18절이 하는 이 말은 이렇게 바꿔 말할 수 있겠다: 이 더 낮은 예비 상태에 있는 것들로서 우리가 관심을 갖는 것들은 잠시 있다 사라지고 썩을 것들이다. 현세 안에 있으나 신자가 아직 눈으로 볼 수 없는 것들은 영원하며 썩지 않을 실재들이다. 물론 양자를 이렇게 해석하여 구분하는 것이 형이상학적 차이를 냉철하고 무심하게 진단하는 성격을 가지지는 않는다. 바울이 한 이 선언에는 파토스(비감이 깔린 정념)가 어느 정도 들어 있으며, 이 선언 자체도 감정이 진하게 드러나는 문맥에서 등장한다. 바울은 자신이 σκοπεῖν(스코페인, "주목하다, 내다보다"라는 뜻을 가진 동사 σκοπέω의 현재 능동태 부정사다—역주), 곧 "주목하고 있음"을 의식한다. 즉 그는 보이지 않는 세계의 모습이 어떠할지 관심을 갖고 깊이 생각한다. 바울 사도가 여기서 문제 삼는 것을 이런 식으로 깊이 생각하는 이유는 단지 이런 것들이 눈에 보이지 않기 때문만은 아니다. 그는 그저 막연하게 보이지 않는 것들이 보이는 것보다 본질상 더 탁월하다 여겨 보이지 않는 것들을 숭배하지 않는다. 그런 식으로 보이지 않는 것들을 숭배한다면, 그것은 그리스 사상일 것이다. 하지만 바울은 현세에 볼 수 없는 것들 속에서 원리상 이미 현존하는 세상이지만 아직 오지 않은 세상에 영원히 존재할 것들을 인식해냈으며, 이런 것들을 깊이 생각한 것이 결국 고초를 겪는 순간에 위로와 도움을 베풀어주었다. 이렇게 강조점을 나누는 것이 올바름은 바울이 바로 그 다음에, 즉 고린도후서 5:7에서 하는 말을 보면 알 수 있다: "이는 우리가 순례자로서 보이는 땅이 아니라 믿음으로 걸어가는 땅을 지나가기 때문이다." 여기에서는 다른 본문에서 보이지 않는 것들이라 말한 것을 미래에 볼 것이라고 말하면서, 이것들이 가지는 최고 가치를 장래에 이것들을 볼 수 있다는 점에서 끌어내는 한편, 믿음으로 걸어가는 땅을 지나가는 것은 그리 중요하지 않은 문제라고 느낀다. 바울은 고린도후서 5:1에서 본질상 이와 똑같은 방식으로 하나님에게서 온 집이 현재의 장막 집보다 우월하다고 평가하면서, 그 이유로 하늘에서 소유하고 거주할 그 집의 탁월한 특징인 "영원함"을 든다. 여기에서도 "οὐράνιον"(우라니온, "하늘에 속한")과 "αἰώνιον"(아이오니온, "영원한")이 같은 뜻임을 분명하게 볼 수 있다.

바울이 이렇게 αἰώνιον(영원한 것)을 강조하긴 해도 그가 그저 자신이 소망하는 상태가 영원하다는 이유만으로 크게 들떠있다고 오해해서는 안 된다. 미래에 펼쳐질 지복(至福)을 내다보면 그 지복이 영원하다는 것만으로도 그것에 끌릴 수밖에 없는 경우가 보통이며, 생각이 그쪽으로 끌리는 것을 막기 거의 불가능하다. 그러나 영원히 소유하는 객체 혹은 객체들은 완전히 독특한 종류임을, 그런 독특한 성질 때문에 사실은 영원함도 그 영원한 것들을 올바로 이해함의 한 부분이 되었음을 기억해야 한다. 평범한 사물들은 계속 이어지는 유한한 순간순간 속에서도 그리고 한 부분 한 부분씩이라도 소유할 수 있으며 흡수할 수 있다. 평범한 것들을 소유하거나 평범한 것들과 나누는 사귐은 일시성을 가졌는데, 이런 일시성은 아쉬움과 탐심이 담긴 유감을 불러일으킬 수 있으며, 이런 유감은 유한한 것과 나누는 사귐에서도 틀림없이 붙어 나타난다. 그러나 하나님은 경우가 다르다. 하나님 자신이 영원하시기 때문에, 우리가 그 분과 나누는 사귐이 중단되지 않고 계속 이어지게끔 확실히 보장해주는 것이 없으면, 하나님을 우리의 유한한 의식 속에 철저히, 올바르게 받아들이기는 불가능하다. 하나님은 죽은 자의 하나님이 아니라 산 자의 하나님이시기 때문이다. 하나님을 잠시만 그리고 부분만 경험하는 것은 언제나 불만족스러운 느낌을 남길 수밖에 없다. 하나님은 언제나 영원한 분이시나, 우리는 이런 영원함과 반대인 영역을 벗어나 영원한 영역으로 올라갈 수 없다. 그럼에도 사실 이 문제는 하나님이 당신의 유일무이하고 영원한 실존에 관한 성찰을 피조물인 우리 인생에게 나눠주시면, 하나님이 우리를 영원함이 존재하는 영역 속으로 받아주시면 풀릴 수 있다. 하나님은 이를 통해 인간에게 은혜를 베풀어주실 뿐 아니라, 당신 자신에게도 참된 만족을 주신다. 보통 하는 말에 따르면 하나님은 자족하신 self-sufficient 분이다. 그런데도 하나님은 피조물이 영원히 당신을 따르는 역할을 할 수 있는 한도에서 당신의 관심사를 우리에게 전해주시는 쪽을 기꺼이 택하셨다. 바울은 한편으로 디모데전서 6:16에서 오직 하나님만이 불멸하신 분이심을 강조하면서, 다른 한편으로는 하나님이 사람들과 당신의 경건한 사귐이 다다를 종말론적 목표로서 무엇보다 바울 자신이 로마서 2:7에서 영생과 동일시한 썩지 않음이라는 상(賞)을 지목하셨다고 강조한다. 지극히 높은 권능 가운데 계신 하나님께만 있고 우리 안에는 그저 비슷한 형태만 존재하는 이런 속성(즉 불멸성—역주)은 우리와 하나님의 경우에 단순히 영원한 실존을 넘어 더 많은 것을 의미하면서도 그 실존의 영원성과 균형을 이루는 내용을 갖고 있음을 간과해서는 안 된다. 성경은 신자들을 염두에 두고 영원성을 이야기할 때,

철학을 본받아 "불멸성"이라는 말을 활용하지 않고, 그보다 더 크고 더 깊은 수용 능력을 가진 말인 "생명"을 택한다.[10] 우리는 이렇게 이해한 영원 개념이 종교 영역에 속하며, 영원이 가진 절대성을 표현하는데 이바지함을 발견한다. 이것을 깨닫고 원리상 체험한 사람들은 종말론을 더 이상 추상적 사변(뜬구름 잡는 막연한 생각)으로 여기지 않는다. 그런 사람들에게는 종말론이 모든 사상 중에서도 가장 심오하고 현실과 가장 잇닿아 있는 사상이 된다. 그런 사람들은 바울처럼 하나님 안에서 구속이라는 신앙의 보물을 소유한 채 살아가며 활동하기 때문이다.

바울이 aionios(영원한)라는 말을 마지막 심판 때 유죄 선고를 받은 자들을 기다리는 심판 뒤의 반대 상태(곧 영원한 벌을 받을 상태—역주)에 적용한 경우는 데살로니가후서 1:9, 단 한 번뿐이다(바울은 이 구절에서 영원한 멸망이라는 형벌을 말한다—역주). 이 구절은 예로부터 일부 사람들이 바울 사도가 주장했다고 여겨온, 양면성을 띤 영원한 보응(報應) 원리를 누그러뜨릴 목적으로 아주 빈번히 원용하는 말이다. 종말론에서 사용하는 aionios는 계속 이어짐이라는 의미를 갖고 있다. 이런 의미 자체를 바꾸기는 불가능하기 때문에, 사람들은 이 aionios라는 형용사와 결합해 있는 명사나 명사들을 집중 공격했다. 사람들은 "ὄλεθρος"(올레쓰로스)와 "ἀπώλεια"(아폴레이아)라는 말에 "멸절annihilation"(모든 것을 완전히 없애버리고 끊어 버린다는 뜻이다—역주)이라는 뜻을 부여해왔다. 이처럼 사람들은 바울 사도에게 절대 보편론을 강요했지

---

10) 그러나 "죽어 없어질 몸이 불멸을 입는다"고 말하는 고전 15:53, 54과 비교해보라. 하지만 이런 표현에 사용한 불멸이라는 형태를 딤전 6:16이 불멸성을 가진 유일한 분이라 말하는 하나님께 적용할 수는 없었을 것이다.

만(즉 바울이 절대 보편론을 주장한다고 역설해왔지만—역주), 사도가 절대 보편론을 주장했다고 볼 근거가 약하다. 그런 근거로서 내세울 수 있을 만한 것은, 우리가 살펴본 데살로니가후서 1:5-9을 제외하면, 오직 하나, 곧 고린도전서 15:22이 하는 말뿐이다. 이 고린도전서 본문은 아담 안에서 모든 이가 죽은 것처럼 그리스도 안에서 모든 이가 살아나리라고 말함으로써 모든 이가 죽은 것과 모든 이가 살아나리라는 것에 똑같이 보편성을 적용했다. 우리는 고린도전서 15:22을 앞서 부활의 범위를 다룬 장(이 책 9장)에서 살펴보았다. 어쨌든 고린도전서 15:22은 멸절을 이야기하지 않는다. 데살로니가후서 1:5-9이 하는 말을 보면, 이 본문이 신자들이 맞을 운명과 신자들을 핍박했던 자들이 맞을 운명을 강하게 대조하여 제시한다는 것을 부인하기는 불가능하다. 다만 문제는 멸절이라는 개념이 이처럼 바울이 예리하게 강조하며 대조한 두 쪽 가운데 악한 쪽 역할을 맡기에 적합한가라는 것이다. 우선 기억해야 할 것은 "멸절"이 지극히 추상적이고 아주 철학적 개념이어서 사실은 성경이 실제로 말하는 종말론 영역 속에 자리하기가 부자연스럽다는 것이다. 복음의 원수들에게 맹렬한 분노를 쏟아내는 이 데살로니가후서 1:5-9 같은 경우는 특히 더 그렇게 보인다. 그러나 이 본문을 꼼꼼히 들여다보면, 멸절은 여기서 위협하는 말로 사용하는 "길게 이어질 보응"보다 더 강한 개념이 아니라 더 약한 개념이다. 때문에 멸절은, 바울 사도의 의도와 달리, 사도가 제시하는 대조에 예리함을 더해주기보다 오히려 그런 예리함을 상당히 지워버릴 것이다. 어원을 따져 봐도 같은 뿌리에서 나온 말인 "*olethros*"나 "*apoleia*"라는 말에 이런 절대 의미(곧 "멸절"이라는 의미—역주)를 억지로 집어넣을 필요가 없다. 사실 "멸절" 사상을 주석가들에게 일러준 것은 요한계시록 20:6, 14과 21:8에서 나타나는 "둘째 죽음"이라는 개념이다. 그러나 바울 서신의 맥락에서는 이런 개념이 나타나지 않는다. 어원상 "*apoleia*"라는 말의 의미는 심지어 더 부드러운 의미를 지닌 말인 파괴destruction에서도 아주 멀찌감치 떨어진 곳에 자리해 있다. 그러니 극단적 의미를 지닌 멸절^{annihilation}에서는 얼마나 멀리 떨어져 있는지 새삼 말할 필요도 없을 것 같다. 이 동사[즉 ἀπώλεια의 동사형인 ἀπόλλυμι(아폴뤼미)—역주]는 본디 "잃다$^{to\ lose}$"라는 뜻이며, 이 첫째 의미에서 "몰락시키다$^{to\ ruin}$," "파괴하다$^{to\ destroy}$"라는 의미가 나왔다. 영어에서는 "파괴하다$^{to\ destroy}$"라는 관용어가 "멸절하다$^{to\ annihilate}$"라는 뜻으로 넘어가기가 어렵지 않다. 가령 철학자요 물리학자인 이들이 물질은 파괴할 수 없다고 주장할 때 쓰는 "파괴하다"는 "멸절하다"라는 뜻이다. 그러나 이는 속임수다. 더 일반성을 띤 말을 그 개념이 아주 특이하여 영어에서는 적절한 동의어를 발견하기 힘든 특이한 용례에 적용한 전문적 사례이기 때문이다. 이런 경우에 정확한 말을 찾는다면 라틴어인 "*annihilare*"(아니힐라레, "파괴하다, 없애다"라는 뜻을 가진 라틴어 동사 *annihilō*의 현재 능동태 부정사다—역주)가 더 좋을 것이다. 헬라어에서 "ἀπόλλυναι"(아폴뤼나이, ἀπόλλυμι의 현재 능동태 부정사다—역주)는, 설령 폭력에 따른 죽음과 관련이 있을지라도, 기껏해야 몰락시킴^{ruining}과 파괴^{destroying}를 의미할 뿐이다. "나는 몰락했다(파멸했다)"라는 뜻인 "ὄλωλα"[올롤라, "잃다, 파괴하다"를 뜻하는 ὄλλυμι(올뤼미)의 분사다—역주]는 이 말을 사용한 사람이 더 이상 존재하지 않게 되었음을 전제한다. 우리가 문제 삼는 점을 고려할 때, 소포클레스(Sophocles, 496BC-406BC. 고대 그리스 비극작가다—역주)가 쓴 <콜로노스의 오이디푸스>$^{Oedipus\ Coloneus}$ 399절이 구사한 고전적 언어는 흥미롭다: "전에는 신들이 너를 파괴했으나, 지금은 그 신들이 너를 세워주는구나." 요컨대 ἀπόλλυναι는 ἀποκτείνειν(아포크테이네인, "죽이다"라는 뜻을 가진 ἀποκτείνω의 현재 능동태 부정사다—역주)보다 의미는 더 강하나 같은 뜻을 가진 말이다. 마태복음 10:28을 보면, "몸을 죽임"과 "게헨나에서 영혼과 몸을 모두 파괴함"을 대조하는데, "몸을 죽임"에는 ἀποκτείνειν이라는 동사를 쓰고 "게헨나에서 영혼과 몸을 모두 파괴함"에는 ἀπόλλυναι를 사용했다. 요한복음 6:27, 베드로전서 1:7처럼 신약 성경의 다른 곳에서 등장하는 ἀπόλλυναι는 "멸절^{annihilatio}"로 번역할 수 없다. 여기서 ἀπόλλυναι와 관련해 일어난 것과 똑같은 문제가 고린도전서 15:24, 26에서 바울 사도가 사용하는 동사 "*katargeisthai*"(카타르게이스따이, "다 써버리다, 제거하다"라는 뜻을 가진 *katargeō*의 현재 중간/수동태 부정사다—역주)의 경우에도 일어난다. 이 동사가 "멸절하다" 혹은 "활동하지 못하는 상태로 만들다"라는 뜻인가는 "바울 서신에서 볼 수 있는 천년왕국" 문제를 다룬 장(이 책 10장)에서 살펴보았다.11)

저술가(학자)들이 바울이 하는 말을 예수가 하신 말씀에 비추어 검증한다면, "*olethros*" 및 "*apoleia*"가 존재나 부존재와 가진 관계와 관련된 문제는 큰 어려움 없이 해결할 수 있을 것이다. 예수가 하신 말씀은 한편으로 영원한 멸망 상태를 "*apoleia*"로 표현하고 게헨나를 영원한 멸망의 장소로 표현하면서, 다른 한편으로는 이것들을 끝없이 이어지는 보응이 지닌 가장 강력한 속성과 결합한다. 이와 관련해 마태복음 5:29, 7:13, 마가복음 5:29, 30, 9:43, 44, 46, 48, 누가복음 12:5을 참고하기 바란다(마가복음 5:29, 30은 저자가 말하는 취지와 상관없는 본문이 아닌가 하는 의문이 든다—역주). 그러나 예수의 가르침을 종말과 무관한 것으로 만들려고 열심을 내는 이들에게는 이런 주장이 별로 의미가 없을 것이다. 이들은 공관복음 맺음 부분에 있는 소위 "작은 묵시록"을 진정하지 않은(즉 사실은 예수가 말씀하시지 않은—역주) 본문이라 선언하기 때

---

11) 성경에서 "줄어들어 결국 존재하지 않게 됨"이라는 의미에 가장 가까운 말을 찾는다면, 아마도 욥기 28:22에서 찾을 수 있을 것 같다: "멸망과 죽음이 이르기를 우리가 우리 귀로 그런 평판을 들었다 하느니라." 그러나 이것은 시에서 쓴 과장법이다. 이것은 가장 멀고 다가갈 수 없는 것들도 "지혜"가 거하는 곳을 가리키지 못함을 표현하고자 쓴 말이다.

문이다. 심지어 요한복음도 예수에 관하여 말하는 부분을 보면 이런 문제에서는 공관복음의 통일된 증언과 다르지 않다. 요한복음 17:12이 그 예다. 바울이 이런 문제에서 예수보다 덜 엄혹한 모습을 보일 수 있었을까?[12]

종말에 펼쳐질 과정은 좋은 측면뿐 아니라 나쁜 측면도 말 그대로 영원한 상태로 이어진다. 하지만 "영원"이라는 속성은 오로지 양(量)의 영역 속에만 머물지 않는다. "영원"이라는 속성은 질(質)을 연상케 하는 어떤 것들도 그 자신에게 끌어당긴다. "영원"이라는 말이 미래에 누릴 복의 영역과 아주 긴밀하고 일관되게 결합하면서, "영원"은 미래에 누릴 복의 내용이 풍성하고 고귀함을 강하게 암시해주는 말이 되었다. 이런 말이 옳다면, "영원"이라는 말에서 흉(凶)하고 불길한 의미가 일부 사라진다는 것을 부인할 수 없다. 이런 특징은 "영원"이 불길한 의미로 나타나는 경우가 한정되어 있다는 사실이 뒷받침해준다. 그렇지만 "영원"이라는 주제가 형벌이라는 측면도 가졌다는 엄청난 사실을 의심치 않았던 바울 사도의 확신이 손상을 입었다고 추측하는 것은 잘못일 것이다. 만일 사도가 주장하는 종말론적 "이원론"의 예리한 모서리가 실제로 어느 정도 닳아 무뎌졌다면, 여기서 살펴본 말들과 "영원"이라는 속성을 결합하기는 도저히 불가능했을 것이다. "영원"이라는 말을 흉하고 불길한 의미로 사용한 경우가 복되고 좋은 의미로 사용한 경우보다 드문 것은 바울이 무엇보다 불길한 운명을 미리 일러주는 선지자라기보다 영생이라는 은혜를 전하는 일꾼이요 사도라는 사실 때문이라고 설명하는 것이 자연스럽다.

---

[12] 바울 서신에서 ἀπώλεια(아폴레이아)가 나오는 본문은 롬 9:22, 빌 1:28, 3:19, 살후 2:3이다. 이 본문 가운데 비감(파토스)이 드러나지 않은 곳은 하나도 없으며, 도리어 반대로 모든 본문에서 비감을 엿볼 수 있다.

우리는 이와 똑같은 현상을 앞서 부활과 심판 교리를 다룰 때 바울이 강조점의 비중을 달리하는 모습에서 이미 만났다. 그런 점을 보면서 바울이 성경의 모든 종말론이 문제 삼는 이런 중심 주제들의 중요성을 손상하는 경향이 있다고 추론하는 어리석음을 범하는 이는 아무도 없을 것이다.

이제 우리는 미래 상태의 형태에 더 치중했던 논의에서 미래 상태의 실질 내용에 중점을 둔 논의로 옮겨가려 한다. 따라서 이제는 미래 상태의 내용을 이루는 요소들을 분석해보려고 노력해야 한다. 바울 사도는 이런 노력을 펼쳐야 할 우리에게 지침을 제시해주었다. 그는 마지막 상태를 하늘에 있는 곳이라 말하거나 하늘과 동일시함으로써 시간이라는 범주를 공간이라는 범주로 바꾸어 놓았다. "영원"과 "하늘"을 결합하고, 이 둘이 서로 끌어당김을 분명하게 보여준다. 우리는 앞서 이와 관련된 부분을 다룰 때 역사가 진행 중인 상황에서 그리스도가 하늘 속으로 들어가심으로써 영원과 하늘이 자연스럽게 결합하는 일이 일어났음을 보았다. 하지만 역사 속에서 이런 사건이 벌어진 데는 훨씬 더 깊은 곳에 자리한 궁극적 이유가 있음을 덧붙여 말해두지 않을 수 없다. 종말론적 우주에서 하늘이라는 영역이 가지는 우선성은 일종의 구성 원리constitutive principle로서 다른 모든 이유보다 앞선다. 두 지층 가운데 한 지층이 다른 지층보다 위에 있고 상위 지층이 하위 지층을 규율하는 법과 이상이 되는 구조는 당연히 바울 이전부터 있었다. 이런 구조는 우리 주(主)가 공관복음에서 비유로 제시하시는 가르침의 기초를 이루며, 요한복음이 제시하는 상황과 담화에서는 이런 구조가 더 추상적이고 더 원리적인 모습으로 나타난다. 이런 체계는 순전히 생각으로 만들어낸 것이 아니라, 실제적 의미를 두드러지게 갖고 있는 것이다. 이런 체계는 우리가 신앙 언어로 저 세상에 속했다other-worldliness고 말하는 것들의 기초다. 바울은 물론이요 성경의 다른 어느 곳도 "저 세상에 속함"[타세성(他世性)]을 나쁜 상태라고 이야기하지 않는다. 타세성은 음울하거나 왜곡된 생각을 하곤 하는 신앙 습관과 아무 관련이 없다. 타세성을 이 땅을 지향하는 종교 유형으로 바꾸려는 모든 경향이나 시도는 그리스도인의 정신적 기초에서 일어난 근본적 혼란이 만들어낸 산물이거나 증상이다. 기독교는 이렇게 처음부터 확고하게 두 세계를 서로 다른 세계로 보았던 상황의 도움을 받아 태어났다. 두 세계를 달리 보는 이런 태도는 아래에서 위를 지향하는 경건한 자들의 흐름 그리고 결국은 자신들이 지극히 깊이 열망하는 목표에 다다를 그 경건한 자들의 운명과 관련이 있다. 그 어떤 것도 이 종교가 역사 속 기독교$^{historic\ Christianity}$로서 가진 이런 탄생 배경을 부인할 수 없다. 고린도전서 15:47, 고린도후서 5:5(저자는 5:5을 제시하나, 저자가 말하는 내용으로 보아 5:1이 맞는 것 같다—역주), 골로새서 1:5 같은 본문들을 보면, 바울이 영원과 하늘(영원한 것과 하늘에 속한 것)을 하나로 융합하여 생각하기는 아주 쉬웠으리라는 것을 짐작할 수 있다. 우리는 "하늘"을 영원한 상태로 존재하는 실재들과 희락들을 에워싼 채 담고 있는 장소를 정의하는 말로 느끼지, 이런 실재들과 희락들의 내용을 묘사하는 말로 느끼지 않는데, 아마도 바울 사도는 우리보다 훨씬 더 그렇게 느꼈을지도 모른다.

영원하면서 하늘에 속한 것들이 자신들을 실제로 펼쳐 보일 때는 주로 다음 네 가지 요소로 펼쳐 보인다: 성령, 생명, 영광, 하나님 나라. 이 넷 가운데 성령이 생명과 영광의 기초를 이루며, 생명과 영광을 만들어낸다. 때문에 결국은 모든 것을 성령과 하나님 나라로 귀결 지을 수 있다. 성령은 성도들 안에서 생명과 영광을 만들어내시는 근본 요인이시다. 신앙인들이 "영적^{spiritual}"이라는 말을 신앙의 자질이 훌륭하고 아주 예민하다는 개념과 결합하여 사용하면서, 이 말이 그 속에 담긴 더 깊은 핵심 의미를 우리에게 전해줄 능력을 일부 잃어버린 것은 유감이다. 이를 바로잡기보다 유감스러워하기가 더 쉬운데, 보통 사람들이 항간에서 "영적"이라 말하는 상태들이 사실은 성령이 사람 안에서 만들어내시는 산물이기 때문에 그러기가 더더욱 쉽다. 성령이 종말론 영역에서 어떤 활동을 하시는가라는 문제를 분명히 해결하지 못하게 방해하는 또 한 가지 원인은 바울이 "σάρξ"(사륵스, "육")와 "Πνεῦμα"(프뉴마, "영, 성령")가 서로 확실히 대립 관계에 있다고 가르치기 때문이다. 그는 갈라디아서 5:17에서 육은 "성령"을 "거스르고" 성령은 육을 거스른다고 말한다. 육이 떠올려주는 악들이 많음을 보여주는 증거들이 많다보니, 바울도 "σάρξ"를 사실상 죄와 같은 말로 여길 정도다. 우리가 이런 일이 벌어지게 된 배경을 확실히 알면, 우리도 역시 대립 원리에 근거하여 성령이 육과 반대이시고 육을 정복하는 분이신 이유를 분명 발견할 수 있을 것이며, 성령을 이 특별한 일에서 집행자 하나님(삼위 하나님의 뜻을 집행하시는 하나님) the executive of the Godhead으로 만들어주는 것이 성령이 단순히 어떤 사실로서 부여받은 어떤 기능이 아니라, 성령의 본질 속에 존재하는 무엇임을 밝혀낼 수 있을 것이다. 우리가 이런 문제를 계시의 역사와 관련지어 다룰 때, 인간론 이론이나 심리학 이론은 거의 도움이 되지 않는다. 구약 본문에는 바울처럼 독특하게 "육"과 죄를 결합하는 본문이 없는 것처럼 보일 뿐 아니라, 특별히 구약 성경은 성령의 기능을 윤리와 신앙의 영역 속에서 이해함으로써 결국 바울만큼이나 성령을 죄를 탁월하게 끝장내는 분으로 만들기 때문이다. "육"은 바울 서신 못지않게 히브리 성경(구약 성경)에서도 미스터리다. 구약은 인간이 몸 soma으로 이루어져 있다고 보면서 이 몸과 인간을 구성하는 혼 psyche을 대비하긴 하지만, 인간의 몸에서 죄의 원리를 찾지는 않는다. 바울도 인간의 몸이 죄의 원리가 존재하는 곳이라고 믿었을 리 없다. 바울 사도는 죄의 근원이 창조의 산물인 육이 아니라 모든 이에게 전가된 첫 아담의 행위라고 본다. 오늘날 로마서 5장을 이렇게 주해하는 것은 인기가 없다. 하지만 교리를 앞세운 편견을 갖지 말고 유명한 로마서 5장 본문(즉 로마서 5:12-21—역주)을 꼼꼼히 살펴보면, 그 주해 결과가 교리와 일치하느냐와 상관없이, 결국 우리가 제시한 주해로 돌아갈 수밖에 없다고 확신한다. 바울이 육의 행위들을 살펴보면서 윤리적 관점에서 몸과 무관한 일로 생각했음을 증명하려면, 갈라디아서 5:13 이하를 얼른 훑어보기만 해도 된다. 바로 이 바울이 죄로 가득한 인간의 본성을 "σάρζ"(사륵스, "육")라는 말로 규정하려 한다는 것도 분명 사실이다. 이제 유일한 문제는 바울이 이렇게 말하는 이유가 실제로 많은 죄의 출발점이 이 몸이라는 유명한 사실 때문인가, 온전히 그 사실 때문인가다. 만일 그렇다면, 그것은 한 그룹에 속하는 현상들에 이름을 붙이면서 대다수 현상에게는 해당하지 않고 극소수 현상에게만 해당하는 어떤 특이한 특징을 따라 이름을 붙이는 셈이 될 것이다. 따라서 "σάρζ"가 인간 본성 자체가 아니라 죄로 가득한 인간 본성이라 말하는 것은 문제 해결에 한 걸음도 다가서지 못하는 것이다. 그런 말은 사실 관찰일 뿐이며, 이런 관찰 사실에는 우리가 할 수 있는 범위에서 최대한 설명을 제시해야 한다. 아울러 그런 설명에는 성령이 현세를 살아가는 그리스도인 안에서 보통 행하시는 구원 활동뿐 아니라 장차 임할 세상 속에서 보여주실 종말론적 임재와 활동에 대한 설명도 함께 들어가야 한다. 우리가 생각할 때, 그런 설명, 곧 이런 것을 적어도 절반은 만족스럽게 밝혀주는 설명은 오로지 하나뿐이다. 즉 바울은 성령이 자신을 나타내시는 모든 현상을 보면, 그것이 우리가 줄곧 평범하다 말하는 현상이든 아니면 비범하다(특이하다) 말하는 현상이든, 도저히 거역할 수 없는 엄청난 능력에 그 모든 현상을 규정하는 중심 의미가 있다고 보았다. 성령은 당신이 활동하시는 모든 영역에서 바로 이 엄청난 능력으로 영향력을 행사하시고 당신이 만들어내려는 결과들을 만들어내신다. 이것이 애초부터 성령의 본질 속에 들어 있는 것이었다. 성령의 임재와 역사를 드러내는 모든 현상이 이것을 증언해주었다. 성령의 활동이 보여주는 기본 음조는 신성하고 독특한 에너지 발산이었다. 구약을 보면 이를 쉽게 검증할 수 있다. 많은 본문이 있지만,

한 본문만 살펴봐도 충분할 것이다. 이사야 31:3 이하는 말, 곧 "이집트인들은 신이 아니오 사람이며, 그들의 말(馬)은 성령이 아니라 육이다"가 그 예다. 그러나 이 말에 따르면, "육"이 "성령"과 정반대인 이유는 바로 육의 특징이 무기력, 곧 힘이 없음이기 때문이며, 하나님의 영만이 이런 무기력을 제거할 수 있기 때문이다. "성령"(또는 하나님의 영)과 "육"이라는 두 말은 서로 관련이 있으면서도 서로 상대방을 배척한다: 하나가 존재하는 곳에는 다른 하나가 존재하지 못한다. 이것을 보면서 초기 기독교 신앙에서는 성령이라는 요소가 초기 교회의 삶을 특징지었던 다양하고 다채로운 형태의 초자연적 기적 현상들과 아주 쉽게 결합했음을 이해할 수 있다. 바울은 (교회와 다른 이들에게) 덕을 세움을 논할 때, 어린 기독교가 성장하던 이 기이한 세계와 이런 세계 속에서 왕성하게 약동하던 활력을 높이 평가하지 않았다. 그는 이런 것들이 본디 지나가는(잠시 있다 사라지는) 것이라는 사실은 물론이요 이런 것들보다 윤리적, 신앙적 색채가 훨씬 더 두드러지고 "영속"(사라지지 않고 계속 존재함)을 그 특징으로 삼는 것들이 있다는 사실을 아주 잘 알았으며 이를 자신이 회심시킨 사람들에게 아주 솔직히 이야기했다. 불행히도 사람들은 이런 사실 상태를 인식할 때 두 가지 실수를 아주 밥 먹듯이 저질렀다. 첫째 실수는 바울 사도를 성령이 이 특이한 선물들과 표현 양식들의 기원이심을 부인하는 사람으로 제시한 것이다. 사도가 그런 사람이었음을 증명해주는 증거는 전혀 존재하지 않는다. 둘째 실수는 사도를 그런 사람으로 제시하면서, 사도가 자신이 회심시킨 이들이 다른 이들과 비교하여 충동에 쉬이 휩쓸리지 않고 더 고요하며 더 한결같은 삶의 습관을 유지하는 것을 어쨌든 성령과 무관한 일로 생각했다고 제시하거나, 혹은 사도가 생각하던 성령 개념도 어쩌면 원형과 다소 다른 개념으로서 원형보다 퇴색한 개념이었을지 모른다고 제시하는 것이다. 이런 생각을 뒷받침하는 증거도 역시 전혀 없다. 우리가 바울 사도를 이해하려면 먼저 사람들이 다소 오해하고 있는 문제의 이 대립 구도(즉 "영"과 "육,"

혹은 "영"과 "몸"을 서로 대립하는 것으로 보는 생각―역주)부터 바로잡아야 한다. 사도가 제시하는 대립 구도는 서로 다른 두 그룹에 속하는 현상들이 양육에 유익한가를 기준으로 삼아 두 그룹의 현상들을 비교 판단해 표현한 대립 구도이지, 성령이 만들어내신 일들을 묶어 놓은 그룹과 그런 것이 아닌 일들을 묶어 놓은 그룹을 대비하는 대립 구도가 아니다. 성령은 당신이 만들어내신 일뿐 아니라 만들어내시지 않은 일 속에도 존재하신다. 어쩌면 애초에는 미미한 시각 변화가 있었을지 모르지만, 이런 미미한 시각 변화가 미래에 펼쳐질 생각 속에서는 심각한 오류를, 다시 말해, 바울을 고요하고 일부는 우리 눈에 보이지 않는 과정들에서 초자연성을 제거하려 했던 사람으로 이해하는 오류를, 그리고 믿음, 소망, 사랑 세 가지를 더 기뻐한 나머지 이 셋을 그 근간에 자리한 성령의 특별한 충동이나 영향과 아무 상관이 없는 것들로 제시하려 했던 사람으로 이해하는 오류를 쉽게 만들어냈을지도 모른다. 열정이 덜 하고 자제를 더 강조하는 현대인의 신앙 습관은, 심지어 이런 취지로 이야기하려는 의도가 분명히 드러나지 않는 곳에서도, 방금 말한 견해를 쉽게 지지했다. 우리는 이 고요한 미덕들과 은혜들(성령이 만들어내시는 열매들과 하나님이 성령을 통해 은혜로 부어주시는 선물들―역주)을 끊임없이 이어지는 성령의 강력한 독려 및 영향과 연결하는데 다시 익숙해져야 한다. 바울은 어쩌면 믿음과 소망과 사랑을 함양하는 일을 오로지 "마음에 숨은 사람"(베드로전서 3:4을 보라. 공동번역은 "속사람"으로 번역했다―역주)에만 해당하는 일로 여기지 않았을지도 모른다. 또 이렇게 믿음과 소망과 사랑을 함양하는 데에는 보여주기식 행동만 한다는 비판을 면하려는 욕구가 크게 작용할 필요도 없었다. 이런 점들을 기억한다면, 그 활동의 중심에서 인간의 능력을 초월한 추진 에너지라는 특징을 생생히 드러내 보이시는 성령이 신자가 이 땅에서 영위하는 삶의 양식과 장차 다가올 시대에 하늘에서 영위할 삶의 양식을 이어주는 고리를 형성해준다는 것을 더 잘 이해할 것이다. 그리하면 첫 열매와 마지막에 거둘 수확물이 같은 성격일 수 있음을 더 분명히 이해할 수 있을지도 모른다. 바울 사도의 가르침은 적어도 우리가 가진 종말론적 소망을 빈약하게 만들어 실로아 ^{Shiloah} 물(이사야 8:6을 보라. "실로암"이라고도 부른다—역주)처럼 조용한 수면으로 만들지 말라는 주의를 주는 것일 수도 있다.[2] 그러면 우리가 강력히 엄습했던 오순절의 바람을 의심할지라도, 이 강력한 바람이 우리가 가진 종말론적 소망 속으로 뚫고 들어올지도 모른다.[13]

우리에게 영원한 상태를 알려주는 나머지 세 개념은 "생명"과 "영광"과 "하나님 나라"다. 이 개념들과 성령은 생산물과 생산자 관계에 있다. 나아가 이 개념들은 사람이 인식할 수 있는 가장 폭넓은 방식으로 영원한 상태를 제시한다는 공통점을 갖고 있다. 여기에서도 바울 사도는 자신이 그에게 흘러들어오는 계시를 민감하게 받아들이는 사람이요 신학 사상가로서 확고한 이해력을 발휘할 수 있는 사람임을 보여준다. 그가 하는 말은 그림 같은 광경이 지닌 매력을 되비쳐준다기보다 오히려 압축된 생각들의 핵심에서 뿜어져 나오는 빛을 더 되비쳐준다. 바울이 그림을 보여주듯 구체적 묘사를 한 곳이더라도, 그곳 역시 그 이미지를 재생해낼 수 있는 말로 번역해내기가 불가능한

---

13) 성령이 영원한 상태에서 우선성을 가짐을 주장하는 어떤 교리적, 역사적 하위구조를 짜보려는 위의 시도는 이런 시도가 모든 난제를 설명해주었다고 주장하지 못한다. "성령에 속하는" 것들의 공통분모가 능력이라면, "영"(성령)의 반대가 육이요 이 육이 죄를 포괄하는 용어이므로, 이 세상에 죄가 널리 퍼져 있음과 하나님이 지으신 것들 안에 성령이 계시지 않음에서 생겨난 "무기력"이라는 특징이 어떻게든 서로 관련이 있다고 추정해야 하지 않을까? 이에 관하여 몇 가지 언급한 내용은 Geerhardus Vos, "The Eschatological Aspect of the Pauline Conception of the Spirit," in *Princeton Biblical and Theological Studies*(New York: Charles Scribner's Sons, 1912), p. 255, 각주61에서 볼 수 있다(이 각주61의 원문과 번역문은 이번 장 뒤에 붙여 놓은 역주[4]를 보라).

신비가 담겨 있다는 인상을 풍긴다. 바울이 고린도전서 2:9, 10에서 귀로도 듣지 못하고 눈으로도 보지 못하며 사람의 마음속에 이르지도 못한 것이라고 표현한 것이 바로 그것이다. 심지어 바울 사도는 시각으로 체험할 수 있는 구체적 형체를 통해 초월적 존재들을 미리 귀띔해주고 숫자와 공간이라는 형태를 결합하여 이런 초월적 존재들을 표현할 수 있는 곳에서도 애초부터 이런 것들을 말로 표현하기가 어려우며 이런 것들을 그런 말로 표현하는 것이 "정당한지" 의심을 표명한다. 이런 사도의 태도는 위(하늘)에 주소를 가진 구체적 형체들이 이 땅에 있는 피조물에게는 기이하게만 보이리라는 것이 그의 철두철미한 확신이었음을 보여준다.

사도가 이처럼 자신이 모르는 것도 일부 있다는 이유로 겸손히 말을 아낀 점을 고려할 때, 우리는 사도가 장차 우리가 하늘에서 경험하면서 위에 있는 그 거대한 공간들을 가득 채울 일들을, 비록 상세하지는 않지만, 대단히 뛰어난 개념들을 동원하여 아주 확실하게 알려준 것에 더더욱 감사해야 한다. 이런 점을 고려할 때, 신자가 하늘의 초점이신 그리스도와 아주 친밀하고 대단히 영적인 관계에 있다는 사실은 우리가 나아갈 길을 일러준다. 우리는 이런 관계에 당연히 함께 따라오는 것들과 필요한 환경이 더 있을 것이며 이것들 역시 하늘에 속해 있으리라고 똑같이 확신할 수 있다. 나아가 이 가운데 특히 강조점을 두는 것이 바로 하늘 자체를 완성하시는 분인 그리스도를 애정이 담긴 마음으로 대하는 태도다. 다만 우리는 이런 태도를 강조해야 하는 경우에도 이 때문에 모든 지복(至福)이 그 근원으로 지목하는 하나님을 덮어 가리는 일을 해서는 안 된다. 바울이 들려주는 하늘의 멜로디 중 가장 깊숙한 곳에서 울려나오는 음(音)들은 아버지 하나님의 아들이신 분을 통해 바로 그 아버지 하나님 안에서 완전한 화음을 이룬다. 삼위일체 하나님의 첫째 위격을 아는 이 하나 없이 내버려진 배경쯤으로 여기게 만드는 예수 섬김

같은 것은 바울이 아는 예수 섬김이 아니다.[3] 그리스도가 하나님이심을 주장하려고 이런 주장이 사도들에게서 유래했음을 증명해주는 사실을 억누를 필요는 없다. 바울의 종교는 그가 그리스도인의 삶을 시작했을 때부터 "하나님 중심"이었다. 아울러 바울의 종교는 사실 "그리스도 중심"이지만, 그가 구주(그리스도)와 나누는 풍성하고 경건한 사귐이 이 구주가 아버지 하나님과 지극히 긴밀하게 연합해계심이 드러나는 확실한 장소를 구주께 확보해드리지 않았다면(곧 바울이 구주와 나누는 풍성하고 경건한 사귐을 통해 그분이 아버지 하나님과 지극히 긴밀하게 연합해계시는 분이심을 확실히 알지 못했다면—역주), 그의 종교는 "그리스도 중심"이 되지 못했을 것이다. 바울에게는 이것이 교리에 따른 필연의 문제라기보다 섬김에 따라(즉 예수를 하나님으로 섬기면서—역주) 일어날 수밖에 없는 일이었다. 성부 하나님과 관련해 보통 사용하는 전치사는 "ἐκ"(에크, "밖으로")와 "εἰς"(에이스, "안으로")이지만, 이에 상응하여 성자 하나님에게 사용하는 전치사는 "διά"(디아, "…을 통해")다. 그러나 바울은 지극히 엄청난 교리의 비약을 단행하여 우주가 그리스도 "안으로"(εἰς) 창조되었다고 선언함으로써 성자 하나님에게도 성부 하나님께 붙인 전치사를 사용한다.[14] 이처럼 조화롭게 존재하는 내밀한 상호 사귐은 이 모든 세대가 있기 전부터 존재했으며, 이 세상을 초월하여 장차 임할 세계에 존재할 세대 속에서도 존재할 수 있다.

장차 임할 세대를 표현하는 두 번째 틀이자 그 세대의 내용을 담아낼 때 가장 빈번히 사용하는 틀이 "ζωή"(조에, "생명") 또는 "ζωὴ αἰώνιος"(조에 아이오

---

14) 롬 11:36, 고전 8:6, 골 1:16을 참고하라.

니오스, "영생")라는 틀이다. "생명"과 "영원"이 빈번히 결합한다는 단순한 사실은 생명이라는 개념이 처음부터 아주 두드러진 종말론 개념이었음을 보여준다. 바울은 "생명"이 이런 종말론적 완성에 이르는 길로 서로 다른 두 갈래 가닥을 제시한다. 첫째 가닥은 아주 오랜 대립 구도에서 유래한다. 이 대립 구도에서는 생명과 죽음이 시초(始初)부터 대립했다. 성경은 이 점을 강조하는데, 우리는 진화를 내세우는 과학이 발견한 것들과 그런 과학이 주장하는 도그마들을 앞세워 성경의 이런 강조점을 멀리해서는 안 된다. 여기서 우리의 목적은 오로지 이 주제에 관한 바울의 견해가 무엇인지 확인하고, 그의 그런 견해가 생명에 관한 그의 교리에 어떤 영향을 미쳤는지 확인하는 것이기 때문이다. 우선 두 가지는 확실하다: 현대인들이 창세기 첫머리에 나오는 취약한 (믿을 수 없는 이야기라는 공격을 받기에 딱 좋은—역주) 내러티브들의 기원을 무엇이라 인식하든, 바울은 이 내러티브들을 영감을 따라 기록한 문서가 사실로서 적어 놓은 실제 사건으로 받아들인다. 하지만 어떤 이는 이렇게 물을 것이다. "이런 사건들이 종말론과 무슨 상관이 있는가?" 이 물음에는 "모든 면에서 많은 관련이 있다"고 대답하겠다. 창세기 기사가 포로기 이전에 쓴 것이든 아니면 포로기 이후에 쓴 것이든, 아니면 궁켈과 다른 많은 이들이 믿는 것처럼 종말론 신화가 가득했던 고대 바벨론 토양으로 거슬러 올라가는 것이든, 지금 우리가 탐구 주제로 삼은 내용은 십중팔구 확실히 존재했다. 성경 내러티브 안에는 생명나무와 다른 나무, 태초의 낙원, 타락과 죽음 그리고 죄를 지음으로 말미암아 낙원에서 쫓겨남이 모두 들어 있다. 또 로마서 5장을 한 번만 훑어봐도 방금 말한 것들이 바울의 종말론 전체를 (역사로서) 아주 철두철미하게 지지한다는 사실을 충분히 확신할 수 있다. 또 바울의 시선은 영원히 서로 영향을 주고받는 생명과 죽음에 주로 집중되었다. 앞서 말한 창세기 기사는 (바울의 견해에 따르면) 오로지 이렇게 해석하는 것만이 합리적이다. 즉 하나님은 인간이 당시(타락 이전—역주) 상태보다 훨씬 더 높은 윤리적, 종교적 상태 및 물리적 상태에 이르는데 필요한 것들을 공급해주시고 필요한 시험(검증)을 마련하셨다. 다시 말해 하나님의 목적 속에는 처음부터 종말론적 요소들과 전망이 들어 있었다. 따라서 이것은 위에서 종말론과 관련해 첫 두 가닥(곧 생명과 죽음—역주)으로 언급했던 것들을 표현한 것이다. 이 창세기 기사가 대단히 중요한 이유는 개인이 종말론에서 행하는 역할과 관련이 있기 때문이다. 성경이 제시하는 종말론의 기원에 관한 집단적 해석은, 거짓이거나 제 자리에서 벗어난 것은 아니지만, 그래도 비평학자들이 창세기에 퍼붓는 비방과 합세하여, 태곳적에 일어났던 이 커다란 사건(창세기 1-3장이 들려주는 타락과 낙원 추방 사건—역주)이 바울의 교리 전개에 지극히 중요했음을 가려버리는 결과를 낳고 말았다. 십중팔구는 이 개념들 모둠에 새삼스레 많은 기여를 할 필요조차도 없었을 것이다. 이미 여기에서는 유대교 문헌이나 유대 묵시 문헌이, 구약 성경에 근거하여, 바울이 주장하는 교리가 등장할 길을 준비해 놓았기 때문이다. "한 사람으로 말미암아 죽음이 세상에 들어왔다"는 중요한 문장만 하더라도, 그 내용만 놓고 보면, 지혜서 2:24[5]에서 나온 것이다. 물론 바울은 지혜서 본문이 "악마의 시기(猜忌)"라 말한 것을 그냥 "한 사람"으로 적어 놓았는데, 이는 분명 로마서 5:12, 15에서 볼 수 있듯이 첫째 아담과 둘째 아담이 평행 관계에 있음을 더 뚜렷이 보여주려는 목적 때문이었을 것이다. 그러나 생명이라는 개념이 애초부터 죽음과 대립하면서, 이 생명이라는 개념은 그 자체 안에 모둠 개념 collective conception(죽음과 생명이라는 두 가지가 한 덩어리를 이루어 붙어 다니는 개념—역주)이 될 씨앗을 담고 있었다. 이 오랜 내러티브가 이야기할 때 쓴 말들이 오로지 우리의 첫 조상들에게만 적용하려고 쓴 말이 아니라 널리 인류 전체에 적용하려고 쓴 말이기 때문이다. 다시 말해, 아담을 덮쳤던 것과 똑같은 저주와 형벌이 아담의 아들과 이 아들의 아들과 그 뒤에 이어지는 세대들에게도 역시 내려졌다. 이리하여 죽음과 생명이 모둠 개념이 되었다. 이 때문에 이 개념들을 객관화하는 데에는, 특별히 많은 생명들을 이후에 이어지는 구속(救贖) 과정을 통해 모든 것을 망라하는 생명의 영역에 거주하는 이들로 만드는 데에는, 단지 한 걸음만 더 앞으로 나아가면 되었다. 계시는 죽음에 복종하는 나라의 반대편에 있는 나라로 다시 생명을 누릴 나라를 제시한다. 아울러 이런 구속의 전개 과정은 생명이라는 개념을 미래를 향한 궁극적 소망과 연결하고 이 생명이라는 개념을 대규모로 투사함으로써 결국 적절한 결말에 이른다: 즉 미래의 복된 상태가 지극히 탁월한 "생명"으로서 나타난다. 하지만 아직도 하나 더 생각해봐야 할 것이 있다. 그것은 우리에게 약속으로 주어졌던 부활이 경건한 소망이라는 지평선 위로 그 모습을 분명히 드러내는 것에 비례하여 곧바로 다름 아닌 "생명"이라는 풍성한 개념이 그렇게 드러난 상태의 내용을 가득 채워 주리라는 것이다. 종말론의 관점에서 볼 때, 이런 계시의 결과물이 과거의 신앙 체험에 아주 깊이 뿌리를 내렸으며, 그 내용이 아주 간결하고 치밀하면서도 풍성해졌다는 것이 주목할 만하다. 구속의 전개 과정이 펼쳐지는 역사를 상세히 추적하기는 불가능하지만, 그 과정의 출발점과 도착점은 우리 눈앞에 분명히 존재한다. 그 출발점과 도착점 사이에 존재한 것을 해석하려고 노력할 때는 하나님이 이 땅에 사는 이스라엘 백성 중 한 사람이나 이스라엘 민족에게 은총을 베풀어 선물로 주신 "장수(오래 삶)"와 "훗날"에 주시려고 예비해두신 큰 선물(영생—역주)을 주의 깊게 구별해야 한다. 그 "훗날"에는 이 큰 선물이 그동안 오랜 세월에 걸쳐 장수라는 선물을 받아 담아왔던 토기들(earthen vessels(예레미야 18장은 이스라엘을 토기에 비유했으나, 로마서 9:24은 유대인뿐 아니라 이방인도 토기에 포함시켰다. 즉 토기는 사람을 가리킨다—역주)에게만 주어지는 일은 더 이상 벌어지지 않을 것이다. 신명기와 시편에는 이를 이해하는데 도움을 주는 자료들이 있지만, 불행히도 시편에서는 각 시들의 기록 연대가 확실치 않아 명확한 결론을 끌어내기가 힘들다. 만일 잠언 3:18에서 이야기하는 "생명나무"가 본디 낙원에 있었던 생명나무를 직접 가리키는 말로 일부러 골라 쓴 것이라면, 이 말은 결국 종말론적 의미를 가진 말임을 의심할 수 없다. 한때는 현실로 이루어질 수 있었고 이제는 미래를 향해 다시금 손짓하는 생명이라는 객관적 영역을 떠올리는, 어떤 분명하고 제법 널리 퍼진 기억이 오랫동안 존재해왔던 이 "생명나무"라는 개념과 결합한 게 틀림없다. 신명기 30:15은 이스라엘 앞에 "생명과 선(善)"을 이와 반대인 "죽음과 악(惡)"과 함께 제시하시는 여호와를 묘사한다. 이런 본문을 얼핏 보고 넘어가는 이들은 이런 절대 대립 구도를 미래 세계를 내다보는 전망과 결합하곤 한다. 하지만 이런 생각을 형태를 살짝 바꿔 되풀이한 신명기 30:19을 보면, 미래를 바라보던 시선을 돌이켜 다시 현재로 끌어온다: "이러므로 너와 네 자손이 살려면 생명을 택하라." 예레미야 21:8도 이와 거의 같은 표현을 구사하는데, 여기에서는 이 땅의 영역에 거하는 민족의 운명이 하나님이 정하시고 미리 결정하시는 일임을 분명하게 이야기한다. 시편은 이런 개념을 "한 생명나무"라는 개념으로 압축하여 표현하기보다 낙원에 흐르는 "생명의 강"을 더 자주 언급하며, 시편 36:9(원서는 35:9로 적어 놓았으나, 36:9이 맞다—역주)과 46:4, 5을 보더라도 이런 "생명의 강"은 늘 종말론적 의미를 풍성하게 담고 있었다. 이 물들은 틀림없이 이전의 낙원을 가리킬 목적으로 쓴 말이다. 창세기 2:10에서 볼 수 있듯이, 이 물들이 하나님의 보좌에서(하나님의 보좌 아래에서) 흘러나오기 때문이다. 이와 비교할 수 있는 것으로 요한계시록이 틀림없이 종말론적 시각을 갖고 똑같이 강물(샘물)을 묘사한 환상이 7:17(저자는 2:7을 지목하나, 2:7은 "낙원에 있는 생명나무"를 이야기할 뿐이다. 21:6처럼 생명수 샘을 이야기하는 곳은 7:17이 맞다—역주), 21:6, 22:1-17에서 나타나는데, 우리는 여기에서도 같은 내용을 배울 수 있다. 종말론적 생명에 하나님의 은총이 반드시 함께한다는 것을 강조하는 점도 이렇게 맨 처음 것과 나중 것이 결합했음을 확인해준다. 애초부터 생명이라는 개념이 하나님의 은총 가운데 번성을 누린다는 심오한 종교사상과 결합하지 않았다면, 구약에서는 생명 개념이 포괄적이고 풍성한 의

미를 얻지 못했을 것이다.[15]

생명은 "영원"이라는 속성과 빈번히 결합함으로써 자신이 종말론적 본질을 가졌음을 확인해주는 도장을 그 자신 위에 받는다. (사도행전을 포함하여) 바울의 글에서 이런 내용(생명과 영원이 결합한 "영생"을 이야기하는 내용—역주)을 발견할 수 있는 경우는 사도행전 13:46, 로마서 2:7, 5:21, 6:22, 갈라디아서 6:8, 디모데전서 1:16, 6:12, 디도서 1:2, 3:7이며, 모두 통틀어 열두 군데 본문이다. 하지만 이 "영생"이라는 말은 본디 바울이 만든 말이 아니다. 우리 주 예수는, 젊은 부자 관원이 "영생"으로 들어가는 조건을 물어보자, 항간에서 널리 쓰던 말인 이 말을 받아들여 사용하시면서, 유대교 정통 교리를 따라 율법을 다 행할 때까지는 영생에 들어가지 못하리라고 말씀하신다: 마가복음 10:17, 누가복음 10:25, 18:18을 참고하라.[6] 영생에 들어가기가 어렵다는 사실에 제자들이 당황하자, 예수는 "영생"을 "하늘나라"와 동일시하시는 답을 제시하신다. "하늘나라"는 예수께 여쭈어본 자가 사용했던 "영생에 들어감"과 같은 의미로 쓰신 말이었다. 이와 관련해 하늘나라를 "유업으로 받음"과 영생에 "들어감"이라는 표현 차이가 있긴 하지만, 이 차이는 두 용어를 서로 조화시키려다 빚어진 것이기에 더 이상 큰 의미가 없다. 우리 주가 이 용어를 다루시는 방법은 그 전에 상당히 오래 전부터 이 말을 사용해왔다는 것을 증명한다. 실제로 우리 주는, 마태복음 19:29, 마가복음 10:30, 누가복음 18:30처럼, 다른 경우에도 이 말을 몸소 사용하신다. 우리가 이 말을 쓴 선례를 찾

---

15) 참고. 욥 10:12: "당신은 내게 생명과 은총을 주시고 당신의 보살피심이 내 영을 지키셨나이다."; 시 36:9: "당신께 생명의 원천이 있으니, 당신의 빛 안에서 우리가 빛을 보리이다."

으려면, 다니엘 12:2까지 거슬러 올라가야 한다. 아울러 이 말은 솔로몬의 시편 3:16("주를 두려워하는 자들은 부활하여 영생을 얻으리라"—역주), 에녹서 37:4("영생이라는 몫을 내게 주신 영들의 주"—역주), 마카비2서 7:9("우주의 왕이 너를 부활시키사 영원히 거듭하는 생명을 누리게 하시리라"—역주), 마카비2서 7:36(저자는 26절을 제시했으나, 36절이 옳다: "하나님의 언약 아래 영원히 이어지는 삶"이라는 말이 36절에 나온다—역주), 마카비4서 15:3("하나님의 약속에 따른 영생을 누리게 그들을 보존해주는 종교"—역주)에서도 나타난다.[16] 이 "생명"이라는 말은 대립이라는 틀을 써서 "죽음"과 대조하여 살펴볼 때 그 완전한 의미가 드러난다. "죽음"이 그저 개인의 경험으로 끝나지 않고, "이 사람에게는 죽음에서 죽음에 이르는 맛이요, 저 사람에게는 생명에서 생명에 이르는 맛"이라는 고린도후서 2:16의 말에서 분명하게 인식할 수 있듯이, 확장된 영역을 갖게 되는 것도 생명이 가지는 포괄적 영역과 대조하는 방법을 통해 일부 이루어진다. 하지만 생명과 죽음 사이에는 우리가 확연히 인식할 수 있는 한 가지 차이점이 있는데, 그건 바로 죽음이라는 개념이, 이 개념을 객관적으로 받아들이면, 개인 문제(영역)가 되어 버리는 personalized 경향이 더 강해진다는 것이다. 일부 사람들은 이런 죽음에서 개인의 진정한 실존을 이끌어내기도 했다. 반면 우리를 공격하는 자라기보다 우리가 누리는 즐거움의 수동적 객체가 된 생명은 여전히 추상적 포괄성을 지닌 용어로 남아 있는 경향이 있다.

생명은 바로 "죽음"의 반대말이자, "죽음"과 똑같이 생명을 파괴하는 것들로 죽음에 앞서 찾아오는 것들 및 죽음과 동시에 찾아오는 것들과 날카롭게

---

16) Dalman, *Die Worte Jesu*, pp. 127-128을 참고하라.

대립한다. 따라서 "δύναμις"(뒤나미스, "능력, 힘")라는 개념이 생명이라는 개념 속에서 한 자리를 차지한다. 능력이 자리한 생명은 쥐 죽은 듯 살아가는 생명이 아니라, 생명 자체를 상당히 강조하는 생명이요, "영원"이라는 속성과 다시금 친밀해진 특성을 지닌 생명이다. "생명"과 "성령" 사이의 친밀한 관계는 그런 생명을 만들어낼 수밖에 없었다. 로마서 8:21, 고린도전서 15:42, 50, 갈라디아서 6:8이 생명의 반대 개념으로 "φθορά"(프또라), 곧 "썩음"을 제시한다는 것도 방금 말한 사실을 증명해준다. 썩음은 과정이며, 이 과정 속에는 점점 더 세지고 점점 더 강렬해지는 치명적 파괴력이 들어 있다. 성령을 살펴볼 때는 이런 힘을 생명을 불어넣어주시는 성령의 일이 가진 두 측면 중 오로지 한 측면에만 제한할 필요는 없다. 성령은 당신의 에너지가 들어가는 영역에서는 결코 당신 자신을 부인하지 못하신다. 무엇보다도 성령이 완성 상태에서 일하시는 곳, 하나님이 행하시는 모든 일과 방법이 합력하여 완벽한 결과를 만들어내는 곳에서는 더더욱 그러하다.

바울은 죽을 때 일어나는 영혼의 변화에 관하여 그리 세세하게 이야기하지 않는다. 슬픔과 죽음과 죄와 이 죄가 낳은 모든 악은 영원한 상태로 들어가기 전에 틀림없이 멈출 것이며, 이는 자명한 사실이다. 치욕과 약함 같은 것들도 하늘에서 누릴 생명 상태와 함께하지 못한다. 뿐만 아니라, 빌립보서 3:21을 보면, 몸과 이 몸을 에워싼 환경에 영향을 미치는 "굴욕" 같은 것도 치욕 및 약함 같은 것들과 더불어 하늘에서 누릴 생명 상태와 함께하지 못한다. 성령이 필요한 변화를 만들어낼 때도 다시 당신이 맡은 역할을 하신다는 것은 새삼 증명할 필요가 없으며, 이런 변화는 부활이 만들어내는 변화에 포함된다. 이런 것들(곧 슬픔이나 죽음이나 죄나 죄가 낳은 악들이나 치욕이나 약함이나 굴욕 같은 것들—역주)을 별 의미가 없다며 무시하고 미래에 누릴 생명을 철저히 영이라는 측면에서만 해석하려고 해서는 안 된다. 물론 우리는 이런 것들이 절대 완전하신 하나님과 함께하지 못하며, 죄인의 연약함과 썩음도 결코 하나님과 사귐을 가질 수 없다는 것을 깊이 생각해야 한다. 하지만 바울은 이 문제의 이런 측면이 중간기 상태와 관련이 있을 경우 침묵을 지키는데, 이는 주목할 만한 점이다. 죄를 몰아내고 악을 정복하는 큰 과정들은 결국 마지막에는 정점에 이른 시대로 귀결된다. 바로 그때에 승리가 죽음과 이 죽음에 뒤따라 나타날 수밖에 없는 모든 것을 집어삼키고, 죄의 몸도 그 몸을 지니고 있는 사람, 혹은 이전에 그 몸을 지녔던 사람을 탄식하게 만들었던 모든 것에서 구원을 얻는다.

종말론적 의미를 지닌 "생명" 개념에 관한 논의를 마무리하기 전에 하나 더 살펴봐야 할 점이 있다. 생명은 애초에 만들어질 때도 하나님께 강하게 묶여 있다. 마찬가지로 생명은 그 존재 목적에 맞게 그 자신을 그의 유일한 목표인 하나님께 인도하는 특성을 갖고 있다. 이런 특성은 이 땅에 있는 원형prototype, 곧 신자가 여기 이 땅에서 살아가면서 여전히 육을 입고 있는 동안에 가지는 생명도 똑같이 갖고 있다. 바울 사도는 이런 점을 특별히 생명에 관한 그의 깊은 사색이 정점에 이르렀을 때 되새겨본다. 칭의의 영역에서도 그랬지만, 그에 못지않게 생명이 지닌 본능도 그가 가진 모든 힘과 열망을 하나님께 집중하는 경향이 있으며, 이런 존재 법칙은 장차 임할 세상에서는 생명이 연장되고 완성되리라는 사실에서 관찰할 수 있다. 생명은 이렇게 하나님 안에서 누리는 만족이라는 중심으로 수렴하고 결국에는 그 중심에 도달할 뿐 아니라, 종교의 근본 구조와 도저히 풀 수 없을 정도로 단단히 얽혀 있다. 바울은 더 나아가 이런 생명에 강렬한 힘을 더 추가하는데, 이 강렬한 힘은 생명이 높이 올림을 받으신 그리스도의 생명과 결합함에서 나온 것이다. 바울이 이렇게 강렬한 힘을 생명에 더 부여하면서, 지극히 깊고 신비한 구원론과 기독론의 진리가 종말론적 전망과 결합한 모습으로 우리 앞에 나타난다. 로마서 5:17은 신자들이 장차 임할 시대에 생명 안에서 다스릴 것이라고 약속하면서 이 다스림이 예수 그리스도를 통해 완성되리라고 말한다. 또 로마서 4:20은 아브라함이 믿음을 통해 강하여지고, 이를 통해 하나님께 영광을 돌렸다고 말한다. 바울은 그리스도가 살아가시는 생명을 "하나님께 대하여 살아가시는" 생명으로 정의하면서(로마서 6:10을 보라—역주), 이 삶을 로마서 6:13에서 제시하는 권면의 기초로 삼는다: "너희 자신을 죽은 자 가운데서 살아난 자 같이 하나님께 드리라." "성화[혹은 성별(聖別)]"는 사실 구원 과정에서 하나님의 윤리적 완전함에 동화되어감이라는 의미로 좁혀 정의할 때가 아주 많지만, 이 "성화"에서는 거룩히 구별하여 하나님께 바침으로 결국 하나님께 속한 것이 되게 한다는 개념이 결코 제거할 수 없는 핵심 의미다. 바울이 쓰는 "거룩함"이라는 말은 윤리적 완전함 그 자체가 아니며 하나님 안에서 완성될 거룩함을 염두에 둔 말도 아니다. 이는 아무리 강조해도 지나치지 않다. 바울 사도의 관점에서 볼 때, 이런 점을 무시하고 구성한 "거룩함"이라는 개념은 전혀 기독교 개념이 아니다. 이런 "거룩함" 개념이 어떤 열매를 만들어낼 수도 있겠지만, 그렇다 해도 그런 개념은 가장 뛰어난 열매를 만들어내지 못하며, 그리스도인의 경우에는 유일하게 참된 신앙의 열매, 곧 모든 윤리적 노력이 지향하는 절대 목표인 하나님의 영광에 봉사하는 열매를 맺지 못한다.

바울 사도는 생명을 지닌 유기체를 구성하는 요소 가운데 "종교"라 부르는 것이 적절한 요소를 제거하는 것을 결코 묵인하지 않는다. 현대인들은 어처구니없게도 인간에게 당연히 있어야 하고 없어서는 안 될 영역인 종교 영역을 무시하거나 심지어 부인하는 일을 저지르는데, 바울에게 이런 일은 생각도 못할 일이었다. 특히 바울은 종교의 이지적(理智的)noetic 요소, 혹은 대중에게 더 친숙한 말로 표현하면, 지적 요소를 인정하되, 이렇게 인정한다는 의사를 사람들이 보통 겪는 신앙(종교) 체험에서 교리 지식이 우선성을 가짐을 원칙상 지지한다는 말로 표현한다. 이런 관점에서 에베소서 4:17-20은 이방인들이 거짓 종교의 길로 행함을 그 마음["νοός"(노스, νοῦς와 같은 말—역주)]의 허망한 것으로 행한다고 정의한다. 이 이방인들은 그 "이해력"["διάνοια"(디아노이아)]이 어두워졌으며, "무지"["ἄγνοια"(아그노이아)]에 굴복한다. 이런 것들은 그들의 "마음이 굳어짐"["πώρωσις τῆς καρδίας"(포로시스 테스 카르디아스)]으로 말미암아 존재한다. 이렇게 열거한 것 가운데 두드러진 것이 18절에 있는 말인데, 이는 분명 바울 사도가 애초부터 종교(신앙)의 기초조차 모름에서 생겨난 것들로 지목한 몇 가지 정상(正常)이 아닌 것들과 뒤틀린 것들을 설명하려고 쓴 말이다. 이방인들의 우상 숭배도 죄로 말미암아 종교(신앙)의 기초조차 모르는 상태에 빠져 버린 것과 관련이 있었다. 이런 사실 상태는 바울 사도가 그들(에베소 사람들—역주)이 회심할 때에 그리스도를 다른 식으로 "배웠다"[ἐμάθετε(에마떼테), "배우다"라는 뜻인 동사 μανθάνω의 2인칭 복수 부정과거 능동태 직설법 형태다—역주]고 강조하는 것과 놀라울 만큼 일치한다. 사실 바울 사도가 이렇게 특이한 지적 방법으로 그리스도와 기독교 세계관에 다가가는 것은 어쩌면 그가 해결하려고 했던 문제들이 철학적 색채를 지녔던 것과 어떤 연관이 있을지도 모른다. 그럴지라도 바울이 철학적, 종교적 방법을 따라 이 진리가 아닌 것과 논쟁을 벌이고, 이를 통해 이런 이방 종교의 전체 구조가 애초부터 이방 종교의 사상과 형식 속에 존재하는 오랜 결점 때문에 잘못 형성되었다는 진단을 내린다는 것 역시 변함없는 진실이다. 이방 종교가 이처럼 나쁜 형태를 가진 산물을 만들어낸 것은 그 종교가 태어날 때부터 "하나님의 생명과 동떨어진 것"이었기 때문이다. 어쩌면 에베소서에 있는 이 몇 구절만큼 현대의 거짓 슬로건인 "종교는 교리가 아니라 삶이다"를 예리하게 비판한 말을 찾아내기는 힘들 것 같다. 바울이 말하는 것은 종교와 그리스도에 관한 뒤틀린 사상이 중요하지 않다거나 그런 사상이 종교를 바로잡을 방안이라며 내놓은 것들이 하찮다는 말이 아니다. 그가 주장하는 것은 그런 사상이 그리스도인이 믿는 참된 종교를 파괴하며, 때문에 있는 힘을 다하여 그런 사상에 저항해야 한다는 것이다. 바울 사도는 하나님의 생명을 구성하는 내부 조직 속에 우리 사람의 생각이 우선시해야 할 전형(典型) a typical antecedence of mind이 존재하며, 모든 종교가 하나님의 본질을 사람 속에서 드러낼 때는 이 전형을 모델로 삼아야 한다는 것을 "하나님의 생명"이라는 말을 사용하여 암시한다. 바울은 이 땅에서 현재 이미 종말에 들어섰으나 아직 완성되지 않은 종말을 살아가는 삶the present semi-eschatological life(바울은 에베소서에서 특히 이 삶을 강조한다)의 본질로 여기는 것을 장차 완성된 영원 상태에서 누릴 하늘의 삶에서도 최고 규범이 되는 것으로 여기며, 이 점에는 어떤 합리적 의심도 제기할 수 없다.

우리가 지금까지 발견한 내용을 살펴볼 때, 바울 사도가 미래 세대future aeon에 누릴 생명 상태를 외부에서 절대로 적대 세력이 더 이상 침입하지 못하는 상태로 여겼는가라는 질문을 던져볼 수도 있겠다. 그가 이런 생명 상태를 끝이 없는(영원한) 상태로 여긴다는 것은 이미 충분히 살펴보았다. 그렇다면 그것으로 이미 이 상태가 외부 침입을 받지 않는 상태임을 증명하는 확실한 증거를 제시한 게 아닌가라는 생각을 해볼 수 있다. 하지만 엄밀히 말하면, 두 강조점(즉 미래에 등장할 생명 상태는 영원한 상태라는 것과 이 상태는 외부에서 어떤 침입도 받지 않는 상태라는 것—역주)은 결코 동일하지 않다. 실제로 어떤 것이 끝없이 무한정 이어질 수도 있지만, 그 어떤 것이 무한정 이어지는 이유는 영원이라는 것이 본디 그 안에 갖고 있는 어떤 본질 때문이 아닐지도 모른다. 하나님 자신은 실제로 "영원하시다." 즉 그는 "불멸이시다." 형이상학의 언어로 말하면, 그는 죽는 이가 아니며 죽으실 수도 없다. 그렇다면 우리는 영생의 이런 본질 가운데 얼마나 많은 부분이 본질적이고 절대 내어줄 수 없는 특성으로서 미래 세대와 이 세대 안에서 움직이는 모든 것에 주어졌는가라는 질문을 할 수밖에 없다. 이런 질문은 심오하고 그 깊이를 잴 수 없는 영원 개념의 여러 신비로 우리를 다시금 인도한다. 한쪽에 자리한 신자들과 다른 한쪽에 자리한 하나님 및 하나님이신 그리스도 사이에 이루어지는 친밀한 동화(同化)와 연합은 우리가 던졌던 질문의 답이 생명 상태는 애초부터 본질상 외부 침입을 받을 수도 없고 변할 수도 없는 상태라고 단정하여 일러주는 것 같다. 마찬가지로 종교의 최고 이상도 그렇게 가정하는 것 같다. 또 다른 질문은 바울이 어느 곳에서든 방금 살펴본 내용을 분명하게 표현한 곳이 과연 있는가라는 것이다. 그렇지만 그가 디모데전서 1:17에서 하나님을 "죽지 않고 눈에 보이지 않는 왕이신 유일한 하나님"이라 말하고 디모데전서 6:16에서 "유일하게 불멸성을 가지신 분"이라 말하는 것을 볼 때, 하나님 안에 존재하는 이런 속성(즉 불멸성—역주)과 신자들 안에 존재하는 이런 속성 사이에는 차이가 있음을 인정할 수밖에 없다. 하나님이 가지신 불멸성은 그가 본디 **가지신 본질**_per essentiam_이다. 그러나 신자가 가진 불멸성은 **은혜로 말미암아**_per gratiam_ 갖게 된 것이다. 따라서 하나님이 끊임없이 신자들에게 불멸성을 부여하는 활동을 하셔야 신자의 불멸성이 영원히 존속할 수 있다. 하나님은 당신 자신 안에 생명의 근원을 갖고 계시지만, 피조물은 그와 달리 완성 상태에서도 그런 근원을 갖는 것이 허용되지 않는다. 그러나 각 피조물 안에서 이들이 가진 연속성을 보장해주는 어떤 실재가 존재한다. 둘째 아담(예수 그리스도—역주)이 **되살려주는 영**_Quickening Spirit_으로서 신자들 안에 거하신다. 이는 마치 그 영이 우리 주 자신이 취하신 인성 안에 거하시는 것과 마찬가지로 확고부동한 사실이다. 요한복음의 여러 담화도 영생이 있으며 이 영생이 영원히 이어지리라는 약속을 아주 분명하게 강조하는데, 요한복음 3:36, 5:26, 6:53, 11:25이 그 예다. 또 바울은 죽음도, 생명도, 마귀를 따른 어떤 통치자도, 어떤 피조물도 그를 그리스도 안에 있는 하나님의 사랑에서 떼어놓을 수 없다고 확신한다(로마서 8:38-39을 보라—역주). 그는 그리스도와 연합해 있고 그리스도의 사랑 안에서 살아간다. 때문에 그는 지극히 탁월한 종말론적 생명이 자신에게 영원히 머물러 있을 것이 절대 확실하다고 본다. 고린도후서 5:4은 부활에 참여하는 자가 된 모든 사람의 경우에는 생명이 죽을 수밖에 없음^{mortality}을 집어삼켰다고 말한다. 골로새 사람들의 생명도 그리스도와 더불어 하나님 안에 감춰졌으며(골로새서 3:3을 보라—역주), 이로 말미암아 비록 지금은 보이지 않아도 하나님과 그리스도 안에 있는 것과 관련된 확실한 보장을 똑같이 받아 누린다. 신자와 그리스도 사이에 존재하는 모든 친밀한 생명의 연합은 이런 결합이 영원히 존재할 것을 확실히 보증한다. 디모데후서 1:10은 그리스도가 죽음을 제거하시고, 복음을 통해 생명과 불멸성["ἀφθαρσία"(아프따르시아), "죽지 않음, 썩지 않음"]을 드러내셨다고 말한다.[17]

영원한 상태를 구성하는 두 번째 주요 요소는 더 간략히 다룰 수 있겠다. 이 요소의 경우에도 역시 로마서 2:7이 "썩지 않음을 구하는 것은 영광을 구함과 같다"는 근본 규칙을 제시한다. 로마서 3:23은 모든 이가 지은 죄의 결과로 모든 이가 "ὑστεροῦνται τῆς δόξης τοῦ θεοῦ"(휘스테룬타이 테스 독세스 투 떼우, "하나님의 영광에 이르지 못함")를 든다.[18] 로마서 5:2에서는 하나님의 영

---

[17] 그리스도의 "불멸성"을 가장 세게 강조한 사람은 히브리서 저자다. 그는 그리스도에게 "ζωὴ ἀκατάλυτος"(조에 아카타뤼토스), 곧 죽어 없어짐이 없는 생명을 부여한다. 특별히 이 저자는 이런 말을 그리스도의 제사장 사역과 관련지어 한다. 그리스도는 돌아가셨을 때조차 이 제사장 사역을 단 한 순간도 멈추지 않으셨다. 그의 죽음 자체가 바로 그의 제사장 사역이었기 때문이다. 이런 일이 가능했던 것은 그가 죽음을 통해 이처럼 죽어 없어짐이 없는 생명을 늘 완전하게 소유하고 계셨기 때문이다. 히 7:16을 참고하라.

[18] 일부 주해가는 롬 3:23이 말하는 "하나님의 영광"을 시은좌(施恩座, 하나님이 은혜를 베풀어주시는 자리) 위에 임하신 셰키나(하나님의 임재)를 가리키는 말로 본다. 이 견해에 따르면, 이 구절

광을 미래 속으로 투사하면서, 이 영광을 종말에 받을 유업으로 제시하고, 이를 얻을 수단으로 소망을 제시한다. 로마서 8:30에 나오는 부정과거 동사 "그가 영화롭게 하셨다"["영화롭게 하다"를 뜻하는 δοζάζω(독사조)의 3인칭 단수 부정과거 능동태 직설법 형태인 ἐδόξασεν을 썼다—역주]는 미래에 있을 일을 내다본 말이다. 하나님이 하실 그 행위가 어찌나 확실하던지 마치 이미 이루어진 일처럼 표현했다. 여기서 "하나님의 영광"이라는 말의 소유격인 "하나님의"가 정확히 무슨 뜻인가라는 의문이 생긴다. 문법을 고려하면, 이 말은 "하나님이 소유하신 영광"을 뜻할 수 있다. 이와 비슷한 형태가 "하나님의 생명," "하나님의 평화," "하나님의 의"다. 이 말들이 가진 독특한 특징은 여기서 쓴 소유격 "하나님의"가 풍성한 의미를 담고 있다는 것이다. 즉 이 말들의 "하나님의"는 "본디 하나님에게서 나온," "하나님을 되비춰주는," 그리고 "인간에게는 다만 원형에 가까운 의미로 전달되는"이라는 3중 개념을 담고 있다. 이런 말을 하나하나 살펴보면, 하나님이 본디 갖고 계신 탁월함이 그가 복을 주신 피조물들 안에서 다시 만들어지고 분명하게 나타났다는 원리가 그 밑바탕에 깔려 있다. 영원한 세계가 하나님 중심이라는 성격을 갖고 있음을 이곳만큼 강력하게 증언하는 곳은 찾을 수 없다. 로마서 2:10에서는 "영광"을 뜻하

에 나오는 동사(즉 ὑστερέω—역주)는 하나님의 영광을 보지 못하게 "쫓겨났다"로 번역해야 할 것이다. 이 영광이 구약의 성소에 나타났기 때문이다. 이는 롬 3:25에 나오는 "ἱλαστήριον"(힐라스테리온, "속죄 수단, 속죄 장소")을 "시은좌"로 번역하는 것과 잘 들어맞는다. 하지만 롬 3:25에 나오는 "ἱλαστήριον"이, 70인경과 히 9:5(원서는 9:8로 잘못 적어 놓았다—역주)에서 이 말이 가지는 의미처럼, "시은좌"라는 의미인지는 확실치 않다. "속죄 수단"으로 해석해도 언어학상 역시 타당한 근거가 있으며, 문맥과 아주 잘 들어맞는다. 롬 3:25에 나온 "προέθετο"[프로에떼토, "사람들이 볼 수 있게 제시하다, 펼쳐 놓다"라는 뜻을 가진 동사 προτίθημι(프로티떼미)의 3인칭, 단수, 2부정과거, 중간태, 직설법 형태다—역주]도 "시은좌"라는 번역에 어느 정도 힘을 실어준다. 제사 혹은 널리 어떤 의식 행위에서는 제사를(혹은 의식을) "제시하다, 앞에 내놓다"라고 강조하는 것이 덜 자연스럽기 때문이다.

는 "δόξα"(독사)와 "존귀함"을 뜻하는 "τιμή"(티메)가 함께 나타나는데, 이 둘은 서로 구분해야 한다. "τιμή"는 다른 사람들에게 높이 평가받는 것을 말한다. 이것은 다른 이들이 누군가를 상대로 그 내면에 들어 있는 것을 판단한 것이며, 따라서 겉으로 드러난 실체를 판단한 게 아니다. 어원을 따지면, 이 두 말은 서로 자리를 바꿔야 한다. "어떤 평판을 얻다"를 뜻하는 동사 "δοκεῖν"("…라고 여기다, …로 인정받다"를 뜻하는 δοκέω의 부정사―역주)에서 나온 말이 바로 "δόξα"이기 때문이다. 그러나 바울이 로마서를 쓸 때는 이미 이런 규칙을 더 이상 엄격하게 지키지 않았다.[19] 생명도 그렇지만 영광도 성령과 긴밀하게 연결되어 있다. 두 경우에 서도 다른 점이 있다면, 생명은 종말론적 주체의 감춰진 측면이지만, 영광은 더 고차원의 생명이 드러날 때에 겉으로 나타날 측면을 말한다. 영광은 부활하신 그리스도와 신자 사이의 상호관계에서 큰 역할을 한다. 그리스도 자신이 소유하신 것[ἐκ τοῦ ἐμοῦ(에크 투 에무, "내 것으로"), 요한복음 16:14]과 그리스도인에게 성령을 부어주심이 아주 긴밀하게 결합해 있는데, 이 결합이 어찌나 긴밀하던지 실제로 "주가 곧 영(성령)이시다"라고 말해도 될 정도다. 물론 그리스도와 성령이 같다는 말은 삼위일체 차원에서 하는 말이 아니라 구원론 차원에서 하는 말이다. δόξα는 겉으로 나타나는 영역과 관련이 있기 때문에, 바울은 이 영광을 두고 "우리를 향해 나타날 영광"이라고 말한다(로마서 8:18을 보라―역주). 이런 일반 개념을 신자의 상태와 조

---

19) 셈계 언어들에서는 이 말이 본디 물리적 개념을 갖고 있어서 "무겁다"라는 의미였던 것으로 보인다. von Gall, *Die Herrlichkeit Gottes*, 1900을 참고하기 바란다. 이 말은 형이상학에서 사용하는 "무게"라는 개념과 쉽게 결합했으며, 다시 이 "무게"라는 개념에서 "특권," "명성"이라는 뜻이 나왔다. 왕의 영광은 그를 따르는 수행원이나 시종의 장엄함이 드러낸다. 그런 장엄함이 왕의 엄위와 힘을 가장 자연스럽게 표현해주기 때문이다. 여기에서 나온 히브리어 "*Kabod*"(카보드, "무게, 영광")가 헬라어에서는 δόξα보다 τιμή에 더 가까이 자리해 있음은 흥미로운 일이다.

건에 적용하면, 이 개념이 두 갈래 방향으로 작용한다. 몸의 영광이 있고, 속사람의 영광이 있다. 성령은 두 가지 점에서 그런 영광을 만들어내시고 부여하시는 일을 행하시는 분이다. 고린도전서 15:43은 몸이 "ἐν δόξῃ"(엔 독세, "영광 가운데") 부활한다고 말한다. 또 골로새서 3:4은 영광이 "ζωή"(조에, "생명")에 속해 있다고 말한다. 하지만 이 영광이라는 개념을 더 깊은 의미로 만들어 종교(신앙)의 탁월함 자체를 표현하는 말로 쓴 경우도 적지 않다. 고린도후서 4:17은 "영광의 영원한 무거움"이라는 말을 쓰는데, 여기에서는 신자가 부여받을 영광이 아주 견고하다는 것이 드러난다. 여기서 근본을 이루는 개념은 미학적 개념이다. 영광은 하나님 자녀의 아름다움을 이룬다. 인간이 저지른 죄에 따른 굴레 때문에 지금도 죄라는 굴레에 묶여 있는 피조물도 마지막에는 "자유"를 얻는데, 이 자유도 그런 아름다움을 이루는 일부분이다. 그 아름다움은 일어난 모든 변화를 밝히 설명해주기 때문이다. 탄식이 기쁨으로 바뀌는 것도 그 아름다움 때문이다. 몸이 내뿜는 광채가 영광의 본질을 이루는 부분이기 하지만, 영광은 비단 그런 광채만이 아니다. 바울이 고린도후서 5:3(저자는 5:3을 제시했지만, 저자 자신이 말하는 취지로 볼 때 5:2-4이 더 정확한 것 같다—역주)에서 덧입기를 바라는 이유는 바로 이런 미학적 관점 때문이지, 순전히 감성적 동기 때문이 아니다. 그러나 영광은 분명 지금 눈으로 볼 수 없고, 지금 귀로 들을 수 없으며, 지금 사람들의 마음에 다가오지 않는 것들 속에 거한다. 본디 이런 것들이 영광이라는 옷을 입을 수 있기 때문이다. 이런 것들에게 필요한 것은 오로지 적합한 눈과 적합한 귀와 적합한 마음과 적합한 환경뿐이다. 이런 것들은 성령의 작품이기 때문에, 성령은 이런 것들에 유달리 높은 강렬함을 나누어주실 것이다. 이런 강렬함을 만들어내는 것이 성령의 본질이요 사역 방식이다. 고린도후서 3:18을 보면, 바울은 현세의 삶에서 이런 것들을 바라는 사람을; 그가 무엇을 바라든지, 늘 그 누구보다 탁월한 πνευματικόν(프뉴마티콘, "성령의 사람")으로 여긴다.

가끔씩 부당하게 사람들을 사로잡아 종말론에서 말하는 미래에 매달리게 만드는 한 문제를 아주 간략히 언급하고 장차 다가올 세상의 영원성을 다룬 이 논의를 맺도록 하겠다. 그 문제는 장차 다가올 시대 속에 거주하는 (즉 이미 심판을 받고 하나님께 인정을 받아 영원한 시대 속에서 살아가는—역주) 사람들이 이미 그들이 그 속으로 들어갈 때에 도달한 그 지점을 넘어 더 멀리 나아가는 일이 벌어질 수도 있는가라는 문제다[말하자면 영원한 상태 안에서도 시간의 선후(先後), 더 나은 상태와 더 못한 상태가 존재할까를 묻는 것이다—역주]. 이렇게 말하면 이상하지만, 이 문제는 주로 인간 내면의 윤리적-신앙적 성장과 관련이 있는 것만은 아니며, 이 문제가 겉으로 드러나는 가시적 종교 현상들의 증가와 관련된 경우도 적지 않다. 종말에 완성된 세계 너머에 또 정복할 세계들이 있을까? 바울 서신에서는 이에 관한 정보를 얻거나 이런 문제를 생각해 보라는 권면을 얻기는 기대할 수 없을 것 같다. 이는 비록 바울이 복음을 위하여 수고하는 모든 일에 가장 강렬한 열정을 내보이며 분명 끊임없이 샘솟는 에너지를 쏟아 붓지만, 그래도 종말론 문제를 다룰 때면, 이 모든 것에 일종의 균형추를 덧붙이기 때문이다. 이 균형추 덕분에 바울 사도는 딱히 이름을 붙일 수도, 그 깊이를 알 수도 없지만, 하나님과 그리스도 안에서 누릴 신비롭고 심오한 만족 안에서 쉼을 발견하고자 하는 욕구를 잃지 않으며, 그 만족 너머에 있는 영역을 더 파고들려는 무모한 열망을 품지 않는다. 바울이 한 모든 수고는 쉼도 없고 시간이 가면 사라질 것들을 영구히 방해받지 않을 영원 속에 빠져들어 쉴 수 있는 곳으로 인도하려고 모든 진액을 쏟아 부은 처절한 노력이었다. 바울 서신에는 이와 반대되는 흐름이나 욕구를 암시하는 본문이 전혀 없다. 물론 하늘에는 그 숫자나 구조상 여러 하늘이 있을 수도 있지만, 오는 세대나 세상에는 한 세대나 세상이 가면 또 한 세대나 세상이 오는 식으로 이어지는 법이 없다.[20] 우리는 종말의 복을 누리는 자들이 거하는 밭에도 씨를 뿌림이 있고 익은 것을 수확하는 일이 있다는 말을 들은 적이 없다. 시간에 매인 영혼을 영원 속에 있는 마음에 집어넣는 것은 쓸데없는 일이다. 그것은 우리 자신이 위에 이르렀을 때 우리 자신을 사로잡을 것이 무엇일까라는 질문에 이 땅과 시간의 맛이 나는 것을 덧붙이는 것이다. 그건 우리 주 하나님 바로 그분이 당신의 끝없는 충만함으로 거기에(우리가 이를 영원한 상태에—역주) 계시지 않을 것처럼 이야기하는 것이다. 그분이 계신 곳에는 식상함도 있을 수 없고 지루함도 있을 수 없다. 현세의 교회와 달리 종말론적 교회가 보여주는 가장 고귀한 차이점은 그때부터 이 교회가 전투할 때 입는 갑옷을 벗어 한쪽으로 제쳐놓을 수 있다는 것이다. 종말론적 교회는 이미 **영원히 승리하는 교회**_Ecclesia triumphans in aeternum_가 되었기 때문이다.[21]

---

20) 엡 2:7에 나오는 "오는 세대들"[7]은 거대함을 나타내는 복수다. 이는 시간의 관점에서 표현한 말이나, 영원은 때가 찼음을 나타낸다.

21) 이방 종교의 종말론이 가진 특징은 세계 역사가 끝을 맞이한 뒤에도 끊임없이 반복되는 순환들을 찾는다는 것이다. 이방 종교가 이렇게 하는 이유는 그들의 종말론 개념이 천체들의 회전 운동을 천문과 별자리(황도12궁)에 중점을 두고 관찰한 결과에서 나온 자연 이론의 일부이기 때문이다. 가장 긴 회전 운동이 끝나고 다시 그 출발점으로 돌아가면, 태곳적부터 똑같이 지나왔던 경로를 따라 같은 운동을 되풀이할 수밖에 없다. 그런 식으로 "황금 같은 해"가 다시 "돌아왔다." 하나님이 주시는 미래 시대는, 비록 가장 훌륭한 금으로 만들어져 있지만, "다시 돌아오지 않는다." 그 시대는 일단 오면 그 다음에는 영원히 머문다.

역자 주

[1] *Kiddush*는 안식일이나 유대교 절기 전날 밤 식사를 하기 전에 포도주를 들면서 안식일이나 그 절기를 축복하고 그 의미를 되새기며 부르는 노래다. *Kiddush*는 히브리어로 "성별"(聖別)을 뜻한다.
[2] 고요한 신앙도 좋지만, 마지막 때를 살아가는 우리가 성령이 주시는 능력을 힘입어 살아 움직이는 소망을 품고 약동하는 삶을 살아가야 한다는 말이다.
[3] 예수를 하나님으로 예배한다 하여 삼위일체 하나님 중 첫 위격인 성부 하나님을 그냥 무시하는 것은 바울이 알지 못했던 것이라는 말이다.
[4] 보스 박사는 Geerhardus Vos, "The Eschatological Aspect of the Pauline Conception of the Spirit," in *Princeton Biblical and Theological Studies*(New York: Charles Scribner's Sons, 1912), p. 255, 각주61에서 이렇게 말한다: The question may properly be raised at this point whether Paul's characteristic conception of the σάρξ does not likewise have its eschatological antecedents. It is so antithetically determined by its correlative, the Pneuma, that a certain illumination of the one must more or less affect the coloring of the other. To discuss the question here would lead us too far afield. We confine ourselves to the following. While the σάρξ chiefly appears as a power or principle in the subjective experience of man, yet this is by no means the only aspect under which Paul regards it. It is an organism, an order of things beyond the individual man, even beyond human nature. It is something that is not inherently evil, the evil predicates are joined to it by means of a synthetic judgment. Still further it has its affiliations and ramifications in the external, physical, natural(as opposed to supernatural) constitution of things. Now if σάρξ was originally the characteristic designation of the first world-order, as Pneuma is that of the second, all these features could be easily accounted for without having recourse to Hellenistic-dualistic explanations. From its association with the entire present aeon, the σάρξ could derive its pervasive, comprehensive significance, in virtue of which a man can be ἐν σαρκί as he can be ἐν πνεύματι; like the aeon it lends a uniform complexion to all existing things. It would also derive from this its partial coincidence with the somatic, because the whole

first aeon moves on the external, provisional, physical plane. Finally it would derive from this its synonymy with evil, for according to Paul, the present aeon has become an evil aeon in its whole extent. = 번역문: 이 지점에서 종말론 영역에는 바울처럼 독특하게 σάρξ(사륵스, "육")를 이해한 선례가 없지 않은가라는 질문을 제기해보는 것도 적절할 것 같다. 바울의 독특한 σάρξ 개념은 이와 상관이 있는 말인 *Pneuma*(프뉴마, "영, 성령")와 대비하여 살펴보고 결정한 것이다. 때문에 한 개념의 의미를 어느 정도 밝혀내면, 다른 개념의 의미에도 많든 적든 영향을 미칠 수밖에 없다. 여기서 이 문제를 논의하다간 이야기가 삼천포로 빠져 버릴 것이다. σάρξ는 주로 사람의 주관적 체험에 영향을 미치는 힘이나 원리로서 나타난다. 하지만 바울이 살펴보는 것은 σάρξ의 이런 측면만이 아니다. σάρξ는 유기체요, 개개 인간, 심지어 인간 본성보다 위에 존재하는 사물의 질서다. σάρξ가 원래 악한 것은 아니나, 어떤 종합 판단을 통해 악한 속성들이 이 말에 결합되었다. 더군다나 σάρξ가 친밀한 관계를 맺고 영향을 미치는 것들이 존재하는 곳은 사물의 구성 부분 중 외면적, 물리적, ("초자연적"의 반대말인) 자연적 부분이다. σάρξ가 첫 번째 세계 질서(우리가 처음 만나는 세계 질서—역주)요 *Pneuma*가 두 번째 세계 질서(첫 번째 세계 질서 뒤편에 숨어 있는 세계 질서—역주)라면, 헬레니즘식 이원론의 도움을 받지 않고도 이 모든 특징들을 쉽게 설명할 수 있을 것이다. σάρξ는 현세 전체와 긴밀히 결합해 있으며, 이 때문에 어디에나 존재하고 그 안에 모든 것을 포괄하는 의미를 가진다. 덕분에 사람은 영 안에(ἐν πνεύματι) 있을 수 있듯이 육 안에도(ἐν σαρκί) 있을 수 있다. aeon("세대, 시대")도 그렇지만 σάρξ도 존재하는 모든 것에 통일된 성격을 부여한다. σάρξ(에 속하는 것)와 몸^{soma}(에 속하는 것)이 일부 일치하는 것도 그런 점 때문일 것이다. 첫 세대(시대)는 오로지 외면적, 일시적(시간이 지나면 사라져 버리는), 물리적 평면에서 움직이기 때문이다. 결국은 이런 점 때문에 σάρξ를 악과 동일시하는 결과가 나타났을 것이다. 바울은 현세가 철두철미하게 악한 세대가 되었다고 보기 때문이다.

[5] 공동번역(대한성서공회가 1999년에 펴낸 개정판) 본문을 그대로 옮기면 이렇다. "죽음이 이 세상에 들어온 것은 악마의 시기(猜忌) 때문이며 악마에게 편드는 자들이 죽음을 맛볼 것이다."

[6] 예수께 묻는 이를 관원이라 밝힌 곳은 누가복음 18:18뿐이며, 마가복음 10:17은 재물이 많은 사람, 누가복음 10:25은 한 율법교사가 여쭈었다고 말한다.

[7] 헬라어 본문은 ἐν τοῖς αἰῶσιν τοῖς ἐπερχομένοις(엔 토이스 아이오신 토이스 에페르코메노이스, "오는 세대들에")라는 말을 썼는데, αἰῶσιν은 "세대, 세계"를 뜻하는 명사 αἰών의 복수, 여격이다.

〈바울의 종말론〉 참고문헌

=**Baldensperger, W.** *Das Selbstbewusstsein Jesu im Lichte der Messianischen Hoffnungen seiner Zeit*, Strassburg: J.H.E. Heitz (Heitz & Mündel), 1903.
=**Blom, A. H.** *Th. Tijdschr.*, 1863, pp. 4ff. (Stoicheia).
=**Bousset, W.** *Der Antichrist in der Überlieferung des Judentums, des neuen Testaments und der alten Kirche: Ein Beitrag zur Auslegung der Apocalypse*, Göttingen: Vandenhoeck & Ruprecht, 1895.
――. *Die jüdische Apokalyptik: ihre religionsgeschichtliche Herkunft und ihre Bedeutung für das Neue Testament*, Berlin: Reuther & Reichard, 1903
――. *Die Religion des Judentums im neutestamentlichen Zeitalter*, Berlin: Reuther & Reichard, 1906.
――. *Jesus der Herr : Nachträge und Auseinandersetzungen zu Kyrios Christos*, FRLANT 25, Göttingen: Vandenhoeck & Ruprecht, 1912.
――. *Kyrios Christos: Geschichte des Christusglaubens von den Anfängen des Christentums bis Irenaeus*, Göttingen: Vandenhoeck & Ruprecht, 1921.
=**Box, G. H.** *The Ezra-Apocalypse*, London: Pitman and Sons, 1912.
=**Brückner, M.** *Die Entstehung der Paulinischen Christologie*, Strassburg : J. H. Ed. Heitz (Heitz & Mündel), 1903.
=**Bruston, C.** *La Vie future d'après St. Paul*, Paris: Fischbacher, 1895.
=**Burton, Ernest de Witt**, "Spirit, Soul and Flesh," *A. J. Th.*, 1913-1916.
(#역자 주: 저자는 이 논문을 개정, 증보하여 1918년에 미국 시카고대학교 출판부에서 역시 *Spirit, Soul and Flesh*라는 제목을 붙인 단행본으로 출간했다.)

=**Charles, R. H.** *The Apocalypse of Baruch*, London: Black, 1896.
――. *A Critical History of the Doctrine of a Future Life in Israel, in Judaism, and in Christianity*, London: Black, 1899; 2d ed., 1913.
=**Cremer, H.** *Über den Zustand nach dem Tode*, Gütersloh: Bertelsmann, 1892.
――. *Biblisch-theologisches Wörterbuch der neutestamentlichen Gräcität*, Gotha: F.A. Perthes, 1895.(#역자 주: 이 책은 저자가 본문 각주에서 제시했으나, 원서 참고문헌에는 없다.)

=**Dalman, G.** *Die Worte Jesu, Band I, Einleitung und wichtige Begriffe: mit Berücksichtigung des nachkanonischen jüdischen Schrifttums und der aramaischen Sprache*, Leipzig: J. C. Hinrichs'sche Buchhandlung , 1898.
=**Deissman, A.** *Die neutestamentliche Formel "in Christo Jesu,"* Marburg: N. G. Elwert, 1892.
──. *Paulus : eine kultur-und religionsgeschichtliche Skizze*, Tübingen: J.C.B. Mohr (Paul Siebeck), 1911.
=**Delitzsch, F.** *Commentar über die Genesis*, 4th ed., Leipzig: Döring und Franke, 1872 (1st ed. 1852).(#역자 주: 이 책은 저자가 본문 각주에서 제시했으나, 원서 참고문헌에는 없다.)
=**Dickson, W. P.** *St. Paul's Use of the Terms Flesh and Spirit*, Glasgow: Maclehose, 1883.
=**Dieckmann, H.** *Die Parousie Christi*, Geestemünde: Henke, 1898.
=**Diels, H.** *Elementum*, Leipzig: B.C. Teubner, 1899(Stoicheia).

=**Erbes, C.** "Der Antichrist in den Schriften des Neuen Testaments" in *Theologische Arbeiten des rheinischen wissenschaftlichen Prediger Vereins* ns 1 (1897), 1-59.
=**Everling, O.** *Die paulinische Angelogie und Dämonologie: Ein biblisch-theologischer Versuch*, Göttingen: Vandenhoeck & Ruprecht, 1888.
=**Ewald, H.** *Adam und Christus*, J. Ch. W., 1849.

=**Feine, P.** *Jesus Christus und Paulus*, Leipzig: Hinrichs, 1902.
=**Friedländer, M.** *Der Antichrist in den vorchristlichen jüdischen Quellen*, Göttingen: Vandenhoeck & Ruprecht, 1897.

=**Gall, Freiherr von.** *Die Herrlichkeit Gottes : eine biblisch-theologische Untersuchung ausgedehnt über das Alte Testament, die Targume, Apokryphen, Apokalypsen und das Neue Testament*, Giessen: J. Ricker, 1900.
=**Giesebrecht, F.** *Beiträge zur Jesajakritik. nebst einer Studie über Prophetische Schriftstellerei von Friedrich Giesebrecht*, Anhang, pp. 187-220, Göttingen: Vandenhoeck & Ruprecht, 1890.
=**Ginzburg, L.** *Jewish Encyclopedia*, Vol. 1, Article, "Adam Kadmon," New York: Funk & Wagnalls, 1901-1906(Vol. 1-12).
=**Glöel, J.** *Der Heilige Geist in der Heilsverkündigung des Paulus: eine biblisch=theologische Untersuchung*, Halle: M. Niemeyer, 1888.
=**Gottschick, J.** "Paulinismus und Reformation," *Zeitschrift für Theologie und Kirche* 7(1897), pp. 398-460.(역자 주: 이 논문은 저자가 본문 각주에서 제시했으나, 원서 참고문헌에는 없다.)
=**Grafe, E.** *Die Paulinische Lehre vom Gesetz nach den vier Hauptbriefen*, Freiburg and Tübingen: J.C.B. Mohr(Siebeck), 1884.
=**Gressmann, H.** *Der Ursprung der israelitisch-jüdischen Eschatologie*, FRLANT 6. Göttingen: Vandenhoeck & Ruprecht, 1905.
=**Griethuyzen.** *N. J. f. W. Th.* 1859, pp. 304-346. (On 2 Cor. v. 1-6).

=**Grimm, W.** "Über die Stelle 1 Kor 15:20-28," *ZWT*, 1873, pp. 380-411.
=**Grosheide, F. W.** *De Verwachting der Toekomst van Jezus Christus: exegetische studie*, Amsterdam: van Bottenburg, 1907.
=**Gunkel, H.** *Die Wirkungen des Heiligen Geistes nach der populären Anschauung der apostolischen Zeit und der Lehre des Apostels Paulus*, Göttingen: Vandenhoeck & Ruprecht, 1888.

=**Hepp, V.** *De Antichrist*, 1st ed., Kampen: J.H. Kok, 1919.
=**Holtzmann, H. J.** *Lehrbuch der Neutestamentlichen Theologie*. Edited by D. A. Jülicher and W. Bauer. 2nd ed. 2 vols. Tübingen: J. C. B. Mohr, 1911.
(#역자 주: 이 책 1판은 1897년에 Freiburg im Breisgau und Leipzig: Akademische Verlagsbuchhandlung에서 같은 제목인 *Lehrbuch der Neutestamentlichen Theologie*로 출간했다. 1판은 윌리허와 바우어가 편집하지 않은 책이다.)

=**Kabisch, R.** *Die Eschatologie des Paulus in ihren Zusammenhängen mit dem Gesammtbegriff des Paulinismus*, Gottingen: Vandenhoeck und Ruprecht, 1893.
=**Kennedy, H. A. A.** *St. Paul's Conceptions of the Last Things*, London: Hodder and Stoughton, 1904.
=**Klöpper, A.** "Die Bedeutung und der Zweck des Abschnittes Rom. v. 1-12," *St. u. Kr.*, 1869.
——. *Der Brief an die Kolosser*, Berlin: G. Reimer, 1882.
——. *Der Brief des Apostels Paulus an die Philipper*, Gotha: F. A. Perthes, 1893.
=**Knopf, R.** *Paulus*, Leipzig: Quelle & Meyer, 1909.

=**Montefiore, C. G.** *Judaism and St. Paul: Two Essays*, London: Max Goschen, 1914.(#역자 주: 이 책은 저자가 본문 각주에서 제시했으나, 원서 참고문헌에는 없다.)
=**Oesterley, W. O. E.** *The Books of the Apocrypha: their origin, teaching and contents*, New York: Revell, 1914.
=**Olschewski, W.** *Die Wurzeln der paulinischen Christologie*, Königsberg in Preußen: Gräfe & Unzer, 1909.
=**Orelli, C. von.** *Die Hebräischen Synonyma der Zeit und Ewigkeit*, Leipzig: A. Lorentz, 1871.(#역자 주: 저자가 라이프치히대학교에 제출한 박사학위 논문을 단행본으로 펴낸 것이다.)

=**Pfleiderer, O.** *Der Paulinismus: Ein Beitrag zur Geschichte der urchristlichen Theologie*. 2nd ed. Leipzig: Reisland, 1890.
=**Philippi, F.** *Die biblische und kirchliche Lehre vom Antichrist*, Gütersloh: Bertelsmann, 1877.
=**Rohde, E.** *Psyche: Seelencult und Unsterblichkeitsglaube der Griechen*, Tübingen: J.C.B. Mohr (Paul Siebeck), 1903.
=**Rinck, H. W.** *Vom Zustande nach dem Tode*, 3rd ed., Basel: Verlag von Ferdinand Riehm, 1878.

=**Rothe, R.** *Neuer Versuch einer Auslegung der Paulinischen Stelle Römer V, 12-21*, Wittenberg: Zimmermann, 1836.

=**Salmond, S. D. F.** *The Christian Doctrine of Immortality*, Edinburgh: T. & T. Clark, 1901.

=**Schlatter, A.** *Die Theologie des Neuen Testaments*,
(1.Teil.: *Das Worte Jesu*, Calw & Stuttgart: Verlag der Vereinsbuchhandlug, 1909.
2.Teil: *Die Lehre der Apostel*, Calw & Stuttgart: Verlag der Vereinsbuchhandlug, 1910.)

=**Schmiedel, P. W.** *Die Briefe an die Thessalonicher und an die Korinther*, in *Handkommentar zum Neuen Testament* (ad 2Cor. 5:1ff.), Freiburg im Breisgau: J. C. B. Mohr, 1892.

=**Schneckenburger, M.** *Beiträge(Antichrist)*: Theol. Jahrb. 1848. J. D. Th, p. 405.

=**Schwally, F.** *Das Leben nach dem Tod nach den Vorstellungen des Alten Israel und des Judentums einschließlich des Volksglaubens im Zeitalter Christi: eine biblische Untersuchung*, Giessen: J. Ricker, 1892. (#역자 주: 쉬발리가 할레대학교에 제출한 교수자격취득 논문을 책으로 펴낸 것이다.)

=**Schweitzer, A.** *Paul and His Interpreters: A Critical History*(tr. from the German), London: Adam & Charles Black, 1912. (#역자 주: 이 영역본은 쉬바이처가 1911년에 펴낸 *Geschichte der Paulinischen Forschung von der Reformation bis auf die Gegenwart*, Tübingen: Mohr, 1911을 영어로 번역한 책이다. 쉬바이처는 1911년에 낸 이 책을 더 늘리고 보충하여 1930년에 *Die Mystik des Apostels Paulus*라는 제목으로 펴냈다.)

=**Shoemaker, W. R.** "The Use of Ruach in the Old Testament, and of Pneuma in the New Testament: A Lexicographical Study." *Journal of Biblical Literature* 23 (1904): 13–67.

=**Siebeck, H.** "Die Entwicklung der Lehre vom Geist (Pneuma) in der Wissenschaft des Altertums," *Zeitschrift fur Völkerpsychologie und Sprachwissenschaft* 12 (1880): 372-80.

=**Simon, Th.** *Die Psychologie des Apostels Paulus*, Gottingen: Vandenhoeck & Ruprecht, 1897.

=**Slotemaker de Bruine, J. R.** *De eschatologische voorstellingen in I en IICorinthe*, Utrecht: C.H.E. Breijer, 1894.

=**Smith, W. R.** *The Prophets of Israel and their place in history, to the close of the 8th century B.C.*, Edinburgh: A. & C. Black, 1882. (#역자 주: 이 책은 저자가 본문 각주에서 제시했으나, 원서 참고문헌에는 없다.)

=**Sokolowski, E.** *Die Begriffe Geist und Leben bei Paulus in ihrer Beziehung zu einander*, Göttingen: Vandenhoeck & Ruprecht, 1903.

=**Stähelin, R.** "Zur paulinischen Eschatologie," *JDTh* 19 (1874) 177-237.

=**Staerk. W.** "Der Gebrauch der Wendung Beacherith Hajjamim im at. Kanon," *Zeitschrift für die alttestamentliche Wissenschaft* 11 (Jan., 1891): 247–253.

=**Stegmann, B. A.** *Christ, the "Man from Heaven," A Study of I Corinthians 15: 45-47 in the Light of the Anthropology of Philo Judaeus*, Washington, D. C.: Catholic University of America, 1927. (#역자 주: 미국 가톨릭대학교에 제출한 박사학위 논문이다.)

=**Teichmann, E.** *Die Paulinischen Vorstellungen von Auferstehung und Gericht und ihre*

Beziehungen zur jüdischen Apokalyptik, Freiburg/Leipzig: Akademische Verlagsbuchhandlung von J.C.B. Mohr (Paul Siebeck), 1896.
=**Thackeray, H.** St. J. *The Relation of St. Paul to Contemporary Jewish Thought*, London/New York: Macmillan & Co., 1900.
=**Tillmann, F.** *Die Wiederkunft Christi nach den paulinischen Briefen*, Freiburg im Breisgau/München [u.a.]: Herder, 1909.
=**Titius, A.** *Die neutestamentliche Lehre von der Seligkeit und ihre Bedeutung für die Gegenwart, II, Der Paulinismus unter dem Gesichtspunkt der Seligkeit*, Tübingen: J. C. B. Mohr(Paul Siebeck), 1900. [#역자 주: Die neutestamentliche Lehre von der Seligkeit und ihre Bedeutung für die Gegenwart(복에 관한 신약 성경의 가르침과 그 가르침이 이 시대에 가지는 의미)는 모두 네 권으로 이루어져 있으며, 1권은 Jesu Lehre vom Reiche Gottes(1895), 2권은 Der Paulinismus unter dem Gesichtspunkt der Seligkeit(1900), 3권은 Die johanneische Anschauung unter dem Gesichtspunkt der Seligkeit Tübingen(1900), 4권은 Die vulgäre Anschauung von der Seligkeit im Urchristentum. Ihre Entwicklung bis zum Übergang in katholische Formen(1900)이라는 부제를 달고 있다.]

=**Volz, P.** *Die jüdische Eschatologie von Daniel bis Akiba*, Tübingen: J. C. B. Mohr, 1903.
=**Vos, G.** "The Eschatological Aspect of the Pauline Conception of the Spirit," in *Biblical and Theological Studies*, New York: Charles Scribner's Sons, 1912.
=**Wadstein, E.** *Die eschatologische Ideengruppe: Antichrist - Weltsabbat - Weltende und Weltgericht, in den Hauptmomenten ihrer christlich-mittelalterlichen Gesamtentwickelung*, Leipzig: O. R. Reisland, 1896.
=**Waitz, E.** "Über 2Kor. v. 1-4," *Jahrbücher für Protestantische Theologie*(1882): 153-167.
=**Walter, J.** *Der religiöse Gehalt des Galaterbriefes*, Göttingen: Vandenhoeck & Ruprecht, 1904.(#역자 주: 이 책은 저자가 본문 각주에서 제시했으나, 원서 참고문헌에는 없다.)

=**Weber, F.** *Jüdische Theologie auf Grund des Talmud und verwandter Schriften*, 2nd ed., Leipzig: Dörffling und Franke, 1897.
=**Weiss, B.** *Apokalyptische Studien,* Studien und Kritiken, 1869(Antichrist).
=**Weiss, J.** "Himmlischer Mensch," *RGG*(1900).
=**Wendt, H. H.** *Die Begriffe Fleisch und Geist im biblischen Sprachgebrauch*, Gotha: Friedr. Andr. Perthes, 1878.
=**Wernle, P.** *Der Christ und die Sünde bei Paulus*, Freiburg/Leipzig: J. C. B. Mohr, 1897.
=**Windisch, H.** *Entsündigung des Christen nach Paulus*, Leipzig: Hirschfeld, 1908.
=**Winstanley, E. W.** *Spirit in the New Testament: An enquiry into the use of the word pneuma in all passages, and a survey of the evidence concerning the Holy Spirit.* Cambridge: Cambridge University Press, 1908.
=**Wrede, W.** *Paulus*, Halle: Gebauer-Schwetschke, 1904. (Religionsgeschichtliche Volksbücher).

부록: 시편의 종말론

ESCHATOLOGY OF THE PSALTER *Princeton Theological Review* 1920, January

신약 성경 역본에는 시편을 부록으로 함께 실어 놓은 것들이 있다. 이는 분명 예배 때 편리하게 하려고 택한 배열이다. 하지만 이 때문에 요한계시록과 시편이 바로 잇닿아 붙어 있는 흥미로운 결과가 생겼다. 언뜻 생각하면 서로 다른 두 가지 것을 함께 묶어 놓기는 불가능한 것처럼 보일지도 모르겠다. 폭풍이 몰아치는 요한계시록의 광경과 시편 기자가 노래하는 푸른 풀밭과 고요한 시냇물은 거의 공통점이 없다. 우리가 보기에도 시편은 주로 하나님과 은밀한 사귐에 빠진 신앙생활에 따른 여러 요구를 섬긴다. 이런 신앙생활을 영위하는 삶은 종말론적 반응에서 독특하게 나타나는 분위기와 경향을 부추기지 않는 게 보통이다. 바로 이런 이유 때문에 시편을 읽는 이들과 해석하는 이들은 우리가 좋아하는 이 책을 보면서 그런 종말론/요한계시록의 분위기와 그 본질이 전혀 다른 가락에 여전히 귀를 기울일 때가 아주 많았다.

우리가 이런 습관에서 벗어나 억지로라도 시편의 또 다른 얼굴을 살펴보려면, 우리 신앙생활의 평탄한 분위기에서 벗어나 더 격렬한 무언가가 있어야 한다. 교회사를 살펴보면, 어떤 커다란 충돌이 기도실에서만 사용하던 시편을 소란스러운 세상의 열린 마당으로 끄집어낸 경우가 여러 번 있었다. 종교개혁 시대는 이런 경우를 극명하게 보여주는 사례다. 세계가 크게 격변하는 이 시대에 등장한 우리 자신도 어쩌면 시편이 우리가 익히 상상해왔던 것과 확연히 다른 상황에 적합함을 이미 발견했는지도 모른다. 분명 이 무시무시한 마지막 시대에도 시편은 경건한 신앙의 도구라는 친숙한 용도를 전혀 잃어버리지 않았다. 하지만 그와 동시에 우리는 폭풍이 몰아치는 세계로 내몰려 그 세계를 마주할 때면 이 시편에서 우리와 함께하는 목소리들이 있음을 발견할 뿐 아니라, 이 목소리들이 우리 입술로 튀어 오른 경우도 있음을 발견했다. 이 목소리들이 우리 입술에 올라붙지 않았다면, 우리는 하나님이 심판하시는 자리에서 입도 벙긋 못하고 침묵을 지켜야 했을 것이다. 이런 경험은 역사가 우리에게 끼친 큰 영향을 충분히 인식해야 함을 일깨워주는 내용이 시편 안에 있음을 충분히 증명해준다. 세계라는 무대에서 기도하고 노래할 수 있는 것을 경건한 영혼이 오로지 기도실에서만 사용하라고 주었을 리 만무하다. 시편이 가진 이 또 다른 측면은 시편을 의식에 적용하면서 생긴 결과물이 아니다. 시편의 그런 측면은 애초부터 시편 기자들 자신의 삶과 기도와 노래의 일부분이었다.

결국 시편이 가진 두 가지 용도, 즉 신앙적 용도(개인 신앙 차원에서 하나님과 은밀히 나누는 사귐에 시편을 활용함—역주)와 역사적 용도(세계 역사를 이해하는 차원에서 시편을 역사를 들여다보는 자료로 활용함—역주)는 사람들이 상상하는 것만큼 차이가 크지 않다. 시편의 신앙적 용도가 하나님의 비밀 속으로 깊이 침잠하는 태도와 세계-드라마의 전개에 강렬한 관심을 보이는 태도라는 상이한 두 태도를 자신 안에서 완벽하고도 자연스럽게 결합하는, 더 넓고 더 포괄적인 경건(신앙)의 일부를 형성하려면, 시편의 신앙적 용도를 올바른 각도에서 파악해야 한다. 그러나 시편의 더 심오한 근본 특성은 이 시편이 하나님이 당신 백성들을 위하여 그리고 당신 백성들 가운데 행하신 객관적 행위들에 그 백성이 보인 주관적 반응을 들려준다는 데 있다. 주관적 반응은 시편을 구성하는 노래들이 지닌 독특한 특질이다. 예언이 객관적이고 여호와가 말과 행동으로 이스라엘에게 하시는 말씀이라면, 시편은 주관적이고 이스라엘이 하나님 말씀에 드리는 대답이다. 일단 이런 특질을 이해하면, 시편 속에는 사람들이 널리 역사에 보이는 관심을 수용할 수 있는 장소, 그것도 상당히 넓은 장소가 생길 수밖에 없지만, 더 나아가 특별히 보통 사람의 신앙적 사고라면 결국 구속(救贖)이라는 마지막 목표이자 결말로 인도하는 고상한 신앙적 관심을 수용할 장소, 그것도 상당히 넓은 장소가 생길 수밖에 없다. 신앙의 시각에서 보면, 여호와가 마지막에 행하실 일, 모든 것을 망라하여 완성하시는 그분의 행위가 다른 어느 것보다 훨씬 더 중요할 수밖에 없다. 우리가 장차 얼굴과 얼굴을 마주한 채 하나님이 마지막에 행하실 최고 행위를 현실로 보게 된다면, 혹은 지금 그런 일을 예상하기만 해도, 우리 신앙은 최고의 노래를 부를 것이다. 마리아의 사례가 이를 증언한다. 메시아가 오시리라는 대망이 완전히 이루어졌다는 통보를 받았을 때, 마리아의 중심에서는 시(詩) 중의 시인 **마그니피카트**^{Magnificat}[1]가 흘러나왔다. 하나님이 당신이 거두실 열매를 모으시는 때는 지극히 고상한 종교가 벌이는 즐거운 포도 수확 잔치다. 어떤 일의 가치는 그 일의 최종 결과물이 결정한다. 결국 종교의 중심이 구속처럼 하나님이 차츰차츰 이뤄 가시는 일인 곳에서는 하나님이 하시는 일에 인간이 대체로 보이는 반응도 미래를 내다보고, 차츰차츰 쌓여가며, 어느 지점에 이르러 정점에 다다르게 된다. 이런 반응은 본디 그 안에 들어 있는 모든 무게로 말미암아 마지막을 향해 끌려간다. 구속을 이야기하는 종교가 종말론에 관심이 없다면 그 자체가 모순일 것이다. 정통적 성경 해석은 이 점을 늘 인정해왔다. 정통적 성경 해석은 구속과 종말론을 성경 역사 속에서 같은 시대를 살아가는 동반자로 본다.¹⁾ 그러나 정통을 따르지 않는 성경 비평이 제시하는 주장은 아주 다르다. 정통을 따르지 않는 성경 비평은 이스라엘 고대 종교가 구속을 그 내용으로 갖고 있었고 언젠가 다다를 종착점을 내다보는 전망 teleological outlook 을 갖고 있었음을 부인한다. 고대 이스라엘 사람들, 곧 선지자 시대 이전에 살았던 이스라엘 사람들은 이런 점에서 종교 동물 religious animal 같은 삶을 살았다. 때문에 선지자 시대보다 더 오래된 시대는 종말론이 없음이라는 특징을 보여준다. 하지만 이런 성경 비평의 관점에서 봐도, 시편이 가진 종말론적 측면은 전혀 영향을 받지 않는다. 성경 비평을 따르는 집단들은 시편을 포로기와 포로기 이후 시대의 산물로 보는 것이 보통이다. 이들에 따르면, 포로기와 포로기 이후 시대는 선지자라는 통로를 통해 구속 사상과 종말론 사상을 담은 외부 자료가 이스라엘로 물밀듯이 쏟아져 들어오던 시대이며, 이 때문에 시편의 시를 노래한 유대인도 그 시대에 따른 요구에 부응할 수밖에 없었다. 더구나 성경 비평을 따르는 많은 저술가들은 이렇게 종말론적 내용이 엄청나게 밀려 들어온 때를 초기 선지서(예언서) 시대가 아니라 그보다 뒤인 포로기와 포로기 이후 시대로 보면서, 포로기와 포로기 이후 시대 이전에 나온 선지서에 이런 내용(구속과 종말론—역주)이 들어 있을 경우에는 이를 대부분 포로기와 포로기 이후 시대 상황을 반영하여 거짓으로 지어낸 내용으로 보고 그 저작 연대를 훨씬 더 아래로 끌어내린다. 그러나 구속과 종말론이 들어 있는 선지서의 저작 연대를 이렇게 늦

---

1) 행위 언약이 인류에게 절대 목표와 변할 수 없는 미래를 제시했다고 본다면, 종말론을 말하는 종교가 구원을 말하는 종교보다 더 앞서 나타났다는 말까지도 할 수 있을 것 같다.

취 잡으면서, 결국 그 저작 연대가 바로 이 성경 비평가들이 시편의 저작 연대로 고정한 시기와 아주 가까워지게 되었다. 이리하여 성경 비평은 시편을 샅샅이 뒤져 그 시대(선지서와 시편을 기록한 시대—역주)의 종교적 분위기가 담고 있었을 것으로 짐작되는 그런 정신(구속과 종말론 사상—역주)의 자취를 찾아내게 하는, 직접적이고도 강력한 자극제를 제공했다. 또 하나님이 통제하신 덕택에 해로운 성경 비평에서도 유익한 주해가 적지 않게 나왔다. 이 때문에, 비록 우리가 성경 비평의 방법과 결과는 대체로 불신할 수밖에 없어도, 시편 연구 분야에서는 이런 성경 비평이 이전에는 그 존재를 제대로 분명하게 인식하지 못했던 귀중한 사실들을 밝혀내어 설명해주었다. 정통을 따르지 않는 성경 비평이 그래도 시편이 종말론에 관하여 드러내는 견해를 탐구하는 일에서 상당히 귀중한 선구자 역할을 했음을 부인할 수 없다.[2] 벨하우젠Julius Wellhausen 학파[2]에 해당하는 이야기를 그 의미를 바꾸어 그 학파보다 뒤에 나왔지만 그와 경쟁하는 궁켈Hermann Gunkel[3]과 그레스만Hugo Gressmann[4] 학파—아니, 이 학파는 벨하우젠 학파의 후계자라고 말해야 할까?—에 적용할 수 있을지도 모른다.[3] 여기에서는 시편을 포로기 이후 사상 세계에 맞추

---

2) 특히 Stade, "Die Messianische Hoffnung im Psalter," in *Zeitschrift für Theologie und Kirche*(1892): 369-412을 참고하라. 이 논문이 실제 다루는 범위는 논문 제목 속의 "Messianisch"(메시아를 기다리는)라는 말이 예로부터 가리키곤 했던 이 말의 쓰임새보다 더 넓다. 이 논문은 시편이 제시하는 종말론 전망을 모두 다루며, 그 전망 속에 메시아가 들어 있느냐 들어 있지 않느냐는 상관하지 않는다. 쉬타데는 시편보다 더 오래된 선지서에 들어 있지만 그 자신이 후대의 내용이라고 여기는 것들과 시편의 시들을 비교한 결과를 폭넓게 활용한다.

3) Gunkel, *Schöpfung und Chaos in Urzeit und Endzeit*, 1895; Gunkel, *Ausgewählte Psalmen*, 1911; Gressmann, *Der Ursprung der israelitisch-jüdischen Eschatologie*, 1905. 아울러 Sellin, *Der alttestamentliche Prophetismus*, Zweite Studie: *Alter, Wesen, und Ursprung der alttestamentlichen Eschatologie*, 1912; Staerk, *Lyrik(Psalmen, Hoheslied und Verwandtes) in die Schriften des Alten Testaments*, ed. Gressmann und Gunkel, a. o. III, 1, 2, 1911을 참고하라.

려는 경향이 있다기보다 오히려 종말론적 내용을 기꺼이 받아들일 만한 토양을 마련해준 바벨론의 종교 사상에 흡수시키려는 욕구가 있다. 우리 목적을 고려하면, 이것이 차라리 다른 쪽에서 도와준다고 제공한 주해를 받아들이는 것보다 더 낫다. 이 견해는 비록 뒤틀린 성경 비평에서 자극을 받았어도 우리가 받아들일 만한 주해를 제시할 뿐 아니라, 어떤 경우에는 시편 저작 연대를 늦춰 잡는 성경 비평의 입장을 더 보수적 입장으로 되돌아가게 할 수 있는 장점마저 갖고 있기 때문이다. 근래 등장한 이 학파는 아주 오랜 옛날 오리엔트 세계에 종말론이 있었다고 본다. 이 때문에 이 학파는 이스라엘에도 일찍부터 종말론이 있었음을 더 이상 다툴 이유가 없으며, 시편 안에서 종말론이 등장한다는 이유 하나만으로도 시편 속의 어떤 시는 포로기 이전에 나온 시라는 것을 부인할 이유가 전혀 없다고 본다. 그런가 하면 다른 모든 것이 동일하다 할 때, 어떤 문서가 종말론의 색깔을 드러낸다는 것은 이 문서의 저작 연대가 다른 문서보다 더 오래되었음을 이야기해준다. 실제로 이 학파는 이런 원리에 근거하여 시편 속의 일부 시들은 포로기 이전에 나온 시일 수 있음을 거듭 인정했다.[4]

---

[4] 넓게 보아 구약 비평이라는 문학적 주제를 놓고 보면, 궁켈과 그레스만 같은 비평 학자들도 벨하우젠 계열임을 유념해야 한다. 궁켈과 그레스만 같은 이들은 율법이 예언보다 더 늦게 나왔다는 평결을 고치지 않는다(즉 이들 역시 오경의 저작 연대가 선지서의 저작 연대보다 더 늦다고 본다―역주). 이들은 선지자 이전 시대의 이스라엘 종교를 재구성하면서, 다른 이들과 마찬가지로 결론에서 전제로 거꾸로 거슬러 올라가며 추론하고 예측하는 방법을 따른다. 다만 이들은 벨하우젠 학파가 대체로 적용하길 꺼려 했던 주제에, 곧 선지자 시대 이전에도 종말론이 있었는가라는 물음에 적용한다. 벨하우젠 학파가 주장하는 전체 구조는 이스라엘 역사 초기에는 딱히 이야기할 만한 가치가 있는 종말론이 아예 없었으며 종말론은 이스라엘 역사 후대에 만들어졌다는 것이다. 결국 벨하우젠 학파는 고대 종교 속에는 자신들이 종말론의 기원을 추적할 만한 계기를 제공하는 요소가 없다고 본다. 하지만 궁켈과 그레스만은 이런 편견에 동조하지 않는다. 이들은 종말론이 이스라엘 역사 초기부터 틀림없이 존재했다고 확신하기 때문에 일찍부터 종말론이 존재했음

또 하나, 시편이 종말론을 담고 있다고 해석하는 근래의 성경 비평에 힘을 실어준 세 번째 근거로 언급할 수 있는 것이 학자들 사이에 널리 퍼져 있는 견해다. 이 견해는 시편에 있는 시들에는 이야기하는 주체가 한 사람이 아니라 이스라엘 회중 전체의 집단 지성인 경우가 많다고 보면서, 이런 시들의 원작자들이 그들의 신앙적 개성을 그 집단 지성 속에 융합시켰다고 본다. 나아가 이 견해는 시편 속의 많은 시를 아예 두 번째 성전 시대에 예배 의식에서 사용할 목적으로 즉석에서 쓴 시라고 본다.[5] 이 이론이 이론 자체가 지닌 장

을 암시하는 증거를 모두 찾아내려고 모든 신경을 집중한다.

5) 이 주제를 다룬 문헌으로서 더 근래에 나온 것으로 이런 문헌이 있다: Smend, "Über das Ich der Psalmen," in *Zeitschrift für die Alttestamentliche Wissenschaft* 8(1888): 49-147; *Theologische Literaturzeitung*, 1889, p. 547; Beer, *Individual- und Gemeindepsalmen*, 1894; Roy, *Die Volksgemeinde und die Gemeinder der Frommen im Psalter*, 1897; Coblenz, *Über das betende Ich in den Psalmen*, 1897. 하지만 시편을 집단 지성의 산물로 보는 견해는 현대의 산물이 아니다. 아주 이른 시기에 나온 주해와 요 근래 나온 주해에서 이런 견해가 등장한 역사를 살펴보려면, Coblenz, pp. 2-15; Cheyne, *The origin and religious contents of the Psalter*, Bampton lectures for 1889, 1891, pp. 259-266.; Beer, pp. xiii-xvii을 보라.
일찍이 이런 견해가 등장했던 자취는 Beer, p. lxx에서 볼 수 있다: 중세 유대인 성경 주해가 가운데 이런 견해를 적용한 이는 몹수에스티아의 테오도르(Theodore of Mopsuestia, 350-428. 교회사 초기 신학자로서 몹수에스티아 주교를 지냈다—역주), 라쉬[Raschi(Rashi), 1040-1105. 훌륭한 창세기 주석을 남겼으며, 본문이 명백히 말하는 의미뿐 아니라 미드라쉬와 유대교 전설까지 활용하여 본문의 의미를 밝히려고 노력했다—역주], 아벤-에스라[Rabbi Abraham Ben Meir Ibn Ezra(Aben-Ezra), 1089-1164, 에스파냐에서 태어나 활동했던 주해가로 철학과 천문, 수학과 언어학에 능통했다—역주], 킴히(David Kimchi, 1160-1235, 랍비로서 유대교 문헌 연구에 큰 공헌을 남겼다—역주)가 있고, 개신교 초기 주해가 중에는 루딩어(혹은 뤼딩어)[Esrom Rudinger(Rüdinger), 1523-1591]가 있으며, 요 근래 주해가 중에는 로젠뮐러[Ernst Friedrich Karl Rosenmüller], 드 베테[Wilhelm de Wette]가 있고, 특히 올스하우젠[Justus Olshausen], 그레츠[Heinrich Graetz]가 있다. 쉬멘트[Rudolf Smend]가 이 주제를 다시 거론한 뒤, 체이니[Thomas Cheyne], 쉬타데[Bernhard Stade], 베트겐[Friedrich Baethgen]도 같은 입장을 피력했지만, 쉬멘트에게서 어느 정도 독립된 입장을 유지했다. 쉬멘트가 주장하는 요지를 비판하고 제한하는 이가 Stekhoven, "Ueber das Ich der Psalmen," in *Zeitschrift für die Alttestamentliche Wissenschaft* 9(1889): 131-135; Staerk, "Zur Kritik der Psalmenüberschriften," in *Zeitschrift für die Alttestamentliche Wissenschaft* 12(1892): 146;

점이나 단점과 상관없이 실제 시편을 주해할 계기를 불러일으키는데 더 좋은 영향을 끼쳤는지 아니면 더 나쁜 영향을 끼쳤는지 말하기는 힘들다. 먼저 이 이론은 시편의 저작 연대를 포로기 이후라고 믿는 믿음과 아주 긴밀히 결합할 때가 잦다. 종교(신앙)라는 색깔을 구체적으로 드러내는 이스라엘 회중, 곧 회중 전체가 노래하는 주체로 등장하는 시들을 그들 자신의 이름으로 불렀을 이스라엘이라는 교회ª church-Israel는 포로기 이후에 비로소 존재하게 되었다고 믿기 때문이다. 물론 이 두 견해가 서로 혼인할 가능성은 이혼할 가능성보다 크지 않다(두 견해가 합일점을 찾을 가능성은 갈라설 가능성보다 크지 않다는 말이다—역주). 포로기보다 훨씬 더 이른 시기에 이스라엘이라는 교회-국가가 존재했음을 인정하는 이가 볼 때에도, 이른 시기에 나온 시들 가운데 집단적 색깔(의미)을 띤 시들이 있다고 추정하는 것이 훨씬 안전할 것이다. 둘째, 이 이론을 한쪽으로만 몰아붙여 철저히 관철할 경우(즉 시편의 시들을 회중 전체가 노래한 집단 작품으로만 볼 경우—역주), 시편을 읽는 그리스도인 독자들이 시편의 많은 시에 크나큰 매력을 느끼고 이 시들을 그들 자신의 개인적 체험을 아주 충실하게 반영하는 시로 여기게끔 해주었던 시편의 개인적 색깔을 모조리 지워버릴 위험성이 있다. 이런 이론을 그대로 밀고 나가면, 다윗이라는 인물이 우리 눈앞에 지극히 생생한 실체로 서 있게 해주고 그가 신약 성경 안에서도 그런 역할을 하게 해주는, 구체적이고 유연하며 실제 사람을 그대로 옮겨 놓은 것 같은 모든 자화상이 단번에 지워져 버린다. 마찬가지로 아삽과 에단[5] 같은 인물도 우리에게 개인적 위로와 기쁨을 안겨주

Sellin, *Disputatio de Origene Carminum quae primus Psalterii liber continet*, 1892, pp. 26ff; Rahlfs, עני und עניו *in den Psalmen*, 1892, p. 82다.

는 원천으로서 그들이 갖고 있던 가치가 사라져 버린다. 이 이론을 따르면, 우리 주가 시편의 어떤 본문들을 개인 차원에서 당신 자신에게 적용하신 경우, 설령 그 적용이 정당하다 할지라도, 본디 그 시 본문은 이스라엘 전체에 적용할 시이지만 우리 주는 이스라엘 전체를 당신 안에 집약하신 분이므로 당연히 그 시를 개인에게 적용하실 수 있는 권리가 있다는 억지 근거를 내세워 우리 주의 적용에 정당성을 부여할 수밖에 없는 일이 벌어진다. 더 나아가, 이렇게 시편 본문을 집단에게만 적용되는 것으로 주해하면 이제까지 시편에서 발견한 내용 중 메시아를 직접 언급하는 내용을 모두 집어삼켜 버리는 결과가 벌어지는데, 어쩌면 이것이야말로 이 이론의 가장 심각한 요소가 아닐까 싶다. 이 이론은 "여호와께 기름부음 받은 자," "왕" 같은 칭호가 나타나는 몇몇 곳에서 이런 칭호를 종말론적 인물인 개인으로 이해하지 말고 메시아가 오시리라는 약속을 상속한 집단인 이스라엘 백성 전체를 가리키는 말로 이해해야 한다고 진지하게 제안한다. 심지어 이 이론은 시편 속에서 이런 칭호가 나타나는 시들을 쓴 이들이 다윗의 혈통을 이어받은 메시아라는 개인이 오리라는 소망이 폐지되었음을 분명하게 인식하고 있었다고 믿는다. 그렇다면 이스라엘이라는 나라가 거룩한 시온산 위에 선 왕이 되고, 이 이스라엘이라는 나라가 모든 나라를 그의 유업으로 받게 되며, 땅 끝까지 그의 소유로 차지한다는 말이 된다. 마지막으로, 시편의 시들을 집단에게 적용되는 시로 봐야 한다는 견해는 개인이 죽음 뒤의 삶을 내다보며 품고 있던 기대를 시편에서 제거해 버리는 데 기여했다. 이 이론은 우리가 이런 기대를 발견하곤 했던 본문들을 이스라엘 백성의 불멸성을 나타내는 본문으로 빈번히 해석하곤 했다.[6] 이 모든 점을 고려할 때 우리가 살펴본 이 견해는 분명 해를 끼쳤다. 하지만 방금 열거한 몇 가지 잘못은 이 이론에 당연히 따르는 결과들을 대변한다기보다 다른 면에서는 설득력이 없지만은 않은 이론이 낳은 폐해에 불과할 뿐이다. 후대에 유대교 교회가 시편을 의식(儀式)에 사용한 것은 분명 이 이론을 지지해주는 증거다. 의식이란 본디 집단성을 갖기 때문이다. "나"와 "우리"가 시(詩) 속에서 말하는 주체로서 번갈아 나타나는 경우와 문맥상 "우리"라는 말을 민족으로 해석해야 할 경우는 시인의 마음속에서 민족 자체를 사람에 빗대 표현하는 일이 아주 쉽게 일어났음을, 혹은 집단을 나타내는 복수와 개인을 나타내는 단수를 번갈아 쓰는 일이 아주 자연스럽게 이루어졌음을 보여준다. 시편에는 극에 다다른 우울함이 환희로 가득한 확신으로 느닷없이 바뀐 경우를 표현한 시가 많은데, 이런 경우들은 개인에게 일어난 일로 주해하면 설명하기가 아주 어렵다. 이렇게 갑작스러운 변화가 일어난 경우는 사람에 빗대 표현한 하나님 백성의 독특한 분위기가 결코 파괴할 수도 없고 소멸하지도 않을 소망, 곧 여호와 안에 있는 소망으로 말미암아 이런 급작스러운 변화를 경험한 것이라고 추정할 수 있는데, 그렇게 추정한다면 아마도 설명하기가 더 쉬울 것이다. 심지어 시편에서 병적 현상을 표현한 용어(시어)라 부를 수 있는 것들도, 때로는 집단에게 적용할 시로 보는데 심각한 장애를 안겨주는 용어들도, 그 시들을 집단에게 적용할 시로 봐야 한다는 견해를 지지하는 증거라고 주장할 수 있다. 이런 시들이 열거하는 질병과 비탄(悲嘆) 증상들은 한 개인 속에는 공존할 수 없는 것들이지만, 형이상학의 관점에서 설명하면, 고통에 시달리는 민족의 모습을 자세히 묘사하는 사항으로서 개인의 경우처럼 엄격하게 일관성을 띠어야 하는 증상들이 아니기 때문이다. 시편 6:6은 이스라엘 민족이 "그 침상을 그 눈물로 띄운다"고 말하는데, 제한된 상상력을 가진 서구인의 눈에는 이런 비유가 지나쳐도 너무 지나친 비유로 보일지 모르나, 이스라엘은 현대 서구인과 달리 더 풍부한 정신을 가졌었음을 기억해야 한다. 선지서, 특히 구약의 이사야서와 다른 부분들은 히브리인들의 마음속에서 아주 강하게 발전했던 의인화 습관을 증언하면서, 우리에게 유비^{analogy}의 풍성한 기초를 제공한다. 여기서 이런 현상을 가장 잘 설명하는 방법은 시인이 일부러 어떤 목적을 갖고 자아를 이스라엘 전체의 생각 속에 투사한 것이라고 설명하는 것인지, 아니면 처음에는 개인의 경험이라 느꼈던 것을 나중에는 널리 일반에게 적용되는 전형으로 만들어 버렸다고 설명하는 것인지 탐구함으로써 이 문제의 심리적 측면까지 파고들 필요는 없겠다.[6] 다만 한 가지 특징만은 짧게 짚고 넘어가야 한다: 어떤 경우에는 시편의 시 속에서 화자(話者)로 등장하는 집단이 누가 봐도 명백한 이스라엘 민족 전체가 아니라, 이스라엘 민족 중에서도 이상적, 영적 소명을 받은 사람들, 혹은 이스라엘 민족 중 경건한 핵심으로 여길 만한 사람들로서, 교회 안의 교회라 부를 만한 사람들, 신앙이 독실하지 않은 대다수 사람과 구별되는 사람들인 경우들이 있다. 이렇게 영혼들을 구분하면, 이런 구분 자체만으로도 개인이 그 이상적 몸(집단) the ideal body 에 흡수

---

[6] 베어 Georg Beer 는 이런 현상을 설명하면서, 서정시를 만들어낼 때는 그 시의 주제들을 인류의 공통 관심사요 감정인 사랑과 종교와 자연과 대다수 사람에게 영향을 미치는 역사 사건에서 가져오기 마련이라는 일반 법칙으로 설명하곤 했다(Beer, *Individual- und Gemeindepsalmen*, 1894, pp. lxxix ff.). 그러나 시편에서 나타나는 집단정신과 집단정서는 그 본질이 아주 구체적이고 아주 심오하여 이런 일반적, 자연적 기초를 토대로 설명하기가 불가능하다. 이런 현상이 시인 자신도 모르게 일어난 현상이라면, 이는 오로지 그 시가 이야기하는 모든 대상을 경험이라는 테두리 안으로 끌어들이신(즉 그 시가 이야기하는 것들을 모두 경험하게 해주신) 하나님의 특별한 은혜 때문이라고 설명해야 할 것이다. 이런 경험은 개인이 하는 경험이자, 하나님의 그런 은혜가 흘러들어오는 모든 사람이 하는 경험이다. 아울러 구속(救贖)이 더 강한 동질성을 지니고 있음을 고려해야 한다. 우리가 보기에는 이것이 다음과 같은 사실들, 곧 그리스도가 시편 속과 시편 저자들의 뒤편에 계셨으며, 그리스도와 그분의 신비한 몸(곧 교회—역주)이 하나이기에 결국은 교회가 시편 안에서 이야기한다는 사실을 설명하려 한 초기 교부들의 노력에 기초를 제공한 진리였던 것 같다. 우리는 기독교 찬송에서도 같은 원인에서 생겨난 결과를 찾아볼 수 있다: 즉 본디 개인이 불렀던 찬송이 나중에 공동체의 느낌을 표현한 찬송이 되었으며, 공동체가 거행하는 의식을 염두에 두고 지은 곡들을 개인이 자신에게 적용하게 되었다. 서정시 확장 적용 이론(위에서 보았듯이, 서정시를 짓는 사람은 비록 한 개인이어도 이 개인은 집단이 공유하는 문제나 정서를 반영하여 시를 짓기 때문에 그 시에는 집단의 문제의식이나 정서가 나타난다는 이론—역주)도 모형적 메시아주의라는 문제와 관련을 맺게 되었다. 델리취 Franz Julius Delitzsch 는 다윗이 의식하는 신비와 모든 시가 말하는 신비를 동일시한다: "자신의 경험적 에고(ego)가 받은 인상들을 그대로 베껴 제시하는 이는 진정한 서정시인이 아니다." Cheyne, *Origin*, pp. 259, 260.

되는 것을 촉진한다.[7] 이런 다양한 점들을 고려할 때, 시편에서는 많든 적든 이스라엘 회중의 생각이 울려 퍼지고 있음을 인정해야 한다는 것이 내 생각이다.

우리가 이런 사실을 언급하는 목적은 단 하나, 이런 사실과 시편의 종말론이라는 문제가 관련이 있기 때문이다. 시편이 빈번히 말하는 큰 변화, 운명의 뒤바뀜, 구원, 승리가 개인이 아니라 이스라엘, 아니면 이스라엘의 핵심을 이루는 경건한 이들과 관련이 있다면, 이 개념들은 모두 종말론이라는 기초 위에서 움직이고 있다는 게 분명하지 않은가? 이런 중대한 국면 전환, 상황이 가장 좋은 쪽은 아니어도 더 나은 쪽으로 바뀌는 이런 놀라운 변화가 이스라엘을 염두에 두고 한 말이라면, 이 변화가 의미하는 것은 종말에 일어날 변화밖에 달리 더 있겠는가? 이런 변화가 개인에게 일어난 변화라면 현세의 질서라는 한계 안에 가둬두고 상대성을 지닌 변화로 볼 수 있겠지만, 이스라엘에게 일어날 변화로 이해한다면, 그런 변화는 이런 굴레를 뚫고 나와 우리에게 완전히 새로운 시각을 열어주는 변화, 현세와 완전히 다른 존재 양식을 제공해주는 변화일 수밖에 없다. 실제로 구약 성경에는 아주 독특하게도 소망의 내용을 이 땅에 속한 형태, 시간이 지나면 사라질 형태를 빌려 묘사한 경우가 아주 많은데, 이런 묘사는 현재와 미래의 차이가 그저 상대적 차이에 불과함을 암시하는 것으로 보일 수도 있다. 하지만 이것은 겉으로 보기에만 그럴 뿐이다. 구약 성경이 이런 형태를 담고 있긴 하지만, 그래도 하나와 다른

---

7) 로이Henri Roy는 이런 측면을 아주 조심스럽게 다룬다. 체이니Thomas Cheyne와 그는 시편에 나오는 "종"과 이사야서 둘째 부분(이사야 40-66장—역주)에 나오는 "여호와의 종" 사이의 유사성을 중요하게 여긴다.

하나(즉 상대적 변화와 절대적 변화―역주)를 분명하게 구분해주는 것이 두 가지가 있다. 한편으로 보면, 진정한 종말론적 기대는 하나님이 하신 모든 약속이 완성될 것을 깊이 생각한다. 이 완성은 그 영역이 아주 넓고 크기 때문에, 단순히 이스라엘의 운명이 흥륭(興隆)으로 돌아선 어떤 한 계기와 동일시할 수 없다. 다른 한편으로 보면, 장차 다가올 만물의 상태는 불변성과 영원성이라는 이름표를 달고 있다. 이 미래 상태는, 현세와 달리, 더 이상 역사의 흥망성쇠에 복종하지 않는다. 역설처럼 보일지 모르겠으나, 계시는 여기서 그 지속기간이 영원한 것과 그 성질상 일시적인 것을 기꺼이 융합했다. 땅을 유업으로 물려받음, 여호와 앞에서 먹고 마심, 이와 같은 묘사를 담고 있는 더 많은 것들은 영원히 존재할 것이다.

시편에서 종말론 사상이 주관적 반응이라는 형태로 나타나는 곳은 이런 종말론 사상의 가치가 더 커 보인다. 이런 내용(즉 시편의 시가 종말론 사상을 주관적 반응 형태로 표현한 내용―역주)을 객관적으로 살펴볼 경우에는 시편의 이런 내용과 예언을 구분하여 다루는 것이 정당하다고 선언하는 것만으로는 아마 부족할 것이다. 시편의 이런 내용과 예언을 비교해보면, 그 일반적 구조는 본질상 동일하다. 동적(動的) 측면을 보면, 종말론 사상을 주관적 반응 형태로 표현한 시편의 내용이나 예언이나 모두 여호와가 왕위에 오르심, 심판, 모든 나라를 정복함, 진노의 잔, 영역 회복, 이스라엘의 정당성을 확인해주심, 마지막에 있을 열방의 큰 공격을 격퇴함 같은 개념들을 이야기한다. 정적(靜的) 측면을 보면, 종말론 사상을 주관적 반응 형태로 표현한 시편의 내용이나 예언이나 모두 평화, 보편주의, 낙원 회복, 여호와가 이 땅에 임재하여 거하심, 하나님을 봄, 영광을 누림, 빛, 모든 결핍이 채워짐, 죽음을 넘어 하나님과 영원히 나눌 사귐을 내다봄, 그리고 부활을 이야기한다. 다만 시편에서는 이 모든 개념이 다정하고 따뜻한 신앙 감정(종교적 감성)으로 가득 차있다. 우리는 여기서 객관성을 지닌 커다란 영역을 살아 있는 종교의 용어로 번역해놓은 모습과 그 역할이 정점에 이른 종교의 모습을 만난다. 시편은 다른 무엇보다도 절대적 미래를 내다보는 시각과 관련해 신앙인이 가져야 할 올바르고 이상적인 태도가 무엇인가를 우리에게 가르쳐준다. 교회가 종말론 때문에 괴로움을 겪을 때는 그 종말론이 죽은 종말론이거나 병(病)이라 할 정도로 지나치게 살아 날뛰는 종말론이었기 때문인 경우가 잦았다. 우리는 시편에서 정상으로 작동하는 종말론을 관찰할 수 있다. 아울러 우리가 이런 모습을 관찰하면 모든 종교의 핵심이요 본질이라 할 훨씬 더 중요한 교훈을 배울 수 있다. 그 이유는 신앙인의 생각이 종말론에 맞게 조율되어야 비로소 그 생각이 그 신앙인의 내면에서 이루어지는 하나님의 지극히 고상한 활동에 반응하고 그에게 지극히 가까이 다가오신 하나님께 반응하게 되며, 이를 통해 그 생각이 본질상 발휘할 수 있는 최대의 잠재력을 발휘하여 활동하기 때문이다. 이것에 이와 거의 같은 가치를 지닌 다른 것을 덧붙여야 한다. 우리는 시편이 이런 것들을 다루면서 보여주는 주관적, 실천적 정신을 통해 우리가 옛 세대 교회와 생생히 결합해 있음을 아주 깊이 깨닫게 된다. 당연한 말이지만, 우리는 예언이 성취되었음을 인식할 때 과거로 거슬러 올라가 우리 믿음으로 구약 속에 이른다. 마찬가지로 구약은 예언이라는 방법을 통해 우리에게 미리 그 손을 내민다: 우리는 선지자들의 자손이며 하나님이 아브라함과 맺으신 διαθήκη(디아떼케, "언약")의 자손이다. 그러나 이런 언약은 순전히 객관적 계약이다. 이는 어떤 프로그램(계획)과 그 프로그램을 실행함 사이의 계약이다. 이런 계약이 우리와 하나님의 옛 언약 백성이 하나임을 직접 느끼게 해주지는 못한다. 하지만 우리는 예언이라는 영역에서 빠져나와 시편의 시라는 영역으로 옮겨가자마자, 우리 내면에 친숙하게 와 닿는 무언가와 만나게 되고, 우리 자신의 살아 있는 신앙이 구속(救贖)의 여러 실재를 감싸 안는 일이 미리 이루어진다. 이런 일이 더더욱 일어날 수밖에 없는 이유는 신약 시대를 살아가는 우리의 삶과 우리가 가진 유산이 구약 시대 사람들이 보았을 때는 철저히 종말론적인 것이었기 때문이다. 따라서 우리는 여기서 우리 자신과 그들(곧 구약 시대 사람들—역주)이 같은 사실에 마음을 쏟고 있음을 발견한다. 그들은 종말을 내다보며(종말론의 관점에서) 깊이 생각하던 것들이지만, 우리는 그들이 살았던 시대를 되돌아보며 그들이 생각한 것을 즐기고 그들이 생각한 것을 신앙으로(종교적 관점에서) 이해한다. 그들이 미래의 종말을 내다보며 생각한 것과 우리가 과거의 그들을 돌아보며 생각하는 것은 비록 그 형태는 달라도 그 본질은 동일하다. 우리는 이제 다 자란 우리 자신의 상태가 시편의 종말론에서는 아직 태아 상태의 유기체로 존재했음을 발견할 수 있다. 이를 보면 우리 본질이 아직도 불완전하고 우리 지체들이 하나님이 지켜보시는 가운데 계속 만들어지던 때에 우리 믿음이 어떻게 은밀히 만들어지고 기이하게 형성되었는지 살펴볼 수 있다.

하지만 우리에게는 사실 예언보다 시편이 더 가깝다 할지라도, 이 때문에 우리가 마땅히 주목해야 할 또 다른 특징을 못 보고 지나쳐서는 안 된다. 우리가 하나님이 행하시는 일에 보이는 반응은 크든 적든 그 일을 깊이 곱씹어 보는 마음 상태로 이어질 수밖에 없다. 지극히 소박한 형태의 신앙(헌신)과 깊은 묵상과 교리는 한 지점에서 서로 잇닿아 있다. 시편 전체를 관통하며 고동치는 감정 밑바닥에는 진지한 생각과 성찰이 담긴 깊은 물이 자리해 있다. 여기서 나타나는 감정은 믿음을 대신하는 것이 아니라 믿음에서 자연스럽게 흘러나오는 것이요, 하나님이 일으키신 바람이 바다 위로 불어올 때 일어나는 너울이다. 이것을 이해하고 시편을 읽으며 노래하는 사람만이 비로소 시편의 시인들이 올리는 기도와 부르는 노래가 하나님을 풍성히 아는 지식에서 나왔음을 깨달을 것이다. 시편의 시인들이 하나님 그리고 하나님이 하신 일을 "깊이 묵상한" 내용은 결코 헛되지 않았다. 신약 성경의 신앙 구조 중 상당 부분이 이 자료(곧 시편의 시인들이 하나님과 하나님이 하신 일을 깊이 묵상한 내용—역주)에서 나왔음은 우연일 리 없다. 바울도 거듭거듭 시편을 인용한다. 그가 시편을 끌어다 말하는 내용은 그가 토라(오경)와 선지자들(선지서)을 끌어다 말하는 내용 못지않게 적절하고 설득력이 있다.

이제 시편의 종말론이 보여주는 몇 가지 두드러진 특징을 간략히 살펴보도록 하자. 첫 번째로 주목해야 할 것은 시편이 미래를 다룰 때면 과거 역사를 배경으로 삼고 다룬다는 것이다. 사실 이런 점은 시편이 진정 구약의 산물임을 증명해줄 뿐 아니라, 시편 역시 성경의 종말론과 이방 민족들의 종말론을 확실하게 구분해주는 독특한 특징을 가지고 있음을 증명해준다. 이방 민족들의 종말론 신앙은 신화나 천문학에 기초를 두고 있었다. 이들의 종말론 신앙은 역사의 진행을 논하는 체계와 분명 아무런 관련이 없었고, 파시교 Parsism(조로아스터교의 한 종파다—역주)라는 예외를 제외하면, 그 뒤에는 더 이상 어떤 변화도 일어나지 않을 마지막 날의 절대 위기도 알지 못했다. 이 두 결함은 서로 밀접한 연관이 있다. 이런 이방 민족들의 종말론 사상은 현재 이 세상이 흘러가는 과정에 그 기원을 두고 있기 때문에, 이 세상 너머에 있는 곳으로 이어지지 못한다. 세계는 그 경로를 따라 순환하고, 그 운명을 좌우하는 별들에 복종하고, 그 순환을 마치면, 그 끝이 다시 새로운 시작으로 이어지면서, 똑같은 순서를 되풀이한다. 황금시대도 다시 돌아오지만, 이전에 존재했던 황금시대보다 더 오래 이어지지는 않을 것이다. 종말에 관한 구약의 가르침은 신화와 혼돈(카오스)과 황도(黃道)의 "세차운동precession"에서 태어나지 않았다. 그 가르침은 역사의 영역, 과거에 이루어진 하나님의 창조 행위와 구속 행위, 그리고 결국은 여호와 하나님 바로 그 분의 성격을 규정할 때 아시고(모든 것을 아시고) 계획하시며 세우시는 하나님, 당신이 만물을 빚으시는 손으로 자유롭게 만들어내신 것을 늘 기뻐하시는 하나님으로 규정하는 신(神) 개념에서 나왔다. 결국 이스라엘이 고대하는 것은 완성인 것 같으면서도 완성이 아닌 사이비 완성quasi-consummation이 아니다. 이런 완성은 그 얼굴에 끝없는 고통에 시달리는 시시포스의 표정이 담겨 있을 것이다. 이스라엘이 고대하는 것은 어떤 절대 목표다. 이 목표는 황금시대보다 더 나은 시대, 녹이 슬고 삭아 없어지는 일이 결코 없는 더 훌륭한 금속으로 만들어진 시대에 자리해 있다.[8]

시편은 결국 하나님의 종말론적 행위로 이어질 역사의 의미를 널리 인식하고 있다. 시편은 자신이 과거에도 말씀하셨고 현재도 말씀하시고 미래에도 말씀하실 하나님, 과거에도 일하셨고 현재도 일하시고 미래에도 일하실 하나님, 과거에도 오셨고 현재도 오시고 미래에도 오실 하나님을 다룸을 안다. 종말론적 필연성은 창조주요 구속주이신 여호와의 엄위에서 적지 않은 부분이 흘러나온다. 시편 속의 한 시인이 말하는 것처럼, 여호와는 당신 자신의 손으로 지으신 작품을 버리시지 못한다(시 138:8). 그는 당신 백성과 관련된 것들을 완전하게 만들려 하신다. 그가 행하신 일은 그의 종들에게 나타날 수밖에 없고, 그의 영광은 그 종들의 자손에게 나타날 수밖에 없다(시 90:16). 위대한 역사 회고를 담고 있는 시들은 이런 생각을 마음에 담고 쓴 시들이다. 시편 114편은 더 자세한 예를 보여준다. 여기서 우리는 먼저 이런 회

---

[8] 사실은 구약 성경은 물론이요 시편도 끝과 처음이 상응한다는 사상, 도착점과 출발점이 상응한다는 사상을 알고 있다. 하나님의 도성을 기쁘게 해주는 강은 낙원을 흐르던 물줄기를 다시 만들어낸 것이다. 그렇다고 그 둘이 단순히 똑같다는 말을 하려는 게 아니다. 성경은 과거의 낙원을 시작으로 보고, 미래의 낙원은 완성을 나타내는 표지로 본다. 완성 지점에서 어떤 새로운 과정이 시작되리라는 생각은 전혀 하지 않으며, 이 완성 지점부터 과거 역사가 밟았던 길을 다시 밟아가는 일도 벌어지지 않을 것이다.

고를 만난다: "이스라엘이 애굽(이집트)에서 나올 때, 야곱의 집이 이상한 언어를 가진 민족에게서 나올 때, 유다는 그의 성소였고 이스라엘은 그의 영토였네. 바다가 그것을 보고 도망쳤으며, 요단강은 뒤로 물러섰다네"(1-2절). 이런 회고를 한 뒤, 이 회고에 대응하여 미래를 내다보는 전망, 더 위대한 신현(神顯, 하나님이 나타나심)을 내다보는 전망이 시 끝부분에 나온다: "너 땅은 주가 계신 곳에서, 야곱의 하나님이 계신 곳에서 떨지어다"(7절). 홍수(노아 시대에 일어난 대홍수—역주)를 언급한 부분들도, 시인이 반복하곤 하는 것으로 보아, 역시 이런 원리를 따라 해석해야 한다. 여호와는 당신이 태곳적에 처음으로 전 세계에 재앙을 내리실 때 가지셨던 목적을 스스로 제어하셨다. 이런 모습은 마지막 심판에서 마지막 세계가 태어날 마지막 격변 때에도 그대로 나타날 것이다. 시편 93편과 29편에서 과거 시제와 미래 시제가 등장하는 순서에 주목하는 것이 중요하다. "홍수가(큰물들이)(일찍이) 그들의 목소리를 높였나이다. … 홍수가(큰물들이) (장차) 그들의 물결을 높이리이다.[7] 높이 계신 여호와는 많은 물들의 소리보다 더 강력하시고, 바다의 강력한 파괴자보다 더 강하시나이다"(시 93:3-4). "여호와는 (일찍이) 홍수 때(혹은 '그 물들 위에') 왕으로) 계셨고, 여호와는 영원히 ('물들 위에') 왕으로 계시리이다"(시 29:3).[8]

시편에는 하나님이 행하시는 일과 이 일이 마지막 목표 지점에 다다를 운명을 지녔음을 표현하면서 계획 및 연속성이라는 개념과 연계하여 표현한 문구들과 비유들이 있다. 이 가운데 가장 독특한 문구가 다섯 번에 걸쳐 등장하는 "새 노래"라는 말이다.[9] 이 말이 가장 독특한 이유는 가장 시편다운

---

9) 시 33:3, 96:1, 98:1, 144:9, 149:1.

말이기 때문이다. 이 말은 예언, 특히 이사야서 후반부에서 발견할 수 있는 "새 일"(이사야 42:9이나 48:6 같은 곳에 나온다—역주)이라는 개념에서 힌트를 얻은 말이다. 이사야서 후반부에서 말하는 "새 일"은 일찍이 유례가 없는 위대한 사건으로서 이스라엘에게 미래 상태를 맞게 해줄 사건이다. 이사야 42:9, 10에서 분명하게 볼 수 있듯이, "새 일"과 "새 노래"는 함께 나타나기도 한다: "보라, 이전 일들은 이미 일어났으니 이제는 내가 새 일을 하겠다고 선언하노라. … 여호와께 새 노래로 노래하며 땅 끝부터 그를 찬송하라." 이런 "새 일" 예언은 "새 하늘과 새 땅"을 약속한 말에서 절정에 이른다.[10] 나중에 성경은 이 "새"라는 말을 종말론과 관련지어 새 이름, 새 피조물(창조), 새 διαθήκη(디아떼케, "언약"), 새 예루살렘으로 펼쳐 가는데, 그 근원이 바로 여기 이사야서인 것 같다.[11] 더욱이 선지서와 시편이 모두 "아침"이라는 말을 사용한다는 것은 의미심장하다. 우리는 이사야서에 나오는 파수꾼 비유를 잘 안다. 선지자는 흑암으로 뒤덮인 밤 같은 세상을 들여다보는 파수꾼에게 "파수꾼아, 밤이 어떠하냐?"라고 묻는다. 그리고 그 파수꾼에게 "아침이 오고 또 밤이 옵니다"라는 대답을 듣는다.[12] 우리는 시편에서 이 "아침"이라는 개념이 여호와의 위대한 새 날이 동틈을 상징하고 결국은 모든 소망과 구원을 상징한다는 것을 다시금 발견한다: "하나님이 그 성 가운데 계시니, 그 성이 요동하지 않을 것이요, 하나님이 그 성(이 올리는 간구)을 들으시리니, 그 아침에 들으시리

---

10) 사 65:17, 66:22.

11) 사 62:2(새 이름), 렘 31:31(새 언약), 막 14:24(실은 막 14:25에 "새 것"이라는 말이 나온다—역주), 고후 5:17(새 피조물), 갈 6:15(새로 지으심을 받는 것), 계 2:17(새 이름), 3:12(새 이름), 5:9(새 노래), 14:3(새 노래), 21:2, 5(새 예루살렘, 새 만물).

12) 사 21:6 이하.

라." "죽음이 그들의 목자가 되고, 아침에 정직한 자들이 그들을 다스리리라." "내 영혼이 여호와를 기다리니, 파수꾼이 아침을 기다림보다 더 기다리나이다. 오, 이스라엘아, 여호와께 소망을 둘지어다."13) 어쩌면 여기서 "여호와의 날"이라는 말은 "아침"이라는 말을 이렇게 종말론과 관련지어 사용한 경우와 어떤 관련도 없는 것 아닌가, 따라서 이 "여호와의 날"이라는 말은 여호와가 통치하시고 빛으로 가득할 위대한 날을 의미하는 것 아닌가라는 질문을 던져 봐도 될 것 같다. "여호와의 날"이라는 말이 몇몇 본문에서는 빛이라는 개념과 결합하여 나타나는 것은 결코 우연이 아니다.14)

시편의 시인들은 이처럼 종말이 역사라는 조건을 따라 정해졌음을 생생히 인식한다. 이 때문에 시인들은 대체로 잔잔한 확신과 고요한 기대를 품고 종말을 바라본다. 시편 속에서 드러나는 이 시인들의 영혼은 젖 뗀 자녀의 영혼과 같다. 물론 "얼마나 오래(어느 때까지) 기다려야 합니까?"라는 물음이 핵심 주제인 시들도 있다. 하지만 그런 시들은 아주 적으며, 그런 시들 속에서조차 믿음을 갖고 종말을 내다보는 분위기가 다시 더 두드러지게 나타난다.15) 오로지 불평만을 담고 있는 시는 오직 셋이 있을 뿐이다.16) 열을 올리는 조급증은 종말이 이르렀다는 심리 상태 및 이와 보통 관련이 있는 상태를 부채질

---

13) 시 46:5, 49:14, 90:14, 130:6(6-7절을 함께 보라—역주). 아울러 시 17:15도 참고하라.

14) 암 5:8, 18, 롬 13:11 이하, 살전 5:5.

15) 시 6:4, 13:1, 74:10, 77:8, 79:5, 85:6(저자는 85:6을 제시했으나, 저자가 말하는 내용을 보면 오히려 85:5이 더 맞는 것 같다—역주), 89:7, 90:13, 94:3.

16) 시 38편(여기서 저자는 5:16을 참고하라고 하나, 시편 5편에는 16절이 없다—역주), 39편(그러나 5:8을 참고하라), 88편.

하기 십상이다. 이런 조급증 가운데 종말이 이를 때와 계절을 헤아려보는 것이 있는데, 시편에는 이렇게 헤아리는 모습이 흔적조차 보이지 않는다. "사실 시편의 시인들은 독특한 종말론적 열정을 품고 계속하여 종말이 실제보다 더 가까웠다고 생각한다. 하지만 그들은 주의 강림*parousia*이 가까웠음을 믿으면서도 미몽(迷夢)에 빠져 이런 믿음을 위태롭게 하지는 않는다. … 그들은 의심하는 생각들이 자신을 에워싸면, 성소 안으로 들어간다."[17] (저자 보스 박사는 여기서 체이니가 쓴 본문을 정확하게 인용하지 않았다. 체이니가 쓴 정확한 원문과 그 번역문을 뒤에 역자 주9로 실어 놓았으니, 참고하기 바란다—역주).

시편의 시인들은 종말이 어떤 우연한 기회에 세상 위로 던져지는 것이 아니라 하나님의 회의실에서 당당하게, 서두르지 않으면서도, 늑장부리지 않고 걸어 나와 전진한다는 것을 안다. "정한 때(기한)"라는 말은 이런 확신을 분명하게 보여준다.[18] 예언과 시편이 이 점에서 연관을 맺고 있음은 "기록된 판결을 시행하다"라는 말에서 관찰할 수 있다.[19] "기록된 판결"은 선지자들이 선고한 판결을 말한다. 이 판결은 기록되었기 때문에 다가올 수밖에 없다. 시편 74편은 마지막에 있을 구속을 내다보는 큰 소망이 여호와가 이전에 행하신 일을 그 기초로 삼고 있음을 아주 놀라운 말로 이렇게 천명한다: "하나님은 옛적부터 내 왕이시니, 땅 가운데서 구원을 행하셨도다. 당신은 당신의 능력으로 바다를 나누셨고, 물속에 있는 용들의 머리를 부수셨나이다. 당신은

---

17) Cheyne, *Origin*, p. 373.

18) 시 102:13.

19) 시 149:9.

샘과 큰물을 쪼개셨나이다. … 오, 주여 원수들이 당신을 비방했음을 기억하소서. 당신의 멧비둘기의 영혼을 많은 이들에게 넘겨주지 마옵시고, 당신의 가난한 회중을 영원히 잊지 마시며, 언약을 눈여겨보소서. 오, 하나님, 일어나소서"(시 74:12-13, 15, 18, 19, 22).

시편의 종말론이 보여주는 또 한 가지 놀라운 특징은 다가오는 변화와 관련된 모든 일의 중심이요 이 일들을 지배하는 위치를 여호와께 부여한다는 점이다. 시편이 미래를 내다보는 전망은 지극히 하나님 중심이다. 물론 시편의 시인들은 "하늘에서는 당신 외에 누가 제게 있사오며, 땅에서는 당신 외에 아무도 바라지 않나이다," "하나님은 내 마음의 힘이시며 내 영원한 분깃이시라," "당신은 내 주, 당신이 없으면 내가 잘됨도 아무것도 아닙니다"라고 말할 수 있었지만, 그래도 이런 시인들은 그들 스스로 미래를 들여다볼 때 비로소 이런 느낌을 자신 있게 전달할 수 있었을지 모른다.[20] 시편에서 두드러지게 나타나는 더 독특한 특징은 종말론이 예배를 불러일으키지만, 그 외에 그와 반대 것도 발생한다는 점이다: 예배하라는 기본적 요구는 종말에 일어날 위대한 사실들을 그 도우미로 불러 모은다. 이 요구는 이 도우미가 없으면 이런 요구를 표현할 때 결코 만족을 얻지 못하기 때문이다. 시편의 종말론은 이스라엘이 부른 찬송들에서 일부 태어났다. 분명 시편에는 하나님과 나누는 모든 신앙적 사귐 속에서 나타나는, 지극히 인간적이고 인간다운 면모들이 많이 들어 있다: 곤궁하고 고통스럽고 슬플 때 도움을 요청하는 요구와 바람과 기도가 들어 있다. 시편의 시인들은 위험과 고통이 극에 이르렀을

---

20) 시 73:25, 26, 16:2.

때 종말이 틀림없이 큰 구원을 가져다주리라는 생각으로 견뎌내며 자신에게 다시금 확신을 불어넣는다. 그들은 숙였던 고개를 들어올린다. 자신들이 받을 구속이 가까이 왔기 때문이다. 그들은 땅이 없어지고 산이 바다 한 가운데 던져질지라도 두려워하지 않을 것이다. 시편을 보면, 종말론적 의미가 시편의 시인들이 지녔던 이런 확신이 절대적이었고 그들이 갑자기 이런 확신에 이를 수 있었던 연유를 설명해주는 경우가 많다. 시편의 시인들은 현세의 구조 안에 자리한 소망의 2차 원인이나 요소에 호소하지 않고, **외부에서** 다가오는 여호와의 위대하고 더할 나위 없이 탁월한 개입에 호소한다. 우리는 특히 이 지점에서 어느 개인이 아니라 이스라엘이 말하는 주체로 자주 등장한다는 점을 되새겨보게 된다. 하나님 백성은 구약이라는 테두리 안에서 개인이 홀로 소망할 수 없었던 것을 백성 전체의 확실한 신앙으로 삼고 오랜 세월에 걸쳐 그 가슴 속에 고이 간직했다. 쟁기질하는 자들이 이스라엘의 등짝을 쟁기질하고 그 등짝에 긴 고랑을 수도 없이 만들며 큰물이 이 고랑을 엄습하여 뒤덮어 버려도, 미래와 종말은 여호와가 택하신 자들의 소유라는 확신을 지워버리지 못했다. 특별히 원수와 보복하는 자에 대항하면서 정의가 이루어지길 애타게 바라는 목마름도 마지막 날이 오면 심판이라는 깊은 샘이 터지고야 말리라는 기대에 묻혀 사라져 버렸다. 그러나 시편의 시인들은 구원과 관련된 이 모든 동기(動機) 가운데 이스라엘이 받을 구원을 하나님의 영광보다 아래에 두는, 더 차원 높은 시각을 결코 시야에서 놓치지 않는다. 시편의 시인들은 종말론을 구원의 닻으로 만드는데, 이런 일을 할 때도 시인들 자신의 정신을 그 중심에 내세우지 않는다. 이 종말론이라는 닻이 그토록 깊은 물에 던져졌다는 사실은 시인들이 사람이 주는 도움과 하나님이 베푸시는 도움을 비교 평가한다는 것을 암시하며, 이것 자체가 이미 하나님께 영광을 돌리는 일일 수밖에 없다.[21] 구원을 요청하는 기도는 구주를 찬미하는 내용을 담을 수밖에 없다. 이런 기도의 밑바닥에는 적어도 이기심은 존재하지 않는다. 이는 겉보기에 분명 개인적 내용을 담은 시들이 구원을 베풀어주시길 애원하는 자들이 구원받고 이스라엘이 구원을 받으리라는 내용과 함께 결합해 있다는 사실이 보여준다. 시편의 시인들은 자신에게 닥친 재앙은 잊어버리고 대신 백성 전체에게 닥친 재앙이나 백성 전체가 품은 소망들을 말하는데 성공을 거두었다. 그러나 이 시인들이 자신들에게 닥친 재앙들을 잊어버릴 수 있는 것은 여호와의 영광을 향한 생각이 그들을 압도했기 때문이라는 점을 유념하는 게 훨씬 더 중요하다. 시편이 노래하는 높이 계신 분의 영광 gloria in excelsis 은 진실한 깊은 근원에서 de profundis 나오는 경우가 적지 않으며, 폭풍을 몰고 오는 구름 같은 시인 자신의 고통과 불안은 뒤로 제쳐 놓은 채, 여호와 앞에서 완전한 찬송을 부르는 고요한 경지에 오른다.[22] 시편의 찬송이 지닌 이런 특질이야말로 시편의 종교가 가진 내면의 고귀함을 가장 뚜렷하게 보여준다. 그러나 이렇게 지극히 높은 경지에 이르지 못한 곳도, 다시 말해 구원을 일부러 마지막에 일어날 일로 남겨 놓은 곳에서도, 찬송을 마무리하는 음조가 결코 부족함(결핍)을 드러내지 않는다.[23] 찬송과 기도는 분리할 수 없다. 하나님의 신성 자체가 구원을 베푸시는 그분의 습관 속에 존재하기 때문이다.[24] 시편 시인들은 구원의 궁극적 목적이 하나님의 영

---

21) 시 20:7, 44:6, 49:6, 118:8, 9, 146:3, 4.

22) Roy, p. 25, 주2를 참고하라.

23) 시 32:11, 50:15, 80:18, 19.

24) Cheyne, *Origin*, p. 344.

광에 있다는 인식을 "당신 이름을 위하여"라는 말로 표현한다.25) 시편 속의 기도가 원수를 심판하고 파괴함으로써 기도하는 자의 의로움을 확인해주시고 이 기도하는 자를 구원해달라는 소원 형태를 띨 경우에는 기도의 중심이 하나님에서 사람으로 옮겨간 것처럼 보일 수도 있다. 하지만 이런 시도 더 꼼꼼히 들여다보면, 그렇지 않다는 것이 나타난다. 기도하는 주체가 이스라엘이요 그 반대편 당사자가 이스라엘을 적대시하는 이방 세계일 때는 이 둘 사이의 충돌이 당연히 여호와와 세상, 빛과 어둠 사이의 충돌과 일치한다. 또 시 속에서 대립하는 두 당사자가 모두 이스라엘에 속한 자들인데도 서로 대립한다면, 그 이유는 이 시 속에서 기도하는 당사자는 여호와의 대의(大義)와 참 신앙을 대변하나, 기도하는 자에 맞서는 당사자는 그 반대쪽을 따르면서 여호와 및 여호와의 백성을 배신하는 자이기 때문이다.26) 따라서 두 경우(시편의 시 속에서 대립하는 당사자들이 이스라엘 대 이방 세계인 경우와 이스라엘 안에서 여호와를 대변하는 자와 여호와를 배신하는 자인 경우―역주) 모두 시인 자신의 이익과 하나님의 이익이 일치한다. 시편에 나오는 개인의 원한이나 반대편 당사자를 향한 증오는 모두 신앙에서 생겨난 것이며, 그렇지 않은 경우가 전혀 없다. 따라서 맹렬한 충돌과 싸움은 여느 때처럼 종말론적 압력을 높이는 것이 사실이지만, 이런 경우에도 이런 충돌과 다툼 때문에 그 시가 순수성과 하나님 중심이라는 성격을 잃지는 않는다.27)

---

25) Roy, p. 42.

26) 시 73:15, 27, 28.

27) Roy, pp. 28, 29, 73을 참고하라. 이 경우는 나라들이 아니라 두 세계관이 서로 대립한다; Cheyne, *Origin*, p. 293.

체이니Thomas Cheyne는 시편 시인들의 시대는 지금보다 개인을 중시하는 의식sense of individuality이 덜 발달했으므로 시편의 시인들이 우리보다 이기심이 없는 종교(신앙)를 갖기가 더 쉬웠다고 주장한다.28) 그러나 이런 주장은 하나님이 아니라 사람을 상대로 한 경우에만 타당할 것이다. 뿐만 아니라, 체이니가 말하는 이런 모습은 그 자신이 제시하는 시편의 저작 연대 상황과 일치하지도 않는다. 포로기 이후 유대인들의 집단주의는 순진하고 본능적인 집단주의, 원시적이고 육신적 성격이 절반 정도 들어 있는 연대의식 같은 것이 아니었다. 오히려 그들의 집단주의는 감춰져 드러나지 않지만 그들이 섬길(예배할) 대상이 저 건너에 계심을 알고 애정을 담아 그에게 복종하는, 훨씬 더 고상한 것이었다. 여기서 집단주의는 자기를 버림(이기심을 버림)의 또 다른 이름일 뿐이다. 개인의식의 깨어남은 이런 집단주의 너머에 자리한 게 아니라 집단주의 뒤편에 자리해 있다. 이스라엘 구성원을 하나로 묶어주는 것은 영적 충성심이지 민족적 일체감이 아니다. 이는 이스라엘이라는 더 커다란 몸 안에 존재하는 경건한 이스라엘(경건한 신자들)을 하나로 묶어주는, 훨씬 더 긴밀한 유대관계에도 똑같이 적용되는 말이다.

미래에 이루어질 구원은 온전히 하나님의 영광을 위한 것이라는 인식은

---

28) Cheyne, *Origin*, p. 265[역자 주10을 보라.]; 체이니 자신이 뒷부분에서 한 놀라운 말을 참고하라: "시편에 있는 메시아 시의 근본 요지는 무엇인가? 바로 이것이다. 즉 이스라엘 백성이 이 땅에서 하나님의 목적들을 이뤄 내리라는 것, 그리고 이렇게 하나님의 목적들을 이루는 일을 할 때는 이스라엘 자신을 철저히 잊어버리고(이기심을 완전히 버리고) 이스라엘 백성이 거둔 성공 하나하나는 오로지 여호와의 왕관에 새로 보석을 하나 덧붙이기 위한 것일 뿐이라는 자세로 일하리라는 것이다."[보스 박사가 인용한 원문이 체이니가 쓴 원문과 살짝 달라, 체이니가 쓴 원문을 인용하여 번역했다. 역자 주11을 보라.]

그 본질상 그저 형식적 인식에 그치는 것이 아니다. 시편의 시인이 부르는 찬송psalmody은 반응을 표현하는 도구라는 성격을 갖고 있으며, 이 도구는 종말론적 상황이라는 독특한 상황 위에서 작동한다. 이 때문에 이런 찬송은 독특한 열정을 펼쳐 보이고, 다른 곳과 달리 하나님의 관심사에 상당 부분 공감하여 이 관심사를 들여다보는 특징을 띤다. 여호와는 당신 자신이 완벽하게 완성하신 작품을 음미하시며 기쁨과 행복을 느끼시는데, 시편의 시인들은 때로 이런 기쁨과 행복의 심장부 안으로 들어가는데 성공하기도 한다. 이처럼 하나님이 몸소 인간의 신앙 과정에 동참하실 때 품으시는 내면의 정신 속으로 들어갈 수 있는 능력이야말로 인간이 올리는 예배 가운데 지극히 높고 탁월한 예배를 대변하는 것이다. 그것이야말로 종교(신앙)의 완성이다. 우리도 예상할 수 있겠지만, 성경에서 이런 경지를 생생히 보여주는 곳이 특히 시편이다. 심지어 자연을 다루는 시일지라도, 피조물의 경이로움을 열거한 뒤에는 이런 절묘한 음조로 마무리한다. "여호와의 영광이 영원히 이어질 것이요, 주가 당신이 하신 일을 기뻐하시도다. … 내가 사는 동안 노래하리니, 내가 여호와를 묵상함은 달콤할 것이요, 내가 여호와를 기뻐하리로다." 자연을 다루는 시가 이럴진대, 시편의 시인이 그 마음으로 피조물보다 더 큰 경이로움을 간직한 구속(救贖)을 음미하는 시가 이보다 덜할 리가 있겠는가?[29] "여호와께 새 노래를 부르며, 성도의 회중 가운데서 그를 찬송할지니, 이는 여호와가 당신 백성을 기뻐하심이요, 그가 겸손한 자들을 구원으로 아름답게 만드실 것이기 때문이라." 그리고 또 시편 시인은 이렇게 노래한다. "여호와는 당신을 두려워하는 자들, 당신의 자비를 소망하는 자들을 기뻐하시도다. 오,

---

29) 시 104:31-34.

예루살렘아, 여호와를 찬송하라, 오, 시온아, 네 하나님을 찬송하라."30) 이런 시 속에는 은총을 받았을 때 자기도 모르게 마음에서 넘쳐 나오는 감사보다 더 깊은 무엇이 있다. 그것은 하나님의 지극히 내밀한 은혜에 파묻힐 수 있는 마음(사람)이 드리는 섬김(헌신)이다. 이 은혜는 심지어 하나님이 마지막에 주실 가장 큰 선물보다도 더 위대하며 더 큰 만족을 안겨준다.31)

시편의 종말론이 하나님 중심이라는 성격을 가졌음은 이 시편의 종말론이 나라(왕국) 종말론kingdom-eschatology의 성격을 두드러지게 보여준다는 점에서도 드러난다. 나라(왕국) 종말론은 여호와를 마지막 위기에 이르러 결국 승리를 거두고 이스라엘 왕이 되실 분, 혹은 그런 왕으로 나타나실 분으로 보는 선언 형태를 뜻한다. 시편의 어떤 시들은 독특한 왕국 시라고 부를 만하다. 시편 93편, 97편, 99편은 "여호와가 왕이시다"라는 말로 시작한다[히브리어 본문을 정확히 옮겨보면, "여호와가 (왕으로서) 다스리신다"(יְהוָה מָלָךְ)로 시작한다—역주]. 그 문맥은 이런 말이 종말론적 미래, 곧 심판이 있은 뒤에 하나님이 온 우주를 다스리시게 될 때의 관점에서 선언한 말임을 보여준다. 시편의 시인은 이 미래 속으로 자신을 투사한다. 이런 상황은 시인이 "모든 나라 가운데서 말하라. 여호와가 왕이심을. 세계가 굳게 서고 또 그 세계가 요동하지 않으리라"라고 말하는 시편 96:10에서도 똑같이 나타난다.32) 우리는 "압살롬이

---

30) 시 149:1, 4, 147:11, 12.

31) Cheyne, *Origin*, p. 343을 참고하라. "하나님이 우리를 긍휼히 여기심이 귀하긴 하나, 그보다 훨씬 더 고상한 것은 그 분이 우리 속에 당신의 생각과 느낌 속으로 들어갈 수 있는 능력을 넣어 주신다는 것이다."(이 말은 Cheyne, *Origin*, p. 343에 없다—역주).

32) 출 15:17, 사 24:23, 52:7을 참고하라.

왕이다"라는 말이 그가 왕위를 찬탈했을 때 울려 퍼진 외침이었음을 기억한다.[33] 하지만 요한계시록에서는 종말과 관련된 말을 할 때 이런 식으로 말한다. "할렐루야, 전능하신 주 하나님이 다스리시기 때문이라"라고 말하는 19:6이 그 예다. 다른 경우들도 즉위 행위를 묘사하는데, 즉위를 보좌에 올라가 앉음과 동일시한다. 그리하여 시편 47:5-8도 이렇게 말한다. "하나님이 온 세상의 왕이시다. … 하나님이 모든 나라를 다스리신다. 하나님이 그의 거룩한 보좌에 앉으신다."[34] 왕의 즉위 장면은 왕이 계단을 통해 올라가야 하는 높은 곳에 자리한 보좌에 올라가는 모습으로 설명할 수도 있고, 왕이 언약궤 안에 계시는 여호와가 직접 참전하사 이끄신 전쟁에서 이기고 돌아와 시온산 정상에 올라가는 모습으로 설명할 수도 있다. 시편 68:18과 24:7-10은 또 다른 설명도 가능함을 보여준다. 우선 시편 68:10을 보면 이렇게 말한다. "당신이 높은 곳에 오르셨으며, 당신이 포로들을 끌어오셨나이다." 이 시를 보면, 그 시작 부분에서는 종말론적 시각을 보여주지만, 7-20절은 역사를 되돌아보는 내용으로 보인다. 따라서 여호와가 올라가신다는 말은 종말론을 직접

---

33) 삼하 15:10. Gunkel, *Ausgewählte Psalmen*, pp. 186-192, 324; Gressmann, *Ursprung*, pp. 294-301을 참고하라. 궁켈은 이런 왕위 등극 찬송들이 처음에는 인간인 통치자들을 위한 찬송으로 부르다가 나중에 가서 종말에 있을 여호와의 왕위 등극에 돌려쓰게 되었다고 말한다. 그레스만은 여호와가 왕이 되심을 순전히 미래 일로 보려는 견해가 일으키는 난점을 해결하고자, 이렇게 제안한다. 우선 그는 이런 시들의 배경에 다신론이 자리해 있다고 본다. 그러면서 이런 시들은 여호와가 다른 신들을 정복하심으로 온 세상 통치를 시작하신다고 인식하며, 이런 식의 말이 다신론을 전제한 시들(그러나 사실은 더 이상 다신론을 인정하지 않는 시들) 속에 여전히 남아 있다고 주장한다. 구약이 말하는 "왕위kingship"를 지위라기보다 행동을 나타내는 개념으로 본다면, 이 난제를 풀 수 있을 것 같다. 즉 여호와가 왕이 되심을 여호와가 행하시는 구원 행위와 같은 말로 보는 것이다(궁켈과 그레스만의 견해는 역자 주12에 좀 더 자세히 설명해 놓았다).
34) 왕이 보좌에 앉을 때는 왕이 보좌에 앉았다고 공포하는 외침 외에 나팔을 부는 것과 손뼉을 치는 것도 함께 이루어졌다. 시 47:1, 왕상 1:34-45, 왕하 9:13, 11:12을 보라.

가리키는 말이 아니다. 하지만 이 시는 그저 땅에 있는 성소로 올라감만 묘사하는데 그치지 않고 실제로 하늘로 올라감을 묘사한다.35) 시편 24편에서는 이 "올라가다"라는 말이 이 땅에 있는 여호와의 거처를 떠올려주기가 더 쉬울지 모르지만(3절), 여기에서도 이 시의 후반부에 나오는 "영원한 문"은 더 높은 곳에 여호와의 거소가 있음을 가리킨다.36) 여호와가 승리를 거두신 뒤에 하늘로 영광스럽게 돌아가신다는 사상은 틀림없이 존재했을 것이다. 그런 사상이 존재했다면, 그 사상은 시편 47:5-8이 제시하는 것처럼 종말론 사상을 직접 제시하는 표현에도 영향을 주었을 것이다. 시편 24편을 보면, 이런 일이 실제로 이루어졌던 것으로 보인다.37)

이렇게 여호와가 미래에 왕위에 오르실 것을 강조한 표현은 종말이 하나님 그리고 이 하나님과 관계를 맺고 있는 이스라엘에게 의미하는 것을 부각시키려는 의도에서 나온 것임이 분명하다. 이 믿음의 핵심은 하나님이 온 천

---

35) Baethgen, *Die Psalmen*, 3rd ed을 참고하라. 베트겐은 구약이 하늘이라는 높은 곳을 가리키는 말로 늘 מָרוֹם (마롬, "높은 곳")을 사용한다고 말한다. 따라서 신약 성경이 그리스도의 왕위 등극에 이처럼 높은 곳에 올라간다는 개념을 적용한 것도 좋은 증거다. 장소 이동(낮은 곳에서 높은 곳으로 이동함—역주)과 관련된 개념을 활용했기 때문이다. 그레스만도 시 47:6이 עָלָה (알라, "올라가다")라는 동사를 사용한 것을 근거로 삼아 이 구절을 소위 "신화적-종말론적" 관점에서 이해해야 한다고 주장한다. 그레스만은 보통 왕위 등극을 표현할 때 쓴 말은 יָשַׁב (야샤브, "앉다, 자리하다")이지, עָלָה 가 아니라고 말한다. 그러나 "올라감"과 "자리에 앉음"은 분명히 구별되는 두 행위이며, 올라감이라는 개념 역시, 위에서 말한 대로, 보좌가 높은 곳에 있음에서 유래한 개념일 수 있다(베트겐과 그레스만의 견해는 역자 주13에 좀 더 자세히 설명해 놓았다).

36) "문을 들어올림"이 문을 연다는 개념을 나타낸다는 것을 살펴보려면, Gressmann, *Ursprung*, p. 295, 주1을 참고하라(그레스만은 이 주1에서 시편 24:7이 문을 안에서 밖으로 여는 것이 아니라 아래에서 위로 올려 여는 것을 전제한다고 말한다—역주).

37) Stade, "Die Messianische Hoffnung im Psalter," in *Zeitschrift für Theologie und Kirche* (1892), p. 407에 따르면, 시편 24편이 제시하는 장면은 종말론적이다.

하가 보는 가운데 세상 역사 속에서 나타난 모든 영광의 종착점이자 초점인 당신의 자리(보좌)에 앉으실 때가 틀림없이 올 것이며 분명 오리라는 것이다. 고대 사상에서는 국가가 왕의 영광에 이바지한다. 마찬가지로 열매가 다 무르익은 마지막 시대에는 그때까지 모아온 열매들을 이 열매들의 왕이신 그분에게 바칠 것이다. 왕국 사상에는 구원이라는 측면도 들어 있다. 하지만 시편은 이 구원이라는 측면과 함께, 아니 어떤 의미에서는 이 구원이라는 측면보다 훨씬 더 우월한 것으로서, 여호와의 영광이 나타남을 표현한다. 따라서 시편은 여호와가 구원을 베푸시려고 왕이 되신다는 사상뿐 아니라, 여호와가 구원을 베푸심으로 그리고 다른 행위들을 하심으로써 당신이 왕으로서 가지신 장엄한 영광의 정점에 이르신다는 사상도 표현한다.

우리가 다가올 위기 때에 여호와가 하시는 행동방식을 관찰해보면 방금 말한 것과 똑같은 원리를 또 다른 측면에서 발견해낼 수 있다. 그 행동방식을 규정하는 근본개념은 신현(神顯, 하나님이 나타나심)^{theophany}이라는 개념이다. 얼핏 보면 여호와가 어떤 일에 개입하실 수 있으려면 그 전에 그 현장에 나타나셔야 한다는 개념은 케케묵은 생각 같다. 그러나 신현은 단순히 하나님이 하시는 행위의 전제조건이나 전조(前兆)로서 나타나는 현상이 아니라, 하나님이 당신이 하시는 행위 자체를 전달하시는 도구다. 이는 실제로 심판을 형식적 법정 절차로 생각하기보다 형을 집행하는 심판으로 생각하면 더 쉽게 이해할 수 있다. 법정 절차에서 여호와가 법정에 등장하심은 다만 그 절차가 시작되었음을 의미할 뿐이며, 이 시작 행위 뒤에 여러 단계가 더 이루어져야 한다. 판결 선고와 집행을 하나로 모아 놓은 이 생생한 신현 개념은 모든 법정 절차를 단일 행위로 압축해 놓은 것이며(즉 형을 선고하고 집행하는 모든 절차가 하나님의 나타나심에 다 담겨 있다—역주), 이 단일 행위는 하나님이 법정이라는 심판 마당에 나타나시는 초자연적 도착을 가리킨다. 하지만 하나님의 이런 초자연적 법정 도착이 방금 말한 것처럼 심판을 바라보는 견해에 들어맞긴 해도, 여호와의 행위가 가지는 신현이라는 성격을 만들어낸 것은 오직 하나님의 초자연적 법정 도착만이 아니었다. 여호와의 나타나심이라는 개념의 밑바닥에도 하나님의 위엄과 능력을 드높이려는 동기가 자리해 있다. 하나님은 단지 종말의 위기(결정적 순간—역주) 속에 들어오시는 것만으로도 이 종말의 문제를 마무리 지으시며, 이를 통해 모든 이목과 관심을 당신 자신에게 집중시키신다. 여기서 바로 "주의 오심"이라는 종말론의 전문 용어가 나왔다. 이 "주의 오심"이라는 말은 끊어지지 않고 죽 이어진 한 가닥 실처럼 구약과 신약을 관통한다.[38] 그가 오신다. 여호와가 오신다. 메시아가 오신다. 이것이 창세기에서 요한계시록까지 이어지는 메시지의 핵심 의미이며, 종말론적 소망도 바로 이 오심 안에서 현실로 이루어진다. 하나님이 나타나신다는 표현이 던지는 이미지는 이렇게 하나님을 주인공으로 만들려는 의도와 철저히 일치한다. 여호와의 오심을 천둥을 동반한 폭풍이나 사나운 비바람이나 홍수나 화산 폭발과 연계하거나 이것들에 비유하지만, 이 모든 경우 하나하나가 여호와의 오심이라는 사건이 급작스럽고 도저히 피할 수 없으며 도저히 이겨낼 수 없는 성질을 가졌음을 강조한다.[39] 바로 이런 이유 때문에 때로는 여호와의 오심이라는 사건이 던지는 이런 인상이 오히려 구체적 이미지

---

38) Sellin, *Der alttestamentliche Prophetismus*, p. 181을 참고하라.

39) 여기서 말한 이런 이유 때문에 종말론적 장면 묘사는 애초부터 하나님의 나타나심 자체를 묘사하는 것으로 바뀌는 경향을 보이며, 심지어 당장 하나님의 나타나심 자체를 묘사하는데 골몰하다가 하나님의 나타나심을 묘사하는 목적을 잊어버릴 때도 있다. 이는 예언에서도 관찰할 수 있는 특징이다. 이사야 2장을 참고하라. 하박국 3장에 있는 시와 시편 18편 서두의 시도 이런 특징을 잘 보여준다. 여호와가 몸소 이와 관련된 원리를 선언하시는 모습을 보려면, 시 46:10을 참고하라. "너희는 입 다물고 내가 하나님임을 알라. 내가 모든 나라 가운데서 높아질 것이요, 내가 땅에서 높아지리라."

를 활용하여 여호와의 오심이라는 사건을 묘사하려는 시도를 모두 포기한 곳에서 가장 생생하게 드러나기도 한다(여호와의 오심을 비유를 쓰지 않고 있는 그대로 묘사한 부분이 오히려 그 오심이 가지는 성질을 가장 생생하게 보여줄 때가 있다는 말이다―역주). 비유는 비유가 상징하는 실체가 실제로 지닌 무게에 눌려 무너져 버릴 위험성이 있기 때문이다. 여호와의 오심을 에둘러 표현하는 도구를 일부러 쓰지 않는 것이 가장 큰 표현 효과를 발휘할 수도 있다. 심지어 시편 48:4, 5 같은 본문은 여호와 바로 그분조차도 언급하지 않고 이렇게 말한다. "보라, 왕들이 함께 모여 지나갔느니라. 그들이 그것을 보더니, 기겁하고, 어쩔 줄 몰라 허둥지둥 도망쳤느니라"(여호와가 나타나심을 직접 말하지 않고도 여호와를 보고 놀라 도망치는 세상 왕들의 모습을 통해 여호와의 나타나심이 얼마나 무시무시한가를 잘 표현했다―역주). 여호와가 나타나신다는 말도 할 필요가 없다. 그분이 존재하시는 것만으로도 충분하다. 그가 하나님이시니 아무리 종말의 위기라도 그분 앞에선 결말이 날 수밖에 없다.[40]

이 주제에 속하는 것으로 한 가지 관찰 결과를 더 제시해볼 수 있겠다. 시편 시인은 종말이 늦어지고 있다고 보면서도 이 종말을 깊이 생각할 때에 마치 눈앞에 다가온 죽음을 바라볼 때와 같은 정서를 가진다. 이는 이 시인이

---

40) Stade, "Die Messianische Hoffnung im Psalter," in *Zeitschrift für Theologie und Kirche*(1892), pp. 393-398은 시편이 수없이 반복하는 문구들에서 종말론적 신현을 발견한다. 그는 그런 문구로 "일어나다," "높이 올림을 받다"나 "올림을 받다," "깨우다," "잠잠히 있지 않다," "서두르다," "멀지 않다," "능력을 나타내다," "회복하다," "치유하다," "되살리다(소생시키다)," "구속하다," "구원하다," "은혜를 베풀다," "잠아채다," "정의를 행하다"를 든다. 이 가운데 많은 문구 혹은 모든 문구가 종말론에서 활용하는 말이나, 이들 전부 혹은 이들 가운데 어느 것이 종말론적 의미를 지닌 전문 용어가 되었는가는 증명할 수 없다.

종말을 생각할 때에 심히 경건한 마음 상태에 있었음을 보여준다. 사람들이 자주 언급했지만, 임박한 죽음을 바라보는 태도는 그 사람의 신앙이 여호와와 얼마나 깊이 결합해 있는지 보여주는 가늠자다. 죽음에는 아무리 신앙적 성찰이 깊어도 피조물을 두렵게 하는 것들이 많다. 우리는 시편의 시인들이 걱정하고 당황하는 주된 원인이 미래에 그들과 여호와의 관계가 어찌될 것인가라는 문제 때문임을 발견한다. 이 이상하고 그늘진 영역에서도 여호와를 기억하고, 그의 선하심을 경험하고, 그의 영광을 찬송할까? "내가 무덤으로 내려가면 내 피에 무슨 유익이 있을까? 흙이 당신을 찬송하겠으며, 흙이 당신의 진리를 선포하겠나이까?"[41] 시편의 시인들이 가장 두려워하는 것은 죽음 자체도 아니요, 그들이 죽음에 묻혀 사라져 버릴 수도 있다는 것이 아니라, 그들이 여호와와 사귐을 잃어버릴 수 있다는 것이다. 이제 시편 시인들은 미래에 여호와가 오실 위대한 사건을 말할 때도 똑같은 감정 상태를 강하게 드러낸다. "오, 여호와여, 얼마나 오래 기다려야 합니까? 당신은 영원히 숨어계시렵니까? … 오, 내 시간이 아주 짧음을 기억해주소서. 이는 당신이 사람들의 모든 자녀를 아주 허무하게 지으셨기 때문입니다! 그것이 그의 영혼을 쉬올(스올)의 권세에게 구해내겠나이까? 주여, 당신이 이전에 사랑으로 베푸셨던 친절은 어디 있나이까? 당신이 당신의 신실함으로 다윗에게 맹세하셨던 그 친절은 어디 있나이까?"[42] 여기에서는 죽음이 가진 위험성, 곧 죽음이 종국에는 여호와를 보지 못하게 만들고 여호와의 영광스러운 통치를 누리지 못하게 만들 수 있다는 점으로 죽음의 씁쓸함을 평가한다. 쉬올에서

---

41) 시 30:9. 시 6:5, 80:4을 참고하라.
42) 시 89:46-49. 신약에서 이와 평행을 이루는 곳이 살전 4:13-18이다.

여호와와 접촉이 끊어진다면 고통스러울 것이요, 여호와가 마지막 때에 나타나실 때 그를 못 보게 된다면 견딜 수 없을 것이다. 그것이야말로 종교(신앙)가 경험할 수 있는 가장 처참한 비극일 것이다. 이것이 바로 시편의 종말론이 여호와 바로 그분을 찾고 그분을 사랑함을 최고로 여긴다는 것을 보여주는 확실한 증거다.

시편에서 보편성을 띤 말이라도 이를 구체적 관점으로 들여다보면 역시 같은 원리를 관찰할 수 있다. 여기 시편에서도 선지서와 마찬가지로 모든 나라가 여호와께 복종하고 이 나라들이 여호와께 돌아오는 사건이 미래에 일어날 위대한 변화의 한 부분을 이룬다. 두 경우(시편과 선지서—역주)에 모든 나라가 여호와께 복종하고 여호와께 돌아오는 일은 여전히 소망으로 남아 있으며 선교 활동에 나서라는 도전을 주지는 않는다. 보편주의와 선교 사상은 종말론이라는 문을 통과함으로써 비로소 시편과 선지서 안으로 들어온다. 더 자세히 말하면, 보편주의와 선교 사상은 여호와의 위대하심과 위엄에서 생겨난다. 여호와는 지극히 크시므로 모든 나라가 그분에게 나아가 그분을 예배해야 한다. 이는 달리 더 말이 필요 없는 확실한 사실이다. 그러나 이런 사상이 종말론의 차원까지 높아지면, 하나님이 마지막에 지극히 크신 능력을 내보이시며 위엄 있게 나타나실 일을 깊이 묵상하면, 그분의 영광을 아는 지식이 온 땅에 넘쳐나리라는 것을 결국 아주 확실히 깨닫게 된다.[43] 하지만 선지서에서는 여호와의 영광을 아는 지식이 온 땅에 넘쳐날 일이 다른 수많은 일처럼 순전히 미래에 일어날 일로 남아 있지만, 시편에서는 주관적 요소

---

[43] 시 9:19, 20, 18:47 이하, 22:27, 28, 23:6, 46:10, 47:1-3, 8, 9, 86:8-10, 97:1, 6, 98:2, 3, 9, 102:15, 21, 22.

가 들어오면서 선지서보다 더 많은 일이 벌어진다. 시편 시인의 마음은 그런 일이 이루어지리라는 생각을 멀찌감치 떨어뜨려 놓고 그저 객관적으로 묵상하는 것으로 만족하지 못한다. 도리어 그는 그런 일을 장래 소망이 현실로 이루어짐을 목격하고픈 강렬한 욕구로 바꿔놓는다. 그리하여 여호와와 그의 나라를 내다보는 종말론적 소망에서 실제로 여호와를 믿으라고 좨쳐대는 말이 생겨난다. 이런 욕구가 미래 속으로 뚫고 들어가면서, 종말론적 소망이 현실로 이루어지리라는 관점에서 이방인들을 상대로 대놓고 여호와를 믿으라고 호소하는 말이 터져 나온다.[44] 시인은 온 세상을 상대로 여호와를 인정하고 찬송하라고 요구한다. 물론 이것이 실제로 여호와를 믿지 않는 세상더러 여호와를 믿으라고 좨쳐대는 선교 선전은 아니다.[45] 그러나 결국 여호와를 인정하고 찬송하라고 좨쳐대는 영적 동기를 살펴보면, 선교와 다르지 않다. 어쩌면 이렇게 온 세상을 상대로 좨쳐대는 뒤편에는 교회가 현재 자신이 갖고 있는 여러 가능성을 움켜쥘 때 가지는 열정보다 더 강한 동기가 자리해 있다고 말할 수 있을지도 모르겠다. 여호와를 인정하고 찬송하라는 이런 요구와 가장 비슷한 경우도 역시 이사야서의 찬송 부분에서 찾을 수 있다. 이런 것들을 기억하면, 우리가 품은 선교 열정이라는 곡의 음조를 지극히 높으신 하나님이 중심이신 키^{key}에 늘 새롭게 맞춰갈 수 있다. 우리가 선교하겠다고 선언하는 것은(즉 온 세상을 향해 여호와 하나님을 인정하고 찬송하라고 독려하겠다고 선언하는 것은—역주) 결국 세상을 진보케 함이 그 목적이 아니라 죄인들을 영원히 구원하시는 하나님께 영광을 돌림이 그 목적인데, 이런 선언은

---

44) 시 57:8-11, 66:1-4, 67:2-5, 96:3, 7-13, 99:3(기도 형식), 100:1-3, 108:3, 113:3, 4, 117:1, 2, 145:21.

45) 수사(修辭) 면에서 보면, 여호와를 인정하고 찬송하라는 요구는 선지자들이 "손뼉을 치고" "노래하는" 본성에 호소했던 것과 궤를 같이하는 것일 수도 있다.

단순히 어떤 신학적 확신을 표명하는데 그치지 않고, 선교 사상 자체가 본디 탄생할 때부터 갖고 있는 원리를 철저히 따르는 것이다. 이런 선교 사상이 태어나고 세상 속으로 들어온 것은 하나님께 영광을 돌리려는 이유 때문이었다. 구약이라는 자궁이 이런 사상을 잉태했던 것도 오로지 사람만을 위함이 아니라 하나님 바로 그분을 위함이었다.

이어서 우리가 주목해야 할 문제는 종말을 내다보는 시편의 시각에서 볼 수 있는 영성의 수준과 관련이 있다. 시편의 종말론에서 나타나는 영성의 수준이 낮다고 보는 경우가 종종 있다. 이렇게 보는 이유는 시편이 미래 시대를 묘사하면서 이 땅에 속한 형체, 물질인 형체, 시간에 매인(시간이 지나면 사라질) 형체를 활용하여 묘사하기 때문이다. 미래에 이루어질 신정(神政, 하나님의 통치)은 현재 이루어지는 신정의 복사판이다. 시편이 예상하는 미래 상태도 여호와의 종말론적 백성이 예루살렘이 그 중심인 거룩한 땅에 살면서 하나님이 베푸신 낙원인 가나안이 주는 복락을 영원히 무한정 누리는 상태다. 우리야 신약 성경에 근거하여 이런 내용이 계시의 저자이신 하나님의 생각 속에 들어 있던 것이라고 믿지만, 시편의 시인들이 이 모든 것을 상징이자 모형이라는 의미를 지닌 것으로 분명하게 인식하며 이해했는지 증명하기는 어려울 것이다. 사실, 시편은 미래 상태를 묘사하면서 이 땅에 속한 형체, 물질, 시간에 매인 것을 활용하여 표현한다. 그리고 이런 내용을 실제 역사가 아니라 알레고리로 치부하여 무턱대고 덮어 버려서도 안 된다. 하지만 이런 점 때문에 시편에 숨어 있는 심오한 영성을 발견하지 못하는 일이 벌어져서는 안 된다. 시편을 살펴보면, 심지어 겉보기에는 미래를 그저 물질의 관점에서 바라보는 것 같은 내용조차도 사실은 심오한 영성에 다가가며 이런 영성에 다다른 모습을 볼 수 있다. 결국 핵심 문제는 시편이 묘사하는 미래 그림 속에 어떤 형체, 어떤 색깔이 들어와 있느냐가 아니라, 경건한 이스라엘 사람이 보았을 때 그 그림 속에 널리 스며들어 있다고 보았던 더 오묘한 분위기가 무엇인지, 이런 이스라엘 사람이 다른 이보다 더 정교한 그의 신앙적 감성을 활용하여 그 그림 속에서 찾아내고 사랑하고 찬미했던 것이 무엇인지 묻는 것이다. 문제를 이런 식으로 제시하면 그 답은 확실하다. 하나님 바로 그분께 두는 소망에 강렬히 집중한다는 바로 그 사실이 그 답을 미리 제시해준다. 종말론적 상태는 다른 무엇보다도 여호와를 즐거워하고, 그의 얼굴을 대면하여 보는 복을 누리며, 여호와의 오른편에서 온갖 즐거움을 누리고, 영원히 여호와와 더불어 그의 성소에 사는 상태이며, 이 모든 것이 더할 나위 없는 선(복락)을 이룬다. "아침에 당신의 인자하심으로 우리를 만족케 하사 우리를 평생 즐겁고 기쁘게 하소서. … 그리고 우리 하나님 여호와의 아름다움이 우리위에 임하게 하소서"와 같은 노래들과 다른 비슷한 노래들이 시편이 제시하는 미래 음악의 특징이다.[46] 여호와와 영원한 사귐을 누리리라는 확신을 표현하는 시편 16편, 17편, 44편, 73편의 친숙한 본문들은 우리가 생각하는 것처럼 장차 죽은 뒤에 복된 삶을 누리리라는 믿음에서 우러나온 본문일 수도 있고, 시편 속에서 노래하는 주체를 이스라엘 전체로 보는 집단 이론에 근거하여 문제가 된 말들을 이스라엘 전체가 결코 죽지 않을 삶을 누리리라는 말

---

[46] 시 90:14, 17. 어쩌면 체이니도 시편 시인들이 구사하는 언어를 지나치게 영(靈)의 관점에서만 해석하려 하는 사람인지 모르겠다. 그는 시편이 신현을 이야기하는 말들을 순전히 상징적 의미를 가졌던 말이라고 추정한다. 체이니 같은 생각은 종말론적 신현과 일찍이 역사 속에 존재했던 신현 사이에 평행 관계가 존재한다는 점과 일치하지 않을 것이다. 과거에 역사 속에서 일어났던 신현 중에는 분명 실제 사실로 이해해야 할 것들도 있기 때문이다. 이와 똑같은 성질을 지닌 사례가 하나 더 있다. 체이니가 영적 제사를 믿는 시편 시인들을 순수 영적 성소 사상을 지녔던 이들로 믿는다는 것이 바로 그것이다. 그러나 영적 제사 개념과 영적 성소 개념 사이에는 어떤 차이가 있지 않은가? 영적 제사는 객관적 개념이지만, 영적 성소 개념은 주관적 개념으로 바뀌어가는 개념이었다. Cheyne, *Origin*, pp. 344, 387을 참고하라(Cheyne, *Origin*, pp. 387-388에 흥미로운 말이 있어 역자 주14에 그 원문과 번역문을 제시해 놓았다).

로 해석할 수도 있다. 어느 견해를 따르든, 이런 본문들의 밑바탕에 깔린 정서는 신앙적 삶이 하나님의 일에 최고로 몰두해 있을 때 드러나는 정서다.[47] 아울러 이런 정서가 미래 상태를 내다볼 때에 가장 잘 표현된다는 것을 발견할 수 있다. 시편에서 사람의 개성(사람 냄새)을 느끼지 못하게 하려는 모든 사상을 배제하는 일에만 관심을 기울이면, 오히려 시편 속의 어떤 시들을 신비한 색깔을 띤 시로 묶어 이야기할 수 있는 근거가 생긴다. 실제로 신비주의에 치우친 경건을 추구했던 이들은 시대를 불문하고 언제나 그런 시들만 유달리 좋아하는 모습을 보여주었다.[48] 그러나 이 시들과 시편 전체 사이에는 다만 정도 차이만이 있을 뿐이다. 시편 시인은 이스라엘이 여호와의 쉼으로 들어가기를 바라며, 이 시인이 본 성읍은 하나님의 성읍이다.[49] 시편에는 종말론 분위기가 아주 넓게 퍼져 있고 이런 분위기는 아주 영적 색채가 강하다. 이는 우리 주(主)가 가르치실 때 시편을 얼마나 많이 되살려 말씀하셨는지 기억해보면 잘 알 수 있다. 사실 예수가 말씀하신 지복(至福)들[마태복음 5:3-12—역주]의 둘째 문구[헬라어 본문을 기준으로 할 때 각 지복의 둘째 문구를 말한다. 첫째 문구는 μακάριοι(마카리오이, "복이 있도다")다. 한국어 역본과 어순이 달라서, "복이 있도다. …하는 사람들은"으로 기록되어 있다—역주]는 대부분 종말론적 나라를

---

47) 이런 본문들이 죽음 이후에 개인이 누리는 복된 상태 개념을 말하지 않는다고 보는 저술가들(학자들)도 시편 시인들이 메시아 시대에 참여할 것을 기대한다는 것은 부인하지 않는다. Beer, p. 70을 참고하라. 이는 그 사건이 가까이 이르렀음을 예민하게 느끼기 때문일까?

48) Cheyne, *Origin*, pp. 387, 388을 참고하라. Beer, p. 62는 시편 73:28과 관련해 유대교의 키르바트 엘로힘*Kirbath Elohim*, 곧 사람과 하나님의 신비한 연합*unio mystica*을 종말론의 시각에서 접근한 개념이라고 말한다. 아울러 Montefiore, "Mystical Passages in the Psalms," in *Jewish Quarterly Review*(1889): 143-161을 참고하라.

49) 시 95:11, 46:4, 48:1.

시편의 언어로 묘사한 말이다. "심령이 가난한 자들," "마음이 청결한 자들," "겸손한 자들," "긍휼히 여기는 자들," "화평케 하는 자들"은, 이 말들의 술어에 해당하는 나라를 받음, 땅을 유업으로 받음, 긍휼히 여김을 받음, 하나님을 봄, 아들로 입양됨과 더불어, 모두 시편이 제시하는 모형이요 소망으로서, 가장 위대한 시편 해석자들이 미래를 아주 영적으로 묘사했던 내용과 잘 들어맞는 모습을 볼 수 있다. 성소(聖所)를 이야기하는 방식, 제사 의식을 언급하는 말이 상당히 드묾, 제사 의식을 언급하는 경우들이 보여주는 독특한 색깔, 이런 언급들이 나타나는 곳, 이런 언급들이 나타나는 곳 때문에 일부 사람들은 이런 언급이 담긴 시들을 청교도 분위기가 나는 시들이라 이야기한다는 점, 하늘을 의식과 거리가 먼 곳으로 만들기 deritualisation of heaven, 여호와가 성소 안에 가까이 계심을 강조함-이 모든 것이 이 시들의 중심 관심사가 어디에 있는지 분명하게 보여준다.[50] 이뿐 아니라, 기묘한 묵시적 요소가 전혀 없고 진짜 영적 분위기가 지배하는 점 역시 확실하게 인식할 수 있다.[51] 하지만 여기에서도 이 훌륭한 영성이 시편의 근본 성격, 곧 종교(신앙) 안에서 하나님이 다가오시고 포용해주심에 보이는 주관적 반응이라는 성격과 긴밀하게 서로 얽혀 있다. 헌신(섬김), 예배, 하나님에 응답함은 영적일 수밖에 없다. 이런 영적 반응은 종교적(신앙이 독실한) 영혼 자체가 본디 가진 투명한 본질이라는 객관적 영역 속으로 뚫고 들어가 이 영역을 드러내 보이는 것이다. 시인은 이를 여호와 바로 그분이 직접 임재하신 곳으로 들어감이요 여호와 바로 그분을 붙잡음이라고 부른다. 이리 하는 것이 곧 모든 영성의 뿌리를 붙잡는

---

50) Cheyne, *Origin*, pp. 314-327; Beer, p. 47.

51) Cheyne, *Origin*, p. 428.

것이다. 눈에 보이지 않는 하나님의 새 보좌는 정녕 언약궤와 다르며, 이 보좌는 언약궤보다 더 높은 차원에서 이스라엘이 올리는 찬송 위에 자리해 있다.[52]

마지막으로 우리는 결론 삼아 시편의 종말론 속에 들어 있는 메시아라는 요소를 간략히 살펴봐도 되겠다. 여기에서도 주관적 반응과 적절한 태도가 몇 가지 자취를 남겼다. 분명 우리는 이런 문제들을 이야기하기 전에 사람들이 오래 전부터 익히 아는 의미의 "메시아"가 시편 속에 존재하는가라는 문제를 당장 제기해봐야 한다. 이 시대의 비평적 주해에서는 시편 속에 "모형적 메시아"(메시아의 모습을 미리 일러주는—역주) 시들이 존재한다는 믿음이 사실상 사라져 버렸다. 그러나 이뿐 아니라, 이전에는 직접 메시아를 예언하는 시로 인용하곤 했던 시들도 이제는 이스라엘 백성을 진정 "여호와가 기름 부으신 이들"로 보면서 이 이스라엘과 관련된 시로 이해하는 경우가 잦아졌다. 흥미로운 사실은, 이런 견해를 따를 경우, 본디 종말에 나타날 왕 개인을 가리키는 의미를 지녔던 "메시아"라는 칭호가 구약에서 사라져 버리는 결과가 생긴다는 점이다. 이는 예전 사람들이 따랐던 해석에 비춰볼 때 메시아라는 칭호를 발견할 수 있는 곳은 시편, 그것도 오로지 시편뿐이기 때문이다.[53] 상황이 이렇다면 궁켈처럼 전형적 메시아사상의 뿌리를 바벨론으로 본 해석

---

52) Cheyne, *Origin*, p. 327.
53) 이는 해석상 의문이 있는 단 9:25, 26을 고려하지 않고 하는 말이다. 물론 체이니(Cheyne, *Origin*, p. 340)와 다른 이들도 계속하여 "메시아 시"를 이야기한다. "기름부음 받은 자"를 이스라엘 백성에게 부여하면서도, 이 말을 어느 정도 전문적 의미를 지닌 말이자 종말론적 의미를 떠올려주는 말로 보기 때문이다. 하지만 예로부터 이어온 "메시아 시"라는 말의 전통적 용례를 고려할 때, 이런 주해를 택하는 사람들은 "메시아 시"라는 말을 쓰지 않는 쪽이 더 나았을 것이다.

자들이 펼쳤던 사이비 원상회복 작업(유대 메시아사상의 근원을 바벨론으로 보고 바벨론 풍습에 비추어 시편의 메시아사상을 해석하려던 작업—역주)에서는 아무런 위안도 얻을 수 없다. 바벨론과 앗수르의 기록들을 보면 특히 통치하는 왕이 등극하는 장면에서 그 왕의 신하들과 왕궁 시인들이 왕을 초인(超人) 혹은 종말론과 관련된 술어들로 포장하는 사실을 볼 수 있는데, 궁켈 같은 해석자들은 이 사실에 주목하면서, 이런 관습이 시편의 몇몇 시, 특히 시편 2편, 45편, 72편, 90편에서 두드러지게 나타남을 발견했다.[54] 이 견해에 따르면, 이런 언어를 사용하는 사람들은 그들이 현재 섬기는 통치자를 종말의 위대한 왕이라는 개념에 비추어 바라본 이들이라고 말할 수 있겠다. 이 개념은 예로부터 내려온 모형론 도식과 어떤 유사성을 갖고 있었을 것이다. 만일 이처럼 고대 오리엔트 궁정 양식을 이스라엘 왕의 경우에 적용한 견해를 진지하고 순수한 의도에서 그리한 것으로 받아들일 수 있다면, 이런 사실과 관련해, 처음에는 다윗 자손 가운데 누가 그런 약속들(즉 다윗의 후손에서 메시아가 나오리라는 약속들—역주)을 성취할지 아무도 몰랐지만, 그래도 새 왕의 등극이 매번 새 소망을 불러일으킬 수는 있었다는 결론을 끄집어낼 수도 있을 것 같다. 하지만 우리는 이런 의미를 그런 관습에 부여해서는 안 된다. 이런 문언들은 궁정에서 보통 쓰는 언어 양식이었다. 하지만 이런 문언은 "충성 과장법 loyal hyperbole"(왕에게 충성을 표시하고자 과장한 언어로 왕을 추켜세우며 아첨하는 말—역주)일 뿐이었다. 어느 누구도 이런 말을 사실로 여기지 않았으며, 특히 이런 말을 하면서 왕에게 아부하는 이들조차도 이런 말을 진짜라고 여기지 않았

---

54) Gunkel, *Ausgewählte Psalmen*에서 시 2, 45, 90편이라는 제목이 붙은 부분을 참고하라(역자 주15를 보라). 궁켈은 시편 72편은 논하지 않는다.

다. 이런 고대 궁정 의식을 발견한 것이 보수적 주해가들에게 줄 수 있는 단 한 가지 유익한 점이 있다면, 그것은 바로 이와 같은 발견이 이런 이방인 집단 속에도 일찍부터 종말론 신앙과 종말에 대한 관심이 존재했음을 증명해 준다는 점이요, 이스라엘에서는 이런 종말론 신앙과 종말에 대한 관심이 뒤늦게 등장했다고 보는 이론을 반박할 수 있는 논거를 제공해준다는 점이다.[55] 시편 속에 이런 궁정 양식이 존재한다는 추정을 거부하고, 여기 시편에서 거짓으로 가득한 궁정의 삶 대신 하나님의 영이 다윗과 다른 이들이 겪은 신앙적 체험 속에서 만들어내신 견고한 모형적 기초(즉 메시아의 모형이라 할 기초—역주)를 발견한다면, 이런 내용이야말로 이스라엘 사람들의 종교(신앙) 의식(意識)이 메시아라는 존재를 친근하고 친밀하게 여겼음을 보여주는 아주 중요한 증거임이 분명하다 하겠다. 시인이 이런 전형적 관계를 묘사할 때 받아들인 철학이나 심리는 각 시마다 독특했을 수 있지만, 메시아사상이 분명 시편 시인들의 마음속에 생생히 살아 있는 실체로 존재했기 때문에 이 시인들이 장차 출현할 메시아의 형상을 이렇게 미리 그들 마음속에서 알차고 실감나

---

[55] Gressmann, *Ursprung*, p. 252 주4는 궁켈이 메시아-종말론 언어가 인간인 왕에게 전용(轉用)되었다고 추정하는 잘못을 저질렀다고 본다(역자 주16을 보라). 그렇다면 이런 과장된 언어는 종말론과 아무 상관이 없을 것이다. 그런 언어는 진짜 궁정 양식(궁정의 언어 양식)에 불과할 것이다: "여기에서는 메시아를 찾을 수 없다"(Der Messias hat hier nichts zu suchen). 하지만 우리는 그레스만이 여기서 하는 말과 나중에 pp. 286-293에서 하는 말, 곧 "그 시대 제후나 제왕을 이전에 존재했던 첫 왕처럼 황금시대를 가져다 줄 이로 칭송한다. 이는 메시아의 주된 활동 등을 설명해준다"라는 말을 어떻게 조화시켜야 할지 모르겠다. 이 말에 따른다면, 궁정 양식이 "신화 속 낙원에 있는 요소들"을 받아들였다는 말이 된다. 나아가 그레스만은 이런 의식은 틀림없이 동방의 위대한 제국들에서 유래했을 것이며, 이스라엘 왕국은 아주 작았기에 할 수 있는 일이라곤 주제도 모른 채 이런 의식을 모방한다고 꼴값을 떠는 일뿐이었으리라고 믿는다. 그레스만은 이런 모습을 그 시대 조그만 군주들의 궁정이 분수도 모르고 루이14세의 궁정 관습을 그들의 궁정에서 되살리는 것에 빗댄다. 이는 이스라엘에서 이런 관습이 철저히 속빈 강정이었음을 강조하는 말일 것이다.

게 그려볼 수 있었을 것이며, 이 점은 모든 메시아 시가 공통으로 갖고 있는 점이라 할 것이다. 자신을 메시아를 나타내는 용어로 이야기할 수 있었던 다윗이라는 인물도 분명 그 안에 뜨거운 신앙으로 받아 간직한 메시아 개념을 갖고 있었을 것이다.

메시아 시의 내용이 지닌 이런 모형적 측면은 여기까지만 이야기하도록 하자. 또 다른 문제는 시편이 직접 메시아를 지칭하는 요소와 관련이 있었다. 여기에서는 메시아와 관련된 현상이 하도 독특하게 나타나서, 예로부터 내려온 굳건한 메시아적 기초를 분명히 저버리고 떠나간 현대 비평학자들도 달리 만족스러운 대안을 찾아내지 못했다(즉 예로부터 메시아 시라 여겨온 시들이 메시아가 아니라 다른 것을 말하는 시임을 증명하려 했지만 실패했다는 말이다—역주). 문제가 된 본문에서 가장 두드러지게 나타나는 특징은 이 본문들이 왕이나 기름부음 받은 자를 현재 존재하는 왕으로 이야기한다는 점이다.[56] 이를 설명하는 방법은 세 가지가 있을 수 있다. 첫째, 궁켈과 그레스만처럼 궁정 양식 가설을 적용한다면, 이런 시들이 이야기하거나 이런 시들이 다루는 왕은 단지 현세의 통치자일 뿐 메시아와 아무 상관이 없다고 설명할 수 있

---

[56] 시편 시 가운데 "제왕시"라 부르는 시들에 속하는 시는 다음과 같다: 시 2편, 18:50, 20편, 21편, 28:8, 45편, 61:6, 7, 63:11, 72편, 84:10, 89:36, 51, 110편, 132편. Buchanan Gray, "The References to the 'King' in the Psalter in their Bearing on Questions of Date and Messianic Belief," in *Jewish Quarterly Review*(1895), vii: 658-686을 참고하라. 위에서 말한 시들이 왕이나 메시아가 현재 존재함을 말한다 할 때, 그 유일한 예외가 시 2편이다. 시 2편에서는 처음부터 끝까지, 이 시를 쓴 시인을 포함하여 이 시 안에서 말하는 모든 이가 미래 시점, 곧 열방이 시온을 마지막으로 크게 공격할 때를 바라본다. 물론 그 경우에는 이 시를 실제로 쓸 때에 왕이 존재했음을 암시할 필요는 없었을 것이다.

다.57) 둘째, 집단 이론(시편의 시 속에서 말하는 주체나 그 시가 말하는 대상을 이스라엘이라는 집단으로 보는 이론—역주)에 의지한다면, 왕이나 메시아는 이스라엘이라는 형체 속으로 사라진다. 셋째, 시편 2편과 90편 같은 시들이 사용하는 특이한 언어를 마카비 왕조 시대의 이런저런 통치자와 연계하려 한다면, 그 특이한 언어가 말하는 존재를 메시아가 아니라 하찮은 인간과 연계해야 하는 희생은 치르겠지만 그 대신 그 언어가(메시아가 어떤 이인가와 상관없이—역주) 메시아를 직접 지칭한다는 특성만은 보존할 수 있겠다. 그러나 이 세 견해는 모두 그 "왕"이 현재 존재함을 설명할 뿐이다. 하지만 이런 메시아 시들이 말하는 모든 사실을 다 설명하려면, 이 세 견해 가운데 적어도 두 견해를 결합해야 한다. 시편 45편, 72편, 90편 같은 경우는 당연히 집단 이론에 근거한 주해로 설명하지 못하며, 시편 2편을 이 이론에 근거하여 설명하려고 시도할 경우에는 가장 심각한 반대에 부닥칠 것이다.58) 그렇다면 여기 시편 2편에서

---

57) 여기에서는 이전에 일찍이 메시아를 직접 가리키는 것이라 여겼던 것이 모형론과 유사한 것으로 바뀐다. 즉 현존하는 왕이라는 인물을 본디 종말론적 메시아가 가지는 특징들을 가진 존재로 윤색하는 일이 벌어진다. 궁켈은 아주 옛적에 이런 시들을 읽었던 초창기 독자들이 이런 시들을 쓴 이들의 의도와 반대로 이 시들 안에서 메시아를 직접 가리키는 의미를 발견했다고 말한다. Gunkel, *Ausgewählte Psalmen*, p. 18을 보라: "그리하여 사람들은 애초에 종말론을 이야기했던 이런 내용을 결국 다시 종말론을 이야기하는 내용으로 이해했다"So ist also dieser Stoff, der ursprünglich eschatologisch war, schlisslich auch wieder eschatologisch verstanden worden."(궁켈이 이 말 바로 앞에서 한 말이 의미심장하다. 이는 역자 주17을 보라.)

58) 이스라엘=메시아라는 등식이 말하는 주제는 아주 흥미롭다. 그러나 이 주제는 너무 커서 여기서 다룰 수 없다. 이스라엘에게 "기름부음 받은"이라는 술어를 사용하는 것뿐 아니라 심지어 이스라엘 자체에 "기름부음 받은 자"라는 칭호를 붙이는 것에도 무턱대고 반대만 할 수는 없다. 기름부음 받은 왕과 백성이 밀접하게 연결되어 있고, 이 왕과 백성에게 모두 아들이라는 지위를 부여한다는 것은 이 둘에 기름부음이라는 공통점이 있음을 일러준다. 신약 성경에서는 기름부음이 그리스도와 신자들에게 주어진다. 더욱이 기름부음은 엄격히 말해 왕만이 받는 게 아니었다. 따라서 합 3:13, 시 28:8 같은 본문에 나오는 이스라엘이라는 말을 구절 사이의 평행법(문법 평행법)*parallelismus membrorum*(히브리 시나 여타 운문이 구사하는 수사법 가운데 하나로 평행을 이루

는 나머지 두 이론 가운데 어느 하나 혹은 나머지 두 이론 전부에 의존해야 할 것이다. 정통 진영의 주해가라면, 이 두 이론이 계시의 위엄과 일치하지 않는다는 느낌을 지우기가 힘들 것이다. 궁정 의식에서 드러나는, 겉과 속이 다른 인간의 거짓된 모습들, 그리고 객관적 관점에서 바라본 후대 마카비 지도자들의 성품과 삶을 생각할 때, 이런 지도자들은 메시아 시들이 고상하고 신성한 존재로 묘사하는 메시아와 일치하는 이들로 보이지 않는다.[59] 이런 견해들과 비교할 때, 이스라엘이라는 집단을 메시아로 보는 견해에는 적어도 한 가지 아주 중요하고 매력 있는 진리가 있다. 비록 다윗 혈통에서 나올 제왕을 메시아로 이해하는 견해를 취소하고 대신 이스라엘을 메시아 자리에 앉히는 일은 하지 않았지만, 그래도 이런 식으로 이스라엘을 메시아로 이해하면 시편 속의 어떤 시들에서는 메시아가 이스라엘에 그리고 이스라엘이 메시아에 긴밀히 붙어 있다는 느낌이 강하게 드러난다. 이스라엘이 진짜 메

는 구절과 구절, 본문과 본문에 같은 문법 요소가 들어 있는 경우를 말한다. 마 5:3-11도 이런 경우로 볼 수 있다—역주)을 구사한 사례로 이해하는 것도 충분히 설득력이 있다. 반면 이 이론을 진지하게 반대하는 견해는 이스라엘이라는 나라(민족)에 기름부음 받은 자라는 말을 적용하는 구체적 방식을 문제 삼는다. 곧 이스라엘 민족 전체를 메시아로 보는 것은 다윗 혈통에서 나타날 개인인 메시아를 바라던 사람들의 소망을 무시하고 이 메시아를 일부러 이스라엘 전체로 바꿔 놓으려 했다는 것이다. 사람들은 보통 사 55:3을 메시아를 이스라엘로 바꾼 사례 혹은 첫 선례로 인용한다. 그러나 이 본문은 굳이 이렇게 해석하지 않아도 된다. 이 본문이 여호와가 다윗에게 베푸신 자비를 "확실한" 자비, 곧 결코 변하지 않고 신뢰할 수 있는 자비라 일컫는 사실에 비춰볼 때, 바로 이런 사실을 강조하는 말에서 여호와가 다윗에게 베푸신 자비를 거두어들이셨다 혹은 심지어 그런 자비를 다윗에게서 이스라엘로 옮기셨다는 개념을 발견한다는 것은 말이 되지 않는다.

[59] 궁켈은 시편의 메시아 시들이 말하는 메시아를 마카비 가문의 통치자로 보는 견해를 거부하며, 심지어 그렇게 보는 것이 가장 그럴듯해 보이는 시 90편의 경우에도 그런 견해를 인정하지 않는다. Gunkel, *Ausgewählte Psalmen*, p. 223(시 110편을 다루는 부분인데, 궁켈은 이 시에서 가리키는 대상이 마카비 시대의 제사장 겸 통치자가 아니라 유다 왕조 시대의 왕이라고 잘라 말한다—역주). Sellin, *Der alttestamentliche Prophetismus*, pp. 168, 169을 참고하라.

시아이며 인간의 형상을 가진 이는 메시아가 아닌 것 같은 모습을 만들어내는 것은 이스라엘이 삶으로 드러내는 정체성이 아니라 이스라엘의 삶과 메시아의 삶이 가지는 동일성이다. 메시아 시를 쓴 시인들이 이스라엘을 여호와께 기름부음 받은 이들이라 부르는 이유는 이 시인들이 이스라엘의 신앙 생활에서 메시아라는 직임이 차지하는 의미를 깨닫고 있기 때문이다. 심지어 벨하우젠Julius Wellhausen도 시편 2편이 제시하는 것과 같은 표현에서는 메시아와 이스라엘을 구분하기가 불가능하다고 말한다.[60] 우리가 메시아의 직임이 유래한 근본 사상을 살펴본다면, 결국 메시아와 이스라엘 사이에 이런 긴밀한 동일성이 있음을 인정하는 견해가 나오리란 것을 예상할 수 있으며 예상할 수밖에 없다. 이런 메시아 개념이 나오게 된 근본 동기는 결국 이 개념이 여호와가 미래의 지복(至福)으로서 당신 백성 가운데 영원히 들어와 계심을 절대적이고 구체적이며 명백하게 보증해주기 때문이다.[61] 메시아라는 말이 가지는 의미를 그 밑바닥까지 캐보면, 메시아는 성례와 관련이 있다. 결

---

[60] *The Book of Psalms in Sacred Books of the Old and New Testaments*, 1898, p. 164: "메시아가 말하는 자이며, 이 시 전체를 메시아의 이름으로 지었다. … 메시아는 이스라엘이 온 세상을 다스림을 상징하는 화신이다. 그와 이스라엘은 거의 동일체이며, 이스라엘이 메시아를 가졌다 혹은 이스라엘이 메시아이다라고 말해도 문제가 없다." 그러나 우리는 "문제가 없다"라는 말에 동의할 수 없다. 위에서 말했듯이, 메시아는 하나님이 이스라엘에게 베푸신 종교적 특권과 구원을 보증하는 이로서 존재한다는 점에 그의 완전한 존재 의미가 있다. 이스라엘 자체가 메시아가 되어 버린다면, 결국 이스라엘은 그 자신에게 의지한다는 말이 되며, 이렇게 되면 메시아라는 개념 자체가 완전히 무용지물이 될 것이다. 베트겐(Baethgen, *Die Psalmen*, 3rd ed. p. 4)이 잘 말한 대로, "아들"이라는 이름을 이스라엘에게 적용하는 것은 적절할지 몰라도 "(시온 위에 있는) 왕"이라는 칭호를 이스라엘에게 적용하는 것은 타당하다 할 수 없다(베트겐은 *Die Psalmen*, pp. 3 이하에서 시편 2편이 말하는 "기름부음 받은 왕"이 "이스라엘 역사 속에 존재했던 왕인가 아니면 장차 나타날 이상적 왕 혹은 메시아인가?"는 논하지만, 이 "기름부음 받은 왕이 이스라엘인가?"는 아예 거론하지 않는다—역주).

[61] Cheyne, *Origin*, pp. 338, 340을 참고하라.

국 이렇게 되면, 이스라엘 백성이 가진 메시아 직임과 종말론적 왕이 가진 메시아 직임 가운데 어느 것이 먼저인가를 묻는 일에 관심을 가질 수밖에 없다. 이와 관련해 이스라엘 및 장차 나타날 왕에게 모두 아들이라는 개념을 적용하는 경우와 이스라엘 및 장차 나타날 왕에게 모두 메시아라는 개념을 적용하는 경우는 서로 다르다는 것을 유념해야 한다. 아들이라는 지위를 놓고 보면, 계시 순서상 이스라엘이 먼저 아들이라는 지위를 얻었다. 그러나 메시아라는 지위를 놓고 보면, 다윗 혈통에서 태어난 기름부음 받은 인물이 먼저 메시아 지위를 얻는다. 이스라엘이 기름부음을 받는 이유는 그 메시아 때문이다.[62] 이런 사실들은 이스라엘 백성이 메시아 개념을 종교 면에서 아주 친밀하게 수용했음을 보여주는 것 같은데, 그야말로 순전히 미래의 존재로만 보이는 어떤 인격체를 가리키는데 불과한 개념을 그렇게 친밀히 받아들인 모습을 볼 수 있는가라는 물음이 저절로 생겨난다. 시편에 이미 메시아가 존재한다고 이야기하면, 많은 비평학자들은 터무니없는 소리로 여길지 모른다. 그러나 실제로 시편 속에 메시아인 개인이 등장함을 깨닫고 나면, 시편 속에 메시아가 이미 존재함을 인정하는 쪽으로 끌어당기는 힘을 도무지 벗어날 수 없다. 이 메시아는 그야말로 신비한 삶을 살아가며, 이 삶은 어쨌든 그

---

[62] 사람들은 이사야서가 집단으로 묘사한 "여호와의 종"이라는 유비를 이스라엘이라는 집단 전체가 메시아의 지위에 있음을 지지하는 근거로 종종 인용한다. 그러나 기제브레히트$^{Friedrich\ Giesebrecht}$와 다른 이들이 주장하듯이, 이 예언들에 이 종이 개인이라는 개념이 아예 없는 것을 볼 때, 이사야서가 말하는 "여호와의 종"은 그저 유비에 불과할 것이다. 하지만 비평학자들이 이런 극단적 주장에서 물러선 것은 잘한 것 같다. 또 설령 "여호와의 종"이 개인이자 집단이며 이 개인과 집단이 서로 긴밀하게 연결되어 있다 할지라도, 시편에서는 개인인 메시아를 인정해야 하며, 이 메시아와 이스라엘 백성이 긴밀한 연합을 이루고 있음을 인정해야 시편과 이사야서가 진정 평행 관계를 이룰 것이다. Sellin, *Das Rätsel des deuterojesajanischen Buches*, 1908; Gressmann, *Ursprung*, pp. 301, 333을 참고하라.

의 백성이 영위하는 삶과 얽혀 있다. 결국 시편의 저작 시기를 아주 늦게 잡는 사람들도 이런 견해를 비웃을 이유가 거의 없다. 미가서는 장차 이스라엘에서 위대한 통치자가 "나올 것"이요 이 통치자는 "아주 오래 전부터, 영원부터" 있던 이라는 말을 하는데,[63] 이 신비한 말은 시편 속의 대다수 시보다 나온 시기가 더 오래되었다고 봐야 하지 않겠는가? 현재의 실재로 이해한 메시아가 이렇게 시편 시인들의 경건(신앙)에서 지극히 중요하고 필수불가결한 역할을 했다고 추정할 수 있다면, 이는 계시의 진리 속으로 뚫고 들어온 주관성을 생생히 보여주는 또 한 가지 사례라 할 것이다. 시편 시인들은 이런 주관성으로 여기서 계시의 진리를 적용하며, 우리도 이런 주관성을 통해 다른 어느 지점보다 사람들이 "오, 보소서. 우리 방패이신 하나님, 당신이 기름 부으신 자의 얼굴을 보소서"[64]라고 말할 수 있는 지점에서 메시아라는 기독교 신앙의 지향점이 아주 심오하게 드러난다는 것을 더 강하게 느낄 수 있다.

우리는 시편의 종말론을 주마간산 식으로 살펴보았다. 이를 맺으며 이 시편의 종말론이 오늘날 우리가 살아가는 신앙 세계와 사회 세계의 여러 상황과 실제로 어떤 관련이 있는지 몇 마디만 더 짚어볼 수 있을 것 같다. 어쩌면 우리의 시편 연구는 온 세상이 "재구성"이란 것을 큰 소리로 요구하는 와중에 우리가 어디에 서 있는가를 확인하는데 어느 정도 도움을 줄 수 있을 것 같다. 시편이 제시하는 종말론적 가르침, 나아가 구약의 종말론 전체가 현대성이 두드러진 이런 삶의 흐름이 추구하는 욕구 및 이상과 놀라울 만큼 닮

---

[63] 미 5:2.
[64] 시 84:9.

았음을 부인하기는 불가능하다. 우리는 시편에서 만물을 형언하기가 불가능할 정도로 어마어마하게 재구성하리라는 생각을 만날 뿐 아니라, 이런 재구성 작업을 실제로 이 땅의 실존을 무대 삼아 이 무대 위에서 계획하는 모습을 만난다. 그렇다면 여기 이 자리는 우리에게 세계를 재구성하려는 현대의 움직임이 갖고 있는 목표와 추구하는 방법을 검증해보고, 필요하다면 그런 목표와 방법을 바로잡을 기회를 제공하는 셈이다. 더욱이 지금이 이런 일을 하기가 아주 안성맞춤인 이유는 세상이 교회에게 이 세상을 개조하는 일을 도와달라고 요청하기 때문이요, 세상이 교회를 이런 어마어마한 개조 작업을 함께할 동반자이자 협력자 가운데 하나로 점찍어 놓았기 때문이다. 이제 널리 성경이 제시하는 종말론적 가르침 그리고 특히 시편이 제시하는 종말론적 가르침을 보면, 교회가 절대적, 이상적 미래를 내다보는 전망과 프로그램을 다른 누구보다 앞서 이미 갖고 있음을 분명히 알 수 있다. 이런 전망, 이런 프로그램은 세상의 다른 원리와 명확히 구별되는 원리들이 지배하는데, 이 원리들은 교회가 가진 신앙의 본질 자체와 어느 정도 결합해 있다. 따라서 교회가 아무리 남을 이롭게 하는 일을 한다 할지라도 정작 이런 원리들을 무시하거나 이런 원리들을 굳건히 주장하지 않는다면, 이는 교회가 하나님의 교회로서 가진 헌장(憲章)을 스스로 무효로 만드는 일이요 그런 헌장에 충성하지 않는 일이 될 것이다. 이런 원리들 가운데 가장 중요한 것은 만물이 하나님 안에서 종말을 맞으리라는 원리다. 따라서 우리는 우리가 종착점으로 생각하는 모든 이상적 상태의 정점을 종교에 부여해야 한다. 교회가 해야 할 특별한 기능은 미래 세계의 이 유일한 최고 측면을 끊임없이 단호하게 이야기하는 것이요, 때를 얻든지 못 얻든지 하나님과 하나님을 섬김이 인류에게 가장 고상한 복이자 만족을 주는 일임을 강조하는 것이며, 이를 강조하지 않으면 다른 모든 바람직한 일도 그 가치와 영원히 존속할 그 의미를 잃어버리리라는 것을 역설하는 것이다. 교회가 그만이 가진 특별한 소명을 늘 분명하게 인식한다면, 교회는 먼저 이 세계에 기독교 세례를 선결 필수 조건으로 제시하면서 이를 세계 개선 프로그램의 정점으로 삼아야 한다. 이런 일을 하지 않고 교회가 세계를 개선하는 일을 하기는 불가능할 것이다. 이것이 교회의 여러 과업 중 하나 혹은 가장 중요한 과업일 뿐 아니라, 독특한 의미를 지닌 교회의 "사업"이다. 따라서 교회의 다른 모든 활동이 교회의 기능으로서 정당성을 얻을 수 있으려면, 이런 모든 활동이 직간접으로 교회가 이 세상에서 해야 할 유일무이한 사명인 하나님 섬김 및 신앙적(종교적) 섬김과 떼려야 뗄 수 없는 연관이 있음을 증명할 수 있어야 한다. 교회가 여러 가지 사회 프로그램과 경제 프로그램을 옹호하는 일에 뛰어들면서 정작 시간을 들이고 수고를 쏟아 이런 프로그램들을 교회의 뿌리인 신앙 의식에서 끄집어내는 일도 하지 않고 이런 프로그램들을 하나님의 영광보다 앞세운다면, 교회가 이런 프로그램에 참여하는 것은 위험한 일이다. 이렇게 참여할 경우에는 교회가 하는 말이 권위가 없을 것이기 때문이요, 엄격한 신앙 원리들이 작동하는 영역에서 오직 교회만이 소유하고 있었던 권위조차도 교회가 행하는 온갖 실험 때문에 위험에 빠지기 때문이다. 단언하거니와 교회는 바로 이렇게 할 때에(교회가 세계를 개선할 프로그램에 참여하더라도 그 신앙의 뿌리에 바탕을 두고 하나님의 영광을 최우선 원리로 내세우며 일할 때에—역주) 세계를 더 낫게 만드는 일에서 가장 훌륭한 몫을 해낼 것이며, 다른 어떤 방식으로 이뤄낼 수 있는 결과보다 더 훌륭한 결과를 이뤄낼 것이다. 순수한 신앙 활동에서 나온 부산물은 신앙의 주산물을 부산물로 대치하려는 어떤 계획이 만들어낼 수 있는 것보다 더 풍성하고 더 가치가 있을 것이다. 하지만 교회는 이런 점을 유념하면서도 인류가 가진, 더 작고 덜 중요한 필요(욕구)와 불안에 무관심해서는 안 된다. 사실은 교회가 이런 태도를 가지는 것이 교회가 가진 확신, 곧 죄로 가득한 세상을 향한 교회의 깊은 염려와 이런 세상을 고치는데 활용할 수 있는 교회의 자원을 세상에 성공리에 적용할 수 있는 길은 위에서 말한 방법 이외에 다른 방법이 없다는 확신에 순종하는 것이다. 교회가 과거에 세계 문명 진보에 기여할 수 있었던 이유는 교회 자신이 방금 말한 근본 원리에 충실하면서도 이런 근본 원리가 교회에 요구하는 자제(自制)를 충실히 따랐기 때문임은 의심할 여지가 없다. 교회는 이를 통해 인류의 오랜 어머니 antiqua mater가 되어왔고 그런 어머니로 남아 있었으며, 이 어머니의 복된 자궁에서 인류가 누리는 갖가지 자유와 인류가 단행한 갖가지 개혁이 태어났고 다시 태어났다. 순수한 신앙에 바탕을 두고 하나님을 중심으로 삼은 신앙 의식이라는 이런 기준에 비춰 현대에 일어난 재구성 운동을 통틀어 살펴보면, 이 운동은 슬프게도 흠투성이라는 고백을 할 수밖에 없다. 현대의 재구성 운동은 신앙적이라기보다 인간 중심이며, 그 동기와 이상도 하나님이 아니라 인간에게서 나온 것으로 보인다. 장차 임할 땅을 내다보는 꿈을 살펴봐도, 인간이 소중히 할 만한 가치가 있는 모든 소망의 중심이신 그분을 예배하고 기뻐하는 모습은 거의 없는 것 같다. 이 유토피아에 자리한 왕궁에서 보좌에 앉으신 하나님이 등장하는 경우는 그저 손에 꼽을 정도다. 교회가 구체적 성과를 빨리 내고픈 실용적 욕망에 사로잡혀 기회주의 노선을 따라 이런 인간 중심적 노력을 쫓아가면서, 잠시라도 교회의 독특하고 특별한 위치를 포기한 채 사람을 섬기는 것이 하나님의 구체적 요구인 것처럼 이야기할까 봐 두려워하는 것이 그저 쓸데없는 걱정만은 아니다. 기회주의에서 생겨난 이런 종류의 타협도 정말 심각하지만, 그리스도인이라 고백하는 자들의 의식 속에서 종교(기독교 신앙)에 하나님을 지향하는 측면이 정말 있는지 혹은 이런 측면이 과연 종교(기독교 신앙)의 으뜸가는 측면이요 유효한 측면인지 의심하는 마음이 생기고 이런 의심이 방금 말한 타협 경향의 밑바닥에 자리한다면, 이야말로 훨씬 더 심각한 일이 아닐 수 없다. 이런 일이 벌어진다면, 이는 곧 종교(기독교 신앙) 자체의 죽음을 의미할 것이요, 기독교의 이름을 걸고 인류를 고양한다는 명목 아래 펼치는 모든 행위 역시 오랜 세월 지속될 더 심오한 결과를 전혀 만들어내지 못할 것이다. 기독교는 종교(신앙)라는 표지를 지킬 때에 세계를 더 나은 세계로 만들 수 있다. 기독교가 그 기준을 포기한다면, 세계를 개선하는 일을 이루지 못함은 물론이요, 사실상 패배를 맛보게 될 것이다.

성경이 제시하는 더 나은 만물 질서와 떼려야 뗄 수 없게 결합해 있는 둘째 원리는 초자연주의라는 원리다. 시편은 놀라운 미래를 내다본다. 이는 다른 어떤 자료나 이유 때문이 아니라, 바로 오로지 경이로운 일을 행하시는 하나님 때문이다. 다른 어떤 자료나 이유 속에도 법에 관한 가르침이나 배움이나 깊은 생각이 존재할 수 있지만, 이렇게 인간의 노력이나 인간이 행하는 일이 세계를 바꾼다고 신뢰하지는 못한다. 이 땅을 다시 새롭게 만들어줄 수 있는 것은 아래에서 일어나는 진화가 아니라 위에서 내려오심과 하나님의 나타나심과 개입이다. 이런 사실을 충분히 증명해주는 증거가 초자연적 과거와 현재를 비교하고 초자연적 과거에 호소하는 우리 모습이다. 시편 시인들의 의식은 인간에게서 나온 도움이 허무하다는 확신과 깊이 얽혀 있다. 이 시인들이 생각하는 진짜 도움은 하늘과 땅을 지으신 여호와의 이름으로 주어지는 도움이다. 여기에서도 다시금 이런 생각 틀과 이 시대에 사람들이 세계를 재구성하려는 많은 노력에 적용하는 생각 틀 사이에 서글픈 차이가 있음을 관찰할 수 있다. 이 시대 사람들의 생각 틀은 엄청난 공리공론을 내세우며 아주 고집스럽게 인간을 본디 끝도 없이 완벽한 존재라고 믿는 믿음, 현실 상황은 인간을 심히 좌절케 하는데도 이런 상황에서조차 신기하게 번영을 구가하는 인간 중심의 낙관론을 소중히 여길 때가 자주 있다. 그런 생각 틀도 일종의 신앙이며, 신앙이 가진 몇 가지 고상한 특징을 갖고 있다. 인간을 좌절케 하는 일에도 냉정함을 보이고, 여러 가지 장애를 만나도 대범하게 신경 쓰지 않으며, 패배가 분명한 상황에서도 쾌활함을 잃지 않는 것이 그런 특징이다. 그러나 이런 것은 결국 하나님을 믿는 신앙이 아니라 사람을 믿는 신앙일 뿐이다. 신앙이란 결국 오로지 그 신앙이 믿는 대상을 통해 영광을 얻을 수 있는데, 이렇게 사람을 믿는 신앙에는 기독교 신앙이 가진 최고 영광이 없기 때문이다. 이렇게 사람을 믿는 신앙은 의지하는 자원이 바로 이 세계 속에 있기 때문에 이 세계를 이길 수 없다. 이처럼 인간을 확고하게 신뢰하는 경우도 그 자신이 순수한 인간 영역 속에 갇혀 있다고 느껴 결국 인간과 인간의 자연적 잠재력에 매여 있기 때문에 인간을 신뢰하는 경우가 많다. 이런 경우에 인간을 의심한다는 것은 인간 자체와 인간의 고유한 사명에 절망한다는 의미가 될 것이다. 또 한 가지 슬픈 일은 이 지점에서 교회가 행하는 절차가 방금 말한 것과 같은 인간 중심의 사고방식에 굴복하고 이런 사고방식을 따라가는 경향을 관찰할 수 있다는 것이다. 교회가 실시하는 교육 활동과 개혁 작업을 보면, 그런 인간중심의 사고방식을 원동력으로 인정하는 것을 적어도 경멸하지 않는 모습이 상당히 눈에 뜨인다. 이는 교회가 인간 본성을 더 나은 쪽으로 함양하고 인간의 환경을 개선하며 인간의 악한 성향을 억누르기만 한다면 인간도 많은 일을 해낼 수 있다는 확신을 아예 대놓고 인정하지는 않아도 최소한 이런 확신에 은근슬쩍 동의한다는 인상을 풍긴다. 이것은 정말 교회가 잠시잠깐 시대 상황에 순응함 정도에 그치는 일이 아니라, 교회의 강조점을 아예 인간중심으로 옮겨버린 것처럼 보일 수도 있다. 하지만 그렇게 보인다는 것만으로도 충분히 심각한 문제다. 하나님 그리고 하나님이 세계를 바꾸는 일에서 필수불가결하고 모든 것을 결정하시는 역할을 하시며, 이 하나님이 바뀐 세상에서 중심에 자리하신다는 개념은, 다른 부차적 요인과 달리, 잠깐이라도 무시하거나 무심히 지나쳐서는 안 될 것이다. 그리스도인이 이런 사고방식에 빠져들면 결국에는 그의 모든 신앙 의식이 본디 가져야 했던 올바른 중심에서 벗어나 엉뚱한 길로 빠질 수밖에 없다. 하나님을 인간 내면의 영혼에만 계신 분으로 생각하고 다른 이들을 회심케 할 목적으로 행하는 외부 활동에서도 하나님이 역사하심을 생각하지 않는 이원론은 결국 존립할 수 없다. 더욱이 우리가 문제 삼는 이런 경향은 죄라는 사실이 우리가 부닥치는 상황에서 으뜸가는 요인임을 과소평가하며 사실상 인정하지 않는다. 하나님의 생각을 하찮게 여김은 구체적 죄의식이 약해지다가 결국에는 그런 죄의식이 사라져 버림과 관련이 있을 수밖에 없다. 하지만 이 모든 것이 심각하긴 해도, 때로는 우리가 열거한 이런 일들이 단지 표면을 따라 흐르는 사상의 흐름이 낳은 결과라기보다 오히려 저 깊은 곳에 자리한 원인으로서 이런 흐름과 일치하는 성향이 낳은 결과라는 것을 두려워해야 한다. 인본주의 운동이 아주 뚜렷하고 구체적 형태로 나타날 때, 그 배경을 캐보면, 하나님과 초자연적 존재에 의존할 수 있다는 우리 믿음이 약해지거나 비틀거리는 경우가 적지 않다. 이런 현상이 나타날 때, 교회는 이런 현상을 장려하다가 그 자신과 자신의 주인이신 분을 부인하고 자신이 그 주인이신 분에게서 받은 가장 귀중하고 강력한 유산을 포기하는 일을 저지르지 않게 스스로 자신을 다잡아야 한다. 교회가 이런 인본주의 행동에 참여하지 않는다 하여 그것이 곧 세상을 포기한다는 말은 아니다. 그것은 다만 달리 어떤 고상한 이유 때문이 아니라 죄로 가득하고 고통을 겪는 인류를 염려하여 거대한 엉터리 체계를 장려하길 거부한다는 것을 의미할 뿐이다.

마지막으로 우리가 시편의 종말론에서 배울 수 있는 셋째 교훈은 미래를 내다보는 우리 그리스도인의 사상 체계와 사랑에 근거한 섬김에서 저 세상에 속해 있음 other-worldliness이라는 요소가 중요하다는 것이다. 분명 시편이 이런 점에서 우리에게 가르침을 주기에는 적합하지 않은 것처럼 보일지도 모르겠다. 시편 자신이 내다보는 전망이 이 땅의 상태에 한정되어 있기 때문이요, 시편이 이 세상과 다른 세상의 질서를 기대한다 하면서도 막상 전제하고 이야기하는 상황을 보면 우리가 이미 알고 있는 이 땅의 상황에 불과하기 때문이다. 때문에 시편의 종말론은 물론이요 널리 구약의 종말론도 사실은 바로 이 땅이라는 낮은 영역이 변화되어야 한다고 보는 견해, 그리고 그리스도인은 이 땅보다 더 높은 영역에 관한 물음은 그냥 내버려두고 다만 그 영역으로 나아가려는 노력을 끊임없이 되풀이하는 것만으로 만족할 수 있다는 견해를 지지하는 것처럼 보일지도 모른다. 그러나 이것은 겉모습만 그럴 뿐이다. 사실 시편은 성경에 있는 모든 책 중에서 이런 인상을 바로잡기에 가장 적합한 책이다. 왜냐하면 시편은 더 고매한 미래 세계를 객관적으로 어렴풋이나마 보여줄 뿐 아니라, 이렇게 더 고매한 세계를 일러준 계시를 시편 시인들의 마음속에 분명히 전해주었던 주관적 심리 과정을 우리에게도 어렴풋이 보여줌으로써, 결국은 시편이 신앙 의식의 핵심부에 깊이 뿌리내리고 있음을 역시 어렴풋이나마 보여주기 때문이다. 시편의 시인들이 그들 자신과 그들의 하나님이 나누는 사귐을 미래의 삶 속에 투영했던 이유는 그들이 이런 사귐을 오로지 영원한 사귐으로만 인식할 수 있었기 때문이다. 신앙이 이렇게 가장 훌륭한 승리를 거두게 해준 것은 죽음이 종교(신앙)의 얼굴에 던진 도전장이었다. 바로 이것이 놋문을 열었고 철장을 산산이 부수었다(시 107:16을 보라—역주). 결국 종교는 현세의 삶이 삶의 가장 본질적이고 심오한 욕구를 채워주기에는 적합하지 않다는 의식에 이르렀고, 현세 너머에 자리한, 더 위대하고 영원한 세상에 그 닻을 내렸다. 그 순간부터 성경에 근거한 종교가 결국 강조하는 것이 무엇인가에 관하여 더 이상 의심이 있을 수 없었다. 물론 신약 성경은 이에 덧붙여 분명하고 더 중요한 지식을, 곧 하나님이 죽음의 자리에서도 신자를 결코 떠나지 않으실 뿐 아니라, 죽음 저편에서 비로소 완벽하게 정상이며 만족을 주는 참된 생명이 시작할 수 있다는 것을 알려주었다. 신약 성경은 생명과 불멸성의 의미를 가장 확실하고 자명하게 설명해주었다. 이 계시는 아주 풍성하고 우리를 압도한다. 이는 종교가 현재 여기서 우리에게 의미할 수 있고 가져다 줄 수 있는 것과 종교가 장차 미래에 우리에게 의미하고 가져다 줄 것 사이에 존재하는 엄청난 불균형을 보여주며, 결국 이런 불균형이 있음을 믿기만 해도 우리가 이 세상이 아니라 저 세상에 속해 있다는 자세가 그리스도인의 마음을 지배하는 자세가 되곤 한다. 이런 자세가 아주 타당하기 때문에 그리스도인이 여기서 강조점을 살짝 옮기기만 해도 당연히 그의 신앙이 비정상임을 보여주는 증상으로 여길 수 있다. 그리스도인이 건강함을 나타내는 척도는 그리스도인이 미래의 영원한 세계에 얼마나 비중을 두는가다. 이런 점을 보면, 기독교가 보여주는 생각의 흐름은 구약이 보여주는 그것과 반대다: 영원한 것은 잠시 있다 사라지는 것의 연장(延長)이 아니라, 오히려 잠시 있다 사라지는 것이 영원한 것을 기대하며 내다보게 한다. 또 삶에서 참인 것은 교회의 섬김 기능과 자가 번식 기능에서도 역시 참이다. 그리스도의 교회가 세상을 상대로 온갖 복잡한 섬김을 다 할지라도 이 교회는 자신의 주된 관심사가 사람들을 불러 이들이 영생을 맞이할 준비를 시키는데 있음을 결코 잊어버리지 못한다. 이제 우리가 이런 명백한 사실들을 현대 인본주의 운동이 이 땅의 삶과 미래의 삶이 각기 가지는 비중을 평가할 때 보여주는 정신과 비교해보면, 사람들이 기독교의 관점을 늘 일관되게 지지하는 것만은 아니며 때로는 아예 드러내놓고 기독교의 관점을 조롱하거나 배척한다는 것을 부인하지 못한다. 이 세상의 보화와 위로 속에 들어앉아 자신과 그리스도인은 서로 다르다고 느끼는 대중들은 종교가 꿈같은 약속이나 고작해야 의심스러운 미래를 내세워 자신들이 살아가는 현재를 망쳐 놓으려 한다고 조롱한다. 그리스도인의 삶과 연결되어 있고 그리스도인의 활동이 촉진하는 세상사의 장점을 더 크게 부각시켜 대중의 이런 편견을 극복해보려는 유혹이 강하다. 이런 방법도 나름 타당한 근거가 있긴 있다. 우리가 배운 것처럼, 경건은 범사에 유익할 뿐 아니라 현세의 삶과 장차 다가올 삶을 약속해주기 때문이다. 하지만 이 시대의 요구에 순응하여 이런 전략적 양보를 했다간 기독교의 본질을 세상과 이 땅의 것으로 오염시켜 버릴 정신과 실제로 타협하는 결과를 초래할 수 있다는 위험성을 과소평가해서는 안 된다. 잠시라도 더 고결한 것들이 있음을 잊어버리고 생각에서 지워버리면, 결국 우리는 이 악한 현세를 상대로 영생을 향한 소망과 실제로 아무 관련이 없는 것들을 약속하고 치료책으로 내놓게 된다. 그리스도인의 관점에서 보면, 이 악한 현세를 살아가는 인류에게 참된 진보와 치유를 안겨주고자 할 때 그것만큼 큰 피해를 끼치는 일은 분명 아무것도 없다. 영생을 내다보는 이런 소망만이 결국은 종교라는 이름을 가질 만한 모든 이타적 행위의 흐름에 자양분을 공급하고 이 흐름이 계속 이어지게 해줄 수 있기 때문이다. 이 땅의 삶은 시간 속에서 그저 스쳐지나가는 에피소드에 불과하기에 온 세상이 영원히 수고를 기울일 만한 가치가 없다. 그리스도인이 현세가 아니라 현세 건너 저 세상에 마음을 두는 이유는 자신이 아니라 하나님을 생각하기 때문이다. 바로 그런 이유 때문에 그리스도인은 저 세상에 마음을 둔다 해도 이 세상을 등진 채 수도원으로 숨어들거나 이 세상에 관심을 두지 않을 위험이 전혀 없다. 하나님의 영광을 보고자 하는 바로 그런 갈망이 온전히 하늘에 마음을 두는 자세의 근원이며, 바로 그런 갈망이 하나님 나라가 빨리 임하게 이 땅에 존재하는 모든 것을 거룩하게 만들도록 독려한다. 우리가 이런 노력을 기울이는 주된 목적을 잊어버리거나 무시하면, 그런 노력의 부산물도 계속 존립할 수 없다. 그러나 무엇보다 심각한 문제는, 장차 임할 세상이 월등히 중요하다는 믿음이 사라질 경우, 십중팔구는 기독교 자체가 사망 선고를 받으리라는 것이다. 계시가 처음 주어졌던 구약의 상황에서는 가능했던 일이라 할지라도, 우리 뒤편에 신약이 자리해 있는 지금 상황에서는 하나님과 인간의 종교적 관계를 오로지 현세의 삶을 기초로 삼아, 또 이 현세의 삶이라는 테두리 안에서만 해석하기는 절대 불가능하다. 태어나서 죽을 때까지 짧은 시간만을 의식하는 종교는 사이비 종교일 것이요, 그런 종교가 말하는 하나님도 사이비 하나님일 것이다. 잠시 있다 덧없이 사라지는 여러 세대 인류를 그저 스쳐지나가는 수많은 인연쯤으로 여기는 하나님, 이런 인류를 자신만이 누리는 영생불사의 삶이라는 빛나는 영역 밖에서 겉돌며 떠다니는 이들로 여기는데 만족하는 하나님은 그가 지은 피조물 안에서 계속 그를 예배하려는 마음을 불러일으키지 못할 것이다. 그런 하나님은 이방인의 제사는 받을 수 있을지 몰라도 그리스도인의 예배는 받지 못한다. 그럴 경우, 사람들은 그야말로 하나님께 낯선 사람이요 하나님과 상관없는 떠돌이가 될 것이며, 시편 시인들이 정의했던 것보다 훨씬 더 비참한 존재가 될 것이다. 시편은 이스라엘이라는 집단이 무한한 영생을 누리리라는 소망을 갖는 것만으로는 부족하다는 진리를 기막힌 말들로 증언한다. 종교 자체가 영원히 존속하려면 개인의 영혼 속에 그 종교가 영원하리라는 확신이 있어야 한다. 시편의 시인들은 이런 영원성을 늘 바라보았고, 여호와와 씨름하며 기도하는 가운데 빛으로 나아가는 길을 얻었다. 현대 인본주의 운동은 세속적이고 이 땅에 속한 것을 계발하길 선호한다. 여기에는 여러 이유가 있으나, 이런 운동이 하늘에 속하고 영원한 것을 믿지 않게 된 것도 한 원인이다. 세계를 더 나은 세계로 만들려는 이런 운동의 열정은 신앙이 아니라 회의론에서 생겨난 경우가 자주 있다. 교회가 이런 풍조와 타협하고 이런 풍조와 결합한다면, 이는 다른 것과 구별된 기관으로서 존속해온 교회는 이제 죽었다는 사망 증명서에 스스로 서명하는 꼴이 될 것이다. 종교가 이 시대의 여러 관심사에만 파묻혀 이런 관심사들만 쫓아가는 종이 된다면, 결국 교회는 시대의 냉혹한 흐름에 종속된 존재가 되고 말 것이다. 일단 자기 영역 속으로 들어가 영원의 문을 닫아버린 크로노스는 자기 자식들을 모두 잡아먹어 버렸으며, 이제는 심지어 가장 영명한 자식조차도 남겨두지 않을 것이다. 반면, 교회가 순수하고 견고한 종말론적 확신 가운데 거하면, 이 확신은 영원한 소망과 관심사를 늘 염두에 두게 하며, 기독교의 영원한 생명력을 보증하는 보호자요 담보 역할을 하게 된다. 이럴 경우, 교회는 여기 이 땅에서도 그 젊음

부록: 시편의 종말론 533

을 잃어버리지 않는다. 이후에 영원한 젊음이 약속되어 있음을 알기 때문이다. 교회는 오직 이런 약속을 믿을 때에야 시간이 가고 역사가 흘러도 닳아 없어지지 않는다. 교회의 종말론은 교회가 가진 가장 큰 신앙적 영광이다. 교회는 바로 이 종말론을 통해 종교가 가진 모든 우연과 외형이 떨어져 나가고, 세계라는 무대가 깨끗해지는 위대한 정화가 이루어지며, 시초부터 하나님이 인간과 나누신 모든 사귐 가운데 완전하고 무르익은 열매만이 남게 될 미래가 도래하리라는 믿음을 표현하기 때문이다. 장차 주어질 생명을 일러주는 복음은 그 자신과 그 자신의 영원한 운명을 확신하는 교회만이 소유하는 복음이다. 다른 어떤 신앙고백도 이런 복음을 만들어내지 못하며, 그리스도의 교회라면 결코 이보다 못한 복음을 만들어내지 못한다. 이 미래(이 미래의 생명)가 신자 자신이 받을 몫이다. 신자는 오로지 이 미래만을 가치 있는 분깃이라고 생각해야 하며, 영혼이 피폐해지고 굶주린 세상에 바로 이 미래를 제시해야 한다. 나아가 이것만이 약속이 있는 분깃이며, 이 분깃에 다른 모든 것이 덧붙여질 것이다.

역자 주

[1] 마리아가 그리스도 잉태 소식을 듣고 부른 찬송으로서 누가복음 1:46-55에 나오는 마리아 송가를 말한다. 마그니피카트라는 이름은 라틴어 성경 불가타에 나오는 이 송가 첫 부분 "*Magnificat anima mea Dominum*"(내 영혼이 주를 높이며)의 첫 단어를 따 붙인 것이다. *magnificat*는 "…을 크게 생각하다, 높이다"라는 뜻을 가진 *magnificare*의 3인칭, 단수, 현재, 능동태, 직설법 형태다.

[2] 벨하우젠은 구약을 역사비평 관점에서 연구한 인물로 유명하다. 그는 특히 모세오경이 모세의 저작이 아니라, 모세 이후 수 세기 동안 여러 사람들이 따로 기록한 네 가지 독립 문서를 편집한 결과물이라고 주장했으며(소위 문서설), 오경에 여호수아서를 포함한 육경^{Hexateuch} 이론을 주창한 것으로 유명하다.

[3] 궁켈은 기독교뿐 아니라 고대 이스라엘 사람들이 믿었던 종교를 발전이라는 관점에서 추적한 종교사학파의 거두였다. 뿐만 아니라 그는 구약 성경 본문이 여러 장르로 이루어져 있으며, 이 장르들은 각각 그 밑바탕에 그 시대 사람들이 살아가던 삶의 자리(정황)$^{\text{Sitz im Leben}}$가 깔려 있다고 보아 이런 장르 연구를 통해 본문 뒤편에 숨어 있던 역사를 밝혀내는 소위 양식사$^{\text{Form-geschichte}}$ 연구를 개척했다. 궁켈의 이런 방법론에 동조했던 이들 중에는 알베르트 아이히호른(Karl Albert August Ludwig Eichhorn, 1856-1926), 빌리암 브레데(Georg Friedrich Eduard William Wrede, 1859-1906), 하인리히 하크만(Heinrich Friedrich Hackmann, 1864-1935), 알프레트 랄프스(Alfred Rahlfs, 1865-1935), 요하네스 바이스(Johannes Weiss, 1863-1914), 빌헬름 부세트(Wilhelm Bousset, 1865-1920), 에른스트 트뢸취(Ernst Troeltsch, 1865-1923), 빌헬름 하이트뮐러(Wilhelm Heitmüller, 1869-1926) 와 같은 쟁쟁한 학자들이 있었다.

[4] 그레스만은 궁켈의 양식사 방법론을 특히 구약 역사서 연구에 적용했다. 그는 특히 십계명을 모세 시대가 아니라 훨씬 후대에 나온 문서로 보았던 벨하우젠에 맞서 그보다 훨씬 이전 시대에 나온 것으로 보았다.

[5] 시편에는 아삽이 지은 시가 열두 편, 에단이 지은 시가 한 편 나온다. 시편 89편이 에스라인 에단이 지은 시이며, 시편 50편과 73편-83편은 아삽이 지은 시다.

[6] 우리가 보통 개인에게 현세 이후의 삶을 보장하는 본문으로 해석해온 본문을 이스라엘 백성은 영원히 멸망하지 않는다는 의미로 해석하곤 했다는 말이다.

[7] BHS(Biblia Hebraica Stuttgartensia)가 제시한 히브리어 본문을 보면, 시 93:3은 "*nāseū ne-*

hārōt … yiseū nehārōt"으로 표현해 놓았다. nāseū(나수우)와 yiseū(이스우)는 "높이다"를 뜻하는 히브리어 동사 נשׂא의 Qal, 3인칭 복수, 완료형과 미완료형이다. nehārōt(너하로트)은 큰 강이나 큰물을 뜻하는 nāhār(나하르)의 복수형이다.

[8] 히브리어 본문을 보면, 앞부분에서는 "물들"앞에 정관사를 붙여 al-hammāyim(알 하마임)이라 적음으로써 "그 물들"이 과거에 있었던 특정한 홍수 사건을 가리킨다는 것을 분명히 밝혔다. 반면 뒷부분에서는 그냥 al-māyim(알 마임)이라 적어 특정한 사건을 가리키지 않고 "물들"이라는 존재 자체에 강조점을 두었다.

[9] Cheyne, *Origin*, p. 373-374에 있는 정확한 원문과 번역문을 제시해본다: The object of the temple-poets as a class was not to paint the future-that they left to the prophets and the apocalyptic writers- but to brighten the present. Of course they imply the same general view of the Day of Jehovah, which, like the prophets, they continually suppose to be nearer than it really is. But they do not attach their faith to a near παρουσία in such a way that it would be imperilled by disillusionment. On this point I may refer to our previous study of 'the accession-psalms'(pp. 341, 342). Those who are not of the true Israel may perchance 'slip,' but not those who have fully grasped the meaning of the 'covenant.' When doubting thoughts beset them, they either go into the 'sanctuary of God'(Ps. lxxiii. 17) or study the volume of the Torah(Ps. xciv. xii), the temple and the Torah being the two pledges of the promised divine indwelling. = 번역문: 성전 시인들이라는 부류가 가졌던 목적은 미래를 묘사하는 게 아니라-성전 시인들은 미래 묘사를 선지자들과 묵시 문헌 저자들에게 맡겼다- 현재를 밝혀주는 것이었다. 물론 성전 시인들도 여호와의 날에 관하여 대체로 같은 시각을 암시하는데, 이 시인들 역시 선지자들처럼 계속하여 여호와의 날이 실제보다 더 가깝다고 생각한다. 그러나 성전 시인들은 παρουσία(파루시아, "주의 강림")가 가깝다고 믿긴 했어도, 미몽에 빠져 이런 믿음을 위험에 빠뜨리지는 않았다. 이 점은 우리가 앞서 "왕위 등극 시"를 연구하고 제시한 내용을 참고할 수 있겠다(pp. 341, 342). 진짜 이스라엘에 속하지 않은 사람들은 어쩌다가 "실족할" 수도 있지만, "언약"의 의미를 완전히 파악한 사람들은 실족하지 않는다. 의심하는 생각이 그들을 에워싸면, 그들은 "하나님의 성소"로 들어가거나(시 73:17), 율법 책을 연구한다(시 94:12). 성전과 율법 두 가지는 하나님이 내주하신다는 약속을 확실히 보증해주기 때문이다.

[10] 보스 박사는 이 부분에서 "… an unselfish religion was easier for the Psalmists than it is for us, because the sense of individuality was less developed at that time"이라고 표현했는데, 체이니는 이를 "The individual consciousness was nat sufficiently developed for this, and so an unselfish religion was easier for them than it is for us"로 적어 놓았다.

[11] 보스 박사가 Cheyne, *Origin*, p. 340에서 가져와 제시한 원문은 이렇다: "that the people of Israel is to work out the divine purpose in the earth and do this with such utter self-forgetfulness, that each of its own successes shall but add a fresh jewel to Jehovah's crown." 그러나 Cheyne, *Origin*, p. 340이 제시하는 정확한 원문을 여기에 옮겨보면 이렇다: "What is the fundamental idea of the Messianic psalms? Simply this-that the people of Israel is to work out the divine purposes in the earth, and to do this with such utter self-forgetfulness that each of its own successes shall but add a fresh jewel to Jehovah's crown."

[12] 궁켈은 시편 97편을 다루면서, 이 시를 세상의 종말을 노래하고 야훼를 온 세상의 왕으로 제시하는 예언으로 보아 이 시가 말하는 내용을 하나님이 "미래에" 온 세상을 다스리실 것을 노래한 시로 본다(Gunkel, *Ausgewählte Psalmen*, p. 186). 아울러 그는 본디 이 시가 세상의 왕

이 등극할 때 백성들이 부르던 것이었으나, 나중에 선지자들이 야훼에게 적용했고, 이어 시편의 시인들이 이 왕위 등극 송가들을 그들 시대에는 널리 알려져 있었지만 우리 시대에는 잊어버린 그들 나름의 방식을 따라서 가져다가 야훼와 마지막 때에 야훼가 왕위에 오르실 일에 적용했다고 말한다("Und die Psalmisten haben, in ihren Spuren weitergehend, Thronbesteigungslieder, wie sie ihrer Zeit bekannt waren und die uns verloren sind, aufgenommen und sie auf Jahve und seine Thronbesteigung in der Endzeit übertragen," Gunkel, *Ausgewählte Psalmen*, p. 187). 그러면서 그는 이런 경우에 해당하는 시로 시편 47편, 93편, 96편, 99편을 더 든다(위 책, p. 324 주4).

그런가 하면, 그레스만은 이 문제를 "27장 야훼의 왕위 등극"이라는 장에서 다룬다. 그는 야훼의 왕위 등극을 야훼가 이미 세상 통치권을 장악하셨다는 사실을 표현하는 말이요, 야훼가 세상을 통치하신다는 말은 동시에 그가 세상을 심판하실 것이라는 의미로 이해한다("Was bedeutet die Thronbesteigung Jahves? Sie dient zunächst zum Ausdruck der Tatsache, daß Jahve das Weltregiment ergriffen hat."; "Das Weltregiment Jahves bedeutet zugleich das Weltgericht." Gressmann, *Ursprung*, pp. 295, 297). 그레스만은 "야훼가 미래에 왕위에 오르신다는 것은 그가 아직 온 세상의 왕이 아니시며 현재는 그의 나라가 아직 이르지 않았음을 전제한다"는 궁켈의 견해에 큰 의문을 제기한다. 그레스만은, 그렇게 전제한다면, 야훼가 다른 신보다 아래에 있으면서 그 신에게 복종한다는 말이 되는데, 이런 해석은 이스라엘이 가졌던 종교 사상과 들어맞지 않는다고 말한다. 그는 시편 47편 같은 시가 다신론을 전제하면서도 마지막 때에는 결국 하나님이 온 우주를 다스리시는 신으로 등극하실 것을 찬송하는 것으로 보아 이런 시가 틀림없이 이방에서 흘러들어왔다고 본다. 본디 이방 사람들이 그들의 신을 찬미하던 노래들이 이스라엘에 흘러들어와 떠돌았는데, 이런 노래를 이스라엘 사람들이 야훼에 적용하기 시작했으며, 나중에는 이런 노래가 본디 가졌던 의미에는 신경쓰지 않고 노래를 부르는 사람 자신이 그 노래에서 발견한 의미를 노래 속에 집어 넣어 부르기 시작하면서 야훼가 왕위에 등극할 것을 찬송하는 시가 되었다는 것이다("Sie muß ausländischen Ursprungs sein, weil sie erstens den Polytheismus voraussetzt und weil sie zweitens erst den eschatologischen Gott als den Universalgott preist. Als diese Lieder nach Israel wanderten und auf Jahve übertragen wurden, da sang man sie nach, ohne sich um den ursprünglichen Sinn zu kümmern. Man legte in sie hinein, was man selbst empfand." Gressmann, *Ursprung*, p. 296).

그레스만은 이런 일이 유대교 회당에서 시작되었을 것으로 본다. 유대교에서는 시편 47편을 신년 축하 송가로 규정했는데, 바벨론을 비롯한 이방에서는 새해가 시작하거나 새 세상이 열리면 그들이 섬기는 신 가운데 새 신이 왕위에 오름을 축하하는 노래를 부르곤 했다. 이스라엘 사람들도 이를 모방했다. 하지만 이들은 야훼만을 유일신으로 섬기기에 해마다 신을 바꿔가며 새로운 신의 등극을 축하하는 이방인의 풍습을 그대로 따를 수는 없었고 오로지 야훼가 왕위에 오르심만 축하할 수 있었다. 그레스만은 이것을 시편에 있는 왕위 등극 시의 기원을 이렇게 설명한다(Gressmann, *Ursprung*, pp. 296-297).

[13] 베트겐은 시편 47:6을 둘째 연의 시작으로 보면서, 여기서 시인이 최근에 벌어진 사건을 돌아보며 하나님께 감사를 올린다고 말한다. 그는 이어 이 6절에 등장하는 동사 עלה를 다루며 이렇게 말한다. "עלה라는 표현은 언약궤에서 빌려왔다. 언약궤는 야훼의 임재를 나타내는 상징이요 승전을 보증하는 증거로서 전쟁에 함께 나갔다가 전쟁이 끝나면 다시 시온산 위에 있는 성소로 갖다놓았다. 그러나 시편에서도 이 표현을 본래 의미 그대로 이해해야 하는지 의문이다. 아

마도 시인은 옛적부터 널리 알려져 있던 개념을 바탕 삼아 야훼가 시온 산 위에서 다시 통치를 시작하실 것이라는 자신의 생각에 이 표현을 가져다 썼을 것이다."("Der Ausdruck עלה ist von der Bundeslade entlehnt, welche als Symbol der Gegenwart Jahves und als Unterpfand des Sieges mit in den Krieg zog und nach Beendigung deselben wieder in das Heiligtum auf dem Zion gebracht wurde. Ob aber im Psalm der Ausdruck im eigentlichen Sinne zu verstehn ist, ist zweifelhaft. Wahrscheinlich will der Dichter unter dem altbekannten Bilde nur dem Gedanken Ausdruck geben, dass Jahve die Herrschaft über Zion wieder angetreten hat." Friedrich Baethgen, *Die Psalmen*, Göttingen: Vandenhoeck und Ruprecht, 1892, p. 136.)

그런가 하면, 그레스만은 시편 47:6, 9을 시인의 상상력이 빚어낸 장면으로 보면서 이렇게 말한다. "야훼가 왕위에 오르신다는 생각과 야훼가 하늘로 올라가신다는 개념이 결합해 있는 것처럼 보이는 것은 주목할만하다. (시편 47:6, 9 본문 생략) 사람들은 여기서(시 47:6에서) 사용한 동사(עלה)의 의미를 놓고 많은 다툼을 벌여왔다. 그 이유는 무엇보다 여기서 전제하는 상황이 충분히 밝혀지지 않았기 때문이다. 시인은 야훼가 세상을 통치하시기 시작하시는 장면을 노래하는데, 이는 실제 역사를 노래한다기보다 신화적-종말론적 상황을 노래하는 것이다. 이 상황은 시인이 시인으로서 가진 상상력을 발휘하여 마치 현재 벌어지는 상황처럼 제시한 것이다. 시인은 종말의 시대 속으로 옮겨가서, 이 유일무이한 왕위 등극 의식을 묘사하다가 끝에 가선 거기 모인 사람들에게 새로이 온 세상의 왕이 되신 야훼를 한 목소리로 찬송하자고 요구한다."["Merkwürdig ist nun, daß mit dem Gedanken Thronbesteigung Jahves noch die Idee einer Himmelfahrt Jahves verknüpft scheint! … Über den Sinn des hier gebrauchten Verbums(עלה) hat man viel gestritten, hauptsächlich deshalb weil man sich die vorausgesetzte Situation nicht genügend klar gemacht hat. Der Dichter besingt den Augenblick, wo Jahve die Weltherrschaft antritt, also keine real-historische, sondern eine mythisch-eschatologische Situation, die er kraft seiner dichterischen Phantasie als gegenwärtig darstellt. Er versetzt sich in die Endzeit, schildert die einzelnen Akte der Krönungszeremonien und fordert zum Schluß die versammelten Völker auf, einen Hymnus anzustimmen auf Jahve, den neuen Weltenkönig." Gressmann, *Ursprung*, p. 299.] 아울러 그레스만은 시편의 정황에 비춰볼 때 עלה라는 동사를 언약궤가 예루살렘 성전으로 되돌아가는 장면으로 이해하기는 불가능하다고 말하면서, 왕이 보좌에 오름을 나타내는 동사는 늘 ישב였지, עלה가 아니라고 말한다(Gressmann, *Ursprung*, p. 299. 주2).

[14] 체이니^{Cheyne}는 *Origin*, pp. 387-388에서 이렇게 말한다: To be the guest of Baal or Ashtoreth or the false Jehovah was to be a frequent visitor to the shrine of the god, to be lavish in sacrifices, and punctual in all ceremonial duties, and the reward of the 'guest' was to have a share of the sacrificial feasts, and a mystic connexion with the deity, which ensured supernatural protection. To be the guest of the true Jehovah was indeed different from this, but still something to be enjoyed, and not merely hoped for. It was to have solved the enigma how it was possible to dwell in Jehovah's house all the days of one's life; it was to present spiritual sacrifices in a spiritual temple. Why should we be surprised at this? If these psalmists have formed the conception of a spiritual Israel, why should they not advance to that of a spiritual sanctuary? If they are followed, as Ps. xxiii. 6 says, by the loving kindness of their Shepherd, how should they not pass freely into this 'tent'? 'They

drank of that spiritual Rock which followed them,' is in the strictest sense true of these noble singers. = 번역문: 바알이나 아쉬토렛(아스다롯)이나 거짓 여호와를 찾는 손님이 된다는 것은 그 신을 섬기는 신전을 자주 찾고, 아낌없이 재물을 써서 희생 제사를 올리며, 의식상의 모든 의무를 엄수한다는 말이었다. 그 "손님"이 받는 보상은 그 제사 잔치에 참여하고, 그 신과 신비한 사귐(이는 사실 신전 창녀와 성관계를 갖는 것을 의미할 때가 많았다—역주)을 나누는 것이었으며, 이런 것이 (그 신이 베푸는) 초자연적 보호를 보증해주었다. 참 여호와를 찾는 손님이 된다는 것은 사실 이와 달랐다. 그러나 이 경우에도 여전히 즐길 것들이 남아 있었으며, 이런 것들은 그저 희망사항이 아니라 실제로 즐길 수 있는 것들이었다. 이 점이 사람이 어떻게 평생 동안 여호와의 집에 매일 거할 수 있단 말인가라는 수수께끼를 풀어주었을 수 있다. 여호와의 집에 평생 동안 매일 거한다는 말은 영적 성전에서 영적 제사를 드린다는 말이었다. 우리는 이런 말에 놀랄 이유가 전혀 없다. 이 시인들(시편 15, 24편을 노래하는 시인들—역주)이 영적 이스라엘이라는 개념을 형성하여 갖고 있었다면, 그런 시인들이 영적 성소라는 개념을 제시하지 못할 이유가 없다. 시편 23:6이 말하듯이, 그들의 목자(=여호와—역주)가 베푸시는 인자하심이 그들을 따른다면, 그들은 마음껏 이 "성막"에 들어가지 않겠는가? "그들이 그들 뒤를 따른 영적 반석에서 마셨다"는 말도, 아주 엄밀히 말하면, 이 고결한 시인들에게도 들어맞는 말이다.

[15] 궁켈은 Gunkel, *Ausgewählte Psalmen*, 7-20쪽에서 시편 2편을, 99-109쪽에서 45편을, 164-170쪽에서 90편을 다룬다. 여기에서는 지면 사정 상 시편 2편이 바벨론을 비롯한 고대 오리엔트 세계의 영향을 받았음을 주장하는 궁켈의 글을 일부분만 인용해본다(13-14쪽에 있는 글이다): Es fragt sich zunächst, in welchem Sinne der König von Zion hier Jahves Sohn heißt. Es ist ja unter den Völkern des Orients nichts Absonderliches, wenn der König Sohn eines Gottes genannt wird; so lesen wir in einer berühmten Inschrift des altbabylonischen Königs Hammurabi, daß Marduk, der Hauptgott Babels, ihn erzeugt habe; …; die Worte „du bist mein Sohn," sind die Formel der Adoption. Wir kennen ähnliche Formeln des babylonischen Rechts, und müssen annehmen, daß man im alten Israel adoptiert hat, indem man, natürlich vor Zeugen, dies Wort aussprach. = 번역문: 우선 여기서 시온의 왕을 야훼의 아들이라 일컬은 것이 무슨 의미인가가 문제다. 고대 오리엔트 사람들 사이에서는 왕을 어떤 신의 아들이라 부르는 것이 결코 특별한 일은 아니다. 우리가 고대 바벨론 왕인 함무라비를 다룬 한 유명한 새김글에서 바벨론 주신(主神)인 마르둑이 그(함무라비)를 낳았다는 말을 읽는 것도 그런 연유 때문이다. … "너는 내 아들이다"라는 말은 입양 때 쓰는 문구다. 우리는 바벨론 법에 이와 비슷한 문구가 있음을 알며, 때문에 고대 이스라엘에서도 사람이 입양할 때는 당연히 증인들 앞에서 이 말을 했으리라고 추측할 수밖에 없다. // 사실 시편 2, 20, 72, 89편 등에 "제왕시"라는 이름을 처음으로 붙인 이가 바로 궁켈이라고 한다[Hans-Joachim Kraus, *Theologie der Psalmen*(Neukirchen-Vluyn: Neukirchener Verlag, 1989), 134]. 오늘날도 시편 2편을 고대 근동과 관련지어 해석하는 이들이 많다. 이들은 가령 "너는 내 아들이다"라는 말을 통해 왕을 하나님의 아들로 선포하는 시 2:7-9이 고대 근동의 입양 문언 혹은 인지(認知) 문언과 일치한다고 본다. 이들은 그 증거로 여종이 낳은 아들을 자기 친아들로 인지할 때 "너희는 내 아이들이다"라는 말을 사용하게 했던 함무라비법전 170, 171조를 그 예로 든다[Werner H. Schmidt, *Alttestamentlicher Glaube*(Neukirchen-Vluyn: Neukirchener Verlag, 1996), 257].

[16] 그레스만은 Gressmann, *Ursprung*, p. 252에서 시편 2, 72, 110편에서 볼 수 있는 언어를 왕의 신하들이 궁정에서 이스라엘을 다스리던 왕(인간인 왕)에게 세계를 다스리는 왕이 되라고 아첨

하는 말(höfische Schmeichelei)로 보면서, 여기에 붙인 각주 4에 이런 말을 써놓았다. "···. Aber mit Unrecht nimmt er eine Übertragung der eschatologischen Messiahoffnungen auf den regierenden König an. Der Messias hat hier nichts zu suchen. Es war eben Hofstil, so vom Regenten zu sprechen."["그러나 그(궁켈)가 종말에 나타날 메시아를 고대하는 메시아 대망이 통치하는 왕에게 옮겨 적용되었다고 추정하는 것은 옳지 않다. 여기에서는 메시아를 찾을 수 없다. 그런 말은 왕을 두고 말하던 궁정 양식(궁정에서 쓰는 언어 양식)이었을 뿐이다."].

[17] 궁켈은 Gunkel, *Ausgewählte Psalmen*, p. 18에서 "So ist also dieser Stoff, der ursprünglich eschatologisch war, schlisslich auch wieder eschatologisch verstanden worden"이라는 말을 하기 전에 이런 말을 한다: Die späteren Leser des Gedichts, besonders die es in unserem Psalter lasen und denen der zeitgeschichtliche Sinn des Psalms unbekannt und gleichgültig war, haben das Lied natürlich auf den König der Endzeit gedeutet. Uns ist diese Deutung besonders aus dem Neuen Testament bekannt. = 번역문: 후대에 이 시(시편 2편)를 읽는 이들, 특히 우리가 보는 시편 속에서 이 시를 읽었지만 이 시가 본디 가졌던 시대사적 의미를 알지 못했고 그 시대사적 의미를 (시인 및 시인과 같은 시대 사람들과) 공유할 수 없었던 독자들은 당연히 이 노래를 마지막 때에 나타날 왕에 적용했다. 우리는 특히 이 시의 의미를 신약에서 알게 된다.

〈시편의 종말론〉 참고문헌

=**Baethgen, F.** *Die Psalmen*, 3rd ed, Gottingen: Vandenhoeck and Ruprecht, 1904.
=**Beer, G.** *Individual- und Gemeindepsalmen: ein Beitrag zur Erklärung des Psalters*, Marburg : N.G. Elwert, 1894.

=**Cheyne, T. K.** *The origin and religious contents of the Psalter in the light of Old Testament criticism and the history of religions, with an introduction and appendices. Eight lectures preached before the University of Oxford in the year 1889 on the foundation of the late Rev. John Bampton*, London: Kegan Paul, Trench, Trübner, & Co., 1891.
=**Coblenz, F.** *Über das betende Ich in den Psalmen: Ein Beitrag zur Erklärung des Psalters*, Frankfurt a. M.: J. Kauffmann, 1897.

=**Graetz, H.** *Die Psalmen, Kritischer Kommentar nebst Text und Übersetzung*, Breslau: Verlag S. Schrottländer, 1881-1883.
=**Gray, G. Buchanan**, "The References to the 'King' in the Psalter in their Bearing on Questions of Date and Messianic Belief," in *Jewish Quarterly Review* (1895), vii: 658-686.
=**Gressmann, H.** *Der Ursprung der israelitisch-jüdischen Eschatologie*, Göttingen: Vandenhoeck und Ruprecht, 1905.
=**Gunkel, H.** *Schöpfung und Chaos in Urzeit und Endzeit: eine religionsgeschichtliche Untersuchung über Gen 1 und Ap Joh 12*, Göttingen: Vandenhoeck und Ruprecht, 1895.
———. *Ausgewählte Psalmen*, Göttingen: Vandenhoeck und Ruprecht, 1911.

=**Montefiore, C. J. G.** "Mystical Passages in the Psalms," in *Jewish Quarterly Review* (1889): 143-161.

=**Olshausen, J.** *Die Psalmen*, Leipzig: S. Hirzel, 1853.

=**Rahlfs**, A. עני und ענו *in den Psalmen*, Göttingen: Dieterich, 1892.
=**Roy, Henri.** *Die Volksgemeinde und die Gemeinde der Frommen im Psalter*, Gnadau: Unitätsbuchhandlung, 1897.

=**Sellin, E.** *Disputatio de Origene Carminum quae primus Psalterii liber continet*, Leipzig: Deichert, 1892.

———. *Das Rätsel des deuterojesajanischen Buches*, Leipzig: A. Deichert nachf. (G. Böhme), 1908.

———. *Der alttestamentliche Prophetismus*, Zweite Studie: *Alter, Wesen, und Ursprung der alttestamentlichen Eschatologie*, Leipzig: A. Deichert'sche Verlagsbuchhandlung, 1912.

=**Smend, R.** "Über das Ich der Psalmen," in *Zeitschrift für die Alttestamentliche Wissenschaft* 8(1888): 49-147.

———. *Theologische Literaturzeitung*, Leipzig: J.C. Hinrichs'schen Buchhandlung, 1889, p. 547.

=**Stade, B. W.** "Die Messianische Hoffnung im Psalter," in *Zeitschrift für Theologie und Kirche* (1892): 369-412.

=**Staerk, W.** *Lyrik(Psalmen, Hoheslied und Verwandtes) in die Schriften des Alten Testaments*, ed. Gressmann und Gunkel, a. o. III, 1, 2, Göttingen: Vandenhoeck & Ruprecht, 1911.

———. "Zur Kritik der Psalmenüberschriften," in *Zeitschrift für die Alttestamentliche Wissenschaft* 12(1892): 146.

=**Stekhoven, J. Z. S.** "Ueber das Ich der Psalmen," in *Zeitschrift für die Alttestamentliche Wissenschaft* 9(1889): 131-135.

=**Wellhausen, J.** *The Book of Psalms in Sacred Books of the Old and New Testaments*, London: James Clarke & Co., 1898.

저자가 참고하거나 인용한 학자들

* 성(姓)을 기준으로 알파벳 순으로 정리함

B
=**Philipp Bachmann**(필립 바흐만, 1864-1931): 독일의 신약 신학자였다.
=**Friedrich Wilhelm Adolf Baethgen**(프리드리히 베트겐, 1849-1905): 독일의 구약 신학자요 셈어 학자다. 히브리 시와 페쉬타 연구에 조예가 깊었고, 베를린대학교 교수를 지냈다.
=**Wilhelm(Guillaume) Baldensperger**(빌헬름[기욤] 발덴쉬페르거, 1856-1936): 독일에서 태어나 나중에 프랑스 시민이 되었던 개신교 신학자다. 프랑스 시민이 되면서 빌헬름이라는 이름대신 기욤이라는 이름을 썼다. 스트라스부르대학교 교수를 지냈다.
=**Ferdinand Christian Baur**(페르디난트 바우어, 1792-1860): 독일의 개신교 신학자로서 튀빙언 학파 창시자 중 한 사람이다.
=**Georg Beer**(게오르크 베어, 1865-1946): 독일의 구약 신학자이며, 벨하우젠에게 많은 영향을 받았다. 스트라스부르대학교, 하이델베르크대학교 교수를 지냈다.
=**Johann Albrecht Bengel**(요한 벵엘, 1687-1752): 독일의 루터파 성직자이며 헬라어 학자다. 헬라어 성경을 편집했다.
=**Abraham Herman Blom**(아브라함 블롬, 1815-1885): 화란의 개신교 신학자다.
=**Wilhelm Bousset**(빌헬름 부세트, 1865-1920): 프랑스에서 독일로 이주한 위그노 집안의 자손으로 독일 종교사학파의 거목이었던 신약 신학자다.
=**George Herbert Box**(조지 복스, 1869-1933): 영국의 성공회 성직자요 신학자다. 구약 문헌, 외경과 위경, 고대 셈어를 주로 연구했다.
=**Martin Brückner**(마르틴 브뤼크너, 1868-1931): 독일의 목회자요 신약 신학자였다.
=**Charles Auguste Bruston**(샤를르 브뤼스통, 1838-1937): 프랑스의 목사요 히브리어 학자이며 구약 신학자였다.
=**Ernest de Witt(=DeWitt) Burton**(어네스트 버튼, 1856-1925): 미국의 성경 신학자이며 시카고대학교 총장을 지냈다.

C
=**Robert Henry Charles**(로버트 찰스, 1855-1931): 영국의 성경 신학자요 외경 연구자였다. 기독교와 유대교의 종말론과 내세 사상을 다룬 연구서를 많이 남겼다.

=**Thomas Kelly Cheyne**(토머스 체이니, 1841-1915): 영국의 신학자요 성경 비평가다.
=**Felix Coblenz**(펠릭스 코블렌츠, 1863-1923): 독일 신학자요 유대교 랍비였다.
=**August Hermann Cremer**(헤르만 크레머, 1834-1903): 독일의 성경 신학자다. 그라이프스발트(Greifswald)대학교 교수를 지냈다.

D
=**Gustaf Hermann Dalman**(구스타프 달만, 1855-1941): 독일의 루터파 신학자다. 팔레스타인 지방의 시와 잠언 연구에 조예가 깊었다.
=**Gustav Adolf Deissmann**(아돌프 다이스만, 1866-1937): 독일의 개신교 신학자다. 신약 성경이 사용한 헬라어를 깊이 연구했다.
=**Franz Julius Delitzsch**(프란츠 델리취, 1813-1890): 독일의 루터파 구약 신학자요 히브리어 학자였다.
=**William Purdie Dickson**(윌리엄 딕슨, 1823-1901): 스코틀랜드의 성경 신학자다. 글래스고우대학교 교수를 지냈다.
=**Heinrich Dieckmann**(하인리히 디크만, ?-?): 독일의 성경 신학자다.
=**Hermann Alexander Diels**(헤르만 딜스, 1848-1922): 독일의 고전학자다. 본대학교와 베를린대학교 교수를 지냈다.

E
=**Karl Albert August Ludwig Eichhorn**(알베르트 아이히호른, 1856-1926): 독일의 신약 신학자이며, 종교사학파의 태두 중 한 사람이다.
=**Carl Erbes**(카를 에르베스, 1853-?): 독일의 신약 신학자였다.
=**Otto Everling**(오토 에벌링, 1864-1945): 독일의 신학자요 정치가였다.
=**Georg Heinrich August Ewald**(하인리히 에발트, 1803-1875): 독일의 신학자다. 고대 이스라엘 역사, 고대 언어, 예언서 연구에 조예가 깊었다.

F
=**Paul Feine**(파울 파이네, 1859-1933): 독일의 신약 신학자다. 바울 신학 연구에 큰 업적을 남겼으며, 빈대학교와 할레대학교 교수를 지냈다.
=**Moritz**(혹은 **Moriz**) **Friedländer**(모리츠 프리트랜더, 1844-1919): 독일의 유대교 학자다. 유대 외경 연구에 많은 업적을 남겼다.

G
=**August Freiherr von Gall**(프라이헤어 폰 갈, 1872-1946): 독일의 성경 신학자다. 구약에 나타난 하나님 나라, 사마리아 오경 연구에서 많은 업적을 남겼다.
=**Friedrich Giesebrecht**(프리드리히 기제브레히트, 1852-1910): 독일의 성경 신학자다. 그라이프스발트대학교와 쾨니히스베르크대학교에서 가르쳤다.

=**Louis Ginzburg**(루이스 긴즈버그, 1873-1853): 리투아니아에서 태어나 미국으로 건너가 활동한 랍비요 유대교 학자다. 탈무드를 깊이 연구했으며, 20세기 보수 유대교 운동을 이끌었다.
=**Johannes Gloël**(요하네스 글로엘, 1857-1891): 독일의 신약 신학자다. 할레대학교와 에를랑언대학교에서 가르쳤다.
=**Frédéric Louis Godet**(프레데릭 고데, 1812-1900): 스위스의 신약 신학자다. 스위스 뇌샤텔(Neuchâtel)대학교 교수를 지냈으며, 1886-87년에 고린도 서신 주석을 내놓았다.
=**Johannes Friedrich Gottschick**(요하네스 고트쉭, 1847-1907): 독일의 신학자다. 종교사학파였으며, 리츨에게 많은 영향을 받았다.
=**Heinrich Graetz**(하인리히 그레츠, 1817-1891): 독일의 유대교 학자요 구약 학자다.
=**Eduard Grafe**(에두아르트 그라페, 1855-1922): 독일의 신약 신학자였다.
=**George Buchanan Gray**(부캐넌 그레이, 1865-1922): 영국의 구약 신학자요 히브리어 학자다. 옥스퍼드 맨스필드 칼리지 교수를 지냈다.
=**Hugo Gressmann**(후고 그레스만, 1877-1927): 독일의 구약 신학자다. 궁켈에게 많은 영향을 받았다.
=**Karl Ludwig Wilibald Grimm**(빌리발트 그림, 1807-1891): 독일의 신약 신학자였다. 예나(Jena)대학교 교수를 지냈다.
=**Frederik Willem Grosheide**(프레데릭 흐로셰이더, 1881-1972): 화란의 신약 학자다. 화란 자유대학교 교수를 지냈다.
=**Hermann Gunkel**(헤르만 궁켈, 1862-1932): 독일의 구약 신학자이며 양식사학파의 거두였다.

H
=**Heinrich Friedrich Hackmann**(하인리히 하크만, 1864-1935): 독일의 종교사학자다. 화란 암스테르담대학교 교수를 지냈다.
=**Wilhelm Heinrich Friedrich Heitmüller**(1869-1926): 독일 종교사학파에 속하는 신약 신학자로서 본대학교, 튀빙언대학교 교수를 지냈다.
=**Wessel Albertus van Hengel**(베설 판 헹얼, 1779-1871): 화란의 개신교 신학자다. 많은 저서와 주석을 남겼다.
=**Valentijn Hepp**(발렌테인 헵, 1879-1950): 화란 신학자다. 화란 암스테르담 자유대학교에서 바빙크 후임으로 봉직했던 학자다.
=**Adolf Bernhard Christoph Hilgenfeld**(아돌프 힐겐펠트, 1823-1907): 독일의 개신교 신학자로서 예나대학교 교수를 지냈다.
=**Sytse Hoekstra**(싯처 훅스트라, 1822-1898): 화란 신학자이며 화란 암스테르담대학교 교수를 지냈다.
=**Johann Christian Konrad von Hofmann**(요한 폰 호프만, 1810-1877): 독일의 루터파 성경 신학자다. 성경 내용을 그리스도가 정점에 자리한 구원사를 펼쳐 놓은 것으로 이해했다.
=**Fritz Hommel**(프리츠 홈멜, 1854-1936): 독일의 고대 근동학자다. 고대 셈어와 중동 문화에 해박했다.
=**Fenton John Anthony Hort**(펜튼 호트, 1828-1892): 영국의 성경 신학자다. 1881년에 헬라어 신약 성경 The New Testament in the Original Greek를 펴냈다.

J
=**Adolf Jülicher**(아돌프 윌리허, 1857-1938): 독일의 신학자요 교회사가다. 마르부르크대학교 교수를 지냈다.

K
=**Richard Martin Kabisch**(리하르트 카비쉬, 1868-1914): 독일의 신학자요 저술가였다.
=**Emil Friedrich Kautzsch**(에밀 카우취, 1841-1910): 독일의 히브리어 학자요 성경 비평학자다.
=**Harry Angus Alexander Kennedy**(해리 케네디, 1866-1934): 스코틀랜드 신학자요 목회자다. 에든버러대학교 신학 교수를 지냈다.
=**Friedrich Heinrich Kern**(프리드리히 케른, 1790-1842): 독일의 개신교 신학자로 튀빙언 학파 창시자 중 한 사람이다.
=**Albert Heinrich Ernst Klöpper**(알베르트 클뢰퍼, 1828-1905): 독일의 개신교 신학자로서 쾨니히스베르크대학교 교수를 지냈다.
=**Rudolf Knopf**(루돌프 크노프, 1874-1920): 독일의 신약 신학자였다.

M
=**Heinrich August Wilhelm Meyer**(하인리히 마이어, 1800-1873): 독일의 신약 학자로서 1840년에 고린도전서 주석을 내놓았다.
=**Claude Joseph Goldsmid Montefiore**(클로드 몬테피오리, 1858-1938): 영국의 저명한 유대교 연구자다. 유대교와 기독교의 대화에 앞장섰고, 20세기 영국 자유주의 유대교 운동을 이끌었다.

N
=**Eberhard Nestle**(에버하르트 네스틀레, 1851-1913): 독일의 성경 신학자요 고대 근동학자다. 헬라어 성경 비평판인 Novum Testamentum Graece 편집자다.

O
=**William Oscar Emil Oesterley**(윌리엄 오스털리, 1866-1950): 영국 성공회 출신의 구약 신학자다. 킹스 칼리지에서 구약학과 히브리어를 가르쳤다.
=**Wilhelm Olschewski**(빌헬름 올셰프스키, 1883-?): 독일 신약 학자다.
=**Justus Olshausen**(유스투스 올스하우젠, 1800-1882): 독일의 근동학 연구자요 셈어 학자다. 쾨니히스베르크대학교 교수를 지냈다.
=**Hans Conrad(Konrad) von Orelli**(콘라트 폰 오렐리, 1846-1912): 스위스의 구약 신학자다. 바젤(Basel)대학교 교수를 지냈다.

P
=**Otto Pfleiderer**(오토 플라이더러, 1839-1908): 독일의 개신교 신학자다. 페르디난트 바우어의

영향을 많이 받았다. 예나대학교와 베를린대학교에서 가르쳤다.
=**Friedrich Adolf Philippi**(프리드리히 필리피, 1809-1882): 독일의 유대계 루터파 신학자였다. 도르파트(Dorpat)대학교 교수를 지냈다.

R
=**Alfred Ralphs**(알프레트 랄프스, 1865-1935): 독일의 구약 신학자다. 괴팅언대학교 교수를 지냈다.
=**Richard August Reitzenstein**(리하르트 라이첸쉬타인, 1861-1931): 독일의 고언어학자요 종교사학자였다.
=**Heinrich Wilhelm Rinck**(하인리히 링크, 1822-1881): 독일의 개신교 신학자였다.
=**Albrecht Ritschl**(알브레히트 리췰, 1822-1889): 독일 신학자다. 신앙을 이성의 영역을 넘어선 것이요 가치 판단에서 유래하는 것으로 보았다.
=**Erwin Rohde**(에르빈 로데, 1845-1898): 19세기 독일 고전학자다.
=**Ernst Friedrich Karl Rosenmüller**(에른스트 로젠뮐러, 1768-1835): 독일의 근동학 연구자요 구약 학자다.
=**Richard Rothe**(리하르트 로테, 1799-1867): 독일 루터파 신학자다. 본대학교와 하이델베르크대학교 교수를 지냈다.

S
=**Stewart Dingwall Fordyce Salmond**(스튜어트 새먼드, 1838-1905): 스코틀랜드의 조직 신학자이며, 에든버러 Free Church College 교수를 지냈다.
=**Adolf Schlatter**(아돌프 쉴라터, 1852-1938): 스위스의 저명한 신약 신학자요 조직 신학자다. 그라이프스발트대학교, 튀빙언대학교 교수를 지냈다. 자유주의 신학이 왕성하던 19세기말에 보수 신학을 견지한 보기 드문 인물이었다.
=**Paul Wilhelm Schmiedel**(파울 쉬미델, 1851-1935): 독일의 신약 신학자다. 취리히대학교 교수를 지냈다.
=**Matthias Schneckenburger**(마티아스 쉬네켄부르거, 1804-1848): 독일 신학자다.
=**Emil Schürer**(에밀 쉬러, 1844-1910) 독일 신학자이며 괴팅언 대학교 교수를 지냈다. 예수 시대 유대교 연구에서 큰 업적을 남겼다.
=**Friedrich Zacharias Schwally**(프리드리히 쉬발리, 1863-1919): 독일 근동학자이며, 스트라스부르, 기센, 쾨니히스베르크대학교 교수를 지냈다.
=**Albert Schweitzer**(알베르트 쉬바이처, 1875-1965): 독일의 저명한 신학자요 오르간 연주자이며 의사요 의료 선교사였다. 아프리카 가봉에서 의료선교에 헌신했으며, 노벨평화상을 받았다.
=**Ernst Sellin**(에른스트 젤린, 1867-1946): 독일의 성경 신학자요 고고학자다. 고고학을 성경 신학에 적용한 선구자이며, 팔레스타인 유적 발굴에 참여하여 여리고를 발굴해내기도 했다. 베를린대학교 교수를 지냈다.
=**William Ross Shoemaker**(윌리엄 슈메이커, 1863-1937): 미국의 침례교 목사이며 신학자다. "The use of ruach in the old testament and of pneuma in the new Testament"라는 논문 제목으로 시카고대학교에서 박사학위를 받았다.

=**Hermann Siebeck**(헤르만 지벡, 1842-1921): 독일의 종교 철학자요 종교 사학자다. 아이스레벤 대학교, 기센대학교 교수를 지냈다.
=**Theodor Simon**(테오도르 지몬, 1860-?): 독일의 철학자요 신학자다.
=**Jan Rudolph Slotemaker de Bruine**(얀 슬로터마케르 더 브라위너, 1869-1941): 화란의 목회자요 신학자이며 정치가다.
=**Rudolf Smend**(루돌프 쉬멘트, 1851-1913): 독일의 구약 신학자다. 바젤대학교와 괴팅언대학교 교수를 지냈다.
=**William Robertson Smith**(윌리엄 스미스, 1846-1894): 스코틀랜드의 구약 학자요 근동 연구자다. 케임브리지대학교 교수를 지냈다.
=**Paul Ernst Emil Sokolowski**(에밀 조콜로프스키, 1860-1934): 독일 신학자다. 베를린대학교와 쾨니히스베르크대학교 교수였다.
=**Bernhard Wilhelm Stade**(베른하르트 쉬타데, 1848-1906): 독일의 구약 신학자이며, 기센(Gießen)대학교 교수를 지냈다.
=**Rudolf Stähelin**(혹은 **Stähelin-Stockmeyer**)(루돌프 쉬테엘린, 1841-1900): 스위스의 교회사학자요 신약 신학자다. 바젤대학교 교수였다.
=**Willy Staerk**(빌리 쉬테르크, 1866-1946): 독일의 구약 학자다.
=**Basil Augustine Stegmann**(배슬 스테그먼, 1893-1981): 미국의 가톨릭 수도사이며 신약 신학자다.

T
=**Henry St. John Thackeray**(헨리 다크레이, 1869-1930): 영국의 신학자다. 70인경과 요세푸스 연구 권위자였으며, 옥스퍼드와 케임브리지에서 가르쳤다.
=**Ernst Gustav Georg Teichmann**(에른스트 타이히만, 1869-1919): 독일의 신학자요 유전학자다.
=**Fritz Tillmann**(프리츠 틸만, 1874-1953): 독일의 가톨릭 신학자이며, 본(Bonn)대학교 총장을 지냈다.
=**Arthur Titius**(아르투어 티티우스, 1864-1936): 독일의 신약 신학자다. 괴팅언대학교, 베를린대학교에서 가르쳤으며, 나치에 대항하다가 모든 직위를 박탈당하기도 했다.

V
=**Paul Volz**(파울 폴츠, 1871-1941): 독일의 구약 학자이며 튀빙언대학교 교수를 지냈다.

W
=**Ernst Alarik Wadstein**(에른스트 바트쉬타인, 1849-1924): 독일 신학자다.
=**Eberhard Waitz**(에버하르트 바이츠, ?-?): 독일의 신약 신학자다.
=**Ferdinand Wilhelm Weber**(페르디난트 베버, 1836-1879): 독일 신학자다. 유대교를 깊이 연구했다.
=**Bernhard Weiss**(베른하르트 바이스, 1827-1918): 독일의 신약 신학자다. 킬대학교 교수를 지냈

으며, 신학자 요하네스 바이스(Johannes Weiss, 1863-1914)의 아버지다.
=**Johannes Weiss**(요하네스 바이스, 1863-1914): 독일 신학자다. 괴팅언대학교와 하이델베르크대학교에서 가르쳤다.
=**Julius Wellhausen**(율리우스 벨하우젠, 1844-1918): 독일의 저명한 구약 학자요 고대 근동학자다. 오경 연구에 많은 업적을 남겼다.
=**Hans Hinrich Wendt**(한스 벤트, 1853-1928): 독일 신학자다. 하이델베르크대학교와 예나대학교에서 가르쳤다.
=**Paul Wernle**(파울 베른레, 1872-1939): 스위스의 신약 신학자요 교의학자다. 스위스 바젤대학교 교수를 지냈다.
=**Brooke Foss Westcott**(브루크 웨스트코트, 1825-1901): 영국의 성경 신학자다. 1881년에 헬라어 신약 성경 The New Testament in the Original Greek를 펴냈다.
=**Wilhelm Martin Leberecht de Wette**(빌헬름 드 베테, 1780-1849): 독일의 구약 신학자다. 벨하우젠은 드 베테를 "오경 역사비평의 새 장을 연 인물"로 평가했다.
=**Hans Ludwig Windisch**(한스 빈디쉬, 1881-1935): 독일의 신약 신학자다. 화란 레이던(Leiden)대학교, 독일 킬(Kiel)대학교, 할레(Halle)대학교 교수였다.
=**Edward William Winstanley**(에드워드 윈스탠리, ?-?): 영국의 신약 신학자다.
=**Gustav Wohlenberg**(구스타프 볼렌베르크, 1862-1917): 독일의 성경 신학자다. 1903년에 데살로니가전서/후서 주석을 펴냈다.
=**Georg Friedrich Eduard William Wrede**(빌리암 브레데, 1859-1906): 독일의 루터파 신약 신학자다. 마가복음에서 메시아 은닉이라는 주제를 탐구하고 바울이 유대교보다 그리스 사상의 영향을 받았다고 주장한 것으로 유명하다.

Z
=**Theodor Zahn**(테오도르 찬, 1838-1933): 독일의 저명한 성경 신학자로 구원사의 시각에서 성경 전체를 조망하는 탁월한 저술을 많이 남겼다.

원서 수정 사항

* 수정사항은 다음과 같이 표시함.
　일련번호) 수정 사항이 있는 원서 페이지: 수정 전 사항 = 수정 후 사항
　각주24는 원서 각주24에, 본문 아래13은 그 본문 아래에서 13째 줄에 수정사항이 있다는 말임.

1. 〈바울의 종말론〉

1) 19 본문 위6-7: Sir. xxxviii. 4 = Sir. xxxviii. 34
2) 20-21 각주24: *Die Worte Jesu*, p. 135 = Dalman, *Die Worte Jesu*, p. 138.
3) 21 본문 아래13: Lk xvi. 15 = Mk xvi. 15
4) 21 본문 아래11: Matt. xxiv. 41 = Matt. xxiv. 21
5) 25 각주33 위7: Matt. xii. 33 = Matt. xii. 32
6) 35 각주43 위3: ix. 159 = ix. 15
7) 48 본문 위14: Gal. vi. 16 = Gal. vi. 15
8) 49 본문 아래8: anakoinosis = anakainōsis (#역자 주: "갱신, 새로워짐"을 뜻하는 헬라어 ἀνακαίνωσις다.)
9) 56 각주7 위1-2: Gottschick, *Paulinismus und die Reformation, Z. F. Th. u. K.*, 1897, pp. 398ff. = Gottschick, J. "Paulinismus und Reformation," *Zeitschrift für Theologie und Kirche* 7(1897), pp. 398-460.
10) 59 본문 위2: are sufficient to = is sufficient to
11) 66 본문 위7: 1Thess. i. 4-7 = 2Thess. i. 4-7
12) 70 본문 위2-3: Lk. x. 36 = Lk. xx. 36
13) 73 각주1 위2: lix. 20 = Is. lix. 20
14) 79 본문 아래18: 2Cor. iii. 13 = 1Cor. iii. 13
15) 80 본문 아래6: 1Cor. ii. 13 = 1Cor. iii. 13
16) 81 각주12 위2: vs. 29 = 1Cor. vii. 29
17) 97 본문 위1: Deut. xiii. 3 = Deut. xiii. 14
18) 97 각주4 위1-2: Bousset, *Der Antichrist in der Überlieferung des Judentums, des Neuen Testamentes, und der alten Kirche*, 1895.

= Bousset, *Der Antichrist in der Überlieferung des Judentums, des Neuen Testaments, und der alten Kirche*, 1895.

19) 103 각주6 위4: *Der vorchristlicher jüdische Gnostizismus*, 1898
 = M. Friedländer, *Der vorchristlicher jüdische Gnostizismus*, 1898
 (#역자 주: 원서 각주가 이 책 저자를 확실히 표시하지 않아 보스 박사가 앞에 인용한 다른 저자가 쓴 책으로 오해할 수 있어 저자를 표시했다.)
20) 103 각주7: *Jüdischen* = *jüdischen*
21) 110 각주10 위1: Ezek. xxx. 23 = Ezek. xxxviii. 2
22) 136 본문 위10: vs. 18 = vs. 17
23) 140 본문 아래15: Dan. xii. 12 = Dan. xii. 1
24) 140 본문 아래6: Isa. xxviii. 13 = Isa. xxvii. 13
25) 203 본문 위1: (고린도후서)iii. 7 = (고린도후서)iii. 17
26) 203 본문 위17: in "his mortal flesh," i. e. his body. = in "our mortal flesh," i. e. our body.
27) 205 각주12 위18: Rhode's *Psyche* = Rohde's *Psyche* [#역자 주: Erwin Rohde(1845-1898)는 19세기 독일 고전 학자다.]
28) 210 본문 아래8: θνητὸν = θνητὸν
29) 213 본문 아래11: Hosea = Isaiah (#역자 주: 저자는 호세아 13:14에서 인용했다고 말하나, κατεπόθη는 이사야 25:8에서 인용했다.)
30) 214 본문 위4: μετασχηματισμός = μετασχηματισμός
31) 214 본문 위7: ταηεινώσεως = ταπεινώσεως
32) 229 각주1: Bousset, *Die Religion des Judentums*, = Bousset, *Die Religion des Judentums*,
33) 237 본문 위12: αὐτου = αὐτου
34) 237 본문 위13: τὸ = τὸ
35) 237 본문 아래7: ἀρχὴν = ἀρχὴν
36) 238 본문 위9: ζωοποιεισθαι(ε 위에 circumflex) = ζωοποιεῖσθαι(ι 위에 circumflex)
37) 240 본문 위9: ὁ θανατός = ὁ θάνατος
38) 240 본문 위12: ὁ θανατός = ὁ θάνατος
39) 248 본문 아래17: less theoretical, that that = less theoretical, than that
40) 255 본문 위11: ἐζανάστσιν = ἐζανάστασιν

41) 259 본문 아래1: acording to 1 Cor. = according to 1 Cor.
42) 260 본문 위8: ἐπιφανεία = ἐπιφάνεια
43) 264 본문 위5: a "judgment, = a "judgment,"
44) 267 본문 위15: κρῖμα = κρίμα
45) 267 본문 아래 4: xx. 1("had determined") = xx. 16 (#역자 주: 행 20:1에는 κρίνω라는 동사가 아예 없으며, 행 20:16이 "결심했다"라는 의미로 κρίνω의 완료형인 κεκρίκει를 사용했다.)
46) 268 본문 위2: δόγματα κεκριμένα in xiv. 4 = δόγματα κεκριμένα in xvi. 4 (#역자 주: δόγματα κεκριμένα라는 말은 사도행전 14:4이 아니라 16:4에 나온다.)
47) 268 본문 위8: Rom. xii. 2 = Rom. ii. 2
48) 268 본문 위8: Rom. vi. 2 = Rom. ii. 16
49) 268 본문 위8: 1Cor. i, 5 = 1Cor. iv. 5 (#역자 주: 본디 원서 268 본문 위8-9가 제시한 구절은 "Rom. xii. 2; iii. 6; vi. 2; 1Cor. i, 5; v. 13; xi. 32; 2Thess. ii, 12; 2Tim. iv. 1"이지만, 이를 올바로 고치면 "Rom. ii. 2; ii. 16; iii. 6; 1Cor. iv. 5; v. 13; xi. 32; 2Thess. ii. 12; 2Tim. iv. 1"이다.)
50) 268 각주7 위2: 1Cor. xi. 33 = 1Cor. xi. 32
51) 269 각주9: Rom. ii. 20 = Rom. iii. 20.
52) 269 각주9: Rom. iv. 2 = Rom. iii. 30 (#역자 주: 롬 4:2은 δικαιόω의 미래형이 아니라 3인칭 단수 미완료형 직설법 수동태 형태인 ἐδικαιώθη를 사용했다.
롬 3:30은 3인칭 단수 미래 직설법 능동태 형태인 δικαιώσει를 사용했다.)
53) 270 각주10 위4: Rom. iii. 6 = Rom. ii. 6 (#역자 주: 저자인 보스 박사는 Rom. iii. 6 다음에 "purely quantitative?"라는 말을 붙여 놓았다. 아마도 마지막 날에 있을 심판은 하나님이 각 사람이 "행한 만큼 되갚아 주시는 일이 될 것"을 생각하고 쓴 말 같은데, 그렇다면 저자가 제시한 로마서 3:6이 아니라 로마서 2:6이 더 들어맞는 구절이 아닌가 싶다.)
54) 271 본문 위4: 1Cor. iii. 14 = 1Cor. iii. 15
55) 275 본문 아래3-2: 1Tim. ii. 18 = 성경에는 디모데전서 2:18이 아예 없다.
56) 278 각주15: Rom. iii. 4, 19. = 1Pet. iii. 4.
57) 282 각주 위5-6: στοιχεια τοῦ κόσμου = στοιχεῖα τοῦ κόσμου (#역자 주: circumflex가 ε 위에 있어 바로잡았다.)
58) 282 각주 위7: Gal. iv. 8 = Gal. iv. 9(στοιχεῖα는 9절에 나온다.)
59) 288 본문 위11: 1Tim. ii. 10 = 2Tim. ii. 10
60) 288 본문 아래11-10: "unreachable to the time-sense of man. = "unreachable to the time-sense of man."
61) 288 본문 아래5: "le'loam wa'ed" = "le'olam wa'ed"
62) 288 각주1 위3: 1Cor. x. 7 = 1Cor. ii. 7
63) 288 각주2: von Orelli, *Die Hebräischen Synonyme der Zeit und Ewigkeit*, 1871. = von Orelli, *Die Hebräischen Synonyma der Zeit und Ewigkeit*, 1871.
64) 291 본문 위1: 각주번호 17 = 각주번호 7
65) 291 본문 위15-16: 2Cor. iv. 17 = 2Cor. iv. 18
66) 302 각주13 아래1: Princeton Theological Studies, p. 255, note61. = Geerhardus Vos, "The Eschatological Aspect of the Pauline Conception of the Spirit," in *Princeton Biblical and Theological Studies*(New York: Charles Scribner's Sons, 1912), p. 255, 각주61.(#역자 주: 저자가 제시한 참고문헌 표시가 완전하지 않아 이 시대 독자들은 어느 문헌인지 알기 힘들기에

67) 306 본문 아래6: Psa. xxxv. 9 = Psa. xxxvi. 9
68) 306 본문 아래1: (요한계시록)ii. 7 =(요한계시록)vii. 17 (#역자 주: 저자가 말하는 생명의 강물이나 샘물이 나오는 곳은 요한계시록 2:7이 아니라 7:17이다.)
69) 307 본문 아래4: 2Macc. vii. 26 = 2Macc. vii. 36 (#역자 주: 26절에는 "영생"이라는 말이 없으며, "영원히 이어지는 삶"이라는 말이 36절에 나온다.)
70) 309 본문 아래4: (로마서) v. 21 = (로마서) iv. 20 (#역자 주: 아브라함이 믿음으로 강하여졌다는 말은 로마서 4:20에 나온다.)
71) 312 본문 위10: expresed = expressed
72) 312 본문 위13: (디모데전서)vi. 17 = (디모데전서)vi. 16
73) 313 각주18 아래 4: Heb. ix. 8 = Heb. ix. 5 (#역자 주: 속죄 장소나 속죄 수단을 뜻하는 "ἱλαστήριον"이 나오는 곳은 히브리서 9:8이 아니라 9:5이다.)
74) 316 본문 아래4: teadium = tedium(지루함)

2. 〈바울의 종말론〉 참고문헌 수정 사항

1) 317 본문 위6: *Die Religion des Judentums im neutestamentlichen Zeitalter* = *Die Religion des Judentums im neutestamentlichen Zeitalter*,
2) 317 본문 위10: Box, G. M. = Box, G. H. [#역자 주: George Herbert Box(1869-1933)는 영국의 성공회 성직자요 구약 학자다.]
3) 317 본문 위12: Bruston, E= Bruston, C. [#역자 주: Charles Auguste Bruston(1838-1937)은 프랑스의 목사요 히브리어 학자이며 구약 신학자다.]
4) 317 본문 위14-15: *A critical History of the Doctrine of a future Life in Israel, Judaism, and in Christianity,* = *A Critical History of the Doctrine of a Future Life in Israel, in Judaism, and in Christianity,*
5) 317 본문 아래15-16: *Der Antichrist nach den Schriften des Neuen Testaments* = "Der Antichrist in den Schriften des Neuen Testaments" in *Theologische Arbeiten des rheinischen wissenschaftlichen Prediger Vereins* ns 1 (1897), 1-59.
6) 317 본문 아래3: *Die Entstehung der israelitisch-jüdischen Eschatologie* = *Der Ursprung der israelitisch-jüdischen Eschatologie*
7) 318 본문 위3: *De Verwachting der Toekomst van Jesus Christus* = *De Verwachting der Toekomst van Jezus Christus*
8) 318 본문 위17: *Der Brief des Apostels Paulus an die Philippenser* = *Der Brief des Apostels Paulus an die Philipper*
9) 318 본문 위20: Olschewsky, W. *Die Wurzeln der Paulinischen Christologie,* 1908. = Olschewski, W. *Die Wurzeln der Paulinischen Christologie,* 1909. [#역자 주: Wilhelm Olschewski(1883-?)는 독일 신약 학자이며, Die Wurzeln der Paulinischen Christologie는 1909년에 쾨니히스베르크에 있는 Gräfe & Unzer에서 출간했다.]

10) 318 본문 위21: *Die Hebräischen Synonyma der Zeit und der Ewigkeit* = *Die Hebräischen Synonyma der Zeit und Ewigkeit*
11) 318 본문 아래17: *Neuer Versuch einer Auslegung der Stelle Rom. V,* 12-21 = *Neuer Versuch einer Auslegung der Paulinischen Stelle Römer* V, 12-21
12) 318 본문 아래15: Salmond, C. H. = Salmond, S. D. F. [#역자 주: *The Christian Doctrine of Immortality*를 쓴 사람은 스코틀랜드 조직신학자인 Stewart Dingwall Fordyce Salmond(1838-1905)이다.]
13) 318 본문 아래8: Schwally, J. = Schwally, F. [#역자 주: Friedrich Zacharias Schwally(1863-1919)는 독일 근동학자이며, 스트라스부르, 기센, 쾨니히스베르크 대학교 교수를 지냈다.]
14) 318 본문 아래4-2: Siebeck, H. Die Entwicklungslehre vom Geiste in den Wissenschaften des Alterthums; Z. f. Völker-psychologie und Sprachwissenschaft, 1880. = Siebeck, H. "Die Entwicklung der Lehre vom Geist (Pneuma) in der Wissenschaft des Altertums," *Zeitschrift fur Völkerpsychologie und Sprachwissenschaft* 12 (1880): 372-80.
15) 318 본문 아래1: *De Psychologie des Apostels Paulus,* 1897. = *Die Psychologie des Apostels Paulus,* 1897.
16) 319 본문 위5: Stähelin, R. Zur Paulinischen Eschatologie; J. D. Th., 1874. = Stähelin, R. "Zur paulinischen Eschatologie," *JDTh* 19 (1874) 177-237.
17) 319 본문 위6: Stark, W. = Staerk. W. [#역자 주: Willy Staerk(빌리 쉬테르크, 1866-1946)는 독일 구약 학자다.]
18) 319 본문 위11-12: *The Relations of St. Paul to Jewish Thought,* = *The Relation of St. Paul to Contemporary Jewish Thought,*
19) 319 본문 위13-14: Tillman, F. *Die Widerkunft Christi nach den paulinischen Briefen,* = Tillmann, F. *Die Wiederkunft Christi nach den paulinischen Briefen,*
20) 319 본문 아래14-13: Vos, G. The Eschatological Aspect of the Pauline Conception of the Spirit; P.S.B.T.S, 1912. = Vos, G. "The Eschatological Aspect of the Pauline Conception of the Spirit," in *Biblical and Theological Studies,* New York: Charles Scribner's Sons, 1912.
21) 319 본문 아래10: Waitz, Th. *Über 2Cor. v. 1-4: J. f. P. Th.,* 1882. = Waitz, E. "Über 2Kor. v. 1-4," *Jahrbücher für Protestantische Theologie* (1882): 153-167.
22) 19 본문 아래9: *Jüdische Theologie,* 2nd ed., 1897. = *Jüdische Theologie auf Grund des Talmud und verwandter Schriften,* 2nd ed., Leipzig: Dörffling und Franke, 1897.
23) 319 본문 아래2: Winstanly, E. W. = Winstanley, E. W. (#역자 주: Edward William Winstanley는 영국의 신약 신학자다.)

3. 〈시편의 종말론〉 수정사항

1) 326 각주3 위1: Gunkel, Schäpfung und Chaos in Urzeit und Endzeit עלה = Gunkel, *Schöpfung und Chaos in Urzeit und Endzeit*

2) 328 각주5 위1: *De Origene Carminum quae primus Psalterii liber continet,* = *Disputatio de Origene Carminum quae primus Psalterii liber continet,*
3) 337 각주 위4: Ps. xxxviii(but cfr. v. 16) = Ps. xxxviii (#역자 주: 시편 5편에는 16절이 없다.)
4) 340 각주28 위2-4: "that the people of Israel is to work out the divine <u>purpose</u> in the <u>earth and do</u> this with such utter <u>self-forgetfulness, that</u> each of its own successes shall but add a fresh jewel to Jehovah's crown." = "<u>What is the fundamental idea of the Messianic psalms? Simply this</u>-that the people of Israel is to work out the divine <u>purposes</u> in the <u>earth, and to do</u> this with such utter <u>self-forgetfulness that</u> each of its own successes shall but add a fresh jewel to Jehovah's crown."
5) 343 각주35 위5: Ps. xlvii. 5 = Ps. xlvii. 6
6) 346 각주42: A new Testament parallel = A New Testament parallel

성경 색인

창세기

1:1 · · · · · · · · · · · · · · · · 57
1:27 · · · · · · · · · · · · · · · 260
2:7 · · · · · · · · · · · · · · · · 260
2:10 · · · · · · · · · · · · · · · 450
3:15 · · · · · · · · · · · · · · · 414
5:24 · · · · · · · · · · · · · · · · 41
6:1 이하 · · · · · · · · · · · · 429
10:2 · · · · · · · · · · · · · · · 183
21:33 · · · · · · · · · · · · · · · 60
49:1 · · · · · · · · 35, 37, 38
49:10 · · · · · · · · · · · · · · 135
49:16, 17 · · · · · · · · · · · 195
49:26 · · · · · · · · · · · · · · 426

출애굽기

15:17 · · · · · · · · · · · · · · 502
19:12 · · · · · · · · · · · · · · 223
19:16 · · · · · · · · · · · · · · 223

레위기

24:10, 11 · · · · · · · · · · · 195

민수기

23:10 · · · · · · · 38, 41, 46
24:14 · · · · · · · 36, 38, 46
24:17 · · · · · · · · · · · · · · 135
24:20 이하 · · · · · · · · · · 38

신명기

4:30 · · · · · · · · 36, 38, 42
13:14 · · · · · · · · · · · · · · 167
30:15 · · · · · · · · · · · · · · 450
30:19 · · · · · · · · · · · · · · 450
31:29 · · · · · · · · · · · 36, 39
32:15 · · · · · · · · · · · · · · · 41
32:21 · · · · · · · · · · · · · · 155
33:5 · · · · · · · · · · · · · · · · 41
33:15 · · · · · · · · · · · · · · 426
33:22 · · · · · · · · · · · · · · 195
33:26 · · · · · · · · · · · · · · · 41

사사기

18:30, 31 · · · · · · · · · · · 195
19:22 · · · · · · · · · · · · · · 167
20:13 · · · · · · · · · · · · · · 167

사무엘상

1:16 · · · · · · · · · · · · · · · 167
2:12 · · · · · · · · · · · · · · · 167
10:27 · · · · · · · · · · · · · · 167
25:17 · · · · · · · · · · · · · · 167
25:25 · · · · · · · · · · · · · · 167
30:22 · · · · · · · · · · · · · · 167

사무엘하

15:10 · · · · · · · · · · · · · · 503
16:7 · · · · · · · · · · · · · · · 167
20:5 · · · · · · · · · · · · · · · 175
23:6 · · · · · · · · · · · · · · · 167

열왕기상

1:34, 35 · · · · · · · · · · · 503
21:10 · · · · · · · · · · · · · · 167
21:13 · · · · · · · · · · · · · · 167

열왕기하

9:13 · · · · · · · · · · · · · · · 503
11:12 · · · · · · · · · · · · · · 503

역대하

13:7 ············ 167

느헤미야

2:6 ············ 136

욥기

8:7 ················ 36
10:12 ············ 451
14:14 ············ 103
28:22 ············ 436
42:12 ············ 361

시편

2:1 이하 ······ 516, 519,
　　　　　521, 539, 540
6:4 ········ 494, 513
6:5 ············ 508
6:6 ············ 484
9:19, 20 ········ 509
13:1 ············ 494
16:1 이하 ········ 512
16:2 ············ 496
17:1 이하 ····· 343, 512
17:15 ············ 494
18:1 이하 ····· 506, 343
18:5 이하 ········ 149
18:47 이하 ······· 509
18:50 ············ 518
20:1 이하 ········ 518
20:7 ············ 498
21:1 이하 ········ 518
22:27, 28 ········ 509
23:6 ········ 509, 539
24:1 이하 ····· 504, 539
24:3 ············ 504
24:7 이하 ···· 504, 504
28:8 ········ 518, 519
29:3 ············ 492
30:9 ············ 508
32:11 ············ 498
33:3 ············ 492
36:9 ········ 450, 451
38:1 이하 ········ 494
39:1 이하 ········ 494
44:6 ············ 498
45:1 이하 ········ 516,
　　　　　518, 519, 539
46:4 ············ 513
46:4, 5 ········ 450
46:5 ············ 494
46:10 ········ 506, 509
47:1 ········ 503, 509
47:2, 3 ········ 509
47:5 이하 ····· 503, 504
47:6 ············ 504
47:8, 9 ········ 509
48:1 ············ 513
48:4, 5 ········ 507
49:6 ············ 498
49:14 ············ 494
50:3 ············ 135
50:15 ············ 498
51:1 이하 ········ 413
57:8 이하 ········ 510
59:20 ············ 135
61:6, 7 ········ 518
63:11 ············ 518
66:1 이하 ········ 510
67:2 이하 ········ 510
68:7 이하 ········ 503
68:18 ············ 503
72:1 이하 ········ 516,
　　　　　518, 519
73:1 이하 ····· 512, 535
73:15 ············ 499
73:25, 26 ········ 496
73:27 ············ 499
73:28 ········ 499, 513
74:10 ············ 494
74:12 이하 ········ 496
77:8 ············ 494
78:2 ············· 64
79:5 ············ 494
80:2 ············ 135
80:4 ············ 508

80:18, 19 ········ 498	118:8, 9 ········· 498	21:6 이하 ········ 493
84:9 ············ 523	130:6 ············ 494	24-27장 ········· 184
84:10 ············ 518	132:1 이하 ······· 518	24:23 ············ 502
85:6 ············ 494	138:8 ············ 491	26:4 ············· 60
88:1 이하 ········ 494	139:9 ············ 36	26:19 ············ 331
89:36 ············ 518	144:9 ············ 492	27:13 ············ 223
89:46 이하 ······· 508	145:13 ············ 60	28:6 ············· 249
89:51 ············ 518	145:21 ············ 510	31:3 이하 ········ 442
90:1 이하 ····· 516, 518	146:3, 4 ·········· 498	32:15 이하 ······· 250
519, 520, 539	147:11, 12 ········ 502	34:8 ············· 144
90:13 ············ 494	149:1 ········ 492, 502	40:28 ············ 60
90:14 ···· 223, 494, 512	149:45 ············ 502	42:1 ············· 249
90:16 ············ 491	149:9 ········ 492, 495	42:9, 10 ········· 493
90:17 ············ 512		44:2 ············· 41
93:1 ···· 492, 502, 536		44:3 ············· 250
93:3, 4 ······· 492, 535	**잠언**	52:7 ············· 502
94:3 ············ 494		55:3 ············· 520
95:11 ············ 513	3:18 ············· 449	57:15 ············ 429
96:1 ············ 492	5:4 ············ 36, 75	59:21 ········ 249, 250
96:3 ············ 510	5:11 ············· 36	61:1 ············· 249
96:7 이하 ········ 510	23:18 ············ 37	62:2 ············· 493
96:10 ············ 502	23:31, 32 ·········· 36	65:17 ············ 493
97:1 ············ 509	24:14 ············· 37	66:22 ············ 493
97:6 ············ 509		
98:1 ············ 492		
98:2, 3 ··········· 509	**이사야**	**예레미야**
98:9 ············ 509		
99:1 ········ 502, 536		8:16 ············· 195
99:3 ············ 510	2:1 이하 ·········· 506	10:10 ············ 60
100:1 이하 ······· 510	2:2 ········ 35, 43, 46	15:17 ············ 251
102:13 ············ 495	2:2 이하 ·········· 39	21:8 ············· 450
102:15 ············ 509	2:12 ············· 144	23:20(70인역) ··· 36, 39
102:21, 22 ········ 509	9:4 ············· 144	25:18(70인역) ··· 36, 39
104:31 이하 ······· 501	10:3 ········· 144, 145	30:24 ········· 35, 39
108:3 ············ 510	11:2 ············· 249	31:17 ············ 39
110:1 이하 ········ 518,	11:4 ········ 205, 393	31:31 ············ 493
520, 539	11:5 ············· 391	37:24(70인역) ··· 35, 39
113:3, 4 ·········· 510	13:6 ············· 144	38:16(70인역) ····· 39
114:1 이하 ········ 491	13:13 ············ 144	46:10 ············ 144
117:1, 2 ·········· 510		

48:47 ·········· 36, 39
49:39 ·········· 36, 39

에스겔

7:19 ·············· 144
13:5 ·············· 144
21:32 ··············· 37
30:3 ·············· 144
36:26 ············· 250
36:27 ············· 250
37:1 이하·········· 261
37:14 ············· 250
38:2 ·············· 183
38:4 ·············· 184
38:7 이하·········· 184
38:8 ··············· 36
38:14 ············· 183
38:16 ············ 35, 40, 183, 184
38:17, 18 ········· 184
39:1 ·············· 183
39:6 ·············· 183
39:11 ············· 183
39:15 ············· 183
39:29 ············· 250

다니엘

2:35 ··············· 60
2:39 ··············· 60
3:31 ··············· 60
4:8 ··············· 60
4:19 ··············· 60
5:2 이하··········· 185
7:1 이하······ 141, 179

7:8 ·············· 177
7:8 이하······ 177, 180
7:9 이하·········· 180
7:13 ············· 135
7:14 ············· 180
7:17 ············· 179
7:20 ········ 177, 185
7:21 ············· 185
7:24 ············· 177
7:25 ············· 180
8:4 ·············· 177
8:9 이하·········· 178
8:10 이하····· 179, 180
8:11 ············· 185
8:19 ·············· 36
8:22 이하········· 179
9:25, 26 ········· 515
10:1 이하········· 212
10:13 ············ 212
10:14 ········ 35, 40
10:21 ············ 212
11:1 ············· 212
11:1 이하····· 182, 212
11:31 ········ 178, 185
11:32 ············ 213
11:32 이하········ 185
11:36 ········ 178, 181
11:36 이하········ 185
11:39 ············ 185
12:1 ········ 182, 222
12:1 이하········· 182
12:2 ········ 331, 452
12:12 ············ 222

호세아

1:11 ············· 144
3:3 ·············· 42

3:5 ··············· 42
13:13 ············· 41

요엘

1:15 ············· 144
2:1 ·············· 144
2:11 ············· 144
2:28(3:1) ····· 44, 249
2:28 이하········· 249
(3:1 이하) ········ 249
2:31 ············· 144
3:14 ············· 144

아모스

5:8 ·············· 494
5:18 ········ 144, 148

오바댜

15 ··············· 144

미가

4:1 ······ 35, 40, 43, 46
4:1 이하··········· 39
4:2 ·············· 184
4:3, 4 ············· 43
4:4 ··············· 39
4:11 ·············· 40
5:2 ·············· 523

하박국

3:1 이하 ······ 506
3:13 ············ 519

스바냐

1:14, 15 ········ 144
2:33 ············ 144

스가랴

9:14 ············· 223
14:5 ············· 135

말라기

3:1 ·············· 135
4:1 ·············· 393
4:5 ·············· 144
4:6 ·············· 135

마태복음

4:8 ··············· 62
5:12 ············· 122
5:14 ··········· 62, 63
5:29 ············· 436
6:1, 2 ············ 122
6:5 ············· 123
7:13 ············· 436
8:11 ············· 129
10:28 ············ 435
10:41 ············ 122
12:32 ···· 54, 55, 69, 70
13:22 ···· 46, 54, 59, 69
13:35 ············· 64
13:38 ·········· 62, 63
13:39, 40 ·········· 54
13:49 ············· 54
16:26 ············· 62
18:7 ······· 62, 63, 65
19:28 ············ 103,
          104, 243, 420
19:29 ············ 451
22:30 ············ 128
24:3 ·········· 54, 135
24:8 ············· 149
24:14 ············· 63
24:15 ············ 165
24:19 이하 ········ 73
24:21 ··········· 62, 64
24:27 ············ 135
24:31 ······ 48, 73, 224
24:37 ············ 135
24:39 ············ 135
24:43 ············· 73
25:32, 33 ········ 400
25:34 ·········· 62, 64
26:13 ·········· 62, 63
27:52 ············ 219
27:53 ············ 232
28:19 ············· 63
28:20 ············· 54

마가복음

3:5 ·············· 389
4:19 ········ 54, 56, 69
5:29, 30 ·········· 436
8:11 ············· 258
8:36 ··············· 62
8:38 ············· 219
9:41 ············· 122
9:43 이하 ········ 436
10:6 ·············· 64
10:17 ········ 451, 466
10:29, 30 ····· 55, 104
10:30 ······ 54, 69, 451
11:30 ············ 258
12:25 ············ 129
13:8 ············· 149
13:10 ············· 63
13:14 ············ 165
13:19 ············· 64
14:9 ··········· 62, 63
14:24 ············ 493
16:15 ·········· 62, 63

누가복음

5:36 ············· 129
6:35 ············· 122
7:43 ············· 396
9:25 ·············· 62
10:25 ········ 451, 466
11:50 ·········· 62, 64
12:5 ············· 436
12:30 ·········· 62, 64
12:57 ············ 396
16:8 ········ 54, 56, 59
17:33 ············ 338
18:18 ········ 451, 466
18:30 ············ 451
20:30 ············ 129
20:34 이하 ····· 54, 56
20:35, 36 ········ 243
22:29, 30 ········ 104
22:30 ············ 420

요한복음

1:9, 10 ·············· 53
3:8 ················· 115
3:19················· 53
3:27 ················ 258
3:36 ········· 389, 458
5:26 ················ 458
5:27 ················ 423
6:14················· 53
6:27 ················ 435
6:31 ················ 258
6:39, 40 ············· 43
6:44 ················· 43
6:53 ················ 458
6:54 ················· 43
7:27 ················ 141
8:23 ················· 53
8:26 ················· 53
9:5 ·················· 53
10:36 ················ 53
11:24 ················ 43
11:25 ··············· 458
11:27 ················ 53
12:31 ················ 52
13:1 ················· 53
13:4, 5 ············· 362
14:3················· 139
14:30 ················ 52
16:11 ················ 52
16:14 ··············· 461
16:21 ················ 53
17:5················· 53
17:12 ········· 186, 437
17:24 ··············· 453
18:37 ················ 53
21:25 ················ 53

사도행전

2:16 이하········· 249
2:17············44, 91
2:20 ············· 143
3:10················ 143
7:19 ············· 358
10:1 이하········· 231
13:46 ···· 397, 425, 451
13:48 ············· 425
16:4 ·············· 397
15:1 이하········· 397
15:19 ············· 397
17:18 ············· 231
17:31 ············· 423
17:32 ············· 231
17:33 ············· 156
19:38 ············· 145
20:11 ············· 156
20:16 ············· 397
23:6 ········ 231, 238
24:15 ···· 231, 335, 338
24:21 ············· 231
28:17 ············· 156

로마서

1:3, 4 ············· 242
1:4······· 232, 242, 316
1:8················ 53
1:18················ 389
1:29 이하·········· 161
2:2 ············397, 401
2:3 ················ 401
2:5 ··········· 140, 399
2:5 이하··········· 408
2:6, 7 ············· 124
2:6 이하··········· 405
2:7················425,
432, 451, 459
2:8················· 401
2:10················ 460
2:12················ 401
2:13················ 399
2:16······145, 397, 399,
401, 411, 412
2:17················· 78
2:20················· 78
3:4······· 411, 413, 422
3:6········ 52, 397,
400, 401, 419
3:8··········· 115, 401
3:10 이하·········· 161
3:19················ 411
3:20················ 399
3:23················ 459
3:25··········· 459, 460
3:26················ 422
3:27················ 406
4:2················· 399
4:20················ 455
4:24, 25············ 231
4:25 ·········· 236, 263
5:2················112, 459
5:2, 3··············· 78
5:3, 4··············· 77
5:4················· 75
5:9················· 390
5:9, 10············· 106
5:11················· 78
5:12·········· 53, 448
5:12 이하····· 160, 440
5:14··········· 50, 260
5:15················ 448
5:16······ 396, 397, 401
5:17·······73, 400, 455
5:18················ 399
5:18 이하·········· 113
5:19················ 400
5:21 ······ 73, 425, 451

6:4 ········· 231	9:22 ······ 390, 437	1:29 ············ 78
6:5 ········· 244	9:24 ········· 449	1:31 ············ 78
6:6 ·········· 98	10:9 ······ 107, 231	2:6 ····· 50, 68, 70, 415
6:9 ········· 231	10:19 ········ 155	2:6 이하 ········ 51
6:11 ······ 98, 244	11:11 ····· 155, 156	2:7 ············ 426
6:13 ········ 455	11:11 이하 ····· 153	2:8 ········ 68, 416
6:22 ········ 451	11:12 ········ 155	2:9, 10 ········ 445
6:22, 23 ···· 425, 451	11:13, 14 ······ 155	2:12 ·········· 52
7:4 ······· 98, 231	11:14 ········ 155	2:13 ·········· 145
7:5 ········· 405	11:15 ····· 154, 157	3:1 이하 ······· 394
7:18 ········ 405	11:20 이하 ····· 213	3:4 ············ 429
7:22 ········ 308	11:25 ··· 154, 156, 213	3:8 ············ 408
8:7 ········· 405	11:25 이하 ····· 153	3:13 ·········· 135,
8:10, 11 ······· 98	11:26 ········ 154	140, 143, 145
8:11 ········ 231,	11:36 ········ 446	3:13 이하 ··· 127, 392
252, 253, 304	12:2 ···· 50, 51, 68, 86	3:15 ········ 106, 401
8:17 ········ 378	12:19 ········ 389	3:18 ········ 50, 68
8:18 ········ 140,	13:1 이하 ···· 73, 147	3:19 ········ 52, 68
151, 301, 461	13:4, 5 ········ 389	3:21 ············ 78
8:18 이하 ····· 366	13:11 ·········· 98	4:3 ············ 144
8:19 ··· 76, 269, 300	13:11 이하 ····· 494	4:3, 4 ·········· 422
8:19 이하 ····· 149	13:12 ········ 135	4:5 ······· 397, 411
8:19, 20 ······· 99	14:9 ·········· 231	4:7 ············ 78
8:21 ··· 150, 306, 453	14:17 ········ 383	4:8 ········ 73, 384
8:23 ········· 76,	15:4 ··········· 77	4:9 ········· 47, 53
150, 237, 254	15:13 ······ 74, 75	4:20 ·········· 383
8:24 ·········· 75		5:5 ······ 135, 143, 390
8:24, 25 ······ 106		5:11 ············ 111
8:25 ······· 76, 77	**고린도전서**	5:13 ········ 397, 401
8:29 ········ 113		6:2 ······· 400, 419
8:30 ····· 113, 460	1:1 이하 ······· 158	6:3 ············ 419
8:33, 34 ······ 113	1:4 이하 ······· 408	6:9 ············ 383
8:34 ········ 231	1:7 ······ 76, 135, 140	6:9, 10 ········· 51,
8:35 이하 ······ 82	1:7, 8 ·········· 366	111, 161, 383
8:38 ········ 414	1:8 ······· 135, 143	6:13 ·········· 130
8:38, 39 ···· 364, 459	1:18 ·········· 415	6:14, 15 ······· 231
9:1 이하 ······ 158	1:20 ····· 50, 51, 52	6:19 ·········· 130
9:2 ·········· 158	1:21 ··········· 52	7:26 ··········· 73
9:3 ·········· 358	1:28 ·········· 357	7:28 ······· 73, 152
9:14 ········ 412		7:29 ······ 146, 152

7:30 ·············· 152	356, 362, 375,	15:55 이하········ 238
7:31············· 53,	384, 415, 436	15:58 ··· 124, 130, 408
70, 152, 315	15:24-28 ····· 365, 366	16:13 ·············· 73
7:32 이하·········· 153	15:25 ········ 158, 160,	16:17 ········ 136, 137
8:6··············· 446	356, 364, 415	
9:15·············· 410	15:26 ········ 47, 356,	
9:25 ············· 398	364, 436	고린도후서
9:27 ············· 402	15:28 ·········131, 356	
10:3, 4 ············ 261	15:30 이하 ········ 238	1:9, 10 ············ 98
10:11 ·············· 70	15:32 ········· 78, 408	1:14 ······ 135, 143, 410
10:15 ············· 397	15:35 ············ 273	1:22 ············· 254
11:30 ······· 230, 232	15:36 ············ 309	2:9················ 401
11:30 이하·········· 401	15:36 이하 ········274,	2:15················ 107
11:32······ 52, 397, 400	276, 309	2:16··············· 107
13:11 ············· 266	15:37 ········ 274, 275	3:1 이하········· 304
13:12 ············· 306	15:38 ········ 275, 278	3:13 ············· 143
13:13 ·············· 74	15:39 이하········276,	3:17··············· 306
14:10 ·············· 53	277, 278	3:17, 18 ·········· 303
15:1 이하 ····· 129, 232,	15:40 ············ 278	3:18················ 244,
247, 270, 272, 304,	15:42 ············ 453	270, 305, 462
309, 314, 367, 368, 369,	15:42, 43 ·········· 279	4:1 이하········· 304
375, 376, 382, 384	15:42 이하 ··· 256, 309	4:4 ········· 50, 51, 52,
15:4··············· 351	15:43 ············· 462	68, 305, 414
15:5 이하·········· 362	15:45 ············ 281	4:7 이하·········· 82
15:12 ············· 232	15:45 이하······ 49, 80,	4:8 , 9 ············ 307
15:12 이하········· 231	241, 258, 279, 316	4:10··············· 307
15:16 ············· 232	15:47 ······· 288, 439	4:12 ·············· 98
15:17 ············· 232	15:47 이하········ 280	4:14······231, 302, 307
15:18 ············· 358	15:49 ············ 281	4:16 ··· 303, 308, 408
15:19 ·········· 77, 81	15:50 ········ 51, 275,	4:16 이하·········· 306
15:19 이하·········· 82	280, 365, 383, 453	4:17·········206, 270,
15:20 ····· 96, 231, 232	15:50 이하 ····· 51, 365	308, 410, 462
15:21 ············· 359	15:51····· 146, 318, 319	4:17, 18 ···········293,
15:22 ········ 352, 354,	15:51 이하·········312,	295, 425
358, 360, 434	314, 317, 318	5:1 ··········288, 293,
15:22 이하 ··· 336, 375	15:52 ····· 48, 224, 319	313, 425, 431, 439
15:23 ···········135,	15:53 ········ 288, 318	5:1 이하··· 98, 99, 129,
137, 359, 360	15:53, 54 ········· 433	228, 241, 268, 270,
15:23-28 ·········· 352	15:54 ········ 238, 322	284, 285, 288, 294,
15:24 ··· 158, 337, 353,	15:54 이하 ······· 238	

295, 302, 303, 304,
310, 312, 313, 314,
317, 322
5:2·········258, 288,
289, 295, 313
5:3·······310, 323, 462
5:4······322, 323, 459
5:5···········106, 135,
254, 291, 439
5:7········74, 306, 431
5:8·········135, 377
5:10······82, 302, 395,
403, 408, 422
5:11················402
5:12················78
5:14·········260, 397
5:15················231
5:17·······98, 99, 493
5:18················100
6:1 이하···········98
6:15···············166
7:4················410
7:6, 7···············136
7:10···············52
7:10, 11··········106
8:6, 7··············137
9:6 이하··········408
10:10···············136
10:15················78
10:17················78
11:13 이하········315
11:14···············414
11:16················78
11:30················78
12:9················78

갈라디아서

1:4··········50, 51,
68, 84, 86
2:20··············112
3:14··············254
4:4········70, 149, 427
4:9················417
4:9 이하··········418
5:5················76
5:6···············102
5:13 이하·········441
5:17·········405, 440
5:19··············395
5:19 이하······111, 161
5:21··········51, 383
6:5 이하··········408
6:7 이하··········246
6:7, 8·············309
6:8···············304,
425, 451, 453
6:9················410
6:15··············493

에베소서

1:3············87, 261
1:4················53
1:7···············112
1:10················70
1:13··············254
1:14··············254
1:18················75
1:19, 20············98
1:20················87
1:21······50, 51, 69, 84
2:2······50, 68, 69, 84,
2:5···············107

2:6················87
2:7···············464
2:8···············107
2:12················75
3:9···············426
3:10···············416
3:16··············308
4:4················75
4:17 이하·········456
4:18··············456
4:30··············254
5:5········51, 383, 384
5:8, 9·············147
5:13··············147
5:14················98
6:9···············410
6:18················73

빌립보서

1:1 이하·········379
1:6······135, 143, 145
1:10··············135,
143, 145, 408
1:20················76
1:20 이하·········377
1:23··············228
1:26·····136, 137, 408
1:28··············437
2:8, 9·············125
2:9···············407
2:9 이하·····366, 415
2:12·····106, 136, 137
2:15················52
2:16··············135,
143, 145, 408
3:1 이하····314, 315, 337
3:3················78

3:7 이하 ········· 112
3:8, 9 ········· 380
3:10 이하 ······ 352, 375
3:10, 11 ········· 247
3:11 ········ 232, 236
3:12 ············ 377
3:14 ············ 381
3:19 ············ 437
3:20 ·········· 76, 87
3:20, 21 ······ 302, 304,
          312, 314, 317,
          323, 376, 377
3:21 ····· 130, 240, 453
4:5 ············· 146

골로새서

1:4 ············· 358
1:5 ·········· 408, 439
1:6 ·············· 53
1:12 ············ 147
1:13 ·········· 87, 384
1:14 ············ 112
1:15 ············· 99
1:16 ············ 446
1:26 ············ 426
2:8 ·········· 417, 418
2:12, 13 ·········· 98
2:15 ····· 364, 416, 418
2:16 ············ 418
2:20 ········ 417, 418
3:1 ············· 97
3:1, 2 ··········· 87
3:3 ············· 459
3:3, 4 ··········· 301
3:4 ·········· 269, 462
3:5 ·············· 90
3:5 이하 ········· 161

3:24 ············ 408
4:11 ············ 384

데살로니가전서

1:3 ·········· 75, 77
1:4 ············· 158
1:9, 10 ··········· 75
1:10 ········ 351, 389
2:8 ············· 144
2:12 ····· 51, 375, 383
2:17 ············ 351
2:19 ·· 78, 135, 366, 410
2:19, 20 ········· 131
3:4 ·············· 73
3:13 ········ 135, 218,
          219, 245, 351, 408
4:1 이하 ······ 232, 375
4:13 ····· 231, 369, 370
4:13 이하 ········ 352,
          366, 508
4:14 ········ 219, 231,
          271, 367, 371, 372
4:15 ·········· 72, 135,
          146, 320, 367, 373
4:15 이하 ····· 312, 373
4:16 ······ 48, 217, 220,
          229, 232, 246,
          272, 281, 283, 358
4:17 ········ 131, 137,
          146, 217, 377
5:1 이하 ······ 145, 147
5:2 ··········· 73, 135
5:3 ············· 149
5:4 ····· 135, 143, 390
5:5 ········· 135, 494
5:6 이하 ·········· 73
5:8 ·········· 75, 135

5:8, 9 ············ 107
5:19 ············· 351
5:23 ········ 130, 135,
          245, 351, 408

데살로니가후서

1:1 이하 ········· 375
1:4 이하 ········· 124
1:5 ······· 51, 375, 383
1:5 이하 ······· 352, 366,
          374, 408, 434
1:5, 6 ············ 398
1:7 ·········· 135, 140,
          142, 366, 408
1:8 ············· 142
1:9 ····· 390, 425, 433
1:10 ············· 351
1:11 ········ 374, 375
2:1 ··········· 73, 135
2:1 이하 ······ 146, 163
2:2 ······ 135, 143, 164
2:3 ·········· 142, 201,
          216, 390, 437
2:4 ·········· 177, 178,
          186, 190, 201
2:6 ········ 142, 193, 208
2:7 ········· 190, 208
2:8 ·········· 135, 142,
          144, 232, 357
2:9 ············· 135,
          186, 187, 190
2:9 이하 ·········· 203
2:11 이하 ········· 185
2:12 ·········· 397, 401
2:12, 13 ·········· 351
2:16 ············· 425

디모데전서

1:16 · · · · · · · · · · · · · · · 451
1:17 · · · · · · · · · · · · · · · 458
2:10 · · · · · · · · · · · · · · · 425
3:6 · · · · · · · · · · · · · · · · 401
4:1 · · · · · · · · · · · · · · · · 161
4:8 · · · · · · · · · · · · · · · · 408
5:25 · · · · · · · · · · · · · · · 408
6:7 · · · · · · · · · · · · · · · · · 53
6:9 · · · · · · · · · · · · · · · · 390
6:12 · · · · · · · · · · · · · · · 451
6:13 · · · · · · · · · · · 337, 338
6:14 · · · · · · · · · · · · · · · 135
6:16 · · · · · 432, 433, 458,
6:17 · · · · · · · · · · · · 50, 51,
 68, 69, 84
6:18, 19 · · · · · · · · · · · · 408

디모데후서

1:9 · · · · · · · · · · · · · · · · 107
1:10 · · · · · · · · · · · 135, 459
1:18 · · · · · · · · · · · · · · · 135
2:8 · · · · · · · · · · · · · · · · 232
2:10 · · · · · · · · · · · · · · · 425
2:11 · · · · · · · · · · · · · · · 408
2:12 · · · · · · · · · · · · · · · 378
3:1 · · · · · · · · · 44, 45, 161
3:5 · · · · · · · · · · · · · · · · 162
4:1 · · · · · · 135, 338, 366,
 384, 397, 401
4:4 · · · · · · · · · · · · · · · · 408
4:8 · · · · · · 135, 398, 408
4:10 · · · · · · 51, 59, 69, 84
4:14 · · · · · · · · · · · · · · · 408
4:16 · · · · · · · · · · · · · · · 408
4:18 · · · · · · · · · · · · 51, 87

디도서

1:2 · · · · · · · · · · · · 425, 451
2:12 · · · · · 50, 51, 69, 84
2:13 · · · · · · · · · · · 75, 135
3:5 · · · · · · · · · · · · · 98, 99,
 102, 104, 107
3:7 · · · · · · · · 76, 425, 451
3:12 · · · · · · · · · · · · · · · 397

빌레몬서

15 · · · · · · · · · · · · · · · · 425

히브리서

1:2 · · · · · · · · · · · · · 44, 45,
 59, 67, 69, 91
2:5 · · · · · · · · · · · · · · · · · 49
2:14 · · · · · · · · · · · · · · · 357
3:13 · · · · · · · · · · · · · · · 385
5:12 · · · · · · · · · · · · · · · 418
6:5 · · · · · · · · · · · · · · · · · 49
7:16 · · · · · · · · · · · · · · · 459
9:5 · · · · · · · · · · · · 460, 553
9:8 · · · · · · · · · · · · 460, 553
9:11 · · · · · · · · · · · · 99, 235
9:26 · · · · · · · · · · · · · 55, 69
9:27, 28 · · · · · · · · · · · 139
10:25 · · · · · · · · · · · · · · 143
11:3 · · · · · · · · · 59, 67, 69
12:18 · · · · · · · · · · · · · · 223
12:19 · · · · · · · · · · · · · · 223
12:22 · · · · · · · · · · · · · · 223

야고보서

2:12 · · · · · · · · · · · · · · · 396
5:3 · · · · · · · · · · · · · · 44, 45
5:7, 8 · · · · · · · · · · · · · · 135

베드로전서

1:5 · · · · · · · · · · · · · · 44, 45
1:7 · · · · · · · · · · · · 135, 435
1:12 · · · · · · · · · · · · · · · 416
1:13 · · · · · · · · · · · 135, 142
1:20 · · · · · · · 44, 45, 142
2:12 · · · · · · · · · · · 135, 145
3:4 · · · · · · · · 411, 424, 443
3:21 · · · · · · · · · · · · · · · 102
4:13 · · · · · · · · · · · · · · · 135
5:4 · · · · · · · · · · · · · · · · 142

베드로후서

1:16 · · · · · · · · · · · · · · · 135
3:3 · · · · · · · · · · · · · · 44, 45
3:4 · · · · · · · · · · · · · · · · 135
3:10 · · · · · · · · · · · · · · · 135
3:12 · · · · · · · · · · · · · · · 135

요한일서

2:2 · · · · · · · · · · · · · · · · · 53
2:18 · · · · · · · · · · 44,45, 192
2:22 · · · · · · · · · · · · · · · 192
2:28 · · · · · · · · · · · · · · · 139
4:1 · · · · · · · · · · · · · · · · · 53

4:3 ············ 53, 192
4:9 ············ 53

요한이서

7 ············ 53, 192

유다서

6 ············ 145
18 ············ 44, 45

요한계시록

2:17 ············ 493
3:12 ············ 493
3:14 ············ 99
5:9 ············ 493
7:16 ············ 429
7:17 ············ 450
8:1 이하 ············ 48
10:6 ············ 429
10:7 ············ 222
11:15 ······ 48, 65, 222
13:1 이하 ············ 197
14:3 ············ 493
15:1 ············ 48
17:1 이하 ······ 197, 198

19:6 ············ 503
20:4 이하 ············ 339
20:6 ············ 207, 434
20:7 이하 ············ 184
20:8 ············ 183
20:14 ············ 207, 434
21:2 ············ 258, 493
21:5 ············ 493
21:6 ············ 450
21:8 ············ 434
21:9 ············ 48
21:23 ············ 429
22:1 이하 ············ 450

옮긴이의 글
내 작은 모비딕, 〈바울의 종말론〉

어떤 글이든 첫 마디를 떼기가 참 어렵습니다. 옮긴이 글도 마찬가지입니다. 특히 번역하느라 온몸의 진액을 다 짜내야 했던 책일수록 옮긴이 글조차 쓸 힘도 남아 있지 않을 때가 많습니다. 이 책이 바로 그런 책입니다. 하여 뭔가 색다른 글을 쓰기보다 그냥 힘들게 터벅터벅 걸어온 지난 2년을 마무리하는 마음으로 몇 마디 말을 남겨보려 합니다.

존경하는 번역가 김석희 선생님이 한겨레신문 최재봉 기자와 인터뷰하시는 영상을 본 적이 있습니다. 그 영상에서 선생님은 번역하신 책 가운데 가장 보람이 있었던 책이 무엇이냐는 질문을 받으시고 서슴없이 〈모비딕〉을 꼽으시더군요. 미국 작가 허먼 멜빌이 쓴 바로 그 〈모비딕〉입니다. 선생님은 번역하시면서 얼마나 고생을 하셨는지 그 영상은 물론이요 〈모비딕〉 역자 후기에서도 번역이 힘들었다고 털어놓으시더군요. 하지만 저는 그 영상을 보고 또 그 역자 후기를 읽으면서 참 부러웠습니다. 오랜 세월을 번역에 헌신했으면서도 가장 보람 있는 번역서, 정말 온힘을 다해 번역한 책을 주저 없이 꼽을 수 있는 번역가가 참 행복해 보였습니다. 그때부터 아주 긴 세월을 번역에 헌신하신 대가와 감히 견줄 수도 없는 이 피라미 번역자에게도 "내 모비딕"이 있으면 좋겠다는 바람이 생겼지요. 저도 물론 13년 세월을 번역자로 일하면서 번역하는 책 하나하나에 온 정성을 쏟았습니다. 하지만 김석희 선생님의

<모비딕> 같은 책이 제게도 있는지 늘 의문이었지요. 그만큼 번역한 책마다 아쉬움이 많았고, 어느 한 책을 가장 보람 있는 번역 작품이라고 말하기가 망설여질 만큼, 제 부족함을 감추고 싶었습니다. 그러나 이제는 저도 "제 작은 <모비딕>이 있습니다"라고 말할 수 있을 것 같습니다. 비록 그 이름은 <바울의 종말론>이지만, 제게는 이 <바울의 종말론>이 제 작은 <모비딕>입니다.

<바울의 종말론>은 참 묘한 책입니다. 아주 나쁜 남자 같은 책이라고나 할까요? 아주 나쁜 남자인데, 온 세상이 다 우러러보는 아리따운 여성이 자기도 모르게 그 매력, 아니 그 엄청난 마력에 사로잡혀 결국 그 앞에 무너지고 마는 그런 남자 말이죠. 그야말로 아이러니 덩어리인 책! <바울의 종말론>은 그렇게 이 번역자를 사로잡은 책이었습니다(물론 저는 아리따운 여성이 아닙니다만!). 이 책은 읽어내기가 정말 어려웠습니다. 영어를 모국어로 쓰는 어느 독자의 감상처럼, 분명 영어로 쓴 책인데 마치 화란어나 독일어로 쓴 책을 읽는 것 같았지요. 문장 구조가 참 낯설었습니다. 더욱이 단어 하나하나에 섬세하고 깊은 뉘앙스를 숨겨두고 문장 굽이굽이 심오한 사상과 신학을 감춰 놓은 보스 박사의 독특한 필치는 어떻게든 한국 독자가 소화해낼 수 있는 글로 옮겨내야 하는 번역자에겐 그지없는 고행수도였습니다. 사실 영어로 쓴 책인데 화란어나 독일어로 쓴 책 같다는 독자의 감상이 딱히 그른 말은 아닙니다. 저자

인 게하더스 보스 박사가 본디 네덜란드에서 태어났기 때문입니다. 태어나서 거의 20년 가까운 세월을 네덜란드에서 살았고, 박사 학위도 독일이 점령한 스트라스부르에서 독일어로 썼으니, 화란어나 독일어 같은 영어 문장이 펼쳐지는 것은 어쩌면 당연한 일일지도 모르겠습니다. <바울의 종말론>이나 그 부록인 <시편의 종말론> 참고문헌을 봐도 독일을 비롯한 유럽 대륙 책이 대다수입니다. 그러니 독일어나 화란어로 읽고 쓰며 말하는데 익숙했던 보스 박사의 평소 연구 생활이 그의 저서에 그대로 배어나오는 것은 당연지사겠지요.

Vos라는 성이 참 독특합니다. 본디 그의 집안은 네덜란드 토박이가 아니라 프랑스의 개신교 신자인 위그노 출신이었습니다. Vosse라는 성을 갖고 있던 이 집안은 프랑스가 낭트 칙령을 폐지하고 개신교 신자를 탄압하기 시작한 17세기 말에 네덜란드로 이주하여 정착했다고 합니다. 그때부터 Vosse 집안은 Vos라는 성을 쓰기 시작했습니다. 바로 그런 집안에서 태어난 보스 박사는 화란 개혁교회 목사였던 아버지가 미국에 있는 교회에서 청빙을 받으면서 가족과 함께 미국으로 건너갑니다. 이 때가 1881년, 그가 열아홉 살 때였습니다. 그는 이 미국 땅에서 교육을 받고 다시 유럽으로 건너가 1888년에 스트라스부르대학교에서 박사 학위를 받았습니다. 당시 스트라스부르는 프로이센-프랑스 전쟁에서 승리하여 알자스와 로렌을 차지한 독일이 차지하고 있었지요. 보스 박사는 고전어는 물론이요 현대 유럽 언어와 아랍어에도 능통했다고 합니다. 그의 탁월한 실력에 감탄한 네덜란드의 저명한 신학자 아브라함 카위퍼 Abraham Kuyper는 미국으로 돌아가지 말고 네덜란드에서 신학을 가르치는 교수가 되어주길 요청했습니다. 그러나 보스 박사는 이를 사양하고 미국으로 돌아갔습니다. 미국으로 돌아온 그는 오늘날 칼빈 신학대학원이 된 학교에서 가르치다가, 1893년 프린스턴 신학대학원의 성경 신학 교수 초빙을 받아들여 프린스턴으로 옮겨갔습니다. 그는 갓 혼인한 아내와 함께 대학 안에 집을 짓고 여러 동료 교수 및 제자들과 깊은 사귐을 나누었다고 합니다. 그의 아내는 훗날 유명한 어린이 성경을 썼던 신실한 동역자이기도 했습니다. 보스 박사는 이 프린스턴에서 1932년에 은퇴할 때까지 성경을 하나님 말씀으로 믿는 정통 신앙과 탄탄한 주해에 근거하여 깊이 있는 성경 신학을 발전시켜갔습니다. 이런 신학 연구 성과를 바탕 삼아 수많은 연구 논문을 남겼습니다. 그러나 아쉽게도 그가 생전에 남긴 저서는 많은 이들이 그의 대표작으로 꼽는 이 <바울의 종말론>을 비롯하여 세 작품에 불과했습니다. 살아 있는 동안 왜 그렇게 적은 저서를 출간했는지 그 이유는 알 수 없지만, 어쩌면 그 시대의 신학과 기독교 세계가 자신의 연구 성과를 받아들이기에는 아직 때가 무르익지 않았다고 판단했기 때문이 아닐까 하는 생각이 듭니다. 실제로 <바울의 종말론> 같은 책도, 고든 피 박사를 비롯한 여러 신학자의 표현처럼, 시대를 앞서 간 작품이었습니다. 그 말은 곧 이 책이 그 시대에는 그 가치를 그리 인정받지 못하고 오히려 나중에 가서야 그 가치를 인정받기 시작했다는 말일 것입니다. 그런 이유 때문이었는지, 아니면 1929년에 터진 대공황 때문이었는지, 아니면 1929년에 있었던 프린스턴 신학대학원의 분열 사태 때문이었는지, 보스 박사는 자신의 주저(主著)인 이 <바울의 종말론>을 1930년에 자비(自費)로 출간했습니다.

그럼 왜 <바울의 종말론>은 당대에 주목을 받지 못하다 시간이 흐를수록 더 주목을 받는 "고전"이 되었을까요? 그것은 이 책이 그때까지 신학자들이 믿어왔던 바울 신학 체계를 근본부터 뒤흔든 혁명이었기 때문입니다. 오늘날까지도 바울 신학의 중심이 무엇이냐는 많은 신학자가 토론하는 주제입니다. 루터가 로마서에서 오직 믿음으로 의롭다하심을 얻는다는 이신칭의 원리를 발견하고 이를 종교개혁의 중심 강령으로 삼은 뒤, 바울 신학의 중심은 구원론에 있다는 견해가 대세를 이루었습니다. 그러나 보스 박사는 구원론이 아니라 종말론이 바울 신학의 출발점이요 종착점이며 핵심이라고 선언합니다. 바울 사도의 신학은 종말론에서 시작하여 이것이 구원론에 영향을 주었고 다시 성령론과 기독론까지 포괄하여 종말론으로 나아간다는 것이 보스 박사의 판단이었습니다. 보스 박사는 바울이 종말의 출발점을 그리스도의 부활에서 찾았다고 이해합니다. 예수 그리스도의 부활은 장차 임할 세상, 이미 저 위에 존재하는 세상, 하나님이 만유의 왕으로서 통치하시고 하나님의 모든 자녀가 그분의 백성으로서 영원한 생명을 누리는 세상을 이 땅으로 가져온 역사의 분기점이었습니다. 그러나 아직 이 땅에는 장차 임할 세상과 현재 세상이 공존하고 있으며, 장차 임할 세상이 완전히 실현되지는 않았습니다. 비록 하나님 나라가 임하긴 했으나, 그 완전한 실현은 예수 그리스도가 다시 오실 때에 이루어질 것입니다. 달리 말하면, 세상은 이미 종말을 맞았지만 그 종말은 아직 완성되지 않았으며, 역사의 종점에 이르러 그리스도가 강림하시는 그 날에 완성을 맞을 것입니다. 이것이 바로 바울이 생각했던 종말론 체계였다고 보스 박사는 말합니다. 때문에 이 땅에서 그리스도를 믿고 하나님 자녀로 택함 받은 사람은 이 땅이라는 세상과 이미 도래했으나 아직 완성되지 않은 미래 세상에 모두 속한 사람으로 살아갑니다. 그는 이 땅의 시민인 동시에 하늘의 시민입니다. 이런 이중 신분 때문에 그리스도인은 장차 완성될 하나님 나라를 내다보면서도 이 땅에서 날뛰는 가치 및 질서(바울이 "육"이라는 말로 은유했던 가치 및 질서)와 맞서 싸워야 하는 처지에 있습니다. 그 과정에서 때로는 좌절하기도 하고 때로는 무너질 수도 있겠지요. 하지만 바울은 이런 그리스도인이 끝까지 소망을 품고 견딜 수 있도록 하나님이 성령을 보증으로 보내셨다고 말합니다. 결국 이 성령은 종말의 시대에 그리스도인의 삶을 이끌어 가시는 분이요 미래에 있을 종말의 완성을 보증해 주시는 분입니다. 보스 박사는 이런 종말론 체계를 전제로 삼아 바울의 종말론과 관련된 각론을 하나하나 다루어갑니다. 특별히 그는 종말의 완성을 알리는 그리스도의 강림, 부활, 부활의 범위, 천년왕국, 마지막 심판, 영원한 상태라는 문제를 하나하나 다룰 뿐 아니라, 바울의 종말론 체계가 시간이 흘러감에 따라 네 단계에 걸쳐 발전해갔으며, 각 단계는 이전 단계와 완전히 다른 종말론 공식을 펼쳐 보인다고 보았던 그 시대의 주장에 강력한 반론을 제기합니다. 이를 통해 보스 박사는 바울 사도의 종말론이 치밀한 논리와 일관성을 지닌 통일된 체계였음을 증명해 보입니다.

아울러 이 번역서에는 <시편의 종말론>이라는 부록이 함께 들어 있습니다. <시편의 종말론>은 본디 1920년 1월호 프린스턴 신학 리뷰에 실린 논문입니다. 이 논문은 1930년에 나온 <바울의 종말론>에는 들어 있지 않았지만, 보스 박사가 세상을 뜬 뒤 미국 출판사 어드만스(Eerdmans)가 <바울의 종말론>을 펴내면서 부록으로 실리기 시작했습니다. 이 논문은 시편이 비단 현세를 살아가던 과거 이스라엘 백성의 신앙을 반영한 시가에 그치지 않고 먼 미래에 이루어질 메시아의 통치와 구원의 완성을 내다보는 심오한 신앙과 신학을 현실에서 볼 수 있는 여러 형상에 빗대 노래한 종말론의 결정체라고 정의합니다. 이는 시편을 바라보는 지평을 과거 이스라엘 역사에서 현재 우리가 살아가는 세상을 넘어 먼 미래까지 넓혀주는 뛰어난 통찰입니다. 이 때문에 보스 박사는 시편을 구약에서 선지서와 함께 종말론 신앙과 신학을 빼어나게 담아낸 걸작으로 봅니다.

오늘날 많은 신약 신학자가 바울 신학 전반을 다룬 훌륭한 신학 책들을 내놓고 있습니다. 그러나 보스 박사는 생전에 바울 신학 전체를 다룬 책을 집필하지 않았습니다. 그럼에도 그는 이 <바울의 종말론>이라는 저서를 통해 바울 신학을 연구하는 이들은 물론이요, 많은 신학자들에게 큰 영향을 끼쳤습니다. 미국 출신의 저명한 성경 신학자요 해석학자인 고든 피 박사는 <바울의 종말론>을 시대를 앞서나간 저작으로 평가했으며[고든 피, 성령: 하나님의 능력 주시는 임재(하), (서울:새물결플러스, 2013), 601쪽], 또 다른 저명한 성경 신학자 그레고리 빌은 그의 저서 A New Testament Biblical Theology(Grand Rapids: Baker, 2011), 20-21쪽에서 보스 박사가 완결하지 못한 신약 신학 체계를 완성하는 것이 그가 쓴 책의 목표라고 선언할 정도였습니다. 이들 뿐 아니라, 헤르만 리더보스와 프레더릭 파이비 브루스, 그리고 제임스 던에 이르기까지 많은 신약 신학자가 그들이 쓴 바울 신학에서 <바울의 종말론>을 참고했고, 루이스 버코프와 판 헨더런 같은 교의 신학자도 그들이 쓴 저서에서 <바울의 종말론>을 참조했습니다. 이런 사실이 증명하듯이, <바울의 종말론>은 고전이라는 평가를 듣습니다. 그 때문인지 보스 박사가 1930년에 프린스턴대학교 출판부를 통해 자비로 출간해야 했던 이 책은 보스 박사가 세상을 떠난 뒤에 여러 출판사를 통해 다시 세상에 선을 보이곤 했습니다. 처음에는 Eerdmans가 하드커버로 펴내다 1961년에는 종이표지 책으로 선을 보였고, 이어 Hendrickson, Banner of Truth, Baker와 같은 출판사들이 잇달아 이 책을 출간했으며, 요새는 P & R에서 다시 이 책을 펴내고 있습니다. 그만큼 세월이 흘러가도 변함없이 그 가치를 주장할 수 있는 책이라 말할 수 있겠지요.

보스 박사의 성경 신학은 개혁파 신학의 흐름 속에 자리해 있기 때문에 우리나라에서도 많은 사랑을 받았습니다. <바울의 종말론>도 예외는 아니어서 1989년에 이승구 교수님과 오광만 교수님이 힘써 번역하신 작품이 출간되었습니다. 그러나 이제 이 번역서는 절판되어 구하기가 힘듭니다. 더욱이 두 분의 번역서는 아쉽게도 부록인 <시편의 종말론>은 제외한 채 <바울의 종말론>만 실려 있었습니다. 결국은 이런 아쉬움이 이 책을 다시금 번역하도록 만들었던 것 같습니다. 일본의 작가요 번역가인 무라카미 하루키 선생이 수필집인 <잡문집>에서 이전 번역서가 나오고 25년이 지나면 번역 방법, 어휘와 표현의 변화가 있기 마련이니 새로운 번역을 내놓는 것도 좋은 일이라 이야기하셨던 기억이 납니다. 마침 이 옮긴이 글을 쓰는 때가 2015년이니, 이전 <바울의 종말론> 한국어판이 나온 해에서 25년이 더 흘렀군요. 하루키 선생의 생각을 따르자면, 이 때에 <바울의 종말론>을 다시 새롭게 번역하여 내놓는 것이 좋은 일이라는 생각이 듭니다. 하지만 과연 얼마나 제대로 번역해냈을지 두려운 생각이 앞섭니다. 비록 이 번역서를 저의 작은 <모비딕>이라 표현했지만, 그것은 그만큼 번역에 자신이 있다는 말이 아니라 그만큼 진액을 다 쏟아 공들여 번역했다는 고백일 뿐입니다.

보스 박사가 쓰신 원서에는 이상하리 만큼 소소한 오류가 꽤 있었습니다. 아마도 고희를 앞둔 노령이었던 데다 그가 오랜 세월을 섬겨온 프린스턴 신학대학원이 두 동강 나는 현실 앞에서 받은 충격이 컸던 모양입니다. 이 번역서는 가능한 한 그런 오류를 모두 확인하여 바로잡아 번역했습니다. 참고문헌 표시도 현대 학술서 기준에 맞게 출판지와 출판사, 출간연도를 확인하여 보충해 넣었습니다. 보스 박사가 쓴 내용이 쉽지 않기에 필요한 곳에서는 역주를 통해 적절한 설명을 첨가했습니다. 더불어 보스 박사가 인용하고 참고한 학자들이 대부분 19세기와 20세기 초반에 활약한 학자들로서 이 시대 사람들에겐 낯선 이들인 만큼 이 학자들을 책 뒷부분에서 간략히 소개했습니다. 모든 것을 확인하고 또 확인했지만 어딘가에 오류가 숨어 있을지도 모르겠습니다. 그 모든 것은 어디까지나 이 부족한 번역자 때문이니, 독자 여러분의 너그러운 이해를 부탁드립니다. 이 책 번역을 시작한 때는 2012년 말이었습니다. 한 고비 한 고비를 넘어가기가 어려운 문장 앞에서 한숨을 내쉴 때가 많았습니다. 실제로 작년에는 번역 작업을 진행하다 몸과 마음이 지쳐

6개월 정도 책을 덮고 쉰 적이 있었습니다. 그러다 다시 이 책이 그리워지자, 책을 집어 들고 번역을 이어갔지요. 옮긴이의 글 서두에 말한 것처럼, 이 책은 참 "나쁜 남자"였습니다. 온몸의 기력을 갉아먹을 정도로 번역하기가 힘이 드는데, 매일 밤 "이 책을 그만 덮어 버리고 싶다"는 생각이 심장을 파고드는데, 다음 날 아침에 일어나면 으레 이 책을 가장 먼저 집어 들고 번역하곤 했습니다. 이제 이 "나쁜 남자"와 오랫동안 나누었던 밀회를 마무리할 때가 되었네요. 어렵고 힘든 시간이었지만, 평생 이 번역을 소중한 추억으로 간직하고 싶습니다. 이런 책은 솔직히 찾는 이가 적습니다. 경영을 생각하지 않을 수 없는 출판사 입장에서는 참 어려운 모험인데, 이 책이 우리 교회와 독자들에게 필요함을 공감하고 기꺼이 출간해주기로 한 좋은씨앗 출판사에 깊은 감사를 드립니다. 더불어 번역자로 지내오는 동안 많은 도움과 가르침을 베풀어주고 부족한 번역마저 너그러이 이해하며 감싸준 좋은씨앗 신은철 대표에게 우정과 감사를 담아 이 책을 헌정합니다. 마지막으로 이 자리까지 인도해주신 성삼위 하나님께 감사와 찬미를 올리며, 독자 여러분께 부족한 번역서나마 많은 사랑을 베풀어주시길 간절히 청합니다. 감사합니다.

2015년 1월
번역자 박규태 올림